제3판

긍정적 행동중재와 지원

행동중재를 위한 최신 이론과 실제

Brenda K. Scheuermann, Judy A. Hall 지음 | 김진호, 김미선, 김은경, 박지연 옮김

Σ 시그마프레스

긍정적 행동중재와 지원 : 행동중재를 위한 최신 이론과 실제, 제3판

발행일 | 2017년 2월 28일 1쇄 발행
2022년 1월 5일 2쇄 발행

저자 | Brenda K. Scheuermann, Judy A. Hall
역자 | 김진호 · 김미선 · 김은경 · 박지연
발행인 | 강학경
발행처 | (주) 시그마프레스
디자인 | 조은영
편집 | 류미숙

등록번호 | 제10-2642호
주소 | 서울시 영등포구 양평로 22길 21 선유도코오롱디지털타워 A402호
전자우편 | sigma@spress.co.kr
홈페이지 | http://www.sigmapress.co.kr
전화 | (02)323-4845, (02)2062-5184~8
팩스 | (02)323-4197

ISBN | 978-89-6866-885-2

Positive Behavioral Supports For The Classroom
Loose-Leaf Version 3/E

* 책값은 책 뒤표지에 있습니다.

이 도서의 국립중앙도서관 출판예정도서목록(CIP)은 서지정보유통지원시스템 홈페이지(http://seoji.nl.go.kr)와 국가자료공동목록시스템(http://www.nl.go.kr/kolisnet)에서 이용하실 수 있습니다.(CIP제어번호: CIP 2017004089)

역자 서문

긍정적 행동지원에 대한 좋은 책을 찾아 기쁜 마음으로 번역하여 책을 처음으로 내놓은 것이 2009년이었다. 그동안 역자들도 이 책을 교재로서 유용하게 사용하였고 또한 여러 사람들로부터 행동중재에 대한 지식의 폭을 넓힐 수 있는 좋은 책이라는 칭찬도 들어, 역자들은 번역의 어려움에 대한 귀한 열매를 맛보았다고 생각한다. 그동안 원서는 두 번이나 개정되어 2016년에 원서 제3판이 나오게 되었고, 이에 따라 이번에 긍정적 행동중재와 지원(*Positive Behavior Interventional and Support*)에 대한 제3판의 번역을 하게 되었다.

학교 현장에서 교사들이 직면하는 가장 어려운 문제 중의 하나가 학생들이 보이는 행동문제이다. 모든 학생이 바르게 행동하는 좋은 학교환경이 되기를 바라지만 실제 상황은 그렇지 않다. 어떤 학생들은 심한 문제행동을 보여 동료 학생이나 교사들에게 많은 어려움을 주기도 한다. 미국의 연구에 의하면 교사들이 학교를 떠나는 데는 여러 가지 이유가 있지만, 특히 학생들의 문제행동으로 인하여 받은 상처와 실망, 그로 인한 교사로서의 무기력감 등으로 교단을 떠나는 경우가 생각보다 많이 있다고 한다. 또한 심한 문제행동을 보이는 학생들은 그들 스스로도 고통을 겪고 있다. 이와는 반대로 어떤 학생들은 조용히 있어 행동에 문제가 없는 것처럼 보이기도 한다. 하지만 겉으로는 문제가 없어 보이더라도, 마음속으로는 자기 자신을 괴롭히는 정서적인 문제를 겪고 있을 수도 있다. 이렇게 우리 학교 현장에는 외현적인 문제행동을 보이는 학생들과 내면적인 문제를 겪고 있는 학생들이 점점 많아지고 있다.

행동문제를 보이는 학생들을 바르게 가르치고 훈육하는 것은 교사와 부모에게 주어진 중요한 역할이다. 학교에서 학생의 문제행동에 대하여 바르고 효과적으로 대처하는 것은 학생과 교사 모두를 위해 반드시 필요하다. 그러나 사실 더 바람직한 것은 학생들이 문제행동을 보이기 전에 바르게 교육하여, 그러한 행동문제가 나타나지 않도록 사전에 예방하는 것이다. 그래서 최근의 행동중재 분야는 문제행동을 효과적으로 중재하는 것을 넘어서, 이러한 문제행동을 보이는 학생들이 생기지 않도록 사전에 바르게 가르치는 예방적인 행동중재에 대하여 많은 관심을 기울이기 시작하였다. 이러한 맥락에서 긍정적 행동지원이라는 개념이 나오게 된 것이다. 이렇게 한다면 문제행동을 보이는 학생을 교육하고 중재하는 데 드는 많은 시간과 경비와 노력을 오히려 많은 학생들을 대상으로 하는 예방적인 행동중재에 효과적으로 사용할 수 있을 것이다.

역자들은 교사가 될 학생들을 대학에서 가르치면서 행동중재의 전반적인 원리와 기법을 이러한 관점에서 자세하게 설명한 책이 있으면 좋겠다고 생각하였다. 이 책의 원서를 보고 이러한 목적에 꼭 맞는 책이라 생각하였고, 더구나 행동중재 분야에서 최근 강조되고 있는 긍정적 행동지원에 대한 구체적인 원리와 기법도 같이 제시되어 있어 금상첨화라고 생각하였다. 그래서 행동중재에 관심이 있는 역자들이 모여 기쁜 마음으로 번역을 시작하였고, 이제 다시 제3판을 번역하게 되었다.

이 책은 총 12개의 장으로 구성되어 있으며, 교사들이 학생들에게 행동을 효과적으로 가르치는 데 필요한 전반적인 행동중재의 원리와 기법들을 모두 자세하게 설명하고 있다. 그리고 행동중재의 최신 동향인 긍정적 행동중재와 지원에 대한 기본적인 관점과 기법들도 이해하기 쉽게 설명되어 있다. 또한 이러한 행동중재의 원리와 기법을 실제 현장에서 잘 적용할 수 있도록, 구체적인 기법과 적용 방안을 사례와 함께 자세하게 제시하고 있어 교사와 행동중재 분야의 종사자들에게 많은 도움이 될 것이라 생각한다.

이 책은 또한 자녀를 양육하는 부모들에게도 좋은 지침서가 될 것이다. 사회가 핵가족화되면서 대부분의 부모들은 한두 명의 자녀를 두고 있으며, 이들의 학업 성취가 가정의 가장 중요한 목표가 되어 아이들을 자기중심적으로 키우고 있는 실정이다. 어떤 부모는 자기 아이가 다른 아이를 때리고 힘들게 할지언정, 본인 스스로는 손해 보지 않는 아이로 자라기를 원한다고 말하기도 한다. 이렇게 양육된 아이는 더불어 살아가는 진정한 행복을 누리지 못하는 사람이 될 가능성이 높을 뿐만 아니라, 많은 사람들에게 어려움을 끼치는 사람이 될 수도 있다. 물론 자녀를 그렇게 양육한 부모도 그 자녀로 인하여 여러 가지 어려움을 겪게 될 수도 있다. 따라서 이 책은 교사들뿐만 아니라 자녀를 양육하는 부모들에게도 유용하고 필요한 지식을 전해 주는 귀중한 책이 될 것으로 확신한다.

바른 지식이 있어야 바른 교육과 양육을 할 수 있다. 지식 없이 경험으로만 교육하겠다는 것은 수많은 시행착오를 겪게 한다. 그것은 마치 좋은 음식이 많이 있는데도 오직 한 가지 음식만 고집하여 영양의 불균형을 초래하고 결국에는 건강을 잃는 것과 같은 모습일 것이다. 그러므로 이 책을 통하여 교사들과 부모, 그리고 행동과 관련된 임상 전문가들이 아이들의 행동을 바르게 교육하고 양육하게 되기를 바란다. 이렇게 교육받은 아이들로 인하여 우리 사회가 더욱 건강하고 풍성한 사회가 되기를 소망하며 기도드린다.

2017년 새해를 맞이하며
역자 일동

[저자 서문]

모든 교사가 행동관리나 학급 운영에 대한 과목을 수강함에도 불구하고 교사들은 지속적으로 학생 훈육과 학급 운영이 가장 큰 고민거리라고 말한다. 사실 교사들은 요즘 학생들이 일으키는 아주 사소한 행동문제조차 감당하지 못할 정도로 제대로 준비되어 있지 않은 경우가 많다. 그러나 반가운 소식은 교사들이 학생의 문제행동을 예방하고 행동의 어려움이 지속적으로 나타날 때 효과적이고 효율적으로 중재할 수 있도록 도와주는 증거기반의 강력한 도구들로 응용행동분석, 긍정적 행동중재와 지원 등이 제시되고 있다는 것이다.

이 책에서 우리는 긍정적 행동지원으로 귀결되는 연구들을 활용하였다. 긍정적 행동중재와 지원(positive behavior intervention and supports, PBIS)은 문제행동(도전적 행동, challenging behavior)을 감소시키고 적절한 행동을 가르치고 강화시키기 위한 개인과 체계의 전략을 나타내는 포괄적인 용어이다. 여러 선행연구들은 다양한 상황에서 여러 조건의 학생들에게 긍정적 행동중재 및 지원 방법들이 효과적임을 지지하고 있다. 대부분의 경우 이러한 기술은 가르치기 용이하고 비교적 쉽게 사용될 수 있으며, 최소한의 교육을 통해서도 이용할 수 있으며 적절하게 사용하였을 때 좋은 성과를 나타낼 수 있다.

이 책에서 제시되는 개념과 기술을 독자들이 잘 적용할 수 있도록 준비시키기 위해서 실질적이고 일상적인 응용 전략뿐만 아니라 행동과 행동중재의 이론적인 기초에도 초점을 맞추었다. 우리의 목표는 교사와 예비교사들이 이론과 실제의 격차를 줄이도록 돕는 것이다. 행동문제를 이해하는 이론적인 해석과 교사 관련 요인들이 문제행동을 유발시킬 수 있다는 것에 대한 바른 이해는 교사들에게 매우 중요하며, 이를 기초로 이론적인 토대를 반영한 연구기반의 중재들을 고안해 낼 수 있을 것이라 믿는다. 이 책은 행동관리를 위해서 '무엇'을 해야 할 것인가를 기술했을 뿐만 아니라 '왜' 해야 하는지도 설명하였다. 이 책은 교사와 여러 사람들이 학급과 개개 학생의 문제행동들을 평가하고, 증거기반의 중재를 선택하는 데 도움이 될 뿐만 아니라 중재가 기대하는 만큼 효과적이지 않을 경우에도 이러한 문제를 해결할 수 있도록 도울 수 있을 것이다.

2001년 아동낙오방지법(No Child Left Behind Act)은 전례 없이 과학적인 기반을 둔 교육적 실제를 사용하도록 강조하고 있다. 학교 훈육과 행동관리는 교육의 다른 분야보다 증거를 기반으로 하는 실제를 활용하는 데 어려움이 큰 영역이다. 이를 위하여 교육자들은 증거기반 실제(evidence-based practice)를 이해하고 실제 상황에서 어떻게 적용해야 하는지 알아야 한다. 이를 위해서 이 책에서 설명한 긍정적 행동지원의 전략은 학교 차원, 학급 차원, 개인 차원의 학생행동을 개선하기 위한 광범위한 연구를 기반으로 하고 있다. 저자들은 연구기반 실제를 설명하려고 노력하였으며, 긍정적 행동중재 및 지원의 개념과 전략의 실제를 제시하기 위해서 학교와 관련된 많은 경험도 기술하였다. 저자들의 개인적인 경험은 이 책에서 기술된 전략들을 어떻게 적용해야 하는지에 대한 실제적인 예시뿐만 아니라 잠재적인 문제들에 대해서도 어떻게 활용해야 하는지를 알 수 있게 하였다.

이 책에서는 바람직한 행동과 바람직하지 않은 행동 모두가 그 행동이 발생하는 맥락과 어떻게 직접적으로 관련되는지를 설명하고 있다. 우리는 바람직하지 않은 행동이 학생들에게 얼마나 다양하고 많은 기능을 하는지에 대해서도 설명하였다. 교사들의 최대 관심사, 즉 이러한 정보를 이용하여 효과적인 예방 방법과 행동중재 방법을 제시하는 데 초점을 두었다.

무엇보다도 우리가 부적절한 행동을 예방할 수 있다면 더 많은 시간과 에너지를 교수활동에 이용할 수 있게 된다. 이러한 이유로 우리는 이 책의 몇 장을 선행사건 중재 또는 문제행동을 예방하고 적절한 행동을 장려하는 전략들에 할애하였다. 그러나 이용할 수 있는 수많은 예방 전략이 있음에도 불구하고 문제행동이 일어나지 않는 교실을 만드는 것은 거의 불가능하다. 그러므로 우리는 발생한 문제행동에 대해서 효과적인 반응 전략을 계획하고 적용하는 데 유능해져야만 한다. 이러한 전략과 기술들은 익히기 어려운 것은 아니지만 교사들로 하여금 문제행동에 대한 생각과 학생행동에 대한 반응 방식을 바꾸도록 요구한다. 교사들이 사용하고 있는 문제행동에 대한 비효율적인 전략들은 적절한 효과를 내지 못할 뿐 아니라 교사들이 관리하고자 하는 행동을 악화시킬 수 있기 때문에 이러한 노력들은 교사의 잘못된 시간과 힘의 낭비를 상당히 줄여줄 것이다.

우리는 학급관리와 관련된 여러 책들이 몇 가지 이유에서 불충분하였기에 이 책을 집필하게 되었다. 어떤 책들은 효과적인 전략을 자세히 기술하였지만, 그 전략들이 효과적이지 않은 경우나 교사들이 문제해결을 위한 전략을 개발하는 데 필요한 이론적인 기초를 제시하지 않았다. 다른 책들은 너무 일반적인 전략들을 기술하여 실제적인 교실환경에 이용하기에는 어려움이 있다. 또 다른 책들은 어떤 전략들이 학교, 교실, 개개 학생들의 행동중재를 위해 적합한지와 관련하여 연구기반이 강한 전략과 그렇지 않은 전략을 구분하여 기술하지 못하였다. 학생의 학습과 행동 간의 관계라든지 교수환경이 교실 내 문제행동에 미치는 영향에 대하여 강조한 책은 거의 없다. 비록 학급관리에 관한 많은 책들이 행동평가도구로서 기능적 행동평가(functional behavioral assessment)에 대해서 설명하고 있지만 기능평가 자료들을 이용하여 어떻게 가설을 개발하고 이 가설을 직접적으로 반영하는 중재들을 개발하는가에 대해서 설명하는 책은 매우 소수에 불과하다. 이 책을 통해서 우리는 학교와 교실을 안전하고 질서정연하며 긍정적이고 생산적으로 유지시키기 위해 이미 알려져 있는 많은 지식이 있음에도 불구하고 행동중재와 훈육이 아직까지 교사들에게 가장 큰 고민이 되고 있는 상황을 해결하는 데 도움을 주고자 하였다.

개정된 제3판의 새로운 내용

- 이 책에는 행동지원의 3단계 모델(three-tiered model) 특히 보편적 중재와 개별적 중재가 보다 밀접하게 반영될 수 있도록 재구성하였다.
- 자폐성 장애와 다른 정신건강장애(mental health disorders)를 지니고 있는 학생들에게 이 책에 기술된 개념들과 기술들을 어떻게 적용할 것인가에 초점을 두었다.
- 우리는 학교 훈육(school discipline)과 관련된 최근 정책들과 학교 안전에 관한 연구를 철저히 검토하였다. 이러한 검토 결과들은 독자들에게 학교 훈육의 어려움에 대한 포괄적인 관점을 제공할 것이며 학교 훈육과 관련된 공공정책들이 어떻게 변화되었는지도 알려줄 것이다.
- 이 책을 개정한 중요한 또 다른 이유는 책의 구조와 표현의 명확성을 개선하고자 함이었으며, 최근의 연구와 정책, 관련 이슈들을 다루기 위함이었다.

이 책의 구조

이 책은 학급관리와 개별 학생의 행동관리에 대하여 어떻게 논리적이고 순차적인 방법으로 접근할 것인가를 반영하여 구성하였다. 제1부는 긍정적 행동중재 및 지원과 행동을 설명하는 이론적 모델에 관련된 기본적인 배경 정보를 제공한다. 제1장에서는 학교 훈육에 대한 전통적인 접근 방식과 관련된 문제, 교사들을 위한 제안, 오늘날 다양한 교실에서 교사들이 마주치게 되는 학생 행동문제들의 유형에 대해서 기술하였다. 긍정적 행동중재와 지원(PBIS)에 대한 기본적인 설명을 기술하였고, PBIS와 중재반응(response to intervention, RtI)을 비교 설명하였다. 끝으로 이 책의 나머지 부분들의 토대가 되는 PBIS를 반영한 학생행동에 대한 아홉 가지 가정을 기술하였다. 제2장에서는 행동의 이론적 모델들에 대해서 기술하였다. 생물리학적 모델과 행동주의적 모델에 초점을 맞추어서 이론적인 가정들을 설명하고 관련된 중재 방법과 연구들을 요약하였다. 또한 교육자들을 위해 이러한 이론과 관련된 중재의 유용성과 적절성도 논의하였다.

제2부에서는 학교 차원의 긍정적 행동지원을 포함한 보편적 중재를 통하여 적극적인 교육환경과 학급관리의 중요한 요소들(구조, 관계, 교수)을 구현하는 것에 중점을 두었다. 또한 초등학교부터 중·고등학교까지 긍정적 행동지원의 개념과 기술들을 적용한 많은 예들을 제시하였다. 제3장에서는 학교 차원의 긍정적 행동중재 및 지원을 적용하는 것에 대하여 설명하였다. 이런 예들은 학교 훈육의 실행에 있어서 흥미로운 움직임으로 학생행동을 개선하는 데 매우 효과적인 것으로 나타나고 있다. 그리고 학교 차원의 긍정적 행동중재와 지원(schoolwide positive behavior interventions and supports, SW-PBIS)을 정의하였고, SW-PBIS의 필수 구성요소와 구체적인 실행을 설명하였으며, 관련 연구들에 대하여 논의하였다. SW-PBIS를 계획하고 실행하는 절차들을 설명하고 SW-PBIS를 성공적으로 실행한 학교들로부터 수집한 많은 예들을 제공하였다. 제4장에서 제6장까지는 학급관리에 중요한 요소들에 중점을 두었다. 제4장에서는 규칙과 절차의 중요성과 이를 개발하고 지도하는 방법을 설명하였다. 제5장에서는 행동문제를 예방하기 위해서 어떻게 학급 일과를 계획하고 교실을 구조화하는지에 대해서 설명하였다. 학급 분위기에 대한 설명과 긍정적인 학습환경을 조성하는 데 도움이 되는 학급 분위기 구성 요소의 예들도 제시하였다. 또한 교사-학생 관계의 중요 요소와 위험에 처한 학생들을 보호하기 위한 요소로서 작용하는 긍정적인 관계의 잠재력에 대해서도 논의하였다. 제6장에서는 교수와 학생행동의 상관관계에 대해서 설명하였다. 학습과 행동에 어려움을 보이는 학생들과 비교해서 성공적인 학습 태도를 가지고 있는 학생들의 특징을 살펴보았다. 또한 학습의 단계와 교수 형태 및 교수활동에 대한 개관도 제시하였다. 마지막으로 학습과 행동에 어려움을 보이는 학생들을 위하여 학업성취와 관련된 교수 전략을 설명하였다.

제3부에서는 행동에 대한 평가와 점검에 중점을 두었다. 제7장에서는 학생행동을 평가하고 점검하기 위한 자료 수집 기술들에 대해서 기술하였다. 우리는 자료 수집 시스템을 설명하고, 바쁘게 돌아가는 교실 상황에서 수집된 자료들을 어떻게 사용하는지에 대하여 설명하였다. 제8장에서는 기능적 행동평가(functional behavioral assessment, FBA)와 이에 관한 미국장애인교육법(Individuals with Disabilities Education Act, IDEA)의 규정, 기능평가와 기능분석 간의 차이점, 기능평가를 실행하는 단계에 대하여 차례로 설명하였다. 또한 이와 관련된 많은 양식들을 제시하였다. 더욱이 문제행동에 대한 가설을 수립하기 위하여 기능적 행동평가 자료들을 어떻게 이용하고, 행동중재 계획(behavioral intervention plans, BIPs)을 수립하기 위해서 이러한 가설들을 어떻게 이용할 것인가에 대해서도 설명하였다. 실제 학생들의 예를 사례연구의 형식으로 제시하였다.

제4부에서는 보편적 중재로는 충분하지 않은 학생들의 부적절한 행동을 감소시키고 적절한 행동을 증가시키기 위한 표적집단 중재와 개별적 중재와 지원(targeted- and tertiary-tier interventions and support)에 중점을 두었다. 제9장에서는 사회성 기술 교수, 사회화 문제의 유형, 사회성 기술 교수의 방법, 사회성 기술 교육과정의 선택 방법에 대해서 설명하였다. 제10장에서는 강화의 정의와 유형, 강화제 선택, 강화 계획, 강화 체계의 실행에 대해서 기술하였다. 제11장에서는 프리맥 원리, 칭찬, 토큰 경제, 행동 계약, 집단 강화 체계 등과 같은 구체적인 강화 적용 방식과 강화 체계를 설명하였다. 자기점검, 자기평가, 자기교수, 자기강화 등의 자기관리 체계에 대한 설명과 학생들의 자기통제와 독립성 증진을 위하여 이러한 기법을 사용하는 방법에 대해서도 제시하였다. 끝으로 제12장에서는 문제행동을 감소시키거나 제거하기 위한 행동 감소 체계와 벌 체계에 대해서 설명하였다. 이 장에서는 처벌의 필요성을 최소화시키기 위하여 긍정적 행동중재와 지원 접근법을 강조하였다. 행동 감소와 벌의 정의를 제시하였고, 미국장애인교육법상의 훈육 관련 의무 조항과 행동 감소 절차의 윤리적 적용을 위한 지침을 인용하여 행동 감소 중재가 필요한 경우 어떻게 결정할 것인지에 대해서도 설명하였다. 끝으로 차별강화, 소거, 반응대가, 타임아웃, 혐오자극의 제시와 같이 문제행동을 줄이기 위한 중재 기법을 위계에 따라 기술하였다. 이 장에서 혐오자극에 대해서 논의하였지만 벌 자체가 갖는 문제뿐만 아니라 긍정적 행동중재와 지원에 근거한 다양한 중재 기법들만으로도 학생들의 행동관리가 충분할 수 있기 때문에 우리는 독자들이 이러한 혐오적인 기법들은 사용하지 않기를 권한다.

이 책의 특징

독자들이 교실에서 잘 적용하고 편리하게 사용할 수 있도록 효과적인 교수를 위한 다양한 교수법적인 특징을 사용하였다. 이를 통하여 독자들이 자료를 조직하고 이론을 적용할 수 있도록 하며, 여러 가지 이유로 행동중재를 해야 할 때 필요한 아이디어를 주기 위한 체계로 구성하였다. 각 장은 이를 위하여 다음과 같은 특징으로 구성되어 있다.

- 독자를 안내하기 위한 이 장의 학습목표
- 각 장과 관련된 '보편적 아이디어'
- 중요한 개념들을 요약해 둔 좌우 여백 노트
- 제시된 개념들을 나타내는 각 장에 포함된 많은 예시
- 교사들의 긍정적 행동지원 기법을 발전시켜 나가도록 돕는 자문가인 ICE 박사의 사례연구 : 이 책에서 ICE 박사는 학생의 행동문제를 평가하고 그 문제를 다루는 행동중재를 계획하기 위하여 한 명 혹은 그 이상의 교사들과 함께 일하는 것으로 묘사되고 있다. 대부분의 장에서는 그 장에서 배운 개념과 기술을 종합하여 ICE 박사가 마무리하는 한 가지 이상의 구체적인 예시가 마지막 부분에 제시되고 있다.
- 개념을 설명하고 확장해 주는 표와 그림
- 각 장의 목표가 잘 다루어졌는지를 복습하게 해 주는 요약
- 각 장에 제시된 개념을 독자들이 확장하고 응용할 수 있도록 하는 학습활동
- 각 장의 참고자료 : 웹사이트, 책, 학술지, 연구보고서, 교육과정, 교재 등

맺음말

이 책을 쓴 우리는 효과적이고 긍정적인 행동중재 전략을 사용하는 일과 다른 사람들에게 보다 좋은 전략들을 알려 주는 것에 관심이 매우 많다. 교사와 학교 행정가들이 문제행동을 예방할 수 있는 최선의 방법들에 익숙하지 않거나 초기 단계에 문제행동을 효율적으로 다루지 못하기 때문에 너무나 많은 아동들이 고통을 받고 있다. 숙련된 교사가 지도하고 있는 교실을 방문하는 것은 하나의 즐거움이다. 그러한 교사들은 행동관리가 매우 쉬운 것처럼 보이게 한다. 우리는 적절한 행동관리 방법들을 바르게 사용하기만 한다면 학생들의 행동관리는 매우 쉬워질 것이라고 믿고 있다. 우리는 이 책이 많은 현직교사와 예비교사들에게 그러한 방법들을 제공하기를 소망하고, 또한 이러한 것을 배운 교사들이 자신이 알게 된 것들을 다른 사람들에게 가르쳐 줄 수 있게 되기를 기대한다.

차례

제1부 긍정적 행동중재와 지원의 이론적 배경

제2부 보편적 중재와 지원을 통한 학습환경 만들기

제 4 부 표적집단과 개별적 중재와 지원

제 1 부

긍정적 행동중재와 지원의 이론적 배경

CHAPTER 1

긍정적 행동중재와 지원의 개념

Wavebreak Media Ltd/123RF

학습목표

1. 학교에서 일어나는 문제행동의 일반적인 형태와 유형을 기술할 수 있다.
2. 학생들의 교실행동에 있어서 왜 교사가 가장 중요한 요인이 되는지를 설명할 수 있다.
3. 오늘날 교실에서 볼 수 있는 다문화 요소와 그에 따른 행동관리 방안을 설명할 수 있다.
4. 전통적인 행동중재 방법과 그 제한점에 대해서 기술할 수 있다.
5. 긍정적 행동중재와 지원을 정의할 수 있다.
6. 중재 반응의 개념을 정의하고 긍정적 행동중재와 지원과의 관련성을 설명할 수 있다.
7. 학교환경에서 행동을 중재할 때 기본이 되는 아홉 가지 행동지도원리를 설명할 수 있다.

긍정적 행동중재와 지원에 관한 보편적 아이디어

- 모든 아동들은 때로 바람직하지 않는 행동을 보일 때가 있다. 그리고 대부분의 아동들은 상황에 따라서 자신의 행동이 수용될 수 있는 행동인지 아닌지를 빠르게 배운다. 어떤 아동들은 적절한 행동을 배우기 위하여 더 많은 지원이 필요하다.
- 아동의 행동에 따라서 행동중재와 지원의 정도를 점차 증가시키는 중재모델은 모든 아동들을 대상으로 학교나 학교 밖에서 긍정적 행동을 증가시키고 문제행동을 감소시킬 수 있는 매우 효과적이고 효율적인 방법이 된다.
- 심리치료는 학교에서 학생들의 문제행동을 중재하는 가장 효과적인 방법은 아니다. 가장 효과적인 행동중재 방안은 적절한 행동을 직접 가르치고 지원하는 것이다.
- 학생의 행동에 대한 교사의 관점은 교실 행동관리에 많은 영향을 미친다.
- 학생이 보이는 문제행동은 학생 자신의 문제라기보다 때로는 교사 때문일 수 있다. 즉, 교사의 행동이 학생의 문제행동을 야기할 수도 있다는 것이며, 이것은 매우 중요한 사실이다.
- 긍정적 행동중재와 지원은 개별 아동이나 교실, 학교에서 적용할 수 있는 가장 발전된 행동중재 방안이다.
- 교육자들이 긍정적 행동중재와 지원을 이해하고 학교에서 어떻게 적용하는지를 알게 된다면, 모든 학생들에 대하여 행동중재를 더욱 효과적이고 효율적으로 할 수 있을 것이다.

모든 아동들은 때로 부적절한 행동을 보일 수 있다. 아동들이 하는 바람직하지 않은 많은 행동들은 이들이 자라면서 보일 수 있는 정상적인 행동이다. 대부분의 아동들은 어떤 행동이 용인될 수 있는 행동인지 아닌지를 비교적 빠르게 배우게 되며, 부적절한 행동을 언제 멈추어야 하는지도 알게 된다. 그들은 또한 사람이나 장소, 상황에 따라서 기대되는 행동이 다르다는 것을 알게 되는데, 예를 들면 어떤 사람 앞이나 특정한 장소에서 활발하게 행동하거나, 조용하게 있거나, 또는 말을 듣지 않아도 되는지를 파악할 수 있게 된다. 아이들이 학교에 들어갈 때쯤이면, 아이들의 행동은 주로 전통적으로 해 오던 전형적인 방법으로 다루어진다. 즉, 좋은 행동을 하라고 잔소리하거나, 이따금씩 강화를 주거나, 꾸중하거나, 타임아웃을 하거나, 부모를 호출하는 방법 등으로 다루어진다. 많은 아동들은 학교에 다니면서 조그만 문제행동을 보일 수 있지만, 대부분의 경우에 그들의 행동은 적절하고 수용 가능한 행동들이다.

문제행동에 대한 전형적인 중재 방법들은 아동들에게 효과가 있을 수 있다. 그러나 학령기 아동의 약 10~30%는 이런 전통적이 방법이 도움이 되지 않을 수도 있다(Martella & Nelson, 2003; Office of

Special Education Programs, 2010a). 이러한 아동들의 문제행동에 대하여 교사들은 일반적으로 아동에게 문제가 있다고 생각하지, 행동중재 방법에 문제가 있다고 생각하지는 않는다(Martella, Nelson, & Marchand-Martella, 2003). 어떤 아동은 학교에서 요구되는 행동이나 학습에 있어서 또래들과 비교해서 훨씬 뒤처져 있는 경우도 있다. 제2장에서 다루겠지만 개인의 특성이나 가족, 사회적 요소는 아동의 행동에 중요한 영향을 미친다. 그러나 교사들은 아동의 행동에 영향을 미치는 많은 요소에 대하여 통제하는 위치에 있다. 예를 들면 교실을 관리하는 체계를 만들거나 수업시간을 어떻게 구성하는가 하는 것과 같은 것들이다. 사실 대부분의 교사와 학부모는 교사의 행동이 아동의 행동에 긍정적인 영향을 미친다고 보고 있다(Public Agenda, 2004; Varjas, Meyers, Collins, 2012). 교실에서 교사의 행동이 학교 체계나 규정보다도 학생의 성취에 훨씬 더 많은 영향을 미친다는 연구들도 이러한 인식을 지지하고 있다(Marzano, 2003b). 교사가 이러한 긍정적인 영향을 미치기 위해서는 의미 있고 활동적인 교수환경을 만들고, 각 아동과 교실의 행동중재 계획을 수립하는 것이 필요하다. 예를 들면 교실의 규칙과 기대를 분명하게 하고, 문제행동보다는 바람직한 행동에 더 많은 관심을 보이고, 부적절한 행동에 대해서는 체계적이고 일관성 있게 그리고 공평하게 다루는 것 등이다.

이 책의 대부분의 내용은 어떻게 긍정적이고 예방적인 행동중재 체계를 만들며, 어떻게 바람직한 행동을 증가시키는 다양한 교수를 계획하고 실행하는지에 대한 것이다. 이러한 목적을 위한 대부분의 방법은 **긍정적 행동중재와 지원**(positive behavior interventions and support, PBIS)의 철학과 실제에 그 기반을 두고 있다. 미국의 특수교육 프로그램 기술지원센터(U.S. Office of Special Education Programs Technical Assistance Center)의 긍정적 행동지원에 대한 설명은 다음과 같다.

다양한 요소들이 학생들의 성공적인 학교생활에 영향을 미친다. 교사들은 학생 행동에 영향을 미치는 그러한 많은 요소들을 조정할 수 있다.

> 긍정적 행동지원이란 사회적으로 의미 있는 행동의 변화를 성취하기 위하여 긍정적인 행동중재 프로그램과 시스템을 적용하는 것을 지칭하는 일반적인 용어이다. 긍정적 행동지원은 행동에 대한 어떤 새로운 중재기법이나 이론을 말하는 것은 아니며, 행동에 기반을 둔 체제적 접근 방법을 적용하는 것이다. 즉, 긍정적 행동지원이란 학생들의 행동과 관련된 효과적인 환경을 만들기 위하여 학교나 가족, 지역사회의 역량을 향상시키는 체제적인 방법을 적용하는 것이다. 그러므로 긍정적 행동지원은 모든 학생들을 대상으로 생활의 다양한 영역에서의 결과(성격, 신체, 사회, 가족, 직업, 여가 등)를 향상시키는 학교환경을 조성하고 유지하는 것을 중요하게 여기며, 이를 통하여 문제행동은 감소시키고 바람직한 행동은 더욱 기능적으로 향상시키려고 한다. 그리고 사회문화적으로 적절한 행동중재 프로그램을 사용하는 것도 강조하고 있다(Sugai, Sprague, Horner, & Walker, 2000, pp. 133-134).

PBIS는 모든 아동을 대상으로 하는 사전 예방적인 교수 접근이다.

긍정적 행동중재와 지원은 부적절한 행동을 다루는 관점을 근본적으로 바꾸었다. 문제행동에 대하여 처벌적이고 사후 반응적인 관점에서 벗어나 문제행동이 일어나는 것을 사전에 예방하는 것을 강조하며 바른 행동을 가르치고 학습환경을 잘 관리하기 위하여 긍정적이고 교육적이며 연구에 기반을 둔 중재기법을 사용하는 것을 강조한다. 긍정적 행동중재와 지원은 모든 학생들의 성취를 향상시키기 위한 목적으로 개별 차원, 교실 차원, 학교 차원의 중재 프로그램을 구성하기 위하여 여러 가지 기법들인 (a) 행동과학, (b) 실제적인 중재기법, (c) 사회적 가치, (d) 체제적 접근을 통합적으로 사용한다(Office of Special Education Programs, 2010a). 이 책에서는 긍정적 행동중재와 지원 방법은 장애학생을 포함한 모든 학생들을 대상으로 개인적인 차원, 교실적인 차원, 학교적인 차원에서 부적절한 행동을 예방하는 기법, 적절한 행동을 가르치고 증가시키는 기법, 문제행동을 감소시키는 기법 등을 제시하고 있다.

적절한 행동을 가르쳐 문제행동을 예방하거나 감소시키는 것은 학교의 중요한 과제와 목적이 된다. 왜냐하면 교사들은 학교생활에 준비되지 못한 아동이나 학습과 학교생활에 어떠한 동기도 없는 아동과 같이 매우 다양한 학생들을 대상으로 교육을 실시해야 하기 때문이다. 또한 학교에는 다양한 문화, 인종, 종교 배경을 가지고 학습능력이나 경험도 다양한 여러 유형의 학생들이 있기 때문에 이러한 과제는 더욱 복잡해진다. 그러나 교사는 좋은 행동을 지원하고 문제행동을 예방하거나 관리하는 데 있어서 연구로 증명이 된 다양한 방법들을 이용함으로써 이러한 문제에 효과적으로 대처할 수 있다.

이 책의 각 장에서는 긍정적 행동지원의 다양한 개념과 기법들을 적용한 사례를 제시하여 설명할 것이다. 제시된 사례는 일반적인 교실에서 발생하는 중재 이슈와 문제점에 대하여 이해할 수 있게 해 줄 것이며, 각 사례에서는 행동중재 전문가인 ICE 박사의 접근 방안도 볼 수 있게 된다. ICE 박사라는 별명을 붙인 것은 심각한 문제행동 상황에서도 침착하게 대처하기 때문이다. ICE 박사는 특수교육이 모든 공립학교에서 적용되기 시작한 1970년대에 활동하기 시작하였다. 그 이전에는 많은 장애아동들이 학교에 다니지 못하였다. ICE 박사가 다니던 대학에서는 대표적인 장애 영역과 관련된 특성을 배우는 것을 중요시하였으며, 기본적인 읽기와 수학에 대한 것은 단지 소수의 교과목만이 개설되었다. 그는 행동이론에 관해서는 단지 한 과목만을 수강하였다. 불행하게도 오늘날의 많은 교사들도 교수-학습활동과 교실중재에 대하여 거의 준비되지 않고 있는 상황이다(Darling-Hammond, 2005).

ICE 박사는 교사로서 출근한 첫날에 자신이 얼마나 준비되지 않았는지를 실감하였다. 그는 교수활동에서 많은 발전을 보일 수 없었는데, 그 이유는 교사 자신이 아니라 아동들이 교실을 좌지우지하였기 때문이었다. 그는 불안한 1년을 보내고, 첫 여름방학 동안에 교실중재기법과 효과적인 학습환경을 조성하는 방법에 대하여 공부하고 연구하였다. 그러한 노력은 결실을 거두어 2년째에는 더 나은 교육을 할 수 있었다. ICE 박사는 더 나은 교사생활을 위해서는 더 많은 교육과 훈련이 필요하다는 것을 지금도 느끼고 있다. 행동중재 분야에 대한 그의 노력은 이 분야에 많은 흥미를 갖게 하였으며, 그럴수록 더 많은 것을 알기 원하였다. 그는 학생들의 행동에 대하여, 교실수업과 행동중재에 대하여, 그리고 아동과 성인을 훈련하는 일에 더 많은 노력을 기울이고 있다.

교사가 직면하는 여러 가지 행동

앞으로 교사가 되기 위하여 대학에서 공부를 하고 있는 예비교사들은 '학교가 행복하고 생산적이며 학생들은 학습에 매우 흥미가 있고 토론이나 교육활동에 적극적으로 참여할 것'이라는 생각을 가지고 있다. 이러한 예비교사들은 학생들이 숙제를 하지 않고, 수업에 관심도 없고, 교사에게 말대답하거나 반항하고, 친구와 잘 지내지도 못하고, 다른 학생들을 욕하거나 비웃고, 말을 많이 하거나 수업 중에 마구 돌아다니고, 어려운 가정환경에서 자라고 있다는 사실을 상상할 수 없을 것이다. 그러나 이러한 행동들은 학교에서 매우 흔한 일이며, 모든 교사들이 이러한 행동에 직면하게 된다. 이러한 행동들을 예측하고 잘 준비하지 않으면, 교사들은 실제 교실환경에서 발생하는 문제행동에 대해 효과적으로 대처하지 못하게 된다.

이러한 문제행동을 보이는 아동들은 거의 모든 학교와 교실에 존재하고 있다. 미국에서 2009년에 약 900명의 교사를 대상으로 비영리 기관이 실시한 조사연구에 따르면 약 50%의 교사들이 '많은 학생들이 보이는 훈육과 행동상의 문제'가 교사생활에서 가장 어려운 점이라고 응답하였는데, 이와 달리 약 55%의 교사들은 학교의 질서나 안전, 교사 존중과 같은 관점에서 볼 때 학교상황은 '매우 좋다'라

많은 교사들이 일반적으로 염려하는 행동은 교실에서 발생하는 비교적 작은 부적절한 행동이다.

표 1-1 교사들이 가장 빈번하게 제시한 훈육상의 문제행동

	아동	청소년
내면화 행동	불안(실수에 대한 불안, 일반적인 걱정)	불안(자기 의심, 완벽주의, 다른 사람 의식 등)
외현화 행동	주의 산만, 주의 집중 부족, 과잉행동(과도한 움직임, 충동적 과제행동), 방해행동(지시 불이행)	과잉행동(과도한 활동, 충동적 과제행동)
학습행동	읽기, 수학, 철자에서의 결함	과제 지시 불이행, 부주의한 오류

출처 : Harrison et al. (2012).

고 응답하였다. 그리고 59%의 교사가 교사 지도에 따라서 학생의 동기가 결정된다고 대답한 것은 매우 고무적인 것으로 여겨진다.

미국의 공립학교 현장에서 보이는 문제행동을 파악하기 위하여 많은 연구들이 실시되었다. 이와 관련된 연구 결과와 자료를 제시한 한 종합적인 연구에 따르면 2009~2010학년도에 학교의 문제행동으로 가장 많이 보고된 것이 친구를 괴롭히는 행동(23%)이었으며 그다음으로 존중하지 않는 행동(8.6%), 교사에게 무례한 말을 하는 행동(4.8%) 등이었다(Robers, Kemp, & Truman, 2013). 갱 활동(16.4%)과 이상한 종교행동(1.7%)도 문제가 된다고 하였지만 빈번하게 일어나지는 않는다고 하였다. 문제행동으로 훈육실로 의뢰되는 것에 대한 여러 연구들은 일관된 패턴을 제시하고 있는데, 초등학교에서 훈육실로 의뢰되는 이유로는 학생의 방해행동이나 공격행동이 가장 많았으며, 중등학교에서는 무례한 행동이나 출석관련 행동(지각, 무단결석 등)이었다(Kaufman et al., 2010; Spaulding et al., 2010). Harrison, Vannest, Davis와 Reynolds(2012)는 교사들을 대상으로 지역을 안배한 조사연구를 실시하였는데, 이 연구는 교사들이 보고하는 학생들의 행동문제에 대하여 조사하고 이어서 학생들의 나이(아동과 청소년으로 구분)와 행동문제의 특징(내면화 행동, 외현화 행동, 학습행동)에 따라 분석하였다. 그 결과는 표 1-1에 제시되어 있다. 교사들에게 좋은 뉴스는 이 책에서 제시하는 방법을 사용하면 작은 문제행동들은 쉽게 예방되거나 중재할 수 있다는 것이며, 좀 더 심각한 문제행동은 더욱 집중적인 중재가 필요한데, 이에 대한 내용은 제8장부터 제12장에 제시되어 있다. 모든 학생들은 제3장에 제시되어 있는 학교 차원의 예방법으로 효과를 볼 수 있다.

물론 학교에서 일어나는 문제행동들이 다 가벼운 것만은 아니다. 학생들과 교직원들을 위험에 빠트리는 심각한 문제행동들도 일어날 수 있으며 또한 일어나고 있다. 비록 이러한 행동들이 빈번한 것은 아니지만 학교 훈육과 관련하여 고려되어야 한다. 학교 범죄와 안전에 대한 2012년도 지표를 보면 2009~2010학년도에 1,390명의 아동과 청소년들(5세에서 18세)이 살인사건의 희생자였으며, 그중 19건은 학교에서 발생하였다(Robers et al., 2013). 이처럼 심각하지는 않지만 학교 안에서 12세부터 18세에 해당하는 학생들에게 발생한 문제행동 사건으로 보고된 것은 1,246,000건이나 되었다. 이러한 사건은 절도, 위협, 무기에 의한 상해 등이 포함되었다. 이 지표에서 보고된 다른 주요한 훈육문제들은 싸움, 물질남용, 무기류 소지, 친구 괴롭히기 등이었다. 2009~2010학년도에 85%의 학교에서 한 번이나 그 이상의 범죄행위가 발생하였으며, 범죄 비율로는 학생 1,000명당 약 40건에 해당되었다. 같은 기간에 60%의 학교에서 범죄 관련으로 경찰서에 신고하였다(학생 1,000명당 15건이 보고됨). 학교 현장에서 이러한 실제적인 학교 안전에 대한 위협에 대하여 학교 안전을 높이는 다양한 방법들을 강구하여 실시하고 있다. 초등학교와 중등학교 현장에서 안전 예방을 위하여 사용하고 있는 가장 일반적인 방법들은 외부인의 학교 접근 제한, 스마트폰 사용 금지, 인터넷 네트워킹 사용 제한, 교직원 신분증 착용, 전체 학교에 전자 경고장치 설치, 보안 카메라(예 : CCTV) 등을 설치하는 것이다(Robers et al., 2013). 그리고 고등학교의 약 60%는 마약 탐지견을 활용하고 있다고 보고하였다.

정서 및 행동장애 아동과 청소년 대부분 아동들의 행동문제는 교사에게 비교적 심각한 것은 아니다. 그러나 1999년 미국 외과의사협회에서 제출한 보고서는 9~17세 청소년들의 약 20%가 정신장애와 중독 문제를 보이는 것으로 진단될 수 있다고 하였다(U.S. Department of Health and Human Services, 1999). 청소년의 정신건강장애에 대한 최근의 자료들도 이와 같은 사실을 지지하고 있다(National Advisory Mental Health Council Workgroup on Child and Adolescent Mental Health Intervention Development and Deployment, 2001). 예를 들면, 국립정신병협회(National Alliance on Mental Illness, NAMI)는 미국의 5~17세 아이들 중에서 약 300만~500만 명(5~9%에 해당)의 아이들이 심각한 정신장애 문제를 가지고 있다고 보고하였다. 국립정신건강협회의 연구자들은 아동과 청소년의 약 20%가 생활 기능에 영향을 미치는 정신적 문제를 겪는다고 하였으며, 이들 중에 40% 정도는 한 가지 이상의 어려움을 보인다고 하였다(Merikangas et al., 2010). 행동장애아동의 출현율에 관한 많은 보고서들은 18세 이하 아동의 약 12에서 22%가 정서적으로나 정신적인 문제 또는 행동문제와 관련된 서비스를 필요로 한다고 밝히고 있다(Center for Mental Health in Schools, 2003). 국립연구 및 의약연구소가 발행한 2009년 보고서에 의하면 성인들이 보이는 대부분의 정신적 · 정서적 · 행동적 장애는 아동기나 청소년기부터 시작되며, 일반적으로 아동과 청소년의 약 20%에서 40%가 정신적 · 정서적 · 행동적 문제를 보인다고 하였다(National Research Council and Institute of Medicine, 2009). 이러한 장애에는 불안장애나 우울증과 같이 진단이 되는 것과 아울러 공식적인 진단 기준으로는 알기 어려운 행동문제와 관련된 것도 포함되어 있다.

어린 아동을 포함한 모든 연령대의 아동들이 거의 동일하게 정신건강장애와 관련된 영향을 받는 것으로 나타나고 있다(U.S. Public Health Service, 2000). 더욱이 중복이환(comorbidity: 두 조건이 동시에 나타나는 것)이 일반적인데, 특히 외현화 행동과 내면화 행동의 이상이 동시에 나타난다. 표 1-2에서 제시되는 정신건강장애는 여러 가지 행동적인 특성을 보인다. 위협, 위축, 싸움, 험담과 멸시, 규칙이나 어른들이 요구에 대한 불순종, 과도한 염려와 불안, 과도한 활동, 늘 괴롭힘을 당하는 행동 등과 같은 분명한 문제행동들이 보이면 교사는 그러한 학생들이 정신건강이상을 보인다고 생각하며 특별히 그러한 행동들이 아주 빈번하거나 심할 때에는 더욱 그렇다. 만약 정신건강장애가 의심될 때에는 교사는 학교와 관련된 전문가(행동 치료사, 상담사, 학교 심리사)의 자문을 받거나 특수교육서비스를 위한 평가를 받도록 조회하는 것과 같은 적절한 조치를 취하여야 한다.

모든 교사들이 마주칠 수 있는 가장 특별한 장애는 자폐성 장애이다. 질병치료 및 예방센터(Centers for Disease Control and Prevention, CDC)는 대략 68명 중에 한 명 정도가 어떤 형태의 자폐성 장애를 보인다고 추청하고 있다(Baio, 2014). 질병치료 및 예방센터의 자료를 보면 자폐성 장애로 진단된 아동들 중에서 약 1/3의 아동들이 70 이하의 IQ(지적장애 범위)를 보이며, 23%가 경계선 범위(IQ 71~85)이고, 약 46%가 평균이나 평균 이상(IQ 85 이상)의 IQ를 보인다고 하였다. 이러한 지적 능력과 자폐성 장애의 증상 범위(Venker, Ray-Subramanian, Bolt, & Weismer, 2014)를 고려해 보면, 이와 같은 자폐성

교사들은 학생들의 다양한 생활 문화와 경험을 잘 이해하여야만 한다.

표 1-2 청소년이 보이는 정신건강장애와 출현율 및 행동 특성

장애 유형	출현율 (학령기 인구에서의 %)	행동 특성
불안장애	8	• 지속적인 걱정과 불안 • 완벽주의 • 끊임없이 사람의 눈치를 보거나 인정을 원함
우울증	5.2	• 전반적으로 심한 슬픔 • 자기비판 • 비관 • 문제집착 • 무기력 • 화를 내거나 적대적임
붕괴성 행동장애	6.1	• 어른(권위를 가진 사람)들에 대한 지속적인 불순종, 반항, 적대적 행동 • 논쟁적임 • 쉽게 화를 냄
주의력결핍 과잉행동 장애(ADHD)	4.5	• 높은 수준의 신체적 · 언어적 활동, 끊임없는 움직임 • 주의 집중의 어려움 • 주의 산만 • 높은 충동성

출처 : Disorders and prevalence figures from National Research Council and Institute of Medicine (2009). *Preventing Mental, Emotional, and Behavioral Disorders Among Young People: Progress and Possibilities*. Committee on the Prevention of Mental Disorders and Substance Abuse Among Children, Youth, and Young Adults: Research Advances and Promising Interventions. Mary Ellen O'Connell, Thomas Boat, and Kenneth E. Warner (Eds.). Board on Children, Youth, and Families, Division of Behavioral and Social Sciences and Education. Washington, DC: The National Academies Press.

장애를 보이는 아동들은 실제적으로 일반통합학급을 포함한 모든 교육현장에서 볼 수 있다.

비록 앞에서 제시된 이러한 행동들은 교사들에게 실질적인 문제가 되지만, 이 책에서 제시하는 행동중재 기술들은 이러한 학생들의 행동에 긍정적인 영향을 미칠 수 있다(Kerr & Nelson, 2006; National Research Council and the Institute of Medicine, 2009). 사실 이러한 행동문제를 보이는 아동들에게 가장 큰 희망이 되는 것은 아동의 학습과 사회적 성취를 최대화시킬 수 있는 지속적이고 예방적이며 긍정적인 학교환경일 것이다.

교실에서의 다양성

학교는 인종과 문화, 종교, 언어와 사회경제적 수준에서 매우 다양한 학생들로 구성되어 있다. 미국 공립학교(일반학교와 차트스쿨)의 2011~2012학년도에 전체 학생의 약 40%가 소수인종 학생들이며, 약 9%의 학생들은 영어가 모국어가 아니어서 영어를 배워야 하는 학생들이다(U.S. Department of Education, National Center for Education Statistics, 2013). 2011~2012학년도에 미국 내 모든 공립학교 학생들 중에서 거의 50%의 학생들이 무료 급식이나 어느 정도의 급식 지원을 받고 있으며, 이러한 수치는 일종의 전체 학교 학생들의 사회경제적 수준에 대한 척도로 볼 수 있다(U.S. Department of Education, National Center for Education Statistics, September 2013). 2011~2012학년도에는 3세에서 21세에 해당되는 모든 공립학교 학생들 중에서 약 13%가 미국장애인교육법의 장애에 따른 교육 서비스를 받고 있다(IDEA; U.S. Department of Education, National Center for Education Statistics, 2013a).

학생들은 점점 다양화되어 가고 있음에도 단지 17%의 교사들이 인종과 문화적으로 소수인종에 해당되며, 다문화 배경의 교사가 아예 없는 학교가 42%나 되는 것으로 나타났다(Strizek, Pittsonberger, Riordon, Lyter, & Orlofsky, 2006; U.S. Department of Education, National Center for Education Statistics, July 2013). 그리고 모든 교사 중에서 76%가 여성이고, 중등학교에서 여교사는 58%이다(U.S. Department of Education, National Center for Education Statistics, May 2013). 학교의 훈육 정책에 영향을 미치거나 결정을 내리는 위치인 학교 교장에서도 다문화 배경을 가진 교장은 그리 많지 않은 상황이다. 2003~2004학년도에 약 16%의 교장이 소수인종인 것으로 나타났다(Strizek et al., 2006).

게다가 소수인종의 학생들은 질 높은 교사들을 만나지 못한다는 증거들도 많이 있다. 미국 교육부의 시민평등에 대한 자료에 따르면(U.S. Department of Education Office for Civil Rights, March 2014), 소수인종 학생들을 가르치는 교사들은 교과에 대한 역량이나 자격이 낮은 경향이 있으며, 신임 교사들이 많고, 다른 백인 학생들을 주로 가르치는 교사들보다도 임금이 낮은 경우가 많은 것으로 나타났다. 이러한 경향은 흑인 학생들이 많은 학교에서 더욱 분명하게 나타나고 있다.

이러한 사실은 인종이나 문화적 배경이 다른 많은 소수인종 학생들을 가르치는 교사들 중에는 소수인종 출신의 교사들이 더 많다는 것을 의미한다. 이러한 점은 교사와 학생 간의 관계, 교사와 학생 가족 간의 관계, 교수 활동, 행동 관리에 영향을 미친다. 본 장의 뒷부분에서 언급하겠지만, 소수인종 학생이나 남학생 그리고 장애학생들이 학교 훈육에 더 많이 조회되고 있는 것과도 관련이 있다. Skiba, Michael, Nardo, Peterson(2000)과 Townsend(2000), 그리고 다른 연구자들은 소수인종 학생들이 훈육 문제에서 불균형적으로 많은 대상이 되는 것을 해결하는 길은 효과적이고 사회문화적으로 타당한 교실중재 방법을 교사에게 가르치는 교사훈련이라고 주장한다. 교사들은 교실에 있는 소수인종 학생들이 가지고 있는 가치나 신념, 그 문화의 특별한 행동 등을 이해하기 위하여 특별한 노력을 기울여야 한다. 교사들은 이러한 배경이 다양한 학생들의 특성이나 교육적 요구 또는 문화적인 행동을 이해하지 못하여 발생하는 학생들의 학습이나 행동문제를 감소시키기 위하여 효과적인 교수 전략을 알고 적용할 수 있어야 한다. 이러한 과정으로써 모든 교사들은 자신의 학급에 있는 다문화 학생들에 대해 자신이 어떠한 인식을 가지고 있는지 알아야 하며, 이러한 인식이 교사로서의 행동에 어떤 영향을 미치는지 정확하게 파악하여야 한다. 학급 다양성에 대한 IRIS 센터의 모듈(The IRIS Center module on Classroom Diversity: IRIS Center, n.d.)은 교사들이 직면할 수 있는 여러 가지 형태의 다양성을 제시하고, 이러한 다양성에 대한 교사의 인식이 학생 성취에 어떠한 영향을 미치는지, 그리고 교수적 지원이나 전략을 적용하여 학생의 성취를 향상시킬 수 있는 여러 가지 방법을 제시하고 있다. 본 저자들은 독자들이 IRIS 센터의 모듈을 알기를 원하는데, 그 내용을 읽고, 비디오를 보고, 활동을 해보기를 원한다. 그렇게 하면 다문화 배경의 학생들을 효과적으로 가르치는 데 필요한 역량을 높일 수 있을 것이다.

다문화 배경을 가진 학생들을 잘 가르치려면 무엇보다도 교사들은 그들 학생들의 삶을 잘 이해하여야 한다. 행동중재의 관점에서 말하자면 교사들은 항상 학생들의 행동에 대하여 그 학생의 문화적 관

밴더빌트대학교의 IRIS 센터(The IRIS Center at Vanderbilt University)는 교사들을 연수하거나 교육하기 위한 훈련 프로그램과 자료를 개발하였다. "교실의 다양성 : 학생의 차이에 대한 이해"에 대한 모듈은 교사들이 직면할 수 있는 여러 가지 형태의 다양성을 제시하고, 이러한 다양성에 대한 교사의 인식이 학생 성취에 어떠한 영향을 미치는지, 그리고 교수적 지원이나 전략을 사용하여 학생의 성취를 향상시킬 수 있는 여러 가지 방법을 제시하고 있다.

점에서 고려하여야 한다. 하지만 이것은 학생의 문화적 배경과는 연관이 있지만 학교에서 수용될 수 없는 행동을 간과하라는 것은 아니다.

교사의 필수적인 역할

교사, 부모, 일반 시민들의 조사연구는 일관적으로 훈육이 중요한 관심사임을 보여 준다(Langdon, 1999; Rose & Gallup, 2002, 2004). 그러나 불행하게도 대부분의 교사들은 문제행동을 예방하거나 문제행동에 대해 긍정적인 관점으로 대처하는 데 필요한 행동중재기법에 대하여 충분한 훈련을 받지 못하고 있다(American Federation of Teachers, 2003; Public Agenda, 2004). 교직 1년 차인 교사들을 대상으로 실시한 2007년의 조사연구에서 단지 34%의 교사들만이 학급관리를 위한 방법으로써 긍정적 행동중재와 지원과 관련된 과목을 대학에서 수강한 것으로 나타났다(Public Agenda, 2007). 앞에서 살펴보았듯이 교실에서 발생하는 대부분의 행동문제가 심각하지 않은 것은 다행스러운 일이지만, 85%의 신임교사들은 학생들의 행동문제를 다루는 데 있어서 자신들이 매우 준비되지 않았다고 느끼고 있는 것은 심각한 일이다(Public Agenda, 2007). 특히 중등학교 교사들은 교사양성 프로그램이 청소년기 학생들의 문제행동에 대하여 자신들을 준비시키지 못하였다고 반응하였다(Public Agenda, 2007). 일반 대중매체에서도 이러한 상황을 보도하고 있는데, 교사들이 학생들의 행동을 관리하는 데 있어서 준비되어 있지 않다고 보도하고 있다(예 : Wingert, 2010).

교사양성 프로그램에서 학급관리 및 행동중재에 대한 훈련이 부족해서 교사들은 비교적 사소한 행동문제들에 대처하는 기본 기술들을 배울 수는 있지만, 만성적이고 심각한 행동문제에 대한 대처기법은 습득할 수 없다. 이와 관련된 보고서들에 의하면 기존의 교사들은 학생들의 문제행동에 대처하는 데 자신들이 잘 준비되어 있지 못하다고 느끼고 있으며, 신임교사들은 교실과 학생행동을 관리하는 데 필요한 긍정적 행동지원 방법과 전략을 체계적으로 배우지 못하고 있음을 알 수 있다. 이것은 매우 불행한 일인데, 여러분이 이 책을 읽으면서 느끼겠지만, 이 책에는 많은 행동문제를 예방할 수 있고 또한 가벼운 문제행동부터 심한 만성적인 문제행동까지 포함하는 모든 유형의 문제행동을 중재하는 데 필요한 방법들이 제시되어 있기 때문이다. 또한 제6장에서 배우겠지만 교실을 잘 관리할수록 교사는 더 많은 시간을 교수에 쏟을 수 있으며 그만큼 학생들은 더 잘 배울 수 있다. 교실을 관리하는 데 있어서 교사의 역할은 결정적이다. 학생이 가지고 있는 학습과 행동상의 문제나 또는 열악한 가정환경과 같은 요인들은 상황을 어렵게 할 수는 있지만, 학생과 교실을 관리하고 조직화하는 데 있어서 가장 결정적인 요소는 교사이다. 간단하게 말하자면 학급관리와 행동중재에 대하여 많은 역량을 가지고 있는 교사들은 그렇지 않은 교사들보다 훨씬 적은 문제행동을 만나게 된다.

행동중재 프로그램에 있어서 가중 중요한 요소는 아마도 예방일 것이다. 문제행동이 일어나기 전에 미리 예방하는 중재기법을 교사들이 알고 적용하는 것은 매우 중요한 일이다. 이러한 예방의 중요성을 알아보기 위하여 일반 사회생활의 영역에서 예방적인 기능을 하는 몇 가지 실제들을 살펴보자.

공중보건

- 출산 전 임산부 관리
- 태아 점검
- 예방접종

- 정기 건강검진
- 건강식과 운동

스포츠

- 헬멧 등과 같은 보호 장비 착용
- 훈련과 다이어트
- 운동경기의 분명한 규칙과 절차

식당

- 음식 저장과 유통에 대한 법률
- 정기적 안전검사

법

- 계약서
- 혼인 신고
- 임대차 계약 작성

공항

- 위반사항에 대한 규칙과 벌칙의 홍보 시스템 운용
- 항공안전과 탑승 체크인을 위한 안전지대 확보
- 탑승절차에 대한 분명한 절차 홍보(예 : 안전지대를 통과하는 법, 비행기 이륙시간 전에 출국 게이트에 도착하는 것, 기내 수화물과 허용 수화물에 대한 안내 등)

교사가 긍정적인 행동중재 전략을 적용한다면 교실에서 발생하는 작은 문제행동들의 대부분은 막을 수 있다.

예방은 교실행동중재에서 여러 가지 면에서 중요하다. 첫째, 교사들이 행동중재에 시간을 적게 보낼수록 학습에 더 많은 시간을 사용할 수 있다(Public Agenda, 2004). 둘째, 훈육과 관련된 사소한 문제행동을 방치하면 때로는 심각한 문제행동으로 발전할 수 있다. Alan Kazdin(Kazdin, 1987), Hill Walker(Walker, Ramsey, & Gresham, 2004), Kenneth Dodge(Dodge, 1993), Shep Kellam(Kellam, 2002), Gerald Patterson(Patterson, DeBaryshe, & Ramsey, 1989; Patterson, Reid, & Dishion, 1992)과 그 외의 많은 연구자들은 반사회적 행동이 발달하는 과정을 분명하게 제시하고 있다. 청소년기의 심각한 반사회적 행동은 일반적으로 처음에는 규칙을 어기는 것과 같은 작은 문제행동(예 : 불복종 등)에서부터 시작된다. 그러나 이러한 작은 문제행동을 방치하거나 중재하더라도 효과적으로 하지 않으면, 시간이 갈수록 점점 심각한 문제행동으로 발전하게 된다.

이러한 관점에 대한 일련의 특별한 연구가 있는데, 그 연구는 초등학교 1, 2학년의 학생들을 대상으로 장기간에 걸쳐서 나타나는 문제행동에 대하여 적절하게 중재한 경우와 부적절하게 중재한 경우를 비교하였다(Dolan et al., 1993; Kellam, Ling, Merisca, Brown, & Ialongo, 1998). 미국의 볼티모어 예방 프로그램 연구(Baltimore Prevention Program studies)에 포함된 18개 학교의 초등학교 1학년 학생들의 행동을 여러 가지 행동 특성(예 : 공격성, 위축성 등)에 따라 측정하였다. 그리고 그 학생들을 두 가지 유형의 교실에 각각 무작위로 할당(무선배치)하였다: (a) 교사들이 체계적인 중재 프로그램[좋은 행동

좋은 행동게임은 어린 아동에게 효과적인 행동중재관리가 필요하다는 것을 보여 준다.

게임(Good Behavior Game)이라고 하는 프로그램, 제10장에 소개되어 있음]을 실시하는 교실과, (b) 체계적인 중재를 실시하지 않는 교실에 그 학생들을 무선배치한 것이다. 이렇게 두 유형의 교실에 배치된 학생들은 중학교까지 추적 조사되어 그들이 중학생이 되었을 때에 공격행동, 위축행동, 반사회적 행동(예 : 흡연, 약물 중독)과 같은 관점에서 다시 평가되었다.

공격성에서 상위 25%에 속했던 아동들은 나이가 들어서도 일반적으로 문제행동을 보이며 살아가고 있었다. 부적절한 중재교실에 있었던 공격적인 아동들은 6학년이 되었을 때 일반 아동들보다 약 59배나 더 많은 공격행동을 보였다. 이와 대조적으로 공격성에서 같은 상위 25% 그룹에 속했었지만, 초등학교 1학년 때 체계적인 중재를 실시한 교실(즉, 좋은 행동게임을 실시한 교실)에 배치되었던 학생들은 6학년이 되었을 때에 일반 아동들보다 단지 2.7배 정도의 문제행동을 더 보이는 것으로 나타났다. 초등학교 초기 1, 2학년 때에 제공된 적절한 중재는 또 다른 장기적인 효과가 있는 것으로 나타났다. 어렸을 때 사회적 상호작용에서 위축된 아이라고 평가되었지만 적절한 중재교실에 있었던 아동들은 중학생이 되어서는 위축행동을 보이는 비율이 훨씬 낮았으며, 일반 학생들과 비교해도 우울증과 같은 증상들을 더 적게 보이는 것으로 나타났으며(Kellam et al., 1994), 또한 초기 성인기에도 정신과 적인 문제를 더 적게 보이는 것으로 나타났다. 그리고 적절한 중재교실에 있었던 아동들은 중학생이 되어 동료들보다 흡연이나 약물남용을 더 적게 하는 것으로 나타났다(Ialongo et al., 1999; Kellam & Anthony, 1998). 이러한 연구들은 초기에 긍정적이고 예방적인 행동중재 프로그램을 실시하는 것은 즉각적인 문제행동을 예방하고 다루는 데 있어서 효과적일 뿐만 아니라 장기적인 효과도 있는 것을 보여 준다. 이러한 연구 결과는 아주 놀라운 사실이며 심각한 문제행동을 예방하는 데 있어서 교사와 학교의 역할이 매우 중요하다는 것을 보여 주고 있다.

또한 이 책의 제3장에서 볼 수 있겠지만 약 80~90%의 학생들이 긍정적이고 예방적인 학교환경(즉, 행동하는 방법을 학생들에게 가르치고, 문제행동을 단지 처벌하기보다는 적절한 행동에 먼저 관심을 기울이는 것을 강조하는 학교)에 성공적으로 반응한다는 사실을 알 수 있다(Office of Special Education Programs, 2010b). 이 책의 제8~12장에 제시되어 있듯이 약 5~15%의 학생들은 좀 더 집중적이고 개별화된 중재 접근이 필요한 것으로 보인다. 그리고 약 1~7%의 학생들은 더욱 개별화되고 통합된 집중적인 중재가 필요한 것을 알 수 있다. 이러한 연구 자료들은 작은 문제행동이 심각한 문제행동으로 발전하는 것을 예방하는 것과 만성적인 문제행동으로 발전하지 않도록 적절하게 중재하는 것에 있어서 학교와 교사들의 역할이 아주 중요하다는 것을 보여 준다.

전통적인 행동중재 방법의 제한점

학교 훈육을 위해 전통적인 방법을 사용하는 것에 대한 염려가 있다.

전통적으로 교육자들은 학생의 문제행동을 주로 벌을 주는 것으로 다루었다(Gushee, 1984; Sugai & Horner, 2002). 훈육(discipline)이라는 용어는 '벌(punishment)'이란 말을 떠올리게 하는데, 그 이유는 전통적으로 훈육을 할 때 벌을 가장 많이 사용하였기 때문이다. 사실 벌을 주고 배제시키는 것은 문제행동에 대한 가장 일반적인 반응이었다. 비난, 징계, 배제와 같은 이러한 처벌적인 사후 반응은 행동을 변화시키는 데 효과적이지 않고 오히려 문제행동을 잘못 강화해 주는 기법임에도 불구하고 일반적으로 사용되었다(Heumann & Warlick, 2001). 물론 전통적인 행동중재에서도 사전 예방적인 기법들을 포함하고 있다. 예를 들면, 교사들은 교실규칙을 정해 놓기도 하고, 대부분의 학교는 교실이나 학교 규칙을 마련하고 학생들이 해서는 안 되는 문제행동이 무엇인지 그리고 그러한 행동을 할 때 받게 되는 후속결과(처벌 방안)가 무엇인지 규정하고 있다. 그러나 단지 규칙을 어길 때 받게 되는 행동이나 벌칙을 규정해 놓는 것은 매우 불충분하고, 효과에 대해서도 부정적인 인식이 많으며, 그 대상도 수업 중에 떠드는 것과 같은 비교적 작은 문제행동에 대한 내용들을 주로 다루고 있다(표 1.1 참조). 불행히도 이러한 전통적인 방법은 상습적으로 심각한 문제행동을 보이는 학생들에게는 효과적이지 않을 뿐만 아니라 다음과 같은 문제점을 야기하기도 한다.

1. **전통적인 훈육 방법은 특정한 소수인종 학생들에게 불균형적으로 적용되고 있다.** 전통적이고 사후 반응적인 방법에서 가장 문제가 되는 것은 대상 학생의 성별, 인종, 능력, 가정형편 등이 한쪽으로 매우 치우쳐 있다는 점이다. 특이한 점은 정학과 같이 학생을 배제하는 형태의 벌칙이 다른 학생들보다 소수인종, 특히 흑인 학생에게 많이 적용되고 있다는 점이다. 1975년 아동보호기금(Children's Defense Fund)으로 실시된 기념비적인 한 연구는 몇 가지 중요한 사실을 보여 주었다. 첫째, 정학을 받은 학생의 비율이 모든 학년에 걸쳐 백인보다 흑인에서 2~3배 높게 나타났다. 둘째, 대부분의 주에서 전체 흑인 학생의 5%가 넘는 학생이 정학을 받은 반면에, 백인 학생은 단지 4개의 주에서만 같은 비율로 정학을 받은 것으로 나타났다. 마지막으로 한 번 이상의 정학을 받은 수에 있어서도 흑인 학생들이 백인 학생들보다 훨씬 더 많은 것으로 나타났다(Children's Defense Fund, 1975).

   이러한 현상은 1975년 이후에도 계속되고 있으며, 2014년에 미국 교육부가 발행한 인권에 대한 보고서에서도 나타나고 있다. 이 보고서는 2011~2012학년도에 미국의 모든 공립학교에서 조사된 학교 훈육에 대한 내용을 종합적으로 담고 있는데, 유색인종 학생이나 장애학생들은 모든 학년에 걸쳐서 학교 훈육과 처벌을 불균형적으로 훨씬 더 많이 받고 있는 것을 보여 주고 있다. 이 보고서의 내용에서 몇 가지를 제시하면 다음과 같다.

   - 흑인 학생들은 전체 학생 중에서 약 16%를 차지하는 데 비하여, 학교내 정학을 받는 학생들 중에서는 32%가 되고, 학교외 정학을 받는 비율 중에서 33%가 되며, 학교에서 쫓겨나는 학생들 중에서는 34%를 차지하고 있다.
   - 흑인 학생들은 법적 제재를 받는 비율도 불균형적으로 높은데, 법적 제재를 위해 조회되는 학생들의 27%를 차지하며, 학교에서 문제를 일으켜 구속되는 학생들의 31%가 흑인 학생들이다.
   - 전체 유치원 아동 중에서 흑인 아동의 비율은 18%가 되는 데 비하여 학교에서 문제행동을 보여 정학을 받는 흑인 아동의 비율은 거의 절반(48%)을 차지하고 있다.

   다른 그룹들도 전통적인 훈육 체계에 의하여 불균형적으로 다루어지고 있다. 여러 연구들은 인종에 따른 차이 외에도 낮은 경제계층의 남학생이나 장애학생들이 중산계층이나 상류계층의 학생들보다 훨씬 더 많이 배제되거나 처벌(예 : 체벌, 공식적 비난과 징계 등)을 받는 것을 보여준다(Leone et al., 2003; Skiba et al., 2000). 게다가 경제적으로 낮은 계층의 학생 중에서도 유색인종 학생들이 그러한 조건의 백인 학생들보다 더 많은 훈육적인 처벌을 받는 것을 알 수 있다(Darensbourg, Perez, & Blake, 2010; Skiba, 2000; Taylor & Foster, 1986).

   소수인종 학생이 정학을 받는 비율이 불균형적으로 높지만 그러한 학생들이 다른 학생들보다 더 많이 소란을 피운다거나 문제행동을 더 많이 보인다는 것과 관련하여 그 어떤 객관적인 증거도 제시되지는 못하고 있다. 사실 흑인 학생들이 작은 위반행위를 해도 백인 학생들보다 훨씬 더 자주 교장실로 불려가며, 같은 정도의 행동문제에도 더 심한 처벌을 받으며, 행동문제에 있어서 훨씬 더 부정적인 판단을 받는 경향이 있다는 사실이 제기되고 있다(Leone et al., 2003; Opportunities Suspended, 2000; Skiba et al., 2000).

전통적인 훈육 방법이 소수 인종 학생들에게 과다하게 적용되는 경향이 있다.

2. **전통적인 학교 훈육 방법은 학생들로 하여금 청소년 비행이나 범죄에 빠지게 하는 위험이 있다.** 학교-교도소 경로(school-to-prison pipeline)라는 용어는 심각한 행동에 대한 불관용 정책에 근거하여 학교 훈육에서 강경 정책(get tough)을 실시하는 것으로부터 파생되는 문제를 기술하기 위하여 사용되는 용어이다. 불관용 정책(zero tolerance)은 원래 학교에서 무기 소지나 마약, 폭력과 같은 심각한 위반행동에 대하여 정학이나 퇴학과 같은 처벌을 적용할 때 사용되었다(National Association of School Psychologists, NASP, 2001). 그러나 시간이 갈수록 이러한 불관용 정책은 규정을 어기는 행동이나 여러 가지 문제행동에 대해 심한 처벌을 주는 것으로 확대되었는데, 때로는 위험하지 않은 사소한 행동에 대해서도 적용하게 되었다(Fabelo et al., 2011; NASP, 2001; Skiba, 2000). 불관용 정책과 관련된 법과 규정은 문제행동 중재에 있어서 교사들로 하여금 사건의 경중이나 학생의 의도, 또는 완화시키는 요인들에 대하여 평가하고 고려하는 것을 허용하지 않고, 미리 정해진 처벌이나 반응을 적용하게 하였다. 이러한 법 집행의 경직성은 여러 가지 많은 불합리한 문제들을 발생시키는데, 예를 들면 유치원 학생이 학교에 부러진 플라스틱 장난감 총을 가져온 것 때문에 30일의 정학을 받는다든지('여자아이의 추방', 2013.1.31.), 고등학교 여학생이 두통 때문에 의사 처방 없이도 살 수 있는 진통제를 소지한 것에 대하여 약물 규정에 관한 학교의 불관용 정책을 위반하였다는 이유로 퇴학을 당하기도 하였다('ACLU Files Lawsuit', 2001.2.1.).

학교-교도소 경로와 관련된 또 다른 문제점은 무단결석이나 지각 또는 학교 안에서의 위반행동과 같은 학교 훈육문제를 법적 처벌을 받도록 조회함으로써 생기기도 한다. 학교에서의 문제행동에 대하여 많은 주에서는 학교 경찰이나 지역 경찰이 학생을 체포하여 수갑을 채우고 구치소에 이송하기도 한다(Aull, 2012). 어떤 주에서는 학교 경찰로 하여금 방해행동이나 무질서행동 또는 무단결석과 같은 아주 심하지 않은 문제행동에 대해서 학생 비행 소환장을 발행하도록 허용하고 있다(Fowler, 2011a, 2011b). 이러한 소환장을 받은 학생은 일반적으로 청소년 비행 담당 판사나 일반 법원에 출두하게 된다. 판결은 벌금이나 지역사회 봉사가 될 수 있으며, 학생에게 범죄 기록으로 남을 수도 있다(Fowler, 2010). 소수인종 학생이나 장애학생은 법적 처벌을 포함한 이러한 훈육 관련 문제에 불균형적으로 많은 수를 차지하고 있는 상황이다(Fowler, 2011a, 2011b).

학생이 자주 작은 문제행동을 저질러서 학교로부터 여러 번 되풀이하여 정학을 당하는 것도 명확하지는 않지만 학교-교도소 경로와 관련된 문제가 된다. 2011년에 주정부 사법기관에서 텍사스 주의 공립학교의 훈육과 관련된 '학교규칙 어기기'라는 연구 보고서를 발행하였다. 그 연구에서 연구자들은 6년 동안에 거의 백만 명의 중등학교 학생들(2000~2002년 동안에 중학교 1학년이었던 학생들)의 학교 훈육과 학교 성적 기록을 조사하였다. 이에 더하여 연구자들은 청소년 비행과 관련된 사법 기록을 조사하였으며, 비행 사법기관에 수감되었던 청소년들의 학교 기록도 추적하여 조사하였다. 이 연구 보고서는 학생의 작은 문제행동에 대해서도 학교내 정학이나 학교외 정학 또는 퇴학 등이 아주 널리 적용되고 있으며, 특히 소수인종 학생이나 남학생 그리고 장애학생들에게는 불균형적으로 많이 적용되고 있음을 보여 주고 있다(Fabelo et al., 2011). 훈육과 관련하여 처벌을 받은 학생들은 그러한 상태가 지속되거나 또는 학교를 그만두는 경우가 많다. 게다가 정학이나 퇴학을 시키는 것은 1년 안에 비행과 관련된 사법 문제와 연루되는 것을 예측하게 한다.

이러한 훈육 정책의 목적은 학교의 질서와 안전이다. 그러나 단순하게 적용되는 강경한 학교 훈육 정책은 학생을 학교에서 추방한다고 해서 그러한 목적을 효과적으로 달성하지 못한다는 사실을 보여 주고 있다. 이러한 강경 정책이 실제로는 좋은 결과보다는 나쁜 결과를 낳고 있으며, 이와 반대로 학교 분위기, 예방 전략, 학생 참여와 같은 것을 강화하는 것이 학교의 안전과 질서를 세우는 데 더욱 효과적이고 효율적이라는 점을 많은 실제적인 증거들은 제시하고 있다.

3. **전통적인 훈육 방법은 사후 반응적이다.** 행동문제에 대한 훈육에 있어서 대부분의 전통적인 방법들은 문제행동이 일어난 후에 반응한다(예 : 교무실 호출, 정학, 부모 호출 등). 이러한 방법은 문제행동이 일어난 후에야 중재적인 접근을 한다는 것을 의미한다. 그러나 문제행동이 일어나기 전에 예방하는 것이 훨씬 더 바람직하다. 물론 어떤 사람들은 교무실 호출이나 정학과 같은 것을 규칙으로 정하는 것은 예방적인 면이 있다고 말하기도 한다. 그러나 이러한 주장은 데이터와 맞지 않는다. 사실 사후 반응적인 처벌을 받는 대부분의 학생들은 되풀이하여 문제행동을 일으키는 경향이 있는데(Public Agenda, 2004), 이러한 사실은 처벌을 받는 것이 문제행동을 예방하지 못한다는 것을 보여 준다. 이것은 과속 운전과도 유사하다. 과속을 하는 운전자에게 스티커를 발급하는 것은 속도를 줄이게 하는 데 충분한 영향을 미치지 못한다. 일단 과속범칙금을 받게 되면 처음에는 속도를 좀 줄이지만, 점차적으로 이전의 운전 습관으로 되돌아간다. 이와 같이 교도소에 간다거나 많은 벌금을 낼 수 있다는 점은 어떤 사람이 범죄를 저지르는 것을 막기에 불충분할 때가 많다.

4. **사후 반응적인 방법에는 일반적으로 많은 시간과 자원이 요구된다.** 교사와 학교 행정가들은 많은 시간을 학생들의 문제행동을 다루는 데 사용하고 있다(Heumann & Warlick, 2001; Public Agenda, 2004; University of Vermont, 1999). 이러한 시간이나 자원을 긍정적이고 지원적인 학교환경을 만들거나 효과적인 교수를 하는 데 사용하는 것이 더욱 바람직하다.

   훈육실에 보내는 데 사용되는 시간을 한 번 생각해 보라. 어떤 연구는 학생을 훈육실에 한 번 보내는 데 약 10분의 학교 행정가의 시간과 약 20분의 학생의 시간이 소비된다고 밝혔다(Illinois PBIS Network, 2005). 이를 위해 먼저 교사는 일반적으로 수업시간 중에 학생을 훈육실로 보내기 위한 서류를 만들어야 한다. 그리고 교감선생이나 학생 문제행동을 맡은 학교 행정가는 학생을 훈육실로 불러야 하고, 학생이 도착하기를 기다리고, 학생과 얘기하면서 행동에 따른 결과(예 : 학교내 정학, 부모 호출 등)를 결정하고, 학생을 훈육실로 보낸 교사에게 그 결과를 알려야 한다. 그리고 그러한 사실에 대한 문서를 만들어 두어야 한다. 마지막으로 결정된 사항을 실행하는 일과 관련하여 학교의 다른 교사들(예 : 학교내 정학 담당교사)의 시간을 사용해야 한다. 문제행동을 일으키는 학생들이 많을수록 이러한 과정은 증가하게 되고, 행동문제를 처리하는 데 그만큼 더 많은 시간이 소비된다. 사실 이러한 시간을 사전 예방적인 행동중재를 적용하는 데 사용한다면 더욱 긍정적이고 효과적으로 사용할 수 있을 것이다.

5. 전통적인 훈육 방법은 바람직한 교육을 실시하려는 교사들의 의도와는 정반대가 될 수도 있다. 교육자는 학생을 가르치고 지도하는 사람들이다. 이들은 매우 긍정적이고 바람직한 목적을 가지고 있다. 그러나 전통적인 훈육 방법을 비효율적으로 사용하게 되면 학생들과 유쾌하지 못한 관계를 만들게 되고, 더 나아가서는 서로 적대적이고 파괴적인 상황을 만들 수도 있다(Public Agenda, 2004).

교사들이 교단을 떠나는 중요한 이유 중의 하나로 학급 행동관리에 대한 어려움이 흔히 거론된다.

6. 학생들에 대한 훈육문제가 교사들이 직면하는 가장 어려운 일이 되며, 교사들이 교단을 떠나는 중요한 원인 중의 하나가 된다. 교사들은 흔히 교직의 실제 상황에 대한 훈련 부족이 교단을 떠나는 데 영향을 미치는 중요한 원인 중의 하나라고 말한다(Hardy, 1999; McCreight, 2000; Public Agenda, 2004). 경험이 많고 잘 훈련된 교사가 교단을 떠나는 것은 교육계의 큰 손실일 뿐만 아니라 좋은 자원을 잃게 되는 것이다.

이 책에서 논의되는 개념과 기술은 효과적인 행동중재에 대한 연구에 기반을 두고 있다. 이어서 이러한 개념과 기술에 대한 지도원리와 행동에 대해 생각하는 방법을 설명하고자 한다. 이러한 행동지도원리는 훈육문제를 예방하고 다루는 것에 대한 중요한 근거를 제공할 것이다.

모든 학생을 위한 효과적인 학교 만들기

정학이나 퇴학과 같은 전통적인 훈육 방법이 지나치게 많이 사용되고 있고, 어떤 유형의 학생들에게는 불균형적으로 많이 적용되고 있으며, 또한 청소년 비행이나 범죄에 빠지게 하는 위험이 있다는 것에 대한 축적된 자료들이 있다. 이러한 전통적인 훈육 방법과 관련된 문제를 해결하기 위하여 2014년 1월에 미국 교육부는 교사들을 위한 학교훈육자료집 '행동지도원리 : 학교 분위기와 훈육을 향상시키기 위한 자료집(Guiding Principles: A Resource Guide for Improving School Climate and Discipline)'을 발간하였다. 이 종합 자료집의 구성 내용은 다음과 같다.

- '동료에게 보내는 편지'에는 학생의 인종이나 계층에 따라 차별을 하지 않고 학교 훈육을 공정하게 적용하는 것에 대한 학교의 책무를 다루고 있다.
- '행동지도 원리'에는 안전하고 효과적이며 질서 있는 학교를 만들기 위한 최상의 실제들을 제시하고 있다.
- '학교 분위기와 훈육을 위한 연방 자료 지침서'에는 학교 훈육 및 체계와 관련된 연방정부의 자료를 목록화하여 제시한다.
- '학교 훈육과 관련된 법과 규칙 일람표'는 온라인 자료인데, 미국의 모든 주의 학교에서 적용하는 학교 훈육을 정리하여 제시하고 있다.
- '학교 훈육을 위한 지원 방안 개관'에서는 학교 훈육과 분위기를 향상시키기 위한 연방정부의 노력과 실제를 기술하고 있다.

위에서 설명한 행동지도원리(guiding principles)에서는 학교 훈육 실제를 향상시키기 위하여 세 가지 주요 원칙을 제시하고 있다. (1) 긍정적 분위기를 만들고 예방에 집중한다, (2) 학생의 문제행동에 대하여 분명하고 적절하며 일관된 기대와 결과를 발전시킨다, (3) 공정하고 지속적인 향상을 보증한다(U.S. Department of Education, 2014). 각 원칙은 그 자료집에서 제시하고 있는 실제 방법을 적용하는 세부적인 실행 단계와 내용들을 포함하고 있다. 긍정적인 학교 분위기를 만들고 예방적 접근을 강조하는 실행 방법의 하나로써 학생지원을 위한 3단계 체계를 제시하고 있는데, 그것은 **긍정적 행동중재와 지원**(positive behavior interventions and supports, PBIS) 모델이다.

긍정적 행동중재와 지원은 학생의 행동문제를 혐오스럽고 처벌하는 방식에서 벗어나 연구에 근거한 타당한 실제와 철학을 바탕으로 하고 있다. **긍정적 행동지원**(positive behavior support)이란 용어에는 "삶의 질을 높이고 문제행동을 최소화하기 위하여 교육과 체계 변화 방법(환경 재구조화)"을 사용하는 개념을 내포하고 있다(Carr et al., 2002, p. 4). 긍정적 행동중재와 지원은 **중재 단계의 연속체**(continuum of intervention levels)로 개념화되는데, 이는 학교와 기관 전체에 적용할 수 있는 선행적이고 예방적인 전략에서부터 심각한 행동문제를 보이는 개별 학생에게 적용할 수 있는 집중적이고 종합적인 전략까지 포함하고 있다(Walker et al., 1996). 이 긍정적 행동중재와 지원의 가장 중요한 목적은 예방이다. 즉, 문제행동이 발생하는 것을 예방하는 것과 아울러 문제행동을 통하여 파생되는 부정적인 결과를 예방하고자 하는 것이다.

Walker와 그의 동료들(1996)은 예방과 중재를 위한 3단계 모델(three-tiered model of prevention/intervention)을 제시하고 있는데, 그것은 공중보건 분야에서 사용하는 예방과 중재 모델을 참고한 것이다. 공중보건 모델에서 1차 예방(primary-level prevention)은 공중보건 문제를 예방하는 데 필요한 보편적 전략(예 : 충치를 예방하기 위하여 수돗물에 불소성분을 첨가하는 것, 심장병 문제를 예방하기 위하여 건강한 식습관을 실행하고 유지하는 것에 대한 상담 실사 등)을 의미하는 것이다. 2차 예방(secondary-level prevention)은 1차 예방에도 불구하고 발생하는 문제에 대하여 즉각적이고도 효과적으로 적용하는 전략을 말한다. 이것의 목적은 문제가 더욱 심각해지는 것을 예방하기 위하여 조기에 대처하는 것이다. 예컨대 이가 더 썩는 것을 막기 위하여 충치를 치료하거나 심장병을 예방하기 위하여 고혈압이나 고지혈증을 치료하는 것이다. 마지막으로 예방을 위한 최선의 노력에도 불구하고 심각한 건강문제가 발생할 수 있다. 이러한 경우에 적용하는 것을 **3차적 중재**(tertiary intervention)라고 하는데, 이는 문제 때문에 발생하는 부정적인 결과를 최소화하려는 것이다. 공중보건 분야에서 3차적 중재의 예는 근관치료나 다른 고가의 구강 치료를 실시하거나 또는 심장병을 치료하기 위하여 우회 혈관이나 수술을 시행하는 것이 해당된다.

교육 분야에서 이러한 3단계 모델은 학습과 행동체계에 모두 적용할 수 있다(그림 1-1 참조). 1차적 예방은 보편적 중재(universal-level intervention)라고도 하는데, 학습 영역에 있어서 1차적 중재는 증거기반 실제와 교육과정을 적용하여 읽기나 수학 또는 다른 교과를 가르치거나, 학습에 있어서 기대되는 진전을 보이지 않는 학생을 찾아내기 위하여 주기적으로 선별검사를 하는 것이 이에 해당된다. 보편적 차원의 행동중재(universal-level behavioral approaches)는 학교 차원의 규칙이나 기대를 설정하고 가르치는 것이나, 규칙을 따르는 행동을 인식하게 하거나, 또는 보편적 차원의 중재에 반응하지 않는 학생들을 빨리 판별해 내기 위하여 행동지표를 모니터링하는 것이 해당된다. 이러한 보편적 차원 중재에 대한 자료를 살펴보면 약 80~90%의 학생들이 이러한 중재로 성공적인 결과를 얻는다고 한다. 즉, 학습과 행동에 있어서 이러한 보편적 중재가 초등학생이나 중 · 고등학생들의 80~90%의 학생들에게서 효과가 있다는 것을 의미한다.

2차적 중재(secondary-level intervention)는 표적집단 중재(targeted level intervention) 또는 예방이라고

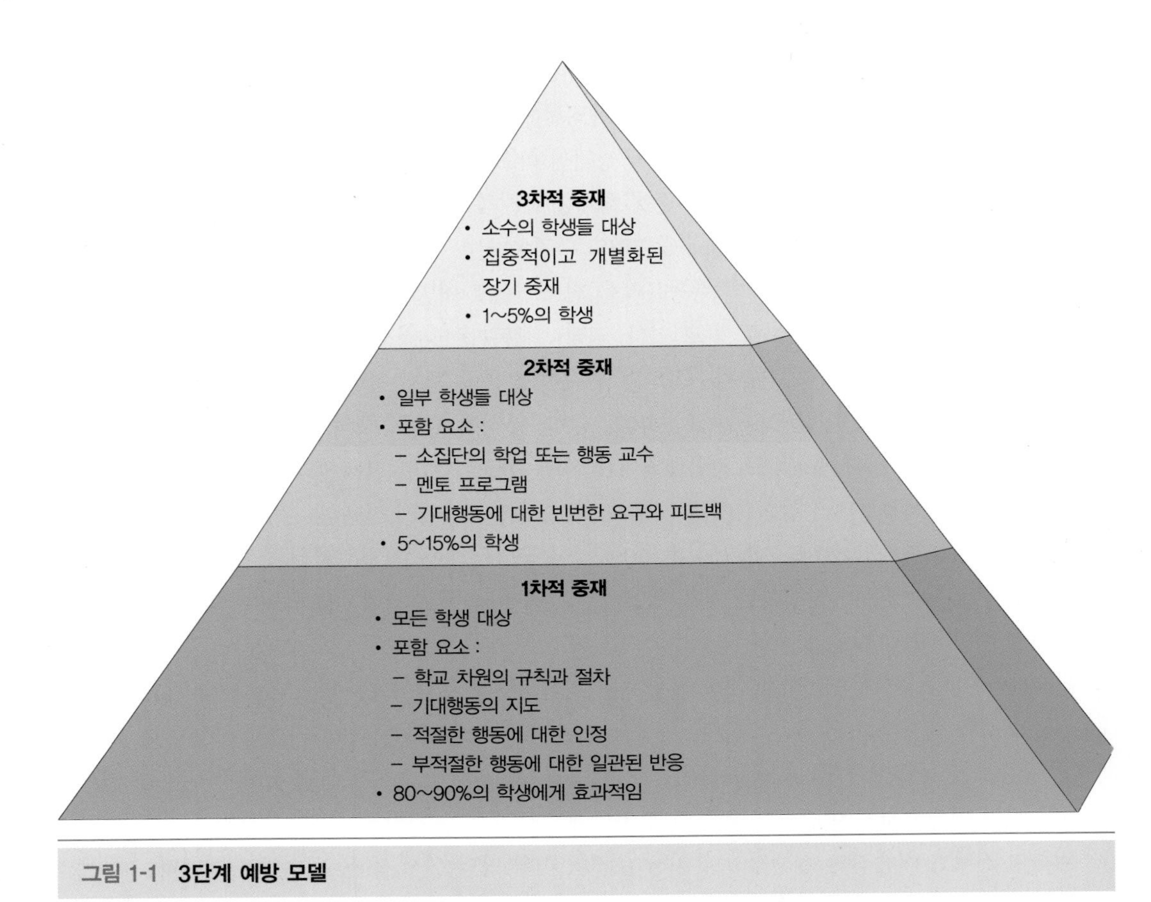

그림 1-1 3단계 예방 모델

출처 : Technical Assistance Center on Positive Behavioral Interventions and Supports. www.pbis.org에서 자료를 이용할 수 있음. 허가하에 게재함.

도 하는데, 학습 영역에서는 어려움을 보이는 학습과제(읽기 유창성, 쓰기 등)에 대하여 빈번한 진전 점검과 함께 소집단 교수(small-group instruction)를 실시하는 것이 그 예가 된다. 행동에 관한 2차적 중재는 대상 학생에게 사회성 기술 교수를 실시하거나 기대행동에 대하여 자주 생각나게 하거나 피드백을 주는 것이다. 전체 학생 중에서 10~15%의 학생들이 이러한 추가적인 표적집단 중재로 효과를 받을 수 있다.

전체 학생 중에서 나머지 1~5%의 학생들은 더욱 집중적이고 개별화된 중재를 필요로 하는데, 이러한 중재를 3차 예방(tertiary-level prevention)이라고 한다. 3차 예방은 행동에 대한 주의 깊은 사정과 종합적이고 개별화된 중재를 적용하는 것인데, 학교기반의 중재와 함께 사회적 지원 서비스나 정신건강 서비스를 실시하는 것이 해당된다.

미국이나 여러 다른 나라의 학교에서 학습과 행동에 대한 이러한 단계별 예방 모델을 적용하고 있다. 이러한 모델과 체계에 대하여 다양한 용어가 사용되고 있다. 이러한 모델은 특히 학습과 관련된 중재에 있어서는 일반적으로 반응중재모델(response to intervention, RtI)이라고 언급되고 있다. 행동에 있어서 이러한 3단계 예방 모델은 흔히 긍정적 행동지원(PBS), 긍정적 행동중재와 지원(PBIS), 학교 차원의 긍정적 행동중재와 지원(schoolwide PBIS, SW-PBIS), 그리고 최근에는 행동을 위한 반응중재모델(response to intervention for behavior, 또는 behavior RtI)이라고 말하기도 한다.

Glen Dunlap과 그의 동료들은 최근에 긍정적 행동지원 용어에 대한 논의와 함께 긍정적 행동지원에 관한 간결한 역사적 관점을 제시하였다(Dunlap, Kincaid, Horner, Knoster, & Bradshaw, 2014).

1980년대에 연구자들은 '긍정적 행동지원'이라는 용어를 사용하기 시작하였는데, 이는 혐오적이지 않은 중재기법 사용을 강조하는데, 특히 지적장애와 행동장애를 보이는 아동 및 청소년들에게 더욱 필요하며 그리고 '행동중재' 관점에서 '긍정행동을 위한 지원' 관점으로의 변화를 주장한다. 거의 비슷한 시기에 긍정적 행동지원 기법에 대한 초기 연구들이 시작되었으며, 또 다른 연구들은 개인에서부터 체계로 확대되는 행동지원 및 응용행동분석의 원리를 확장하는 연구에 집중하였다. 1997년과 2004년에 개정된 미국 장애인교육법은 교사들로 하여금 학생행동에 대한 긍정적 행동중재 및 지원을 적용하도록 하고 있다. 시간이 지나면서 '긍정적 행동지원'이라는 용어는 긍정적 행동중재와 지원이라는 용어 등으로 변화하였으며, 또한 학교 차원의 긍정적 행동지원이라는 용어와 동의어로 쓰이고 있다. 이 책에서는 **긍정적 행동중재와 지원** 또는 **긍정적 행동지원** 또는 머리글자인 PBIS로 사용한다. 책의 제목에서 알 수 있듯이 이 책은 행동주의 모델에 대한 내용을 다루고 있으며, 특히 집단(소집단과 대집단)과 개별 학생 행동에 적용할 수 있는 긍정적 행동중재 및 지원의 원리와 실제를 구체적으로 다룬다. 이 책의 구조는 일반적으로 예방과 지원에 관한 3단계 모델을 반영하여 구성되었다. 따라서 제2부에서는 보편적 중재의 내용을 다루고, 제3부에서는 표적집단 중재와 개별 중재와 밀접한 관련이 있는 평가와 모니터링 기법에 대하여 다루며, 제4부에는 표적집단 중재와 3차적 중재와 관련된 기법을 다룬다.

학생행동에 대한 가정 : 행동지도원리

이 책의 내용은 행동지도원리(guiding principles)라고 부르는 몇 가지 기본 가정에 근거하고 있는데, 이는 교사가 더욱 긍정적이고 예방적인 행동중재를 실행하는 데 도움이 된다. 표 1-3에 제시되어 있는 행동지도원리는 많은 행동연구의 내용과 아울러 문제행동을 보이는 아동을 교사로서 직접 가르친 우리의 경험에서 도출된 것이다.

행동지도원리를 잘 고려한다면 교사들은 문제행동에 대한 효과적인 해결사가 될 수 있다.

행동지도원리 1 : 학생의 문제행동 변화를 위해서는 교사의 행동변화가 요구된다 학생들의 문제행동에 대한 교사들의 일반적인 반응은 학생을 꾸중하거나 또는 학생 쪽에서만 그 원인을 찾으려고 하는 것이다(Walker, 1995). 일례로 교사는 학생의 불순종 행위에 대하여 학생의 부모가 자녀의 행동을 잘 지도하지 못하였거나 또는 교사의 지시를 반드시 따라야 한다고 자녀를 가르치지 않았기 때문이라고 생각한다. 교사들이 이렇게 생각한다면 비록 학생들의 문제행동 증가에 교사가 원인이 된다 하더라도 자신의 마음은 그렇게 불편해지지 않을 수 있다. 그러나 그 반대의 경우도 있다. 즉, 교사의 행동은 학생의 적절한 행동을 촉진할 수도 있다. 교사가 학생에게 말을 하거나 하지 않거나, 인정해 주거나 무시하거나, 웃어 주거나 찡그리거나, 격려해 주거나 비난하거나 하는 등의 교사의 일상적인 행동이 학생의 행동에 영향을 끼칠 수 있다. 긍정적 행동중재 및 지원의 핵심 전제는 교사의 행동은 학생의 반응을 형성하는 중요한 요소가 된다는 것이다.

때로는 교사의 작은 행동의 변화라도 학생 행동에 긍정적인 효과를 미칠 수 있다.

이러한 사실은 좋은 면과 나쁜 면을 동시에 가지고 있다. 나쁜 면은 교사의 행동은 학생들의 문제행동에 직접적인 관련이 있다는 것이다. 교사들이 좋은 의도를 가지고 어떤 행동을 하더라도 그러한 행동은 때로는 학생들의 문제행동을 조장하거나 잘못된 강화를 하게 될 수도 있다. 이와는 반대로 좋은 면은 학생의 문제행동이 교사가 조정할 수 있는 범위 밖에 있다고 생각하는 것보다 교사의 행동이 학생의 문제행동과 어느 정도 관련이 있다고 생각하는 것이 행동중재에 있어 훨씬 더 바람직하다는 것이다. 그러므로 중요한 점은 학생의 문제행동과 관련이 있는 교사의 행동을 파악하게 된다면 교사들은 그것을 변화시킬 수 있다는 것이다.

표 1-3 행동지도원리

행동지도원리 1 : 학생의 문제행동 변화를 위해서는 교사의 행동변화가 요구된다.
행동지도원리 2 : 어떤 학생에게는 더 많은 시간과 관심과 체계적인 관리가 요구된다.
행동지도원리 3 : 학생이 보이는 바람직한 행동이나 문제행동에는 모두 그 이유가 있다.
행동지도원리 4 : 많은 문제행동은 학습문제와 연관되어 있다.
행동지도원리 5 : 대부분의 문제행동은 어떤 구체적인 맥락이나 활동과 연계되어 있어 예측이 가능하다.
행동지도원리 6 : 처벌적인 방법보다 긍정적인 방법을 사용하는 것이 학생의 행동변화에 훨씬 더 효과적이고 효율적이다.
행동지도원리 7 : 선행적이고 예방적인 중재 전략을 사용하는 것은 문제행동이 이미 발생한 뒤에 적용하는 사후 반응적 전략보다 훨씬 효율적이고 효과적이다.
행동지도원리 8 : 학생의 요구를 충족시키기 위하여 일반교사와 특수교사가 서로 협력하는 것은 학생에게 많은 도움이 된다.
행동지도원리 9 : 교사와 부모가 서로 협력하여 긴밀하게 정보를 공유하고 학교와 가정 프로그램을 계획하는 것은 학생에게 많은 도움이 된다.

이러한 원리는 고등학교에서 생물을 가르치는 밸라데즈 교사의 경험에서 잘 볼 수 있다. 밸라데즈 교사는 자신의 과목에 대한 지식이 풍부하며, 주교육의 교육과정을 잘 반영한 수업 계획도 짰다. 그녀는 학업과 행동 면에 있어서 학생들에게 높은 기대를 가지고 있었으며, 학생들이 자신의 수업을 잘 받을 수 있도록 지금까지 잘 준비되어 있다고 생각하였다. 또한 고등학교 1학년 학생들은 수업시간에 어떻게 행동해야 하는지 잘 알고 있을 거라고 기대하였다. 수업 중에 문제를 일으키는 학생은 자신의 수업에 용납될 수 없다고 생각하였고, 학생이 수업 중에 어떤 위반행동을 한다면 바로 훈육실로 보내는 것이 밸라데즈 교사가 적용하는 유일한 반응이었다. 그러자 불행하게도 그녀는 그 고등학교 전체에서 가장 많은 학생을 훈육실로 보내는 교사가 되었다. 수업 중에 여러 학생들이 지속적으로 작은 위반행동을 해서 훈육실로 보내졌다.

ICE 박사(이 책의 내용을 적용하도록 가르치는 가상의 인물)는 그 고등학교를 변화시키기 위하여 참여하였다. 교실중재를 위한 긍정적 행동 예방 방법이 모든 차원에서 적용되었다. 교사들은 이러한 방법을 적용하기 위하여 훈련되어야만 했다. 밸라데즈 교사는 이 방법을 배우고 익히는 데 힘든 시간을 보냈다.

ICE 박사는 만약 밸라데즈 교사가 자신의 행동을 변화시키기 위해 노력한다면 학생들의 행동에서도 극적인 변화가 일어나는 것을 보게 될 것이라고 설득하였다. 그녀는 그렇게 하기로 동의하고, 학생들을 참여시켜 같이 수업규칙을 만들었다(제4장에서 규칙을 만드는 데 어떻게 학생들을 참여시키는지 살펴볼 수 있음). 또한 교실을 조직화하여 모든 학생들에게 잘 접근할 수 있도록 하고, 학생을 칭찬하는 시점을 찾았으며, 어떤 학생이 작은 문제행동을 보일 때에는 온유하게 교정하였다.

6주 후에 ICE 박사가 밸라데즈 교사를 만났을 때 그녀는 웃고 있었다. 그녀는 요즈음 자주 웃는다고 하였다. 학생들이 말을 잘 들으며 수업시간에도 행동을 잘 한다고 하였다. 그녀는 학생들이 걷잡을 수 없게 되기 이전에 작은 문제행동을 멈출 수 있게 되었기에, 이제는 학생들을 훈육실로 거의 보내지 않게 되었다. 그래서 그녀는 새로운 힘을 느낀다고 ICE 박사에게 말하였다. 이전에는 자신이 학생들에게 그러한 긍정적인 영향을 미칠 수 있게 되리라고는 상상도 하지 못하였다. 그녀는 더 배우고 싶었고 ICE 박사에게 도와달라고 요청하였다.

행동지도원리 2 : 어떤 학생에게는 더 많은 시간과 관심과 체계적인 관리가 요구된다 학생들은 다 다르다. 어떤 학생에게는 더 많은 주의가 요구된다. 어떤 학생에게는 같은 또래들보다 더 많은 교사의 시간과 관심이 요구된다. 어떤 학생은 자신의 행동을 잘 관리하기 위하여 행동에 대하여 더 많은 조정과 지원, 더 구조화된 체계, 더 빈번한 피드백 등이 요구되기도 한다. 이것이 의미하는 것은 단순하다. 대부분의 학생들에게 적용되는 것이 지속적인 행동문제를 보이는 학생에게는 효과적이거나 충분하지 않을 수 있다는 것이다.

그러므로 행동에 문제를 보이는 학생은 행동변화를 위하여 더욱 차별화된 중재기법과 더욱 구조화된 관리 체계, 가능한 한 더욱 개별화된 교수가 필요한 학생으로 정의할 수 있다. 이러한 방법을 통하여 그러한 학생들이 학교와 교실규칙을 더 잘 따르게 되며 학업 성취와 사회 적응도 더 잘할 수 있게 되는 것이다. 앞에서 제시한 긍정적 행동중재와 지원의 3단계 모델에서 이러한 학생들은 표적집단 중재나 3차적 중재와 지원이 필요한 학생이 될 수 있다. 물론 같은 집단 안에서도 어떤 학생은 적은 지원으로도 가능한 반면에 어떤 학생은 더욱 집중적인 중재와 지원을 필요로 할 수 있다. 이러한 집중적인 지원이 필요한 학생들의 수를 최소화하기 위해서 교사들은 이 책에서 제시하는 연구에 근거한 중재기법을 잘 알고 있어야 한다.

지도원리 2는 올라이트 초등학교의 방과후 교실에서 미술과 공예를 가르치는 피콕 교사의 사례를 살펴보면 더 잘 이해할 수 있다. 그녀는 모든 학생들이 수업을 즐거워하고, 모든 교재 교구를 안전하게 사용할 수 있도록 교실규칙과 절차를 만들었다. 학급의 모든 학생들이 이 방과후 활동에 참여하였다. 학생들은 열의가 많았고 부드러운 말로도 말을 잘 듣고 바르게 행동하였다. 그러나 세 명의 학생은 자주 수업을 방해하였다. 그들은 지시를 잘 듣지 않고 활동 프로젝트에 대해 끊임없이 질문을 하거나 같은 책상에 있는 학생들이 과제를 하지 못하게 방해하였다. 피콕 교사는 ICE 박사를 만나 이 세 학생이 행동을 잘 하도록 가르칠 수 있는 방법을 찾을 수 있게 도와달라고 부탁하였다.

이러한 상황에서 우리는 교실행동관리와 개별 학생들을 위한 행동중재의 차이를 생각하게 된다. 유능한 교사는 이러한 두 가지 행동중재 체계를 알고 적용할 수 있어야 한다. 대부분의 경우에, 특히 경도장애학생들의 경우에 긍정적이고 예방적인 교실행동관리 체계가 바른 수업환경을 만드는 데 효과적이다. 이에 관한 방법과 기법들은 제3~6장에 제시되어 있다. 그러나 어떤 학생들은 교실행동관리기법에 더하여 집중적이고 개별화된 행동중재가 필요할 수 있다. 이러한 학생들에게는 바른 행동을 증가시키고 문제행동을 감소시키기 위하여 집단에 적용되는 기법만 사용하는 것은 불충분할 수 있다. 이를 위하여 사용할 수 있는 방법과 기법들은 제8~12장에 제시되어 있다.

행동지도원리 3 : 학생이 보이는 바람직한 행동이나 문제행동에는 모두 그 이유가 있다 학생이 문제행동을 하는 데에는 이유가 있다(Martella et al., 2003). 만약 문제행동의 이유를 파악할 수 있다면 당신은 그 이유에 맞는 중재 전략을 만들 수 있고, 행동중재의 효과는 더욱 커지게 된다. 제2장에서 아동을 둘러싸고 있는 환경요인이 어떻게 아동의 문제행동에 영향을 미치는지, 그리고 제8장에서는 문제행동을 악화시키는 환경요인들과 그 이유를 어떻게 결정하는지에 대하여 설명할 것이다.

바람직한 행동과 문제행동에는 모두 그 이유가 있다.

행동에는 이유가 있다는 행동지도원리에 대한 적합한 예로서 미키의 사례를 살펴보자. 미키는 4학년 학생으로서 수업 중에 입으로 방귀 뀌는 소리를 낸다. 그가 이 소리를 낼 때마다 다른 학생들은 모두 웃는다. 교사는 그럴 때마다 "그런 소리 내지 마!"라고 수없이 말하였고, 두 번은 교장선생님에게 호출당하기도 하였다. 그러나 미키는 계속해서 그런 소리를 내는 문제행동을 보였는데, 그 이유는 다른 학생들의 관심을 받기 위한 것으로 보였다. 즉, 학급 친구들의 웃음은 그를 강화시켰고, 다른 학생들이 계속 웃는 한 교사가 어떻게 하더라도 그는 방귀 소리를 흉내 내는 행동을 계속하였다. 이러한 미키의 행동에 대한 바람직한 중재는 적절한 행동으로 학급 친구들을 웃게 하고 관심을 받도록 가르치는 것이 될 수 있다.

또 다른 예로써 랜덤 초등학교 2학년인 샘의 사례를 보자. 샘은 집에서 말썽을 일으킨 이야기를 학교에 와서 자주 하곤 한다. 샘은 학급에 친구가 없어 늘 외톨이고, 항상 다른 학생들을 놀리거나 고자질을 해서 그들을 화나게 만든다. 샘은 다른 학생들을 많이 괴롭히는데, 그의 이러한 문제행동은 학습에도 많은 어려움을 끼친다. 샘은 남동생, 여동생과 함께 조부모와 같이 살고 있다. 엄마는 샘이 네 살이었을 때 떠나 버렸다. 조부모는 가정에서 샘이 고의로 말썽을 일으키는 것 같다고 하였다. 할머니에 따르면 할아버지는 두 가지 일을 하고 있으며, 자신은 요양원에서 일주일에 4일간 일한다. 그녀는 늘 피곤하며, 자신의 나이에 세 명의 아이를 키우는 것은 샘이 말썽을 일으키지 않아도 매우 힘든 일이라고 하였다. ICE 박사는 행동에는 이유가 있다는 원리를 생각하면서 샘의 행동을 관찰하였고(제8장에 이와 관련된 기법이 설명되어 있음), 샘이 문제행동을 하는 이유를 어른이나 학급의 다른 학생들로부터 관심을 받기 위한 것이라고 판단하였다. ICE 박사는 샘이 더욱 적절한 행동을 함으로써 주위의 관심을 받을 수 있도록 샘 문제를 다루는 교육 팀과 함께 중재 계획을 세우고 있다.

높은 비율로 문제행동을 보이는 학생이 있으면 교사는 학습 기술에서의 제한성이 그러한 문제행동에 영향을 미치는지 판단하여야 한다.

행동지도원리 4 : 많은 문제행동은 학습문제와 연관되어 있다 대부분의 학생들은 즐거운 생활을 원하며 일반적으로 할 수 있는 일에 최선을 다한다. 선행연구들은 아주 심각한 문제행동을 보이는 학생이라도 적절한 중재가 제공된다면 긍정적으로 반응한다고 보고하고 있다. 즉, 그들은 기초학업의 부족한 부분을 채워 주기 위하여 제공되는 힘든 중재교육이나, 문제행동을 대체할 수 있는 바람직한 대안행동을 가르치는 중재 등에도 긍정적으로 반응한다는 것이다(Kauffman et al., 2002; Walker et al., 2004). 학업에서 실패를 하면 할수록 부적절한 행동을 할 가능성은 더욱 커진다는 사실을 교육자들은 기억해야 한다(Kerr & Nelson, 2006; Martella et al., 2003; Scott, Nelson, & Liaupsin, 2001). 물론 그 반대의 경우도 사실이다. 즉, 학업에서 성취를 하면 할수록 문제행동은 줄어든다는 것이다. 이것이 우리가 이 책에서 한 장(제8장)을 할애하여 효과적인 교수방법을 제시한 이유이다.

반스의 경우를 살펴보면 이러한 원리를 더욱 잘 이해할 수 있다. 반스는 위니드 헬프 고등학교에 다니는 2학년 학생인데 읽기는 초등학교 4학년 수준이며 학급도움실에 소속되어 있다. 그를 담당한 브라이스 교사는 학습이나 교실행동관리를 비교적 잘 조직하여 일관성 있게 운영하고 있는 편이다. 브라이스 교사는 반스에게 과제를 줄 때 매우 신중하게 고려한다. 왜냐하면 과제가 너무 쉬우면 빨리 끝내고 나서 다른 학생에게 농담을 하거나 다른 학생들의 학습을 방해하여 수업 분위기를 흐려 놓기 때문이다. 교사가 행동에 대해 지적하면 말대꾸를 하거나 애들이나 하는 일을 시킨다고 불평한다. 그러나 또 어렵다고 생각되는 과제를 내주면, 책상에 엎드리거나 과제를 하지 않으면서 불평을 하곤 한다.

브라이스 교사는 학급도움실에 이와 같은 문제행동을 보이는 학생들이 여러 명 있다고 전했다. 그는 ICE 박사에게 이러한 학생들에 대하여 구체적인 학습 및 문제행동 방안을 구성하여 적용할 수 있도록 도움을 요청하였다.

행동지도원리 5 : 대부분의 문제행동은 어떤 구체적인 맥락이나 활동과 연계되어 있어 예측이 가능하다 문제행동은 갑자기 발생하지 않는다. 다시 말해 문제행동은 우연히 일어나는 행동이 아니다. 문제행동은 일반적으로 어떤 예견되는 환경이나 사건과 관련되어 발생한다. 이러한 환경적인 사건은 학생에게 외적인 요소(예 : 소그룹 학습, 수업과제가 바뀔 때, 혼자 과제할 때 등)일 수도 있고, 내적인 요소(예 :

배고픔, 피곤, 아픔 등)일 수도 있다. 행동지도원리 3과 마찬가지로 학생의 행동은 행동이 발생하는 맥락에 영향을 받는다는 개념은 긍정적 행동중재와 지원에서 중요한 관점이다. 제2장은 이러한 내용을 더욱 자세하게 다루고 있고, 제8장에서는 언제 어디서 문제행동이 잘 일어나며 왜 일어나는지를 밝힐 수 있는 자료 수집 절차에 대하여 다룬다. 이러한 자료 수집 절차를 통해 얻은 자료는 효과적인 중재 프로그램이나 방법을 구성하는 데 중요하게 사용된다. 가령 우리가 이전에 가르쳤던 한 학생은 일반적으로 명랑하고 협조적인 아이인데, 그가 싫어하는 쓰기과제를 제시하면 상황은 달라진다. 그는 대부분 과제가 너무 어렵다고 불평을 하고 과제를 구겨 버리거나 책상에 있는 과제를 손으로 쓸어서 흩어 버리는 등의 문제행동을 한다. 학생의 이러한 행동은 쓰기과제를 제시하는 구체적인 상황에서 발생한다. 이러한 사실을 알고 나서 우리는 그 문제행동이 일어날 수 있는 상황이나 문제행동을 하는 이유를 잘 고려한 중재방안을 구성하여 적용할 수 있었다.

학생의 문제행동에 영향을 미칠 수 있는 환경적인 요인에 주의를 기울이는 것은 문제행동을 변화시키기 위한 중재를 계획할 때 따라야 하는 첫 단계가 된다.

또 다른 예로써 후안의 경우를 살펴보자. 그는 빌처 중학교에 다니는 2학년 학생인데, 국어과목은 특수교육을 제공하는 학습도움실에서 수업을 받는다. 그의 읽기능력은 학년에 맞는 수준이지만, 쓰기능력은 매우 뒤떨어진다. 그는 일반학급에서 실시되는 역사수업에서 문제를 보인다. 학급 친구들이 수업시간 중에 쪽지를 돌리는데, 그는 쓰기를 잘 못해서 이것을 할 수가 없다. 그러면 친구들은 쪽지를 안 돌린다고 놀리거나 재촉을 한다. 친구들은 후안이 쓰기를 잘할 수 없다는 사실을 모르는데, 후안은 이 사실이 탄로날까 봐 두려워한다. 그래서 친구들의 주의를 쪽지로부터 돌리기 위해 역사를 가르치는 뉴섬 교사에 대한 농담을 하면서 친구들을 웃기려고 한다. 이러한 일이 되풀이되자 후안은 교사에 대한 농담을 아주 잘하게 되었고, 친구들은 교사에 대한 농담을 듣고 웃으면서 쪽지에 대한 생각이나 놀리는 것은 잊게 되었다. 반면에 뉴섬 교사는 학급을 통제할 수가 없어서 더욱 곤혹스럽고 어려워지게 되었다. 후안은 교사에 대한 농담을 계속하게 되고 다른 학생들은 키득거린다. 뉴섬 교사는 왜 후안이 자신을 대상으로 그러한 행동을 하는지 이해할 수가 없다.

행동지도원리 6 : 처벌적인 방법보다 긍정적인 방법을 사용하는 것이 행동변화에 훨씬 더 효과적이고 효율적이다 전체 학생들을 대상으로 긍정적인 행동과 학업 성취를 이루도록 유도하는 학교와 학급관리 기법을 강조하는 것은 문제행동을 예방하는 데 필수 요소가 된다고 관련 연구들은 밝히고 있다(Nelson, 1996; Nelson, Martella, & Marchand-Martella, 2002). 우리가 이미 설명하였듯이 문제행동을 처리하는 데 교사들의 많은 시간이 요구된다. 따라서 문제행동이 발생하는 것을 예방하면 할수록 교사들은 가르치는 데 더 많은 시간을 사용하게 되고, 학생들은 배우는 데 더 많은 시간을 들일 수 있다.

긍정적 행동 전략은 처벌보다 더 효과적이고 더 효율적이다.

앞에서 제시하였듯이 긍정적이고 예방적인 행동중재 접근의 효율성에 대한 지식이 증가함에 따라 학교 훈육을 위한 선호 방안으로 긍정적 행동지원이 지속적으로 증가하고 있는 추세이다. 1997년에 개정된 장애인교육법(IDEA, 1997)은 긍정적 행동지원의 개념을 분명히 하면서 더욱 강조하였는데, 자신의 학습이나 다른 학생의 학습을 방해하는 행동을 보이는 모든 학생들에게 긍정적 행동지원에 근거한 행동중재 계획을 구성하여 적용하도록 규정하였다. 장애인교육법(IDEA, 1997) 이전에는 긍정적 행동지원이 발달장애나 심각한 문제행동을 보이는 학생들을 위한 종합적인 행동중재 방안으로 정의되었다(Carr, Horner, et al., 1999; Sugai & Horner, 2002). 앞에서 논의되었듯이 긍정적 행동중재와 지원은 개별 학생을 위한 행동중재 접근이라는 초기 개념을 넘어서, 학교 전체를 대상으로 하거나 더 나아가 지역 교육청에 소속된 모든 학교를 대상으로 하는 학교 차원의 긍정적 행동지원 개념으로 변화되고 있다. 이와 관련된 연구들은 긍정적 행동중재와 지원이 다양한 능력을 지닌 모든 연령의 학생들에게 효과적이며, 학교 차원의 적용뿐만 아니라 개인 차원의 적용에 있어서도 효과적이라 보고하고

학교 차원의 긍정적 행동중재와 지원(SW-PBIS)은 전체 학교를 대상으로 긍정적 행동지원의 철학과 실제를 적용하는 것이다.

있다. 이러한 학교 차원의 긍정적 행동중재와 지원은 제3장에서 자세하게 다루어진다.

20여 년 전부터 복원력(resiliency)이라는 개념이나 또는 위험요인에 대하여 조정 효과를 발휘하는 보호적인 성격 특성에 대하여 많은 관심이 모아지고 있다(Garmezy, 1985; Leone et al., 2003). 복원력은 반사회적 행동이 높은 비율로 나타날 수 있는 열악한 생활환경(예 : 빈곤, 학대, 잘못된 양육 기술, 가족들의 약물남용이나 알코올 중독) 속에서도 어떤 아동들은 그러한 환경을 극복할 수 있는지를 설명해 준다. 복원력에 대한 관심은 아동의 특성을 파악할 수 있는 장점 중심의 평가를 강조하게 되었으며, 이는 아동의 생활 속에서 위험요인을 감소시키는 데 도움이 된다(Epstein, Sharma, 1998; Leone et al., 2003). 이러한 내재적인 보호적 성격 특성은 이러한 특성을 증가시키거나 강화시켜 부적응행동을 감소시키거나 조정하기 위한 중재의 목표가 될 수도 있다. 예를 들면 문제행동을 일으키는 강한 성격을 가진 아동에게는 그러한 강한 성격이 보호 요인이 될 수 있다는 것인데, 그 아동에게 강한 성격을 긍정적인 방법으로 사용하도록 가르치거나 더 나아가 지도적인 역할을 하는 데 활용하도록 가르치는 중재를 적용할 수 있는 것이다. 학교에서 문제를 일으키는 학생의 행동만을 제거하려는 이전의 단순한 관점과 달리 학생의 긍정적이고 보호적인 행동 특성을 중요시하는 이러한 접근은 긍정적 행동중재와 지원의 철학과 실제를 반영하는 것이다.

문제를 예방하는 것은 문제가 일어난 후에 다루는 것보다 일반적으로 훨씬 더 쉽다.

행동지도원리 7 : 선행적이고 예방적인 중재 전략을 사용하는 것은 문제행동이 이미 발생한 뒤에 적용하는 사후 반응적 전략보다 훨씬 효율적이고 효과적이다 대부분의 행동 및 학급관리의 노력은 행동문제를 예방하는 데 쏟아야 한다. 그러나 어떤 교사들은 훈육문제를 예방하기 위하여 어떤 특별한 일을 할 필요가 없다고 생각하거나, 교사의 직무는 단지 가르치는 것이어서 행동관리에 대해 염려할 필요가 없으며, 문제를 일으키는 학생은 교실에서 제외시키면 된다고 생각하기도 한다.

이러한 말이 솔깃해 보이지만 그것은 실제적이지도 않으며 효과적이지도 않다. 그러나 교사들의 이야기를 들어 보면 모든 교사들이 학생의 행동과 훈육문제를 위하여 준비가 되어 있어야 한다는 것을 알 수 있다. 교사나 교육자들에게는 두 가지 선택이 있다. 문제가 발생하기까지 기다렸다가 전통적이고 사후 처리적이며 일반적으로 처벌적인 방법을 사용하거나 또는 문제를 예측하고 이러한 문제를 예방하기 위하여 선행적인 방법을 실행하는 것이다. 전자의 방법은 만성적이고 심각한 문제행동을 보이는 학생들에게 거의 효과가 없다. 후자의 방법은 대부분의 학생들에게 효과적일 뿐만 아니라 교사 만족감이나 효율성을 높이고 학교 분위기도 향상시킨다(Center for Positive Behavioral Support at the University of Missouri-Columbia, 2009; Rentz, 2007).

학교 차원의 긍정적 행동중재와 지원(SW-PBIS)은 이러한 후자의 모델을 학급관리로까지 확장한 것인데, 이는 예방적인 접근에 근거하고 있다. 이것은 대부분 학생들의 행동문제를 예방할 수 있다.

특수교사와 일반교사가 협력한다면 행동문제를 보이는 학생들에게 더욱 효과적인 교육 프로그램을 실시할 수 있다.

행동지도원리 8 : 학생의 요구를 충족시키기 위하여 일반교사와 특수교사가 서로 협력하는 것은 학생에게 많은 도움이 된다 특수교사는 그 역할에서 알 수 있듯이 개별화교육프로그램(IEP) 팀의 구성원으로서 다른 교사들이나 사람들과 함께 일을 해야 하는데, 예를 들면 기능적 행동평가(functional behavioral assessment, FBA)를 실시하거나 행동중재계획(behavior intervention plan, BIP)을 세우거나, 또는 통합교육계획을 구성하여 실시하려면 협력하는 것이 필요해진다. 특수교사가 협력하지 않고 혼자서 교육을 한다면 특수교육 대상 학생에게도 효과적이지 않다. 왜냐하면 대상 학생은 학교환경의 한 구성원이며 다른 학생이나 교사들과 늘 상호작용해야 하기 때문이다. 이와 관련된 선행연구들의 결과를 보더라도 특수교사와 일반교사가 협력을 할 때에 장애학생과 비장애학생 모두에게 효과적이고 혜택이 된다는 것을 알 수 있다(Ripley, 1997). 특수교사는 전문가로서 일반교사나 관련 사람들(예 : 행정가, 상담사, 사회복지사 등)에게 아동의 교육과 관련하여 많은 것을 제시하여야 하며, 특수교사 자신도 이러한 사람들로부터 많은 것을 배우고 얻을 수 있다.

부모 참여는 학생의 성취에 매우 중요한 요소이다.

행동지도원리 9 : 교사와 부모가 서로 협력하여 긴밀하게 정보를 공유하고 학교와 가정 프로그램을 계획하는 것은 학생에게 많은 도움이 된다 교사를 직업으로 준비하는 사람은 의심할 여지 없이 학교 현장에서 일을 잘하기 위하여 많은 노력을 해야 하는데, 학생이 성공적인 학습과 학교생활을 하도록 돕거나, 학생에게 멘토나 롤 모델의 역할을 하거나, 학생의 발달, 즉 교육에 있어서 가장 중요한 영향을 미치는 한 사람으로서 역할을 하게 된다. 하지만 교사가 되는 것은, 특히 특수교사가 되는 것은 또 다른 중요한 역할을 해야 하는데 대부분의 신임교사가 잘 준비되어 있지 않은 부분인 학생의 가족들과 협력하며 일하는 것이다. 미국 장애인교육법과 아동낙오방지법에서는 학생의 교육활동에 가족들의 참여를 규정화하고 있다. 학생 가족들과 협력적인 관계를 형성하는 것은 중요한데, 왜냐하면 법으로 요구하고 있기 때문이다. 더욱이 학생 부모가 교사들과 긴밀하게 협력하는 것은 장애아동의 교육을 더욱 효과적으로 만들 수 있기 때문에 가족 참여는 매우 중요하다. 예컨대 부모 참여는 학생들의 성적(Keith et al., 1998)이나 출석(Kube & Ratigan, 1991) 또는 행동문제(Morrison, Olivos, Dominguez, Gomez, & Lena, 1993)에 대하여 긍정적인 영향을 미치는 것으로 나타난다. 이러한 긍정적인 결과를 얻기 위해서 학생의 모든 교육 영역에 부모나 후견인들을 참여시키고 협력하기 위하여 주의 깊은 노력을 기울여야 한다. 개별화교육프로그램 회의에 부모가 참여하는 것도 중요하지만 부모와 긴밀한 협력을 만들기 위해서는 더욱 빈번하게 만나야 한다. 따라서 부모의 참여를 효과적으로 유지하고 학생의 행동관리와 관련하여 부모와 협력하는 방법에 대한 아이디어를 제공하고자 한다.

이를 위하여 교사나 교사가 되고자 준비하는 사람이 특별한 교육적 요구를 가진 아동이 가족에게 미치는 영향과 장애학생 부모들이 장애를 가진 자녀를 양육하면서 해야만 하는 여러 가지 역할에 대하여 먼저 이해하는 것은 중요하다. 이러한 내용에 대하여 깊이 있게 다루는 것은 이 책의 목적에서 벗어나는 것이지만 많은 자료들이 이러한 주제에 대하여 심도 있게 다루고 있다(29~30쪽의 참고자료 참조). 하지만 장애학생 부모들에게 영향을 미치는 여러 가지 요인에 대하여 기본적인 이해를 가지고 있지 않으면 교사들은 부모와 만나면서 그들을 공감하거나 존경할 수 있는 관계를 만들기 어려워진다. 이러한 이유로 해서 장애학생 부모들의 중요한 역할, 특별히 학급행동관리에 영향을 미치는 역할들에 대하여 개괄적인 내용을 제시하고자 한다.

장애 자녀를 둔 많은 부모들은 다양한 정서적 반응 단계를 겪게 되는데, 이것은 죽음의 슬픔을 받아들이는 단계와 유사하다(Blacher, 1984; Ferguson, 2003). 가장 공통적으로 보고된 단계들과 그를 나타내는 행동을 표 1-4에 기술하였다. 이러한 단계들은 단순히 부모들이 경험한 것들을 기술한 것이므로 부모들을 진단하기 위해 사용되어서는 안 된다. 모든 부모가 기록된 표와 같은 경험을 할 것이라고 생각해서는 안 된다. 각자 다른 시간에 다른 강도로 느끼거나 전혀 다르게 경험할 수도 있다.

가족과의 효과적인 협력에는 학생들과 그들의 가족들이 나타내는 다양성을 인지하는 것이 필요하다. Antunez(2000)는 언어적 기술, 일과계획, 학교 체계에 대한 불신, 교육자가 전문성을 갖추고 있는지에 대한 믿음, 부모 참여에 대한 불필요성 등 다양한 배경을 가진 가족들과 협력을 시도하는 데 있어서 직면하게 될 교사들의 어려움에 대해서 기술하였다. 교사들은 잠재적인 장벽들을 이해해야 하며 가족과의 협력관계를 방해하지 않도록 확신할 수 있는 조치를 취해야 한다.

부모와 교사 간의 긴밀한 관계는 학생에게 더욱 긍정적인 결과를 가져오게 할 뿐만 아니라 이러한

표 1-4 장애 자녀를 둔 부모가 겪게 되는 감정적 반응

단계	특징
아이에게 장애가 있다는 것을 아는 것에 대한 충격, 부정, 믿지 않음 많은 장애아동의 경우(예 : 학습장애, 행동장애) 중학교까지 장애를 알 수 없을 수도 있다. 부모는 문제가 있다는 것을 부정하거나, 문제가 교정 가능한 어떤 것(예 : 아이에게 더 많은 관심 기울이기, 의료적 문제 찾기) 때문에 발생했다고 생각한다.	아이의 문제와 관련된 의문에 확정적인 대답 찾기, 대답이나 도움을 얻기 위해 다른 형태의 여러 전문가를 방문하기. 부모는 문제가 없다고 마음속으로 생각하기 때문에 서비스를 거절할 수도 있다.
죄의식, 노여움, 우울, 거부 혹은 아동에 대한 과보호 부모는 아이의 문제가 자신의 책임이라고 믿거나(즉, 엄마가 임신기간에 포도주 몇 잔을 마신 것), 또는 조금만 더 노력하면 아이의 문제를 고칠 수 있다고 생각한다. 부모는 아이의 문제에 대해 누군가가 책임을 지기를 원한다. 가족(특히 배우자)이나 의사 혹은 교사에게 분노와 불평을 직접적으로 표현한다. 아이가 치료되지 못하는 것을 깨달았을 때 오는 커다란 슬픔을 경험하거나 미래에 대해 비관적으로 생각하기도 한다.	부모는 자신들이 만든 믿음, 즉 문제를 바로잡기 위해 극단적인 방법을 취할지 모른다. 아이를 고치기 위해 엄청난 돈과 시간을 사용할 수도 있으며, 때로는 다른 가족들이나 가족으로서의 의무를 무시할 수도 있다. 아이의 교육 프로그램에 대한 지속적인 불만족, 해결책이 없어 보이는 것에 대한 교사와 학교에 대한 수많은 불평, 개별화교육프로그램(IEP)과 행동중재계획(BIP)에 대해 동의하지 않기 학교활동에 대한 참여 부족, 아이의 교육 프로그램에 대한 명백한 무관심
수용과 대처 부모는 아이의 장애, 의지력, 필요한 것, 미래에 대해 실질적인 이해를 하게 된다.	자녀의 교육 프로그램에 대한 활동적인 참여, 교사와 협력적인 관계 유지

협력적인 관계는 교사로 하여금 교직의 일을 더욱 효과적이고 즐겁게 하도록 만든다. 대부분의 학급 및 행동관리의 일에도 적용되듯이 부모와의 관계를 우연으로 미루어 두면 안 된다. 오히려 부모와 긴밀하고 효과적인 관계를 만들기 위하여 다양한 방법을 활용하여 적극적으로 노력해야 한다. 물론 가족과의 생산적인 관계를 방해하는 교사 행동들이 있다. 그 예들은 다음과 같다.

- 부모의 생각이나 정보를 경청하지 않고 항상 먼저 정보나 조언을 제공하거나 권위적으로 행동하는 것
- 시간이 없다는 이유와 부모나 부모들과의 회의를 싫어해서, 또는 기타 다른 이유로 부모들과 만나는 것을 피하는 것
- 부모들이 학교에 오는 것을 불편하게 만들거나 교사와 만나는 것이 어렵고 힘들게 만드는 것
- 문제가 있을 경우에만 부모와 연락하는 것
- 학교에서의 문제행동 때문에 학생들을 매번 집으로 보내는 것. 비록 부모와의 협력적인 관계가 필요하지만 우리는 학교의 문제는 학교에서 다루어야 한다고 믿는다. 학교 관계자가 문제행동을 어떻게 관리해야 할지 알지 못한다면 도움을 얻기 위해 이용할 수 있는 모든 정보를 찾아야 한다. 문제행동에 대한 후속결과로서 학생을 집으로 보내는 것은 여러 가지 이유로 문제가 있다. 첫째, 문제행동의 기능이 회피라면 학생을 집으로 보내는 것은 실질적으로 그 행

동을 더욱 나쁘게 할 수 있다(제8장 참조). 또한 학생을 집으로 보내는 것은 적절한 대체행동을 가르치는 것이 아니다. 마지막으로 학생을 집으로 보내는 것은 학생으로 하여금 교육받을 시간을 잃게 만든다. 앞에서 논의한 것처럼 행동문제는 학습문제와 밀접한 관계를 가지고 있기 때문에 만성적인 문제행동을 보이는 학생들은 학교를 결석하기 위해서 아플 수도 있다. 사실 학생들의 교수적 필요는 문제행동에 대한 가능한 요소로서 검토되어야 한다.

부모와 협력적인 관계를 만들기 위한 구체적인 방법 실행하기

요약

우리는 높은 교육적 기대를 가지고 학생들의 성취를 높이기 원하는 대중의 간절한 요구를 받고 있다. 그러나 동시에 교사와 학교 행정가들은 다양하고 복잡한 요구를 지닌 학생들을 가르쳐야 하는 상황에 직면해 있다. 예를 들면, 기본적인 학습 기술도 준비되지 않은 학생들, 심각한 학습문제와 행동문제를 보이는 학생들, 심각한 정서문제를 가지고 있는 학생들, 복잡하고 다양한 배경과 가정환경에서 자란 학생들이다. 그러나 이러한 학생들도 분명하고, 예측 가능하고, 잘 계획된 환경에는 긍정적으로 반응을 한다. 하지만 교사들은 이러한 다양한 학생들을 효과적으로 교육하고 관리하는 데 준비가 되어 있지 않으며, 필요한 훈련도 받지 못한다는 사실을 여러 선행연구들은 보여주고 있다. 교사와 학교 행정가들은 이러한 학생들에 대하여 일반적인 방법을 써 보지만 곧 지치게 되고, 그 결과도 도움이 되지 않는다.

그러나 희망은 있다! 지난 40년이 넘는 동안 다루기 힘든 학생들도 효과적으로 가르치고 중재할 수 있는 방법에 대한 많은 지식들이 축적되어 있다. 지금 우리에게 요구되는 도전은 이러한 지식을 다양한 환경에 적용하는 것이며, 또한 모든 교사와 학교 행정가들이 이러한 효과적인 행동예방과 중재 전략에 대한 지식을 배우고, 변화하는 다양한 조건에 맞게 이러한 전략을 조정하여 적용하는 능력을 갖추는 것이다.

이 장의 학습목표와 그와 관련된 내용은 다음과 같다.

1. 학교에서 일어나는 문제행동의 일반적인 형태와 유형을 기술할 수 있다.

   학생들은 다양한 문제행동을 보인다. 대부분의 행동은 작고 사소한 것이지만, 학습에 중대한 영향을 미치거나 또는 학교의 안전과 질서까지도 해치는 심각한 문제행동도 있다. 게다가 관련 연구들은 학령기의 약 20%에서 40%에 해당하는 학생들이 학습과 행동에 부정적인 영향을 미치는 정신적, 정서적, 행동적인 문제를 가지고 있다고 한다.

2. 학생들의 교실행동에 있어서 왜 교사가 가장 중요한 요인이 되는지를 설명할 수 있다.

   교사의 행동은 학생의 행동을 예측하는 요인이 된다는 것을 관련 연구들은 제시하고 있다. 즉, 교사의 행동을 보면 학생의 행동을 예측할 수 있다는 것이다. 따라서 학생들의 행동에 대하여 예방적인 행동을 보이고(예 : 적절한 학생 행동을 인식하는 것) 예방적인 방법(예 : 학생의 높은 참여를 위한 스케줄 구성)을 실시하는 교사는 그렇지 않은 교사보다 학급관리에 있어서 훨씬 더 적은 문제를 보인다.

3. 오늘날 교실에서 볼 수 있는 다문화 요소와 그에 따른 행동관리 방안을 설명할 수 있다.

   오늘날 교실이 얼마나 다양한 배경을 가지고 있는지 자료로 제시하였다. 교사의 대부분이 백인이고 여교사들인데, 이러한 점이 행동관리나 훈육에 있어서 미치는 영향에 대하여 설명하였다. 교사는 학생들의 문화, 인종, 종교, 다양성과 관련된 여러 요소에 대하여 이해를 하고, 학급관리에 있어서 이러한 것을 고려한 방법을 사용하는 것이 매우 중요하다.

4. 전통적인 행동중재 방법과 그 제한점에 대해서 기술할 수 있다.

   전통적인 행동중재 방법의 가장 중요한 문제점은 어떤 특정한 학생들, 특히 소수인종이나 남자, 빈곤 가정의 학생들이 학교로부터 더 많은 징계나 처벌을 받는다는 것이다. 전통적인 행동중재 방법은 사전 예방적이기보다는 사후 처리적이며, 따라서 행동문제를 예방하는

표 1-5 긍정적 행동중재와 지원에 대한 자기평가 양식

전혀 그렇지 않다	거의 그렇지 않다	가끔 그렇다	자주 그렇다	항상 그렇다
1	2	3	4	5

위의 1~5점 척도를 이용하여 다음 진술을 평가하시오.

1. 나는 훈육이 처벌이라고 생각한다. ______
2. 나는 학생의 행동을 변화시키기 위하여 나 자신의 행동을 자주 변화시켜야 한다고 생각한다. ______
3. 나는 학급관리를 잘하기 위해서 어떤 학생들에게는 더 많은 시간을 쏟아야 한다고 생각한다. ______
4. 나는 학생들의 대부분의 행동문제에는 그 이유가 있다고 생각한다. ______
5. 나는 오늘날의 교실에는 많은 다양성이 있으며, 교사로서 이러한 학생들의 다양성을 이해하는 것은 매우 중요하다고 생각한다. ______
6. 나는 많은 행동들은 구체적인 맥락과 연관되어 있다고 생각한다. ______
7. 나는 행동변화를 위해서 긍정적인 중재 방법을 사용하는 것이 더욱 효과적이라고 생각한다. ______
8. 나는 문제행동에 대하여 사후 반응하는 것보다는 선행적이고 예방적인 전략을 사용하는 것이 더 효과적이고 효율적이라고 생각한다. ______
9. 나는 내가 맡은 학생에게 더 나은 교육을 실시하기 위해서 일반교사들과 함께 일하고 계획하는 것이 필요하다고 생각한다. ______
10. 나는 학생의 부모가 교육 팀의 일원이며 그들과 함께 협력하고자 하는 마음이 있다. ______

데 효과적이지 못하다. 또한 전통적인 방법은 시간을 더 많이 소모하게 하고, 그 효과에도 제한이 있으며, 교실에서의 행동관리에 교사들이 효과적으로 준비되지 못하게 한다.

5. 긍정적 행동중재와 지원을 정의할 수 있다.

긍정적 행동중재와 지원(PBIS)이란 용어는 개별 학생이나 집단 차원, 그리고 학교 전체를 대상으로 행동중재를 실시하는 사전 예방적인 교수 접근을 의미한다. 따라서 긍정적 행동중재와 지원은 예방, 환경 조정과 예측 가능성, 바람직한 행동의 교수, 연구에 기초한 방법 등을 강조하는데, 지원의 강도가 점차 강해지고 개별화되는 3단계 예방 모델을 사용한다.

6. 중재반응의 개념을 정의하고 긍정적 행동중재와 지원과의 관련성을 설명할 수 있다.

중재반응모델(response to intervention, RtI)은 학습과 관련된 3단계 모델 체계를 의미하는 것이다. 학교 차원의 긍정적 행동중재와 지원은 때로 '행동의 중재반응모델(RtI for behavior)'이라고도 불린다.

7. 학교환경에서 행동을 중재할 때 기본이 되는 아홉 가지 행동지도원리를 설명할 수 있다.

우리는 행동중재 분야에서 기본적인 지식이 되는 아홉 가지 행동지도원리를 요약하여 제시하였다. 교사들이 이러한 행동지도원리를 적절하게 수정하여 활용한다면, 학생의 행동을 개별적인 차원이나 교실 및 학교 차원에서 지도하는 데 효과적으로 사용할 수 있을 것이다.

표 1-5는 자기평가 양식을 제시하는데, 이것은 이번 장에서 논의된 내용에 대하여 독자로 하여금 자신의 철학과 신념을 반영해 보게 한다. 그리고 이 책의 모든 장에서 다루고 있는 주제에 대하여도 생각해 보게 한다. 각 문항에 대하여 자신이 생각하고 행동하는 정도를 표시하면 된다. 각 문항에 대한 답이 타당하다는 것은 자신이 효과적인 학급관리와 교수활동을 할 수 있다는 것을 의미한다.

학습활동

1. 신임교사와 경험이 많은 경력교사를 각각 한 명씩 인터뷰하라. 교실에서 학생들이 어떤 형태의 문제행동을 보이는지, 그리고 이러한 문제행동을 어떻게 처리할 것인지 질문해 보라. 신임교사에게 학생의 문제행동을 관리하는 것이 생각했던 것보다 쉬운지 또는 어려운지를 물어보고 왜 그런지 질문하라. 경력교사에게는 교직을 처음 시작한 때부터 지금까지 교실의 행동관리와 관련해 교사에 대한 요구가 어떻게 변해 왔는지 질문하라.
2. 학업 성취에 대한 높은 표준과 행동관리에 대한 대중의 높은 기대가 미치는 영향에 대하여 소그룹에서 토론하라.
3. 이 장에서 우리는 학생의 행동변화를 위해서는 일반적으로 교사들의 행동이 변화되어야 한다고 말하였다. 이 점에 대하여 당신은 어떻게 생각하는가? 만약 당신이 그 점에 동의한다면 행동을 변화시킬 용의가 있는가? 동료와 같이 이 문제에 대하여 논의해 보라.
4. 학생들의 행동을 관리하는 데 있어서 1차 예방, 2차 예방, 3차 예방에 대하여 소그룹에서 논의하고, 각각의 예를 제시해 보라.
5. 이 장에서 제시한 아홉 가지의 행동지도원리에 관련된 당신의 경험이나 또는 동료나 가족들의 경험을 제시하고 나누어 보라.
6. 다음의 사람들과 긍정적 관계를 맺기 위하여 어떻게 할 것인지에 대하여 말해 보라.
   - 학교 행정가
   - 학교 사무직원
   - 교사
   - 실무원
   - 학생의 부모나 후견인
   - 학교 식당 종사자
   - 학교 버스기사
7. 다음의 사례를 읽고, 문제가 무엇인지 그리고 그 문제를 관련된 모든 사람들과 함께 어떻게 그 문제를 해결할 것인지에 대하여 말해 보라.

   초등학교 학생의 사례

   샘은 4학년 학생이다. 그는 숙제를 제출하지는 않지만 시험은 통과를 한다. 샘이 활동적이었던 것은 아니지만 이전보다도 수업활동에 훨씬 덜 충실하다. 지금 생각해 보니 샘은 지난 3일 동안 같은 옷을 입고 있었다. 그리고 얼굴에는 아무 표정도 없다. 이전에 그의 어머니와 간단하게 얘기를 나눈 적이 있는데 대부분 외부 견학이나 수업 준비 자료와 같은 사소한 것에 대한 이야기들이었다. 샘의 교육 수행에 대하여 그의 어머니와 실제로 만나서 대화를 나눈 적은 없다. 그리고 샘의 가정생활에 대해 아는 것이 거의 없다.

   중학교 학생의 사례

   메리는 중학교 1학년 학생이다. 그녀는 교실에서 자주 어리석은 행동을 한다. 자신의 행동에 대하여 거의 책임을 지지 않으며, 대신에 다른 학생에게 변명이나 비난을 한다. 최근에 메리는 교실에서 욕과 상스러운 말을 하였는데, 그것은 메리의 새로운 모습이었다. 이 문제를 해결하기 위하여 먼저 메리에게 이에 대하여 직접 말하였다. 메리는 킥킥 웃으며, 버스 안에 있는 어른들(버스기사, 그 버스기사와 얘기하는 다른 어른들)이 그러한 말을 한다고 했다. 그래서 그들이 너에게 그러한 말을 했는지 아니면 서로에게 그런 말을 했는지 물었다. 그녀는 그들이 서로 말할 때 나쁜 말을 많이 한다고 대답했다.

8. 학생들의 행동관리와 훈육에 있어서 가장 염려되는 것은 무엇인가?

참고자료

도서

National Research Council and Institute of Medicine. (2009). *Preventing mental, emotional, and behavioral disorders among young people: Progress and possibilities. Committee on the Prevention of Mental Disorders and Substance Abuse Among Children Youth, and Young Adults: Research advances and promising interventions.* Mary

Ellen O'Connell, Thomas Boat, and Kenneth E. Warner, Editors. Board on Children, Youth, and Families, Division of Behavioral and Social Sciences and Education. Washington, DC: The National Academies Press.

학술논문

Merikangas, K. R., He, J., Burstein, M., Swanson, S. A., Avenevoli, S., Cui, L., Benjet, C., . . . Swendsen, J. (2010). Lifetime prevalence of mental disorders in U.S. adolescents: Results from the National Comorbidity Study-Adolescent Supplement (NCS-A). *Journal of the American Academy of Child and Adolescent Psychiatry*, 49(10), 980-989.

기타 자료

Association for positive behavior support standards of practice-individual level(긍정적 행동지원의 표준 실제-개별 차원) (2007). 이 자료는 긍정적 행동지원을 실행하는 데 책임이 있는 사람들에게 필요한 기술과 지식을 담고 있다. 이 자료는 긍정적 행동지원 학회의 웹사이트에서 다운받을 수 있다.

웹사이트

Association for Positive Behavior Support(긍정적 행동지원 학회) : 학술대회, 각 주의 PBIS 네트워크, PBIS 정보, 표준화된 실제 등에 대한 정보를 제공한다.

National Coalition for Parent Involvement in Education(부모참여교육을 위한 전국협회) : 교육자와 가족들이 협력적 관계를 향상시키기 위한 자료를 제공한다.

The Office of Special Education Programs, U.S. Department of Education, Technical Assistance Center on Positive Behavioral Interventions and Supports(미국 교육부의 특수교육프로그램 사무소) : 긍정적 행동중재와 지원에 대한 종합적인 정보를 제공한다. 관련 자료, 관련 사이트에 대한 정보, 관련 연구, 긍정적 행동중재와 지원에 대한 적용의 예 등이 제시되어 있다.

The Substance Abuse and Mental Health Services Administration (SAMHSA), a branch of the U.S. Department of Health and Human Services(약물남용과 정신건강에 대한 행정기관) : 정신건강에 대한 종합적인 정보를 제공한다. 중재기법과 프로그램, 지역 서비스 정보, 정신건강 핫라인 등이 포함되어 있다.

National Center on Response to Intervention(중재반응에 대한 국립센터) : 중재반응모델에 대한 정보와 자료, 훈련 방법과 도구 등에 대한 정보를 제공하는데, 미국 교육부의 특수교육프로그램사무소의 지원을 받아 운영된다.

Center for Effective Collaboration and Practice(효과적인 협력과 실제를 위한 센터) : 교육, 가족, 정신건강, 청소년 비행과 소송, 아동복지, 조기중재, 학교 안전, 법률 제정과 같은 다양한 분야에서 정서 및 행동문제와 관련된 모든 종류의 정보를 제공하고 있다. 이 사이트는 다운로드를 받을 수 있는 책자와 매뉴얼, 그리고 기타 자료, 파워포인트 자료, 사례연구들, 훈련 모듈, 논의점과 같은 다양한 자료를 제공한다.

The Safe and Responsive Schools Framework(학교 안전과 반응 체계) : 미국 교육부의 지원을 받는 모델 적용과 기술 지원 프로젝트이다. 종합적인 계획, 예방, 부모와 지역사회 참여 등을 강조하는 학교 안전과 폭력 예방에 대한 다양한 책자와 자료를 제공하고 있다.

The Council for Children with Behavioral Disorders, a division of the Council for Exceptional Children(행동장애학회: 미국 특수아동학회의 분과 학회) : 자기주장, 행동중재, 학회 활동 및 자료 등과 관련된 다양한 내용을 제공하고 있다.

Children and Adults with Attention Deficit/Hyperactivity Disorder(주의력결핍 과잉행동장애 아동과 성인을 위한 기관) : 주의력결핍 과잉행동장애(ADHD) 아동과 성인을 위한 비영리기관이다. 다양한 자료, 연구 정보와 관련 정책, 그리고 전문가에 묻기 등과 같은 내용을 제공한다.

The IRIS Resource Locator on the Website of the IRIS Center for Training Enhancements(IRIS 센터의 자료 사이트) : 사례연구, 온라인 사전, 훈련 모듈, 그리고 다음과 같은 다양한 토픽(조정, 행동, 협력, 문화와 인종의 다양성, 교수법, 장애)에 대한 자료를 제공한다.

The National Threat Assessment Center, United States Secret Service, 2002 Secret Service Safe School Initiative(국가 위협 평가센터) : 학교 안전과 관련된 정보와 방법에 대한 정보를 제공한다.

CHAPTER 2

행동에 대한 이론적 모델

Ariel Skelley/Blend Images/Getty Images

학습목표

1. 행동에 대한 주요 이론과 유용한 연구 결과들을 설명할 수 있다.
2. 행동주의 모델의 기본 가정과 원리를 설명할 수 있다.
3. 응용행동분석(ABA)을 이해하고, 응용행동분석과 긍정적 행동중재 및 지원(PBIS)과의 관계를 설명할 수 있다.
4. 부적절한 행동에 대하여 선행사건, 기능의 결함, 후속결과를 설명할 수 있다

긍정적 행동중재와 지원에 관한 보편적 아이디어

- 연구를 통해 효과가 검증된 기법을 아는 것은 교사로서 당신의 능력을 향상시키며, 최근의 아동낙오방지법(NCLB : 1965년에 제정된 초 · 중등교육법이 개정된 것)과 장애인교육법(IDEA)에서 요구하는 기대를 교사로서 더 잘 충족시킬 수 있게 할 것이다.
- 행동에 관한 이론은 교사에게 필요한 것이며, 교사가 효과적이고도 효율적으로 사용할 수 있는 사정 방법과 중재 실제를 제시하여야 한다.
- 교사의 이론적 관점은 행동중재 및 평가와 관련된 결정에 많은 영향을 미친다.

교사나 부모들이 아동의 문제행동에 대하여 묻는 가장 많은 질문 중의 하나는 "왜 저 아이가 저런 행동을 할까?"이다. 대부분의 사람들은 문제행동을 일으키는 요인에 대하여 잘 살펴보거나 이해하려 하지 않고 자신들의 생각으로 보게 된다. 이 책의 저자들은 문제행동을 보이는 아동에 대하여 염려하는 교사나 부모 또는 주변 사람들로부터 다음과 같은 여러 가지 얘기들을 많이 듣는다.

- 헌터 교사 : "나는 카일라의 행동을 보면 큰 좌절감을 느껴요. 나는 그 아이가 잠깐의 주의 집중이라도 할 수 있도록 만들지를 못해요. 그 애는 약물이 필요한 것 같아요."
- 휠러 교사 : "벤이 과제를 하지 않으려고 행동하면, 나는 무엇을 어떻게 해야 되는지 전혀 모르겠어요. 그 아이에게 혼자서 과제를 하도록 시키는 것이 가장 힘든 일입니다. 벤은 과제를 회피하기 위해서 자기가 할 수 있는 모든 행동을 다 해요."
- 롱 교사 : "나는 테리에게 어떤 발전이 있을지 생각하지 못하겠어요. 그 부모에게서도 어떤 도움도 받지 못해요."
- 웨인 교사 : "에이제이는 신뢰할 수 없는 아이예요. 부모는 그를 방치하고 있고, 그 아이는 학교에서 어떤 관계도 만들지 못해요. 제가 어떻게 그 아이를 도와줄 수 있는지 모르겠어요."

이러한 말들은 행동문제를 일으키는 요인에 대하여 가지는 말하는 사람들의 생각과 관점을 나타내고 있다. 문제행동을 일으키는 원인에 대하여 사람들이 가지는 자신들의 생각이나 신념은 행동에 대한 반응이나 중재 결정에 영향을 미친다. 그러므로 교사는 문제행동의 원인에 대한 자신의 신념을 이해하고, 이러한 신념이 교실에서 어떠한 영향을 미치는지 파악하고, 이러한 신념이나 생각이 이론과 연구적인 관점에서 타당한 것인지를 살펴보는 것은 매우 중요하다.

이 장의 목적은 문제행동과 관련된 중요한 이론들을 설명하고, 각 이론들의 연구와 교사들에게 주는 유용성을 살펴보는 것이다. 모든 이론을 자세하게 살펴보는 것은 이 책을 서술하는 목적에서 벗어날 수 있으므로, 우리의 관심을 행동주의 모델에 집중할 것이다. 이에 대한 논리적 근거는 행동주의 모델이 오랜 시간 동안에 다양한 행동과 다양한 환경에서 모든 연령대의 사람을 대상으로 잘 체계화된 연구와 그 효과성을 보여 주기 때문이며, 이것은 이 책에서 제시하는 행동주의 모델의 다양한 기법들을 볼수록 더 공감할 수 있을 것이다. 더욱이 행동주의 모델은 가장 실제적이고 적용 가능한 방법으로, 특히 교사들에게 매우 유용하다. 이러한 방법들이 바르게 활용된다면 아동의 성취를 방해하는 많은 문제행동들을 감소시킬 수 있으며, 또한 새로운 적절한 행동을 증가시킬 수 있다.

행동에 관한 주요 이론과 교육에서의 유용성

행동이론은 인간의 행동을 설명하고자 한다.

"무엇이 사람으로 하여금 어떤 특정한 방법으로 행동하게 하는가?"라는 질문은 교육과 인간을 다루는 분야에서 가장 흥미로운 주제 중의 하나였다. 행동에 대해 우리가 가지고 있는 신념이나 관점은 우리가 어떻게 행동에 반응하고 문제행동을 위한 중재 방법을 어떻게 결정하는지에 많은 영향을 미친다(Fogt & Piripaval, 2002; Wood, 1978). 오랜 시간 동안 행동 패턴의 원인을 설명하기 위한 많은 이론들이 제시되었다. 이러한 행동이론들은 **행동에 관한 이론적 모델**(theoretical models of behavior)이나 또는 비정형적 행동에 대한 철학적 신념체계로 알려져 왔다. 이 책에서 우리는 행동과학과 과학적으로 증명된 행동중재에 관심을 집중할 것이다. 따라서 과학에 기초한 타당성을 가지는 여러 이론적 모델의 기본 가정과 중재 방법을 살펴보고자 한다. 더욱이 이 책은 교사들을 위한 것이므로 우리는 각 모델이 교육에 미치는 유용성을 반드시 고려할 것이다.

무엇이 '과학적 증거'를 만드는가

아동낙오방지법은 교육에서 무엇이 과학적 증거를 만드는지에 대한 정의를 제시하고 있다.

마케팅 회사들은 오래전부터 '과학에 근거하여', '연구에 기초하여', '증명된' 것과 같은 말들을 광고문구로 사용하여 왔다. 이것은 어떤 물건이 다른 물건보다 더 낫다는 것을 고객들에게 설득하기 위한 것이다. 이러한 말들은 교육 자료나 서비스를 구매하도록 하기 위하여 또는 어떤 교육기법들을 학교에 적용하도록 만들기 위하여 교사들을 상대로도 널리 사용되어 왔다. 그러나 '연구에 기초한 것'이라 주장하는 모든 물건이 과연 그러한가?

무엇이 과학적인 증거를 만드는가에 대한 질문은 2001년에 아동낙오방지법(P.L. 107-110; No Child Left Behind Act, NCLB)이 제정됨으로써 더욱 중요하게 다루어지고 있다. 원래 1965년에 제정된 초·중등교육법으로부터 개정되어 온 아동낙오방지법은 학교가 '연구로 검증된 교육 방법'을 적용할 것을 요구하고 있다(미국 교육부의 과학적인 연구에 기초한 실제에 관한 보고서, 2002). 표 2-1은 아동낙오방지법에 따른 **과학에 기반한 증거**에 대한 정의를 제시하고 있는데, 과학에 기반한 증거를 "교육 활동과 교육 프로그램과 관련되어 타당하고 신뢰할 만한 지식을 얻을 수 있는 정확하고 체계적이며 객관적인 절차를 적용한 연구에 의한 것"으로 설명하고 있다(Beghetto, 2003).

이러한 정의는 높은 기준을 요구하지만 우리는 이것을 추구해야만 한다. 왜냐하면 교사들은 일시적인 유행이나 생각에 의해서 나타난 검증되지 않은 중재 방법을 쉽게 사용하려는 경향이 있기 때문이다(Scheuermann & Evans, 1997). 가능하면 우리는 이 책에서 제시되는 중재 연구들을 이러한 기준에

표 2-1 과학에 기반한 연구에 대한 미국 교육부의 정의

아동낙오방지법(NCLB)이 정의한 과학에 기반한 연구란

- 관찰이나 실험에서 체계적이고 경험적인 방법을 적용한 것
- 진술된 가설을 검증하고 제시된 결론을 타당화하는 데 적절한 자료 분석 방법을 사용한 것
- 여러 관찰자나 평가자가 실시하고, 여러 번 관찰하여 평가하고, 여러 연구자에 의해 수행되더라도 신뢰할 수 있고 타당한 데이터를 제시하는 측정 방법과 관찰 방법을 사용한 것
- 연구의 효과를 평가하기 위하여 사람, 실체, 프로그램, 활동 등을 대상으로 차별화된 조건이나 통제를 적용하고 무선할당표집을 일반적으로 적용하여 실시하는 실험연구나 준실험연구, 또는 이에 준하는 타당한 실험 방법을 사용한 연구에 의하여 검증된 것
- 반복실험이나 좀 더 심화된 후속연구가 가능할 수 있도록 구체적이고 충분한 과학적 내용과 절차를 적용한 실험연구로 수행된 것
- 관련 분야의 학술지나 전문가들로부터 정확하고 객관적이며 과학적인 심사나 평가를 거친 것

출처 : *Guidance for the Reading First Program*, April 1, 2002, U.S. Department of Education. Available, online at www.ed.gov/programs/readingfirst/guidance.doc

맞는 것으로 선택하고자 노력하였다. 그러나 행동을 예방하고 문제행동을 중재하기 위하여 널리 사용되는 모든 실제나 중재 기법들이 아동낙오방지법에서 제시하는 기준을 다 충족시키는 것은 아니다. 그러므로 교사는 사용하는 행동중재 방법에 대한 효과를 점검하고 평가하는 지식과 역량을 갖추는 것이 매우 중요하며, 특히 그 중재 방법에 대한 연구적인 검증이나 근거가 빈약할 때 더욱 그러하다.

연구의 목적은 독립변인(independent variables, 예 : 중재기법)과 종속변인(dependent variables, 예 : 중재의 목표가 되는 행동)과의 기능적인 관계를 밝히는 것이다. 기능적 관계가 존재하는지를 밝히기 위하여 연구자는 독립변인이 정말 종속변인의 변화와 관계가 있는 것인지를 평가하기 위한 연구 설계를 구성해야 한다. 이러한 목적을 위한 연구 설계에는 집단연구와 단일대상연구의 두 가지 형태가 있다. 집단연구(group designs)는 일련의 집단(예 : 한 집단의 학생, 한 교육청 내의 모든 5학년 학생, 학습장애가 있는 아동들의 한 집단 등)을 대상으로 연구의 효과를 평가하는데, 흔히 중재를 받는 집단(실험집단)의 수행능력을 유사하지만 중재를 받지 않은 집단(통제집단)의 수행능력과 비교한다. 단일대상연구(single-subject designs)는 개별 학생들을 대상으로 독립변인의 효과를 평가하는 것이다. 교육환경에서 집단연구를 실시하는 것이 항상 가능한 것은 아닌데, 특히 자폐증이나 지적장애, 또는 다른 장애가 있는 아동들을 대상으로 연구를 실시할 때에는 더욱 그렇다. 이러한 이유로 인해 많은 연구자들이 교육이나 행동중재에 관한 연구를 실시할 때에 단일대상연구를 사용한다. 미국 교육부는 특별한 연구대상을 위한 연구 설계 방법으로 단일대상연구를 수용하고 있다. 따라서 집단연구나 단일대상연구 설계는 이 책에서 제시하는 대부분의 중재 기법을 평가하는 기본 방법이 된다.

연구에서 높은 기준이 되는 한 가지는 무선 통제를 사용하는 것과 관련이 있다(U.S. Department of Education, Institute of Education Sciences, 2003). 무선 통제(randomized controlled trial)란 연구를 실시할 때에 연구 대상자를 무선 배치하는 것을 의미하는데, 즉 연구 대상자를 중재를 받는 집단인 실험집단(treatment group)과 중재를 받지 않는 통제집단(control group)에 무작위적으로 배치하는 것을 말한다. 각 집단은 한 가지 또는 그 이상의 종속변인에 따라 측정되는데, 실험집단의 측정치가 통제집단의 측정치보다 더 높거나 좋을 때에 중재 효과가 있는 것으로 평가된다.

미국 교육부(2003)는 중재 효과를 제시하는 데 있어서 무선 통제 적용과 관련된 기준의 관점에서

각 연구들의 효과(교육적 실제, 전략, 교육 내용 또는 프로그램)를 '강한 증거(strong evidence)'와 '가능한 증거(possible evidence)'로 구분하였다. 또한 중재연구가 여러 장소에 걸쳐서 실시되는 것도 증거기반의 정도와 세기에 영향을 미친다. 학생들의 심한 문제행동에 대하여 실시된 많은 중재연구들은 주로 단일대상연구 설계를 사용한 연구들이다. 단일대상연구 설계에 대한 질적 지표도 제시되어 있다(예 : Kratochwill et al., 2010). 집단연구나 단일대상연구의 결과에 대한 신뢰의 정도는 연구 설계 요소들을 얼마나 엄밀하게 사용하였는지에 따라서 알 수 있다.

중요한 이론적 모델

문제행동 발생에 대한 것은 오래전부터 연구자, 교육학자, 의사, 심리학자 또는 인간행동을 연구하는 사람들에게 관심의 대상이 되어 왔다. 문제행동 원인에 대한 관심은 이러한 전문가들에게만 해당되는 것은 아니다. 문제행동이나 비정상적인 행동을 하는 사람을 만나게 되면 누구나 "무엇이 저렇게 행동하게 할까?" 하고 생각하게 된다. 아동의 가벼운 불순종 행동이나 또는 다른 아이들과는 조금 다른 행동을 보이는 것과 같은 가벼운 문제행동들을 보거나 혹은 자해행동이나 공격행동 같은 매우 심한 문제행동을 보더라도 우리들은 일반적으로 왜 저러한 행동을 할까 하고 의문을 갖는다.

오래전부터 문제행동 발생과 그러한 문제행동을 지속시키는 요인들에 대하여 설명하는 여러 가지 이론적 모델들이 발달되어 왔다. 이러한 모델들은 이상행동의 원인에 대하여 매우 다양한 이론을 제시하고 있으며, 각 모델들은 자신만의 독특한 용어와 개념, 사정 방법과 중재 절차 들을 제시하고 있다. 인간이상행동의 원인과 발생에 대한 이론적 모델들은 많이 있지만, 가장 일반적으로 논의되는 모델들은 Rhodes와 Tracy(1974)가 **아동 불일치에 대한 연구, 1권: 이론적 모델**이라는 고전적 책에서 제시한 것들이다. Rhodes와 Tracy는 그 책에서 정서장애아동을 설명하기 위하여 여섯 가지 모델을 제시하였는데, 그것은 생물학적 모델, 행동주의 모델, 심리역동적 모델, 사회학적 모델, 생태학적 모델, 대응이론 모델이다. 앞에서부터 다섯 가지 모델은 인간이상행동에 관하여 지금까지도 사용되고 있는 가장 일반적인 이론이다. 이 책에서 우리는 생물학적 모델과 행동주의 모델에 대해서는 자세하게 다루었고, 심리역동적 모델과 생태학적 모델에 대해서는 중요한 요소들을 중심으로 제시하였으며, 또한 교사들에 의해서 사용되는 또 다른 모델인 인지적 모델에 대해서도 제시하였다.

문제행동 발생은 흥미로운 내용이지만, 다음과 같이 두 가지 질문으로 구분하는 것이 필요하다 : (a) 문제행동의 원인은 무엇인가(예 : 그러한 행동을 처음 발생하게 하는 것은 무엇인가), (b) 무엇이 문제행동을 지속하게 하는가. 본 장에서 제시되는 모델 중에서 문제행동의 발생원인에 대하여 더욱 강조하는 모델이 있는가 하면, 어떤 모델들은 문제행동을 유지시키는 요인에 대하여 더욱 집중하기도 한다. 문제행동 원인에 관한 작은 연구를 하더라도 그러한 원인을 간결하게 설명하기는 매우 어렵다는 것을 느끼게 한다. 문제행동의 발생 원인은 일반적으로 여러 가지 요인(생물적, 환경적, 발달적, 사회적 요인)의 복잡한 상호작용에 기인하는 경우가 많다. 그러나 우리의 관점은 이러한 문제행동의 발생 원인은 교사들에게는 가장 중요한 질문이 아니라는 것이다. 비록 문제행동의 발생 원인을 한두 가지 파악한다 하더라도 그러한 정보가 문제행동으로 기인하는 여러 문제들을 해결하는 데 그리 많은 도움이 되지 못하는 경우가 많다.

교육자들에게 더욱 중요한 질문은 두 번째 질문인데, 즉 무엇이 문제행동을 계속 지속되게 하는가에 대한 것이다. 예를 들면, 아동으로 하여금 지속적으로 불순종 행동을 하게 하거나 또는 자해행동을 계속하게 하는 환경적인 요인이나 또 다른 어떤 요인들이 무엇이냐는 것이다. 문제행동이 계속 일어나게 하는 요인들을 발견하는 데 있어서 이론적 모델은 매우 유용하게 사용된다. 행동연구는 문제행동을 유발하고 지속하게 하는 여러 가지 요인을 파악하는 데 필요한 기법들을 제공하는데, 이러한 정보를 활용하여 사회적으로 적절한 행동을 가르치고 또한 개인의 학업, 사회, 직업적인 성취를 가로막는 문제행동을 감소시키는 데 효과적인 중재를 개발할 수 있다.

표 2-2는 심리역동적 모델, 생태학적 모델, 인지적 모델의 주요 내용에 대해 요약하여 제시한다. 그리고 본 장의 후반부에서는 생물학적 모델과 행동주의 모델에 대하여 자세하게 다룰 것이다.

표 2-2 심리역동적 모델, 생태학적 모델, 인지적 모델에 대한 설명

이론 모델 : 심리역동적 모델(Psychodynamic Model)

기본 가정 :

- 문제행동은 내적인 심리적 사건이나 동기적 요소에 의해서 발생한다.
- 심리적 이상이나 행동문제는 발달 단계를 성공적으로 성취하지 못하거나 또는 각 발달 단계에 따른 심리학적 갈등을 해결하지 못할 때 발생한다.
- 가장 잘 알려진 이론은 프로이트의 정신분석이론이다.

중재 방법 :

- 상담, 심리치료, 정신분석, 놀이치료, 꿈 해석 또는 다른 형태의 치료
- 따뜻하고 친근하며 지원적인 환경(예 : 교실 등)을 제공하는 것
- 생활사건면담(Life Space Interview, LSI)은 언어적 중재(즉, 생활사건면담)를 사용하여 정서적 또는 행동적인 위기 상황에 있는 개인에게 제공하는 치료 방법인데, '위기 상황에서 정서적 응급처치'를 제공하는 단기적인 목적이나 '생활사건에 대한 임상적 촉진'을 위한 장기적인 목적을 가진다(Morse, 1963; Redl, 1959b).

연구적 기반 :

- 정신과정이나 심리적 갈등에 대한 과학적인 검증(또는 증거)이 부족하다.
- 일련의 연구들은 어떤 중재도 하지 않는 것보다는 아동이나 청소년들에게 더 효과적이라고 주장한다(Casey & Berman, 1985; Kazdin, 1993; Prout & DeMartino, 1986).
- 이에 대한 연구는 주로 임상적인 주관이나 사례연구로 이루어지는데(Wicks-Nelson & Israel, 1984), 이로 인하여 과학적 연구 방법으로 잘 통제된 다른 이론의 연구들보다는 그 설득력이 약하다.
- 생활사건면담(LSI)은 관련된 연구 자료가 빈약하고 또 다른 여러 요인에 의해서 그 효과에 대한 의문이 제기되고 있는데, 예를 들면 수용할 수 없는 행동에 불균형적으로 너무 많은 주의를 기울인다거나 또는 시간이 너무 많이 소요된다는 것이다(Coleman& Webber, 2002; Gardner, 1990).

교사를 위한 유용성 :

- 유용성은 낮다. 왜냐하면 교사들은 일반적으로 심리역동 모델의 중재 방법에 대하여 훈련을 받지 않기 때문이다.
- 교사들에게는 학생들의 학업 수행능력 향상에 대한 책임과 여러 가지 많은 책무가 주어져 있기 때문에, 시간이 많이 요구되는 심리역동적 기법을 사용하기에는 제한이 많다.
- 심리역동적 관점의 사고(예 : 문제행동은 아동의 어릴 때의 부정적인 경험에 기인함)는 교사로 하여금 학생의 문제행동에 대하여 즉각적인 사정과 중재 기법을 적용하는 데 방해로 작용할 수 있다.

(계속)

표 2-2 심리역동적 모델, 생태학적 모델, 인지적 모델에 대한 설명(계속)

이론 모델 : 생태학적 모델(Ecological Model)

기본 가정 :

- 인간의 이상행동은 개인과 그가 속한 생태계 환경(예 : 가정 폭력, 방치, 수준 낮은 교육 프로그램, 열악한 지역사회)과의 상호작용의 결과라고 본다.

중재 방법 :

- 생태학적 평가(ecological assessment)는 아동의 행동과 아동이 생활하는 생태계에 대한 정보를 수집하는 과정이다.
- 학생과 학생의 행동문제에 대하여 높은 관용을 보이는 교사와 짝을 지워준다(Algozzine, Serna, & Patton, 2001).
- 재교육 프로젝트(Project Re-ED)는 생태학적 관점에서 정서 및 행동장애 청소년을 위해 만들어진 학교와 관련 기관과의 네트워크이다(Hobbs, 1966).

연구적 기반 :

- 연구들은 재교육 프로젝트를 받은 청소년들이 긍정적인 결과를 보이며, 또한 중재 성과가 단기적(Lewis, 1988), 장기적(Hooper, Murphy, Devaney, & Hultman, 2000)으로 유지되는 것을 보여준다.

교사를 위한 유용성 :

- 생태학적 프로그램(예 : 정신건강, 사회 서비스)에서 중요한 요소인 여러 기관과의 협력을 받지 못한다면 교사에게는 그 유용성이 비교적 낮다(Center for Effective Collaboration and Practice, 1998; Duchnowski, Johnson, Hall, Kutash, & Friedman, 1993).

이론 모델 : 인지적 모델(Cognitive Model)

기본 가정 :

- 실제 치료(reality therapy; Glasser, 1965)는 성인과 문제행동을 보이는 학생과의 치료적 상호작용을 구성하여, 아동이 자신의 사고에서 오류를 발견하고 실제에 근거한 사고를 하도록 돕는 것을 말한다.
- 선택 이론(choice theory; Glasser, 1998a)은 Glasser의 학교기반 프로그램인 질적인 학교(Quality Schools; Glasser, 1998b)의 이론적 근거가 되는데, 행동이란 자발적인 것이지만, 생존, 사랑, 수용, 힘, 자유, 즐거움과 같은 기본적인 욕구에 영향을 받는다는 것이다.
- 합리적 · 정서적 행동치료(REBT: rational emotive behavior therapy; Ellis, 1962)에서 문제행동은 선행하는 자극에 대하여 반응을 할 때에 비합리적인 사고를 함으로써 발생하게 된다는 것이다.

중재 방법 :

- 중재 방법은 학생으로 하여금 사고의 오류나 비합리적 생각을 파악하고, 실제에 근거한 새로운 사고를 하게 하는 언어적 상호작용을 중요시한다.

연구적 기반 :

- 실제 치료와 선택이론은 주로 사례연구나 사람의 진술에 의존한다.
- 합리적 · 정서적 행동치료에 대한 메타분석은 중재 프로그램에 참여한 학생들에게 긍정적인 결과가 있음을 보여 준다(Gonzalez et al., 2004).

교사를 위한 유용성 :

- 우리가 보기에는 실제 치료와 선택 이론은 사고와 철학적인 개념으로 접근하는 것이며, 매일의 복잡한 학교 현장에서 문제행동을 예방하고 중재하는 실제적인 기법을 거의 제시하지 못한다.
- Zionts(1996)는 합리적 · 정서적 행동치료가 학교기반의 정신건강 프로그램이나 상담 프로그램의 한 부분으로 사용될 수 있다고 제안하였다. Kaplan과 Carter(1995)는 교사를 위한 재미있는 합리적 · 정서적 행동치료를 제시하면서, 행동주의 중재 기법을 함께 사용하는 종합적인 중재 프로그램으로 적용하는 것이 필요하다고 하였다.

생물학적 모델

생물학적 모델(biophysical model)은 의학적 모델이라고도 불리는데, 이상행동은 생물학적 구조나 유기체의 선천적인 기능장애에 의하여 나타난다는 가정에 근거하고 있다(Sagor, 1974). 이러한 관점은 비교적 새롭게 시작되는 분야이지만 인간행동의 많은 부분이 생물학적 요인에 기인한다는 증거는 많이 있다(예 : 인간 게놈 프로젝트). 그러나 Sullivan, Daly와 O'Donovan(2012)에 따르면 대부분의 정신병적 이상 조건은 '이상(disorders)'이나 '정상적인 기능을 방해하는 정신적인 병(illnesses)'으로 불리며, 생물학적 원인이나 원인적인 요소를 알 수 있는 '질병(diseases)'이라고 부르지는 않는데, 그 이유는 그러한 정신병적 이상행동에는 생물학적 원인이나 요소에 대한 분명한 답변을 하기가 어렵기 때문이다. 비록 생물학적 원인론에는 많은 유형이 있지만, 우리는 다섯 가지만 다루고자 한다.

유전자 이상

유전자 연구에서의 발전은 유전자 이상이나 유전형질에 의하여 어떤 이상행동이 야기된다는 것을 밝히고 있다. 예를 들면, 많은 연구들은 유전이 조현병(정신분열증)(National Institute of Mental Health, 2009b; Ripke et al., 2013; Sullivan et al., 2012), 자폐증(Eapen, 2011; National Research Council, 2001; Sullivan et al., 2012), 주의력결핍 과잉행동장애(ADHD)(Goodman & Stevenson, 1989; National Institute of Mental Health, 2003; Sullivan et al., 2012), 우울증(Klein & Last, 1989; Sullivan et al., 2012), 읽기장애(Olson, Wise, Conners, Rack, & Fulker, 1989), 이중인격장애(National Institute of Mental Health, 2009a; Rice et al., 1987, Sullivan et al, 2013) 등에 많은 영향을 미친다고 주장한다. 21번 염색체가 3개인 다운증후군이나 18번 염색체나 5번 염색체가 3개인 염색체 이상은 행동에도 영향을 미칠 수 있다. 어떤 연구들은 유전자 이상이 반사회적 행동의 원인이라고도 하지만 그것으로 완전히 설명할 수는 없다(Baker, Jacobson, Raine, Lozano, & Bezdjian, 2007; Raine, 2008; Rosenhan & Seligman, 1989). 좀 더 타당한 설명은 어떤 구체적인 유전자에 존재하는 복잡한 인과적인 연계가 그 원인이 될 수 있는데, Raine(2008)은 "구체적인 유전자가 대뇌의 구조적이고 기능적인 변이를 일으키며, 이것이 반사회적 행동의 경향성을 띠게 한다."고 하였다(p. 323).

그러나 이러한 연구들은 또한 유전자 한 가지만으로 반사회적 행동을 다 설명할 수 없다고 밝히고 있다. 최근에 인간 게놈 프로젝트(Human Genome Project)는 인간행동에 대한 유전자의 영향에 대하여 새로운 관점을 제시하고 있는데, 그것은 유전자와 유전자 및 환경과의 상호작용이 어떻게 인간의 성격에 영향을 미치는지 밝히고 있다.

생화학적 · 신경화학적 이상

세로토닌이나 도파민과 같은 신경전달물질에 관한 생화학적 요소는 여러 가지 이상행동의 원인으로 추정되어 오랫동안 연구되어 왔다. 최근의 연구들은 정신적 이상에 이러한 생화학적 요소가 미치는 구체적인 역할이나 또는 신경전달 기능에 영향을 미치는 신경전달물질과 대뇌 특정 영역의 기능적인 전기적 회로, 그리고 세포 단위의 작동 등을 연구하고 있다. 이러한 고도의 세분화된 연구들은 치료나 약리학적 연구에 중요한 정보를 제공한다. 예를 들면 특정한 신경전달물질이 정동장애(예 : 우울증, 이중인격장애, 불안장애)와 조현병(정신분열증)에 미치는 영향을 규명하는 것은 이러한 장애를 치료하는 데 필요한 약물치료 등을 가능하게 한다(Macritchie & Blackwood, 2013).

신경전달물질 외의 다른 생화학적 요소들도 문제행동에 영향을 미칠 수 있는 것으로 알려지고 있다. 어떤 연구들은 스트레스로 인한 통증이나 신체적 통증을 경감시키는 역할을 하는 내인성 마취제(진정제, 즉 신체에서 자연적으로 나오는 물질)는 자해행동을 하는 사람에게 낮은 경향이 있는데(Stanley et al., 2010), 자해행동을 함으로써 이러한 마취제가 분비되어 결과적으로 좋은 기분을 느끼게 한다고 주장한다(Bresin & Gordon, 2013).

기질

타고난 기본적인 성향이나 성격 스타일을 의미하는 기질(temperament)은 생물학적인 요소에 근거하지만 또한 환경으로부터도 영향을 받기가 쉽다(Coleman & Webber, 2002). 개인의 성격 스타일을 만드는 원인들은 아직 명확하게 밝혀지지는 않았지만(아마도 다양한 요인들의 복잡한 상호작용의 결과이기에), 1960년에 수행된 성격에 대한 유명한 연구들은 우리들에게 많은 것을 가르쳐 주고 있다. 문제행동의 발달을 설명하기 위하여 실시된 Thomas, Chess, Birch(1969)의 연구는 많은 아동들을 대상으로 유아 때부터 성인에 이르기까지 지속적으로 실시되었다. 이들은 대상 아동들로부터 기질의 아홉 가지 지표를 밝혀냈는데, 그 지표들은 태어나서부터 아동기에 이르기까지 비교적 안정적으로 나타났다. 이러한 기질의 아홉 가지 지표로부터 Thomas와 그의 동료들은 세 가지 기본적인 기질 유형을 제시하였다(표 2-3 참조)(Thomas & Chess, 1977, 1984). 이 세 가지 기질 유형이 전부는 아니지만 대부분의 아동들의 기질을 설명할 수 있었다. 그렇지만 이것만으로 행동문제를 완전히 예측할 수 있는 것은 아니었다. 이를테면 '까다로운 기질 유형'에 속하는 아동들이 훨씬 더 행동문제를 보일 가능성이 많지만, 그 유형에 속하는 모든 아이들이 다 그런 것은 아니었다. 따라서 Thomas와 Chess는 기질적인 특성은 생물학적이고 태어날 때에 존재하지만, 이러한 기질적 특성은 또한 환경적인 영향을 받는다는 가설을 제시하였다. 특히 Thomas와 그의 동료들은 부모-아동의 상호작용과 부모의 양육 스타일이 아동의 궁극적인 행동문제 발달에 영향을 미치는 중요한 요소가 된다고 믿었다.

출생 전, 출생 시, 출생 후 요인

생물학적 모델은 행동을 설명하는 데 유전자, 신경화학물질, 기질, 환경, 출생 전, 출생 시, 출생 후 요인들을 사용한다.

다양한 출생 전, 출생 시, 출생 후 요인들은 신경발달에 영향을 미치는데, 이는 후기 아동기의 정서 및 행동이상에 영향을 미치는 가능한 원인이 될 수 있다. 아동의 정서 및 행동 발달에 영향을 미치는 출생 전의 위험요인은 산모의 물질남용, 영양, 바이러스 감염, 독성물질 노출 등과 같은 것으로부터(Alberto & Troutman, 2006) 산모 스트레스(Niederhofer & Reiter, 2004)나 산모의 정서문제(Allen, Lewinsohn, & Seeley, 1998)에까지 다양한 범위에 걸쳐 있다. 아동의 발달에 영향을 미치는 출생 시 요인은 저체중, 산소 결핍, 뇌출혈 등이 있다(Cullinan, 2003; Raine, 2002). 출생 후 요인은 다음 부분(환경적 요인)에 설명되어 있다.

환경적 요인

연구자들은 인간의 생물학적 체계나 행동, 학습 등과 같은 여러 기능적인 영역에 부정적인 영향을 미치는 환경적인 요인들을 밝히고 있다. 비록 어떤 연구도 환경 요인이 이상행동의 직접적인 원인이 된다는 것은 명확하게 증명하지는 못하지만, 많은 연구들이 행동문제에 부정적인 영향을 미칠 수 있는 환경 요인들을 밝혀내고 있다. 예를 들면, 환경적인 요소가 조현병(National Institute of Mental Health, 2009b), 주의력결핍 과잉행동장애(ADHD)(National Institute of Mental Health, 2003), 자폐증(Centers

표 2-3 Thomas와 Chess의 기질 지표와 세 가지의 기질 유형

기질의 지표

1. 활동 수준
2. 생물학적 기능의 규칙성(예 : 먹기, 잠자기)
3. 새로운 자극에 대한 반응 스타일(예 : 긍정적 또는 부정적 반응)
4. 적응성
5. 반응을 일으키는 데 요구되는 반응의 양(반응역치)
6. 반작용의 강도
7. 감정의 질(예 : 즐거운, 짜증을 내는)
8. 정신(주의) 산만
9. 주의 집중 범위와 지속성

세 가지 기질 유형

1. 유순한 기질
2. 까다로운 기질
3. 중간 기질

for Disease Control, 2006), 지적장애(Landrigan, Lambertini, & Birnbaum, 2012), 학습장애와 행동장애(Healthy Children Project, n.d.) 등과 연관되어 있다는 것이 알려지고 있다. 일반적으로 환경적인 요소에는 중금속(예 : 납, 수은), 화학물질(예 : 독성물질), 솔벤트(예 : 벤젠), 살충제, 곰팡이, 일산화탄소, 대기오염 등과 같은 환경 독성물질이 주로 해당된다(Environmental Protection Agency, 2003).

환경 독성물질에 노출되는 것과 아동기의 행동장애 사이의 관련성을 밝히는 것은 매우 난해하며 어려운 일인데, 독성물질에 노출된 시기와 기간, 유전자, 기질, 부모의 양육, 독성물질에 노출되어 신경행동적 문제가 나타나기까지 걸리는 시간적 지연 등과 같은 많은 요소들이 서로 복잡하게 상호작용적으로 영향을 미치기 때문이다(Landrigan et al., 2012; National Research Council, 2000; Tatsuta et al., 2012). 많은 연구자들은 이러한 문제에 대하여 우려를 표시하면서, 현재 널리 사용되고 있는 환경 독성물질이 신경발달에 미치는 영향과 환경 독성물질에 노출됨으로써 받게 되는 위험성에 대하여 많은 연구가 실시되어야 한다고 주장하고 있다. 안전성에 대한 정보가 그리 많지 않음에도 불구하고 화학물질을 널리 사용하는 것에 대하여, Landrigan 외(2012)는 1940년대부터 1980년대까지 발생한 납중독 사건을 '침묵의 전염병(silent epidemic)'이라 부르면서, 그 기간 동안 수백만의 아이들이 페인트나 휘발유에 있는 납에 노출됨으로써 결과적으로 지적장애를 겪게 된 사건을 상기시키고 있다(Grosse, Matte, Schwartz, & Jackson, 2002).

생물학적 모델의 중재 방법

정신약리학(Psychopharmacology)이나 약물치료(medication)는 생물학적 모델이 가장 많이 사용하는 방법이다. 정신과적 약물치료(향정신성 또는 정신치료학적 약물치료)는 과잉행동, 주의산만, 공격행동, 자해행동, 우울증, 조울증, 불안장애, 투렛증후군(반향어나 외언증을 수반하는 운동 실조증) 등과 같은 다양한 정서행동장애 문제에 일반적으로 널리 수용되고 있는 처치 방법이다(Konopasek & Forness, 2014; McClellan & Werry, 2003; MTA Cooperative Group, 1999; National Institute of Mental Health,

2002). 정서 및 행동장애와 관련된 약물치료는 크게 네 가지로 분류할 수 있다: ADHD 치료를 위한 자극성과 반자극성 약물(예 : Ritalin, Concerta, Focalin, Strattera, Kapvay), 항우울제(예 : Prozac, Lexapro, Luvox, Zoloft, Wellbutrin, Effexor, Lithium, Symbyax), 항정신성 약물(예 : Clozaril, Zyprexa, Seroquel, Risperdal, Abilify, Haldol, Orap), 불안 완화제(anxiolytics)라고도 불리는 항불안성 약물(예 : Xanax, BuSpar, Librium, Klonopin, Ativan).

정신약리학은 지난 25년 동안 모든 연령층에서 모든 형태의 정서 및 행동장애와 관련되어 지속적으로 증가하고 있다. ADHD는 행동장애의 가장 일반적인 유형으로 간주되고 있으며(Chirdkiatgumchai et al., 2013; National Institute of Mental Health, 2012), ADHD 치료를 위하여 널리 사용되는 자극성(흥분제성) 약물(stimulant medications)은 아동을 위한 정신과적 약물치료에서 가장 일반적으로 사용되고 있다(Chirdkiatgumchai et al., 2013). 4세에서 17세까지의 아동과 청소년들 중에서 약 9.5%가 이 약물을 복용하는 것으로 추정된다(Zuvekas & Vitiello, 2012).

자극성 약물치료와는 달리 향정신성 약물치료(psychotropic medications)는 아동들에게는 아주 드물게 허용되어 왔다(McClellan & Werry, 2003; Thomas, Conrad, Cassler, & Goodman, 2006). 그런데 이 향정신성 약물치료를 아동들에게 처치하는 것이 증가되고 있다(Thomas et al., 2006). Vitiello와 그 동료들은 약 140만 명의 아동과 청소년들이 2002년에 항우울증 약물치료를 받은 것으로 추정하였다(Vitiello, Zuvekas, & Norquist, 2006). 19세 이하의 아동들에게 향정신성 약물을 사용하는 것은 2001년에서 2005년 사이에 73%나 증가하였으며, 이와 대조적으로 같은 기간에 성인에 대한 사용은 37%만이 증가하였다(Medco, 2006). 더욱이 2001년부터 2005년 사이에 소녀들에게 처방된 향정신성 약물은 103%나 증가하였으며, 소년들에게는 61%의 증가율을 보였다. 2세부터 5세까지의 아동들 중에서는 2002년부터 2005년 동안에 매우 증가하였다가, 다시 2002년 이전의 정도로 돌아왔다(Chirdkiatgumchai et al., 2013). Mojtabai와 Olfson(2010)에 따르면, 정신과적 이상행동을 치료하기 위하여 두 가지 이상의 약물을 함께 사용하는 다중약물요법(polypharmacy)이 1996년부터 증가하고 있는데, 정신과 치료를 받는 아동과 청소년의 약 절반 이상(58.9%)이 두 가지의 향정신성 약물을 처방받았으며, 세 가지 이상의 약물을 처방받은 사례도 약 1/3(33.2%)에 해당된다.

자폐성 장애와 발달장애를 보이면서 소아과 치료를 받는 약 1/3 이상의 아동이 행동문제로 인하여 약물치료를 받고 있는 것으로 추정되며(Coury et al., 2012; Rosenberg et al., 2010), 특별히 공격행동, 자해행동, 상동행동 등에 대한 것이 많다(Gordon, 2002, 2003; McClellan & Werry, 2003; McPheeters et al., 2011).

장애아동에 있어서 향정신성 약물이 가장 높은 비율로 사용되는 연령은 10~14세인 것으로 나타났다(Office of Special Education Programs, 2003). 그러나 일반 아동들과 마찬가지로 장애아동과 청소년을 대상으로 한 행동중재에서도 자극성 약물치료가 가장 많이 사용되고 있다. 항우울증제와 항불안성 약물치료는 모든 연령에게 사용되지만, 특히 청소년에게 가장 많이 사용되고 있다(Office of Special Education Programs, 2003). ADHD와 행동이상은 장애인교육법(IDEA)이 규정한 모든 장애 영역에서 나타나고 있으며, 그들에게는 문제행동 중재를 위한 약물처방이 이루어지고 있다(Office of Special Education Programs, 2003).

아동과 청소년들에게 행동문제를 위한 중재로서 자극성 약물치료와 향정신성 약물치료를 적용하는 것에 대해 많은 논쟁이 이어지고 있다. 수년 전에는 어떤 특별한 종류의 항우울증제를 아이들에게 사용하는 것에 대한 안전성에 논란이 제기되었다(Brent, 2004; Vitiello & Swedo, 2004). 2003년 영국에서는 플루옥세틴(Prozac)을 제외한 모든 항우울증제를 사용하는 것에 대하여 강도 높은 경고문을 약품에 적도록 지시하였다. 2004년 미국 식품의약국(FDA)도 어떤 특별한 종류의 항우울증제를 복용하면 우울증이 있는 아동과 성인들의 증상이 더 악화될 수 있다는 경고문을 부착하도록 하였다(Bostwick, 2006; U.S. Food and Drug Administration, 2004). 그러나 이러한 염려는 위험 요소에 대한 과학적인 증거보다도 혼란스러운 정보에 기인하는 것으로 보인다(Bostwick, 2006). 2004년 FDA는 항정신성 약물을 복용하는 사람들에게서 고혈당이나 당뇨병이 증가할 수 있다는 경고문을 약품에 부착하도록 지시하였다(U.S. Food and Drug Administration, 2004). 비록 약물치료가 아이들의 심각한 행동문제에 대한 처방으로 적법하지만, 약물의 사용은 소아과 의사나 정신건강 전문가에 의해서 철저하게 모니터링되어야 한다. 그리고 교사들은 비록 약물치료 사용을 결정하는 데 있어서 직접적으로 관련되어 있지는 않지만, 약물치료의 효과를 모니터링하는 데 있어서는 중요한 역할을 할 수 있다. 일반적으로 교사들은 약물치료를 받는 아동의 부모나 후견인들로부터 아동이 약물치료를 받음으로 해서 행동상에 어떤 변화가 있는지 또는 부작용이 있는지에 대하여 자주 질문을 받는다. 때로 교사들은 의사들로부터 아동의 행동 점검표를 실시해 달라는 요청을 부모의 승낙하에 받기도 한다.

생물학적 모델의 다른 중재 방법은 아동발달에 영향을 미치는 출생 전의 위험 요소와 출생 후 환경이 미치는 영향과 관련된 것이다. 간호사 가정방문 프로그램(The Olds' Nurse Home Visitation Program)은 산전 위험 요소를 줄이기 위해 적용되는 종합적인 프로그램의 한 가지 예가 된다(Olds et al., 1999). 이 프로그램에서는 등록간호사가 참여한 산모를 정기적으로 방문하며, 산후에는 아이가 두 살이 될 때까지 계속해서 방문한다. 이 기간 동안 간호사는 다양한 교육과 지원, 관련 서비스를 제공한다. 이 프로그램이 실시됨으로써 아이와 가족 모두에게 장기적이고 긍정적인 결과가 있는 것으로 나타났으며 또한 국가 경제적인 측면에서도 비용효과가 큰 것으로 나타났다(Olds et al., 1999).

생물학적 모델도 다른 이론적 모델들과 같이 아동의 행동문제와 학습문제에 대해 여러 가지 중재 방법을 제시하고 있지만, 그 결과에 대해서는 과학적인 증거가 아직 부족한 상황이다. 이러한 입증되지 않은 중재들의 예를 보면 다음과 같다.

- **섭식 중재** : 잘 알려진 한 가지 예는 페인골드 식이요법(Feingold Diet)이다. Benjamin Feingold 박사는 ADHD가 음식 알레르기와 관련이 있는 것으로 보았다(Feingold, 1975). 중재 방법으로서는 인공식품착색료, 향신료, 방부제, 천연 살리실산염 등을 제거한 철저한 다이어트를 적용하였다(Feingold, 1976). 그러나 이와 관련된 여러 연구들을 실시하였지만, 음식 알레르기가 행동문제의 원인이 된다는 이론을 뒷받침하거나, 페인골드 식이요법이 ADHD에 효과적이라는 것을 증명하지는 못하였다(Pescara-Kovach & Alexander, 1994). 어떤 전문가들은 말하기를 지금까지의 연구 결과가 일관적이지 않기 때문에, 식품 첨가제가 아동에게 어떤 부정적인 행동문제를 야기하는지 알기 위하여 식품 첨가제와 생물학적 또는 환경적 조건과의 가능한 상호작용 효과를 조사하는 추가적인 연구들이 필요하다고 주장하고 있다(Buka, Osornio-Vargas, & Clark, 2011).
- **생체 피드백** : 생체 피드백(biofeedback)은 생물학적 측정을 주로 사용하는데, 각성 수준에 관한 지표로서 근육긴장이나 뇌파활동을 측정하거나 또한 아동들에게 뇌파활동이나 근육긴장을 낮게 유지하도록 만드는 자기진정기법들(self-calming techniques)을 가르친다(Xu, Reid, Steckelberg, 2002). 비록 이러한 방법이 흔히 ADHD를 위한 중재로 제시되기도 하지만(Baron

-Faust, 2000), 교육적인 목적으로 생체 피드백을 사용하는 것을 지지하는 연구들은 연구 방법상으로 여러 가지 결함이 있어 중재 방법으로써 생체 피드백을 추천하기에는 아직 시기상조인 것으로 보고 있다(Xu et al., 2002).

- **감각통합치료** : 신경생물학적 이론은 자폐증, ADHD, 학습장애 등과 연관되어 나타나는 문제행동이 감각자극과 피드백을 조직하고 통합하는 중추신경체계의 기능 이상에 기인한 것으로 보고 있다(Ayers, 1972). 중재 방법으로써는 자기자극이나 감각 체계(그네 타기, 스쿠터 타기, 무거운 조끼 입기나 담요 덮기 등) 또는 촉각 체계(피부를 세게 문지르기 등)와 같이 구체적인 감각 체계의 감각을 재구성하거나 통합하는 방법으로 이루어져 있다(Shaw, 2002). 비록 감각통합훈련의 효과를 제시하는 많은 사례연구들이 제시되고 있지만, 문제행동에 대한 이러한 중재 방법의 효과를 과학적으로 제시한 연구는 아직 없는 실정이다(Shaw, 2002; Werry, Scaletti, & Mills, 1990). 자폐성 장애 아동들에 대한 감각통합치료(sensory integration therapy) 중재에 대한 종합적인 견해로서 Lang과 동료들(2012)은 이 중재 방법이 일관성 있는 긍정적인 효과를 보여주지는 못한다고 하였다.

교사를 위한 연구적 근거와 유용성

교사들은 모든 치료나 중재들이 다 효과가 있지 않다는 사실을 이해하는 것이 필요하다.

McClellan과 Werry(2003)에 의하면, ADHD에 대한 처치로서 자극성 약물치료의 효과는 비교적 잘 연구되어 있고, 또한 수용할 수 있는 중재 방법으로 간주되고 있다. 그러나 정신과적 약물치료에 대한 증거는 아직도 제한적이며, 그것도 일반적으로 한 가지 약물 사용에 국한되어 있으며, 복합적인 약물 사용에 대한 증거는 없는 실정이다(Ryan, 2012). 비록 정신약리학 분야의 연구들이 증가하고 있지만 아직도 많은 것이 밝혀지지 않고 있으며, 복합적 약물치료에 있어서는 더욱 그러하다(Ryan, 2012). 게다가 모든 약물치료에는 위험성을 내포하고 있기 때문에 정신과 약물의 효과성 및 약물치료에 대한 결정은 그러한 약물치료가 야기할 수 있는 부작용을 충분히 고려하여 결정하여야 한다(Andrade et al., 2011; McPheeters et al., 2011).

대부분의 경우에 생물리학적 모델은 문제행동을 더 잘 이해할 수 있도록 하지만, 교사들에게 직접적으로 유용한 중재 기법과 같은 것을 제공하지는 않는다. 물론 이것만 해도 유익한 것이 된다. 교사들이 문제행동과 관련된 생물학적 요인들을 더 잘 이해하면 할수록, 학생들에게 이러한 생물학적 요인들의 영향을 최소화할 수 있는 환경조정과 같은 다양한 방안을 더 강구하여 적용하게 될 것이다. 연구에 의하면 행동이상이 생물학적 요인에 기인한 것이라 하더라도, 이를 위한 가장 효과적인 중재 프로그램은 의학에 기초한 처방을 넘어 다양한 실제적 중재 기법을 사용하는 것이다. 그러므로 교사들은 약물치료를 받고 있는 학생들에 대해서도 이 책에서 제시하고 있는 다양한 행동주의 중재 방법과 지원을 항상 고려하며 적용하여야 한다.

행동주의 모델

행동주의 모델의 일곱 가지 원리는 모든 행동중재의 근거가 된다.

행동주의 접근은 기본적으로 모든 작동행동(정상행동이나 이상행동을 모두 포함)은 여러 행동과 연계된 후속반응의 결과로서 학습된 것이라고 가정한다. 행동주의는 관찰 가능하고 측정 가능한 행동에 관심을 가지며, 내면의 심리학적 요인은 관찰할 수 없다는 이유로 관심을 보이지 않는다. 그리고 행동주의는 선행사건, 행동에 대한 환경의 영향, 행동변화에 영향을 미치는 환경사건의 조정 등에 관심을 기울인다.

행동주의 모델의 체계적인 적용은 응용행동분석(applied behavior analysis, ABA)이라 불린다. 응용행동분석은 행동을 변화시키는 데 있어서 이전에 사용되던 행동수정(behavior modification)보다도 훨씬 더 과학적인 접근을 말한다. 왜냐하면 응용행동분석은 행동변화가 단지 우연히 일어나거나 다른 요인에 의해서 일어난 것이 아니라, 행동중재에 의하여 발생한 것임을 분명하게 증명하도록 요구하기 때문이다(Alberto & Troutman, 2006). 응용행동분석은 Baer, Wolf, Risley(1968)에 의하여 처음으로 정의되었는데, "구체적인 행동을 향상시키기 위하여 때로는 시험적인 행동원리를 적용함과 동시에 행동의 변화가 그러한 행동원리의 적용에 의한 것인지를 분명하게 평가하는 과정"을 의미한다(p. 91). 이러한 정의에서 '응용(applied)'이라는 단어의 의미는 중재 목표가 된 행동이 사회적으로 유의미한 행동이거나 또는 학교나 다른 환경(예 : 가정, 지역사회, 직장 등)에서 매우 중요한 행동임을 나타내는 것이다(Cooper, Heron, & Heward, 2007). 응용행동분석은 중재의 효과를 증명하기 위하여 단일대상연구 방법을 사용한다.

응용행동분석은 행동변화에 관한 과학이다.

응용행동분석은 표 2-4에서 제시한 것과 같이 여러 가지 기본 가정에 근거하고 있다. 제1장에서 제시한 행동지도원리는 비록 이러한 기본 가정에 근거하고 있지만, 행동에 대한 철학적인 개념을 포함하고 있어서 더 포괄적이다. 표 2-4에 제시된 응용행동분석의 기본 가정은 행동변화에 있어서 훨씬 더 구체적이다. 응용행동분석도 여러 가지 다른 복잡한 이론이나 방법과 같이 응용행동분석에 대하여 잘못된 많은 오해들이 있다. 일반적으로 그러한 오해는 응용행동분석을 지나치게 좁게 해석하기 때문인데, 몇 가지 예를 표 2-5에 제시하였다.

행동주의 중재는 일반적으로 응용행동분석의 일곱 가지 기본 원리에 기초하고 있다. 이러한 원리와 관련된 예는 표 2-6에 설명되어 있다.

이러한 행동원리는 모든 형태의 행동, 즉 적절하거나 부적절한 모든 행동에 적용된다. 정적 강화를 잘못 적용하면 부적절한 행동을 증가시키게 된다. 소거도 적절한 행동이나 부적절한 행동을 없앨 수 있는데, 아동의 적절한 행동을 부주의하게 소거시키지 않도록 주의해야 한다. 아동은 모델링을 통하여 적절한 행동이나 부적절한 행동 모두를 배울 수 있다. 이러한 사실은 좋은 뉴스임과 동시에 나쁜 뉴스도 된다. 부적절한 행동은 강화를 받게 되면 더욱 발생하게 되는데, 만약 이러한 사실을 알고 우리가 잘못된 강화를 찾아 조정하게 되면 그러한 부적절한 행동을 감소시키거나 멈추게 할 수 있다. 이러한 원리는 아주 중요한 개념인데, 이 책의 뒷부분에서 더 자세하게 다룰 것이다.

표 2-4 응용행동분석(ABA)의 기본 가정

1. **아동의 과거 학습과 생물학적 요인은 현재 행동에 영향을 미친다.** '과거 학습'이란 아동이 자신의 욕구를 만족시키는 방법을 학습한 것을 말한다(예 : 소리를 질러 원하는 것을 얻거나, 또는 자해행동을 하여 싫어하는 과제를 회피하는 것). '생물학적 요인'이란 아동이 유전적으로, 생화학적으로, 신경학적으로 가지고 있는 요인이나 특성을 말하는데, 이러한 것은 과잉행동성, 주의력결핍, 자기자극행동, 또는 자해행동 등에 영향을 미친다. 그러나 응용행동분석은 아동이 과거의 학습이나 생물학적 요인으로 인하여 어떤 행동 패턴을 가지고 있다 하더라도 효과적으로 적용된다.
2. **모든 행동은 그것이 적절한 행동이든 부적절한 행동이든 같은 행동원리의 지배를 받는다.** 모든 행동은 이번 장에서 기술된 기본적인 행동원리(예 : 자극통제, 강화, 벌 등)로 설명될 수 있다. 부적절한 행동이 발생할 때 그것과 관련된 행동원리들을 잘 적용할 수 있다면, 당신은 훨씬 효과적으로 행동을 관리할 수 있을 것이다. 예를 들면, 다른 학생 옆에 앉는 것을 매우 싫어하는 아동을 생각해 보면, 그 아동은 학생이 자기 옆에 앉으면 자해행동을 하기 때문에 혼자 멀찍이 떨어져 앉도록 하고 있다. 이러한 상황에 적용할 수 있는 기본 원리가 부적 강화(그 학생은 싫어하는 상황을 회피함으로써 강화를 받는다)라는 것을 안다면, 당신은 그러한 자해행동을 감소시키고 다른 학생 옆에 앉는 행동을 효과적으로 증가시킬 수 있는 중재 방법을 구성할 수 있을 것이다.
3. **행동에는 목적(기능)이 있다.** 대부분의 아동들은 자신이 좋아하거나 싫어한다는 것을 말로 표현함으로써 자신의 요구를 충족시키는 적절한 방법을 배운다. 적절한 행동의 레퍼토리가 제한되어 있는 아동은, 특히 의사소통 행동에 제한이 있는 경우에는 자신의 요구를 관철시키기 위하여 부적절한 행동을 많이 사용한다. 기능적 행동평가(functional behavioral assessment, 제8장 참조)는 아동이 그러한 부적절한 행동을 하는 목적이나 기능을 파악하는 데 유용하게 사용할 수 있어, 행동중재를 구성하는 데 아주 중요한 과정이 된다.
4. **행동은 그것이 발생하는 환경과 연계되어 있다.** 환경이란 행동에 영향을 미치는 선행사건(antecedent) 중의 하나이며, 그것은 외적인 것(예 : 복잡한 교실, 너무 덥거나 너무 추운 교실, 싫어하는 과제가 제시되는 것, 교사나 또래의 행동 등)과 내적인 것(예 : 배고픔, 불편함, 질병, 졸음 등과 같은 신체적인 상황 등)을 포함한다. 예를 들면 식당이나 버스 정류장, 또는 복도에서 발생하는 심한 소음에 대한 반응으로써 아동은 자기자극행동을 할 수도 있다. 그러한 자기자극행동에 대하여 행동감소기법을 단순히 적용하는 것은 효과적이지 않을 수 있다. 효과적인 행동중재 계획을 위해서는 환경적인 선행사건의 영향에 대하여 잘 고려해야 하며, 목표로 하는 행동에 긍정적인 영향을 미칠 수 있는 방법으로 이러한 선행사건을 잘 조정할 수 있어야 한다.

표 2-5 응용행동분석(ABA)에 대한 오해

응용행동분석은 자폐성 장애 학생을 위한 프로그램이다.

자폐성 장애에 대한 응용행동분석의 효과적인 성과(National Research Council, 2001)와 자폐성 장애를 위한 가장 핵심적인 중재 방법으로 널리 사용됨(National Institute of Mental Health, 2008)으로써, 응용행동분석은 잘못된 인식을 가지게 하였는데, 그것은 응용행동분석은 자폐성 장애를 위하여 개발되었다거나 또는 자폐성 장애에게만 사용된다는 것이다. 실제로는 응용행동분석은 John B. Watson, B. F. Skinner와 많은 연구자들로부터 시작되었다(Cooper et al., 2007). Ivar Lovaas는 자폐성 장애아동에게 응용행동분석 방법의 효과를 증명한 초기 연구자들의 한 사람이며(Lovaas, Koegel, Simmons, & Long, 1973), 그의 연구들은 응용행동분석에 따른 자폐성 중재 프로그램의 토대로 여겨진다.

그러나 응용행동분석 분야는 자폐증에만 국한되는 것이 아니다. 국제행동분석학회(Association for Behavior Analysis International, ABAI)는 응용행동분석을 적용하는 30개가 넘는 학문 분야들이 포함되어 있는데, 예를 들면 동물행동학에서 스포츠 및 헬스 분야까지 다양하게 이루어져 있다.

응용행동분석은 교육과정이다.

응용행동분석은 행동을 변화시키기 위하여 경험적으로 증명된 기법과 절차를 사용하는 과학적인 접근을 한다. 이러한 방법과 절차는 실질적으로 거의 모든 행동을 가르치거나 증가시키고 또는 감소시키거나 제거하는 데 사용될 수 있다. 응용행동분석은 어떤 규정된 교육과정이 아니며 또한 가르쳐야 하는 행동을 모아놓은 것도 아니다. 사실 응용행동분석 방법은 거의 모든 교육과정에서 사용될 수 있다(예 : 수학, 생활 기술, 직업 기술, 쓰기, 언어, 행동 등).

응용행동분석 치료사만이 응용행동분석 중재를 실시할 수 있다.

응용행동분석 분야는 그와 관련된 정규 과정을 두고 그것을 이수하고 응용행동분석에 대한 구체적인 역량을 갖춘 사람들을 양성하는 자격증 과정을 두고 있다. 하지만 응용행동분석가(behavior analyst) 자격증이 응용행동분석 방법을 사용하기 위하여 요구되는 필수 조건은 아니다. 물론 응용행동분석 방법을 앞으로 적용하려는 사람은 응용행동분석과 관련된 일련의 과목이나 심화된 훈련과정을 받는 것을 강력하게 추천한다. 그러나 교사들은 일반적으로 쉽게 응용행동분석 기법을 실행할 수 있으며, 실행을 한다면 반드시 정확하게 하여야 한다.

응용행동분석은 분리된 환경에서 개별적인 중재만을 실시하며, 코를 만지거나 손뼉을 치거나 물건을 가리키는 것과 같이 기능적이지 않은 분리된 기술만을 대상으로 한다.

응용행동분석은 비록 일대일의 개별적 훈련 상황에서 기초 학습기술 등과 같은 기술이나 행동을 가르치는 데 많이 사용되기는 하지만, 여러 아동을 대상으로 그룹으로 사용하거나 자연적인 상황(예 : 교실, 복도, 버스, 식당, 놀이터, 직업 환경 등)에서도 사용할 수 있다. 사실 뒤의 제3장에서 배우겠지만 학교 차원의 긍정적 행동중재 및 지원은 학교의 모든 환경에서 모든 학생들을 대상으로 실시하는데, 이때 사용되는 방법은 주로 응용행동분석에 기초를 두고 있다.

응용행동분석은 단지 어린아이들에게만 사용된다.

응용행동분석 중재는 아동뿐만이 아니라 어른들의 행동 변화에도 효과적으로 적용할 수 있다. 사실 응용행동분석의 한 가지 흥미로운 분야는 노인행동학인데, 이것은 노인들을 대상으로 응용행동분석을 적용하는 분야이다.

표 2-6 응용행동분석(ABA)의 원리

원리	설명	예시
정적 강화 (positive reinforcement)	행동에 따라오는 후속결과로 인하여 행동을 증가시키거나 유지시키는 절차를 말한다. 우리의 행동은 정적 강화에 의하여 많이 발생한다. 만약 적절한 행동이 충분하게 강화된다면, 우리는 그러한 행동을 더욱 많이 하게 된다. 그러나 문제행동을 하고도 긍정적인 강화를 받게 되면(안타깝게도 실생활에서 많이 이루어지고 있음, 제8장 참조), 문제행동은 더욱 많이 발생하게 된다.	• 할인매장 계산대에서 장난감을 얻기 위해 울거나 소리치는 아이에게 원하는 장난감을 준다면, 앞으로 그 아이는 장난감이나 원하는 것을 얻기 위하여 그러한 행동을 더욱 많이 할 것이다(잘못된 정적 강화로 작용함). • 문서 작성을 잘했다고 칭찬받은 교사는 앞으로 문서 작업을 더욱 잘하려고 할 것이다. • 휴대전화가 울리며 친구의 이름이 떠 있는 것을 보면 당신은 전화를 받을 것이다. 왜냐하면 당신은 친구와 통화하는 것을 좋아하기 때문에, 전화를 받음으로써 친구와 얘기하게 되는 긍정적 강화를 받게 되어 앞으로도 그런 행동을 계속하게 될 것이다.
부적 강화 (negative reinforcement)	행동의 결과로서 부정적인 조건을 피하거나 회피할 수 있기 때문에 행동이 증가하거나 유지되는 절차를 말한다. 우리 모두는 일상생활에서 이러한 부적 강화를 자주 본다. 그러므로 교사는 학생행동에 영향을 미치는 부적 강화로 인하여 파생되는 결과를 잘 파악하여야 한다(제8장 참조).	• 자습시간에 문제행동을 하여 훈육실로 보내지는 학생은, 결과적으로 하기 싫은 자습 과제로부터 벗어나게 된다. 따라서 이 학생은 앞으로도 하기 싫은 과제를 회피하기 위하여 그러한 문제행동을 계속할 것이다. • 어떤 교사는 문제행동을 보이는 아동에 대해서 늘 불평하는 동료교사와 마주치지 않기 위하여 그 사람과 마주칠 수 있는 시간에는 교사 라운지에 가지 않는다. • 휴대전화가 울리고 전화를 받고 싶지 않은 사람의 이름을 보게 되면 당신은 그 전화를 받지 않을 것이다. 전화를 회피하는 행동에 따른 강화(싫은 사람과 통화하지 않게 됨)를 받게 됨으로써, 당신은 앞으로 그 사람의 전화를 받지 않는 행동을 더 많이 할 것이다.
벌 (punishment)	행동 후에 어떤 후속결과를 제공함으로써 대상으로 하는 행동이 감소하거나, 약해지거나, 없어지게 되는 절차를 말한다. 불행하게도 많은 어른들이 아동의 행동을 관리하기 위하여 가장 많이 사용하는 방법이 처벌이다. 제12장에서 벌과 관련된 문제들을 제시하였다.	• 습관적으로 늦게 출근하는 교사에게 교장이 지적을 한다면, 교장의 지적이 싫어서 앞으로 그 교사는 시간에 맞게 출근하려고 할 것이다. • 조쉬가 교사의 질문에 틀리게 대답하여 또래들이 웃었는데 이것이 조쉬에게 부끄러운 일이 되었다면, 앞으로 조쉬는 대답하는 행동을 잘 하지 않을 것이다. • 휴대전화를 많이 사용해서 전화비가 엄청나게 많이 나오게 되면, 그 많은 돈을 내야 하는 처벌적인 결과가 당신으로 하여금 앞으로 전화를 적게 사용하거나 짧게 사용하도록 만들 것이다.
소거 (extinction)	어떤 행동에 강화가 주어지지 않는다면 그 행동은 감소되거나, 약해지거나, 없어지게 되는 절차를 말한다. 제12장에서 배우게 되겠지만, 불행하게도 적절한 행동에 이러한 소거가 적용되는 경우가 있다.	• 잭은 교실에서 실없는 농담을 자주 하는데 그때마다 반의 학생들이 크게 웃는다. 그러나 학생들이 그러한 농담에 지겨워져서 이제는 잭이 농담을 하여도 더 이상 웃지 않는다면, 잭의 농담하는 행동은 곧 줄어들 것이다. • 동료교사에게 협력 프로젝트를 하자고 제안하는 교사가 매번 거절을 받게 되면 더 이상 그러한 제안을 하지 않게 될 것이다. • 모니카에게 데이트를 신청할 때마다 퇴짜를 받는 카터는 결국에는 그러한 데이트 요청을 더 이상 하지 않게 될 것이다.

표 2-6 응용행동분석(ABA)의 원리(계속)

원리	설명	예시
자극 통제(stimulus control)	어떤 구체적인 선행사건과 행동과의 예측되는 관계를 의미한다. 선행사건이란 행동이 일어나기 바로 이전의 자극(예 : 요구, 활동, 과제, 사건 등)을 말하며, 그 행동의 단서가 될 수 있다. 자극통제란 선행사건에 따라서 어떤 행동이 일어날 가능성이 높은 것을 의미한다. 어떤 선행사건에 따라서 행동이 발생하고 그것이 강화를 받게 된다면, 이러한 관계(자극통제)가 형성되는 것이다.	• 운전을 하다가 교차로에서 빨간 신호등을 보면 브레이크를 밟아 차를 멈춘다. 그러나 자주색 불빛에는 멈추지 않을 것이다. 빨간 신호등 앞에서 차동차를 멈추는 행동은 일종의 부적 강화(즉, 사고를 피하거나 교통 범칙금을 받지 않게 됨)가 되지만, 하지만 자주색 불빛에 대해서는 어떤 경험도 없기 때문에 그것과 관계된 행동은 하지 않는 것이다. • 휴대전화가 울리면 전화를 받는다(전화를 건 사람과 통화하기 위하여). 휴대전화가 울리는 소리를 먼저 듣지 않고, 휴대전화를 받아 "여보세요."라고 말을 하는 사람은 아무도 없다. • 학생이 자기 교실에서는 바르게 행동하는데, 다른 교실에 가서는 부적절한 행동을 할 수가 있다. 그 학생은 자기 교실에서 하는 적절한 행동은 강화를 받는데, 다른 교실에서는 강화를 받지 않는다는 것을 학습한 것일 수 있다. • 또는 그 학생이 다른 교실에서는 부적절한 행동이 강화를 받는다(관심을 받거나 하기 싫은 교실에서 벗어남)는 것을 경험했을 수도 있다.
모델링(modeling)	다른 사람이 모방할 수 있도록 행동을 보여주는 것을 말한다. Albert Bandura(1969)는 모델링이나 또는 다른 사람의 행동을 모방함으로써 많은 행동을 배운다고 하였다. 모델링은 학습이나 사회성 교육의 기본이 된다. 아동들은 또한 부적절한 행동도 모델링을 통하여 학습할 수 있다(Kauffman, 2005; Walker, Ramsey, & Gresham, 2004). 특히 폭력행동은 다른 사람들의 폭력행동(예 : 가족, 친구, 미디어의 폭력 묘사 등)을 봄으로써 영향을 받게 된다. 공격행동이 학습된 행동이라는 것을 밝힌 초기 연구들 중의 하나는 Bandura(1973)에 의해서 수행되었는데, 그의 연구는 공격행동을 보이는 모델을 관찰한 후에 아동들은 그 공격행동을 모방한다는 것을 보여 주었다.	• 교사는 학생에게 새로운 기술을 보여 줌으로써 가르칠 수 있다. 예를 들면, 배구에서 서브를 어떻게 넣는지, 수학 문제를 어떻게 푸는지, 현미경을 어떻게 사용하는지, 또는 문장을 어떻게 쓰는지 가르칠 수 있다. • 교사는 교실에서 학생의 적절한 행동을 지목할 수 있는데, 이를 통하여 적절한 행동을 하는 학생에게는 긍정적 강화를 할 수 있을 뿐만 아니라 또한 다른 학생들이 모방하도록 하기 위하여 그 학생의 행동을 모델로 보여 줄 수 있다.
행동 형성(shaping)	정확하고 적절한 행동에 대하여 점진적으로 강화를 함으로써 목표하는 새로운 행동을 가르치는 절차를 의미한다. 이것은 심한 문제행동을 보이는 아동을 위해 사용할 수 있는 중요한 개념이 된다. 일반적으로 적절한 행동에 대하여 점진적인 행동형성을 사용해야 하는데, 그 이유는 아동들이 문제행동에 단번에 멈추고 적절한 행동을 바로 시작하기를 기대하기는 어렵기 때문이다.	• 처음 글쓰기를 배우는 어린 아동에게 교사는 삐뚤삐뚤한 글씨와 같이 글을 쓰는 모든 것에 대하여 강화를 한다. 후에는 줄에 맞추어 글을 쓰게 하고, 그 이후에는 글을 정확하게 써야만 강화물을 받을 수 있게 해야 한다. • 고등학교 교사는 1학년 학생에 대하여 새로운 학교에 적응하는 시기로 보고 새 학기 첫 달에는 교실에 늦게 들어오는 것을 허용하였다. 하지만 두 번째 달부터는 정시에 교실에 들어와야 하며, 만약 지각을 하게 되면 벌을 받게 하였다.

긍정적 행동중재 및 지원(PBIS)과 응용행동분석(ABA)

제1장에서 제시한 긍정적 행동중재와 지원(PBIS)은 응용행동분석을 포함한 행동원리에 기반을 두고 있다. 긍정적 행동중재와 지원은 개별 중재에서부터 체계변화 전략까지 모든 형태의 행동과 환경에 대하여 넓게 적용함으로써 행동과학을 확장시켰다(Sugai & Horner, 2002). 더욱이 긍정적 행동중재와 지원은 응용행동분석의 과학적인 방법과 실제를 학교나 교실, 가정이나 지역사회 환경과 같은 실제 생활상황에 적용하는 것을 더 중요시하며, 타당한 자료에 근거한 팀 접근의 결정을 강조한다. 제3장에서는 학생들의 행동문제를 감소시키기 위한 목적으로 학교 차원의 긍정적 행동중재 및 지원과 같은 체계적 접근의 긍정적 행동중재 및 지원에 대한 내용을 제시하였다. 그리고 제4~5장에서는 교실에서 문제행동을 예방하기 위하여 어떻게 긍정적 행동중재와 지원 방법을 적용하는지에 대한 내용을 제시하며, 제9~12장에서는 개별학생의 문제행동에 대하여 긍정적 행동중재 및 지원과 응용행동분석에서 사용하는 방법들에 대하여 제시하고 있다.

여러분도 알다시피 행동주의자들은 인간행동에 대한 생물학적인 영향을 인정한다. 그러나 행동주의자들은 행동중재를 실시하지 않는 것을 합리화하기 위하여 이러한 생물학적 원인이나 영향을 사용하지는 않는다. 왜냐하면 행동주의자들은 행동에는 목적이 있다고 믿기 때문에 문제행동에 대한 중재를 계획하는 첫 번째 단계가 행동에 미치는 환경적인 영향을 파악하고 대상 아동이 그러한 행동을 하는 기능(즉, 행동을 하는 목적이나 이유)을 파악하는 것이다. 이러한 것은 기능적 행동평가(functional behavioral assessment, FBA)라는 과정을 통하여 이루어진다. 기능적 행동평가는 긍정적 행동중재와 지원에서 행동중재를 계획하는 데 있어서 필수적인 도구가 된다. 기능적 행동평가를 어떻게 실시하는지에 대해서는 제8장에서 다룬다.

A-B-C 모델(3단계 행동발생 유관 모델)

응용행동분석의 모든 교수 전략과 행동중재 전략은 쉽게 이해할 수 있는 한 가지 형태인 **A-B-C 모델**(A-B-C model) 또는 **3단계 행동발생 유관 모델**(three-term contingency)로 설명될 수 있다(Cooper et al., 2007).

선행사건 ↔ 행동 ↔ 후속결과

선행사건(antecedents, A 또는 선행자극)은 행동 이전에 일어나는 사건을 말하는데, 어떤 행동에 대한 단서나 자극이 될 수 있다. **행동**(behavior, B)은 대상이 되는 행동을 말하고, **후속결과**(consequences, C)는 행동 직후에 따라오는 사건이나 반응을 말하는데, 그 행동이 되풀이되거나 또는 되풀이되지 않는 것에 영향을 미친다. 앞에서 제시된 세 가지 용어 사이의 화살표는 선행사건과 후속결과가 모두 행동에 영향을 미치는 것을 나타낸다. 이것은 아주 중요한 개념이다. 즉, 선행사건이 행동에 어떻게 영향을 미치는지를 평가해야 하며, 그리고 적절한 행동을 증가시키거나 문제행동을 감소시키기 위하여 선행사건을 어떻게 조정할 것인지를 반드시 고려해야 한다. 이 책의 많은 부분이 이러한 선행사건을 조정하는 것(예 : 규칙과 절차, 학급관리, 교수 방법)에 할애되어 있다. 표 2-7은 이 책의 뒷부분에서 다루어질 선행사건 중재와 후속결과 중재에 대한 예를 제시하고 있다.

교사를 위한 연구적 근거와 유용성

행동주의는 행동과학, 즉 행동에 관한 과학이다(Baum, 1994). 행동변화에 있어서 행동주의 기법들에

표 2-7 선행사건 중재와 후속결과 중재의 예

선행사건 중재
- 규칙과 기대 설정하기
- 절차 적용하기
- 학습과제에 성공적으로 참여하게 하기
- 긍정적인 교사-학생 관계와 또래관계 형성하기
- 의미 있고 재미있는 학습과제 제공하기
- 적절한 행동 가르치기
- 적절한 의사소통 기술 가르치기

후속결과 중재
- 적절한 행동에 정적 강화 제공하기
  - 칭찬과 관심
  - 토큰 경제
  - 계약하기
- 문제행동을 감소시키면서 동시에 적절한 행동을 증가시키는 차별강화 사용하기
- 문제행동을 감소시키는 벌 사용하기
  - 꾸중
  - 타임아웃
  - 반응대가

대한 과학적인 증거는 오랫동안 잘 축적되어 왔으며, 그 효과와 성공 가능성은 매우 높은 것으로 나타나고 있다. 행동주의 기법들은 또한 교사들에게 유용한 것들이다. 행동주의 기법들은 어떤 형태의 행동(사회성, 학습, 언어 등)에도 적용될 수 있기 때문에, 행동주의 모델은 특히 교육 분야에 매우 적절하다. 사실 제6장에서 제시되는 교수 기법들은 행동주의 이론과 실제에 근거를 두고 있다. 더욱이 행동주의 기법들은 교사들에게 잘 알려져 있다. 예를 들면, 교사들은 어떻게 정적 강화나 모델링을 사용하는지에 대한 개념을 가지고 있다. 문제는 교사들이 행동주의 이론을 충분히 이해하여 행동중재 기법들을 정확하게 적용할 수 있도록 하는 것이 중요하다.

불행하게도 많은 행동주의 전략들이 널리 사용되고 있기 때문에, 때로는 잘못 사용되어서 바람직한 결과를 얻지 못하는 경우가 생길 수 있다. 이러한 사실에 대한 적절한 예는 타임아웃에 관한 것이다. 타임아웃은 흔히 아동의 부적절한 행동에 대한 후속결과로서 교사들이나 부모들에게 제안되곤 한다. 잘 사용한다면 타임아웃은 문제행동을 감소시키는 효과적인 기법이 된다. 그러나 잘못 사용된다면 문제행동을 오히려 증가시킬 수 있다. 어떤 경우이든지 문제행동에 대하여 다른 예방적인 기법들을 적용하여서 그 변화가 충분하지 못한 경우에 타임아웃이 적용되어야 하며, 또한 타임아웃은 다른 예방적인 기법들과 함께 사용되어야 한다.

이 책은 행동주의 모델에 근거를 두고 있으며, 이 책에서 다루어지는 기법들은 긍정적 행동중재 및 지원(PBIS)과 응용행동분석(ABA)의 근거가 되는 행동주의 이론과 원리들을 반영한 것이다. 행동중재 기법을 설명하거나 또는 예시를 제시할 때 우리는 관련된 이론적인 근거를 밝히려고 노력하였다. 교사들이 이론에 정통할수록 관련 기법들을 더 정확하게 사용할 수 있으며, 적용한 기법이 효과가 없을 때에는 문제해결을 위한 다른 방법으로 더 잘 대처할 수 있게 되는 것이다.

문제행동에 대한 행동주의적 설명

이 장의 내용은 왜 아동이 문제행동을 보이는지에 대한 다양한 이론을 설명하고 있다. 행동주의 모델에서 제시하는 기능적 행동평가(FBA)와 기능적 분석(functional analysis, FA)은 문제행동을 하는 이유를 파악하는 데 매우 효과적인 도구로 사용된다. 행동주의 이론에 근거한 기능적 행동평가와 기능적 분석은 다음과 같은 가정에 근거하고 있다. (1) 선행사건은 행동에 영향을 미친다. 그리고 선행사건 중에서도 시간적으로나 장소적으로 대상이 되는 행동보다 훨씬 이전에 발생한 것을 배경사건(setting events)이라 부르고, 일반적으로 말하는 선행사건은 대상이 되는 행동 바로 직전에 발생한 것을 말한다. (2) 문제행동은 때로는 대상이 되는 행동과 관련된 적절한 대체행동을 배우는 데 실패하기 때문에 발생한다. (3) 행동에는 목적(이유)이 있다. 이 장의 남은 부분에서는 이러한 가정에 대하여 설명할 것이며, 이러한 가정이 학교현장에 어떻게 적용되는지에 대한 예도 제시할 것이다.

선행사건

앞에서 제시된 A-B-C 모델에서 A는 **선행사건**을 지칭하는데, 행동 발생에 영향을 미치는 행동 이전의 환경적 사건들(environmental events)을 의미한다. 대상이 되는 문제행동 바로 이전에 발생한 선행사건과, 그보다 훨씬 이전에 발생한 배경사건에 대한 일반적 목록은 다음과 같다.

배경사건 대상이 되는 행동보다 시간적으로나 장소적으로 훨씬 이전의 것이지만 그 행동에 영향을 미칠 수 있는 사건이나 조건을 배경사건(setting events 또는 motivational operations: MOs)이라 부른다(Laraway, Snycerski, Michael, & Poling, 2003). 배경사건(또는 동기적 작동)은 행동 후에 제시되는 강화제나 처벌 등에 가치를 느끼게 함으로써(그 결과로 행동이 증가하거나 감소함) 행동에 영향을 미친다. 특히 동기적 작동의 관점에서 보면 배경사건은 문제행동 발생에 영향을 미치는 것에 따라서 일반적으로 두 가지로 나누어진다. 한 가지는 강화제의 가치를 높여서 결과적으로 목표행동을 증가시키는 **발현 효과**(evocative effect), 또 다른 한 가지는 그 반대로 목표행동을 감소시키는 **감퇴 효과**(abative effects)이다. 예를 들면, 학생이 감기에 걸리면 몸이 불편하여서 평소와 같이 고분고분하지 않을 수 있는데, 그러면 일상적으로 받은 강화물도 그때 그 학생에게는 행동을 하게 하는 동기가 되지 않을 수 있다. 이때의 감기는 지시 따르기 행동에 대한 감퇴 효과로 작용하는 배경사건이 된다. 그러므로 교사는 학생들의 행동에 영향을 미치는 이러한 배경사건을 잘 파악하고 있어야 한다. 이러한 정보를 통하여 교사는 부정적인 결과를 야기하는 배경사건을 조정할 수 있게 된다. 예를 들면 대체교사가 학생들에게 지시 따르기 행동에 대한 감퇴 효과 조건이 된다면, 대체교사가 학생들을 가르칠 때에 지시에 잘 따르도록 하는 특별한 계획을 세우는 것이 필요하게 된다. 이와 같이 학생이 몸이 아파서 과제 수행을 잘 하지 않을 것 같은 상황이라면 교사는 과제 지시를 더 잘 따를 수 있게 하는 적절한 과제를 제시하는 것이 좋다. 다음은 교사들이 조정할 수 있는 배경사건에 대한 것을 몇 가지 제시한다.

행동에 대한 기준이 명확하지 않고 예측 불가능함 행동문제가 많은 교실에서는 어떤 행동이 수용되는 행동이며 어떤 행동이 수용되지 않는지에 대한 명확한 기준이 없는 경우가 많으며, 이러한 명확성의 부족이 문제행동을 더 많이 생기게 한다. 새로운 직장에서 처음 일을 할 때 그 일에 대한 기대나 직무가 명확하다면 훨씬 더 일을 잘 수행할 수 있듯이, 학교에서 규칙이나 기대가 잘 정의되어 있고 명확하게 의사소통이 된다면 학생들이 적절한 행동을 보일 가능성은 더욱 높아진다. 문제행동이 발생할 때 가장 먼저 해야 하는 일 중의 하나가 학생들에게 어떤 행동이 기대되며 그리고 어떻게 그러한 기대를 충족시킬 수 있는지 이해하도록 하는 것이다.

여러 가지 교수활동이 문제행동의 선행사건이 될 수 있다.

낮은 수준의 과제 참여와 학습 수행, 그리고 의미 있고 역동적인 교수의 부족 대부분의 사람들, 특히 아이들은 지루한 것보다는 재미있는 것을 선택한다. 의미 있는 학습과제에 적극적으로 참여하는 아동은 지루해하지 않는다. 그러므로 교사들은 수업을 재미있게 구성하여 제시함으로써, 모든 학생들이 수업시간 내내 학습과제에 활발하게 참여할 수 있도록 해야 한다.

실스비 교사의 생물수업은 과제 참여의 중요성을 보여 준다. 실스비 교사는 고등학교 2, 3학년의 화학과 물리를 가르친다. 그러나 올해에는 지금까지 한 번도 가르쳐 보지 않은 생물수업도 하게 되었다. 바쁜 스케줄 속에서 한 가지 과목을 더 준비해야 하는 것은 아주 힘든 일이었으며, 게다가 매일 한 시간씩 있는 생물수업을 위하여 실험실을 매번 준비하는 것도 어려운 일이었다. 따라서 실스비 교사는 생물수업을 거의 준비하지 못했고, 대부분의 수업시간은 학생들에게 교과서에 있는 문제를 읽고 답하도록 하였다. 이로 인하여 수업에 많은 문제가 발생했는데, 대부분의 학생들은 다른 과목의 숙제를 하거나 잡담을 했고, 심지어 자는 학생까지 생겨났다.

이와 같이 학생들이 학습과제에 성공적으로 참여하는 것과 문제행동 발생과는 상관관계가 있다(Sutherland & Wehby, 2001). 대부분의 시간을 성공적으로 보내는 학생은 부적절한 행동을 할 이유가 거의 없다. 그러나 학습과제에 빈번하게 실패하는 학생이나, 학습과제가 너무 어려워 자주 낙담하는 학생은 이러한 어려움을 행동으로 나타내게 된다. 학생의 부적절한 행동이 어떤 과목이나 학습과제와 연계되어 있다면, 그것은 문제가 된다는 표시이다(예 : 학생이 읽기나 쓰기시간이나 개별 과제를 수행하는 동안에 수업을 방해하는 행동을 한다).

교사-학생 간의 빈약한 상호관계 대부분의 학생들은 교사를 기쁘게 하기를 원하며 교사들이 자신을 좋아하고 관심을 가져주기를 원한다. 긍정적인 교사-학생 관계는 아동으로 하여금 적절한 행동을 하게 하는 중요한 요소가 된다. 이러한 교사-학생 간의 관계가 아직 잘 형성되어 있지 않거나 또는 부정적인 관계가 형성되어 있다면, 학생들은 규칙을 지키거나 교사가 기대하는 행동을 하고자 하는 동기가 약해진다. 만약 부정적인 언어나 비난, 처벌 등으로 교사-학생 간의 관계가 주로 이루어진다면, 학생은 수업에 들어오지 않거나 또는 수업에 들어와도 부적절한 행동을 많이 하여 수업을 회피하려고 할 것이다.

교사-학생 관계의 중요성에 대한 또 다른 한 가지 예로써, 샘과 고등학교 2학년 영어 교사의 예를 살펴보자. 샘은 가족 중에서 처음으로 고등학교를 다니고 있는 학생이다. 어머니는 샘이 여덟 살 되었을 때 돌아가셨으며, 아버지는 샘과 샘의 여동생을 양육하기 위하여 직장을 두 군데나 다니고 있다. 아버지가 일하는 시간 때문에 샘이 주로 여동생을 돌보고 있다. 그래서 샘은 마지막 수업시간인 앤더슨 교사의 영어수업에 들어오면 늘 잠이 온다(샘은 밤늦게까지 여동생을 돌보느라 숙제를 시작하지 못하는 경우가 많이 있다). 때로는 영어시간에 엎드려 자기도 한다. 앤더슨 교사는 샘이 단지 게으르다고 생각한다. 어제 수업시간에는 샘에게 "너는 밤에 잠도 자지 않았니? 부모님은 네가 지금까지 이렇게 하는 것을 알고나 있니?" 하고 비난하였다. 샘은 이러한 비난에 상처를 받고, "선생님이 알기나 해요!"라고 하면서 교실을 나가 버렸다. 그러나 샘이 바로 교실로 돌아왔기 때문에 앤더슨 교사는 그 상황에 대해 흥분하지는 않았다. 만약 앤더슨 교사가 제5장에서 제시하는 좋은 학생-교사 관계 만들기에 대한 방법들을 알고 적용했었다면 샘의 어려운 가정생활이 학교생활에 끼치는 영향을 이해할 수 있었을 것이다. 물론 우리는 수업시간에 자는 샘을 그대로 두라는 말은 아니다. 그러나 만약 앤더슨 교사가 샘과 좋은 관계를 맺고 있었더라면 샘의 문제행동의 원인을 더 잘 이해하고 샘이 그 문제행동을 바르게 대처할 수 있도록 도울 수 있었을 것이다.

신체적 불편 앞서 배운 바와 같이 만성적인 행동문제를 보이는 학생은 일반적으로 사회성 기술이나 자기통제 기술이 부족한 경우가 많다. 이러한 기술의 부족과 문제행동과의 관계는 학생이 배가 고플 때나 피곤하거나 몸이 좋지 않을 때 더 분명하게 나타난다. 신체적으로 불편할 때 우리들 대부분은 주의를 집중하거나, 어려운 과제를 수행하거나, 하기 싫은 과제를 하는 것이 매우 힘들다는 것을 안다. 그렇지만 우리들은 일반적으로 우리의 요구를 말하거나 우리 자신을 관리하는 기술을 가지고 있다. 이와 같이 신체적인 불편함이 문제행동을 일으키는 선행자극이나 배경사건이 될 때, 특히 의학적인 요인(예 : 질병, 알레르기, 부상 등)으로 문제행동이 일어날 때 교사들이 할 수 있는 일은 그렇게 많지 않다. 하지만 교사들이 이러한 상황을 파악하는 것은 매우 중요하며, 또한 학생에게 이러한 상황을 잘 처리할 수 있는 자기인식이나 자기옹호 기술을 가르치는 것은 필요한 일이다.

선행사건 어떤 선행자극(antecedent stimuli)이 어떠한 특정 행동을 일어나게 하는지 예측할 수 있다. 예를 들면, 스티브는 과제에서 틀린 것을 매번 고치라고 지적받을 때마다 교사에게 반항을 한다. 미첼은 수업을 옮기는 이동 시간에 거의 항상 동료를 때리거나 미는 것과 같은 문제행동을 보인다. 표 2-8은 학생들의 문제행동과 관련된 가능한 선행사건의 예를 제시한다.

행동

A-B-C 모델에서 B는 **행동**(behavior)을 의미한다. 문제행동은 때로 학생이 적절하게 행동하는 것을 배우지 못하였거나 또는 자신이 원하는 것을 얻는 적절한 행동을 배우지 못했기 때문에 발생할 수 있다. 학생이 적절한 행동을 배우지 못한 것은 부적절한 행동이 발생하는 가능성을 증가시키는 배경사건과 같은 역할을 할 수 있다. 일반 기술의 부족(common skill deficits)은 다음과 같이 문제행동을 유발시킬 수 있다.

표 2-8 부적절한 행동을 유발하는 선행사건의 예

어떤 학생들, 특히 많은 문제행동을 보이는 학생들은 다음과 같은 선행사건이 있을 때 문제행동을 보일 수 있다.

- 하기 싫은 일을 시키거나 또는 하기 어려운 것(예 : 어려운 학습과제 등)을 시킬 때
- 글을 쓰거나 큰 소리로 읽는 것과 같은 어떤 특정한 형태의 과제를 하라고 할 때
- 싫어하는 학생이나 사이가 좋지 않는 학생과 같이 과제를 하라고 할 때
- 숙제 중에서 틀린 것을 찾아 고치라고 할 때
- 좋아하는 활동을 그만하라고 할 때(특히 좋아하는 활동을 그만두고 하기 싫어하는 활동을 해야 할 때)
- 수업 중에 한 가지 활동이나 장소에서 다른 활동이나 장소로 옮길 때
- 구조화되지 않은 활동에 참여할 때
- 너무 흥분되거나 자극이 되는 활동에 참여할 때
- 좌절이나 화, 분노와 같은 감정을 느낄 때

학습 기술의 부족 교실에서 학습과제에 참여하는 학습 기술이 부족한 학생은 도움을 요청하거나 또는 과제를 하는 방법을 모른다고 인정하기보다는 문제행동을 하는 경우가 더 많다. 학생이 잘하지 못하는 과제를 하라거나 또는 모르는 문제를 나와서 풀라고 지시받는 상황을 한 번 생각해 보라. 학습 기술의 부족은 문제행동에 영향을 미치는 것이 분명하게 보이지는 않지만, 반드시 고려되어야 하는 요소이다. 특히 구체적인 학습과제나 교과와 관련되어 문제행동이 자주 일어나는 경우에는 더욱 그렇다.

우리가 가르쳤던 어떤 중학교 2학년 학생은 두세 문장을 쓰라는 과제만 내어도 문제행동을 보이거나 소란스러운 행동을 하였다. 이 학생은 국어과목 이외의 다른 과목에서는 평균 정도의 실력이었다. 이 학생에게 쓰기는 아주 어려운 일이었으며, 과제를 보기만 해도 괴로움을 느낄 정도였다. 스펠링이나 문법, 내용 구성과 같은 것을 매우 어려워했으며, 글을 읽는 것은 거의 불가능하였다. 그러나 그 학생에게 자신의 생각을 한 자 한 자 적도록 유도하는 음성인식소프트웨어를 사용하게 하거나, 자신이 흔히 쓰는 단어의 스펠링을 볼 수 있는 개별 스펠링 사전을 사용하게 하거나(Scheuermann, McCall, Jacobs, & Knies, 1994), 편집 체크리스트를 사용하게 하거나, 또는 과제시간과 짧은 휴식시간을 알리는 타이머를 사용하게 하였을 때, 그 학생의 문제행동이나 과제를 수행하지 않는 행동이 극적으로 감소하였다.

어떤 문제행동은 학습 기술의 부족과 관련이 있다.

자기통제 기술이나 자기관리 기술의 부족 어떤 학생들, 특히 어린 학생들은 교실이나 학교에서 요구되는 자기통제 기술이 부족한 경우가 있다. 학교에서는 많은 자기통제 기술이 요구되는데 그 예를 보면 복도에서 뛰지 않고 걷는 것, 답을 말하기 전에 손을 드는 것, 물을 마시거나 운동장의 놀이기구를 타거나 교실의 자료를 사용할 때 차례를 지키는 것, 수업시간에 들어오는 것, 화나 분노를 신체적으로 나타내는 것을 참는 것 등이 해당된다. 대부분의 성인들이 당연하다고 생각하는 충동적인 행동을 조절하는 일은 실제로 학생들에게는 새로 배우는 행동이거나 부족한 행동이다. 그리고 생물학적으로나 선천적으로 자기조절 기술을 배우는 데 어려움을 겪는 아동들도 있다(예 : ADHD 아동). 이러한 아동들은 비록 약물복용을 한다 하더라도, 자기통제 기술은 반드시 배워야 한다(자기관리 기술과 자기통제 기술을 가르치는 방법에 대해서는 제9장과 제11장 참조).

사회성 기술의 부족 어떤 아이들은 여러 가지 이유로 해서 또래나 어른들과 생활하는 데 필요한 기본적인 사회성 기술을 배우거나, 교실이나 학교활동에 성공적으로 참여하는 데 실패하는 경우가 있다. 사회성 기술의 결함은 즉각적이고도 오래 지속되는 부정적인 영향을 미치기 때문에 중요하게 다루어져야 한다. 또래관계에 어려움을 보이거나, 친구가 없거나, 학교에 잘 적응하지 못하는 아동들은 앞으로 반사회적 행동이나 비행, 그리고 성인이 되어 정서적으로나 사회적으로 문제를 겪을 가능성이 매우 높은 아동들이다(Harsh & Walker, 1983; Kupersmidt, Coie, & Dodge, 1990; Parker & Asher, 1987).

학교에서는 또래나 성인들과 효과적으로 상호작용하는 데 필요한 사회성 기술이 요구된다. 대부분의 아동들은 가정이나 여러 환경에서 다양한 사람들의 행동을 관찰하거나 시행착오를 겪으면서 자연스럽게 이러한 기술들을 배운다(예 : 부모는 자녀가 보이는 부적절한 사회적 행동에 대하여 꾸중을 하고, 자녀는 이를 통하여 부적절한 행동을 다시 하지 않게 된다). 아동이 이러한 기술들을 배우는 데 실패한다면, 제9장의 내용을 참조하라.

학생들이 또래관계 사회성 기술을 바르게 사용하는 것을 배우는 것이 필요하다는 사실을 스톡 교사의 교실을 통하여 살펴보도록 하자. 스톡 교사는 수업 중에 학생들의 스터디그룹이 서로 만나서 그룹 프로젝트를 할 수 있는 시간을 구성하였다. 제이크라는 학생이 학기 중간에 전학을 왔다. 스톡 교사는 학생들이 그룹의 공동 목표를 향하여 그룹 활동을 하는 데 필요한 사회성 기술을 학기 첫날부터 가르쳐 왔다. 스톡 교사는 제이크가 그룹의 다른 학생들과 잘 지내리라고 생각했다. 그러나 그렇지 않았다. 제이크는 그룹 활동에서 자신이 맡은 부분을 자주 해 오지 않았고, 나중에는 다른 그룹 멤버들과 말다툼까지 하게 되었다. 그는 큰 소리로 말하고, 다른 학생들의 말을 자주 막았다. 제이크 때문에 그가 속한 그룹은 시간에 맞추어 프로젝트를 마치지 못하는 어려움에 빠지게 되었다. 스톡 교사는 어떤 결정을 내려야만 한다. 만약 그대로 둔다면, 그 그룹의 모든 학생들이 어려움에 빠지게 될 것이다. 만약 제이크를 그 그룹에서 빼버린다면, 그것은 제이크에게 어떤 도움도 주지 못한다. 스톡 교사가 할 수 있는 다른 방안은 제이크가 맡은 부분을 왜 해 오지 않는지 알아보고, 제이크에게 그룹 활동을 하는 데 필요한 기술을 가르치고, 제이크가 배운 기술을 그룹 활동에 적용하도록 강화시킬 수 있어야 한다. 우리는 제6장과 제9장에서 새로운 기술을 가르치는 방법에 대하여 설명할 것이다.

의사소통 기술의 부족 문제행동은 때로 의사소통의 형태로 사용되기도 하는데, 특히 지적장애나 자폐, 다른 발달장애(Carr & Durand, 1985; Ostrosky, Drasgow, & Halle, 1999; Prizant & Wetherby, 1987), 또는 정서 및 행동장애가 있는 아동에게서 흔히 볼 수 있다(Nelson, Benner, & Cheney, 2005). 자신이 원하는 것이나 요구 또는 감정을 적절하게 표현하는 능력이 부족한 아동들은 의사소통의 목적으로 문제행동을 할 수도 있다. 예를 들면 자폐학생은 공부하기가 피곤하고 싫은데 자신의 그러한 감정을 적절하게 표현하기가 어렵다면 자신의 머리를 때리거나, 소리를 지르거나, 교사의 손을 물려고 하는 행동으로 "나는 피곤해요. 더 이상 공부하기 싫어요!"라고 표현할 수도 있다는 것이다. 자기통제 기술과 의사소통 기술이 부족한 정서 및 행동장애 학생은 자신의 감정을 적절하지 못한 행동으로 표현할 수 있다(종이 찢기, 때리기, 던지기, 욕하기 등). 물론 행동이 의사소통의 목적으로 쓰일 수도 있지만, 그러나 행동중재에서는 적절한 의사소통 기술을 가르치는 것이 포함되어야 하며 학생이 그러한 의사소통 기술을 사용할 때마다 적극적으로 강화하는 것이 필요하다. 예를 들면, 피곤해서 과제를 더 이상 하고 싶지 않은 자폐학생에게 '과제 그만하기'를 나타내는 그림카드를 지적하는 것을 가르칠 수 있고, 학생이 그 그림카드를 가리키면 과제를 마치면 된다. 자신의 감정을 충동적으로 나타내는 학생에게는 심호흡을 하거나 하나에서 열까지 숫자를 세게 하거나, 또는 "나 지금 미치겠어. 나 좀 도와줄 수 있니?"라고 말하는 것과 같은 자기통제 기술을 가르칠 수 있을 것이다.

후속결과

문제행동을 하는 이유는 어떤 것을 획득하거나 회피하기 위한 목적으로 생각할 수 있다.

A-B-C 모델에서 C는 후속결과(consequences 또는 후속반응)를 의미하는데, 행동의 기능(function)이나 목적을 파악하기 위하여 부적절한 행동 후에 따라오는 후속결과를 조사해야 한다. 행동을 하는 것은 어떤 목적이나 이유(즉, 기능)가 있기 때문에, 그러한 이유나 목적을 파악하기 위하여 학생이 문제행동을 하고 난 뒤에 어떤 일이 일어나는지를 평가해야 한다. 일반적으로 그러한 목적은 크게 무엇을 얻기 위한 것과 회피하기 위한 것으로 나누어 볼 수 있다.

무엇을 얻기 위한 것(획득) 어떤 부적절한 행동을 함으로써 아동은 자신이 원하는 것(예 : 관심, 조정, 음식, 자기자극 등)을 획득할 수 있다. 이것은 잘못된 강화로 볼 수 있는데, 만약 아동이 자신이 원하는 같은 결과를 얻을 수 있게 하는 적절한 행동이나 대체행동을 배우지 못한다면 그 아동은 계속해서 그러한 문제행동을 할 것이다. 이러한 강화에 대한 내용은 제10장과 제11장에서 다루어진다.

관심 교사의 관심(attention)은 학생의 행동을 증가시키는 강력한 도구가 된다고 연구들은 제시하고 있다(Gunter & Jack, 1993; Sutherland, 2000). 그러나 적절한 행동보다 부적절한 문제행동에 더 관심이나 주위를 기울이면 문제행동은 더 많아질 것이다. 이와 마찬가지로 행동에 문제를 보이는 학생에게 교사의 긍정적인 관심이 거의 주어지지 않는다면, 그 학생이 적절한 행동을 할 가능성은 더욱 낮아지게 된다(Alber, Heward, & Hippler, 1999; Van Acker, Grant, & Henry, 1996).

교사의 관심이 문제행동과 어떤 관련이 있는지, 유치원에 다니는 네 살 된 후안의 경우를 살펴보자. 매일 아침 해리스 교사는 아동들을 카펫 위에 차례대로 줄지어 앉히고 그룹 활동을 한다. 후안은 제일 뒤쪽 줄의 구석에 앉아 있어 해리스 교사와 가장 멀리 떨어져 있다. 해리스 교사가 질문을 할 때마다 후안은 열심히 손을 들고 흔들었지만 해리스 교사는 후안을 시키지 않는다. 10분쯤 지나자 후안은 해리스 교사 앞으로 점점 나오거나 또는 그 자리에 서 있다. 그래도 해리스 교사가 대답하라고 시키지 않자 후안은 공중제비를 넘는 행동을 보이고, 그러자 해리스 교사는 후안의 손을 잡고 타임아웃 의자에 앉힌다. 슬픈 일이지만 후안의 문제행동에 대해서만 주어지는 해리스 교사의 관심은 앞으로 후안으로 하여금 더 많은 공중제비를 돌게 만들 것이다.

또래의 관심도 부적절한 행동에 영향을 미치는 강화로 작용된다. 저자 중의 한 사람은 개 짖는 소리를 내어 수업을 방해하는 2학년 학생을 가르치는 교사를 알고 있다. 그러한 소리를 내는 학생에게 어떤 의학적인 문제는 없었다. 단지 그 학생이 개 짖는 소리를 내면, 다른 학생들이 소리 내어 웃었다. 관찰에 의하면 개 짖는 소리는 또래들의 웃음에 의해 강화를 받는 것으로 나타났고, 이러한 가설에 따라서 행동중재는 두 가지 부분으로 구성되었다. 첫 번째는 만약 그 학생이 개 짖는 소리를 내지 않고 수업과제를 잘 마치면, 도서관에 있는 유머 책자나 다른 자료들을 사용하여 전체 학급을 대상으로 유머나 우스운 동물 이야기를 할 수 있는 시간을 마련해 주었다. 두 번째는 한 주 동안에 그 학생이 허용한 기준보다 더 적게 개 짖는 소리를 낸다면 한 주를 마치는 마지막 날에 전체 학생들이 재미있는 활동에 참여할 수 있게 함으로써 또래들이 그 학생의 개 짖는 소리에 웃지 않도록 하였다. 이로 인하여 개 짖는 소리는 사라지게 되었고, 또래의 관심이 그 학생의 개 짖는 소리를 유지시키는 요소라고 파악한 우리의 가설은 지지되었다.

힘과 통제 정서 및 행동장애로 진단된 학생들 중에는 성격이 강하고 독단적이며 고집이 세거나 권위를 지닌 어른이나 사회적 관습(예 : 교사의 부모의 말을 듣는 것)을 따르지 않는 학생들이 있다. 교사들은 이러한 학생들이 보이는 부적절한 행동의 기능을 힘(power)이나 통제(control)로 흔히들 표현한다. 그러나 이러한 힘이나 통제가 어떤 행동의 관찰할 수 있는 영향이나 결과로 측정하기는 어렵기 때문에 기능적으로 보기는 어렵다(Iovanonne, Anderson, & Scott, 2013). 대신에 힘과 통제는 서술할 수는 있는 것이기에 구체적이고 측정할 수 있는 결과로 파악하기 위해서는 그에 대한 추가 질문을 해야만 한다. 예를 들면, 자신의 큰 덩치로 동료 학생들에게 바짝 다가가 위협적인 말을 하면서 점심식사 줄에 새치기를 하는 청소년을 생각해 보라. 한눈에 봐도 이러한 행동의 기능은 힘(예 : 동료학생들에 미치는 힘)으로 작용하는 것을 알 수 있다. 그러나 Iovanonne와 그의 동료들이 제시하는 질문("그 행동의 기능이 힘이라는 것을 어떻게 아는가?")(p. 4)을 해 본다면, 우리들은 그 기능이 원하는 것(점심식사 줄의 맨 앞에 서게 되는 것)을 얻기 위한 기능이라는 것을 더 분명하게 파악할 수 있게 된다. 불순종이나 위협과 같은 문제행동을 많이 보이는 학생은 다른 사람들의 행동에 부정적인 영향을 미친다(Coie & Kupersmidt, 1983; Walker et al., 2004). 힘의 싸움(power struggle)이라고 불리는 이러한 행동들은 실제적으로 싫어하는 수업을 회피하는 기능으로 작용할 수 있다. 유사한 것으로써 교실에서 이러한 문제행동(예 : 무례한 말, 잡담, 다른 학생에게 나쁜 말을 하는 것 등)을 함으로써 수업을 중단시키는 학생은 다른 학생들의 관심(예 : 다른 학생들이 웃는 것)을 받거나 수업을 회피하게 되는 것이다. 이러한 학생들을 위한 행동중재 계획을 구성할 때 그러한 행동의 실제적인 기능을 파악하는 것이 가장 중요한데, 행동의 결과로써 학생이 얻거나 회피하게 되는 관찰 가능한 행동의 결과를 파악하는 것이다. 이를 통하여 얻게 되는 자료는 효과적인 행동중재를 개발할 수 있는 근거로 사용된다(제8장 참조).

무엇을 피하기 위한 것(회피) 어떤 문제행동은 부적 강화(negative reinforcement)로 사용될 수 있다. 즉, 문제행동을 함으로써 싫어하는 상황이나 과제로부터 도피하거나 회피할 수 있다는 것이다(Carr, Newsom, & Binkoff, 1980; Nelson & Rutherford, 1983; 더 자세한 내용은 제8장과 제10장 참조). 이러한 회피나 도피의 기능을 이해하고 적절하게 대처하지 못하면, 그러한 행동은 계속해서 지속될 것이다. 학생들이 문제행동의 결과로써 회피하거나 도피하게 되는 것을 일반적으로 정리하면 다음과 같다.

싫어하는 상황이나 과제 어떤 수업(예 : 체육, 수학, 국어)이나 학습과제(예 : 소리 내어 읽기, 쓰기, 개별 과제, 그룹 활동 등), 또는 특정한 상황(예 : 점심시간, 휴식시간 등)에서 문제행동이 일어나는 것을 예측할 수 있다. 이러한 특정한 환경에서 대상 학생이 문제행동을 함으로써 어떻게 주어진 환경으로부터 벗어나는지 문제행동과 관련된 맥락을 잘 평가해야 한다. 예를 들면, 과제가 너무 쉽거나 어려워서 그런 것인지, 과제를 성공적으로 수행하는 데 필요한 선행 기술이나 사회성 기술을 가지고 있는지, 수업이 지루한지, 수업이 조직화 · 구조화되어 있는지 등을 평가한다. Chandler와 Dahlquist(2002)는 이러한 상황에서 아동의 관점을 잘 고려하라고 제안한다. 예를 들면 교사들은 문제행동을 한 학생을 교장실이나 훈육실로 조회시키는 것이 처벌이라고 생각할 수 있는데, 반드시 그렇지만은 않다는 것이다. 학생을 훈육실로 보내는 것은 그 학생으로 하여금 오히려 행정가나 관련 스태프들로부터 개인적인 관심을 받을 수 있게 하며, 이것은 교실에서 과제를 하는 것보다 그 학생에게는 더 좋아하는 것이 될 수 있다. 마찬가지로 자기통제 기술이나 또래들과의 상호작용 기술이 부족한 아동은 다양한 상황이 일어나는 운동장 환경보다는 가만히 앉아서 아이들이 노는 것을 바라보거나 또는 교실에 남아 있는 것을 더 좋아할 수 있다. 휴식시간을 없애는 것이 교사에게는 처벌이라고 생각될 수 있지만, 이러한 학생에게는 오히려 강화 요인으로 작용될 수도 있다.

사람 때로 학생들은 특정한 사람(예 : 특정 교사나 동료)을 피하기 위하여 부적절한 행동을 보일 수 있다. 제5장에서 자세히 알 수 있겠지만 사람과의 긍정적인 관계는 문제행동을 예방하는 중요한 요소가 된다. 교사와 학생 간의 나쁜 관계나 부정적인 관계는 학생의 문제행동에 영향을 미친다. 대인관계 기술이 부족한 학생은 자신이 싫어하는 사람이나 불공평하다며 좋아하지 않는 교사로부터 벗어나기 위하여 문제행동을 할 수가 있다.

당황, 낙담, 실패에 대한 두려움 앞에서 힘이나 통제에 대하여 살펴본 바와 같이 만약에 학생이 당황, 낙담 또는 실패에 대한 두려움 때문에 문제행동을 한다고 생각되면, 그 행동의 기능을 정확하게 파악하기 위하여 학생이 무엇을 얻거나 회피하는 것과 같은 관찰할 수 있는 결과를 구체적으로 조사하여야 한다. 예컨대 학습능력이 낮은 학생은 교실에서 학습과제를 피하거나 특별히 모든 학생들 앞에서 책을 읽는 것과 같은 요구를 피하기 위하여 문제행동을 보일 수 있다. 학생의 문제행동이 어떤 특정한 학습 상황과 연계되어 있다면, 그러한 상황에서 제시되는 학습과제(예 : 읽기 내용의 수준, 혼자서 과제를 수행하는 시간, 학습과제의 유형, 사용 가능한 도움 등)와 과제와 관련된 학생의 학습 기술을 정확하게 평가하는 것이 중요하다.

문제행동에 대한 후속결과의 부족 문제행동은 주로 그에 대한 처벌이나 후속결과가 주어지지 않을 때 발생한다. 이러한 경우는 일반적으로 부적절한 행동에 대하여 효과적인 후속반응을 주지 않거나 또는 후속결과를 일관적이지 않게 아무 때나 주는 경우에 많이 발생한다. 여러분 자신의 행동을 예로 살펴보라. 우리 대부분은 운전을 할 때 과속하는 경우가 많은데, 그 이유 중 하나는 과속에 대해 처벌을 받는 경우가 많지 않기 때문이다. 그러나 벌금을 받게 되면 한동안은 과속을 하지 않거나, 또는 과속딱지를 받은 지역에서는 천천히 차를 몬다. 그렇지만 과속을 할 때마다 과속딱지를 받게 된다면, 제한속도를 지키려고 매우 노력하게 될 것이다.

교실의 규칙이나 절차를 만들어 적용하는 교실을 가정해 보자(사실 이것은 제4장에서 다루어지겠지만 매우 중요한 것이다). 교사가 수업을 진행할 때에 수업과 관련이 없는 학생들의 말로 인해 자주 방해를 받는다. 게다가 어떤 학생은 서로 쪽지를 주고받고, 한 학생은 엎드려 자고 있다. 교사는 수업에 참여하지 않는 행동을 보이는 학생들에게 주로 말로써 주의를 주고, 쪽지를 주고받는 학생이나 자고 있는 학생은 그냥 모른 척하며 내버려 둔다. 이러한 교실과 모든 학생들이 수업에 참여하고 있는 교실과 비교해 보라. 그 차이가 무엇인가? 두 번째 교실의 교사는 쪽지를 주고받거나 잡담을 하거나 자는 것과 같은 부적절한 행동에 대하여 일관성 있는 후속결과나 반응을 보임으로써, 학생들이 수업 중에 어떤 행동이 허용되고 어떤 행동은 허용되지 않는지를 명확하게 알도록 한다. 학생들은 부적절한 행동에 대한 교사의 일관된 반응을 통해서 수용될 수 있는 행동이 어떤 것인지를 빠르게 배우게 되는 것이다.

예를 들면, 코헨 교사는 중학교 2학년 미술담당 교사이다. 그 수업은 매우 소란스럽고 산만한데, 이유는 수업이 조직화되어 있지 않기 때문이다. 학생들은 코헨 교사가 자료를 준비하는 약 10분 이상의 시간을 하는 일 없이 보내고 있다. 이렇게 시간을 허비하는 것에 대하여 코헨 교사는 미안한 마음을 느끼기 때문에, 학생들이 자기 자리에서 조용히 해야 한다는 규칙을 교실 벽에 붙여 놓고서도 학생들이 잡담하거나 자리에서 일어나 돌아다니더라도 막지 않고 있다. 학생들은 코헨 교사의 수업을 좋아하지만 실제로 배우는 것은 많지 않다.

그러므로 문제행동을 평가할 때에 중요하게 고려해야 하는 점은 후속결과가 어느 정도로 일관성 있고 효과적으로 적용되어 왔는지를 살펴보는 것이다. 만약 후속결과 제시가 일관성이 없었거나 부족했다면, 가장 먼저 해야 되는 일은 공정하고 타당한 후속결과를 만들고 그것을 학생들에게 일관성 있게 적용하는 것이다. 이 책의 제12장에서 후속결과에 대한 증기기반 실제와 그것을 어떻게 효과적으로 적용하는지에 대하여 제시하였다.

요약

이 장의 목적은 왜 아동들이 문제행동을 보이는지에 대한 다양한 이론들을 살펴보는 것이다. 이 장의 학습목표와 그에 따른 내용을 간략하게 요약하면 다음과 같다.

1. 행동에 대한 주요 이론과 유용한 연구 결과들을 설명할 수 있다.

   이를 위하여 행동에 관한 두 가지 이론을 제시하였다 : 생물학적 이론과 행동주의 이론. 그리고 3개의 추가적인 이론을 개관하여 제시하였다: 심리역동적 모델, 생태학적 모델, 인지주의 모델. 이 중에서 교사들에게 가장 유용한 기법과 수많은 연구 근거를 제공하는 것은 행동주의 모델이다. 그러므로 이 책의 대부분의 내용은 행동주의 중재기법, 특히 긍정적 행동중재와 지원에 관한 것이다.

2. 행동주의 모델의 기본 가정과 원리를 설명할 수 있다.

   모든 형태의 작동행동에 적용되는 행동주의 모델의 일곱 가지 기본 원리를 제시하고 있다. 이러한 기본 원리는 이 책에서 다루고 있는 긍정적 행동지원과 관련된 모든 중재 방법의 근거가 된다.

3. 응용행동분석(ABA)을 이해하고, 응용행동분석과 긍정적 행동중재 및 지원(PBIS)과의 관계를 설명할 수 있다.

   응용행동분석은 사회적으로 의미 있는 행동으로 변화시키기 위하여 행동주의 모델의 원리를 과학적으로 적용하는 것이다. 그리고 응용행동분석의 근거가 되는 네 가지 기본 가정뿐만 아니라 응용행동분석에 대한 잘못된 인식에 대해서도 설명하고 있다. 응용행동분석은 긍정적 행동중재와 지원에서 사용되는 많은 절차와 방법의 근거가 된다.

4. 부적절한 행동에 대하여 선행사건, 기능의 결함, 후속결과를 설명할 수 있다.

   선행사건, 기능의 결함, 후속결과가 어떻게 행동에 영향을 미치며, 또한 문제행동과 관련된 환경적인 영향을 정확하게 파악하는 방법인 기능적 행동평가에 어떻게 적용되는지에 대하여 설명하고 있다. 이 장에서 설명된 이론들의 개념은 다음과 같은 사례에서도 기술되어 있다. 이 장의 학습활동은 각각의 사례에서 설명하고 있는 모델들을 더 잘 이해할 수 있게 할 것이다.

페리 교사의 유치원 통합학급

페리 교사는 경험이 많은 특수교육 교사인데, 교사의 새로운 역할인 유치원 통합학급을 맡아 일반 유치원 교사와 함께 협력교수를 하고 있었다. 학급에는 총 22명의 학생이 있는데, 그 중에서 여덟 명이 특수교육을 받고 있다. 특수교육을 받고 있는 학생들의 장애 정도는 매우 다양하였다. 두 명의 학생은 다운증후군이었으며, 두 명은 자폐, 세 명은 중등도 언어장애, 그리고 나머지 한 명은 스미스-마제니스 증후군(Smith-Magenis syndrome)이었다.

페리 교사는 여분의 시간을 활용하여 자신이 맡은 어린 학생의 장애에 대하여 공부하였다. 그는 대학에 다닐 때 배운 생물학적 모델을 생각하고 자신이 맡은 학생의 의학적인 특정을 이해하기 위해 관련된 책을 읽고자 하였다. 그는 유전과 생화학에 대한 책을 읽었는데, 자신이 맡은 학생이 흥분하거나 자해행동을 보이거나 다른 아동을 때리는 것에 관련하여 어떤 도움을 얻을 수 없었다.

페리 교사는 학급관리에 대해 전문가인 ICE 박사에게 도움을 요청하였다. ICE 박사는 교실이 위기 상황에 있어도 아주 침착한 상태로 대처하여 그러한 별명(ICE)을 얻은 사람이었다. ICE 박사는 페리 교사에게 일관성 있는 교실환경의 중요성을 되새겨 주었는데, 특히 행동문제를 가진 학생들이나 더 나아가 생리학적인 요소로서 문제행동을 보이는 학생에게도 그것이 매우 중요하다는 것을 깨닫게 하였다. 이러한 깨달음은 페리 교사에게 매우 유용한 것이었다. 그리고 비록 페리 교사가 읽은 책이 교실에서 실시하는 일상적인 중재 프로그램에 대해서는 도움을 준 것이 없었지만, 장애와 관련된 의학적인 용어를 배울 수 있었으며, 자신의 학생들이 어떤 의학적인 치료를 받을 수 있는지에 대해서도 이해할 수 있었다. 이러한 점은 자녀들의 장애에 대하여 많은 것을 알고 있는 학생들의 부모들에게는 아주 의미 있는 것이었는데, 페리 교사가 학생들의 장애에 대하여 많은 지식이 있는 교사로 여겨지게 되었다.

에이스 교사의 행동중재 학급

ICE 박사는 한 고등학교의 행동중재 학급에서 특수교육을 실시하는 데 많은 어려움을 겪고 있는 에이스라는 교사를 도와주라는 요청을 받았다. 에이스 교사는 교육법이 요구하는 것이 자신의 학생으로 하여금 일반 교육활동에 최대한 참여할 수 있도록 해야 하며, 또한 자신의 수업을 최대한 일반 교육과정과 관련이 있도록 실시하는 것이 필요하다는 것을 인식하고 있다. 따라서 학생들을 일반학급환경에 잘 적응할 수 있도록 준비시키기 위해서는 적절한 사회성 기술과 학습행동을 가르치고 부적응행동을 감소시키는 것이 필요하다.

에이스 교사는 자신의 학생들이 어린 시절에 많은 학대를 받았기 때문에, 학생들이 자신들의 감정을 정확하게 표현하는 것을 배우기 전에는 행동변화가 일어날 수 없다고 생각하고 있다. 그래서 에이스 교사는 학생들의 감정을 나누기 위하여 소집단 활동을 많이 실시하였다. 그리고 학생들에게 자신들의 감정을 표현하는 데 필요한 다양한 숙제들을 부과하였다.

ICE 박사는 에이스 교사가 학생들을 잘 대하고는 있지만, 특수교사의 역할은 학생들이 성인생활을 하는 데 필요한 기능적 교과학습과 행동을 가르치는 것이라는 사실을 상기시켜 주었다. ICE 박사는 에이스 교사에게 학생들을 잘 이해하라고 요청하였다. 또한 ICE 박사는 에이스 교사에게 긍정적이고 일관성 있는 교육환경을 만들어 학생들이 교과학습과 행동기술을 학습하는 데 잘 참여할 수 있도록 모든 지식을 동원해야 한다고 충고하였다. 더 나아가 ICE 박사는 에이스 교사에게 행동주의 모델을 적용하고 있는 학급을 방문하여 배우기를 제안하였다.

에이스 교사는 ICE 박사가 말한 것을 늘 생각하겠다고 약속하였다. ICE 박사는 심리역동적 모델이 특수학급의 교육활동에 대한 여러 가지 다양한 기법을 제시하는 데 한계가 있다는 것을 에이스 교사가 깨닫고 변화되기를 원하였다.

스콧 교사의 행동중재 학급

스콧 교사는 행동과 사회성 기술에서 문제를 보이는 학생들이 있는 종일제 특수학급을 담당하고 있다. 학생들은 다양한 유형의 장애를 가지고 있다. 스콧 교사는 각 학생의 교육적 필요를 충족시키기 위하여 행동주의 모델에 기반을 둔 방법들을 사용하였다.

스콧 교사의 교실은 일관성이 있는 학급의 모델이었다. 그녀는 학생들에게 학급규칙과 절차에 대하여 교육하였으며, 학생들은 학급을 방문한 사람들에게 그것을 설명할 수 있는 정도였다. 스콧 교사는 자신의 학생들에게 기대하는 행동들(예 : 친절한 말 사용, 칭찬하기, 사과하기 등)에 관하여 모델링을 실시하였다. 교실수업은 구체적으로 계획되었으며, 명확한 스케줄은 늘 게시되어 있었다. 학생들은 교실활동이 일관성 있게 진행되기 때문에 어떤 활동이 언제 일어나는지 알고 있었다. 그리고 수업이 잘 조직화되어 있었기 때문에 교실 내의 각각의 장소에서 어떤 활동들이 이루어지는지도 알고 있었다.

그리고 개별 학생들의 목표행동에 대한 강화 체계를 운영하는 것과 함께 학급 학생들이 잘 협력할 수 있도록 유도하는 집단 강화 체계도 적용하고 있었다. 각 학생은 강화물을 받을 수 있는 행동이 어떤 행동인지 그리고 목표행동은 어떤 것인지 말할 수 있었다.

스콧 교사는 행동중재 프로그램에서 정적 강화기법을 사용하였다. 이것은 보상 체계뿐만 아니라 칭찬을 하고 긍정적인 교사-학생의 관계를 만드는 것으로 적용하였다. 그녀는 때로 부적 강화도 사용하였는데, 특별히 학생들이 숙제를 해 오는 빈도를 향상시키는 데 도움이 되었다. 즉, 학생들은 주말 숙제를 더 받는 것을 피하기 위하여 숙제를 잘 하였다. 옛날에 가르친 학생 중에 매일 아침 교사에게 숙제를 할 수 없었던 이유를 대면서 숙제를 해 오지 않는 한 학생이 있었다. 스콧 교사는 그 학생에게 만약 숙제를 아침 8시까지 제출하지 않으면, 아침 휴식시간에 그것을 해야만 한다고 조용히 얘기하였다. 그리고 숙제를 해서 제출해야만 남아 있는 휴식시간의 활동에 참여할 수 있도록 하였다. 처음 이틀 동안에 그 학생은 숙제를 하느라 아침 휴식활동에 참여할 수 없었는데, 그다음 날부터 집에서 해 온 숙제를 아침에 제일 먼저 의기양양하게 제출하였다.

스콧 교사는 새 학년이 시작할 때부터 포인트 제도를 실시하면서, 학생들에게 교실은 가장 안전한 곳이며 폭력이 절대 허용되지 않는다는 것을 알게 하였다. 그녀는 적절한 언어 및 신체 행동과 자신의 감정을 적절하게 표현하는 행동에 대해서는 보상하고, 만약에 폭력적인 행동이 일어나면 반드시 그에 상응하는 후속결과를 받게 함으로써 이러한 규칙이 지켜지도록 하였다.

스콧 교사는 수년 동안 학생들을 가르치면서 행동에 대하여 많은 것을 배우게 되었다. 어떤 행동은 다른 행동들보다 더욱 분명하게 보이는 것도 있다. 예를 들면, 교사생활 초기에 그녀는 수학시간에 적절한 행동을 보상하는 포인트 제도를 실시하였다. 한 학생이 수학시간마다 화장실에 가야 한다며 화장실을 다녀왔는데, 그녀는 얼마의 시간이 지나서야 그 패턴을 이해할 수 있었다. 이 학생은 매번 수학시간에 화장실에 다녀오면서 10~15분 정도의 과제시간을 피하면서도 강화물을 받을 수 있는 충분한 포인트를 얻고 있었던 것이었다. 따라서 스콧 교사는 화장실에 가는 시간을 점차로 줄여 나갔으며, 수학 과제를 수행하는 양과 정확성에 따라서 받을 수 있는 강화물을 증가시켰다. 그러자 그 학생은 수학시간이 시작하기 전에 화장실을 다녀오게 되었고, 수학시간 내내 학급에 남아서 더 많은 수학과제를 수행하게 되었다.

스콧 교사는 행동중재기법을 적용하면서 이와 같은 성취를 즐길 수 있게 되었다. 그러한 행동중재기법은 쉽게 배울 수 있는 것이었다. 복잡한 것은 그녀가 가르치는 학생들이었는데, 그녀는 문제해결 기술을 적용하여 효과가 나타나지 않는 행동중재를 잘 평가하여 조정하곤 하였다. 이러한 일은 어렵지만 흥미 있는 일이었으며 그 결과는 아주 보람된 것이었다.

학습활동

1. 바로 앞에서 제시된 교사들의 사례를 읽고 어떤 행동중재 이론이 적용되었는지 말해 보라. 그리고 어떤 점에서 그렇게 생각하는지 논의하라.
2. 연구에 근거하여 실행되었다고 말할 수 있는 교육의 결과를 한 가지 선택하라. 이러한 연구를 검토하여 과학에 기초한 증거에 대하여 미국 아동낙오방지법(NCLB)이 제시한 지료를 충족시키는지 설명하라. 그 연구는 집단연구 설계나 단일대상연구 설계로 평가되었는가?
3. 우울증, 주의력결핍 과잉행동장애(ADHD), 레트 증후군 등에 대한 의학정보를 읽어 보라. 그리고 학교 교사들에게 도움이 될 수 있는 정보를 얻은 것이 있다면 말해 보라.
4. 학생에게 쓰기나 행동을 가르칠 때 사용할 수 있는 응용행동분석 방법에 대하여 소그룹에서 논의해 보라.
5. 행동주의 모델을 묘사하고 있는 '스콧 교사의 행동중재 학급'에 대한 내용을 읽어 보라. 그리고 행동주의 모델이 제시한 일곱 가지 기본 원리와 관련하여 스콧 교사가 사용한 기법들을 적어 보라.
6. 당신의 교실에서 행동주의의 일곱 가지 기본원리를 각각 어떻게 적용할 수 있는지 그 예를 적어 보라.
7. 응용행동분석과 긍정적 행동중재 및 지원 간의 관계성을 소그룹에서 논의해 보라.
8. 한 교사를 만나 학생들의 문제행동 원인에 대한 그들의 생각을 인터뷰해 보라. 그리고 그 교사의 반응에 반영되어 있는 이론적 모델을 찾아보라.

참고자료

The Association for Behavior Analysis International®(ABAI). 국제 행동분석학회(ABAI)는 응용행동분석에 관심이 있는 전문가들로 구성된 단체이다. 홈페이지에서는 행동분석에 대한 많은 자료(예 : 연구, 행동분석가 인증, 회원 활동 등)를 제시하고 있다.

The Council for Exceptional Children's Division for Research 미국 특수아동학회 산하의 연구 분과 웹 사이트는 중요한 주제와 실제에 대하여 간결하게 요약한 다양한 자료들을 제공하는데, 관련 연구들의 양적, 질적 자료들을 모두 포함하고 있다.

The U.S. Department of Education 미국 교육부 웹사이트는 다

양한 출판물을 제공하고 있는데, 교육성과를 평가하거나 다양한 교육 방법과 연구기반실제를 파악하고 실행하는 것과 관련된 많은 자료들을 제공하고 있다.

HealthyPlace, America's Mental Health Channel. 미국의 정신건강 채널에서 제공하는 HealthyPlace는 정신건강과 관련된 다양한 정보(예 : 정신건강 조건, 치료, 약물 등)를 제공한다.

The What Works Clearinghouse 미국 교육부 산하에 있는 교육과학국의 한 부서인 What Works Clearinghouse(정보센터)의 공식 사이트이다. 교육 관련 연구에 대한 정보센터로서 아동낙오방지법(NCLB)이 제시한 '과학적 검증'을 거친 다양한 연구와 교육 자료를 제공하고 있다. 교과 학습(예 : 읽기, 수학 등), 행동, 그리고 여러 영역에서 교육과정과 중재에 대한 연구 리뷰도 제공한다.

The National Association of School Psychologists(NASP) 전국학교심리학자협회는 학교에서의 성취와 관련된 다양한 영역(예 : 행동, 사회성 기술, 정신건강, 훈육, 읽기, 사정, 다양성 등)의 자료들을 제공한다.

MedlinePlus 국립의학도서관과 국립보건기구가 제공하는 서비스인 메디라인플러스(MedlinePlus)는 의학과 관련된 종합적인 정보(예 : 의학적 조건, 약물치료, 의학 용어, 임상 사례, 건강 자료 등)와 아울러 아동행동장애와 구체적인 아동기 행동문제(예 : 공격행동, 폭력, 학교 거부 등)에 대한 종합적인 정보를 제공하고 있다.

The Human Genome Project 인간 게놈 프로젝트의 웹사이트는 인간의 유전자 지도와 관련된 정보뿐만 아니라 특정 유전자와 관련된 행동에 관한 정보도 종합적으로 제공하고 있다.

PSYweb.com 정신건강 유형, 진단, 중재, 약물치료, 뇌기능, 관련 연구 등에 대한 정보를 제공한다.

The American Re-EDucation Association 미국재교육협회는 재교육 프로젝트에 대한 원리 및 실제를 다루는 기관이다.

The Albert Ellis Institute 앨버트 엘리스 기관의 웹사이트는 합리적 · 정서적 행동치료(REBT), 훈련 프로그램, 연구물, 출판물, 나눔방, 관련 서비스 등에 대한 정보를 제공한다.

The Journal of Applied Behavior Analysis(JABA) 응용행동분석저널은 응용행동분석 분야에서 최고 권위의 학술지인데, 저널의 웹사이트에서 다양한 연구들을 볼 수 있다.

The Office of the U.S. Surgeon General 미국 공중위생국의 웹사이트에서는 모든 유형의 신체적 · 정신적 건강에 대한 정보를 제공하며, 또한 공중위생국에서 발행하는 리포트를 보거나 다양한 자료들에 링크해서 볼 수 있다.

The Public Broadcasting System(PBS) 대중방송시스템은 **PBSParents**라는 웹사이트를 운영하고 있는데, 그 사이트의 '문제행동'이라는 부분에서 문제행동과 긍정적 행동중재 및 지원에 대한 다양한 정보를 쉽게 이해할 수 있는 말로 제공하고 있다.

William Glasser Institute 윌리엄 글래서 기관의 웹사이트는 선택이론, 질 높은 학교, 실제 치료 등의 분야에서 다양한 훈련 프로그램과 상담 및 관련 정보를 제공한다.

제2부

보편적 중재와 지원을 통한 학습환경 만들기

학교 차원의 긍정적 행동중재 및 지원을 통한 문제행동 예방

CHAPTER 3

Christopher Futcher/Getty Images

학습목표

1. 학교 차원의 긍정적 행동중재와 지원(SW-PBIS)의 근거와 철학을 포함하여 SW-PBIS를 설명할 수 있다.
2. SW-PBIS 시스템의 중요 요인을 기술할 수 있다.
3. SW-PBIS를 뒷받침하는 연구를 기술할 수 있다.
4. 보편적 중재와 표적집단 중재를 포함한 SW-PBIS의 기본 특성을 기술하고 그 예를 들어 설명할 수 있다.
5. SW-PBIS 프로그램의 계획 및 실행 단계를 기술할 수 있다.
6. 보편적 중재와 표적집단 중재와 지원을 위한 평가와 점검 방법을 기술할 수 있다.

SW-PBIS에 관한 보편적 아이디어

- 학교의 모든 영역과 학교 일과 내 모든 활동에서 실행된 긍정적 행동지원의 기초는 훈육을 개선하고, 통합을 용이하게 하며 일반적으로 학교가 안전하고 질서 있는 곳이 되도록 보장하며 학생들이 학교에 소속감을 갖도록 해준다.
- 학교 폭력에 대한 전통적인 '강경' 반응은 학교를 보다 안전하고 효과적으로 만드는 효과적인 접근이 아니다.
- SW-PBIS는 빠른 해결책은 아니다. 체제의 변화를 통해 장기적으로 실행할 때 성공이 이루어진다.
- 만성적이며 매우 심각한 행동문제를 보이는 학생의 문제를 다루는 경우 우선적으로 모든 학생들을 위해 긍정적이고 예측 가능하며 예방적인 학교환경을 만들어 주는 것이 중요하다.
- SW-PBIS는 핵심 원리에 근거하여 개발되고 특정한 필수 특성을 병합하여 만들어진 학교 훈육에 대한 포괄적인 접근이다.

1990년대 후반에 일어난 일련의 학교 총기 사건으로 인해 학교관리 방법에 변화가 일어났다. 학교의 안전, 심각한 위험 및 파괴행동을 예방하는 방법, 그리고 위험행동을 보일 가능성이 있는 학생의 판별 및 요구에 지원하는 방법에 국가 차원의 관심이 크게 주어졌다. 또한 이러한 학교 총기 사건은 학교 훈육 결여에 대한 비판과 학생의 약물 사용의 문제에 대한 비판을 불러일으켰다(Sugai & Horner, 2002).

학교는 보안을 강화하고 강경한 훈육 정책을 적용하며 이러한 부정적 관심에 반응하였다. 이러한 강경책은 학교 밖에서 발생하는 행동을 포함하여 광범위한 비행에 대한 강제적 반응이었다(Skiba, 2000). 학교에서 취하는 방식으로는 (1) 불관용 정책의 적용 (2) 금속 탐지기의 설치 또는 무작위의 보안 점검 실시 (3) 사물함 불시 검색 (4) 학교 내 법적 권한을 갖는 안전요원의 배치 (5) 학교에서의 모든 구성원들의 학교 배지 착용 (6) 동일한 학교 가방 착용 (7) 모든 방문자의 방명록 작성 (8) 점심시간 동안 학교 밖 출입 제한을 들 수 있다(Hoffman & Sable, 2006; Skiba, 2000; U.S. Department of Eudcation, 1998).

이러한 처벌적이고 통제적인 반응으로 인해 학교는 보다 안전하고 규율은 엄해졌다. 그러나 이러한 접근이 그와 같은 성과를 가져왔음을 확신할 수 있는 증거가 없다(Leone et al., 2003; Skiba, 2000). 적절한 행동에 대한 지도 및 지원의 노력이 수반되지 않고 매우 처벌적인 접근만을 사용하는 것은 실질적으로는 제거하고자 하는 행동의 증가를 불러올 수 있다(Horner, Sugai, & Horner, 2000; U.S. Department of Education, 2014). 게다가 제1장에서 살펴본 바와 같이 다문화 및 장애 청소년들

여전히 널리 사용되고 있지만 불관용 정책이 보다 안전하고 질서 있는 학교를 만든다는 신념을 뒷받침할 만한 증거는 어디에도 없다.

은 학교 훈육에 대해서 전통적인 접근에 의해 불평등한 대우를 받는다. 전통적인 접근들은 청소년들의 학교 중도 탈락과 청소년 사법제도에 연루될 위험 가능성을 증대시킨다(Fabelo et al., 2011; U.S. Department of Education, 2014).

보다 부정적이고 보안 중심의 훈육 정책에 힘이 실리는 것에 대해 아동 복지 · 교육 · 정신건강 관련 전문가들은 학교를 보다 처벌적으로 만드는 것은 비생산적이며 학교의 교육과 교육의 목적에 위배된다고 주장하였다. 가혹하고 배제적인 처벌이 남성, 소수민족 학생, 장애학생. LGBT 학생(성소수자 학생)에게 불평등하게 적용되고 있음을 보여 주는 연구에 근거하여 특히 불관용 정책의 효과에 의문이 제기되었다(Leone et al., 2003; Morgan, Salomon, Plotkin, & Cohen, 2014; Skiba, 2000; Skiba & Knesting, 2002; Skiba, Michael, Nardo, & Peterson, 2000). 불관용 정책의 효과에 관한 지난 15년간의 자료는 강경 접근이 학생 행동을 개선시키거나 학교의 안전을 향상시켰음을 입증하지 못하고 있다(Jones, 2013; Leone et al., 2003; Skiba, 2000). 교사들은 파괴행동을 예방하고 관리하기 위한 보다 효과적인 도구 그리고 위험 또는 폭력행동의 위험이 있는 학생을 판별하기 위한 보다 효과적인 도구를 필요로 하게 되었다. 또한 제2장에서 논의한 바와 같이 1997년의 IDEA에서는 만성적 문제행동을 보이는 장애학생을 위한 PBIS와 기능행동평가(FBA)의 사용을 규정하였다. 학습을 방해하는 문제행동을 보이는 장애학생을 위한 PBIS의 요구는 모든 학생을 위한 훈육과 행동관리에 대한 관점을 변화시키는 중요한 단계였다.

1990년대 학교 내 총기 사건으로 인해 미국의 교육부와 법무부는 조기 경고, 적시 반응(*Early Warning, Timely Response*)을 발간하였다(Dwyer, Osher, & Warger, 1998). 이는 행동문제 유발 가능성이 있는 학생을 대상으로 예방과 중재를 통해 학교 행정가들이 학교 안전을 유지하는 데 도움을 주고자 하는 주된 지침을 처음으로 제시한 것이다. 학교 안전을 향상시키기 위한 연구기반 전략에 관한 보다 포괄적이고 상세한 정보를 제공하기 위해 추가의 지침서가 2000년에 발간되었다(Dwyer & Osher, 2000). 주정부 사법위원회(Council of State Governments Justice Center)는 학교 훈육 정책 및 실제에 관한 종합 일치 보고서를 최근 발표하였다(Morgan et al., 2014). 이 보고서는 학교 훈육 실제에서의 기득권을 가진 이해 당사자들(교육자, 정신/행동건강 전문가, 법집행자/경찰관, 청소년사법제도 전문가, 부모, 청소년 등) 간에 전례 없는 탁월한 수준의 조언과 합의를 반영하고 있다. 해당 보고서는 6개 영역에 걸쳐 대략 24개의 정책문을 제시하고 있다. 6개 영역에는 학습의 조건, 표적행동중재, 학교-경찰 파트너십, 법원과 소년법원, 정보 공유, 자료 수집이 해당된다. 각 정책문은 제안된 정책의 실행을 위한 구체적인 제언/권고의 지지를 받는다.

이러한 모든 보고서에서는 (1) 조기 예방과 중재, (2) 중다 수준에서의 중재, (3) 모든 학생을 위한 학교 분위기 및 조건 개선을 위한 다요소적 접근, (4) 학업 · 행동 · 정신건강의 요구를 가진 학생들에 대한 조기 판별과 효과적인 지원을 강조하고 있다. 이러한 권고는 학생의 행동과 학교의 분위기를 개선하기 위한 SW-PBIS의 효과성을 입증하는 축적된 선행연구에 근거한다(Bradshaw, Mitchell, & Leaf, 2010; Horner et al., 2009). 이 권고는 학교 훈육의 실제를 개선하기 위한 시범 접근으로서 PBIS의 지속적 확장과 발전을 이끌고 있다. 이 장에서는 이러한 권고는 학교 차원의 훈육을 위한 PBIS에 대한 설명과 PBIS 접근을 지지하는 연구기반을 제시하고, 보편적 중재와 표적단 중재의 계획과 실행 방법을 설명하며, 보편적 수준과 표적집단 수준에서의 PBIS 구성 요소의 예를 제시하고자 한다.

학교 차원의 긍정적 행동중재 및 지원은 무엇인가

이 책의 전반에 걸쳐서 학급 내에서의 문제행동과 개별 학생의 문제행동을 예방 및 관리하기 위해 PBIS와 연계된 개념 및 실제를 기술하고 있다. 제1장과 제2장에서 논의한 바와 같이 PBIS는 학교 차원과 개별 학생 수준에서의 사회적으로 중요한 변화를 이루기 위해 응용행동분석(applied behavior analysis)의 원리에 근거한다. PBIS 실행계획서(*Implementation Blueprint*)(Office of Special Education Programs [OSEP] Center on Positive Behavioral Interventions and Supports, 2010b)에 따르면, 학교 차원의 긍정적 행동중재와 지원(schoolwide positive behavioral intervention and support, SW-PBIS)은 "모든 학생들의 학업 및 행동적으로 중요한 성과를 이루기 위해 증거기반중재의 연속적 행동지원 체계의 적용 및 실행을 강화하기 위한 틀이다."(p. 13)이다.

이 정의에서 '틀'이 의미하는 것은 SW-PBIS는 상업적인 패키지화된 프로그램이 아니라는 것이다. 이 장에서 기술되는 모델은 바람직한 사회적, 행동적, 학업적 성과와 연계되는 특정한 핵심 특성을 구체적으로 명시한다. 그러나 이러한 요소들의 구체적인 설계는 단위 학교 또는 프로그램에 따라 결정된다. 이러한 이유로 인해 SW-PBIS를 정확하게 실행하고 있는 여러 학교를 방문해 보면, 이들 학교들이 유사한 특징을 가지고 있지만 학교별로 개별 학교에 맞게 다소 다른 설계를 갖추고 있음을 확인할 수 있다.

'연속적 행동지원 체계'는 제1장에서 언급된 바와 같이 예방/조기 중재/집중 중재의 3단계 모델이라는 SW-PBIS의 의미를 구체적으로 표현하는 개념이다. 연속적 행동지원 체계에서는 모든 학생들이 각자의 행동적 요구의 정도와 상관없이 요구에 부합하여 적절한 지원을 제공하는 것에 주안점이 있다. 그뿐만 아니라 이 모델에는 문제행동을 예방하기 위한 구체적인 실제, 위험행동 발생 가능성이 있는 학생들을 조기에 판별하고 중재하기 위한(만성적 또는 보다 심각해질 수 있는 문제 발생을 예방하기 위한) 구체적인 실제, 지속적인 행동 지원이 필요한 학생을 위한 집중적인 중재를 위한 구체적인 실제가 포함되어 있다.

제2장에서 살펴본 바와 같이 '증거기반중재(evidence-based interventions)'는 엄격한 연구 방법을 통해 다양한 연구에 의해 효과성이 검증된 실제를 의미한다. 이 교재에서 제시되고 있는 학급 차원과 개별 차원의 기법들은 일반적으로 수십 년간 이루어진 연구에서 그 효과성이 검증된 것들이다. 최근 완료되거나 진행 중인 무작위비교연구(randomized controlled trials)를 포함하여, 긍정적 행동지원의 가장 최근의 발전인 SW-PBIS를 지지하는 연구들이 축적되고 있다(Bradshaw et al., 2010).

학업 및 행동 성과에 대한 정의의 초점은 교육자가 학생의 학업 성취뿐 아니라 사회 및 행동 능력 향상을 추구해야 한다는 점이다. SW-PBIS는 학업 성과의 향상을 이끌 수 있다는 연구 증거가 있다(Lassen, Steele, & Sailor, 2006; Muscott, Mann, & LeBrun, 2008). SW-PBIS가 행동문제를 보다 낮은 수준으로 이끌 수 있다. 그래서 학생들이 바람직하지 않은 행동으로 인해 학습활동이 이루어지는 교실에서 제외되는 기회를 줄여준다. 학생이 교실에서 보다 많은 시간을 보낼수록 학업 면에서 이득을 더 많이 얻게 될 것이다. 학업 성과는 SW-PBIS 체계의 한 부분으로서 학업 성공(예 : 출석, 과제 완수, 숙제 제출)을 쉽게 이룰 수 있도록 하는 행동을 표적으로 하기 때문일 수 있다.

마지막으로 SW-PBIS의 정의는 '모든 학생을 위한' 것임을 강조한다. 이는 SW-PBIS가 최소한의 행동적 요구를 가진 학생부터 매우 집중적인 행동 지원을 필요로 하는 학생에 이르기까지 모든 학생들에게 이득이 되는 연속적 지원을 포함함을 강조하는 것이다. 학생들이 겪는 어려움을 효과적으로 판별하고 학생들이 어려움을 겪는 이유를 해결하기 위한 증거기반의 지원을 제공하기 위한 정책과 절차를 포함하고 있는 연속적 지원에 대해 이 장에서 살펴볼 것이다.

SW-PBIS의 핵심적 특성

SW-PBIS의 특성으로 많은 핵심 요소들이 있으며, 이러한 요소들은 대부분의 상품화된 학교 훈육 프로그램과 학교 안전과 학생 수행 개선을 위한 다른 노력으로부터 SW-PBIS를 구별짓는 특성이다. 이러한 요소들이 표 3-1에 제시되어 있다. 이를 다음에서 보다 구체적으로 설명하고자 한다.

학교 내의 모든 체계에 대한 강조 SW-PBIS는 전체로서의 학교를 강조할 뿐 아니라 학교환경의 각 하위 체계 내에서의 학생의 수행을 강조한다. 이러한 상호 연계된 체계는 일반교실, 특별교실 및 장소(예 : 식당, 학교버스 승하차장, 복도, 주차장), 전체로서의 학교(예 : 학교 내 모든 영역에서 모든 성인 간에 실제적으로 일관성 있는 훈육), 개별 학생(예 : 3단계 모델을 통해)이 포함된다. SW-PBIS에는 개별 영역에서의 학생의 수행을 평가하고 필요에 따라 학생의 성공을 향상시키기 위한 중재를 계획하는 것도 포함된다. 각 체계에 대한 평가는 학생(집단뿐 아니라 개별적으로)이 (학업적 그리고 행동적으로) 성공할 수 있으며 규칙을 다룰 수 있는 정도를 고려하는 것을 의미한다. 이들 하위 체계 내 특정 체계에서 문제가 판별되면 이러한 문제를 조정하기 위해 그리고 미래의 발생 가능한 문제를 예방하기 위해 중재가 개발된다.

3단계 예방 모델을 통한 모든 학생의 요구에 관심 SW-PBIS의 분명한 특성은 근본적인 3단계 예방 및 중재 접근이다. 3단계 예방 모델은 세 가지 수준의 예방 및 중재로, 세 수준은 문제를 보이는 학생 수와 지원 서비스 제공의 정도에 따라 구별된다(Turnbull et al., 2002). 이 모델에서 세 수준은 보다 집중적인 서비스를 필요로 하는 학생을 위한 효과적이고 효율적인 중재를 적시에 개발함과 동시에 모든 학생을 위한 적극적이며 예방적인 중재를 제공함으로써 하나의 구조로서 기능한다. SW-PBIS의 적극적이며 예방적인 요소는 대부분의 학생들의 요구에 부합하기 때문에 교직원들은 학교 차원의 다른 전략이 효과적이지 않은 학생들에게도 적용할 수 있는 자원에 보다 중점을 둘 수 있다.

- **1차 예방(primary-level prevention)** : 보편적 중재(universal level)라고도 하는 1차 예방은 모든 학

표 3-1 SW-PBIS의 핵심적 특성

1. 학교 내의 모든 체계에 대한 강조
2. 3단계 예방 모델을 통한 모든 학생의 요구에 관심
3. SW-PBIS 활동 참여 및 지원에 대한 학교 구성원의 전반적 동의
4. 개별 학교의 독특한 요구에 부응하기 위해 고안된 중재 전략
5. 팀 중심 계획과 의사결정
6. 훈육과 행동관리를 위한 교수적 접근의 강조
7. 자료 중심 의사결정
8. 체제 변화와 SW-PBIS의 장기 실행
9. SW-PBIS 중재에 대한 지속적인 평가와 수정

생들을 대상으로 적절한 행동 수행을 확실하게 도울 수 있고 문제행동과 학업 곤란의 새로운 사례 발생의 수를 감소시킬 수 있는 전략을 통합한다(Ausdemore, Martella, & Marchand-Martella, n.d.). 보편적 중재는 모든 학생에게 중점을 두며, 모든 상황에서의 모든 교직원들이 이러한 보편적 중재를 사용한다(Center on Positive Behavior Support, 2004). 보편적 중재는 다음의 요소를 포함한다.

PBIS에서 3단계 예방 모델은 모든 학생들의 요구에 부합할 수 있도록 효율적이며 개별적이고 집중적인 지원을 요구하는 학생의 수를 줄일 수 있다.

- 학교 내 모든 영역에서 적용되는 학교 차원의 규칙을 설정
- 모든 학생을 대상으로 학교 내 모든 영역에서 지켜야 하는 규칙과 규칙 수행 방법에 관한 교수
- 문제행동과 연계된 선행자극 요인의 판별과 수정 : 소란과 혼잡을 줄이기 위해 물리적 환경을 바꾸는 것, 바람직한 행동을 촉구하기 위해 시각 단서(예 : 규칙을 상기시키는 표시, 분명하게 표시된 경계선, 그림 단서)를 사용하는 것
- 부적절한 행동보다는 적절한 행동이 더 관심 받음을 입증하기 위해 하나 이상의 강화 체계 사용
- 모든 교사가 질 높은 교재 및 교수 방법을 사용하고 있음에 대한 확신
- 수용될 수 없는 행동에 대한 지속적이고 일관된 후속결과의 제공
- SW-PBIS 체계의 요구를 판별하고 실행을 점검하기 위한 다양한 형태의 자료 수집

긍정적 행동중재 및 지원에 관한 국가기술지원센터(National Technical Assistance Center on Positive Behavioral Interventions and Supports)에 따르면 1차 예방이 학교 내 구성원의 80~90%에게 효과적이어야 한다(OSEP, n.d.). 이 장에서는 보편적 수준의 지원을 주로 다루고자 한다. 이 장에서는 보편적 중재를 주로 다루지만 중요한 것은 3단계 예방 모델을 적용할 때 학교는 보편적 수준의 중재에 성공적으로 반응하는 학생만을 위한 것이 아닌 모든 학생을 위한 효과적인 지원을 제공해야 한다는 점이다. 학교에서는 모든 학생들의 행동을 판별하기 위한 긍정적이고 순행적 실제(proactive practices)의 개발을 목적으로 SW-PBIS를 시행하는 첫해 또는 두 번째 해에는 보편적 수준의 체계를 강조하기도 한다. 이러한 기초가 확립되는 정도와 보편적 체계가 변화되고 있는 훈육 요구에 역동적이고 반응적인 정도가 행동문제로 인해 보다 집중적인 중재를 필요로 하는 학생 수 감소에 영향을 미친다.

- **2차 예방(secondary-level prevention)** : 표적집단 중재(targeted level)라고도 하는 2차 예방은 (1) 만성적 또는 심각한 문제행동이나 학업 실패를 보일 위험이 있다고 판단되는 학생 또는 (2) 보편적 중재를 받았음에도 불구하고 학업 기술의 부족 또는 부적절한 행동을 빈번하게 지속적으로 보이는 학생을 대상으로 하는 중재에 중점을 둔다. 2차 예방에서의 절차와 중재 목적은 조기에 문제를 판별하고 이러한 문제를 조정하기 위해 집중적이며 정확한 표적집단 지원을 제공하는 것이다. 집중적이며 정확한 중재는 다음의 요소를 포함한다.
  - 대상 학생과 정기적으로 만남을 갖는 멘토
  - 기대되는 행동에 대한 빈번한 상기와 피드백 : 이러한 유형의 지원은 입실 퇴실(Check In Check Out)(Filter et al., 2007; Hawken & Horner, 2003; Todd, Campbell, Meyer, & Horner, 2008), 행동교육 프로그램(Behavior Education Program)(Crone, Hawken, & Horner, 2010), 점검 · 연계 · 기대(Check, Connect, and Expect)(Cheney et al., 2009) 등과

같은 표적집단 중재를 위해 개발된 프로그램의 활용을 통해 제공될 수 있다. 대부분의 이러한 프로그램에는 기대되는 행동을 상기시키고 지원하기 위한 목적으로, 해당 행동을 지원하는 특정한 전문가 또는 교사와의 정기적인 만남이 포함된다. 교사는 학교 차원의 기대에 근거한 점수 체계를 사용하여 온종일 학생의 규칙 준수 행동을 일일 행동기록카드에 평가한다. 행동평정카드에 기록된 점수에 따라 학생들이 강화제를 얻을 수 있는 체계적 강화를 적용한다.

- 개별 학생을 위한 행동계약(제11장 참조)
- 사회적 기술, 자기조절 기술, 분노관리 기술에 관한 소집단 교수(제9장 참조)
- 학업 기술 결함을 중재하기 위한 소집단 교수
- 중재 효과를 판정하기 위한 학생의 진보에 대한 밀착 점검 : 이러한 목적을 점검하기 위해 사용되는 자료는 표적집단 중재에 의뢰된 학생의 행동을 표적으로 하며 보편적 수준의 점검 자료보다 개별화된 자료이다. 표적집단 중재에서 학생의 진보는 훈육실 의뢰(office disciplinary referrals, ODRs), 출석, 행동평정카드에 기록된 점수, 교사에 의한 행동평정척도 또는 점검표를 통해 추적될 수 있다.

학교별로 대략 5~15%의 학생이 집중적이고 정확한 중재를 필요로 하며, 이들 학생 중 대략 67%가 이러한 중재를 통해 효과를 얻는다(OSEP, n.d.).

3차 예방의 목적은 적절하고 기능적인 행동과 관련한 개별 학생의 기술을 향상시키고 문제행동의 빈도와 심각성을 감소시키는 데 있다.

- **3차 예방(tertiary-level prevention)** : 3차 예방은 가장 집중적이며 개별화되고 장기적인 중재를 필요로 하는 개별 학생의 요구에 주안점을 둔다. 3차 예방을 요구하는 학생은 학교별로 대략 1~5% 정도이다(OSEP, n.d.). 3차 예방의 목적은 학생의 기능적이며 적절한 행동의 목록을 증가시키면서 동시에 문제행동의 빈도와 강도를 줄이는 것이다. 3차 예방은 다음의 요소를 포함한다.
  - 문제행동에 대한 기능행동평가, 기능행동 분석, 구조 분석(즉, 행동에 대해 강력한 효과를 가지고 있는 선행사건을 판별하기 위한 평가)(Stichter & Conroy, 2005)
  - 개별화된 행동중재와 지원 계획의 개발
  - 중재 효과를 평가하고 문제를 시기적절하게 해결하는 표적 행동에 대한 밀착 점검 : 제7장에 기술된 직접적인 측정 체계가 이러한 목적으로 자주 사용된다.
  - 중재 개발과 문제해결을 위한 팀 접근 : 팀에는 교직원뿐 아니라 학생도 포함될 수 있다. 필요시 학생과 가족을 위한 중재 및 지원을 제공하는 다른 서비스 제공자의 대표도 팀원으로 참여할 수 있다. 3단계의 PBIS를 계획할 때 기초가 되는 중요한 세 가지 개념이 있다 : (a) 인간 중심 계획(person-centered planning), (b) 삶의 질, (c) 자기 결정. 이 세 가지 개념은 개인의 선호, 관심, 삶의 질을 반영하는 목표 개발과 지원 계획의 중요성을 강조한다. 즉각적이거나 이용이 편리한 서비스보다 개인의 요구와 선호에 근거하여 지원 계획이 이루어져야 한다(Association for Positive Behavior Support, 2007).
  - 학생과 가족을 위한 포괄적 서비스(wraparound services) 또는 용이한 접근 : 최대한의 독립, 최상의 삶의 질, 개인적 만족을 돕기 위해 필요한 지역사회 또는 국가 차원에서 학생과 가족을 위한 포괄적 서비스가 제공되고 이러한 서비스에 대한 접근이 용이하다(OSEP

Technical Assistance Center on Positive Behavioral Interventions and Supports, 2010).

SW-PBIS 활동 참여 및 지원에 대한 학교 구성원의 전반적 동의 PBIS에 관한 국가기술지원센터에 따르면(OSEP, n.d.) PBIS 프로그램을 시작하기 전에 교직원의 80%가 훈육이 중요하며 우선적이라는 것에 동의해야 하고 학교의 분위기와 학생의 수행을 향상시키기 위한 활동에 참여할 것을 동의해야 한다. 구성원, 특히 교직원들의 전반적인 동의는 SW-PBIS 프로그램의 단기적 성공과 장기적 적용을 위해 중요할 뿐 아니라 다른 상품화된 훈육 프로그램과 SW-PBIS를 차별화하는 데 중요하다.

미국 내 많은 학교들이 상품화된 훈육 프로그램을 통해 학교 분위기를 개선하고자 하는 노력을 하였다. 그러나 이러한 프로그램은 폐기되어 점차 사라지고 있다. 학교에서 직면하는 일반적인 시나리오는 다음과 같다. 학교장(또는 교직원)이 특정한 프로그램을 설명하는 회의나 워크숍에 참여한다. 좋은 프로그램으로 판단하여 구입을 결정한다. 담당 교직원이 프로그램에 대한 간단한 연수를 받고 이를 적용한다. 이후 담당 교직원은 구입 및 적용한 프로그램 외의 다른 프로그램에 점차 관심을 갖기 시작하고 구입한 프로그램의 적용은 감소되어 마침내 폐기된다. SW-PBIS 접근은 이 장에서 기술되고 있는 모든 중요한 요인들을 통해서 이러한 문제를 피할 수 있을 뿐 아니라 대다수 교직원의 훈육에 대한 관점을 중요한 사항으로 고려하고 학교 분위기 개선과 학생의 사회 및 학업 수행의 향상이라는 목표를 지원하는 데 대다수 교직원들이 동의함으로써 이러한 문제를 피할 수 있다.

개별 학교의 독특한 요구에 부응하기 위해 고안된 중재 전략 모든 학교는 독특한 요구와 자원을 가지고 있다. 다양한 변인을 통해 학교를 특징지을 수 있다. 그 다양한 변인으로는 학생 구성원, 교직원, 지역, 인종, 문화적 다양성, 학교 규모, 학년 구성, 지역사회 가치 및 기대를 들 수 있다. 학교 간에 개별적이고 중요한 차이로 인해 어떠한 단일한 프로그램도 모든 학교의 요구에 부응하여 훈육의 개선을 가져올 수는 없다(Horner et al., 2000). 즉, 모든 학교의 요구에 부응하는 훈육 개선을 위한 단일한 접근은 없다. SW-PBIS는 일괄 프로그램이 아니다. SW-PBIS는 단위 학교의 개별성과 요구에 직접적으로 부합하는 훈육 체계를 고안하는 데에 교사가 따를 수 있는 모델이다. 또한 학교가 지속적으로 변화하는 것과 같이(예 : 입학하는 학생들의 변화) SW-PBIS 프로그램의 특성은 새로운 도전에 부합하도록 수정 및 보완될 수 있다. SW-PBIS를 정확하게 시행하여 중재 충실도(fidelity)가 높게 나타난 SW-PBIS 실행 학교들이 유사한 특성을 공유하지만, 운영되는 체계는 개별 단위 학교의 독특성에 맞게 적합화한다. 정확하게 동일한 SW-PBIS 프로그램을 활용하는 학교는 없다. 이러한 개별성(individualization)과 융통성(flexibility)으로 인해 SW-PBIS 프로그램이 보다 효과적이고 적응적일 뿐 아니라 교직원들의 관심을 이끌 수 있는 것이다.

SW-PBIS는 개별 학교의 독특한 문화 및 요구에 따라 달리 적용된다.

팀 중심 계획과 의사결정 학교의 핵심 구성원을 대표하는 팀이 SW-PBIS에 관한 의사결정을 해야 한다. PBIS 리더십 팀(PBIS leadership team)이라고도 부르는 SW-PBIS 팀은 일반적으로 다음과 같은 구성원을 포함한다.

- 학교 행정가 : 행정 지도력은 SW-PBIS 유지를 위해 중요하다. 이러한 이유로 학교장 또는 교감이 반드시 SW-PBIS 팀의 구성원이 되어야 한다(Horner et al., 2004). 이 책의 책임 저자인 Scheuermann은 일부 학교를 대상으로 SW-PBIS 팀에 관한 지침을 훈련 및 시행하였다. SW-

PBIS 팀 중에서 한 팀은 열정적인 구성원들로 이루어졌지만 행정가가 참여하지 않았다. SW-PBIS를 시행하는 동안에 이 팀은 학교장과 밀접한 관계를 맺지 못하여 팀에 필요한 지원과 지도력을 제공받지 못하고 학교활동의 핵심으로 SW-PBIS를 지속하는 데 어려움을 겪었다. 예를 들면 팀은 행정실로부터 훈육실 의뢰(ODR) 자료를 얻는 데 어려움이 있었고, 교직원 회의에서 교직원들에게 팀활동 보고를 할 수 있는 시간을 거의 받지 못하였다. 행정 지도력의 부족으로 인해 교직원들은 SW-PBIS를 학교의 일상활동과 관련하여 해야 할 것이 없는 다른 위원회와 동일하게 여겼다. 본래는 학교장이 SW-PBIS 훈련 프로젝트(예 : 학생의 행동문제가 많은 것에 대한 훈련 프로젝트)에 참여를 신청하였음에도 불구하고 학교장이 팀의 구성원으로 참여하지 않음으로써 이 학교에서는 문제의 개선이 실질적으로 나타나지 못하였다. SW-PBIS 팀에 행정가가 참여할 때 SW-PBIS 활동에 대한 지원과 실행에 관한 의사소통이 이루어질 수 있으며 프로그램의 성공적인 실행을 위해 필요한 자원을 행정가가 이해할 수 있다.

- 학년별 대표 교사 : 초등학교의 경우 학년별 대표 교사, 중등학교의 경우 교과별 대표 교사
- 특수교사
- 관련 지원 서비스 대표자(예 : 상담가, 언어치료사, 체육교사)
- 직원 대표자(예 : 학교 급식 관리인, 운동장 관리인, 학교버스 기사, 식당 종사자)
- 부모 : 부모는 회의 시 매번 참여가 어려울 경우에 임시 팀원으로 참석이 가능할 때 참석하여 의견을 개진할 수 있다. 부모 대표의 참여는 PBIS 체계에 관한 부모 및 지역사회단체와의 의사소통을 용이하게 한다.
- 학생 : 중등학교의 경우 학생 대표 1~2명이 팀원으로 팀미팅에 참여할 수 있다. 학생 팀원은 학생 대표로 학교훈육체계(훈육실 의뢰, 구류, 다른 훈육 조치)에 대한 수혜자의 입장으로 참여한다. 학생들의 의견은 보편적 중재 또는 표적집단 중재의 효과를 증진시킬 수 있는 요인들을 판별하는 데 가치가 있을 수 있다. 물론 팀에서 특정 학생 또는 교사에 대한 훈육 또는 관리에 관해 논의할 때에는 학생 또는 부모 대표가 참석하지 않는 것을 확인해야 한다.

리더십 팀은 (1) 훈육 요구를 판별하고, (2) 의사결정을 위한 자료를 수집하며, (3) 학교의 모든 교직원들로부터 SW-PBIS 프로그램의 모든 양상에 관한 자료를 구하고, (4) 보편적 중재를 계획하며, (5) 교직원들을 훈련시키고, (6) SW-PBIS 활동 및 진보에 관해 교직원들에게 지속적으로 정보를 제공하며, (7) SW-PBIS 교재 및 활동을 개발한다(또는 다른 사람들에게 이 과제를 할당함). 이러한 의무는 정기적인 팀회의를 통해 이루어지며 팀회의를 하는 동안에 구조적으로 잘 짜여져 있음을 확인하며 실행한다. 계획과 실행의 첫 단계에서 팀은 일주일에 한 번 또는 이주일에 한 번 정도로 빈번하게 회의를 해야 할 필요가 있을 것이다. 체계가 확립되기 시작하면 팀회의 빈도를 줄일 수 있다. 그러나 정기적인 만남을 통해 당해 연도의 진보로 제시될 수 있도록 지속적으로 자료를 점검하고 새롭게 나타나는 문제를 판별해야 한다. 보다 생산적인 리더십 팀이 되기 위해서는 안건을 가지고 회의를 열고 다양한 과제의 완수를 위해 구성원들에게 책임을 할당하며 활동에 관한 최신정보를 제공하기 위한 체계적인 절차를 확립해야 한다. 리더십 팀은 학교 내의 다른 교직원들과도 친밀한 의사소통을 유지하고 리더십 팀 회의를 공지하고 회의에 다른 구성원들의 참여를 촉구한다.

훈육과 행동관리를 위한 교수적 접근의 강조 SW-PBIS에서 학생은 학업 기술을 학습하는 것과 같은 방식으로 적절한 행동 기술을 학습한다. 마찬가지로 문제행동을 기술의 부족(학생이 적절한 방식으로 요구에 부응하는 것을 충분히 학습하지 못한 것)에 의한 것으로 간주하여 학생에게 적절한 기능적 행동을 지도하는 것이 중재의 중요한 부분이 된다.

SW-PBIS를 성공적으로 실행하는 학교는 학생들에게 규칙을 수행하고 따르는 방법을 지도하는 데 주안점을 둔다. 일반적으로 이러한 교수는 학기 초에 집중적으로 이루어진다. 학기 초에 누가 규칙을 가르치고 언제 그리고 어디서 가르치는지에 대한 계획이 개별 교사, 교사 팀, 또는 SW-PBIS 팀에 의해 설정 및 시행된다. 모든 학교가 학교규칙을 지도할 때 다소 다른 접근을 활용한다. 그러나 공통된 요소는 학생이 적극적으로 규칙과 기대되는 행동을 학습한다는 것이다. 단순히 학생들이 해야 하는 것을 알 것이라고 가정해서는 안 된다. 필요한 경우 기대행동을 재지도한다. 예를 들면, 한 학교의 훈육실 의뢰(ODR) 자료에 따르면, 4월에 시행된 주정부 차원의 학력평가 이후에 훈육실 의뢰가 증가되었다. 이 학교의 PBIS 리더십 팀은 4월부터 학년 말까지 정기적으로 학교 차원의 기대행동을 다시 지도하기로 계획하였다. 재지도 과정에서 교사는 학생들에게 기대행동을 상기시키고 교직원들이 보다 지속적으로 학생들의 규칙 준수 행동을 인정하고 규칙위반 행동에 대해 반응하도록 지원을 한다.

SW-PBIS는 행동문제를 기술의 부족으로 여기고 학생에게 적절한 기능적 행동을 가르치는 것을 강조한다.

훈육에 대한 교수적 접근은 학생들이 작은 행동 실수를 했을 때 위반한 규칙을 다시 지도하는 것을 의미한다. SW-PBIS를 실행하고 있는 한 초등학교에서 5학년 교사들이 작은 규칙위반 행동에 대해 일관성 있게 반응하는 절차를 설정하였다. 먼저 교사들은 학교 차원의 기대와 학급에서 이러한 기대행동이 어떻게 적용되는지를 적은 여러 개의 문장 스트립을 만들고 코딩하였다. 코딩된 규칙 상기물을 눈에 띄게 교실 앞에 부착하였다. 학생이 작은 비행, 즉 작은 규칙위반 행동을 보이면 먼저 교사는 학생이 위반한 규칙을 나타내는 문장 스트립을 떼어 와서 학생과 함께 그 규칙을 살펴보고 지도하였다. 교사들은 훈육을 위한 교수적 접근의 개념을 명확히 이해하였고, 해당 학급관리 절차에 이러한 개념이 반영되었다.

자료 중심 의사결정 대부분의 학교는 학교 내 문제가 있음(예 : 높은 수준의 행동문제와 낮은 수준의 학업 성공)을 알고 있으며 이러한 문제를 중재하기 위한 단계를 실행한다. 그러나 SW-PBIS를 적용하는 학교의 뚜렷한 특성은 요구를 판별하고 중재의 효과를 평가하기 위해 객관적이고 다양한 자료의 출처에 근거한다는 것이다. 각 지원 수준은 중재 요구를 판별하고 중재 효과를 점검하기 위해 다소 다른 자료를 필요로 한다. 자료의 유형과 목적에 대해서는 이 장의 후반부에서 살펴보고자 한다.

체제 변화와 SW-PBIS의 장기 실행 학교와 지역 교육청 행정가는 학교 내의 문제행동과 이에 대한 중재 요구에 따라서 다음의 두 단계를 자주 적용한다. 그중 하나는 상품화된 훈육 프로그램을 구입하는 것이다. 프로그램이 바람직한 변화를 가져오거나 문제에 대한 단호한 조치를 취하고자 강경책을 적용하여 훈육문제를 해결하려고 한다. 그러나 앞에서 논의한 바와 같이 이러한 접근은 훈육이 첫 번째 문제임을, 즉 잘못된 훈육이 문제를 야기함을 강조하지 않기 때문에 바람직한 장기 변화를 일으키지 못한다. 문제행동을 해결하려는 또 다른 보다 영구적인 해결책은, 문제행동에 관한 다양한 철학과 훈육(모든 학생을 위해 문제행동을 예방하고 보다 효과적인 학교환경을 만드는 데 중점을 두는 훈육)에 대한 다양한 접근을 요구한다. 이러한 변화는 1년 만에 이루어지지 않는다. 실제로 긍정적 행동중재 및 지원에 관한 국가기술지원센터는 SW-PBIS 실행에 3~5년이 필요하다고 제언한다. SW-PBIS

SW-PBIS는 학교 내 PBIS 프로그램이 지속적으로 평가되고 학교 구성원의 변화된 요구를 반영하여 수정 및 보완되는 과정에서 체제 변화를 이루기 위해 장기적으로 실행되어야 한다.

모델에서 요구되는 체제 변화를 이루고 세 가지 예방의 차원에 대한 충분한 계획과 실행을 위해서는 반드시 장기적인 실행이 필요하다.

SW-PBIS 중재에 대한 지속적인 평가와 수정 SW-PBIS가 얼마나 순조롭게 진행되는지와 상관없이 SW-PBIS 노력은 지속적인 관심을 필요로 한다. 프로그램은 진행 중인 과제이다. SW-PBIS 팀은 체제를 지속적으로 평가하고(지속적으로 ODR 자료를 분석하고) 조정해야 한다. 학교는 구성원인 학생과 교직원의 요구가 지속적으로 변화하는 역동적인 실체이다. 이 변화에 반응하여 수정 및 보완할 수 없는 훈육 프로그램은 실패로 이끌 것이다. SW-PBIS의 역동적 특성은 SW-PBIS 중재가 학교 구성원의 독특한 요구에 항상 반응하게 됨을 의미한다. 이러한 특성이 갖추어지면 SW-PBIS의 장기적인 지속과 성공을 이룰 수 있다.

학교 차원의 보편적 수준의 예방을 위한 지원 관련 연구

관련 연구의 강력한 뒷받침으로 인해 1차 예방을 통한 지원의 효과가 강조되고 있다. 지난 10년간 SW-PBIS의 효과에 관해 많은 연구가 이루어졌다. 연구자들과 학교 전문가 팀은 SW-PBIS 프로그램으로 인해 훈육실 의뢰가 60%까지 감소하였다고 밝혔다(Horner et al., 2004; Sprague et al., 2001; Taylor-Greene et al., 1997). 또한 SW-PBIS 중재가 학교의 특정 영역에서 학생의 행동을 향상시키는 데 효과적이라는 연구 결과가 지속적으로 나타나고 있다. SW-PBIS 중재는 쉬는 시간 동안(Lewis, Powers, & Kelk, 2002; Todd, Haugen, Anderson, & Spriggs, 2002), 학교버스에서(Putnam, Handler, Ramirez-Platt, & Luiselli, 2003), 복도에서(Oswald, Safran, & Johanson, 2005), 학교 식당에서(Kartub, Taylor-Greene, March, & Horner, 2000), 등교시간 동안의(Nelson, Colvin, & Smith, 1996) 문제행동 감소에 효과적이다. 최근 연구에서 다년간에 걸쳐 수십 개 학교를 대상으로 무작위 비교집단 연구를 통해 SW-PBIS의 효과성이 입증되고 있다. 연구 결과 훈육실 의뢰, 정학(Bradshaw et al., 2010)에서의 감소와 학교 안전 인식, 학업 성취(Horner et al., 2009), 학교 조직의 건강(Bradshaw, Koth, Bevans, Ialongo, & Leaf, 2008)에서의 향상이 나타났다.

SW-PBIS의 효과에 관한 많은 연구들에 근거해 볼 때, SW-PBIS는 학업 및 사회적 영역의 포괄적인 범위에서 학생들의 수행 향상을 이끄는 효율적인 접근이다.

PBIS는 표준화된 성취 검사에서의 학생 수행을 측정하였을 때 학업 성취의 향상을 가져왔다(Lassen, Steele, & Sailor, 2006; Luiselli, Putnam, Handler, & Feinberg, 2005). 표준화된 성취 검사에서의 학생 수행은 학교의 효과성을 판단하기 위해 공식적으로 활용되는 주된 지표이다. 다른 연구자들은 훈육 절차와 관련 있는 시간을 조사하고 있다. 이는 행동 향상 중재로 인해 학생이 교실에 지속적으로 있게 되고 학업 성취의 향상이 이루어질 것이라는 가설에 근거한다. Scott과 Barrett(2004)은 훈육실 의뢰와 정학으로 인해 학생이 수업을 받지 못한 시간을 조사하였다. 훈육실 의뢰 1회당 평균 20분의 수업 손실이 나타났다. SW-PBIS 적용 1차 연도에 학생은 27.7일의 수업일 획득을 2차 연도에는 31.2일을 획득하였다. 또한 훈육적 정학의 감소로 인해 SW-PBIS 적용 2년 동안에 상대적으로 45일(1차 연도)과 55일(2차 연도)의 수업일을 획득하였다.

대안적 교육 및 치료 상황에서 PBIS의 사용, 특히 보편적 수준의 지원을 사용하는 것은 학교 차원 PBIS의 상당적으로 새로운 확장이라 할 수 있다. 다양한 유형의 대안적 상황에서 적용된 보편적 수준의 PBIS의 긍정적 성과에 대한 연구가 이루어지고 있다. 예를 들면, 청소년 감호소에서 보편적 수준의 PBIS를 실행하여 심각한 문제 발생, 신체적 제한 사용, 그리고 교실에서의 배제되는 사례가 감소되었다고 한다(Jolivette & Nelson, 2010; Nelson, Sugai, & Smith, 2005; OSEP Technical Assistance Center on Positive Behavioral Interventions and Supports, n.d.). 훈육 대안 학교에서 3년간 보편적 수준의 PBIS를 적용한 효과에 대한 사례연구에서, 심각한 행동의 발생률뿐 아니라 공격행동을 보인 학생들의 수도 감소된 것으로 나타났다(Simonsen, Britton, & Young, 2010). Miller 외는 대안 학교에서 정서 및 행동장애학생에게 SW-PBIS를 적용한 이후에 신체적 제한과 격리 타임아웃의 적용이 감소하였다(Miller, George, & Fogt, 2005)고 한다. 대안적 상황에서의 PBIS의 적용 효과를 탐색하고자 하는 연구가 지속적으로 이루어지고 있다. 예를 들면, Jolivette와 Sprague는 청소년 교정센터(juvenile correctional settings)에서의 PBIS 적용에 대해 여러 주에 걸쳐서 조사하기 시작하였다(K. Jolivette, personal communication, October 2010). 2009년에, 텍사스 주에서 주정부의 청소년 교정시설의 교육 프로그램으로 PBIS의 실행을 규정하는 법안이 통과되었다. PBIS의 실행이 지속되고 있고, 긍정적 행동 및 학업 성과가 보고되고 있다(Johnson et al., 2013; Texas Juvenile Justice Department, 2012). 텍사스, 조지아, 콜로라도, 애리조나, 캘리포니아, 일리노이, 워싱턴을 포함하여 다른 주에서도 주정부가 운영하는 1개 또는 그 이상의 청소년 교정시설에서 체계 차원의 PBIS(systemwide PBIS)를 추구하고 있다(Scheuermann & Nelson, 2014; Scheuermann, Nelson, Wang, & Turner, 2012).

SW-PBIS의 효과는 확실하고 신뢰할 수 있는 자료를 통해 확인되고 있다. SW-PBIS의 구체적 요소(예 : 학급과 비학급 차원에서의 중재, 다양한 행동 유형에 관한 중재)와 1차 · 2차 · 3차 수준에서의 구체적인 예방 및 중재의 효과에 관한 연구가 지속적으로 이루어지고 있다.

보편적 중재의 특성과 예

앞서 논의한 것처럼 학교별로 적용되는 PBIS 프로그램은 다소 차이가 있으며 이는 개별 학교의 독특한 요구와 특성을 반영한다. 맥락에 따른 융통성에도 불구하고 1차적 수준의 예방에서 근본 요소로 제안되는 몇 가지 특성이 있다(Horner et al., 2004; Office of Special Education Programs Center on Positive Behavioral Interventions and Supports, 2010b). 일반적으로 이러한 특성은 선행자극 중재, 수업 중재, 후속결과 중재를 반영한다. PBIS 실행계획서(Office of Special Education Programs [OSEP] Center on Positive Behavioral Interventions and Supports, 2010b)에 SW-PBIS의 특성이 기술되어 있다. 그중 하나는 SW-PBIS가 예방적이라는 것이다. **선행자극 중재**(antecedent intervention)에는 환경의 분명한 기대를 보장하고 학생과 교직원들이 이러한 기대를 기억하는 것을 돕는 전략이 포함되어 부분적으로 행동의 문제를 예방할 수 있다. 또 다른 특성은 SW-PBIS는 교수 지향적(instructionally oriented)이라는 점이다. 여기에는 두 가지 의미가 함축되어 있다. 첫 번째 의미는 바람직한 행동은 학습될 수 있다는 확신을 가지고 교직원들은 기대되는 행동을 적극적으로 지도해야 한다는 것이다. 두 번째 의미는 PBIS에서 비행은 학생들이 학업에서 보이는 오류와 마찬가지로 하나의 오류로 봐야 한다는 것이다. 또한 교직원 등의 성인들도 학생들이 학업적 오류를 보일 때 적절하게 반응하는 것과 마찬가지로 이러한 행동적 오류에 적절하게 반응하는 방법을 익혀야 한다. **수업 중재**(teaching interventions)는 학교 내 모든 영역에서 적용할 수 있는 학교규칙을 지도하여 학생이 무엇을 해야 하는지를 알도록 하는 것이다. **후속결과 중재**(consequence interventions)에는 교직원 등의 성인들이 부적절한 행동에 대해 일관된 반응을 제공하고 규칙을 어기는 행동보다는 바람직한 행동에 보다 많은 관심을 제공하기 위한 적절한 행동을 인정하는 전략이 포함된다. 이 절에서는 SW-PBIS 체제의 특성과 그 예를 기술하고자 한다. 표 3-2에 이러한 특

표 3-2 학교 차원의 PBIS 체제의 특성

1. 학교 전체에 적용되는 3~5개의 학교 차원의 규칙을 개발하고 이러한 규칙을 상기시키는 표시(예 : 규칙 안내 게시물, 공고, 포스터 등)를 학교 전체에 게시한다.
2. 학교 차원의 주된 활동과 학교 내 모든 영역에서 적용되는 규칙별로 기대되는 행동을 정의하기 위해 규칙 매트릭스를 개발한다.
3. 학교 규칙을 지도하고 필요한 경우 재지도를 위해 학교 내 모든 학생들에게 체계적이고 계획된 교수를 제공한다.
4. 인정 체계를 통해 학생들의 규칙 준수 행동에 대한 피드백과 강화를 제공한다.
5. 학급관리 차원의 위반행동과 공식관리 차원의 위반행동을 구분하여 규정한다.
6. 문제행동 수정을 위해 사전에 결정되고 일관된 후속결과 체계를 개발한다.

성이 제시되어 있다.

3~5개의 규칙은 SW-PBIS의 기초이다.

3~5개의 학교규칙 개발 제4장에서의 보다 심도 있게 살펴보게 될 학급규칙은 긍정적인 용어로 진술되고 규칙의 수도 제한되어야 한다. 이는 학교 차원의 규칙에 대해서도 마찬가지로 적용된다. SW-PBIS에서 강조되는 가설 중에 훈육문제가 기대되는 것이 무엇인지에 관한 명확성이 부족함을 나타내는 것이라는 가설이 있다. 보편적 수준의 중재를 개발하는 첫 단계는 긍정적인 용어로 진술된 학교 전체에서 적용되는 3~5개의 기대에 대해 전체 교직원들의 동의를 구하는 것이다. 기대의 각 세트는 다소 차이가 있지만 공통점이 있다. 모든 세트는 5개 이하의 규칙을 가지고 있으며, 모든 규칙은 긍정적인 용어로 진술되고 대부분의 규칙은 안전, 존중, 책임을 다룬다. 또한 많은 학교들이 학교의 교훈을 반영하는 규칙을 만들기도 한다.

학교규칙이 설정되면 기대를 상기시켜 주는 표시를 학교 곳곳에 게시한다. 이 책의 저자 중 한 사람은 일부 학교를 대상으로 SW-PBIS 프로그램의 개발 및 실행을 안내하였다. 한 중학교에서 학교 차원의 기대에 관한 설명과 규칙 시범을 보이는 학생의 역할놀이를 포함하여 학교 차원의 PBIS 프로그램에 관한 비디오를 학생들이 만들었다. 이 비디오는 학교 현관에 설치되어 점검자로서 역할을 하였다. 이 비디오는 학생, 교직원, 방문자들에게 PBIS 체계에서의 규칙을 상기시키고 점검하는 흥미를 유발하였다. 초등학교에서는 학생이 우측 통행을 기억할 수 있도록 복도 중앙에 페인트로 줄을 그어놓았다. 복도가 교차하는 지점에서는 학생이 멈추어 서서 주변을 둘러보는 것을 촉구하기 위해 각 교차 지점에 '멈춤' 표시를 크게 해 놓는다. 일부 학교는 아침 조회시간에 학교규칙을 상기하는 시간을 가졌다.

학교 내 모든 영역에서 적용되는 규칙별 기대행동이 기술된 규칙 매트릭스 개발 학교 내 모든 영역에서 각 규칙을 반영하는 구체적인 행동에 따라 광범위하게 진술된 기대를 조작적으로 정의 및 규정해야 한다. 일반적으로 이는 학교의 모든 영역에서 각 규칙과 연계되는 개별 규칙과 행동의 목록을 제시하는 규칙 매트릭스의 개발을 통해 이루어진다. 이 학교의 PBIS 팀은 학생들이 하지 말아야 하는 행동에 초점을 두기보다는 해야 하는 행동에 주안점을 두어 이를 구체적으로 기술하였다. 또한 이 규칙 매트릭스에서 교사가 과거에 보고한 문제의 유형(예 : 복도를 걸어가면서 복도 벽의 장식을 만지는 것, 점심시간에 식당에서 냅킨을 많이 가져가는 것, 학생이 운동장에 있는 시설물을 올바르게 사용하지 않는 것). 텍사스 주 험블 시에 있는 메이필브룩 초등학교는 교사와 다른 교직원을 위해 학교 차원 기대를 상기시키는 색깔로 구분된 컬러 도해용 차트를 사용했다. 도해용 카드(flip chart)의 모든 페이지에는 학교의 서로 다른 영역(예 : 복도, 식당, 화장실, 도서관, 운동장)과 해당 영역에서 수행해야 하는 학교 차원의 세 가지 규칙(예의 바른 학생, 안전한 학생, 준비된 학생)이 진술되어 있다. 도해용 카드는 교사가 참조하는 도구로 쉽게 사용할 수 있도록 간단하고 재미있어야 한다.

학교의 모든 영역에 대한 광범위하게 기술된 기대를 정의하는 것이 보편적 체계를 개발하는 데 있어서 중요한 단계이다. 근본적으로 이러한 구체적인 기대는 학교를 위한 행동 교육과정이 된다 : 학생들이 학습해야 하는 기술과 모든 교직원이 가르쳐야 하는 기술들. 이는 모든 학교환경에서 모든 교직원이 행동적 기대에 대한 일관성을 유치하는 데 도움이 된다. 교직원들 사이에서 공통의 관심은 기대되는 학생행동에서의 일관성의 결여와 학생행동에 대한 성인들 반응의 일관성의 결여이다. 이러한 행동적 정의는 학교 내 모든 학생들이 학교에서 학생의 특정 행동을 촉구하거나 위반 행동을 교정할 때 사용할 수 있는 공통의 언어를 제공한다.

학교 내 모든 학생을 대상으로 학교규칙에 관한 체계적이고 계획된 교수 제공 이 장의 앞 절에서 논의한 바와 같이 적절한 행동 기술에 관한 교수는 SW-PBIS의 기본 원리이다. SW-PBIS를 적용하는 학교 내 교사와 행정가는 규칙 설정만으로도 행동을 변화시키는 데 충분하다고 생각해서는 안 된다. 학기 초에는 규칙을 적극적으로 지도하여 이러한 규칙을 모든 학생들이 이해하는 것에 주안점을 두어야 한다.

예를 들면 오리건 주 엘마이라 시에 있는 페른리지 중학교는 1995년 이래로 SW-PBIS를 적용하고 있다. SW-PBIS 적용 첫해에는 학기 시작 후 이틀 동안 모든 시간을 학교규칙과 기대를 학생들에게 지도하는 데 투자하였다(Fern Ridge Middle School, 1999). SW-PBIS 적용 1년 이후부터는 개학 첫날에는 모든 학생을 대상으로 교수가 이루어졌고, 둘째 날에는 신입생인 6학년(중학교 신입생, 역주 : 미국의 경우 6학년부터 8학년이 중학교에 재학)만 교수-학습활동에 참여하였다. 규칙을 학습하는 동안 학생은 학교 전체 훈련 영역(예 : 복도, 체육관, 교무실, 방송실, 학교버스 승하차장)을 돌면서 규칙 수행을 학습한다. 훈련 영역별로 대략 6~8명의 교직원이 배치되고 교사와 교직원에 의해 개발 및 실행되는 훈련을 제공한다. 규칙 및 기대에 관한 활동 지도는 (1) 각 영역의 규칙에 대한 설명 (2) 규칙 수행 행동의 바른 예와 틀린 예의 시범 (3) 기대되는 행동에 대한 개별 학생의 연습을 통해 이루어진다. 보조원과 자원봉사자를 활동에 참여시키고, 학생은 역할놀이에 참여하여 높은 수준의 강화를 받는다. 이러한 과정을 통해 기대되는 행동에 대한 지도에 주안점을 두면 모든 구성원(학생과 교직원)이 규칙을 기억하고 따를 수 있는 가능성이 분명히 높아진다.

> 학교 내 모든 영역에서 학교 차원의 규칙에 대한 직접적이고 분명한 지도가 이루어져야 한다.

규칙 준수 행동에 대한 인정 체계 제공 SW-PBIS 프로그램에서는 학생의 적절한 행동이 부적절한 행동보다 많은 관심을 받을 수 있어야 한다. 이를 위해 교직원들은 규칙 준수 행동에 대해 높은 수준의 칭찬과 언어적 인정을 제공하는 방법을 훈련받고 학교 차원의 토큰 체계를 사용해야 한다. 학교 차원의 강화 계획은 단지 SW-PBIS의 구성 요소 중에 하나라는 것을 명심해야 한다. 강화만으로 SW-PBIS가 구성되는 것은 아니다. 흥미를 유발하기 어려운 다른 구성 요소(예 : 팀 의사결정, 자료 중심 의사결정) 대신에 강화에 중점을 두기 쉽다. 교사들 중에서는 학교에서 학교 차원의 강화 체계를 사용한다고 하여 자신의 학교가 SW-PBIS를 적용하고 있다고 말하기도 한다. 그러나 이들 교사는 보편적 PBIS의 다른 구성 요소(예 : 학교 차원의 규칙, 규칙을 지도하는 절차)를 설명하지 못한다.

제10장과 제11장에서 개별 및 집단을 대상으로 강화 체계를 개발하는 방법을 살펴보고자 한다. 해당 장에서 언급되는 단계들이 학교 차원의 강화 계획을 설정하는 데 도움이 될 것이다. 강화 계획과 마찬가지로 학교 차원 강화 계획을 고안하기 위해서는 표적행동(학교 차원의 규칙), 토큰(바람직한 행동을 보일 때 제공하는 학교 상징 관련 티켓, 카드, 아이템 등), 토큰을 가지고 교환할 수 있는 강화제, 또한 토큰을 강화제로 교환할 수 있는 구조화된 시간과 절차를 분명히 해야 한다. 보편적 수준에서 사용되는 대부분의 인정 체계에서 학생들은 학교 매점에서 학용품을 구입하기 위해 또는 다른 원하는 사물이나 활동을 얻기 위해 자신의 토큰을 사용하기도 하고, 바람직한 강화제 획득을 위한 학교 미술대회 참여를 위해 자신의 토큰을 사용하기도 한다. 학교 차원의 인정 체계뿐만 아니라 많은 학교들의 특정 행동 관심사(예 : 복장 규정, 지각, 문자 주고받기, 운동장 · 식당 · 주차장과 같은 특정 영역에서의 문제)를 표적으로 하는 강화 체계를 실행하고 있다. 다음은 이러한 구성방식을 반영하는 학교 차원의 강화 계획의 예이다.

페른리지 중학교에서 사용한 강화 프로그램은 다중 요소를 가지고 있다(Fern Ridge Middle School, 1999). 첫째, 학생이 규칙을 준수하는 행동을 보이면 칭찬 티켓을 받는다. 일명 하이파이브(High Five)라는 학교규칙이 칭찬 티켓마다 쓰여 있고 학생이 수행한 규칙에 동그라미 표시를 하여 학생에게 준다. 학생은 티켓에 자신의 이름을 쓴다. 이름을 쓴 티켓은 제비뽑기와 옷에 달 수 있는 칭찬 배지와 같은 다양한 강화제 선택을 위해 사용된다. 칭찬 배지에는 숫자가 적혀 있으며 때때로 상호 의사소통 체계에 따른 무작위 숫자가 쓰인다. 이러한 숫자가 적혀 있는 배지를 달고 있는 학생은 특별 대우를 받을 수 있다. 페른리지 중학교의 강화 프로그램의 또 다른 요소는 우대카드다. 모든 학생들이 우대카드를 받는다. 이 우대카드는 학생들에게 특권(예 : 점심시간에 간식으로 팝콘 받기, 통행 제한 없이 복도에 있기, 식당에 일찍 가기, 버스에서 일찍 내리기, 학교에서 하는 우대카드 게임의 밤에 참석하기)을 부여한다. 학생이 정학, 훈육실 의뢰 등을 받게 되면 우대카드를 잃게 된다. 칭찬 프로그램의 마지막 구성 요소는 보충 티켓(Sub-Five) 프로그램이다. 임시교사도 칭찬 프로그램의 교육을 받고 학생들을 임시로 맡고 있는 동안에 보충 티켓을 사용할 수 있다. 학생이 받는 보충 티켓은 자신의 정규교사로부터 5개의 칭찬 배지와 교환할 수 있다. 결과적으로 학생들은 임시교사와도 협력하고자 하는 동기를 갖게 된다. 이는 특정 문제를 다루는 PBIS 중재 개발의 좋은 예이다.

텍사스 주의 애머릴로 시에 있는 메사 베르데 초등학교는 다중 요소 강화 프로그램을 사용한다. 한 가지 흥미 있는 프로그램은 일명 천둥새 깃털(Thunderbird Feathers, 이 학교의 마스코트가 천둥새임)이다. 학교 행정가는 학교규칙을 준수한 학급에 천둥새 깃털 티켓을 준다. 이 티켓에 학급 담임교사의 이름과 학생들이 지킨 규칙을 써서 학교 내에 비치되어 있는 큰 천둥새 모형에 붙인다. 매 평가시간 마지막에 가장 많은 티켓을 받은 학급은 강화를 받는다(예 : 체육관에서의 자유시간 갖기, 연날리기, 팝콘 파티하기). 애머릴로 시에 있는 또 다른 초등학교인 퍼켓 초등학교도 유사한 프로그램을 사용한다. 학교의 규칙을 따른 학급은 동물 발자국 모양의 스티커를 받는다. 동물 발자국 모양의 스티커는 학년 수준별로 색상이 다르며 각 학급의 복도 벽에 붙여진다. 벽에 붙은 스티커가 표시된 선에 도달하면 해당 학급은 강화제를 받는다.

메릴랜드 주 에식스 시에 있는 켄우드 고등학교 교직원은 학생의 행동이 적절하다는 것을 인정하는 표시로 일명 '좋았어!' 종이 전표를 준다. 이는 매주, 매달, 세 달에 한 번 강화제와 교환을 할 수 있다. 거버너 토머스 존슨 중학교에 있는 학생들은 규칙 준수 행동을 하면 'TJs'라는 티켓을 받을 수 있다. 티켓은 제비뽑기를 할 수 있고, 학교 매점에서 사용할 수도 있고, 교사가 사전에 결정한 강화제(예 :

학생이 책이나 다른 교재를 가져오는 것을 잊었을 경우에 교재를 얻기 위해 티켓을 사용하는 것을 교사가 허락할 수 있음)를 얻기 위해 교실에서 사용할 수도 있다.

강화는 자료에 근거하여 주어져야 한다. 예를 들면, 텍사스 주 험블 시에 있는 메이플브룩 초등학교의 SW-PBIS 팀은 학교 식당으로부터 훈육실 의뢰의 수가 여러 달 동안 점진적으로 증가하였기 때문에 학교 식당에서의 문제행동이 증가하였음을 인지하게 되었다. 이에 대하여 PBIS 팀은 학교 식당에서의 강화 계획을 개발하였다. 강화 계획으로는 학생이 학교 식당의 규칙을 따르면 간헐강화 계획에 따라 교사 또는 식당 감독자가 작성한 식당 쿠폰을 주는 것이다. 식당 쿠폰은 NCR 종이(신용카드 전표처럼 윗장에 작성을 하면 동일한 글자가 복사되어 겹쳐진 종이에도 내용이 찍혀 나오는 종이)로 작성되어 한 장은 학생의 가정에 보내고 다른 한 장은 추첨 상자에 넣는다. 학교 식당에는 학년별로 하나씩 추첨 상자가 있다. 매일 아침 추첨 시간에 한 상자당 하나씩의 쿠폰을 뽑아 쿠폰에 이름이 적힌 학생에게 강화제를 준다. 중재의 결과로 학교 식당 내 행동이 극적으로 개선되어 더 이상 학교 식당 쿠폰을 사용하지 않아도 되었다.

자료에 근거하여 구성원들의 구체적인 요구에 맞게 학교 차원의 강화 계획을 시행해야 한다.

제1장에 제시된 사례에서 보면 학생의 행동을 변화시키기 위해 교사들이 먼저 자신의 행동을 바꾸었다. 제10장에서 제시된 예에서 보면 칭찬이 적게 사용되었지만 행동을 변화시키는 중요한 기법임을 기억해야 한다. 많은 SW-PBIS 프로그램에서는 바람직한 행동변화를 위해 교사를 강화하는 요소가 있다. 즉, 적절한 학생의 행동을 인정하기 위해 그리고 SW-PBIS 계획을 교수하기 위해 교사를 강화하는 것이다. 예를 들면, 메릴랜드 주 에식스 시에 있는 켄우드 고등학교에서 교사는 학생에게 주는 '좋았어' 티켓에 교사 자신의 이름을 적어서 준다. 추첨 시간에 뽑힌 티켓에 이름이 적혀 있는 학생뿐 아니라 교사도 강화제를 받는다. 텍사스 주 애머릴로 시에 있는 메사 베르데 초등학교에서는 학교장이 SW-PBIS 계획을 실행하는 교사에게 천둥새 상품권을 준다. 천둥새 상품권은 특별 대우, 청바지를 입을 수 있는 날, 또는 추가 점심시간과 같은 다양한 강화제와 교환할 수 있다.

SW-PBIS에서는 학생뿐 아니라 교직원에 대해서도 수반적으로 강화를 제공해야 한다.

학급관리 차원의 위반행동과 공식관리 차원의 위반행동의 구분 훈육 침해에 대해 일관성 있게 대처하기 위해 그리고 훈육의 후속결과로서 교수시간의 손실을 최소화하기 위해, SW-PBIS 팀은 행동문제가 교사에 의해 학급에서 관리되어야 하는지 아니면 행정적 중재를 위한 훈육실 의뢰를 해야 하는지를 결정하기 위한 조언을 구한다. 학생의 문제행동은 (1) 주된 행동인지 아니면 사소한 행동인지 (2) 학급 또는 교사관리 행동인지 아니면 공식관리 행동인지에 따라 두 범주로 구분된다. 리더십 팀은 부적절한 행동을 관리하기 위해 교사와 교직원들이 따라야 하는 흐름도를 개발한다.

일관성 있는 대처를 위해 교직원들은 사소한 침해를 일으키는 행동 유형과 주된 침해를 유발하는 행동 유형을 분명하게 판별해야 한다. 이를 통해 행동 침해의 유형과 가능성 그리고 다양한 수준의 문제행동별로 요구되는 후속결과를 분명하게 알 수 있다. 문제행동에 대해 후속결과가 일관되게 제시되어야 한다.

사전에 결정되고 일관된 후속결과 체계 PBIS는 부적절한 행동에 대해 어떠한 후속결과도 제시하지 않는 것을 의미하지 않는다. 전통적인 접근과 SW-PBIS 접근의 차이는, SW-PBIS 접근에서는 사소한 부적절한 행동에 대한 우선적 반응은 기대되는 행동을 지도하는 한다는 것이다. 학생들이 보이는 행동문제를 학습의 문제로 보는 것이다. 최소한의 위반에 대해서는(교사에 의해 관리될 수 있는 행동), 우선적으로 학생이 위반한 규칙 또는 기대를 다시 가르친다. 규칙을 다시 가르치는 것이 단순히

SW-PBIS에서는 학급관리 문제행동과 공식관리 문제행동을 구별하고 부적절한 행동에 대처하는 전략을 교직원들에게 제공해야 한다.

학생에게 비행에 관해 말하는 것보다 핵심적이며 교수적인 접근이다. 규칙 재교수의 절차는 (1) 규칙을 설명하고 (2) 규칙을 수행하는 예와 그렇지 않은 예를 설명하거나 시범을 보이며 (3) 학생에게 규칙 수행에 관한 역할놀이를 하게 하고 (4) 앞으로 규칙을 따르겠다는 약속을 받는 것이다. 교사에 의해 관리되는 행동에는 제12장에서 기술된 행동 감소 기법이 적절하다. 예를 들면, 사소한 행동문제가 처음 발생하면 교사는 규칙을 재교수해야 한다. 그래도 문제가 지속되면 교사는 차별강화 체계, 반응대가(토큰 또는 특권을 제거하는 것), 또는 교실 내에서의 타임아웃을 실시할 수 있다.

훈육실 의뢰를 해야 하는 행동에 대해서는 행정가는 행동문제의 심각성에 따라 제공할 후속결과의 위계를 분명하게 판별해야만 한다. 행정적 후속결과로는 부모에게 전화, 구류, 특권의 상실, 학교 내 정학, 토요학교(예 : 토요일에 학교에서 하는 훈육 교실에 참여하도록 하는 것)가 있다. 목적은 행동 위반에 대해 일관되고 예측 가능한 후속결과를 제공하는 것이다. 물론 행정가와 SW-PBIS 팀은 만성적인 행동문제에 대해서도 융통성을 가지고 일관된 반응을 보여야 한다. 학생이 훈육실 의뢰를 반복해서 받게 될 때 처벌의 정도를 단순히 증가시키는 것만으로는 행동의 감소를 가져올 수 없다. 반복되는 훈육실 의뢰를 받는 경우에 학생 지원 팀(SW-PBIS 팀)은 2차 수준의 중재를 위해 학생을 평가해야 한다. 2차 예방중재에서는 학생이 문제행동의 기능에 반응할 수 있도록 강화와 처벌의 후속결과를 개별화해야 한다.

보편적 중재에 대한 자료원

보편적 수준에서 네 가지 목적을 위한 자료, 즉 (1) SW-PBIS에 대한 요구와 준비도를 결정하기 위해, (2) 보편적 중재의 효과를 점검하기 위해, (3) 보편적 중재 실행의 충실도를 점검하기 위해, (4) 보편적 중재에 반응하지 않는 학생들을 판별하기 위한 자료가 필요하다. 그뿐만 아니라 리더십 팀은 보편적 중재에 충분히 반응하지 않는 학생들을 판별하기 위해 자료를 일반적으로 사용한다. 이 절에서는 이러한 목적에 대한 설명과 목적별 자료원에 대해 설명한다.

SW-PBIS에 대한 요구와 준비도 결정하기 학교 전체 교직원들의 80%가 훈육에 대해 염려를 하고 SW-PBIS가 필요하다는 것에 동의하는 것이 중요하다(OSEP Technical Assistance Center on Positive Behavioral Interventions and Supports, 2010). 이러한 수준의 구성원 동의가 있을 때 SW-PBIS는 보다 더 충실하게 실행될 가능성이 많다. 구성원의 동의가 80%에 미치지 못하면 리더십 팀에 의해 수행되는 첫 단계 중 하나로 SW-PBIS의 요구에 대해 모든 교직원들과 의사소통해야 한다. 리더십 팀은 훈육실 의뢰의 수, 교내 및 교외 정학의 수, 학업 성취도 검사 점수, 출석 또는 학교의 전반적인 기능 수행을 반영하는 다른 자료와 같은 객관적인 자료를 공유하면 구성원들과 의사소통할 수 있다.

SW-PBIS의 요구와 준비도를 결정하기 위한 자료원 중 하나는 **효과적인 행동 지원 조사**(effective behavior support (EBS) survey)이다(Sugai, Horner, & Todd, 2000). 이 조사는 SW-PBIS 실행 전에 사용되고, PBIS의 네 가지 체계(학교 차원, 비학급 차원, 학급 차원, 개별 학생 차원)의 구체적인 특성의 상태에 대한 모든 구성원들의 인식과 각 특성의 개선을 위한 우선순위의 인식을 매년 알아볼 때에도 사용된다. 조사결과는 요약되고 도표화되어 SW-PBIS 실행 계획을 개발하는 데 사용된다. SW-PBIS를 시작하기 전에 리더십 팀은 교직원의 80%가 현재의 훈육에 염려를 하고 훈육이 우선적으로 제대로 이루어져야 한다는 것에 동의하는지의 여부를 결정하기 위해 이러한 조사를 사용할 수 있다. 또한 SW-PBIS 체계(학교 차원, 비학급 차원, 학급 차원, 개별 차원)의 우선순위와 특성에 대한 교직원의 인식을 판별하기 위해 이 조사를 사용할 수 있다.

EBS 조사를 사용하는 것은 시간 제약으로 인해 실현 불가능할 수도 있다. 이러한 이유로 일부 리더십 팀은 전자 설문 방식을 활용하여 간단한 2~5개 문항으로 구성된 조사를 대신 사용하기도 한다. 이러한 조사에는 다음과 같은 간단한 질문이 포함될 수 있다. "우리 학교의 훈육에 대해 염려하십니까?", "우리 학교의 훈육 체계 개선이 우리 학교를 위한 우선순위라고 생각하십니까?" 이러한 접근이 EBS 조사만큼 포괄적이지도 않고 EBS 조사만큼 기법적 정확성이 결여되어 있다(Safran, 2006). 그러나 리더십 팀은 이러한 접근을 통해 훈육 개선 요구에 대한 교직원들의 인식을 개략적으로 알아볼 수는 있다.

훈육실 의뢰 자료는 SW-PBIS 체계에서 다양한 의사결정을 위해 활용된다.

보편적 중재의 효과 점검하기 보편적 중재의 효과를 결정하기 위한 객관적 판단 근거는 훈육실 의뢰이다(Sugai, Sprague, Horner, & Walker, 2000). 훈육실 의뢰는 전반적인 훈육에 대한 타당하고 신뢰할 수 있는 지표이고(Irvin et al., 2006), 객관적 실제로서 훈육실 의뢰 기록을 대부분의 학교가 보유하고 있기 때문에 특별히 활용하기에도 유용한 자료원이다(Sugai, Horner et al., 2000). 자료원으로서 훈육실 의뢰는 SW-PBIS 체계에서 다양한 목적으로 사용된다. 첫째, SW-PBIS 체계의 전반적인 효과에 대한 주요 지표로서 훈육실 의뢰가 고려된다(Irvin, Tobin, Sprague, Sugai, & Vincent, 2004; Nelson, Benner, Reid, Epstein, & Curran, 2002; Sugai, Horner et al., 2000). SW-PBIS 시행 전과 후의 훈육실 의뢰의 총계는 SW-PBIS 프로그램의 전반적인 효과를 점검하기 위해 일반적으로 사용된다. 또한 훈육실 의뢰 자료는 학교 내 특정 문제를 판별하는 데에도 사용된다. 예컨대 훈육실 의뢰 자료에서 방학 전 훈육실 의뢰의 증가했다거나 학교의 특정 영역에서 대부분의 훈육 의뢰가 이루어졌음이 나타났다고 한다. 그러면 학교 리더십 팀은 특정 문제를 목표로 하는 중재를 개발할 수 있다. SW-PBIS 체계의 효과를 점검하고 주의를 필요로 하는 학교 내 영역을 판별하기 위해 리더십 팀은 정기적으로(적어도 한 달에 한 번) 훈육실 의뢰 자료를 조사한다. 일반적으로 훈육실 의뢰 자료는 구성 요소로 분해될 수 있다. 이는 전체 훈육실 의뢰 자료가 특정 위반, 특정 장소, 특정 교사, 특정 학년, 특정 시간대, 특정 연도와 같은 하위 범주에 따라 구별된 정보로도 구분되어 제시될 수 있다는 것이다. 하위 범주별 훈육실 의뢰 자료를 통해 리더십 팀은 특정한 행동의 어려움을 판별하거나 지원이 필요한 학교 내 특정 영역을 판별하고 해당 영역에서의 중재 효과를 판별할 수 있다. 사용자 친화적인 형식으로 이용 가능한 자료의 정도는 리더십 팀과 행정가가 의사결정을 위해 자료를 사용하는 정도에 영향을 미칠 것이다. 이러한 이유로 많은 학교들이 웹기반 자료관리 체계인 학교 차원의 정보 체계(school-wide information system, SWIS™)를 사용한다(88쪽의 참고자료 참조).

매년 학생 구성원이 다양하기에 여러 학교에서 또는 여러 해에 걸쳐서 일관된 보고를 위해 훈육실 의뢰는 학생 100명당 매 학년도의 훈육실 의뢰로 보고될 수 있다. 이를 위한 계산식은 다음과 같다.

$$\text{훈육실 의뢰 총계} \div \text{전체 수업일수} \div (\text{전체 등록 학생 수} \div 100)$$

훈육실 의뢰는 SW-PBIS의 요구와 효과에 대한 단지 하나의 지표일 뿐이다. 교내 정학 기간, 교외 구류 기간, 출석일수, 학교 분위기 및 안전 측정, 주 차원의 학업 성취도 점수와 같은 학업수행지표 등이 다른 유형의 자료로 활용될 수 있다. 교직원과 행정가들이 훈육실 의뢰를 다루는 데 투자한 시간을 보고하는 것도 또 다른 흥미로운 자료원이 될 수 있다. 이러한 정보는 특히 행정가에 의해 진행된 수백 번의 훈육실 의뢰가 이루어진 경우에 또는 개별 학생에 대해 수많은 의뢰가 축적된 경우에 훈육에 대한 보다 효과적인 접근을 필요로 하는 강제적 경우를 만들 수 있다.

보편적 중재 실행의 충실도 점검하기 보편적 중재 실행의 충실도를 평가하기 위해 두 가지 도구가 폭넓게 사용된다. 학교는 SW-PBIS의 핵심 특성이 학교에 제대로 적용되고 있는 정도를 매년 평가하기 위해 두 가지 도구 중에서 하나를 선택한다. 하나는 학교 차원 평가도구(schoolwide evaluation tool, SET; Todd et al., 2005)이다. SET는 SW-PBIS의 핵심 특성이 학교에 제대로 적용되고 있는 정도를 평가하기 위한 다양한 정보원을 필요로 한다. 외부 평가자가 학교 행정가 · 교사 · 학생 대상의 면담, 훈육 자료 검토, 관찰을 통해 정보를 수집하여 SET를 시행한다. SET는 SW-PBIS의 핵심 특성을 반영하는 일곱 가지 영역에서 백분율 점수를 제시한다. 총점이 80%이고 교수 기대 하위척도 점수가 80%이면 보편적 중재가 충실하게 수행된 것으로 평가할 수 있다(Todd et al., 2005).

실행 충실도를 평가하는 또 다른 도구는 Benchmarks of Quality(BoQ; Kincaid, Childs, & George, 2010)이다. 이 도구는 SW-PBIS 감독에 의한 SW-PBIS의 핵심 특성에 대한 관찰과 리더십 팀 구성원에 의한 평정으로 이루어진다. 총점은 백점 만점을 기준으로 산출된다. SET 또는 BoQ의 결과는 PBIS 체계 개선을 위해 필요한 단계를 판별하기 위해 연간 실행계획서를 개발하는 데 사용될 수 있다.

보편적 중재에 반응하지 않는 학생 판별하기 문제행동에 대한 조기 중재와 빠른 대처는 PBIS의 근본이다. 그러나 조기 중재를 제공하기 위해서는 우선적으로 문제행동 위험 학생을 판별해야 한다. 조기 중재의 목적에 부합하여 보편적 중재에 반응하지 않는 학생들을 판별하는 것이 중요하다. 표적집단 중재를 필요로 하는 학생들을 판별하기 위해 가장 폭넓게 사용되는 방법은 훈육실 의뢰의 수를 추적하는 것이다. 두 번째 훈육실 의뢰를 받은 학생이 표적집단 중재의 대상으로 고려되어야 한다(Sugai, Horner et al., 2000). 또한 많은 학교들이 행동적 사안에 대해 학교 내 모든 학생들을 대상으로 선별검사를 시행하는 보편적 선별 체계의 일부 유형을 사용하기도 한다. 일반적으로 행동장애의 체계적 선별(systematic screening for behavioral disorders: SSBD; Walker & Severson, 1992)과 같은 표준화된 행동평정도구를 사용하여 교사가 개별 학생의 행동을 평정한다. Burke 등에 의해 성과가 기대되는 것으로 판별된 또 다른 방법은 학교 차원의 기대에 관하여 학생의 행동에 대한 교사의 평가를 사용하는 것이다(Burke et al., 2012). 교사의 훈육의뢰 추적, 중범죄에 대한 자동 훈육의뢰, 장기 결석 또는 지각의 누적, 학업 고민과 같은 다른 방법들도 사용될 수 있다.

SW-PBIS의 계획 및 실행 단계

SW-PBIS 팀 구성원 중 한 명 이상은 PBIS의 이론적 근거와 적용 범위에 관해 잘 알고 있어야 한다.

지금까지 기술한 SW-PBIS 체계의 중요하고 근본적인 특성은 SW-PBIS 프로그램을 어떻게 개발할 것인지에 대한 지침이 되어야 한다. SW-PBIS에 관심이 있는 교사들은 SW-PBIS 관련 서적을 읽거나 워크숍이나 세미나에 참석하여 관련 지식을 확장시킬 수 있다. SW-PBIS 팀 구성원들이 PBIS의 이론 및 개념적 기초에 관해 잘 알면 알수록 효과적인 SW-PBIS 프로그램을 계획 및 실행할 때 발생하는 문제를 보다 더 잘 해결할 수 있다.

요약

SW-PBIS는 학교 내 폭력 및 파괴행동 문제, 강도 높은 훈육 적용의 문제, 바람직하지 않은 학교 분위기에 대한 효과적인 방법이다. SW-PBIS는 모든 학생을 위한 보다 효과적인 학교를 만들기 위해 행동과학(특히 응용행동분석)의 성공을 확대시켰다. 이 장의 학습목표별 내용을 요약하면 다음과 같다.

1. 학교차원의 긍정적 행동중재와 지원(SW-PBIS)의 근거와 철학을 포함하여 SW-PBIS를 설명할 수 있다.

   SW-PBIS의 개념이 정의되고 학교의 훈육에 대한 효과적인 접근으로서 PBIS의 발전에 관해 기술하였다. 불관용 정책과 강경 정책이 효과적이라는 증거가 없으며 이는 광범위한 윤리 및 교육적 문제와 관련이 있다. 반면에 SW-PBIS는 학교 안전과 효과에 관한 효과적이고 긍정적인 방안을 제공한다.

2. SW-PBIS 시스템의 중요 요인을 기술할 수 있다.

   SW-PBIS는 다른 훈육 접근과는 차별화되는 중요한 특징을 가지고 있다. SW-PBIS의 중요 요인은 다음과 같다. (1) 체제 변화의 강조 (2) 학생의 요구 정도에 맞는 중재 및 지원을 제공하는 3단계의 예방 접근 (3) 학생의 수행을 향상시키고자 하는 교직원 위원회 (4) 개별 학교에 적합한 프로그램 (5) 팀 중심의 의사결정 (6) 적절한 행동에 대한 교수의 강조와 행동문제를 학습의 문제로 간주 (7) 자료 중심 의사결정 (8) 체제 변화를 위한 장기간의 실행 (9) PBIS 프로그램의 지속적인 수정.

3. SW-PBIS를 뒷받침하는 연구를 기술할 수 있다.

   SW-PBIS가 학생의 학업 및 사회적 수행을 향상시킬 수 있음이 다양한 연구를 통해 입증되고 있다. 학교의 모든 영역(예 : 교실, 운동장, 식당, 학교버스), 모든 학년 수준, 그리고 모든 유형의 학교(예 : 도시, 농촌)에서 학생행동의 개선을 위한 PBIS 중재가 학생의 행동 개선에 효과적이었다. SW-PBIS와 학업 수행 향상 간의 정적 상관관계를 입증하는 연구 결과도 제시되고 있다. 또한 대안적 훈육 상황과 정신건강치료 프로그램에 있는 학생들의 행동에 긍정적인 효과를 미치는 것으로 나타났다.

4. 보편적 중재와 표적집단 중재를 포함한 SW-PBIS의 기본 특성을 기술하고 그 예를 들어 설명할 수 있다.

   SW-PBIS 프로그램에서 대부분의 1차적 수준의 중재를 구성하는 선행사건, 교수, 후속사건 요소가 제시되어 있다. 이러한 요소들은 계획에서도 다양하지만 일반적으로 다음과 같다. (1) 긍정적으로 기술된 최소한의 학교규칙 (2) 이러한 규칙이 학교 내 모든 영역에서 어떻게 적용되는지에 관한 기술 (3) 모든 학생을 위한 학교규칙에 관한 체계적인 교수 (4) 적절한 행동을 인정하기 위한 하나 이상의 강화 체계 (5) 학급관리 행동과 공식관리 행동 간의 구별 (6) 규칙 위반에 대한 분명하고 일관된 후속자극.

5. SW-PBIS 프로그램의 계획 및 실행 단계를 기술할 수 있다.

   SW-PBIS 프로그램의 실행에는 교직원들이 PBIS의 기본 개념을 잘 이해하고 PBIS의 구성 요소가 중요한 이유를 이해하고 있는 것이 중요하다. 교직원들이 이러한 이론적 지식을 알고 있는 것이 PBIS 팀이 보다 효과적이고 포괄적인 프로그램을 계획하고 실행하는 데 도움이 될 뿐 아니라 실행 과정에서 나타나는 문제를 해결하는 데 도움이 된다.

6. 보편적 중재와 표적집단 중재와 지원을 위한 평가와 점검 방법을 기술할 수 있다.

   네 가지 유형의 보편적 중재 관련 자료 요구와 각 요구에 대한 자료원이 제시되어 있다. 자료를 필요로 하는 네 가지 요구는 다음과 같다. (1) PBIS에 대한 요구와 준비를 결정하기 위한 자료 요구, (2) PBIS의 효과를 점검하기 위한 자료 요구, (3) 중재 충실도를 점검하기 위한 자료 요구, (4) 보다 집중적인 지원이 필요한 학생을 판별하기 위한 자료 요구. 또한 표적집단 중재를 받고 있는 학생들을 점검하는 두 가지 방법이 있다. 하나는 일일 행동 기록카드에 받는 일일 점수를 점검하는 것이고, 다른 하나는 행동평정척도 또는 체크리스트를 사용하는 것이다.

   교사는 학교가 PBIS 모델을 도입하고 갖추어 가는 데 촉매 역할을 할 수 있다. 한두 명의 교사가 대학 과정 또는 워크숍이나 연수를 통해 PBIS를 학습하고 이러한 정보를 학교로 가져올 수 있다. 이를 위해 교사는 PBIS의 기본 요소에 관해 잘 알고 있어야 한다.

ICE 박사의 지원 : 지역 교육청이 PBIS를 활용하도록 지원

ICE 박사 사례에서 우리는 학교에서 긍정적 행동중재를 시작할 때 때때로 겪게 되는 문제를 기술하고자 한다. 사례에 묘사된 학교들은 이러한 문제들 때문에 이 장에서 설명한 것보다는 다소 제한적인 방식으로 PBIS에 접근한다. 다음의 사례를 통해 PBIS 계획은 각 학교의 요구와 능력에 적합해야 함을 강조하고자 한다. 학교가 학교 차원의 규칙과 보상 체제를 갖출 준비가 되어 있지 않거나 학교 차원의 일반적 행동을 향상시키는 데 이러한 규칙과 보상 체제를 필요로 하지 않는 경우에는 특정 문제나 영역에 초점을 두어 긍정적 행동지원 중재를 적용할 수 있다.

또 다른 문제는 PBIS 계획에 포함되는 하나 이상의 요소가 바라는 결과를 산출하는 데 실패하는 것이다. 초등학교 사례는 PBIS 팀이 이러한 문제를 어떻게 대처하는지를 보여 준다.

ICE 박사는 대도시 교육청과 연계하여 여러 해 동안 학교 전반에 PBIS를 사용할 수 있도록 관련인들을 훈련시키고 있다. 교육청 관계자는 ICE 박사에게 대집단 환경에서 PBIS를 하고 있는 지역 학교의 행정가와 교사로 구성된 팀을 훈련시켜 달라는 요청을 하였다. 이 팀은 소속 학교로 돌아가서 학교 전 직원들에게 PBIS를 훈련시킨다. 대집단 훈련 전에 개별 학교 교직원들은 무엇을 향상시키고자 하는지의 우선순위를 결정하기 위해 질문지에 답을 했다. 80% 이상의 교직원이 소속 학교의 훈육과 학교 분위기 개선이 필요하다고 동의하였다.

선택된 학교는 학내 PBIS 팀을 구성한다. 팀은 행정가, 각 학년 대표 교사, 특수교사, 학생 지원 서비스 관련인, 보조 인력, 교육 외 관련인(사무직원, 관리인, 식당 직원), 학부모 대표, 학생으로 구성된다.

다음 학년도 계획을 짤 때 ICE 박사는 초등학교, 중학교, 고등학교에서의 학교 변화를 점검하였다. 훈련이 잘 수행되고 있는지를 점검하고 발생하는 문제점과 팀이 이러한 문제들을 처리하는 방법을 관찰하였다. 다음의 짧은 사례는 팀이 직면하는 일부 문제점과 해결책을 찾는 방법이다.

초등학교

대부분의 초등학교는 일반적 훈육 문제가 거의 없지만 교직원들은 학교 내 특정 영역에서 발생하는 문제점들을 인식하고 있다. 초등학교 PBIS 팀은 이러한 영역 중 한 영역에서 PBIS를 시작하기로 하였다. 교직원과 부모의 의견을 조사하고 PBIS가 우선 적용될 일반 영역을 결정하기 위해 영역별로 그동안 이루어진 훈육실 의뢰를 평가하였다.

식당이 가장 심각한 문제가 있는 영역으로 선정되었다. 식당 안에서의 학생의 행동은 수년 동안 문제였기 때문에 학교장은 이러한 선택에 매우 흡족해했다.

팀은 학생이 수행해야 하는 행동(식당에 적용되는 규칙)을 결정하였다. 또한 식당에서의 절차(예 : 입장과 퇴장 방법, 올바른 식사 행동)를 개발하고 이를 교직원에게 가르쳤고 식당관리자를 훈련하였다.

PBIS 팀은 또한 식당에서의 강화 체계를 개발하였다. 점심식사 후 학생들은 쉬는 시간을 갖는다. 새로운 PBIS 체계에서 학생들은 점심 먹으러 갈 때 자신의 이름이 적힌 이름표를 가슴에 꽂는다. 학생이 점심식사 중 부적절한 행동을 하면 식당관리자는 이름표를 빼고 학생은 쉬는 시간을 박탈당한다.

문제점은 첫 주가 지나서 나타나기 시작했다. 휴식시간이 없는 비 오는 날에 학생들의 식당 행동은 악화되었다. 날씨가 좋아서 휴식시간이 가능한 날에는 식당에서의 행동 때문에 휴식시간을 박탈당한 많은 학생들이 오후 수업에서도 문제행동을 보였다. 일부 교사들은 학생에게 이름표를 제공하지 않았다. 심지어 일부 교사들은 학생들에게 새로운 식당 절차를 가르치지 않았다.

PBIS 팀은 이러한 문제를 해결하기 위해 모임을 가졌다. 식당 사용 절차가 훌륭하다는 것에는 동의하였으나 강화로서 휴식시간을 사용한 것이 잘못된 판단이었음을 인정하였다. 그래서 학생과 교사에게 적용할 새로운 강화 체계를 정했다. 새로운 체계에서 학생은 매일 포인트 점수를 획득하였다. 점심 때 모든 학생이 이름표를 부착하면 4점, 한 학생이 이름표를 잃어버리면 3점, 두 학생이 이름표를 잃어버리면 2점, 두 학생 이상이 이름표를 잃어버리면 1점. 식당관리자는 식당 벽에 게시된 학급 차트에 점수를 기록하였다. 주말에 가장 많은 점수를 획득한 세 학급은 강화(금요일 마지막 시간에 팝콘 파티)를 받았다. 교사에 대한 강화로는 30분 일찍 퇴근이 허락되었다. PBIS 팀은 각 학급이 복도에 전시할 새로운 식당 이용 절차에 관한 포스터를 만들었다.

거의 대부분의 교사들이 이 절차를 즉시 시행하였다. 교사들은 학생이 절차를 기억할 수 있도록 복도의 포스터를 사용하였다. 교사들은 식당 이용 절차 점수 차트를 교실에 비치하였다. 학생들이 점심식사를 하고 오면 교사들은 매일의 획득 점수를 칭찬하였다.

PBIS 팀은 학생과 교사 모두에게 적절한 강화 체계를 적용하는 것이 중요하다는 교훈을 배웠다. 이 교훈은 학교 내 다른 영역에 필요한 PBIS 중재를 개발할 때도 적용될 것이다.

중학교

중학교 PBIS 팀은 학교에서의 학생행동을 지도하기 위해서는 SW-PBIS 계획이 필요하고 특히 복도 통행 문제가 심각하며 안전 문제들이 많음을 알고 있다.

팀은 학교 차원 규칙, 선행사건 중재, 강화 계획 등을 개발하였다. 안타깝게도 신학년도가 시작되면서 새로운 학생들이 들어오고 교사 대표자들이 바뀌고 새로운 학교장이 취임하였다. 새로운 학교장이 다른 교육청에서 오고 ICE 박사의 훈련을 받은 적이 없었으며 PBIS에 대해 잘 알지 못했으므로, PBIS 팀의 대표는 가능한 한 빠른 시간에 학교장을 만났다. 또한 새로운 교직원을 대상으로 PBIS 프로그램에 대한 소개와 지도를 하기로 하였다.

PBIS 팀 대표는 SW-PBIS와 학교의 SW-PBIS 계획에 대한 정보를 제공하기 위해 팀과 새로운 학교장과의 만남을 가졌다. 팀은 모든 자료, SW-PBIS 안내, SW-PBIS에 대한 일반적 정보 등을 가지고 SW-PBIS 전반과 PBIS에 대한 학교의 요구(자료에 근거한)를 설명하였다. 또한 팀원들은 자신들이 맡은 역할과 책임 그리고 그러한 책임이 SW-PBIS에 미치는 중요성에 관해 설명하였다. 학교장은 팀의 지식과 SW-PBIS에 대한 동의에 감동했고 이전의 PBIS의 중점을 지속할 것에 동의하였다. 팀과 학교장은 개학 이전에 새로운 교직원을 대상으로 한 훈련 계획을 개발하였다.

ICE 박사와 감독관은 이 팀이 보여 준 전문가 의식, 의사소통 기술, SW-PBIS에 대한 동의에 매우 만족하였고 이들에게 다음에 새로운 행정관리자들을 교육해 달라고 요청하였다.

고등학교

규모가 큰 이 학교는 다양한 학생과 교직원으로 구성되어 있다. SW-PBIS에 대한 미비한 교직원 지원이 있지만 학교장은 SW-PBIS의 성공과 더불어 이러한 지원도 증대될 것이라고 확신하였다. 이것이 첫 번째 문제였다. 학교장은 이전에 훈련을 받았던 PBIS의 내용인 교직원의 동의가 PBIS 성공의 중요 요인이라는 사실을 무시했다.

학교장은 학생의 행동이 중재될 필요가 있음을 알고 있고 이 점에 관심을 표한 교직원들에게 PBIS 팀의 구성원이 되어 줄 것을 요청하였다. PBIS 팀은 대부분의 교사들을 괴롭히는 문제들을 처리하는 것이 필요하다고 생각했다. 이러한 관점에서 팀은 PBIS 계획에서 다룰 우선적인 학생행동으로 지각행동을 선정하였다. 초등학교 사례의 팀과 마찬가지로 이 팀도 교사와 학생 모두를 강화하는 중재 계획을 개발하였다.

교사는 매일 의무시간(예 : 교실 영역 관리, 강당 교육, 또는 기타 학생 활동의 감독)과 계획시간을 두었다. 매주 3명 이하의 학생이 지각한 반의 교사 이름을 뽑았다. 우승자는 월요일에 의무시간의 면제를 받았다(행정관리자, 보조원, 다른 교직원이 해당 교사의 의무를 대신 맡음). 또한 3명 이하로 지각한 반의 교사의 이름을 게시하였다. 연말에 가장 적게 지각한 반의 교사 10명을 선정하여 연말 체크리스트를 기록할 우선 권한이 주어졌다.

PBIS 팀은 학생들이 정시에 교실에 입실하는 것을 돕는 강화 계획을 개발하였다. 계획은 간단하였다. 우선 모든 교사들은 학교 마스코트(바이킹) 그림을 받는다. 개학 후 첫 이틀간 학생들은 종이 울리면 예정된 교실이나 장소에 있어야 한다는 학교의 행동 기대를 학습한다. 모든 학생들이 정시에 교실에 들어온 날마다 교사는 바이킹 그림을 교실 문 밖 클립에 끼운다. 행정관리자, 사무직원, 상담가는 바이킹이 게시된 교실을 살피기 위해 수업 중 복도를 순찰한다. 매주 금요일 10명의 교사 이름과 수업 과목(오스틴 교사의 첫 영어시간, 로저스 교사의 여섯 번째 체육시간)을 뽑아서 게시한다. 게시된 학급에 속하는 학생들은 강화(아이스크림, 샌드위치, 학교 행사 참여, 학교 매점 상품권, 5분 먼저 점심식사)를 얻는다. 월요일에 행정관리자는 우승한 반을 방문하여 강화를 준다.

PBIS 팀이 이 계획을 발표했을 때 반응은 열광적이었고 교사들은 프로그램을 시행하였다. 2주 후에 지각 건수는 극적으로 감소하였다. PBIS 중재는 아주 성공적이어서 학교의 교직원은 PBIS의 효과를 확신하였고 학생의 행동문제를 처치하기 위해 SW-PBIS 요소(예 : 학교 차원의 규칙)를 개발할 준비를 하였다.

학습활동

1. 소집단별로 SW-PBIS의 네 가지 이론적 요소에 대해 논의한다. 이러한 요소를 교사와 직원에게 가르칠 수업 계획을 개발한다. 수강생 중에는 훈련된 교육자가 아닌 사람들도 있다는 사실을 기억한다.
2. SW-PBIS 체계를 평가할 때 훈육실 의뢰를 활용하는 방법을 논의한다.
3. SW-PBIS의 중요한 특징과 훈육에 대한 처벌적 접근에 대해 알고 있는 사항을 활용하여, 학교 훈육 프로그램에 대한 의사결정을 하고 설정하는 모델을 개발한다.
4. 소집단별로 SW-PBIS 과정에서 팀이 장기 실행을 지속하도록 PBIS 리더십 팀을 지원하는 방법에 대해 논의한다. 소집단 토론을 통해 도출된 의견을 대집단에서 발표한다.
5. 3~5개의 학교 차원 규칙을 작성한다. 소집단으로 나누고 집단별로 하나 이상의 학교 영역에 적용될 규칙을 정의하고 기대행동을 학생이 기억하게 하는 방법을 개발한다.
6. 이전의 활동에서 개발된 규칙을 사용하여 소집단별로 학생에게 규칙 수행에 대한 강화를 주는 인정 체계를 개발한다.
7. 개인 또는 소집단별로 상업적인 학교 개선 및 훈육 프로그램을 선택하며 SW-PBIS의 중요 특성의 반영 정도에 따라 프로그램을 평가하고 프로그램의 연구 기반을 살펴본다.

참고자료

웹사이트

The Office of Special Education Programs, U.S. Department of Education, Technical Assistance Center on Positive Behavioral Interventions and Supports : 긍정적 행동중재 및 지원에 관한 국가기술지원센터에서 시행하고 있는 특수교육 프로그램 관련 부서로 PBIS와 실행 방법에 관한 풍부한 자료를 제공한다.

Association for Positive Behavior Support : PBIS의 모든 단계의 발전에 전념하는 국가기관인 긍정적 행동지원협회(APBS)의 사이트로 협회의 회원으로 가입하려면 *Journal of Positive Behavior Interventions*와 *APBIS Newsletter*를 구독해야 한다.

미국 내 PBIS를 시도하고 있는 많은 주에서 웹사이트를 운영하고 있다. 일반적으로 이러한 사이트에서는 PBIS에 관련 자료, 학교 차원 PBIS의 실행 및 평가도구, 관련 사이트, 서적, SW-PBIS를 적용하고 있는 학교 사례에 관한 정보를 제공한다. 일부 주에 개설된 웹사이트는 PBIS 국가기술지원센터의 웹사이트를 통해 접근할 수 있다. 또한 인터넷 검색 포털에서 'positive behavioral interventions and supports' 또는 'PBIS' 검색어로 검색하면 PBIS 요소의 많은 예를 제공하는 지역 교육청 또는 대학 내 PBIS 웹사이트를 찾아볼 수 있다.

Schoolwide Information System : 학교 차원 정보체제(Schoolwide Information System, SWIS)에 관한 웹사이트로 훈육실 의뢰(ODR) 자료를 수집하고 요약하기 위한 웹기반 소프트웨어 프로그램이다. 교직원은 SWIS에 ODR 자료를 입력하고 다양한 자료 요약 보고서를 만들 수 있다. 예를 들면 사례 수, 지역, 학생, 학년, 교사, 해당 연도, 시간 등의 다양한 변인에 따라 ODR 자료를 요약할 수 있다.

Electronic Daily Behavior Report Card : e-DBRC는 웹기반 프로그램으로 온종일 학생의 행동을 점검하는 것이다. 이 프로그램을 통해 행동 목표를 점검하기에 유용한 다양한 유형의 그래프와 보고서를 만들 수 있다.

학술지

Journal of Positive Behavior Interventions. PBIS 협회에서 발생하는 학술지로 협회 회원일 경우 이용 가능하며 개인 구독도 가능하다. SW-PBIS를 포함하여 PBIS 분야의 관련 논문을 발행한다.

CHAPTER 4

규칙과 절차를 통한 문제행동 예방

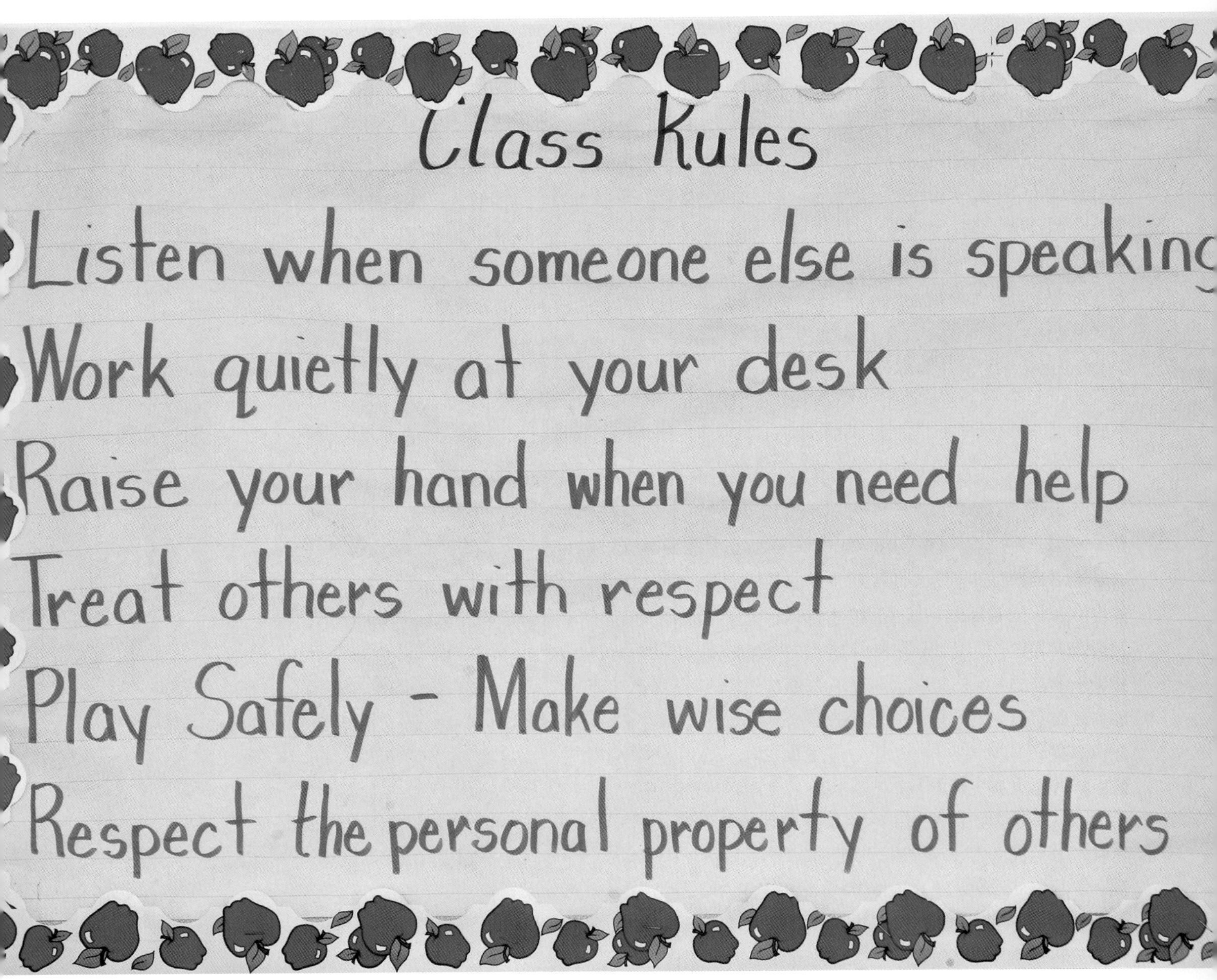

Hannamariah/Shutterstock

학습목표

1. 교실을 위한 분명한 규칙과 절차를 만들기 위한 이론적 근거를 마련할 수 있다.
2. 교실을 위한 규칙과 과정을 개발할 수 있다.
3. 연상 자료의 다양한 유형의 예를 들 수 있다.
4. 어떻게 규칙과 절차를 가르칠 것인지 기술할 수 있다.
5. 규칙과 절차를 가르치거나 실행할 때 중도장애 학생들의 다양한 학습 요구를 수용할 수 있는 전략들을 기술할 수 있다.
6. 학급관리와 관련해서 가족들과 소통할 수 있는 전략들을 기술할 수 있다.

규칙, 절차, 연상 자료에 관한 보편적인 아이디어

- 도로체계, 공항, 테마공원을 검토하여 학급관리에 대해 많은 것을 배울 수 있다.
- 규칙을 만드는 것이 첫 번째 단계이다. 규칙을 가르치는 것은 일관성이 있어야 하며 규칙의 실행은 공정하게 이루어져야 한다.
- 절차는 교실 내에서뿐만 아니라 개인적인 삶에서도 중요하다. 일상에서의 절차는 체계적이고, 효과적이며 효율적으로 유지되어야 한다.

규칙이 없는 도로체계, 즉 속도 제한 규칙, 운전을 할 수 있는 곳과 그렇지 않은 곳에 대한 규칙, 언제 어디서 멈추어야 하는지에 대한 규칙이 없는 경우를 상상해 보자. 또 규칙이 일관되게 적용되지 않는 프로 축구경기를 생각해 보자. 승객의 행동수칙이나 비행기를 타는 절차에 대한 규칙이 없다면, 조종사의 행동수칙이 일관성 있게 시행되지 않는다면 과연 여러분은 여객기를 타고 여행을 하겠는가?

규칙과 절차는 우리 사회의 모든 분야에 있어서 실질적으로 중요한 요소이다. 은행에서 어느 창구에 줄을 서는지, 언제까지 세금을 내야 하는지, 도서관에서 책을 빌려 볼 수 있는 기한이 언제까지인지, 세금을 얼마나 내야 하는지, 다양한 사회봉사 기관에서 누구를 지원할 것인가에 대한 규칙과 절차가 있다. 규칙과 절차는 대부분 우리가 살고 있는 환경 내, 즉 직장, 집, 여가시간, 교통수단, 행동을 지배하고 있다. 대부분의 규칙은 일관성 있게 시행되어야 하며 절차는 일관성 있게 지켜져야 한다. 만약 세금을 늦게 낸다면 과태료를 지불해야 한다. 직장에서 어떤 규칙을 어긴다면 해고될지도 모른다. 무엇보다 중요한 것은 지속적으로 실행되지 않는 규칙은 누구나 쉽게 위반할 수 있다는 것이다. 예를 들면 운전을 할 때 얼마나 자주 속도를 위반하는가? 규칙이 일관되게 적용되지 않는 사회는 유지될 수 없다. 공통된 절차가 없는 사회는 무질서한 세계이다.

이 장에서는 먼저 예방관리를 위한 세 가지 측면인 규칙, 절차, 연상 자료에 대해서 기술할 것이다. 규칙, 절차, 연상 자료를 개발하는 것이 어려운 것은 아니지만 얼마간의 시간과 심사숙고가 필요하다.

규칙은 왜 중요한가

규칙과 절차에 의존하는 사회에서 교사들이 자신이 가르치는 교실 내에서 가장 기본적인 예방관리의 요소를 일관성 있고 체계적으로 실시하는 것을 얼마나 자주 실패하는지를 생각하다면 참으로 아이러니한 일이다. 어떤 직무, 여가활동, 교통수단 시스템에서 규칙과 절차가 분명하면 할수록, 규칙이 보다 일관성 있게 시행될수록 사람들의 행동은 보다 나아질 것이다. 같은 원리가 교실에서도 적용될 수 있다. 학생들이 규칙을 알고 있는 정도와 그 규칙을 지키기 위해서 어떻게 해야 하는지를 아는 정도는 적절한 행동과 정적 상관이 있다(Brophy & Good, 1986; Emmer, Evertson & Anderson, 1980; Emmer, Sanford, Clements, & Martin, 1983). 마찬가지로 분명한 규칙이 없는 곳에서 그 규칙들이 시행되지 않을 때에 학생들은 더 많은 문제행동을 보여 주게 된다. 이와 같은 것은 특히 학교의 요구에 순응하기 어려운 학생들에게서 자주 나타난다.

규칙은 효과적인 학급관리의 기반이다

농구, 축구, 야구 경기를 할 때 운동장과 코트에서 행동의 제한이 있듯이 교실 내에서 학업에 대한 행동의 제한이 있어야 한다. 운전규칙이 예방적인 것처럼(즉, 사고 예방을 돕기 위한 것) 교실 내 규칙도 예방적으로 개발되어야 한다. 이러한 것은 행동문제를 예방하기 위한 첫 번째 단계이다.

교실을 위한 규칙 개발하기

교실규칙을 개발하기 위해서는 심사숙고할 필요가 있다. 이 중요한 단계에는 시간이 꽤 걸리지만 긴 안목으로 보면 가치 있는 시간일 것이다. 어떤 규칙이 여러분에게 필요한가를 결정하기 위해서 잠시 상상력을 활용해 보기 바란다. 완벽하게 진행되고 있는 여러분의 교실을 상상해 보라. 학생들이 활기차게 교실의 모든 영역에서 과제를 수행하고 다른 형태의 활동을 하고 있는 것을 상상하고, 특별히 학생들의 긍정적인 행동들을 적어 본다. 그 순간에 여러분이 완벽한 교실이라고 상상했던 것을 기억하라.

다음은 완벽하다고 상상했던 교실에서 지켜본 긍정적 행동들을 기술해 보라. 여러분의 완벽한 교실을 위해 학생들이 무엇을 하고 있는가? 학생들이 소집단 활동에서 협력하고 있는가? 질문이 있을 때 손을 드는가? 과제를 자기 스스로 하는가? 수업 시작종이 울렸을 때 의자에 앉아 있는가? 마침종이 울렸을 때나 해산하라고 했을 때 학생들이 흩어졌는가? 학생들끼리 어떻게 상호작용하는가? 당신의 기대가 반영되고 가르칠 수 있고, 학생들이 배울 수 있으며, 학급에서 학생들이 행복하고 안전한 것을 확신할 수 있다면 이것이 바로 여러분이 꿈꾸는 학급이다.

오리건대학교의 폭력과 파괴적 행동에 대한 연구소(Institute on Violence and Destructive Behavior, 1999)에 따르면 규칙은 안전(safety), 존중(respect), 책임성(responsibility)을 강조해야 한다. 여러분이 완벽한 학급을 상상했던 것처럼 학생들이 안전하다고 확신할 수 있는 상황을 고려해 보자. 예를 들면, 조금 소란스러운 행동을 하는 것이 허락되었는가? 혹은 쉽게 싸울 수 있기 때문에 그런 행동을 하는 것이 허락되지 않았는가? 공손한 행동을 하고 있는 완벽한 학급에서 여러분은 무엇을 보고 있는가? 예를 들면 학생들이 교사에게 존칭을 쓰고 있는가? 끝으로 여러분이 상상하고 있는 학급에서 학생들이 어떻게 책임 있는 행동을 하고 있는가? 각 수업에 준비물을 잘 갖추어 오는가? 자료를 제자리에 갖다 두는가? 교실 비품을 잘 관리하고 있는가? 교실 밖에 있을 때나 교사의 눈에 띄지 않을 때도 적절한 행동을 하는가?

규칙은 안전, 존중, 책임성을 다루어야 한다.

여러분이 상상하는 교실에서 보았던 긍정적인 행동들을 범주별로 정리해 보라. 여러분의 범주에는 안전, 존중, 책임성이 포함되어야 하며 학습 관련 행동이나 사회적 행동들이 더해져야 한다. 유사한 행동들을 함께 묶는다면 한 가지 이상의 바람직한 행동을 강조하는 규칙을 개발하는 데 도움을 줄 것이다.

다음은 긍정적인 행동의 목록으로부터 실제 교실이 상상했던 교실과 가능하면 가장 근접할 수 있도록 하는 규칙을 개발하는 것이다. 이런 점에서 여러분은 교실규칙 개발에 학생들의 참여를 허락할지도 모른다. 규칙 개발에 학생을 참여시키는 것은 학급에 대한 주인의식을 갖게 하는 적절한 방법일 수 있으며, 학생들이 규칙을 따를 수 있는 가능성을 높일 수 있다(Emmer, Evertson, & Worsham, 2003; Martella, Nelson, Marchand-Martella, 2003; Salend & Sylvestre, 2005). 이러한 접근 방식은 모든 사람에게 영향을 주는 요소들을 결정하는 데 관여된 이해당사자들을 포함하는 학교 수준의 PBIS 요소와 일치한다(제3장 참조). 다음에 유의하여 규칙 개발에 학생들을 참여시킬 것을 제안한다. 첫째, 교사는 바람직한 학습과 행동 결과를 얻기 위하여 필요한 학생행동 유형이 무엇인지를 잘 알고 있어야 한다. 교사들은 규칙이 이러한 결과들을 적절하게 포함하고 있다는 것을 확신해야 한다. 둘째, 학생들은 너무나 많은 규칙에 둘러싸여 있고 그런 규칙들은 지나치게 구속적인 경향이 있다(Rhode, Jenson & Reavis 1993). 만약 그러한 경우라면 긍정적으로 공인된 규칙을 정립할 수 있도록 학생들을 이끌어야 한다. 셋째, 학생들이 규칙 개발에 참여하게 될 경우 학생들이 학교 정책에 위반되는 규칙을 제시하게 된다면 교사들은 난처한 입장에 처할 수도 있다. 예를 들면 "교내에서는 모자를 쓰지 마시오."라는 규칙이 있는 학교에서 새 학년 첫 수업시간에 교실규칙을 만들기로 하였다. 학생들이 "교실에서 모자를 쓸 수는 있지만 강당에 들어가기 전에는 모자를 벗자."라는 첫 번째 규칙을 제시하였다. 이제 어떻게 해야 할까? 학생들이 제시한 일반적인 규칙은 법이나 학교규칙을 위반할 경우 제한을 해야 한다. 그러나 어떤 학생들은 학교규칙이나 법을 위반하지는 않지만 여전히 받아들일 수 없는 규칙들을 제시할 수도 있다(학생들은 "과제를 마치면 교실에서 잠을 잘 수 있다." 혹은 "좋아하는 곳에 어디든지 앉을 수 있다." 등과 같은 규칙을 제시하기도 한다). 마지막으로, 또래 친구들이 만든 규칙이 교사들이 만든 것과 달라서 학생들이 규칙을 위반했을 때 벌을 받는다면 우리는 또래에 의해서 만들어진 규칙이 요구하는 잠정적인 윤리적 문제를 찾아봐야 한다.

기본적으로 가장 중요한 것은 교사들이 공정하고 이성적으로 규칙을 만들고, 가르치고, 실시해야 하는 것이다. 학생들, 특히 중 · 고등학교 학생들이 교사를 독단적이라고 인식한다면 학생들은 의심 없이 규칙을 따르려 하지 않을 것이다. 그러나 학생들이 교사의 규칙이 정당하고(즉, 교사가 규칙에 대한 근본적 원리에 대해 확신을 주어 왔다면) 공평하게 이행되고 있다고 믿으면, 비록 학생들이 그 규칙을 좋아하지 않고 동의하지 않을지라도 학생들은 규칙들을 잘 따를 것이다.

규칙을 만들 때 고려해야 하는 기본적인 지침들이 있다.

교실규칙에 학교 수준의 규칙 반영하기 제3장에서 배운 것처럼 학교 차원의 긍정적 행동중재와 지원을 실행하는 학교에서는 학교에서 행동에 대해 셋에서 다섯 가지의 기대를 설정한다. 보편적인 차원의 PBIS 요소를 이행하는 학교에서 여러분이 가르친다면 여러분의 교실규칙들은 학교 수준의 기대를 반영해야 한다. 지역과 시 규칙들이 주의 법을 반영해야 하는 것처럼 주법들은 연방법을 반영해야 한다. 교실규칙들은 지역과 학교의 규칙들에 맞추어 조정되어야 한다. 이러한 것들은 특별히 복장 규정, 과제, 지각, 출석과 관련된 규칙들을 개발하는 중 · 고등학교 교사들과 관련되어 있을지 모른다. 학교 수준의 규칙에 맞추어 교실규칙들을 조정하는 것은 학급환경과 전체 학교환경 간의 연속성을 개선하는 데 도움이 되며 예측 가능성과 명료성을 증진시키는 데 도움이 된다.

긍정적인 용어로 규칙 정하기 '무엇을 하지 마라' 같이 부정적인 형태로 기술하지 말고 '무엇을 해라' 형식으로 규칙을 기술하는 것이 좋다. 예를 들면 규칙 중 하나가 학생들이 복도에서 걸어 다니도록 하는 것이라면 '교실 혹은 복도에서 뛰지 마시오.'라고 하기보다는 '교실과 복도에서 걸어 다니시오.'라고 기술하는 것이 좋다. 긍정적인 용어로 규칙을 기술하는 데에는 두 가지 이유가 있다. 첫째, 부정적 기술은 오직 한 가지 허락되지 않은 행동을 기술하는 것인데, 예를 들면 '뛰지 마시오.'와 같은 것이다. 몇몇 학생들은 제자리 가볍게 뛰기, 재주넘기, 기어 다니기 등의 행동을 함으로써 규칙을 테스트해 본다. 이 규칙이 단지 뛰기와 관계된 규칙임에도 불구하고 허락되지 않은 행동들이 있다는 것에 대해서 교사가 설명해야 하는 난처한 입장에 놓이게 된다. 두 번째 이유는 제1~2장에서 학습한 것처럼 만성적인 문제행동을 나타내는 학생들은 보다 적절한 대안 교육을 받는 것에 실패할 가능성이 있다. 우리는 다음의 진언을 기억해야 한다 — "결코 가정을 하지 마라." 여러분이 무엇을 하지 말라고 말했다면 학생들이 자동적으로 하지 말라는 것 대신에 '해야 할 무엇'을 알 것이라고 가정하지 말고 학생들과 교사들이 분명하게 알 수 있는 긍정적인 규칙을 만들기 시작해야 한다.

긍정적인 소수의 규칙을 만들어야 한다.

최소한의 규칙 수 유지하기 여러분이 생각한 항목 중 규칙으로 적용할 수 있는 가장 중요한 행동들을 선택한다. 너무 많은 규칙들로 학생들에게 부담을 준다면 규칙의 중요성이 감소하게 될 것이다. 또한 학생과 교사 모두 너무 많은 규칙을 기억하기 어려울 것이다. 우리는 많은 규칙을 실행함으로써 생기는 문제점들의 두 가지를 살펴보았다. 밤에 운전하고 있는 당신 차에 어떤 차가 다가오고 있을 때 당신 차의 불빛을 줄여야 하는 거리를 얼마나 자주 기억하고 있는가? 이것은 실행하지 않아도 되는 규칙이라는 것임을 알 수 있다. 너무나 많은 규칙이 있을 때 학생들과 교사들은 이 규칙들을 무시하고 이것들의 중요성을 잊기 시작한다. 학생들의 연령, 성숙 수준, 행동 특성에 따라 적절한 규칙 수를 결정해야 한다. 우리는 셋에서 다섯 가지의 규칙이 좋다고 생각한다(Babkie, 2006; MacSuga-Gage, Simonsen & Briere, 2012).

항상 실행할 수 있는 규칙을 정하거나 때에 따라서 필요하기도 하고 필요하지 않은 규칙을 학생들에게 분명히 전달해야 한다. 예를 들면, 교사들은 학급 토론시간에 자유롭게 학생들이 참여할 것을 원할 것이다. 그러나 자습을 하고 있는 경우에는 의문점이 있을 때 손을 들어 의사를 표현하기를 바랄 것이다. '손들기' 규칙은 자습활동을 하는 경우에 받아들일 수 있다. 학생들이 언제 어디서 규칙이 적용되는지 알아야 한다. 일과 중 다른 활동을 할 때 교실 내에서 규칙들은 맥락에서 다양하게 사용될 수 있다. 예를 들면 도표에 말하기와 움직임의 수준을 결정해 둔 후에 말 없이 조용히 앉아서 활동을 하는 것은 '조용한 교실'이고 자리를 이동하여 대화를 나눌 수 있는 것은 '작은 목소리로 이야기하는 교실'이라고 규정해 두고 혼자 과제를 해야 하는 시간에는 교사는 '조용한 교실' 수준에 화살표를 두거나 소그룹 활동시간에는 '작은 목소리로 이야기하는 교실' 수준에 화살표를 놓을 수 있다.

다양한 상황을 고려한 규칙 만들기 많은 규칙을 만들지 않고도 학생들의 다양한 행동을 다룰 수 있는 한 가지 방법은 여러 가지 상황에 적용할 수 있는 일반적인 규칙을 개발하는 것이다. 예를 들어 "수업시간에는 연필, 공책, 교과서를 준비한다."가 규칙이라면, 만약 다른 자료가 필요한 학과는 어떻게 되는가보다 나은 규칙은 모든 상황을 고려할 수 있는 "수업 준비를 한다."이다. 물론 '준비한다'는 조작적(operationalized)이며 학생들이 각 수업시간 동안 규칙이 의미하는 실제적인 상황을 알고 있다는 것을 말한다. 예를 들면 '다른 사람들에게 친절하기'라는 규칙은 바라는 행동(공손하기, 다른 사람 돕기, 공유하기)과 바라지 않는 행동(싸우지 않기, 욕하지 않기)을 강조하는 것이다. 이번 장에서 논의했던 것처럼 여러분이 규칙을 가르칠 때 학생들은 한 가지 규칙이 다양한 상황에 따라 다르게 적용될 수 있다는 것을 배울 것이다.

규칙의 타당성을 위해 자주 검토하기 학기가 지나면서 학년 초에 만들어 놓은 규칙들에 학생들의 숙달을 반영하거나 발전된 새로운 문제행동들을 논의할 수 있도록 규칙들을 조정해야 할 필요가 있을 수 있다. 학교 수준의 규칙이나 여러 가지 중요한 기대가 포함되도록 규칙들을 만들어 놓으면 중요한 기대는 변하지 않으면서 일과시간이나 특별활동으로 정의되어 필요에 따라 조정을 가능하게 할 수 있다.

학생들에게 규칙 가르치기 우리는 수업 첫날에 교실 벽에 걸린 규칙을 단순히 말로 설명해 주면 학급 전체가 규칙을 잘 따를 것이라고 상상하는 오류를 종종 범하게 된다. 유감스럽게도 이러한 접근은 충분하지 않다. 학생들이 지켜야 할 규칙들을 가르쳐야만 한다. 학급과 학교규칙들을 가르치기 위해서 규칙의 중요성을 학생들에게 이야기해 주는 수업시간을 마련하고 자주 규칙을 살펴보아야 한다. 학생들이 규칙을 지킬 수 있거나 실행하는 것을 교사가 확인할 때까지는 학생들이 규칙에 대한 기대를 명확하게 안다고 가정하지 말아야 한다. 이번 장의 뒷부분에서 규칙을 가르치는 방법에 대해 제시할 것이다.

규칙은 반드시 가르쳐야 한다.

규칙을 지키는 행동의 예 보이기 교사들이 스스로 학급규칙을 지키는 것 역시 매우 중요하다. 예를 들면 어떤 중학교 교사가 "학생들은 정해진 기일 내에 과제를 내야 한다."라고 규칙을 정했는데 교사가 성적을 표시한 과제를 정해진 시간에 돌려주지 않는다면 학생들에게 명확하지 않은 메시지를 전달하게 되는 것이다. 초등학교 1학년 교사가 학급규칙에 "줄을 서서 걸을 때는 이야기하지 않고 얌전하게 걸어야 한다."라고 했는데 교사가 학생들과 줄을 서서 걸을 때 무심결에 대화를 주고받았다면 학생들에게 부적절한 메시지를 전달한 것이다.

규칙 실시에 있어 일관성 지키기 규칙은 학생들이 지킬 수 있는 범위에서 효과적이어야 한다. 예를 들면 속도제한을 위반하는 사람들은 별로 문제가 없겠지 하면서 가끔 그렇게 한다. 속도위반을 할 때마다 벌금 통지서를 받았다면 제한된 속도로 운전을 할 때는 벌금 통지서를 받지 않게 된다는 것을 예측하게 된다. 누군가가 교사들에게 학생들은 규칙이 필요하다고 말하는 것 때문에 자주 규칙을 만들어 내는 경우가 있다. 그런 규칙들은 학생들에게 정보를 알리는 것을 어렵게 하고 실행되지 못한다. 우리가 관찰한 또 다른 문제점은 그런 규칙들은 학생의 행동이 시작되는 때만 지켜지므로 관리하기가 어렵다는 것이다. 예를 들면 어떤 규칙은 "자리에서 떠나거나 의견을 말하려고 할 때 손을 들어라."인데 이 규칙은 학급 토론시간에는 실행될 수 없다. 교사가 너무 시끄러울 때까지 허락 없이 이야기를 하도록 해 주고 "좋아, 좋아. 좀 더 크게 얘기해 보렴. 얘기하려면 손을 들어야지."라고 말한다면 이것은 학급을 운영하는 데 효과적인 방법이 아니며 일을 더욱 어렵게 만드는 것이다. 학생들에게 전달되는 메시지는 교사의 규칙이 있지만 그것은 중요한 것이 아니고 다만 교사가 참을 수 없을 때만 실행된다는 것이다.

규칙이 실행되지 않는다면 그 규칙은 의미 없는 것이다.

PBIS는 바람직하지 않은 행동에 중점을 둔다기보다는 바람직한 행동들을 가르치고 강화하는 것을 강조하고 있다. 이러한 목적을 위해서 규칙 시행의 첫 번째 단계는 규칙 따르기 행동을 강화하는 것이다. 학생들이 칭찬을 받거나 규칙을 따름으로써 강화를 받았을 때 어떤 행동들이 기대되고 바람직한지를 배울 수 있다. 그 규칙을 지켜서 얻은 강화를 좋아하게 되면 학생들은 그 규칙을 계속 잘 지킬 것이다(강화 이론에 대한 설명은 제10장 참조). 효과적인 교사들은 제11장에 기술한 규칙 따르기 행동

장려하기 등과 같은 동기적 체계(motivational system)를 이용한다.

규칙을 세우고 실행하기 위한 윤곽을 그려 보는 단계가 시간을 낭비하는 것 같지만 교실에 적용할 규칙을 개발하기 위해 투자한 시간은 장기적인 입장에서 시간을 절약하는 것이다. 규칙이 제공하는 기능들을 확인하기 위해서는 각 규칙의 '안전', '존중', '책임성'에 대해서 유념해야 한다.

이번 장에서 학급규칙을 만드는 것에 대해 논의하였다. 규칙들은 기본적인 구조이며 전체적인 기대를 정의하는 것이다. 그러나 완벽한 학급을 이루기 위해서는 문제없이 순조롭고 효율적으로 학급이 운영될 수 있도록 모든 학생 활동들을 설명할 수 있는 절차에 의존해야 한다. 다음 절에서는 여러분의 전체 학급을 관리하는 데 두 번째로 중요한 요소인 절차를 어떻게 발전시킬 것인가를 설명할 것이다.

절차

어떻게 학급규칙을 가르칠 것인가를 계획하기 시작할 때 하나의 규칙을 따르기 위해서는 여러 가지 행동들을 학생들이 배워야 한다는 것에 주의를 기울여야 한다. 예를 들면 고용주들은 오전 8시까지 직장에 출근할 것을 규칙으로 정할지 모른다. 그 규칙은 단순히 직장에 도착해야 하는 때를 나타내는 바람직한 행동의 범위를 정의한 경우이다. 그러나 이 규칙을 지키기 위해서는 많은 특별한 행동, 즉 일정 시간에 일어나기, 옷 입기, 출근 준비하기, 일터로 바로 가기(혹은 다른 들러야 할 곳이 있다면 시간 할애하기) 등을 해야 한다. 이러한 일련의 행동들을 절차(procedures)라고 한다. Emmer와 그의 동료들(2003)은 절차에 대한 정의를 다음과 같이 제시하였다. "**절차**는 규칙과 마찬가지로 행동에 대한 기대이다. 절차는 **특별한 활동**에 적용될 수 있으며 어떤 행동을 금지하거나 일반적인 기준을 정의한다기보다는 어떤 것을 완성하려고 하는 것이다."(p. 19) 절차는 우리의 일상생활에 중요한 부분이다. 우리는 하루 일과를 준비하기 위해서 아침에 일정한 절차를 따른다(샤워 하기, 신문 읽기, 커피 마시기 등). 밤에는 잠자리에 들기 위해서 일과를 정리하는 절차를 따른다(독서하기, TV 보기, 욕실에 들어가서 긴장 풀기). 우리는 적정한 결과를 얻기 위하여 일정한 행동양식을 따른다. 이러한 절차들이 우리에게 얼마나 중요한가? 늦잠을 자서 커피를 마실 시간 혹은 신문을 읽을 시간 혹은 샤워를 할 시간 없이 일터로 가야만 했던 때를 생각해 보자. 좋은 기분이 아니었을 것이다. 사실 이러한 것들은 하루 일과에 영향을 미친다. 운이 좋아서 집에서 나와 길이 막히지 않고 제시간에 도착을 했을지라도 하루 종일 기분이 좋지는 않을 것이다. 절차는 중요하다. 사회에는 일, 여가, 심지어 가족 행사를 순조롭게 진행시키는 데 도움을 주는 절차들의 예로 가득 차 있다. 다음과 같은 상황에서 우리가 일상적으로 하는 절차들을 생각해 보고 이러한 절차들이 없는 상황이 어떨지 고려해 보자.

- 식당(자리에 앉기, 주문하기, 지불하기)
- 공항(줄 서서 기다리기, 안전대 통과하기, 수하물 찾기)
- 가정생활(휴일과 특별한 날의 절차, 청소하기, 식사 준비하기)

학교에서 학생들이 해야 될 모든 것에 절차를 갖는 것이 중요하다. 교실에 들어와서부터 질문을 하는 것까지, 연필을 깎는 순간부터 숙제를 제출하기까지, 화장실을 이용하는 것에서부터 줄 서기까지 우리는 절차가 필요하다(Babkie, 2006; MacSuga_Gage et al., 2012). 연구를 통해서 유능한 교사들은 학생들이 절차를 따르도록 가르치고, 기대하는 것으로 나타났다(Brophy & Good, 1986; Evertson,

1985). 절차는 시간을 절약해 주고 수업이 순조롭게 진행될 수 있도록 해 주며 가장 중요한 것은 교수 시간을 극대화시켜 준다.

어떻게 절차를 개발할 것인가

어떤 절차가 필요한지를 결정하고 그 절차를 개발해서 쉽고 분명하게 절차를 따르도록 하는 데는 많은 노력이 필요하다. 이번 절에서는 어떻게 절차를 개발할 것인가에 대해서 설명할 것이다.

여러분 학급을 위해 절차들을 만들 때는 학생들이 교실에 들어와서 일과를 마치고 돌아갈 때까지 학생들이 해야 할 모든 과제들을 생각해 볼 필요가 있다. 교실 내에 있는 동안 학생들에게 기대되는 행동의 모든 것을 항목으로 만들어 기술해야 한다. 여러분의 항목에는 입실하기, 학습활동 준비하기, 숙제 제출하기, 자습하기, 학급 토론에 참여하기, 퇴실하기, 도움 요청하기, 화장실 사용하기, 사물함에 가기 등의 항목이 포함되어야 한다. 표 4-1은 절차가 필요한 일반적 교실 상황들의 예를 제시하였다.

절차는 기본적인 과제를 어떻게 해야 할지에 대해서 의사소통하는 것이다.

어떤 절차들이 필요한지 결정한 다음에는 어떻게 학생들이 각 절차를 어기지 않고 과제를 완성할 것인지를 결정해야 한다. 이를 위해서는 먼저 결과기대(즉, 정해진 시간에 정해진 장소에 과제 제출하기)를 고려하고 스스로에게 "이러한 결과를 얻기 위해서는 어떤 단계가 필요한가?"라는 질문을 해 본다. 기억해야 될 것은 특별히 어린 학생들과 일하고 있다면 어떤 것도 가정하지 말라는 것이다. 절차에 대한 역할놀이가 도움을 줄지 모른다. 절차를 정리하는 데 도움이 되는 또 다른 전략은 스스로에게 "이 절차를 실행하는 데 어떤 실수가 일어날 수 있을까?"라고 묻는 것이다. 예를 들면 숙제 제출하기 절차를 개발할 때 학생들이 그들의 이름을 표지에 쓰는 것을 생각해 보지 못했을 수도 있다. 그러나 이름을 쓰지 않는 실수는 학생들의 공통된 실수 중에 하나이다. 그러므로 이름을 확인하는 것은 그 절차의 일부가 되어야 한다. 절차에 포함되는 단계의 수는 학생들의 연령(어린 학생들에게는 보다 자세한 절차가 필요), 학생들의 학습사(learning history)(이전에 절차들이 잘 정리되어 있고 일관성 있게 유지된 학과를 경험했던 학생들은 새로운 절차에 보다 빠르게 적응할 수 있을 것임), 교사의 요구 등에 의해서 결정된다. 교사가 개발한 절차들은 단지 시작에 불과하다. 학생들이 실질적으로 절차들을 따르는 것을 관찰한 후 첨가해야 될 절차들을 찾아내야 한다.

연상 자료

운전하고 있는 도중에 갑자기 운전과 관련된 모든 규칙을 잊어버렸다고 가정해 보자. 얼마나 빠른 속도로 가야 하는지, 운전을 하고 가야 하는 길이 어디인지, 언제 차를 멈추어야 하는지에 대해서 기억하지 못한다. 이때 도로 안내판에 있는 운전규칙과 관계되는 연상 자료에 주의를 기울인다면 목적지에 안전하게 도착하게 될 것이다. 이러한 연상 자료에는 신호(속도제한, 멈추기, 양보, 한쪽 길로만 가기 등), 길 표시(차선 나누기, 갓길, 속도 줄임 턱 등), 교통 신호(멈춤 신호, 깜빡 신호 등) 등이 있다. 대부분의 운전자들은 운전에 상당히 능숙하고 운전을 위한 규칙을 알고 있다고 생각하고 있으며(사실 운전면허증을 받기 전에 운전자들은 시험을 통과해야만 함) 벌금 혹은 사고를 피하기 위해 대부분의 규칙을 항상 따른다. 그럼에도 불구하고 도로공사에서는 운전자들에게 규칙을 기억하도록 하는 데 도움을 주기 위한 여러 가지 연상 자료를 사용한다.

연상 자료는 모든 연령의 학생들에게 중요하다.

규칙과 절차를 개발한 다음 학생들이 규칙과 절차를 기억하는 데 도움이 되는 연상 자료의 유형을 결정해야 한다. 대부분 한 가지의 연상 자료를 사용할 때는 학급의 일정한 장소에 붙여 놓는다. 학생

표 4-1 학급에 필요한 절차

초등학교

버스 기다리기
교실에 들어가기
교실에서 나오기
교사에게 집중하기
교사가 바쁠 때 돕기
한 활동에서 다음 활동으로 전이하기
집단활동 하기
과제를 마쳤을 때 책 읽기
연필 깎기
화장실을 이용하고 물 마시기
학습지 뒤로 돌리기
숙제 제출하기
자유시간에 교실활동(어떤 활동들이 허락되는가, 어떤 활동들이 선택되는가, 얼마나 많은 학생들이 어떤 활동에 참여하는가)
줄 서기와 줄 서서 걷기
서류철 관리하기(폴더에 있어야만 하는 것들, 어디에 폴더를 두어야 하는가, 일과 동안 폴더를 가지고 했었던 일 등)
학습 자세(어떻게 앉을 것인가)
운동장 기구 사용하기
화장실 이용(한 번에 얼마나 많은 학생들이 사용할 수 있는지 파악하기, 손 씻기, 화장실 물 내리기, 쓰레기 버리기 등)
식당 이용(음식 담기, 앉기, 이야기하기, 식판 정리 등)
도서관 이용(언제 가야 할지, 한 번에 얼마나 많은 책을 빌릴지 등)
훈육실 가기(훈육실에 가는 목적, 어떻게 할 때 훈육실에 가게 되는지 등)
모임에 참석하기(강당이나 체육관에 어떻게 들어가고 나가는지 등)

중학교

교실에 들어가기
면직된 후에 학교에서 나오기
과제 제출하기(언제 어디에 제출할지 등)
학급 토론에 참여하기
소집단 혹은 프로젝트 활동
노트북이나 폴더 관리하기
교정 활동(교정을 위한 시간계획, 교정 방법 등)
시험 보기(도움 요청하기, 이름 쓰기, 시험을 마쳤을 때 무엇을 해야 할지, 시험을 보는 동안 책과 다른 자료들을 어떻게 관리 할지 등)
버스정류장 지역에서 기다리기
등교 이전이나 방과후에 학교 사용하기(학생들이 모일 수 있는 장소, 허락된 행동 등)
식당 이용하기
복도 걷기, 사물함 이용하기
교무실에 가기
도서관 이용하기
화장실 이용하기
모임에 참석하기

표 4-2 연상 자료의 예

시각적 연상 자료

- 각각의 규칙과 관련된 그림이나 아이콘들로 만들어진 신호나 포스터(교사가 만들거나 컴퓨터로 그린)
- 규칙이 표현된 학생들이 그린 그림
- 학생이 규칙을 따르는 행동을 보여 주는 사진
- 규칙을 표현하는 만화
- 학생들이 줄을 서야 하는 장소, 책상이 있어야 할 자리, 학생들이 앉아 있어야 할 곳을 표시한 테이프
- 단계별로 구성된 사진(식당에서 손을 씻는 절차를 설명하는 것과 같은 그림)
- 학생들이 걸어가거나 줄을 서 있는 그림
- 학생들의 책상 위에 항목별로 규칙이 작성된 색인카드
- 중요 장소에 게시된 아이콘 혹은 사진(종이 울리기 전에 자리에 앉는 것을 연상시키기 위해 교실 밖에 붙여 놓은 커다란 시계 그림, 화장실 안에 부착된 물을 내리는 만화)
- 주요 장소에 전시된 질문(수학 교실 밖에 걸린 다음 질문이 담긴 커다란 게시판–"교과서, 노트, 계산기를 가지고 있나요?", 컴퓨터 옆에 붙여 놓은 작은 표시–"로그아웃을 했나요?")
- 화살표 혹은 다른 표시들
- 수신호 혹은 제스처
- 학교 내 다른 환경에서 규칙을 지키는 행동이나 규칙을 설명하는 학생들의 비디오(주의 : 그 비디오는 새로운 학생들에게 규칙을 설명하기 위해 이용될 수 있다.)

청각적 연상 자료

- 이동시간, 놀이시간, 일과시간 그리고 다른 활동을 하는 시간을 알리는 타이머
- 손뼉 치기 혹은 손가락으로 '딱딱' 치기(학생들을 조용히 시키기 위해서 하는 신호)
- 쉬는 시간에는 조용하게 음악을 틀어 주다가 쉬는 시간이 끝날 쯤 음악을 크게 틀어 주기(음악은 이야기하지 말라는 신호이며 볼륨이 점차 커지는 것은 쉬는 시간이 끝나 간다는 신호임)
- 자습시간 동안에는 조용한 음악을 틀어 주기(이야기하지 말라는 신호)
- 학생들의 주의를 끌기 위해 이용되는 특별한 말, 문장 혹은 특별한 행동신호(다른 일들을 학생들이 하고 있을 때 주의를 주기 위해서 "모두 합죽이가 됩시다!"라고 교사가 말한다, 수업을 시작할 때 "준비되었나요? 자, 시작하죠."라고 말한다, "자, 훌륭한 학생이 되기 위해 가보자."라고 교사가 말할 때까지 학생들은 해산하지 않는다.)

들에게 의미 있는 것이면 연상 자료를 더욱 두드러지게 강조한다. 또한 연상 자료는 교수와 검토 활동에 능동적으로 관련되어 있으며 중요성을 유지하기 위해서 때때로 연상 자료를 바꾸어야 한다. 동기부여가 되어 있고 경험이 많은 성인 운전자가 많은 연상 자료를 필요로 한다면 왜 학생들이 단지 하나의 포스터에 적혀 있는 복잡한 규칙과 절차를 기억해야 한다고 기대하는가?

연상 자료에는 여러 가지 많은 형태들이 있으며 보다 창조적인 것이 좋다. 표 4-2는 연상 자료의 예를 기술한 것이다. 학생들이 연상 자료를 개발하는 데 참여하도록 하는 것이 좋다. 일단 다양한 형태의 연상 자료를 예로 준비한 다음, "여러분이 …하는 것을 기억하려면 우리가 무엇을 할 수 있는가?"와 같은 질문을 해 본다. 학생들이 의미 있는 중요한 연상 자료에 대해 좋은 생각들을 가지고 있는 것에 놀라게 될지도 모른다.

규칙과 절차의 적용

학급규칙을 결정하고 절차를 개발한 다음 이러한 규칙과 절차를 가르칠 수 있는 시간을 계획해야 한다. 이와 같은 계획은 학기 시작 첫 번째 주에 집중해서 실시한다. 여기에는 학급규칙과 관련된 절차와 학교규칙을 가르치는 시간을 포함해야 한다. 규칙과 절차에 관한 명시적 교수는 모든 학생들이 바람직한 행동을 할 수 있도록 도움을 줄 것이다(MacSuga-Gage et al., 2012). 그러므로 중요한 예방적 단계에서는 규칙과 절차를 가르치고 그것을 학생들이 연습하게 하는 것이 중요하다. 학기 초뿐 아니라 그 학년도의 남은 기간 내내 필요에 따라 (규칙 혹은 절차를 어기는 행동이 증가하는 때) 규칙과 절차에 대해 주기적으로 검토를 해야 한다.

규칙과 절차에 대한 교수에는 지적장애 학생, 자폐성 장애 학생, 정서행동장애 학생들의 다양한 학습 요구에 맞는 교수를 갖추어야 한다. 표 4-3에는 중증장애가 있는 학생들을 위해 조정 향상된 아이디어들을 기술하였다.

규칙과 절차를 가르치는 과정은 수업이 시작되는 첫째 날에 이루어져야 한다. 분명한 규칙과 절차가 포함되는 효과적인 학급관리가 학년 초에 시작되었을 때 학년 말에 높은 수준의 적절한 행동과 바람직한 학업 수행을 보여 준 연구 결과들이 보고되고 있다(Emmer et al., 1980; Evertson & Emmer, 1982). 학년 초에 규칙과 절차를 가르치는 것에 더 많은 관심을 두고 학생들이 보다 독립적으로 규칙과 절차에 따르는 행동을 하게 되면 이러한 관심을 점점 줄인다. 특별한 규칙 혹은 절차를 재교육할 필요가 있다고 생각되는 때는 학생들에게 주의를 주어야 할 때라고 생각하거나 기대행동에 대해 많은 연상 자료를 제공해야 할 때이다.

설명, 시연, 역할놀이를 통해서 규칙과 절차를 직접 가르칠 필요가 있으며, 규칙과 절차를 배우는 학생으로서 학기의 첫째 주 동안 규칙을 따르는 행동을 한 학생들에게 높은 수준의 강화를 주는 것이 중요하다(강화 체계를 개발하는 아이디어와 강화에 대한 논의는 제10~11장 참조) 학생들이 정기적으로 규칙과 절차를 따르는 행동을 보이면 문제행동에 대한 강화의 빈도와 수를 감소시켜야 한다. 그러나 규칙과 절차를 따르는 행동에 대한 강화의 일정 수준은 행동 유지를 위하여 학기 동안 계속되어야 한다. 학생들의 규칙과 절차를 따르는 행동들에 대한 것 외에도 규칙을 어기는 행동들에 대해 반응하는 것도 중요한데 이에 대해서는 제12장에서 논의할 것이다.

규칙과 절차들을 학생들이 분명히 이해하고 있는지 여부를 결정하기 위해서 두 가지 조사를 실시해 보는 것이 도움이 될 것이다. 첫 번째 테스트는 교실을 방문한 사람이 학생들의 행동과 학생행동에 대한 교사들의 상호작용을 통해서 여러분 교실의 규칙과 절차를 파악할 수 있어야 한다. 두 번째 테스트는 방문객이 임의로 선택한 학생에게 여러 가지 질문을 하였을 때 각 학생으로부터 유사한 반응이 나와야 한다.

교사들은 학생들에게 학급과 학교규칙을 가르치는 것뿐만 아니라 부모들이 그 규칙들을 얼마나 알고 이해하는지를 생각해야 한다. 학기 초에 학급관리를 위한 규칙, 절차 그리고 여러 가지 다른 요인들에 관해서 부모들과 상의를 해야 한다. 그뿐만 아니라 한 해 동안 학급 시스템의 변화에 대해서 지속적으로 부모에게 알려야 한다.

표 4-3 일반학급에서 규칙을 가르치기 위한 방법

- 추가된 소모임 혹은 개인 교수 시간 제공하기
- 장애학생에게 규칙에 대해서 설명하고 실행을 도와주는 또래 학생과 짝을 지어주는 것과 같은 또래중재 교수 활동 추가하기
- 규칙을 가르치고 검토하기 위해 비디오 모델링이나 비디오 자기 모델링 활동 이용하기 — 비디오 모델링은 또래 혹은 성인들이 규칙들을 실행하는 비디오를 만드는 것이다. 비디오 자기 모델링은 장애학생이 규칙들을 실행하는 비디오를 창작해서 교수 혹은 검토를 하는 동안 자기 모델링을 하도록 하는 것이다.
- 규칙 교수와 검토 부분으로서 교실 내 특별한 학생들에 대한 개별적인 사회적 상황 이야기 개발하기 — 사회적 상황 이야기는 사회적 상황에 대해 혼란스러워하는 자폐성 장애학생을 돕기 위한 것으로(Gray & Garand, 1993) 규칙이 어떻게 일반적인 학급 상황에서 적용되는지를 이해할 수 있도록 개발한다.
- 각 규칙에 대한 시각적 촉진 제공하기 — 정서행동장애, 지적장애, 자폐성 장애학생을 위한 그림으로 표현된 규칙, 그림은 장애학생들이 규칙을 보다 잘 기억하고 이해하는 데 도움이 된다. 그림은 규칙과 관련된 '만약 그러면' 후속결과를 묘사하는 데 이용될 수 있다. 예를 들면 시각적인 '만약 그러면'은 규칙을 나타내는 그림과 규칙을 지켰을 때 얻을 수 있는 강화의 그림일 수 있다.
- 다른 교실활동을 하는 동안 여러 가지 기대들을 구별하는 것이 좋다. 전이가 시작되거나 혹은 규칙이 변할 때 소통할 수 있는 신호가 포함된 전환을 위한 절차가 명확해야 한다. 학생들이 새로운 활동을 시작하려고 할 때 언어적인 단서("지금은 선에 맞춰서 서는 규칙을 사용하는 것이 좋아."), 타이머, 신호로 소리를 내는 것을 이용할 수 있다.

요약

규칙과 절차가 없는 사회는 실패한 곳이다. 마찬가지로 규칙과 절차가 없는 교실은 규칙과 절차가 분명하게 전달되고 시행되는 교실보다 부적절한 행동의 수준이 높을 것이다. 이것은 고위험 수준의 문제행동을 가지고 있는 학생들이 있을 경우에는 현실로 나타나게 된다. 규칙과 절차는 바람직한 행동에 대한 경계를 설정해 주며 일관성 있게 실행되었을 때 모든 학생들을 위한 분명하고 예측 가능한 환경을 만들 수 있다.

이번 장에서 우리는 예방적인 학급관리 전략으로써 규칙, 절차, 연상 자료의 중요성에 대해서 기술하였다. 다음은 이번 장의 학습목표와 강조되어야 할 점들이다.

1. 교실을 위한 분명한 규칙과 절차를 만들기 위한 이론적 근거를 마련할 수 있다.

   우리는 교실을 포함한 사회의 모든 부문에 있어서 규칙과 절차의 중요성을 기술하였다. 규칙과 절차는 교실 내의 구조, 명확성, 예측 가능성을 제공해 준다. 규칙과 절차에 대한 학생들의 지식은 적합한 교실행동의 높은 수준과 연결되어 있다.

2. 교실을 위한 규칙과 과정을 개발할 수 있다.

   우리는 어떻게 규칙과 절차를 수립하는지에 대해서 설명하였다. 규칙과 절차는 교사들이 학생들을 가르칠 수 있고 학생들이 배울 수 있는 환경을 조성하는 데 도움이 된다. 모든 교사와 모든 교실이 다르기 때문에 교사들은 수업시간을 극대화하는 데 필요한 규칙을 결정해야만 한다. 절차는 교실에서 학생들이 도움이나 연상 자료 없이 수업이 편안하게 진행되고 학생들이 일상적인 일들을 마칠 수 있도록 도움을 준다. 잘 수립된 절차를 따르는 교사들은 절차를 이용하지 않는 교사들보다 문제행동이 적고 보다 효율적인 교실을 경험할 수 있다.

3. 연상 자료의 다양한 유형의 예를 들 수 있다.

   연상 자료는 기대행동이 무엇인지를 기억하는 데 도움이 된다. 많은 신호나 광고처럼 연상 자료의 다른 형태들은 도로 규칙, 공공장소에서의 규칙, 다른 기대되는 행동들을 기억하는 데 도움이 된다. 청소년들은 교사들과

관리자들이 학생들에게 어떤 행동을 기대하고 있는지에 대한 새로운 생각들을 제공할 수 있다.

4. 어떻게 규칙과 절차를 가르칠 것인지 기술할 수 있다.

 우리는 왜 규칙과 절차를 가르치는 것이 중요하고, 학기 동안 규칙적으로 이러한 것들이 어떻게 진행되어야 하는지에 대해서 설명하였다. 우리는 학생들이 규칙과 절차를 따르는 것이 우연으로 이루어지지 않는다는 것을 강조하였다. 바람직한 행동을 적극적으로 가르치는 것이 적절한 행동을 높은 수준으로 유지하는 데 도움을 준다.

5. 규칙과 절차를 가르치거나 실행할 때 중도장애 학생들의 다양한 학습 요구를 수용할 수 있는 전략들을 기술할 수 있다.

 심각한 장애를 가지고 있는 학생들은 규칙과 절차를 배우기 위한 수정이 필요할지도 모른다. 규칙과 절차에 대한 교수를 향상시키고 심화시킬 수 있는 아이디어를 제공하였고 이러한 아이디어를 어떻게 적용할 것인가에 대한 예들을 제시하였다.

6. 학급관리와 관련해서 가족들과 소통할 수 있는 전략들을 기술할 수 있다.

 우리는 규칙과 절차를 포함한 학급 운영 체계를 가족들에게 알리는 몇 가지 전략들과 부모들에게 이러한 체계를 집에 어떻게 적용할 것인가에 대한 아이디어를 기술하였다.

학습활동

1. 학교규칙에 영향을 주는 우리 사회의 규칙에 대해 토론한다.
2. 학교규칙과 교실규칙 사이의 관계에 대해서 동급생들과 논의한다.
3. 학급을 위하여 만들 수 있는 규칙을 작성하고 왜 그런 규칙을 선택했는지를 설명한다.
4. 학교 차원의 PBIS에서 보편적 중재를 실행할 때의 첫 단계로 규칙 매트릭스 양식에 학교 차원의 기대치를 정의한다. 여러분의 교실에 규칙 모형의 개념을 어떻게 응용할 것인가?
5. 교실 외에서 필요한 절차 항목을 만든다(버스정류장, 식당, 복도 등).
6. 이전의 활동에서 개발된 항목들을 이용해서 절차를 위한 두 가지 단계를 개발한다.
7. 초등학생 혹은 중학생을 대상으로 특별한 규칙 혹은 절차를 가르치기 위한 역할놀이를 실행한다.
8. 프레스턴 교사와 곤살레스 교사의 사례를 읽어 보고 기술된 문제점에 중점을 두어 각 교사의 상황에 적절한 규칙과 절차를 기술한다.

프레스턴 교사의 유치원

유치원 신임교사인 프레스턴 교사는 울기 직전의 상태로 찾아왔다. 매일 아침 학생들이 제멋대로 날뛰며 떠든다고 불평을 하였다. 교실에서 학생들을 조용히 시켰지만 같은 일들이 반복되었다. 학생들은 매일 아침 7시 10분에서 35분 사이에 유치원에 도착한다. 아침식사가 필요한 아이들은 복잡하고 시끄러운 식당으로 간다. 아침을 먹지 않는 학생들은 놀기 위해 체육관으로 간다. 모니터 요원이 이들을 관찰한다. 체육관과 식당에는 모든 연령의 많은 학생들이 있다.

 프레스턴 교사를 돕고 다른 활동을 추천하기 위해서 학급을 관찰하였다. 프레스턴 교사는 두 영역에서 학생들을 모은 후 학생들을 한 줄로 서게 하였다. 그러나 줄이 만들어지지 않았고, 학생들이 강당을 왔다 갔다 하자 프레스턴 교사는 계속해서 학생들을 꾸중했다("너는 에밀리 뒤에 서라.", "너는 왜 자말 뒤에서 어슬렁거리고 있니?").

 교실에 도착한 후에 유아들은 코트와 가방을 던져 놓고 웃고 떠들며 놀고 있다. 몇 분 후에 교사는 손뼉을 두 번 치고 '이야기 나누는 시간'이라고 말한다. 유아들은 지정된 장소로 이동하여 수업을 시작한다. 원을 만든 후 교사가 다시 두 번 손뼉을 치고 "자기 책상으로 가라."라고 말할 때 학생들은 의자에 가서 앉는다. 오전 9시 프레스턴 교사는 바깥놀이를 하기 위해 학생들에게 줄을 서는 것을 가르쳤다. 학생을 불러 코트를 주고 줄을 서게 했다. 학생들은 밖에 나가 줄을 서서 걸어갔고 어디서 노는지를 잊어버렸다.

20분 휴식 후 프레스턴 교사는 줄을 서라고 하였다. 어떤 아이들은 즉시 왔지만 다른 아이들은 말을 듣지 않거나 오려고 하지 않았다. 놀이 영역에 가려고 하는 학생들을 남겨 놓고 나머지 학생들을 모았다. 현관에서 유치원으로 들어가기 위해 조용해지기까지 몇 분이 걸렸다. 그러나 강당 안으로 들어가면서 아이들은 떠들고 장난치기 시작하였다. 교사는 다시 아이들을 꾸짖었다. 교실로 돌아오자 학생들은 교사가 손뼉을 두 번 치면서 '독서하는 시간'이라고 말할 때까지 계속해서 떠들고 시끄럽게 장난을 쳤다. 이 시간에 학생들은 독서 모임을 위해 책 읽기 영역으로 이동한다.

곤살레스 교사의 고등학교 1학년 역사시간

곤살레스 교사는 역사를 가르친다. 고등학교 1학년 역사를 5년 동안 가르쳤는데 항상 저조한 교사평가를 받았다. 학생들은 늘 주의를 기울이지 않았고 곤살레스 교사가 훈육실로 의뢰해도 변화가 없었다. 이 학급을 관찰해 보자.

지각종이 울리기 전에 두 명의 학생을 제외한 모든 학생들이 교실에 도착한다. 자기 자리로 가면서 학생들은 웃고 떠든다. 곤살레스 교사는 모든 학생들이 자리에 앉기 전에 세 번씩이나 조용히 하라고 하고 주의 집중을 요구한다. 출석을 부르는 동안 18명의 학생 중 반은 종이를 꺼내어 쓰기 시작하는데 수업과 관련된 것을 적는지는 정확히 알 수 없다.

출석 체크를 끝낸 후, 1767년의 타운젠드법에 관한 강의를 한다. 타운젠드법을 설명하고 몇 가지 논평을 한 후 독립전쟁에 미친 타운젠드법의 영향에 대해서 질문을 한다. 몇몇의 학생들은 필기를 하였지만 대부분은 다른 일을 계속한다. 가까이 가서 보면 이들 학생들은 지난 밤 끝내지 못한 숙제를 하고 있다. 곤살레스 교사가 학급 토론에 참여하라고 했음에도 불구하고 많은 학생들이 수업에 거의 관심을 두지 않는다. 수업이 끝나가는 즈음에 곤살레스 교사는 숙제를 제출할 것을 학생들에게 이야기한다. 곤살레스 교사는 이번 주의 숙제는 금요일까지 제출해야 하며 주간 성적의 50%를 차지할 것이라고 말한다.

참고자료

웹사이트

The Teaching Zone : 학급관리와 관련된 주제들이 있는 온라인 훈련 모듈이다(모듈마다 1시간 분량).

Education Northwest : 학급 운영, 학교 훈육 등과 관련된 여러 분야의 연구에 관해 읽기 쉽게 정리한 논문들을 포괄적으로 수집한 웹사이트이다.

Education World : 학급 운영과 관련된 정보와 많은 실제적인 조언이 있는 웹사이트이다.

American Federation of Teachers : 학급 운영과 관련된 조언이 포함된 웹사이트이다.

LD Online : 논문, 책을 포함한 학급 운영과 관련된 자료를 제공하며, 다른 웹사이트와 연결될 수 있다.

National Association of Special Education Teachers : 학급 운영과 관련된 여러 가지 심도 있는 주제의 논문을 준비하고 있다.

학술지

Beyond Behavior(www.ccbd.net에서 온라인으로 볼 수 있다.)

Preventing School Failure

Teaching Exceptional Children(www.cec.sped.org에서 온라인으로 볼 수 있다.)

위에 소개한 학술지에는 학급 운영을 포함하여 장애학생 교수와 관련된 많은 논문들이 포함되어 있다.

CHAPTER 5

일과, 분위기, 학급 운영과 조직의 효과적인 이용을 통한 문제행동 예방

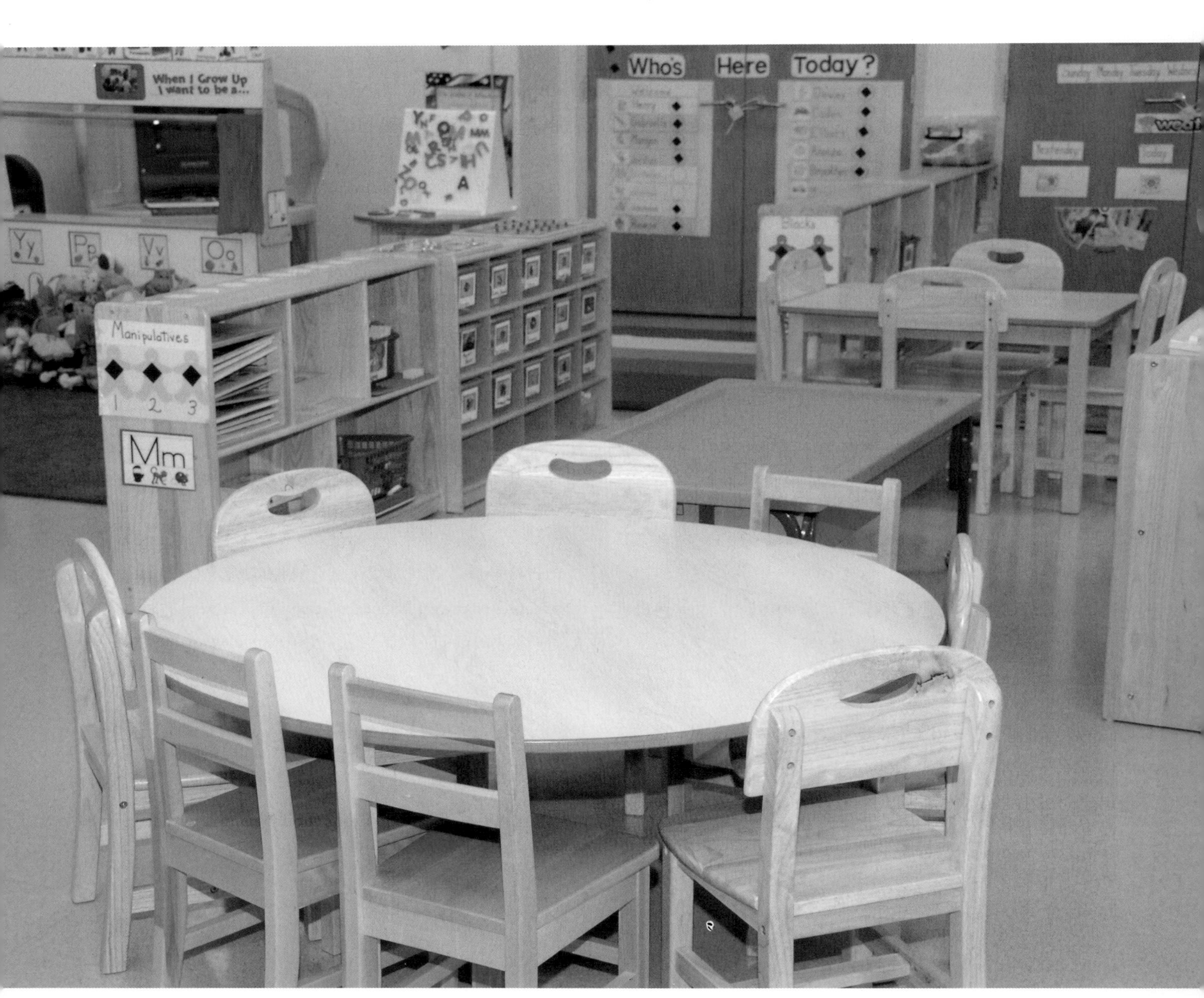

Cheryl Casey/Shutterstock

학습목표

1. 학급 운영의 문제들을 예방하는 중요 요소는 일과, 분위기, 조직에 대한 관심이라는 것을 설명할 수 있다.
2. 일과, 분위기, 조직과 관련된 연구를 기술할 수 있다.
3. 효과적인 일과표를 만들기 위한 시간 계획과 전략 개발을 위한 단계를 기술할 수 있다.
4. 학습에 도움이 되고 긍정적인 학급 분위기를 만들기 위한 아이디어를 기술할 수 있다.
5. 분위기와 일과 계획하기가 요구되는 학급을 어떻게 조직할 것인가를 기술할 수 있다.

일과, 분위기, 조직에 관한 보편적 아이디어

- 학급 운영을 위하여 어떻게 학급 시간을 계획하는가는 매우 중요한 변수이다. 보다 많은 학생들이 의미 있는 교수활동에 활동적이고 성공적으로 참여할수록 교사들의 관리 문제가 줄어들게 될 것이다.
- 학습이 강조되고 학생들의 적절한 행동에 관심이 많이 주어지는 안전하고 긍정적인 학급 분위기를 조성한다면, 학생들이 적절한 행동을 할 가능성이 높아질 것이다.
- 학급 조직은 기대행동을 연상시키는 기능을 할 수 있으며 학생들이 적절한 행동을 높은 수준으로 유지하는 데 도움을 준다.

규칙과 절차를 개발하는 것뿐 아니라 일과를 개발하고, 학급 분위기(여러분 교실의 전체적인 느낌과 모습을 의미함) 만들기, 학급 조직하기 등의 다른 예방적 측면으로 관심을 돌려 보자. 규칙과 절차와 같은 학급관리의 일면은 부적절한 행동을 예방하고 적절한 행동을 권장하기 위해 중요하다. 다음과 같이 공공생활과 직장생활의 예를 통해서 설명을 할 것이다.

우리 중 많은 사람들이 긴 회의나 워크숍에 참여해 본 경험이 있을 것이다. 특별한 목적 혹은 성취된 일에 대해 분명히 정의된 협의사항을 따르는 회의와 분명히 정의된 목적이나 결과와는 상관없는 말로 시간을 허비하는 회의 중 어떤 회의가 보다 생산적인가? 아마도 당신은 잘 구성된 회의를 선호하는 반면, 제대로 구조화되지 못한 회의는 실망스러울 뿐 아니라 시간 낭비임을 알고 있을 것이다.

여러분이 즐겁게 자주 방문하는 공공의 장소와 일에 대해서 생각해 보자. 그곳을 방문함으로써 느끼는 즐거움 혹은 그 일을 하게 만드는 환경은 무엇일까? 여러분은 물건을 쉽게 찾을 수 있도록 배열이 잘 되어 있고 깨끗한 가게를 좋아할 것이다. 아마도 소풍과 놀이활동, 연 날리기, 그 외 다른 활동을 위해 특별히 설계된 깨끗한 공원을 좋아할 것이다. 편안한 의자와 무료 커피가 제공되는 서점, 샴푸하는 동안 두피 마사지를 해 주고 차와 음료수를 제공해 주는 미용실과 같은 편안한 분위기를 느낄 수 있는 곳에 자주 가려고 할지 모른다. 종업원들이 공손하고 친절하며 좋은 시설을 선호할 것이다.

여러분이 즐겁게 자주 방문하는 장소는 어떻게 하면 학생들이 여러분 학급에 오는 것을 좋아할까를 결정하는 하나의 예가 될 것이다.

대부분의 사업장과 다른 공공시설들은 그곳을 방문하는 사람들이 즐거움을 느낄 수 있고 환영받는 느낌을 받을 수 있도록 많은 신경을 쓴다. 환경을 설계하고 공공장소에서 일하는 사람들을 고용하는 일은 우연히 일어나는 것이 아니다. 사업주들은 매장의 분위기와 구조에 따라서 손님들이 자주 오고 싶어 할 것이라는 것을 알고 있다. 이번 장은 학급 내에서 이렇게 중요한 요소들을 어떻게 강조할 것인가를 기술할 것이다. 솔직히 학생들은 학급을 선택하거나 손님으로서 다시 방문할 기회는 없으나 학급에 만족하는 학생들은 학급활동에 협조적일 것이다. 만약 여러분의 교실이 학생들이 있기를 원하는 곳이라면 교실을 벗어나기 위해 하는 부적절한 행동은 줄어들게 될 것이다(제2장 참조).

일과 계획하기, 학급 조직에 대한 관심, 분위기 조성 등은 비교적 단순한 작업이지만 주의를 기울일 필요가 있다. 각각의 일들을 올바르게 처리하지 않았다면 이들 분야의 하나 혹은 여러 가지 일들에 대한 부주의 때문에 관리 문제가 일어날지 모른다. 예를 들면 참여도가 낮은 시간(학생들이 의미 있게 일과에 참여하지 않는 시간)이 많은 학급은 학생들이 성공적으로 일과에 참여하는 학급보다 관리 문제가 많을 것이다. 학생들이 긍정적인 관심을 나타내지 않거나 배려와 존중이 없는 무질서한 학급을 생각해 보자. 의심할 여지 없이 상당 수준의 높은 관리 문제가 있는 학급일 것이다. 주변 환경이 혼잡하고 시끄러운 곳에 위치한 학급 혹은 학생들의 물리적, 교수적 필요와 일치하지 않는 가구 배치 등도 넓은 의미에서 문제행동을 일으킬 만한 장소이다.

이번 장에서는 일과 계획하기, 긍정적인 학급 분위기 조성하기, 예상할 수 있는 관리 문제들을 피할 수 있는 학급 만들기를 위한 지침을 제공할 것이다. 이와 같은 일들이 정확하게 이루어지는 때에 이들 전략들은 일상적인 관리 문제들을 해결하는 데 도움을 줄 것이다.

일과

일과 용어에 익숙해져야 한다.

일과(schedule)란 수업 동안 해야만 하는 활동들에 시간을 분배하는 것이다. 어떤 활동을 해야만 하는 시간들은 미리 정해져 있다(점심시간, 음악, 체육시간, 언어치료나 상담 같은 특별한 서비스). 교사들은 하루의 일정을 계획한다. 이런 일과의 많은 부분이 여러분이 가르치는 교수활동시간(자료실, 전일제 특수학급, 통합 프로그램)에 의존하지만 일과를 구성하는 것은 매우 복잡한 일이다. 기본적인 단계들을 따라서 이번 절의 뒤에 일과를 작성해 보도록 할 것이다. 먼저 일과 계획하기에 이용되는 여러 가지 중요한 용어를 명백히 정의하고 주의를 기울여 일과를 계획하는 것이 중요하다.

일과와 학생 수행 간의 관계에 관한 연구

1970년대 초반에 교사활동과 학생 성취도와의 관계에 관한 광범위한 연구들이 있었다(Berliner, 1978; Brophy & Evertson, 1976; Evertson, 1979, 1982; Evertson, Anderson, Anderson, & Brophy, 1980; Evertson, Anderson, & Brophy, 1978; Stallings, 1980; Tikunoff, Berliner, & Rist, 1975). 이러한 상관관계에 관한 연구에 따르면 많은 변수들이 서로 연결되어 있다. 교사들이 어떤 행동에 대해서 명확하게 설명하는 것이 학생들의 성취도와 행동에 영향을 주었다(Anderson, Evertson, & Brophy, 1979; Brophy & Evertson, 1976). 중요한 교사 행동은 제4장에 기술한 교수규칙과 절차를 세우는 것을 포함한다. 이번 장에서는 일과, 분위기, 조직에 관하여 기술할 것이다.

일반적으로 교수시간과 관련된 문헌에는 일과의 다른 측면을 언급하기 위해서 확실하다고 생각되는 용어를 사용하고 있다. 일과의 이런 요소 중에 어떤 것은 학생 학습과 행동을 예상할 수 있는 지표가 된다. 표 5-1은 교수시간의 다양한 수준과 학생들의 학습 및 행동 간의 상관관계에 관한 연구 결과를 보여 주고 있다. 다른 요소들이 어떻게 관련되어 있는지를 보여 주는 모델은 그림 5-1에 있다. 용어에 대한 정의는 아래와 같다.

가능한 학습시간 혹은 학습 기회 학생의 학습은 학생들에게 부과된 내용을 조건으로 한다(한 교과서에서 얼마나 많은 부분을 배울 것인가, 얼마나 많은 기술을 배울 것인가). 학습 기회는 부분적으로 교수를 위해 할애된 각 학기의 전체 시간에 의해서 결정된다. 예를 들면 6시간 수업에서 학생들은 4시

표 5-1 교수시간에 관한 연구의 요약

- 특수교사들은 비교수활동과 교수활동에 대략 같은 시간을 소비한다(Vannest, Soares, Harrison, Brown & Parker, 2010).
- Fisher(2009)는 15개 고등학교 교실의 관찰 연구를 통해서 학생들이 적극적인 참여를 보이지 않는 듣기활동에 대부분의 시간(관찰시간의 48%)을 보내고 있다고 보고하였다. 다음으로 가장 많은 활동을 하는 시간은 기다리기(관찰시간의 17%)였다.
- 교사들은 비교수활동, 즉 예술 창작과 관련된 시간, 주말 파티, 학급행동관리와 관련된 논의, 시험 준비 등에 평균 23%의 시간을 사용한다(Metzker, 2003).
- 개선된 학생들의 학업 성취 향상은 학급 행동의 개선을 동반한다는 여러 연구가 있다(Cotton & Savard, 1982; Gettinger, 1988).
- Rosenshine(1980)은 학급 교수시간에 대한 대표 연구에서 학기의 58%를 교수활동으로, 23%를 비학업활동(음악, 미술, 이야기시간)으로, 19%를 비교수활동(점심시간, 이동시간, 가사 과제)으로 보았다. Hofmeister와 Lubke(1990)는 약 79%(4시간 44분)의 학습 기회가 교수에 배분되어 있다고 보고하였다.
- Rosenshine(1980)은 교수에 더 많은 시간을 할애하는 것은 학생들의 주의 집중을 상대적으로 감소시키지는 않는다고 보고하였다. 즉, 긴 수업시간이 학생들의 과제이탈 행동을 증가시키지 않는다고 하였다.
- 많은 연구에서 학습참여시간에 관련된 다양한 비율이 보고되었다.
  - 매년 학교에서 보내는 시간은 28~56%(WestEd, 1998)이다.
  - 학습 기회는 42%(2시간 31분)(Hofmeister & Lubke, 1990)이다.
- Hofmeister와 Lubke(1990)는 성공적 학습시간은 전체 10~25%이고 평균 17%라고 보고하였다(대략 하루 6시간의 1시간 1분).
- Latham(1992)은 성공적 학습시간으로 하루의 평균 18%를 보낸다고 보고하였다.

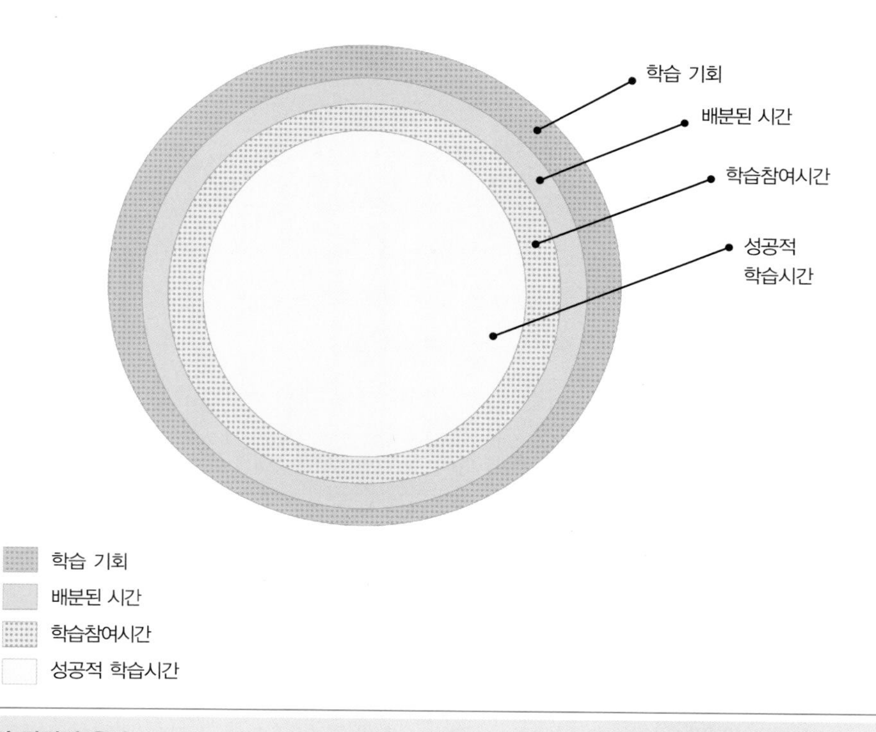

그림 5-1 일과와 관련된 용어

간 30분은 교실에서, 나머지는 음악, 미술, 체육, 점심식사를 위해서 쓰게 된다.

배분된 시간 배분된 시간(일과표)은 교사들이 각 교수활동을 위해 할애한 시간의 양을 나타낸다. Hofmeister와 Lubke(1990)는 학습 기회의 약 79%를 실질적으로 교수를 위해 할애하였다(표 5-1 참조).

교과 교수를 위해 가능한 한 많은 시간을 할애하는 것은 학생 학습과 적절한 행동을 위해 중요하다(Brophy & Evertson, 1976; Hofmeister & Lubke, 1990). 다음의 초등학교 학급 일과는 높은 수준의 배분된 시간을 나타내는 것이다.

8 : 00~9 : 00	읽기/언어
9 : 00~9 : 05	휴식
9 : 05~10 : 05	수학
10 : 05~10 : 10	휴식
10 : 10~11 : 00	읽기/언어
11 : 00~11 : 05	휴식
11 : 05~11 : 50	사회
11 : 50~12 : 20	또래 교수/교육과정 프로젝트
12 : 20~12 : 40	점심
12 : 40~12 : 50	휴식
12 : 50~1 : 35	과학
1 : 35~2 : 10	특별활동(체육, 음악, 미술)
2 : 10~2 : 25	강화활동과 숙제 점검(숙제, 각서, 허가서)
2 : 25~2 : 30	귀가 혹은 방과후 활동 준비
2 : 30	수업 종료

총 학습 기회 : 390분
학과 교수와 연습 활동을 위해 배분된 시간 : 290분(하루의 74%)
읽기/언어 : 110분(28%)
수학 : 60분(15%)
사회 : 45분(12%)
과학 : 45분(12%)
휴식 : 25분(6%)
강화활동 : 15분(3%)

이 일과표에서는 짧은 휴식은 하루 동안 조금씩 분배하여 계획하고 핵심 교과(언어와 수학)는 1, 2교시에 배정하였다. 언어를 위해 한 번 이상의 교과시간을 할애하고 다른 과목보다 수학과 언어에 더 많은 시간을 할당하였다. 그 이유는 이번 절 후반부에서 논의될 것이다. 만약 학생들이 핵심 교과에 상당히 어려움을 겪고 있다면 하루에 한 번의 교과시간으로는 핵심 교과가 요구하는 부분을 충분히 소화해 낼 수 없다. 학생 성취도는 교수 내용에 대한 노출과 학습 기회에 관련되어 있다.

학습참여시간 교수를 위하여 배분된 모든 시간에 교수만을 하는 것은 아니다. 학습참여시간(AET)은 학생들이 교수활동(교수 참관, 질문에 답하기, 질문하기, 글쓰기, 집단활동, 과제활동)에 적극적으로 참여한 배분된 시간의 백분율로 나타내는 것이다(Brophy & Evertson, 1981). 높은 학습참여시간은 학생 학습과 적절한 행동을 위한 가장 중요한 변수들 중의 하나이다(Berliner, 1978; Brophy & Evertson, 1976; Hofmeister & Lubke, 1990). 학생들은 교수적 자극으로 상호작용을 통해 배울 수 있는 기회를 얻지 못한다면 습득할 수 없다. 비참여시간(수동적인 시간)은 행동문제들의 불합리한 순환을 만들 수 있다. 학생들이 교수활동에 의미 있게 참여하지 못할 때 문제행동이 발생할 가능성이 높아진다. 만약 신속하고 효과적인 방법으로 처리되지 않는다면 이러한 문제행동들은 교사의 시간이 더 많이 필요한 심각한 형태로 발달할 것이며, 이것은 계획된 교수활동을 잠정적으로 방해하는 것이다(Martella, Nelson, & Marchand-Martella, 2003). 불행하게도 연구들은 표 5-1에 나타낸 것처럼 학습참여시간의 낮은 비율을 나타내고 있다. 낮은 학습참여시간 비율은 표 5-1에 함축된 것처럼 전이에 대한 비효율적인 절차와 다른 일상적인 일과, 비효율적인 일과표 등도 그 이유에 포함된다.

성공적 학습시간 높은 학습참여시간 그 자체로서는 불충분한 목표이다. 만약 학생들이 높은 비율의 과제참여를 했더라도 그 시간 동안에 많은 실수를 했다면 학생들은 과제를 제대로 배우지 못한 것이나 다름없다. 학생들이 올바르게 반응할 때 가장 잘 배울 수 있다. 실수가 많으면 좌절과 같은 문제행동을 일으킬 수 있으며 어려운 과업을 회피하려고 한다. 학습의 마지막 단계, 즉 학생들이 성공적인 학업 반응을 나타내는 성공적 학습시간(academic learning time, ALT)은 매우 중요하다. 성공적 학습시간은 학업 성취 및 적절한 행동과 중요한 실질적인 상관관계가 있다(Fisher et al., 1978). 마찬가지로 학생들이 교수에 참여하지 않을수록 교사들은 더 많은 학급관리 문제를 경험하게 될 것이다(Martella et al., 2003).

연구를 통해서 보면 높은 수준의 학생 학습과 적절한 학생 행동은 교수에 배분된 시간 분량과 학생이 학습에 성공적으로 참여한 횟수에 어느 정도 의존한다.

일과는 예방적인 관리의 중요한 단계이다.

시간을 배분할 때 유의해야 할 점의 하나는 휴식시간, 자유시간, 강화시간의 사용에 대해서 주의해야 한다는 것이다. 휴식시간은 저학년 학생들이나 하루 중 휴식이 필요한 물리적 혹은 건강상의 문제를 가지고 있는 학생들을 가르친다면 적절하다. 교사 혹은 보조원들이 휴식을 취하기 위해서 혹은 단순히 일과의 한 부분으로서 휴식시간을 만드는 것은 부적절하다.

'자유시간' 혹은 비구조화된 시간은 문제행동이 일어날 가능성을 높인다. 이 시나리오를 생각해 보자.

발라드 교사 (5학년 학급)	벨이 울릴 때까지 몇 분 남았습니다. 옆의 친구와 이야기하거나 읽고 싶은 책을 읽으세요. 스파이크는 의자를 옆으로 빼서 뒤로 젖히고 앉아 옆자리에 있는 로사리오의 책상으로 다리를 뻗었다.
로사리오	내 쪽에서 나가. 다리 치워!
스파이크(다리를 계속 뻗은 채)	야, 나는 문제를 일으키고 싶지 않아. 편하게 있으면서 너랑 이야기하려고.

로사리오	선생님, 스파이크에게 다리를 치우라고 말해 주세요. 스파이크가 나를 귀찮게 해요.
발라드 교사	스파이크, 똑바로 앉아.
스파이크	선생님이 옆 친구하고 이야기해도 된다고 하셨잖아요. 나는 로사리오하고 이야기하려고 했는데 로사리오가 이야기를 안 해요.

이와 같이 발라드 교사는 문제가 발생한 그 시점까지는 수업에 잘 참여했던 스파이크의 행동을 다루어야 하는 상황에 처하게 되었다. 특별히 행동적 어려움을 가지고 있는 많은 학생들은 불규칙적인 자유시간이나 허용되는 행동의 규칙들이 분명하게 제시되지 않았을 때 자기지시와 자기조절이 어렵다. 이런 학생들은 수용되기 어려운 활동들(큰 소리로 이야기하기, 부적절한 말하기, 침 뱉기, 낙서하기, 교실 입구에 서서 출입 방해하기 등)을 할지도 모르기 때문에 특별히 자유시간에 무엇을 해야 하고 무엇이 적절하지 않은지에 대해서 약간의 설명이 자연스럽게 제공되어야 한다는 것이다. 가치 있는 교수시간을 의미 없이 써버리는 교사들은 드물 것이다. 교사들은 필요한 교과내용을 가르쳐야 하는 압박을 받고 있으며, 제1장에서 논의한 것처럼 수업은 다양한 학생들을 상대로 이루어지는 것이다. 제6장에서 논의하겠지만 학생 행동과 학업 수행 간에는 밀접한 관계가 있다. 학생이 경험한 학업상의 어려움이 많을수록 도전행동을 보이는 일이 많아지며, 이것은 반대의 관계에서도 성립한다. 학업상의 어려움을 갖고 있는 학생들일수록 소중한 교수시간을 낭비해서는 안 된다. 어떤 교사들은 적절한 행동에 대한 강화활동으로 학생들에게 자유시간을 허락한다. 제10~11장에서 우리는 교수에 방해되지 않는 방향으로 적절한 행동에 대한 강화를 어떻게 마련할 것인가를 논의할 것이다. 학급 일과에 규칙적인 부분으로 자유시간을 넣을 이유는 없다.

물론 모든 학생들에게 자유시간(어떤 학생들에게는 다른 학생들보다 더 잦은 휴식시간이 필요함)이 필요하다. 그러나 스트레스를 푸는 목적으로 불규칙하게 만들어져서는 안 된다. 특별히 자폐성 장애 혹은 발달장애 학생들에게는 휴식시간이나 놀이시간은 중요한 놀이와 여가기술들을 가르치는 기회를 제공해 준다. 대부분 학생들에게 정해진 휴식시간은 그 시간 동안 관리 문제들을 피할 수 있도록 도와주며 휴식시간과 학업시간 중간에 학생들이 쉽게 이동할 수 있도록 해 준다. 적절한 학생행동은 교사들이 주의 깊게 체계적으로 계획하고 그 목적을 성취하기 위하여 특별한 전략들을 실행할 때 나타난다는 것을 기억해야 한다. 적절한 행동을 위한 순행적으로 계획한 일들이 실패를 한다면 학급관리 문제들이 생길 가능성이 높아질 것이다.

높은 수준의 배분된 일과 계획하기

적절한 행동을 증가시키기 위해 추천된 전략 중 하나는 교사의 일과표에 높은 수준의 배분된 시간이 포함되어야 한다는 것이다. 교수계획은 가르치는 학년과 지도하려는 과목에 의존하지만 다음 지침들은 한 학기 동안 교수를 위해 시간을 할당하는 데 도움이 될 것이다.

1. 학교의 일과가 시작되고 끝나는 시간을 기록한다.
2. 교수를 위해 이용할 수 없는 시간들을 제외한다 ─ 점심시간, 교사 계획시간, 특별활동 교실(체육, 음악, 미술), 혹은 관련 서비스(언어치료, 상담).

3. 하루에 가르쳐야 할 모든 과목을 적는다. 이것은 교수할당시간(영어와 언어를 가르치는 고등학교 교사에게 할당된 일과는 모든 과목을 가르쳐야 하는 교사와 상당히 다름)과 학생들의 IEP 목적과 목표에 따라 결정된다.
4. 특별한 학과의 시간을 확인해야 한다. 5학년 학습 도움실의 특수교사는 일반학급 5학년 수학시간과 같은 시간에 학생에게 수학을 가르치는 시간을 계획해야 될지도 모른다. 고등학교 특수학급 교사는 모든 학생들이 있을 때(일반학급에서가 아님) 사회적 기술 교수를 계획할지도 모른다.
5. 가능하다면 아침시간에 주요 과목인 언어와 수학을 넣도록 노력하라.
6. 일과를 만들 때 학생들의 기술 수준을 고려해야 한다. 만약 여러분이 대부분의 기술 영역(읽기, 쓰기, 수학)에 주요한 결핍을 가지고 있는 학생들을 가르치고 있다면 이들 과목을 위해 1시간 이상을 할애하는 것이 필요할지도 모른다. 예를 들면 여러분이 읽기 능력이 초등학교 수준인 고등학생을 가르치고 있다면 읽기와 쓰기를 위해 2시간 혹은 그 이상의 시간을 계획해야 할 필요가 있으며 읽기 교수가 포함된 국어 교과(고등학교 학생들에게 적합한 내용)나 국어를 위한 다른 시간을 계획하는 것이 필요하다.
7. 동기가 낮은 과목과 동기가 높은 과목을 교대로 이용하도록 한다. 만약 학생들이 역사에 흥미가 없고 과학에 관심을 가지고 있다면 가능한 일과표에 역사 다음에 과학을 넣는다.
8. 보조원이 함께 있다면 보조원의 휴식시간을 언제로 할 것인지를 결정하는 것도 중요하다. 이 시간은 교실에 학생들이 적은 경우 혹은 보조원 없이 여러분 혼자 과목을 가르칠 수 있는 경우로 하는 것이 바람직하다.
9. 학생들을 위해 어떻게 휴식시간을 계획할 것인가를 고려해야 한다. 만약 여러분이 고등학교 혹은 중학교에서 가르치는 교사라면 이러한 휴식시간은 모든 학생들이 학교에서 미리 결정된 규칙을 따르면 된다. 만약 초등 수준이나 특수학급에서 여러분이 가르치고 있다면 일과에 휴식시간을 포함시켜야 한다.
10. 일단 교수기간에 계획한 일일계획을 맞추어 짜고 교수기간 동안 일어날 수 있는 것들을 계획해 보기 시작한다. 제8장에서 자세한 교수계획에 대해 논의할 것이다. 이 시점에서 각 기간에 일상적인 활동들을 넣도록 고려해 보아야 한다. 절차가 어떻게 기본적인 학급활동을 해야 하는지를 알려 주는 것처럼 일과는 언제 이런 활동들이 일어나는지를 알려 준다. 대부분 사람들은 아침에 언제 일어나서, 언제 일터로 가고, 일과 후 언제 집에 가며, 언제 식료품점에 가는지에 대한 일상적인 일과들이 있다. 같은 일상적인 일과로 지낸다면 이런 활동들은 별 문제 없이 진행된다. 일상적인 일과를 방해하는 어떤 일이 일어날 때 우리는 무엇을 해야 할지 잊어버리거나 좋지 않은 감정을 느끼게 된다.

우리의 개인적인 삶처럼, 학급에서 세운 일과들은 모든 것이 순조롭고 효율적으로 진행되는 데 도움을 줄 것이다. 예를 들면 고등학교 한 학급에서 다음과 같은 일상적인 일과를 따를지도 모른다.

- 교사가 행정적인 업무를 위해 허락된 준비활동과 필요한 자료를 모으거나 학습을 위해 학생에게 허락된 준비활동(5분)
- 전날의 학과 살펴보기(3~5분)
- 그날에 필요한 교과를 직접 교수하기(대 · 소집단 교수 20~40분)
- 연습활동(15~30분)

- 숙제 내주기 혹은 숙제 살펴보기 혹은 다음 시간의 준비물 알려 주기 등 종례 활동(3~5분)

각 기간에 대한 일관성 있는 일과를 만들고 유지하는 것은 학생들이 일관성 있는 일상에 익숙하기 때문에 관리 문제를 예방하는 데 도움이 되며 교사들을 위한 일일계획을 쉽게 만들어 준다. 각 기간의 기본적인 틀을 가지고 어떤 활동이 포함되어야 하거나 어떤 내용이 강조되어야 할 것인가를 결정하는 것이 필요하다.

위 10단계는 일과를 개발하는 데 따라야 할 일반적인 틀이다. 각 교사들의 상황이 약간 다르지만 이런 기본적인 단계들은 관리하기 쉬운 직무로 일과표를 계획하는 데 도움을 줄 것이다.

교실 분위기

분위기(climate)는 교실환경의 전체적인 상태를 일컫는다. 핵심은 어떤 특별한 상황 혹은 느낌을 반영하는 분위기를 창출하는 자원과 시간에 투자하거나 분위기의 중요성을 이해하는 것이다. 예를 들면, 의사들은 대기실을 편안하고 조용한 환경으로 만들려고 노력할 것이다. 유통업에서는 시설이 깨끗하고 잘 조직화되기를 바라며 똑똑하고 친절하며 지식을 갖춘 직원을 원한다. 사업에서처럼 교사들은 학생들의 학습과 사회화를 지원하고 반영하는 교실환경을 만들려고 노력해야 한다. 교실은 학습이 일어나고, 학습이 중요하게 다루어지고 진행되는 곳이 되어야 한다. 여러분의 교실에서는 학습환경의 전체적인 분위기를 잃지 않으면서 따뜻함과 매력적이며 안전함을 느낄 수 있어야 한다. Emmer와 그의 동료들은 "학생들이 교실에 오고 싶어야 한다."(p. 135)라고 교실 분위기의 목적에 대해서 잘 요약하였다(2003). 고객서비스부터 사업장 설계 및 색 배합까지 환경의 모든 면을 고려하는 사업처럼 교사들은 학생들이 원하는 분위기를 어떻게 만들 것인가를 계획해야 한다.

Borich(2004)는 사회적 환경과 조직적 환경의 융합을 교실 분위기라고 기술하였다. 교실의 사회적 환경은 교사에 의해서 장려되고 허락되는 상호작용의 형태를 나타내는 것으로 다음이 포함된다.

- 교사가 자신의 권위와 힘을 행사하는 방법
- 교사들이 학생들에게 온정과 관심을 나타내는 말의 정도
- 교사가 학생 참여와 선택을 장려하고 허락하는 말의 정도

교실의 조직적 환경은 가구 배열, 빛, 장식, 쾌적함 등 교실의 물리적인 분위기를 나타내는 것이다.

많은 부분에 있어서 분위기는 교사와 학생들의 상호작용의 형태와 성격에 의해 결정된다. 교사-학생 상호관계는 분위기의 기초이며 학생 성공을 위해 중요하다. 교사-학생 상호관계는 학생 성취, 중퇴율 및 범죄, 일반적인 반사회행동, 심지어 학교 안정문제에 영향을 줄 수 있다.

연구에 의하면 교사들은 단순히 학문적인 내용을 전달하기보다는 학교환경에서 폭넓은 역할을 담당하고 있다고 제안하였다. 예를 들면 교사들은 학생들의 학업 성과에 동기부여 요인이 될 수 있다. 한 명 혹은 여러 명의 교사와 긍정적인 상호관계는 높은 학점(Niebuhr, 1999), 성취 시험에 좋은 수행(Green 1998), 학업에 대한 높은 몰입(Borich, 2003), 낮은 문제행동, 높은 사회적 능력과 높은 학교적응력을 갖게 해준다(Pianta, Hamre, & Stuhlman, 2003). Marzano(2003a)의 연구에 의하면 교사-학생 상호관계는 교실행동관리에 있어서 중요한 요소로 나타났다. 학생들과 좋은 상호관계를 유지하고 있는 교사들은 다른 교사들보다 31%의 낮은 훈육문제를 보인다. 마찬가지로 부정적인 교사-학생 관계

는 낮은 성취도, 반사회행동, 낮은 학교 적응력, 내외적인 문제행동들을 포함한 바람직하지 않은 결과와 관련되어 있다(Ladd, Birch, & Buhs, 1999; Murray & Greenberg, 2006; Murray & Murray, 2004; Soar & Soar, 1979).

긍정적인 교사 영향에 대한 가능성은 중도탈락 학생과 청소년 범죄의 연구에서 찾아볼 수 있다. 학교를 중퇴하는 학생들에 대한 대부분의 연구에서 Wehlage와 Rutter(1986)은 1,000개 이상의 고등학교에서 대략 3만 명의 학생에 대한 사례를 연구하였다. 학교를 중퇴하는 대부분 학생들의 공통적인 이유 중에 하나는 교사들의 학생에 대한 관심 부족이었다. 1980년 후반에는 아동과 청소년 범죄행동의 원인들과 관련사항에 대해 장기간 관찰하는 세 가지 주요 연구가 시작되었다. 이 연구와 다른 결과들은 학교를 기반으로 하는 요인, 즉 낮은 성취도, 낮은 학업 몰입도와 학교와의 낮은 연계성, 학교에 대해 불안전하게 느끼는 것 등은 모두 청소년 범죄와 관련되어 있는 요소들이라고 지적했다(Chibnall & Abbruzzese, 2004; Wyrick & Howell, 2004). 부적절한 행동이 높고 적응행동 수준이 낮은 학생들은 학교생활에서 실패하거나 동료 학생들로부터 거부당한 경험이 있다(Beebe-Frankenberger, Lane, Bocian, Gresham, & MacMillan, 2005; Walker, Ramsey, & Gresham, 2004).

분위기는 학급의 전체적인 외관과 느낌을 나타내는 것이다.

제1장에서 논의한 것처럼 1980년대와 1990년대의 학교 총기사건들로 인해 학교 내 폭력행동을 조성할 수 있는 요건들을 평가하는 운동이 일어났고, 학교들은 위험신호를 확인하고 예방행동을 취할 수 있게 되었다. 미국 교육부가 교직원에게 전송한 두 가지 문서는 잠재적인 폭력행동에 대한 초기 신호를 인식하고 예방적이고 사전적인 학교환경을 만드는 데 도움이 되었다. 첫 번째 문서는 '조기 경고, 적시 반응(Early Warning, Timely response)'이라는 제목으로 되어 있었고, 다음 문서는 '우리 아이들 보호하기: 행동지침(Safeguarding our children: An action guide)'이라는 제목이었다. 두 문서는 잠재적인 폭력의 조기 경보 신호를 확인할 수 있는 중요한 요소로서 교사-학생 간의 상호관계를 강조하였다(Dwyer & Osher, 2000; Dwyer, Osher, & Warger, 1998). 교사들이 학생들을 잘 이해할 때 학생들의 필요와 감정을 이해하고 행동 패턴의 변화를 쉽게 인식하게 된다. 한 명 혹은 여러 명의 교사들과 잦은 만남과 가까운 관계를 유지하고 있는 학생들은 중요한 개인적인 감정과 문제들(자살 생각, 괴롭히거나 왕따시키기, 학대, 사회적 고립 등)을 잘 드러낼 수 있으며 학교와의 연계성을 유지시키려는 경향이 있다(Dwyer & Osher, 2000).

어떤 전문가들은 교사를 포함한 어른들과의 긍정적이고 돌봄을 받는 관계는 학습과 행동문제의 가능성을 증가시키는 위험 요소들에 대한 보호적 완충제 역할을 할 수 있다고 제시하였다. 복원력 연구는 아동들의 반사회행동에 대한 위험성을 증가시킬 수 있는 개인, 가족, 학교, 사회적 요인들과 부정적인 영향들로부터 보호할 수 있는 요소들을 제시하였다. 각 영역(개인, 가족, 학교, 사회)은 위험과 보호라는 두 가지 요소를 잠재적으로 가지고 있다. 반사회적인 행동에 대한 위험 요소를 가지고 있는 학교 조건들에는 질이 낮은 학교들, 교사들과의 부정적인 관계, 또래 학생들과의 부정적인 관계, 부적절한 또래 모델들이 포함된다(Center for Mental Health in Schools, 2002). 학교는 부정적인 개인, 가족, 이웃의 영향에 대해 완충역할을 담당해야 한다. 학교를 기반으로 하는 보호 조건에는 한 명 혹은 여러 명의 교사들과 긍정적인 관계 유지, 적절한 또래 모델, 긍정적인 또래 관계, 성공적인 학교생활, 보호하고 보호받는 학교환경이 포함된다(Center for Mental Health in Schools, 2002; Werner, 1990). 회복에 대한 포괄적인 연구를 토대로 Werner는 아동들이 부정적인 삶의 조건들을 극복하는 데 도움이 되는 보호 요소들은 특별한 위험 요소보다 더 강력한 영향을 미칠 것이라고 하였다(Werner & Smith, 2001).

Zionts(2005)는 교사–학생 상호작용이 긍정적인 학교 적응과 관련되어 있다는 흥미로운 논의를 제시하였다. 학교 적응에서 학생들의 일차적인 상호관계(부모 혹은 다른 양육자와의 관계)의 효과와 긍정적인 교사–학생 관계가 어떻게 현재와 미래 학교 적응에 영향을 미칠 수 있는지를 살펴보았다. 강하고 긍정적인 교사–학생 관계는 빈약한 일차관계의 잠재적이고 부정적인 효과를 개선시킬 수 있는 '안전한 기초'를 제공하며 학생이 학교 요구들에 대해 성공적으로 적응할 수 있는 가능성을 보여 준다.

긍정적이고 보호적인 교사–학생 관계의 영향에서는 교사의 특별한 행동이 관계에 기여하거나 관계를 손상시키는지를 살펴보는 것이 중요하다. 교사들은 학생들이 관계를 형성하고 유지하는 데 중요한 기술을 가지고 있는지의 여부와 학생들이 적절한 맥락에서 관계 유지 기술들을 이용하고 있는지 살펴보아야 한다. 교사들은 학생들이 지시를 잘 따르고 정확히 과제를 완수하며 친구들과 교사들과의 충돌을 효과적으로 관리하고 자기조절을 이용하며 협조적일 것으로 기대하고 있다(Beebe-Frankenberger et al., 2005; Hersh & Walker, 1983; Kerr & Zigmond, 1986). 이러한 기술들이 부족한 학생들은 부적절한 행동을 나타낼 위험이 크고 긍정적인 교사–학생 관계의 개선에 방해가 될 수 있다. 이러한 기술들은 배우거나 강화를 통해서 이루어져야 한다. 예를 들면 건전한 관계는 공감, 진실성, 흥미, 존경을 바탕으로 이루어진다. 이러한 개념들을 학생들에게 설명하고 함께 토의해야 하며, 각 개념이 반영된 행동들을 확인하고 목록화해야 한다.

칭찬하기, 학생의 생각을 구하고 반영하기, 학생들의 의견 경청하기, 학생들의 기여 존중하기, 학생들과 사회적 활동 같이하기 등과 같이 학생들을 따뜻하게 보호하는 교사들의 행동과 태도는 긍정적인 교사–학생 관계의 지표들이다(Evertson et al., 1980).

불행하게도 많은 학생들에게 긍정적인 학교 경험과 긍정적인 교사–학생 관계는 일반적인 것이 아니다. 특히 문제행동을 보이는 학생들에게 더욱 그러하다. Jenson과 그의 동료들은 문제행동을 하는 학생들의 학교 경험을 특징짓는 '부정성의 바다'를 기술하였다(Jenson, Olympia, Farley, & Clarke, 2004). 부정적인 교사–학생 관계 혹은 과도하게 비판적인 교사들은 '부정성의 바다'에 기여한다. Beaman과 Wheldall(2000)은 교사들이 반감과 호감을 가지고 대화하는 빈도와 태도에 대하여 포괄적으로 연구를 하였다. 압도적으로 교사들은 호감보다는 부정적인 혹은 비호감적으로 의사소통을 하는 경향이 있다. 다른 연구에서 교사들은 대부분의 적절한 학생행동을 무시하고 적절한 행동보다는 부적절한 행동에 자주 반응을 하는 것으로 조사되었다(Alber, Heward, & Hippler, 1999; Shores, Gunter, & Jack, 1993; Van Acker, Grant, & Henry, 1996).

심리학 영역에서 **긍정심리학**(positive psychology)으로 알려진 분야가 빠르게 성장하고 있다. 긍정심리학은 개인과 사회가 성공할 수 있도록 하는 미덕과 장점에 대한 과학연구이다. 긍정심리학은 긍정적인 감정, 긍정적인 개인 습성, 긍정적인 제도에 관심을 가지고 있다(Positive Psychology Center, 2007). 긍정심리학의 초점은 학교를 훨씬 벗어나는 것이지만 학교는 학생들을 위해 보다 긍정적인 환경을 제공해 주는 교실과 학교를 만드는 여러 가지 방법을 제공해야 한다. 긍정심리학에 대해서 철저히 논의하는 것은 이 책이 추구하는 바를 벗어나는 것이지만 관심 있는 독자는 이 장의 끝에 있는 '참고자료'(p. 119)를 활용하기 바란다.

긍정적 교실 분위기의 핵심은 긍정적인 교사–학생의 상호관계이다. Martella와 그의 동료들(2003)은 긍정적인 교실 분위기를 만들기 위해서 교사들이 적극적으로 학생들과 긍정적인 상호작용을 해야 한다고 추천하고 있다. Emmer와 그의 동료들(2003)은 교사들이 학생들이 긍정적인 기대감을 가지고 의사소통을 하고 적절한 학생행동에 대해서 칭찬을 받으며 보상을 받을 수 있는 환경을 만들어야 한다고 제안하였다.

긍정적인 교사의 언어는 교사들이 긍정적인 교실 분위기를 만들 수 있는 방법 중 하나이다. 긍정적인 기대감을 가지고 대화하기(제4장 참조), 동기부여를 향상시키기 위해서 칭찬과 보상 주기 등(제10~11장 참조)과 같은 전략들은 바람직한 결과를 얻는 데 도움을 줄 것이다. 적절한 학생행동에 대한 높은 수준의 칭찬은 긍정적인 교실 분위기를 위한 필수요소이다. 더욱이 교사들은 긍정적인 분위기를 만들기 위해 다른 일들을 해야 한다. 예방적인 행동관리의 주요 요소를 완성하기 위해서 여러분 자신의 아이디어를 고려해 보기 바란다.

교실 구조화

교실을 배열하고 조직화하는 것이 학생행동에 긍정적인 영향을 미친다는 것을 여러 연구들은 보여 주고 있다. 교사들이 교수와 사회적 기대를 지원하는 교실의 물리적 배치를 하였을 때 학생행동이 적절하게 나타나는 경향이 있었다(Evans & Lowell, 1979; C. Weinstein, 1977; R. Weinstein, 1979). 특별히 심각한 신경행동장애(자폐성 장애, 주의력결핍 과잉행동장애, 지적장애)를 갖고 있는 학생들에게는 깨끗한 교실 구조화가 유익하다. Webber와 Scheuermann(2008)은 교사들은 기대행동이 분명히 전달될 수 있는 예측 가능한 환경을 만드는 데 노력을 기울여야 하며, 이러한 노력은 학생들이 기대할 수 있는 행동을 이해하는 데 도움이 될 뿐 아니라 문제행동이 적어질 것이라고 하였다. 학급 운영에 관련된 많은 책들과 다른 자료들은 교실 내 공간배치가 행동관리의 첫 번째 단계 중에 하나라고 제시하였다. 익히 아는 것처럼 교실 구조가 예방 전략의 마지막 하나임을 논의하였다. 교실 구조는 실질적이고 즉각적으로 강화하는 노력이기 때문에 교실 공간배치를 통해서 매년 예방활동을 시작하는 것이다. 그러나 교실 구조화에 앞서서 여러분이 할 수 있는 모든 것이 교실 공간 구조화에 영향을 줄 수 있기 때문에 학생들을 위해 준비하는 마지막 일 중의 하나로서 교실 구조화를 두는 것이다. 일과에 포함된 매일의 활동들은 어떻게 책상을 배열할 것인지(열로, 집단으로 등)와 필요한 다른 교수 자료들(학습 센터를 위한 공간, 컴퓨터, 책 읽기 등)과 여러분이 필요로 하는 자료와 물품들을 학생들이 쉽게 접근할 수 있도록 결정하는 것을 도와줄 것이다. 예를 들면 각 수업에 대한 일정을 수립한 후에, 학생들의 독립활동과 또래 교수를 위한 공간뿐만 아니라 대집단 교수와 소집단 교수를 위한 공간이 필요함을 깨닫게 될 수 있다. 여러분이 사용하기로 결정한 도표나 강화제 등의 강화 체계의 유형을 공지해야 한다. 필요한 다른 자료들의 사용에 대한 결정을 해야 하고 이러한 자료들은 사용되기 쉽게 보관되어 있거나 전시되어야 한다. 가령 매주 금요일에 학생들이 그룹 게임을 하기로 결정했다면 이러한 활동을 할 수 있는 장소를 결정해야 한다.

교실 배치를 시작하기 전에 다음과 같은 예방적 요소들을 개발해야 한다.

- 규칙, 절차(교실의 물리적 배치를 체계화한 후 교실의 여러 장소를 이용하고 움직이는 데 필요한 가능한 절차)와 연상 자료(제4장 참조).
- 집단 및 개별 강화 체계(제10~11장 참조).
- 일과표
- 분위기 특징

효과적인 교사는 조직적인 교사이다.

몇 가지 전형적인 지침은 어떻게 교실 공간을 배치할 것인가를 결정하는 데 도움을 줄 것이다. 첫 번째, 학생들이 경험하기를 바라는 활동의 종류와 그런 활동들을 하는 데 필요한 배열 형태를 작성하고 가시화한다. 교사의 일과표에 이와 같은 내용을 포함한다. 작성한 각 활동을 위해 어떤 종류의 공간과 상대적 배치가 필요한지를 고려해야 한다. 예를 들어 어떤 활동은 학생들이 앉을 책상이 필요하고, 학생들이 소집단으로 함께 과업을 수행할 공간이 필요하고, 카펫이나 푹신한 의자와 같은 부담 없는 공간배치가 필요하다. 많은 교실 내에 공간이 가치 있는 유용한 것으로 주어진다면 하나 이상의 활동이 같은 장소에서 일어날 수 있는지 여부를 생각해 보아야 한다. 예컨대 하나의 책상은 소집단 교수, 협력 그룹 활동, 혹은 교수적 게임을 위해 이용될 수 있다.

다음은 각 활동에 필요한 보다 특별한 자원(자료, 보관)을 확인하기 위해서 각 활동에 초점을 맞춰 보기로 하자.

1. 어떤 자료들을 이 지역에 보관할 필요가 있는가?
2. 어떻게 자료들을 보관하고 분류할 것인가?
3. 무슨 자료들을 학생들이 쉽게 이용할 수 있는가?
4. 어떤 자료들이 교사의 감독이 필요하고 이용될 수 있는가?
5. 어떤 청소 형태가 각 활동의 마지막에 필요한가?

이제 여러분은 교실을 구조화할 준비가 되어 있다. 그래프 용지를 이용하여 교실의 축척을 표시하거나 단순히 공간을 배치하거나 재배열할 수 있다. 이미 확인한 활동들을 조정하는 것 외에 교실 구조화를 위해 다음과 같은 기본적인 규칙을 따라야 한다.

1. 교실 내의 매우 혼잡하거나 산만한 공간을 최소화하거나 예방하기 위한 독립적인 활동 공간을 계획하라(Evertson, Emmer & Worsham, 2003). 예컨대 독립적 작업 공간은 출입문, 교실에서 키우는 애완동물, 연필깎이, 혹은 소집단 교수가 일어나는 공간 옆에 있으면 안 된다. Evertson과 Poole(n.d.)은 신중한 교실 공간배치를 통해서 주의 분산을 피할 수 있는 두 가지를 제안하였다. (1) 교사들은 학생들이 앉을 만한 영역에 직접 앉아 보면서 주의를 분산시킬 만한 것들을 찾아낸다. (2) 주의를 분산시키는 물건 중 불가피한 것들은 커튼 혹은 스크린 등을 이용하여 최소화하거나 숨긴다.
2. 모든 학생은 교사를 포함해서 칠판, 수업시간에 이용된 자료, 교수 등에 대해서 자신들이 생각을 확실히 가지고 있다는 것을 명심해야 한다(Evertson & Poole, n.d.).
3. 교사와 보조원들은 각 학생에게 쉽게 다가갈 수 있어야 하며 학생들은 언제나 그들의 시야에 있어야 한다(Shores et al., 1993). Shores는 학생들의 책상이 분리된 냉장고 박스 뒤에 있는 특수학급을 방문했다. 교사는 학생들이 그들만의 작업 공간이 필요하다는 것을 계속 주장하여 이러한 배치가 이루어졌다고 설명하였다. 불행히도 교사가 학생 뒤로 직접 가야만 각 학생들을 볼 수 있었다. 대부분의 시간에는 학생들을 볼 수 없었다. 이러한 형태의 공간배치는 많은 이유에서 만족스럽지 않다.
4. 가구와 장비는 교실을 따라 쉽게 이동할 수 있고 자료에 쉽게 접근할 수 있도록 배치되어야 한다(Evertson et al., 2003; Shores et al., 1993). 사용하지 않는 가구, 장비, 물품 등은 교실에서 치

워야 한다(Evertson & Poole, n.d.). 여러분의 교실을 부서지고 망가져 사용할 수 없는 자료들이 쌓여 있는 장소로 만들어서는 안 된다.

요약

이 책을 통해서 우리는 교실행동관리가 예방을 위한 첫 번째 단계임을 논의하였다. 제4장에서 분명한 규칙과 절차를 만들고 가르치기 위한 기본적인 예방 전략들을 기술하였고, 만들어진 규칙과 절차를 학생들이 기억하는 데 도움이 되는 연상 자료들로 설명하였다. 이번 장에서는 세 가지 예방 기술, 즉 교실 일과, 교실 분위기, 교실 구조화를 더하였다.

이번 장의 학습목표를 다시 살펴보고 각각의 정보에 대해 정리해 보자.

1. 학급 운영의 문제들을 예방하는 중요 요소는 일과, 분위기, 조직에 대한 관심이라는 것을 설명할 수 있다.

   학생들은 높은 수준의 활동적인 학습활동이 제공되었을 때와 적절한 행동을 촉진하기 위해 학습환경이 긍정적이고 분명하며 잘 조직화되었을 때 행동적이고 학습적인 부분에 있어서 최상의 진보를 보여 주었다. 이러한 이유에서 교사들은 교수 일과를 주의 깊게 개발하고 긍정적인 학급 분위기를 어떻게 만들 것인가를 계획하고, 기대행동을 성취하기 위해서 교실의 물리적 공간을 배치해야 한다.

2. 일과, 분위기, 조직과 관련된 연구를 기술할 수 있다.

   효과적인 교수와 학급관리 분야의 초기 연구들은 일과, 분위기, 구조화에 초점을 두었으며 학생행동과 이들 요인 간의 상관관계를 제시하였다. 교사들이 높은 수준의 교수활동으로 학생들을 유도할 때, 긍정적이고 따뜻한 분위기를 만들 때, 잘 조직화된 교실을 유지할 때 학생들의 문제행동이 줄어드는 경향이 있다.

3. 효과적인 일과표를 만들기 위한 시간 계획과 전략 개발을 위한 단계를 기술할 수 있다.

   학생들의 문제행동을 예방하기 위한 전략들을 기술하였다. 그런 전략 가운데 교실 일과와 학생 휴식시간을 주의해서 계획하는 것이 있다. 학생들은 교실 일과가 낮은 수준의 한가한 시간을 허가할 때, 휴식시간이 구조화되고 조직화되었을 때 적절한 행동을 보여 준다.

4. 학습에 도움이 되고 긍정적인 학급 분위기를 만들기 위한 아이디어를 기술할 수 있다.

   교실 분위기는 다양한 개념으로 정의되며 중요 요인 중에 하나는 교사–학생 관계의 질이다. 좋은 교사–학생 관계를 통해 나타나는 긍정적 결과에 대해서 폭넓게 논의하였으며 그러한 관계를 만들기 위한 전략들을 기술하였다.

5. 분위기와 일과 계획하기가 요구되는 학급을 어떻게 조직할 것인가를 기술할 수 있다.

   이번 장에서는 바람직한 행동을 촉구하는 교실환경을 조직하기 위한 특별한 아이디어를 제공하였다. 교수 일과 혹은 교실 공간배치를 개발하기 전에 기대 결과들을 세심히 고려한 다음 우리가 기술한 단계를 따른다면 학생들이 높은 수준의 적절한 행동을 하는 긍정적이고 생산적인 학습 분위기를 지닌 교실을 만드는 데 도움을 줄 것이다.

학습활동

1. 당신이 방문하기를 좋아하는 영업장을 생각한다. 분위기와 조직의 어떤 요소들이 당신으로 하여금 그곳을 선호하게 하는가?
2. 특별한 활동이 어떤 영역에서 일어나는지를 알리기 위해서 교실을 어떻게 조직할 것인가에 대한 참신한 아이디어를 기술한다.

3. 교실을 긍정적이고 우호적인 분위기로 어떻게 이끌 것인가를 소집단으로 논의한다.
4. 모건 교사의 초등학교 교실과 데이비스 교사의 수학 도움실의 사례를 읽어 본다. 모건 교사에게 어떤 조언을 줄 것인가? 무엇이 데이비스 교사의 성공에 기여했을까?

모건 교사의 초등학교 교실

ICE 박사는 망고 초등학교에서 역사 교실을 경영하고 있는 모건 교사의 초청을 받았다. 그녀는 최근 들어 오후 수업시간에 어려움을 느끼고 있다.

ICE 박사가 그녀의 교실에 들어갔을 때 교실의 물리적 공간 배치에 감명을 받았다. 학생들이 수행한 결과들이 규칙과 절차와 함께 전시되어 있었다. 교실은 따뜻하고 산뜻한 분위기였다.

ICE 박사는 모건 교사의 교실에 머물면서 관찰을 하였다. 수업은 일과에 따라 순조롭게 진행되었다. ICE 박사와 모건 교사는 점심을 같이했고 그녀는 오후 수업에 대해서 설명했다. 오후에 오는 학생들은 일반교육에서 도움이 필요한 경우에만 수업에 참여했다. 오전에 잘 행동하는 학생이 오후에는 학습을 거절하거나 불만을 토로하기 때문에 매우 걱정이 많다고 하였다.

오후 수업은 모건 교사가 아니라 일반학급에 의해 결정되었다. 어떤 학생들은 매일 오고 어떤 학생들은 일주일에 한 번 온다. 어떤 일상적인 일과가 존재하지 않는 것처럼 보였다. 학생들은 아침 시간보다 더 많은 교사들의 개인적인 관심을 요구하였다. 모건 교사는 학생들이 원하는 일대일 학습을 할 수가 없었다.

ICE 박사는 오후 수업에 대한 그의 생각을 나누기 위해 모건 교사를 만났다. ICE 박사는 학생들이 오후에 보다 편하게 지낼 수 있는 교실을 만들기 위해 모건 교사가 오후 일과를 일상적으로 수행할 것을 제안했다. 그리고 오후 수업에 대해서 어떻게 생각하는지 모건 교사에게 물었다. 놀랍게도 오후에는 피곤하고 결국에는 기진맥진해진다고 하였다. ICE 박사는 그녀의 에너지 수준이 오전에서 오후로 갈수록 떨어짐을 알려 주었다. 오후에 그녀는 웃지도 않고 심란해 보였다. ICE 박사는 오후의 낮은 에너지 상태가 학생들에 대한 흥미를 떨어뜨리는 데 기여한다고 알려 주었다. ICE 박사는 교실에서 일어날 수 있는 모든 것에 대해서 상기시켰다. 물리적인 공간배치, 일과, 분위기(교사의 에너지 수준)가 모두 함께 작용한다. 만약 한 부분이 약화되면 시스템은 잘 운영되지 않는다.

데이비스 교사의 수학 도움실

데이비스 교사는 중학교 3학년 수학을 가르치고 있다. 그의 학생들은 가능하면 이 학급이 일반학급처럼 진행되는 것을 중요하게 여겼다. 그들은 특수학급 학생으로 보이는 것을 원치 않았다.

데이비스 교사는 가능한 한 일반학급과 유사한 상황과 기대를 갖는 학급으로 만들기 위해 일반교사와 함께하기로 결정하고 이런 생각을 좋아했다. 첫 번째, 교실에 대한 조사를 통해 그의 학교에서는 대부분의 교사들이 책상을 소집단 형태로 배치한다는 것을 알았다. 데이비스 교사는 학생들의 책상들을 교실의 한 면에 소집단 교수를 위해 배열하였다. 커다란 화이트보드 옆, 즉 교실 앞에 대집단 교수를 위한 장비(OHP와 영사기)를 설치하였다. 데이비스 교사는 대부분의 일반교사들이 하는 것과 유사한 일과와 일정을 이용하였다(수업시작 시 출석 부르기, 수업시작에 학생들을 위한 도입활동, 개별 학습과 그룹 학습의 조화). 데이비스 교사는 많은 일반교사들이 학생들에게 최선의 포트폴리오를 요구한다는 것을 알아내고 이것을 수학시간에 응용하였다. 데이비스 교사는 일반교사들이 이용하는 방법 중에 하나를 도입해서 학생들의 수학 성적의 진보를 나타내는 도표를 만들어 냈다. 데이비스 교사는 학생들이 바라는 것에 관심을 기울이고 학급의 일과와 구조를 주의 깊게 계획함으로써 문제행동이 거의 발생하지 않는 긍정적인 학습환경을 만들어 냈다.

참고자료

웹사이트

The Center for Effective Collaboration and Practice : 폭력 예방과 관련된 정보와 긍정적이고 건강한 학교환경을 만드는 것과 관련된 정보를 제공해 줄 뿐 아니라 '조기 경보, 적시 반응'과 '우리 아이들 보호하기: 행동지침'에 접근할 수 있다.

The Kentucky Department of Education and the University of Kentucky Department of Special Education and Rehabilitation Counseling Behavior Home Page : 켄터키 주의 교육국과 켄터키대학교의 특수교육 및 재활상담학과에 대한 홈페이지로 행동관리와 훈육에 관한 모든 면을 강조하는 포괄적인 사이트이다.

The Iris Center for Training Enhancement, Vanderbilt : 밴더빌트 대학교의 피바디 단과대학에 교수 향상을 위한 IRIS 센터. 대학교 교수들의 코스 향상을 위한 자료를 지원할 뿐 아니라 교사들을 위해 IRIS 모듈, 사례연구, 활동, 짧은 정보 등이 포함되는 여러 가지 정보를 제공하는 사이트이다.

Center for Mental Health in Schools, part of the UCLA School Mental Health Project : UCLA 정신건강 프로젝트의 부분으로 학교 내 정신건강센터 웹사이트이다. 수많은 논문, 정보, 구두 발표 내용, 훈련기구, 교내 학생 정신건강과 관련되어 있는 폭넓은 주제들에 대한 자료들이 포함되어 있다(교실 분위기, 예방 중재 전략, 포괄적인 계획 등).

Positive Psychology Center, University of Pennsylvania : 긍정심리학에 관한 연구, 실행, 참고자료와 같은 정보를 제공한다. 회복 교육과정에 대한 정보뿐만 아니라 아동에 대한 학습된 무기력, 회복연구에 대한 자료들을 이용할 수 있다.

Positive School Psychology Interest Group, National Association of School Psychologists : 학교와 회복과정의 긍정심리학에 관한 논문들을 이용할 수 있다.

학술지

Communiqué Online National Association of School Psychologists

The Journal of Positive Psychology

Journal of School Psychology

School Psychology Quaterly

School Psychology Review, National Association of School Psychologist

CHAPTER 6

효과적 교수를 통한 문제행동 예방

Thomas Barwick/Getty Images

학습목표

1. 성공적인 학생과 학습 및 행동문제가 있는 학생의 학습 특성을 기술할 수 있다.
2. 학습 단계를 정의하고 순서대로 나열할 수 있다.
3. 학습과 행동장애가 있는 학생에게 권할 수 있는 교수 형태와 활동을 짝지을 수 있다.
4. SCORE CHAMPS라는 약어를 사용하여 적절한 행동 및 학습의 상위 단계와 교수적 실제를 연결시킬 수 있다.
5. 교실에서 흔히 발생하는 교수활동의 유형과 활동 유형별 문제점 및 해결방안을 설명할 수 있다.

장애학생 교수에 관한 보편적 아이디어

- 탁월한 교수는 적절한 행동의 결정적인 선행사건이 될 수 있다.
- 교수와 행동 간에는 밀접한 관계가 있다.
- 교수와 관련된 모든 것은 신중하고 체계적으로 계획되어야 한다. 교사가 교수와 관련하여 내리는 결정 하나하나가 모두 중요하다.
- 학급 운영체계와 유사한 특성을 가진 교수적 환경, 즉 구조화되고 명확하며 학생의 성공에 중점을 두는 환경은 학습과 행동장애가 있는 학생들에게 유익하다.

행동과 교수의 관계

학교는 아동의 삶에서 강력한 역할을 하며, 가족 다음으로 아동의 삶에 미치는 잠재적 영향력이 크다. 학교 경험은 아동의 삶에서 학업 준비 이상의 의미를 가지며, 아동의 학교 경험의 질은 이후의 삶이 성공적일 것인지에 대한 예측을 가능케 하는 주요 요인이다. 일반적으로 학교에서 학업 및 사회적 도전에 잘 대처하는 아동과 청소년은 그렇지 못한 아동과 청소년에 비해 졸업 이후의 경험이 훨씬 더 긍정적이다. 제1장에서 살펴본 바와 같이 교사들은 학생의 삶에 지대한 영향을 미친다. 우리가 학생을 향해 가지고 있는 마음 자세, 학생을 가르치는 방식, 학생과 관계를 맺는 방식, 학생의 행동을 다루는 방식 등은 학교 안팎에서 학생의 삶에 긍정적으로 또는 부정적으로 영향을 미치고 학생의 삶을 형성해 간다. 아마도 교사들이 학생에게 미치는 가장 명백한 영향은 교사들이 제시하는 교육과정과 그 교육과정을 가르치기 위해 사용하는 교수 전략 등과 같은 학업 교수의 영역에서일 것이다. 대부분의 교사들은 학습 내용의 전달자로서의 역할을 잘 알고 있다. 그러나 교수(instruction)가 행동문제 예방을 위한 결정적인 요소라는 점에 대해서는 그렇게 잘 알고 있는 것 같지 않다. 교수와 행동 간의 관계와 학업 성취와 행동 간의 관계는 명백하다. 교사의 교수 방식은 학생의 학업 성취뿐 아니라 사회 및 행동 면의 성취에도 영향을 미친다.

학습과 행동 간에 호혜적 관계(reciprocal relationship)가 있다는 것은 주지의 사실이다. 일반적으로 볼 때 학업부진 학생들은 부정적인 상호작용을 하는 경우가 많고, 처벌 성격의 후속결과를 적용받을 가능성이 높으며, 어렵지만 도전해 볼 만한 과제가 적게 주어지고, 교실에서 나가 있어야 하는 징계를 자주 받기 때문에(예 : 훈육실 의뢰) 교수를 위해 교사와 보내는 시간도 적다(Leone et al., 2003). 성취도가 낮은 학생들은 심각한 정도의 행동 및 사회적 실패를 경험하는 반면, 성취도가 높은 학생들은 학교에서 행동 및 사회적 성공을 많이 경험한다(Caprara, Barbaranelli, Pastorelli, Bandura, & Zimbardo, 2000; Catalano, Loeber, & McKinney, 1999). 그러나 아직 알 수 없는 것은 이 관계가 인과적인 것이냐 하는 것이다. 학습문제가 행동문제를 유발하는 것일까? 아니면 행동문제가 학습문제를 야기하는 것일까? 심각한 정도의 부적절한 행동을 보이는 많은 아동들은 적절하게 행동하는 또래들에 비해 학교생활을 위해 사회적 · 학업적으로 요구되는 것들을 제대로 준비하지 못한 채 학교에 입학하는 것 같다(Kame'enui & Carnine, 1998; Sutherland & Wehby, 2001b). 이러한 준비도 부족은 주의 집중의 어려움, 지시 불순응, 부적절한 또래 상호작용 등과 같이 학교 상황에서 수용되기 어려운 행동들로 가시화될 것이다. 용납하기 어려운 이러한 행동들은 교사 및 또래와의 상호작용이 학습을 저해하는 방향으로 이루어지게 할 뿐 아니라 교사의 행동을 부정적인 방향으로 형성시킨다. 분명한 것은 교사가 학생의 행동에 영향을 미치듯이 학생도 교사의 행동에 영향을 미친다는 것이다(Gunter, Denny, Jack, Shores, & Nelson, 1993; Gunter et al., 1994; Nelson & Roberts, 2000). 이는 부정적 행동을 심각하게 보이는(또는 그러한 행동을 심각하게 보인 적이 있는) 학생들에게는 더욱 그러하다(Nelson & Roberts, 2000). 연구에 의하면 이러한 학생들은 적절한 교실행동을 보이는 학생들에 비해 교사로부터 훨씬 더 적은 양의 교수를 받는다. Carr, Taylor 및 Robinson(1991), Wehby, Symons, Canale과 Go(1998)는 교사들이 방해행동을 보이는 학생이나 공격적이라고 생각되는 학생에게는 교수를 적게 제공하고 있음을 보고하였다. 이러한 연구 결과는 만성적인 행동문제를 가진 학생들의 학교 실패 악순환을 설명하는 데 도움을 준다는 점에서 중요하다. 학생이 보이는 문제행동은 교사로 하여금 부정적 반응과 낮은 학업 기대를 갖게 하는데, 이는 학생의 학업 기술 부족을 갈수록 더 두드러지게 하고, 행동문제를 더욱 고착시킨다.

문제행동과 학업 성취 간에는 밀접한 관계가 있다.

행동과 학업 성취 간의 관계에 대한 이해는 학업 성취를 향상시키면 동시에 행동도 향상되는지의 여부를 알아보는 연구로 이어졌다. 연구 결과 학업 참여(학생이 학업적 반응에 활발하게 참여하는 정도)의 향상이 과제 수행 행동을 증가시키고 부적절한 행동의 수위를 낮춘 것으로 나타났다(Sutherland & Wehby, 2001b). 이러한 사실은 교사들이 제공하는 교수가 학생의 학습과 행동을 모두 향상시킬 수 있음을 시사한다. 교사가 역동적이고 조직적이며 학생의 참여를 촉진하는 교수 방법을 사용할 때 학생은 더 많은 것을 배우고 더 잘 행동한다.

이 장에서는 학습 및 행동상의 어려움을 겪는 학생들을 위한 가장 효과적인 교수 방법의 개관을 제시한다. 우리는 먼저 일반적인 학생들 또는 높은 성취를 보이는 학생들과 학습 및 행동상의 어려움을 보이는 학생들의 학습 특성과 사회적 특성을 비교해 보고자 한다. 다음으로 모든 교실에서 일반적으로 일어나는 교수활동의 유형을 설명하고, 마지막으로 학생의 복합적인 학습 요구를 충족시키기 위해 교사가 알아 두어야 할 효과적 교수의 특징을 제시할 것이다. 교사들이 이 장에 설명된 교수 방법을 자신의 교수에 얼마나 잘 반영하는지에 따라 앞으로 직면하게 될 행동문제의 정도가 달라질 것이다. 이 장에 설명된 방법을 사용하는 교사들은 다른 접근을 사용하는 교사들에 비해 행동문제를 적게 경험할 것이다. 교사의 행동은 학업 성취를 넘어서는 훨씬 더 많은 영향을 학생에게 미친다는 것을 명심하자.

학습 및 행동문제가 있는 학생들의 특성

대부분의 학생은 학교를 다니고 과제를 하며 숙제를 제출하고 학교에서의 학업적 요구에 대처한다.

대부분의 학생들은 학년이 올라갈수록 학교가 요구하는 다양한 과제를 위해 전략을 개발하고 학습활동에 적응해 나간다. 예를 들어, 학생들은 자신이 어려움을 느끼는 과목에서 최소한의 성적이라도 거두려는 노력으로 노트 필기를 좀 더 잘하고, 교과서를 여러 번 읽으며, 용어 카드를 만들거나 친구들과 함께 스터디를 하기도 한다. 나이가 어린 아동들도 어려운 과제에 직면하면 자신의 행동을 조절한다. 예로 새로운 과제나 어려운 과제(예 : 신발 끈 매기, 글씨 쓰기)를 하고 있는 유아들은 좀 더 익숙하고 쉬운 과제(예 : 색칠하기, 놀기)를 할 때보다 과제에 더 깊이 몰두한다.

그러나 학습 및 행동상의 어려움이 있는 학생들은 이와 달리 덜 효과적인 학습행동을 보인다. 학습 및 행동상의 어려움이 있는 학생뿐 아니라 성공적인 학생들의 특성을 함께 이해하는 것은 교사들에게 유익한 일이다. 이 두 집단의 학업행동 및 사회행동 간의 차이는 모든 학생의 성공을 촉진하기 위해 교사가 무엇을 해야 하는지를 말해 줄 것이다.

효과적인 학습자의 특성

효과적인 학습자란 학업적(예 : 주어진 과제를 하고 낙제를 하지 않으며, 시 · 도별 일제고사를 통과하고, 무사히 졸업함), 사회적으로(예 : 또래 친구가 있고, 또래와 교사가 호감을 보이며, 또래나 교사가 싫어하는 방식으로 행동하는 일이 거의 없음) 성공적인 학생을 말한다.

효과적인 학습자의 특성과 학습 및 행동상의 어려움이 있는 학습자의 특성에는 교수를 위한 함의가 있다.

행동과 학업 성취 간 관계를 고찰한 연구들에 의하면 우수한 학업 성취를 보이는 학생들의 대부분은 목표 지향적이고 내적으로 동기화되어 있으며, 학교 과제를 위해 자기조절 전략과 초인지 기술을 사용하고, 자신의 학습에 책임을 지며, 친사회적 행동을 보인다(Caprara et al., 2000; Ellis, 1992; Ellis & Worthington, 1994; Grimes, 1981; Swift & Swift, 1968, 1969a, 1969b, 1973). 표 6-1은 학업적으로 우수한 학생들의 학습 및 행동 특성을 보여 준다.

표 6-1 학업 면에서 우수한 학생들의 특성

학습과정에의 참여

학업 면에서 우수한 학생들은 전형적으로 다음과 같은 특징이 있다.

- 수업 중 토론에 활발하게 참여한다.
- 수업 내용과 과제에 관련된 질문을 한다.
- 자발적으로 질문에 답한다.
- 학업과제에서 요구되는 최소한의 것 이상을 한다.
- 학업과제의 세부사항에 주의를 기울인다.
- 수업 외의 시간에도 교사와 상호작용한다. 예를 들어 열의에 찬 학생은 관심 분야에 대해 교사와 이야기를 나누거나 어려운 문제가 있으면 교사를 찾아가 도움을 구하고, 과제에 대해 교사와 토론을 한다.
- 수업시간이든 그 외의 시간이든 독립적인 공부 습관을 가지고 있다. 약간의 구어적 촉진을 필요로 하거나 상기시켜 주는 정도의 도움을 필요로 할 수는 있지만, 전반적으로는 감독 없이도 과제를 시작하고 완성한다.
- 학습과정에 활발하게 참여하고 학습에 흥미를 느끼며 학교 밖에서의 학습활동에도 참여함으로써 광범위한 상식을 갖추고 있다. 예를 들어 열의에 찬 학생은 방과 후에도 자신의 즐거움을 위해 책을 읽고 시사 문제나 역사적 사건에 대해 가족 및 친구들과 토론을 하며, 인터넷을 통해 관심 분야를 탐색한다.

(계속)

표 6-1 학업 면에서 우수한 학생들의 특성(계속)

학습에서의 자기조절
학업 면에서 우수한 학생들은 전형적으로 다음과 같은 특징이 있다.
• 새로 배운 것을 이전에 배운 지식과 기술에 연결시키기 위해 적극적으로 전략을 사용한다. 이러한 연결은 새로운 학습을 더욱 쉽고 효율적이 되게 한다. • 기억, 조직화, 학습, 과제 완성을 위해 적극적으로 전략을 사용한다. 예를 들어 효과적인 학습자는 기억을 잘하기 위해 기억술을 사용하고, 자료를 주제별로 조직화하며, 체계적인 학습 방법(예 : 어휘 복습, 주요 정보에 대한 요점 카드 만들기)을 가지고 있고, 중요한 과제를 완성하기 위한 일정표를 만든다. • 학습량을 진단하고, 스스로의 수행을 점검하며, 자신의 성취를 평가하기 위해 초인지 기술을 사용한다. 예를 들어 효과적인 학습자는 중요한 프로젝트를 완성하기 위해 그 프로젝트에서 요구하는 바를 주의 깊게 살펴본 후 초안을 작성하고, 초안에 대한 교사의 피드백을 구하며, 프로젝트를 완성해 가면서 편집을 비롯한 세부적인 사항에도 주의를 기울이고, 제출하기 전에 완결성과 정확성을 평가할 것이다. • 광범위한 학습량을 효과적으로 관리하기 위해 여러 학습 기술을 융통성 있게 사용한다. 예를 들어 효과적인 학습자는 특정 부분을 공부할 때 주의 깊게 읽어야 할지, 내용 숙지를 위해 여러 번 읽어야 할지, 또는 빨리 훑어보고 넘어가야 할지를 안다.
귀인과 동기
학업 면에서 우수한 학생들은 전형적으로 다음과 같은 특징이 있다.
• 자신이 잘할 수 있다고 믿는다. • 성공과 실패가 자신의 노력 정도에 달려 있다고 생각한다. 성공 혹은 실패에 대해 책임을 지는 것을 **내적 통제소**(internal locus of control)라고 한다. 반대로 성공과 실패를 개인의 통제를 넘어선 어떤 것 때문이라고(예 : 운이 좋거나 나빠서, 불공평한 처우나 교사에게 미움을 사서, 의외의 일이 발생해서 등) 생각하는 것을 **외적 통제소**(external locus of control)라 한다. • 학교활동에 참여하고 학업과제를 완수하며 학습행동에 열중할 충분한 동기를 가지고 있다. 대부분의 경우 이러한 동기는 내재적이며(예 : 배우기를 즐기며, 좋은 성적을 받고 싶어 함), 목표 지향적(예 : 우수한 성적으로 졸업하여 대학에 가고 싶어 함)이다. 어떤 동기는 외재적일 때도 있으나(예 : 교사와 부모의 긍정적인 관심을 받고 싶어 함) 이와 같이 충분한 동기를 가진 학생들은 강화가 그리 자주 주어지지 않아도(교사와 부모가 과제를 잘했을 때마다 또는 무언가를 해냈을 때마다 매번 칭찬을 하는 것은 아님) 해야 할 일을 잘 해낸다.
친사회적 행동
학업 면에서 우수한 학생들은 전형적으로 다음과 같은 특징이 있다.
• 학교와 교실 상황에서 또래와 관련된 친사회적 행동(예 : 협동하기, 나눠 쓰기, 돕기)을 한다. • 자신과 타인의 감정을 이해하고 이를 바탕으로 상황에 맞게 행동을 조절한다. • 공식적, 비공식적 사회적 상황의 규칙을 지킨다.

학습 및 행동상의 어려움이 있는 학생들의 특성

Ellis(1992)는 학습 및 행동상의 어려움이 있는 학생들은 효과적인 학생과 반대되는 학습행동을 보인다고 간단하게 말하였다. 이 말은 행동이나 학업 면에서 어려움을 경험하는 학생들은 표 6-1에 나열된 특성을 갖고 있지 못함을 의미한다. 그뿐만 아니라 연구 결과들도 학습문제를 가진 학생들이 정보를 습득하고 기억할 때 비효율적이고 효과적이지 못한 전략들을 사용함을 지적하고 있다. 예를 들어 이 학생들은 관련된 자극과 그렇지 못한 자극을 변별하는 데 어려움을 나타낼 수도 있고, 비장애 또래만큼 정보를 기억하지 못하기도 하며, 학습을 향상시키기 위해 학습 전략을 활발하게 사용하지 못할 수도 있고, 학습을 준비하고 배울 정보를 조직화하여 이해하고 문제를 해결할 때 효과적이지 못한 초인지 전략을 사용하기도 한다(Deschler, Schumaker, Alley, Warner, & Clark, 1982; Hallahan & Kauffman, 2006; Hallahan & Reeve, 1980; Heward, 2009; Torgeson, 1977, 1980). 게다가 이 학생들은 종종 학습을 방해하는 행동을 보이기까지 한다(McKinney, Mason, Clifford, & Perkerson, 1975; Shinn, Ramsey, Walker, Stieber, & O'Neill, 1987; Walker & McConnell, 1988; Walker, Ramsey, & Gresham, 2004). 표 6-2는 학습 및 행동문제를 가진 학생들의 특성을 나열한 것이다. 이 학생들의 학습 특성을 이해하는 교사는 이 학생들이 좀 더 효과적이고 독립적인 학습자가 될 수 있도록 지도하기 위한 교수 전략과 행동관리 전략을 더 잘 실행할 수 있을 것이다.

Kauffman(2005), Walker와 그의 동료들(2004), 그리고 또 다른 여러 학자들은 학생들이 학습과 행동문제를 갖게 된 데는 학교 탓도 있음을 확언하고 있다. 우리는 교사들이 학습 및 행동상의 어려움을 가진 학생들을 위한 최고의 희망이 학교라고 믿는 것도 중요하지만, 한편으로 학교가 문제를 악화시킬 가능성도 있음을 알아야 한다고 믿는다. 이러한 가능성을 알고 있는 교사와 학교 행정가들이라면 문제 요인들이 발생할 때 빨리 알아차릴 수 있을 것이고, 모든 학생에게 더욱 효과적인 학교를 만들기 위해 더 많은 주의를 기울일 것이다.

혼잡함, 손상되었거나 노후해진 시설 등과 같은 학교의 물리적 환경도 공격성 및 파괴행동과 관련이 있다(McAfee, 1987; Rutter, Maughan, Mortimore, & Ouston, 1979). 학교 체제도 책임이 있다. Kauffman(2005)은 학교가 학생의 학습 및 행동상의 어려움을 초래하는 방식으로 학생의 개별성에 대한 민감성 부족, 일관적이지 못한 행동관리, 결정적 기술(예 : 읽기, 쓰기, 수학, 사회성 기술)을 효과적으로 지도하지 못함, 강화의 부적절한 사용(예 : 부적절한 행동을 강화하거나 적절한 행동에 강화를 제공하지 못함, 부정적인 강화 사용) 등을 들고 있다. 물론 이러한 요인들이 모든 학교에 해당되는 것은 아니다. 그러나 또래에 비해 학교에서 요구되는 것을 제대로 준비하지 못한 채 학교에 입학한 학생들의 실패에 학교가 일조하고 있음을 지지하는 많은 연구들이 있다(Kauffman, 2005; Keogh, 2003; Rylance, 1997; Walker et al., 2004). 이 장에 제시된 기법을 적용하는 교사들은 이러한 학생들이 교실에서 성공을 경험하고 학교가 모든 학생을 위한 지원적 환경이 되게 할 수 있는 교수환경을 제공할 수 있어야 한다.

표 6-2 학습 및 행동상의 어려움이 있는 학생들의 특성

학습과정에의 참여

학습 및 행동 면에서 성공적이지 못한 학생들은 다음과 같은 경향이 있다.

- 교수활동에 최소한으로만 참여한다(예 : 질문에 답하거나 자발적으로 뭔가 하는 경우가 적다).
- 배워야 할 정보의 핵심 부분이나 완수해야 할 과제의 중요한 특징에 주의를 기울이는 데 어려움이 있다.
- 수업 중에 교사의 중재가 필요할 정도의 부정적인 행동을 보인다(예 : 과제와 무관한 말, 주의 산만, 방해 행동).
- 수업 준비물을 제대로 가져오지 않는다.
- 숙제나 과제가 지저분할 뿐 아니라 부주의로 인한 실수도 많다.
- 깨끗하고 정확하게 과제를 하기보다는 오로지 끝내려는 목적으로 빨리 과제를 한다.
- 학교 공부와 관련하여 자기주도적이지 못하고 과제를 시작하고 완성하는 데 교사의 지시와 도움에 많이 의존한다. 예를 들어 이 학생들은 필요 이상으로 많은 질문을 하거나 같은 질문을 여러 번 되풀이하기도 한다. 즉, 자신이 한 과제에 대해 교사로부터 높은 수준의 피드백을 해달라고 하거나, 교사가 시킨 것을 하지도 않으면서 교사에게 지시와 설명을 다시 해달라고 요구한다.

학습에서의 자기조절

학습 및 행동 면에서 성공적이지 못한 학생들은 다음과 같은 경향이 있다.

- 새로운 정보를 조직화하기 위한 전략을 사용하지 못하거나 이전에 배운 것과 새로운 정보를 어떻게 연결시켜야 할지 모른다.
- 학습을 촉진하기 위한 전략을 거의 사용하지 않거나 비효율적인 전략을 사용한다. 예를 들어 시험공부를 할 때 효과적인 학습자는 노트와 단어장을 복습하고 각 장 마지막에 나오는 문제를 풀어 보며 자신이 내용을 얼마나 잘 알고 있는지를 알아보기 위해 다양한 자기점검 활동을 하는 데 반해 그렇지 못한 학습자들은 단순히 교과서의 책장만 넘긴다.
- 과제를 할 때 계획 없이 하거나 그 과제에서 요구하는 것이 무엇인지 알아보지 않고 한다. 과제를 하는 중에 자신의 성취에 대한 자기점검을 거의 하지 않는다. 과제를 끝내고 제출하기 전에 퇴고를 하거나 한 번 더 검토하지 않는다. 이러한 학습자들은 과제가 요구하는 바를 미리 파악하지 못하기 때문에 과제를 하는 데 필요한 교재를 집에 가져오지 않는 일이 많다.

귀인과 동기

학습 및 행동 면에서 성공적이지 못한 학생들은 다음과 같은 경향이 있다.

- 자신이 실패할 것이라고 믿는다.
- 성공과 실패는 자신의 통제를 넘어서는 요인들 때문이라고 믿는다(예 : 외적 통제소). 숙제를 제대로 못해서 나쁜 점수를 받으면 "선생님이 나를 미워하기 때문이야." 또는 "원래 머리가 나쁘게 태어났어." 등과 같은 이유를 말한다.
- 학습, 학업과제, 학교생활 참여 등에 대한 동기가 낮다. 물론 이 학생들이 반복적으로 실패한 학습경험을 가지고 있고 성공을 해 본 적이 별로 없으며 행동 및 학업 성취와 관련하여 많은 부정적 피드백을 받아 왔음을 고려할 때 이들의 동기가 낮은 것은 이해할 만한 일이다.

표 6-2 학습 및 행동상의 어려움이 있는 학생들의 특징(계속)

친사회적 행동
학습 및 행동 면에서 성공적이지 못한 학생들은 다음과 같은 경향이 있다.
• 좌절 상황에서 참을성이 적고, 좌절에 대처하기 위한 효과적인 기술을 가지고 있지 않다. 예를 들어 대부분의 학생들은 자신이 이해하지 못했거나 어떻게 해야 할지 모르는 일에 직면하면 교사의 도움을 요청하는데, 학습 및 행동상의 어려움을 가진 학생들은 돌발행동을 하고(욕하기, 책을 소리 나게 내려놓기, 종이 구기기), 과제하기를 거부하거나 교실을 나가 버린다. • 행동문제를 가진 학생들은 자신이나 타인의 감정을 인식하지 못하는 경우가 많으며 감정을 관리하기 위한 자기조절 기술이 부족하다. 이는 부분적으로 이들이 화용론(pragmatics), 즉 사회적 목적으로 언어를 사용하는 것에 장애가 있기 때문일 것이다(Getty & Summy, 2006; Sanger, Maag, & Shapera, 1994; Walker, Schwarz, Nippold, Irvin, & Noell, 1994). 화용론적 언어문제는 특히 또래와의 부적절한 사회적 행동에 많이 나타난다. 예를 들어 이 학생들은 종종 고집이 세고 다른 사람들의 생각에 개방적이지 않다. 또한 다른 사람을 놀리고 흉내 내고 협박하기 위해 언어를 사용한다. 이러한 이유로 Kauffman(2005)은 언어기반의 사회성 기술을 교수하라고 권한다. 우리는 제9장에서 사회성 기술 교수에 관해 논의했다. 이러한 화용론 문제는 교실에서 집단활동이나 논의를 주고받아야 하는 집단 토의시간에 학생의 성공을 방해할 것이다. • 학교에서 지켜야 할 공식적, 비공식적 규칙과 사회적 규제를 지키지 않는다. 여기에는 앞에서 설명한 명백한 불순종행동부터 보다 미묘하게 부적절한 대인 간 행동에 이르기까지 다양한 행동이 포함된다.

효과적인 교수의 특성

미국 학생들의 학업 성취는 지난 몇십 년간 면밀한 검토의 대상이었다. 미국 내 학교들의 전반적 성취가 심각하게 낮아지고 있음을 지적한 위기에 처한 국가(*A Nation at Risk*)(Commission on Excellence in Education, 1983)라는 제목의 이정표적 보고서의 출판은 미국 전체에 경종을 울렸다. 이 보고서는 일련의 교육정책 개혁에 계기를 제공하였고 마침내 2001년에는 아동낙오방지법(NCLB)이 통과되었다. 이 법은 초중등교육법에 대한 대대적인 개정안으로 미국 학교들에 책무성과 높은 수준의 교육적 실제를 전례 없이 강조하였다. 아동낙오방지법의 두 가지 주요 특징은 (1) 주마다 의무적으로 가르쳐야 하는 읽기/언어, 수학, 과학 교과의 내용 기준과 (2) 모든 공립학교 및 공적 자금의 지원을 받는 학교의 학생이 3~6학년, 중학교 1~2학년 때는 매년 치르고, 고등학교 1~3학년 때는 한 번 치르는 국어와 수학 시험이라고 할 수 있다(No Child Left Behind, 2004). 물론 내용을 어떻게 가르칠 것인지에 대한 검토 없이 기준만 높이는 것은 학생의 성취를 향상시키지 못할 수도 있다. 이러한 이유로 아동낙오방지법에서는 과학적 연구에 근거한 교육을 실시하도록 요구하고 있다(U.S. Department of Eucation, 2006). 이는 학교의 거의 모든 학생이 주 단위의 평가에 통과할 수 있게 하기 위해 교사들이 과학적으로 입증된 방법으로 정확하게 교육과정을 지도할 수 있도록 준비되어야 함을 의미한다. 우리는 교사들이 입증된 실제와 프로그램을 사용해야 한다는 법의 요구를 강하게 지지한다. 이는 특히 장애학생들에게 유익한 결과를 가져올 것으로 생각된다. 특수교사는 학생들이 읽기와 쓰기를 배우고 수학 및 사회를 공부하며 기초적인 기억부터 문제해결 및 비판적 사고에 이르는 과제를 성취하는 동시에 사회적으로 적절하고 기능적인 행동을 할 수 있도록 최선의 교육 방법을 사용해야 한다.

교사들이 과학적으로 입증된 교육을 실시하도록 한 것은 아동낙오방지법의 기초다.

다음에 소개된 교수 방법들은 모두 연구를 통해 학습 및 행동상의 어려움을 가진 학생들의 학습 성과를 높인다고 입증된 방법들이다. 이 학생들은 학업을 매우 힘들어하기 때문에 교수의 모든 측면이 학생의 고유한 학습 및 행동상의 요구를 고려하여 설계되어야 한다. 개념을 설명하기 위해 어떤 용어를 사용할지, 언제 어떻게 어떤 질문을 할지, 학생의 반응에 어떻게 피드백을 할지, 개념을 설명하거나 절차를 알려 줄 때 어떤 예를 사용할지 등 교사가 하는 모든 교수적 결정은 중요하다. 이러한 결정들과 그 외에 교사들이 순간순간 내리는 수백 가지의 결정들은 학생이 잘 배울 수 있을지 아닐지를 판가름하고, 학습이 일어나기에 충분할 만큼 학생이 적절하게 행동할지를 결정한다. 앞으로 보게 되겠지만, 이 장에서 설명된 대부분의 방법들은 학업 및 사회적 능숙함이 부족한 학생의 특성을 직접적으로 다룬다.

다음 절에서는 먼저 학습단계를 제시한다. 그다음 교수 전달을 위한 보편적인 교수 형태에 대해 설명한다. 우리는 새로운 내용을 가르치기 위한 두 가지의 효과적인 접근을 설명한 후, 흔히 활용되는 다른 교수활동도 간단히 논의하려 한다. 마지막으로 우리는 효과적인 교수적 실제를 설명하고 이것들이 다양한 교수활동에 어떻게 적용되는지를 설명하려고 한다. 다음 내용을 읽을 때 앞에서 살펴본 학습 및 행동상의 어려움을 가진 학생들의 특징에 유의하면서 다음에 제시된 전략들이 이 학생들에게 왜 효과적일지를 생각해 보라.

학습단계

다양한 교수 형태와 활동을 더 잘 이해하기 위해서 교사들은 습득, 숙달(또는 유창성), 유지, 일반화라는 학습의 4단계를 알고 있어야 한다(Alberto & Troutman, 2006; Meese, 2001). 이 단계들은 연령과 능력 수준에 관계없이 모든 학습자에게 해당된다.

습득 습득(acquisition)은 새로운 과제를 학습할 때의 첫 단계다. 이 단계의 학습자는 과제에 대해 초보자이고 어느 정도 교사의 도움을 필요로 하는 경우가 많다. 습득 단계의 학습자는 일반적으로 숙달된 학습자보다 과제를 수행하는 속도가 느리고 서투르며 정확도가 낮다. 유아들이 1에서 10까지 세기를 처음 배울 때 보면, 손가락을 꼽으며 천천히 세고 때로는 숫자를 건너뛰며 세기도 함을 알 수 있다. 자전거 타기를 처음 배우는 아이는 처음에는 매우 불안정하게 타고 얼마 가지 못해 넘어진다. 이제 막 운전면허를 취득한 운전자는 차를 출발시키기 전이나 운전 중에 해야 할 모든 일(예 : 뷰미러 점검, 교통신호 보기, 점멸등으로 신호하기, 속도 점검, 표지판 보기)을 열심히 떠올려야 한다.

교사들이 새로운 기술을 어떻게 가르치느냐에 따라 학생들이 그 기술을 얼마나 잘 배울 수 있는지가 달라진다. 많은 연구들은 높은 수준의 정반응을 촉진하는 직접적이고 교사 주도적이며 명백한 교수를 받을 때 장애학생들이 가장 잘 배운다는 것을 분명하게 보여 준다(Fuchs & Fuchs, 2001; National Institute of Child Health and Human Development, 2000). 이 장의 뒷부분에는 어떻게 명백한 교수를 제공할 수 있는지와 명백한 교수에 도움이 되는 교사행동의 여러 예가 제시되어 있다.

교사들은 습득 단계의 학습자가 숙달 단계에서 필요로 하는 것보다 좀 더 높은 수준의 지지와 도움을 필요로 할 수도 있음을 이해해야 한다. 예를 들어, 이제 막 긴 나눗셈 문제를 푸는 방법에 대해 배운 학생은 그 순서를 외우기 위한 기억술이나 순서를 나열한 도표를 필요로 할 수 있다. 학업행동이나 사회적 행동(예 : 부정적 피드백 수용하기, 불만을 적절하게 표현하기, 사이좋게 나눠 쓰기, 질문에 답하기 위해 손들기) 역시 이러한 지원이 필요하다.

숙달 또는 유창성 학습자가 숙달(proficiency) 또는 유창성(fluency)에 이르면 과제를 주어진 시간 안에, 효율적으로, 오류가 거의 없이 완수할 수 있게 된다. 과제를 완수하는 데 시간이 너무 오래 걸리거나 과제가 너무 어려우면 대부분의 학습자들은 그 과제에 자발적으로 참여하지 않으려 하고 그 과제를 회피하기 위해 부적절한 행동을 보이기 때문에 숙달에 이르는 것은 매우 중요하다. 예를 들어, 읽기를 힘들어하는 학생은 혼자 하고 싶어 하는 활동으로 읽기를 선택할 가능성이 적을 것이다. 문법적으로 정확하고 보기 좋은 글씨로 명쾌하고 흥미로운 문장을 쓰는 데 어려움이 있는 학생은 쓰기과제를 회피하려고 노력할 것이다. 기본적인 수학공식을 제대로 기억하지 못하는 학생은 고급 수학을 배우는 데 어려움을 경험할 것이다. 숙달은 우연히 일어나는 것이 아니고 새로운 기술을 반복하여 연습함으로써 달성되는 것이다. 많은 기능적 기술들은 따로 연습을 계획하지 않아도 그 기술을 사용할 필요가 많기 때문에 저절로 연습이 되기도 한다. 예를 들어, 신발끈 매기를 배우거나 옷 입기를 배우는 아동은 이를 연습할 자연스러운 기회를 많이 갖게 된다. 초보 운전자들은 새로 배운 기술을 연습할 기회가 많으며 보통의 경우 운전을 연습하려는 동기가 충만하다. 그러나 대부분의 학업 기술에 대해서는 교사들이 체계적으로 연습 기회를 계획할 필요가 있다. 후에 다시 논의하겠지만 이러한 연습 기회는 학생들에게 다채롭고 흥미로워야 하고 배운 기술을 의미 있는 맥락에서 적용해 볼 수 있게 해 주어야 한다. 학습지는 가장 보편적으로 사용되는 연습의 형태지만 학생에게 가장 흥미로운 것이라고 말하기는 어려우며, 어떤 기술의 경우 적절하지 않을 수도 있다. 예를 들어, 문단 작성을 배운 학생들은 이 기술을 편지, 동화, 감상문, 학급 신문 기사 등을 작성해 보면서 연습하는 것이 적절할 것이다. 철자나 어휘의 숙달을 위해서는 또래 교수가 가장 적절한 연습 형태인 반면, 또래 간 사회성 기술의 숙달을 위해서는 구조화된 놀이활동이 유익할 것이다.

유지 유지(maintenance)란 시간이 지나도 기술을 계속 가지고 있음을 뜻한다(Meese, 2001). 필수적인 기초단위 기술(building block skills : 후에 배우게 될 복잡한 과제를 위해 필요한 기술)이 유지되지 않는다면 학습에 심각한 방해가 될 것이다. 예를 들어, 철자와 발음 간 관계를 일관적이고 정확하고 빠르게 기억해 내지 못하는 학생은 절대 능숙한 읽기를 할 수가 없다. 많은 어휘를 익히도록 강조하는 과목(예 : 생물, 물리, 영어, 건강)의 수가 무척 많다는 점을 고려할 때 단어를 제대로 기억하지 못하는 학생들은 내용교과를 공부하는 데 어려움이 많을 것이다. 많은 장애학생들이 가진 보편적인 문제가 바로 장단기 기억에 대한 것이다(Torgeson, 1988). 학습 및 행동장애가 있는 많은 학생들은 성공적인 학습자들이 따로 배우지 않고도 잘 사용하는 기억 향상 전략을 활발하게 사용하지 않는다(Mastropieri & Scruggs, 1998; Scruggs & Mastropieri, 2000).

학습자는 일반적으로 습득, 숙달, 유지, 일반화라는 학습의 네 단계를 거친다.

기술의 유지는 저절로 이루어지는 것이 아니라 교수 초기 단계부터 체계적으로 계획되어야 한다. 유지를 촉진하는 한 가지 방법은 학습의 초기 단계부터 이 장 후반부에 제시된 것과 같은 효과적이고 효율적인 교수 방법으로 새로운 기술을 확실히 습득하게 하는 것이다. 유지를 촉진하는 또 다른 방법은 기억술이나 다른 인지 전략 등과 같이 다양한 교수환경에서 장애학생과 비장애학생의 학업 성취를 향상시키는 것으로 알려진 기억력 향상 수단을 사용하도록 지도하는 것이다(Deschler et al., 2001; Mastropieri, Sweda, & Scruggs, 2000; Scruggs & Mastropieri, 2000). 기억술(mnemonics)이란 '기억을 향상시키기 위한 체계적 절차'다(Scruggs & Mastropieri, 2000, p. 202). 예를 들어, 피아노를 배운 사람들 대부분은 한참 동안 악보를 보지 않았어도 "Every good boy does fine"이라는 익숙한 기억술을 잊지 않고 있을 것이다(이 문장을 이루는 단어의 첫글자인 E, G, B, D, F는 높은음자리표의 오선지에서 각 선에 해당하는 음계임). 또한 우리는 무지개색이라 불리는 광(光) 스펙트럼의 일곱 색깔을 너무나 잘 기억하고 있는데, 이는 처음에 이 색깔들을 외울 때 첫글자만 따서 '빨주노초파남보'라고 배운 것이 기억에 도움이 되었기 때문이다.

마지막으로, 기술의 유지에는 간헐적인 연습이 필수적이다. 가장 효과적인 연습은 의미 있는 맥락에서 행해지는 연습일 것이다. 가령 학생이 약분에 능숙해지고 나면 약분 문제만 매일 연습할 필요는 없다. 그러나 다른 과제를 하는 맥락 내에서 그 기술을 연습한다면(예 : 문장제 문제 풀이, 분수의 덧셈) 유지에 도움이 될 것이다.

일반화 일반화(generalization)란 다른 환경, 다른 대상자, 다른 자료에 대해서도 기술을 사용할 수 있게 됨을 뜻한다. 학생이 새롭게 배운 기술을 일반화하지 못한다면 이 기술은 기능적으로 의미가 없기 때문에 이 단계는 학습에서 가장 중요하다고 할 수 있다. **상황 일반화**란 학생이 기술을 처음 배운 환경이나 상황이 아닌 조건에서 그 기술을 수행할 수 있음을 뜻한다. 예를 들어, 조슈아가 어린이집에서 물건 이름의 첫소리를 판별하는 음소 인식 과제를 학습했다고 하자. 조슈아는 이제 어디에 있든지 자신이 만지는 모든 물체의 첫소리를 말하게 될 것이다. **대상 일반화**란 학생이 교사에게 새로 배운 기술을 교사 외의 사람에게도 사용함을 뜻한다. 예를 들어, 지시 따르기에 어려움을 보이는 마리엘에게 교사는 지시 따르기 기술을 향상시키기 위해 고안된 중재를 실시하였다. 이제 마리엘은 대부분의 교사 지시를 따르게 되었다. 그러나 보조원, 임시교사, 급식 자원봉사자의 지시는 여전히 따르지 않는다. 이 경우 마리엘은 순종하기 기술에 대한 대상 일반화를 성취하지 못한 것이다. **자료(사물) 일반화**란 학생이 처음 배울 때 사용했던 자료(사물)가 아닌 다른 자료를 가지고도 배운 기술을 수행할 수 있음을 뜻한다. 자전거 타기를 배운 아동이 그 기술을 일반화했다는 의미는 그 아동이 처음 자전거 타기를 배울 때 사용한 자전거와 크기나 모양이 다른 자전거도 적절하게 탈 수 있다는 뜻이다.

우리 중 대부분은 체계적으로 주의를 기울이지 않고도 습득에서 일반화로의 진행이 가능하다. 그러나 학습 및 사회적 기술을 배우는 데 어려움이 있는 학생들을 위해서는 교사가 각 단계를 체계적으로 계획해 주어야 한다. 이를 도울 수 있는 몇몇 교수 형태와 활동이 있다. 다음은 그중 가장 보편적으로 사용되는 교수 형태와 활동 및 각각의 목적이다.

교수 형태와 활동의 유형

교수 형태(instructional arrangements)란 학생을 가르치기 위해 환경을 어떻게 조성할지에 대한 것이다. 교수활동(instructional activities)이란 교사와 학생이 학습을 촉진하기 위해 무엇을 할 것인지에 대한 것이다. 어떤 교실이든 교수 형태와 활동은 '새로운 정보 제공', '이전에 배운 자료의 복습'이라는 두 가지 일반적 목적 중 하나를 위한 것이다. 이러한 목적을 성취하기 위해 많은 유형의 교수 형태와 활동이 사용되는데, 각 유형은 고유의 특별한 목적을 가지고 있다.

교수 형태

교수 형태의 가장 보편적 유형은 대집단 교수, 소집단 교수, 일대일 교수다. 각 유형은 학습 및 행동상의 어려움을 가진 학생을 지도하는 데 고유의 역할을 한다. 대집단 교수는 3단계로 이루어진 긍정적 행동지원 모델의 첫 번째 교수 형태로 보편적 지원에 주로 사용된다. 소집단 교수는 보편적 지원과 표적

집단 지원 모두에 사용된다. 일대일 교수는 주로 3차 지원(개별 지원)의 교수 형태로 사용된다.

대집단 교수

대집단 교수(large-group instruction) 또는 전체 집단 교수(whole-group instruction)에서는 학급 전체를 대상으로 한꺼번에 새로운 내용을 교수하게 된다(습득 단계). 대집단 교수는 일반학급, 특히 중등 단계의 일반학급에서 흔히 볼 수 있다. 초등 일반학급에서는 특정 내용교과(예 : 과학, 사회)는 대집단 교수를 하고, 읽기나 수학 같은 핵심 교과는 소집단 교수를 하기도 한다.

대집단 교수는 특수교육과는 잘 결부되지 않지만, 다음과 같은 이유로 일반학급뿐 아니라 특수학급에도 적절할 수 있다. 첫째, 연구에 의하면 대집단 교수가 '전형적인' 학습자뿐 아니라 다양한 능력 수준의 학생들에게도 효과적일 수 있다(Ellis & Worthington, 1994; Gersten, Carnine, & Woodward, 1987). Ellis와 Worthington(1994)은 교사가 다른 그 무엇보다 효과적인 교수행동을 하는 데 많은 시간을 투자하게 한다는 점에서 대집단 교수가 효과적이라고 제안하였다. 즉, 대집단 교수의 효율성이 그 효과성에 기여한다는 것이다. 이러한 효율성은 대집단 교수가 교사의 감독이나 학생에게 제공되는 피드백은 증가시키는 반면, 여러 활동으로의 전이가 허용되지 않고 학생이 독립적으로 공부해야 하는 시간을 감소시킬 수도 있다는 또 다른 논쟁거리를 제공한다. 둘째, 대집단 교수가 일반교육에서 보편적으로 사용되기 때문에 일반학급보다 '대집단'의 크기가 작은 특수학급에서 학생들이 이러한 형태에 노출되어 보는 것은 유익하다. 특수학급에서 대집단 교수에 참여해 본 경험은 학생이 일반학급에 성공적으로 참여하는 데 필요한 행동, 다시 말해서 학습 및 행동상의 어려움을 가진 학생들이 갖추고 있지 못한 행동(예 : 대화 주고받기, 선생님 주목하기)을 배울 수 있게 해 줄 것이다.

마지막으로, 특수교사들은 여러 학년의 학생들에게 다양한 과목을 가르쳐야 하는 경우가 많고, 심지어는 한 차시 내에 그렇게 해야 할 때도 있기 때문이다. 예를 들어, 우리는 한 차시에 대수, 화학, 물리, 생물을 학생들에게 가르치고 있는 고등학교 특수학급 교사를 만난 적이 있다. 또 다른 고등학교의 행동장애 학생을 위한 특수학급에서는 교사가 다섯 명의 학생을 가르치고 있었는데, 이 학생들은 한 차시에 영어, 수학, 사회 세 과목을 공부하고 있었다. 비록 이러한 예들은 다소 극단적인 것들이지만 교사가 어떤 식으로든 집단을 구성하지 않고 수업을 한다면 학생의 학습에 필요한 효과적인 교수행동을 하기가 불가능할 수도 있다.

어떤 이는 장애학생들을 대상으로 한 대집단 교수가 효율성을 위해 개별화를 희생시키는 것이 아닌가 하는 우려를 표할지도 모른다. Polloway, Cronin 및 Patton(1986)은 개별화 교수(individualized instruction)를 개인에게 적절한 교수로 정의하고 개별화된 교수는 꼭 일대일 교수를 뜻하는 것은 아니라고 주장했다. 개별화는 집단 교수와 연습활동의 일부로 이루어질 수도 있다.

대집단 교수는 개별화 교수와 양립할 수 있다.

소집단 교수

소집단 교수(small-group instruction)에서는 교사가 대집단을 둘 이상의 소집단으로 나누어 각 집단을 따로 가르치는 것이다. 소집단은 보통 수업하는 그 교과에서 능력 수준이 비슷한[동질적 집단(homogeneous groups)] 2~6명의 학생으로 구성된다(Ysseldyke, Thurlow, Wotruba, & Nania, 1990). 예를 들어 유사한 IEP 목표를 가진 학생들로 집단이 구성될 수도 있고, 읽기나 수학에서 같은 학년 수준에 있는 학생들로 집단이 구성될 수도 있다. 교사가 어느 한 집단을 지도하는 동안 나머지 학생들은 독립적으로 또는 보조원의 감독하에 또는 다른 교사와 함께(협력 교수를 하는 통합 상황일 경우) 다른 교수활동(예 : 학습지, 컴퓨터 보조 학습, 또래 교수)을 한다. 대집단 교수와 마찬가지로 소집단 교수도 습득 단계에서 새로운 정보를 전달할 때 유용하다.

소집단 교수는 다양한 능력 수준의 학생들을 가르치는 데 효과적인 것으로 알려져 있다(Carnine, Silbert, Kame'enui, & Tarver, 2010). 그러나 다른 교수 형태와 마찬가지로 교사가 특정 기술을 가지고 있어야 한다. 소집단 교수를 효과적이고 효율적으로 실행하기 위해 교사는 (1) 모든 학생이 교사와 충분한 교수시간을 가질 수 있도록 수업을 계획하는 것, (2) 집단활동에서 다른 과제로의 전이가 효율적으로 이루어지고 교사가 지도하고 있는 집단에 속하지 않은 다른 학생들이 적절하게 행동할 수 있도록 교실을 관리하는 것, (3) 각 집단이 사용할 교수 자료를 준비하고 교사가 한 집단을 지도할 때 나머지 학생들이 의미 있는 과제를 하게 하는 것, (4) 교사의 지도를 받고 있지 않은 집단의 학생들을 포함한 교실 내 모든 학생들의 행동을 효과적으로 점검하는 것 등에 능숙해야 한다.

일대일 교수

교사는 학습과 행동상의 어려움이 있는 학생들의 주요 교수 형태로 소집단 교수를 사용해야 하는데, 특히 핵심 교과를 가르칠 때 더욱 그러하다.

일대일 교수(one-to-one instruction)에서는 교사가 교수를 위해 학생과 개별적으로 만난다. 일대일 교수의 장점은 교사가 교수에 사용하는 용어, 예, 설명 등을 한 명의 학생에게 맞춤식으로 제공함으로써 학생의 좌절을 최소화할 수 있다는 것이다(Bloom, 1984). 그러나 교사들은 일대일 교수를 할 때, 학생의 높은 성취와 상관관계가 있는 것으로 알려진 효과적인 교수의 요소(이 장의 후반부에 논의됨)를 반영하기 위해 주의를 기울여야 한다. 또한 일대일 교수가 비공식적이고 반응적이며 무계획적인 방식으로 사용되지 않도록 주의해야 한다(Evertson, 1979). 예를 들어, 우리는 종종 한 명 또는 그 이상의 학생들이 보이는 행동 때문에 고투하고 있는 특수교사들의 자문 요청을 받곤 한다. 이런 상황들을 관찰해 보면 학생들은 주로 과제를 혼자 하고 있었고(예 : 교과서 읽기, 학습지 풀기), 새로운 개념을 지도하기 위한 직접 교수가 제공되지 않고 있었으며, 필요할 때만 교사가 학생을 도와주고 있었다. 이것은 일대일 교수가 아니며, 이러한 상황에서 어떤 학생들이 돌발행동을 보이는 것은 그리 놀랄 일이 아니다. 대부분의 교사는 이런 식으로 일대일 교수를 운영하지 않으리라 믿는다. 그러나 그간 우리가 관찰한 바는 행동장애 학생들이 의미 있는 교사 주도 수업을 충분히 받지 못하고 있으며 학업참여시간도 매우 낮은 수준이라고 보고한 선행연구들과 일치한다(Knitzer, Steinberg, & Fleisch, 1990; Sutherland & Wehby, 2001b; Wehby et al., 1998). 이상과 같은 이유로 우리는 교사들이 가급적 일대일 교수를 사용하지 않기를 권하며, 다만 어떤 학생의 학습목표가 다른 학생들과 매우 달라서 집단 교수에서는 그 요구가 충족되기 어려운 경우, 그 학생에게 새로운 개념을 가르치거나 재지도할 때만 사용하기를 바란다. 일대일 교수도 유익할 수는 있으나 대부분의 학생에게는 일대일 교수가 일차적인 교수 형태가 되어서는 안 된다.

교수활동

이 절에서는 경도에서 중등도 장애를 가진 학생들에게 새로운 기술을 가르칠 때(습득 단계에서) 주로 사용되는 두 가지 교수적 접근을 제시하고자 한다. 하나는 일반적인 직접 지도(direct instruction, 첫 글자인 *d*, *i*를 소문자로 씀)이고 나머지 하나는 직접 교수(Direct Instruction, 첫 글자인 *D*, *I*를 대문자로 씀)다. 이 두 접근은 학습과 행동의 어려움을 보이는 학생에게 강력한 학습 성과를 경험하게 하는 것으로 알려진 명백하고 직접적이며 교사 주도적 교수라는 점에서는 유사하다(Ellis & Worthington,

1994; Hallahan, Lloyd, Kauffman. Weiss, & Martinez, 2005; Heward, 2009). 그러나 이 두 방법 간에는 중요한 질적 차이가 있는데, 다음에서는 이에 대해 설명할 것이다. 그다음으로는 발달장애나 자폐성 장애학생에게 전통적으로 사용되어 온 방법을 포함하여 새로운 기술을 가르치기 위한 기타 교수 방법을 간단하게 논의할 것이다. 마지막으로 습득한 기술을 숙달시키거나 기술의 유지 및 일반화를 증진시킬 연습활동에 대해 설명할 것이다.

일반적인 직접 지도

새로운 기술과 개념을 명백하게 가르치기 위해 교사가 일련의 단계를 체계적으로 실행하는 일반적인 교사 주도의 교수적 접근을 직접 지도(direct instruction)라고 부른다. 어떤 학생에게나 적용할 수 있고, 어떤 기술을 가르치든 간에 사용이 가능한 직접 지도는 학습 및 행동문제를 가진 학생에게 새로운 내용을 가르칠 때(특히 언어와 수학에서) 가장 효과적인 접근이다. 그러나 직접 지도는 사회적 기술이나 행동 기술에도 적용가능하다. 제9장에서 설명했던 코칭-모델링-행동 시연 형식이 직접 지도 접근에 해당된다. 직접 지도는 오랜 기간에 걸쳐 장애학생을 비롯한 모든 유형의 학습자들에게 그 효과가 입증되어 왔다(Brophy & Good, 1986; Englert, 1984; Rosenshine, 1986). 직접 지도는 명백한 교수(explicit instruction)를 강조하는 교수 방법이며, 다음과 같은 특징을 가진 교사 주도의 교수 방법이다.

교사 주도의 명백한 교수를 직접 지도라고 한다.

- 구체적인 교수 목표를 중심으로 교수를 구성함
- 대집단 또는 소집단 교수
- 구조, 명확성, 반복
- 실물 교수로 설명을 보충
- 높은 수준의 학생 참여
- 완전학습 : 학생이 교사의 감독하에 특정 과제를 수행할 때 최소한의 숙달(예 : 반응의 정확성)에 이르렀음을 증명해 보인 후에야 혼자 기술을 연습할 수 있음

직접 지도를 위한 단계는 학생의 학습과 요구를 반영하는 구조화되고 체계적인 교수를 제공하기 위해 설계된다.

이러한 특성들은 왜 직접 지도가 학습 및 행동상의 어려움이 있는 학생들에게 효과적인지를 보여준다. 직접 지도 모델은 장애학생에게 부족한 학습 및 행동적 특성을 함양시킬 수 있는 요소를 포함하고 있기 때문이다.

직접 지도 모델은 교사들이 단계마다 학습 및 행동의 성과를 향상시킬 수 있는 특정 행동을 할 것이라고 가정한다. 이러한 효과적 교사행동은 이 장의 뒷부분에서 다시 설명될 것이다.

교사는 학생들이 교사의 감독 없이 기술을 연습하기 전에 최소한 80%의 정확도로 목표 기술을 수행할 수 있는지 확인해야 한다.

효과적인 직접 지도 수업을 위해서 교사는 단계별로 무엇을 말하고 무엇을 할지를 계획하는 데 시간을 투자해야 한다. 보통 이러한 계획은 수업지도안의 형태로 기록된다. 대부분의 교사들은 수업지도안을 교장에게 제출하게 되어 있는데, 우리의 경험에 의하면 이러한 목적으로 제출되는 수업지도안은 효과적인 교수를 위해 요구되는 상세함을 갖추는 일이 거의 없다. 수업지도안 작성은 좋은 교육적 실제이고 더욱 효과적인 교수를 가능하게 한다. 연구들에 의하면 수업지도안을 작성하고 그에 따라 수업하는 교사는 그렇지 않은 교사보다 훨씬 더 효과적이다(Everhart, Oaks, Maritn, & Sanders, 2004). 또한 수업지도안의 세밀함은 학생의 성취와 상관관계가 있다고 추정된다(Panasuk & Todd, 2005). 실제로 연구들은 교사가 새로운 정보를 제시할 때 할 말이나 질문의 내용, 학생에게 기대할 적절한 반응 등을 자세히 적어둔 스크립트를 작성할 때 학생의 성취와 행동이 향상됨을 지적하고 있다. 연구 결

직접 지도 방안은 장애학생에게 학습 기술을 가르치는 데 효과적이다.

과들에 의하면 교수를 위한 스크립트를 작성하고 그에 따라 가르치는 교사들에게 배운 학생이 그렇지 않은 교사들에게 배운 학생보다 높은 수준의 성취와 낮은 수준의 과제이탈 행동 및 방해행동을 보이는 것으로 나타났다(Gunter & Reed, 1997; Gunter, Shores, Jack, Denny, & DePaepe, 1994). 이러한 연구 결과는 정말 이치에 맞다. 자세한 설계도 없이는 어떤 건축가도 절대 집짓기를 시작할 수 없는 까닭이다. 대부분의 사람들은 새로운 장소를 향해 운전을 시작하기 전에 어떤 경로로 갈지 계획을 세운다. 심지어 사업가들도 의사결정을 위해 사업계획을 세운다. 교사들만 이것에서 빠져나가려 하는 것은 용납될 수 없다. 이 장의 저자들은 다년간의 교사 경력에도 불구하고 수업을 하게 될 대상이 초등학생이든, 대학생이든, 연수를 받는 교사이든 간에 여전히 수업지도안을 작성한다. 초임 교사일수록, 수업을 할 내용이 익숙하지 않을수록, 자세한 수업지도안을 작성하는 것은 더욱 중요하다.

수업지도안의 형식은 한없이 다양하다. 우리는 특정 양식이 더 좋다고 생각하지는 않지만, 어떤 수업지도안이든 직접 지도 모델의 각 단계와 관련된 정보가 모두 포함되어야 함을 강조한다.

직접 교수

직접 교수(Direct Instruction, *D*, *I*를 대문자로 씀)는 교수와 교육과정 설계를 위한 매우 체계적이고 조직적이며 종합적인 접근이다. 원어로 표기할 때 소문자 *d*와 소문자 *i*를 쓰는 직접 지도(direct instruction)와 달리, 원어로 표기할 때 대문자 *D*와 *I*를 쓰는 **직접 교수**(Direct Instruction)는 1960년대 중반 오리건대학교의 Sigfried Engelmann, Douglas Carnine과 그 동료들이 개발한 모델을 말한다. 직접 교수는 학생이 새로운 개념을 배우기 전에 알아야 할 일련의 개념에 익숙해질 수 있도록 주의 깊게 설계된 교육과정과 이와 함께 제공되는 고도로 구조화된 일련의 구체적인 교수행동을 말한다(National Institute for Direct Instruction, 2014).

다음 문단은 Gersten 등(1987)이 직접 교수에 대해 설명한 내용이다.

> 직접 교수 프로그램이 효과적인 이유 중 하나는 불분명하고 모호하거나 혼란을 주는 일반적인 교수 오류를 피할 수 있는 교육과정과 교수법적 요소를 포함하기 때문이다.

> 이것은 교실 구조 및 운영에서부터 교사-학생 간 상호작용의 질, 교육 자료의 디자인, 현직 교사 연수의 특징에 이르기까지 교수의 모든 영역을 바라보는 복잡한 방식이다.
>
> 직접 교수의 핵심 원칙은 믿을 수 없을 정도로 단순하다. 즉, 모든 학생이 잘 배우기 위해서는 교육과정상의 제재와 이 제재에 대한 교사의 소개가 모호하지 않고 명확해야 한다는 것이다. 많은 저자들이 교육과정 설계와 효과적인 교수에 대한 연구가 별개라고 생각하지만 현장 전문가들은 이 둘을 조화롭게 연주해 낸다.
>
> 직접 교수는 교사가 어떤 기술을 시연할 때 사용할 최선의 표현, 학생의 실수를 교정하는 가장 효과적인 방법, 학생이 새로운 개념에 숙달되었음을 확인하는 데 필요한 예시의 숫자와 범위 등과 같이 많은 이들이 평범하게 여기는 것들에 초점을 둔다.(pp. 48-49)

널리 사용되고 있는 많은 교육적 기법들에 관한 실증적 연구가 부족한 것과는 대조적으로, 직접 교수는 지난 40년간의 연구들을 통해 모든 연령의 다양한 학생들에게 모든 유형의 학습 및 인지 기술(Adams & Engelmann, 1996; Becker & Gersten, 2001; Gersten, Woodward, & Darch, 1986; Gersten et al., 1987)은 물론이고 사회성 기술(Walker, Todis, Holmes, & Horton, 1988; Walker et al., 1988)을 지도하는 데도 효과적이라는 것이 입증되었다. 제9장에서 설명했던 Walker의 사회성 기술 교육과정인 ACCEPTS와 ACCESS도 직접 교수 형태를 취하고 있다.

Watkins와 Slocum(2004)은 직접 교수의 효과에 기여하는 주요 요소들을 설명하였다. 표 6-3은 이

표 6-3 직접 교수의 핵심 요소

프로그램 디자인

1. **교육과정 내용 분석** : 직접 교수 프로그램에 제시된 교육과정 배열은 학습의 궁극적 목적, 즉 기술의 일반화를 달성하기 위한 방향으로 고안되어 있다.
2. **교수에 사용되는 언어와 서식의 명확성** : 직접 교수 프로그램은 모든 설명, 예, 질문, 피드백 등이 명백하게 전달될 수 있도록 교사가 사용할 스크립트를 제공한다.
3. **기술의 순서와 연속성** : 어떤 기술을 수행하는 데 필요한 선수 기술을 아직 배우지 않은 학생에게 그 기술을 해 보라고 요구하는 일이 절대 일어나지 않도록 주의 깊게 기술들을 배열해야 한다. 쉬운 기술이 먼저 제시되고 혼동을 피하기 위해 유사한 기술들은 분리되어야 한다. 그리고 처음으로 어떤 기술을 가르친 후에는 그 기술을 계속 연습할 수 있는 기회를 주기 위해 이후의 수업에서도 그 기술이 반복적으로 등장해야 한다(이는 숙달, 유지, 일반화를 증진시킨다).

교수의 구조

1. **비슷한 수준의 학생들끼리 융통성 있게 집단을 구성한다.** 학생들의 기술 수준이 달라지면 다른 적절한 집단에 재배치할 수 있다.
2. **직접 교수 절차는 활발한 참여시간을 최대화한다.** 학생들은 빠르게 진행되지만 여러 번의 반복이 있는 수업에 매우 열심히 참여한다.
3. **교사들은 직접 교수 수업을 위해 스크립트를 따른다.** 수업의 복잡성이나 수업 중에 교사들이 해야 하는 많은 일들을 고려해 볼 때 그날그날 되는 대로 수업을 하는 것은 바람직하지 않다. 교사들에게 제공되는 스크립트는 과학적인 기초에 토대를 두고 학생의 학습에 매우 중요하다고 알려진 효과적인 교수의 여러 측면을 포함하고 있다. 이러한 요소들을 하나하나 직접 계획해야 할 필요가 없어지므로 교사들은 다른 중요한 영역(예 : 학생의 수행 점검, 학급관리, 연습활동 계획 등)에 시간을 사용할 수 있다.
4. **직접 교수 프로그램은 학생의 수행을 다양한 방법으로 계속 평가한다.** 평가 자료는 집단 구성, 교수 전달 및 속도를 결정하는 데 사용된다.

교수-학생 간 상호작용

1. **학생의 적극적 참여(교사의 신호에 따라 학생들이 한목소리로 답하기, 점검을 위한 개별 질문, 활기찬 수업 진행)** : 직접 교수 프로그램에는 학습과 상관관계가 있다고 알려진 높은 수준의 학생 반응 기회가 반드시 포함된다. 학생 참여를 최대화하기 위해 많은 경우 학생들은 한목소리로 답한다. 일제히 답하기를 구조화하기 위해 학생들은 교사가 특정 신호를 할 때 답을 말해야 한다는 것을 배우게 된다. 그러나 일제히 답하기만으로는 교사가 개별적인 학습 정도를 적절히 평가할 수 없으므로 개별 질문이 사용된다. 직접 교수 수업에서는 질문과 기타 반응 기회가 활기찬 속도로 제공됨으로써 학생의 참여를 최대화하고자 한다.
2. **교정 절차** : 직접 교수 프로그램은 정반응을 증가시키고 학생의 오류를 최소화하기 위해 고안된다. 그러나 발생한 오류들은 제대로 교정되어야 한다. 오류 교정은 교사가 오류 유형을 파악하고 이를 교정하며, 비슷한 내용으로 추가의 연습 기회를 제공하게 해 준다. 오류 교정은 오류 발생 즉시, 그리고 효율적으로 이루어진다.
3. **학생의 동기를 고취하기 위한 장치** : 직접 교수 프로그램은 피드백과 같은 특정 칭찬에서부터 학생이 매일의 성취를 그래프로 만들어 보는 것에 이르기까지 다양한 동기 증진 요소를 포함한다.

출처: *Introduction to Direct Instruction*, by N. Marchand-Martella, T. A. Slocum, & R. C. Martella, Boston: Allyn & Bacon. © 2004 PearsonEducation. Adapted with permission from the publisher.

요소들에 대한 간략한 설명이다. 표 6-4는 많은 직접 교수 프로그램 중 일부를 보여 주고 있다.

직접 교수 프로그램들과 직접 교수 접근의 흥미로운 한 가지 특징은 교사가 교수를 전달할 때 따라야 할 스크립트의 사용이라고 할 수 있다. Marchand-Martella, Slocum과 Martella(2004)는 스크립트에 대해 다음과 같이 말했다.

> 스크립트는 다음 두 가지 목적을 달성하기 위해 고안된 도구이다. (1) 수업을 위한 내용 분석에서부터 설명에 사용될 구체적 어법에 이르기까지 매우 잘 고안된 교수에 학생이 접근할 수 있게 하기 위함이다. (2) 가르쳐야 할 모든 주제에 대해 교수를 계획하고, 시험적으로 적용해 본 후 수정을 하는 등의 수

표 6-4 직접 교수 프로그램

읽기/국어

- Horizons : 유치원~4학년 학생을 위한 핵심 읽기 프로그램
- Reading Mastery : 유치원~2학년 학생(Reading Mastery Classic)이나 유치원~6학년 학생(Reading Mastery Plus and Reading Mastery Rainbow Edition)을 위한 핵심 읽기 프로그램
- Corrective Reading : 읽기를 어려워하는 4학년~고등학교 3학년 학생을 위한 집중 읽기 프로그램
- Language for Learning 2008 : 학교에서의 성공을 위한 기초 언어기술을 가르치는 구어 프로그램
- REWARDS : 내용교과에서 긴 단어 읽기와 유창성 증진에 초점을 둔 6학년~고등학교 3학년용 읽기 프로그램. REWARDS Plus-Science와 REWARDS Plus-Social Studies는 과학과 사회 교과의 내용을 이용하여 읽기기술을 지도함
- Teach Your Child to Read in 100 Easy Lessons : 유아를 위한 읽기 입문 프로그램

철자

- Spelling Mastery : 유치원~6학년 학생을 위한 철자 프로그램으로 음소, 형태소, 통문자 접근을 가르침
- Spelling Through Morphographs : 4학년~성인까지를 위한 철자 프로그램

수학

- Distar® Arithmetic : 유치원~3학년 학생을 위한 기본 수학 기술 프로그램으로 완전학습과 일관되고 과제 분석적인 사고 절차를 강조함
- Connecting Math Concepts : 유치원~중학교 2학년 학생을 위한 수학 교육과정으로 특정 수학 전략뿐 아니라 수학적 개념들이 서로 어떻게 연결되어 있는지도 가르침
- Corrective Math : 3학년~성인을 위한 집중 수학 프로그램으로 수학을 어려워하는 사람들에게 부족한 필수적 기술과 개념에 초점을 둠
- Essential for Algebra, SRA : 중고등학생이 기초 또는 고급 대수학을 배우기 위해 필요로 하는 기초기술을 제공

언어

- Distar® Language Ⅲ : 2~4학년 학생을 위한 말하기, 쓰기기술 프로그램으로 어휘, 문장 구조, 문법, 의미, 추론 등을 가르침
- Language for Learning : 유치원~2학년 학생을 위한 언어 및 사고기술 지도 프로그램으로 언어의 규칙, 전략, 어휘, 개념을 가르침
- Language for Thinking : 1~3학년 학생을 대상으로 Language for Learning에서 배운 기술을 확장
- Language for Writing : 2~5학년 학생을 위한 포괄적 쓰기 프로그램으로 작문에서의 단어 사용, 구문론, 어휘, 문법, 구두점, 유창성에 초점을 둠
- Language Through Literature : 유치원~6학년 학생을 대상으로 읽고 말하고 쓰는 기술을 발전시키기 위해 문학작품을 위주로 한 접근을 사용함
- Reasoning and Writing : 유치원~중학교 2학년 학생을 대상으로 쓰기기술의 기초인 상위 사고기술을 가르침

쓰기

- Language for Writing : 2~5학년 학생을 위한 쓰기 프로그램으로 글쓰기를 잘하기 위한 쓰기기술, 어휘, 문장, 조직하는 기술 등을 가르침
- Basic Writing Skills : 6학년~고등학교 3학년 학생을 위한 쓰기 프로그램으로 기초기술과 문장 만들기를 강조
- Expressive Writing 1, 2 : 쓰기를 잘하지 못하는 4학년~중학생을 대상으로 쓰기와 교정기술을 향상시키는 프로그램
- Cursive Writing Program : 2~4학년 학생들이 적절한 속도와 정확도로 필기체를 쓸 수 있게 가르치는 프로그램

표 6-4 직접 교수 프로그램(계속)

기타
• Your World of Facts : 3~6학년 학생을 대상으로 주요 사실과 사실들 간의 관계를 가르침으로써 과학과 사회 교과에 대한 이해를 높일 수 있는 배경지식을 형성해 줌 • ACCEPTS and ACCESS : 초등학생용(ACCEPTS), 중학생용(ACCESS) 사회성 기술 교육과정으로 학급에서 필요한 기술, 또래 상호작용 기술, 성인과의 상호작용 기술, 가기관리 기술을 가르침 • Voyager Sopris Learnign, Dallas, TX, www.voyagersporis.com 참조 • Simon & Schuster 출판사에서 나온 자료는 서점에서 구할 수 있음. 독자들은 이 교재의 샘플을 www.Amazon.com과 www.barnesandnoble.com에서 살펴볼 수 있음 • PRO-ED Inc., www.proedinc.com 참조

고를 교사들로부터 덜어 주기 위함이다.(p. 42)

어떤 교사들은 스크립트에 따라 가르치는 것이 자신들의 창의성을 억압한다는 이유로 이 접근에 반대한다(Bessellieu, Kozloff, & Rice, n.d.). 그러나 어떤 교실이든 창의성을 발휘할 기회는 얼마든지 있으므로 우리는 교사들이 창의성에 대해 염려하기보다 스크립트 수업을 모든 수업에서 숙련된 교수를 하게 해 주는 하나의 방법으로 바라보기를 권한다. 직접 교수 교육과정 교재의 사용자(교사)들은 자신들이 효과적이고 효율적인 교수를 위해 요구되는 교육과정 및 교수 전략의 세부사항이 주의 깊게 병합된 매우 정교한 프로그램을 사용하고 있음을 확신할 수 있다(American Federation of Teachers, 1998). 직접 교수 프로그램이 성공적인 것을 보고 다른 교수 프로그램들이 직접 교수의 다소 두드러진 특징 중 일부를 모방하기도 했다. 그러나 어떤 프로그램이 스크립트를 제공한다고 해서 그 프로그램이 진정한 직접 교수 프로그램의 모든 특징을 갖추었음을 의미하는 것은 아니다.

지면 관계상 직접 교수 프로그램의 복잡성과 정교함에 대한 모든 토의를 여기에 다 서술할 수는 없을 듯하다. 그러나 직접 교수 프로그램이야말로 학습에 필수적이라고 알려진 효과적 교수의 모든 요소를 포함하고 있을 뿐 아니라 어떤 것도 우연에 맡기지 않음으로써 어림짐작으로 가르치거나 잘못 가르칠 가능성을 교수 장면에서 제거해 주었다고 말하는 것으로 충분할 것 같다. 많은 특수교사들이 직면하고 있는 주요 업무, 즉 준비되지 않은 채 학교에 오고 학습을 위한 기본 기술이 부족하며 학업에 대한 동기가 낮은 학생들을 가르쳐야 하는 업무를 고려할 때, 우리는 교사들이 읽기, 언어, 수학 등 주요 내용교과에서의 수업을 위해 직접 교수 프로그램의 전문성을 믿어 보기를 바란다. 직접 교수 프로그램을 사용하는 교사는 학습 및 행동상의 어려움을 가진 학생을 위해 다년간의 연구가 제공한 최상의 방법을 사용하고 있음을 확신할 수 있을 것이다.

새로운 기술 지도를 위한 기타 교수 방법

우리 저자들이 새로운 기술을 가르치기 위한 직접 지도와 직접 교수를 강조하긴 했지만, 이 두 가지가 새로운 기술을 가르치는 유일한 방법은 아니다. 기술의 습득 단계에 적용할 수 있는 효과적인 연구기반의 교수 방법이 많이 있으며, 이 방법들 대부분은 응용행동분석(applied behavioral analysis)을 기반으로 한다. 이 방법 중 많은 것들이 발달장애나 자폐성 장애학생에게 사용되어 왔지만, 이 방법은 어떤 학생에게도 적용할 수 있다. 특히 아주 어린아이들을 가르칠 때나 다른 방법을 통해 학생이 학습하지 못한 기초기술을 가르칠 때 적용 가능하다. 일반적으로 다음에 제시된 방법들은 3차 예방(개별 지원)에 사용되는 것들이다. 각 방법에 대한 상세한 논의는 이 장의 범위를 넘어서는 것이지만, 우리는 교사들이 이 방법을 알고 있기를 바란다. 우리는 모든 특수교사들이 이러한 여러 방법에 대한 연수를 받고, 이를 열심히 연습하여 이 방법들이 현실적이고 유용한 교수 목록의 일부가 되게 하기를 바란다.

교사가 기술과 개념의 과제분석에 능숙할수록 학생은 그 기술과 개념을 쉽게 배운다.

과제분석 과제분석(task analysis)은 그 자체로 교수 방법은 아니지만 효과적인 교수에 매우 중요한 것이다. 과제분석이란 과제를 수행하는 데 필요한 구체적이고 명확한 인지적 · 신체적 단계를 판별하는 과정이다. 과제분석 및 이와 연관된 교수 방법인 연쇄(chaining)를 이용하면 학생이 어렵고 복잡한 과제를 배우게 도울 수 있다. 효과적인 교사들은 학생이 해야 하거나 배워야 하는 어떤 것에 대해서도 과제분석을 할 수 있어야 한다. 복잡한 행동을 과제분석함으로써 교사들은 복잡한 과제를 가르치기 위해 행동연쇄를 사용할 수 있게 되고 학생이 기술의 어느 부분에서 어려움을 가지고 있는지 파악할 수 있다. 과제분석을 할 때는 명백한 단계와 잘 드러나지 않는 단계 모두를 포함시켜야 한다. 우리가 제공한 과제분석의 예들은 교사들에게 적절한 용어로 작성되어 있다. 교사들은 이 단계들을 학생들의 발달 단계에 맞는 용어로 바꾸어야 한다. 우리가 제시한 예시에 포함된 기술들을 학생들이 아직 갖고 있지 못할 가능성도 있으므로 어떤 것도 미리 가정해서는 안 되며, 어떤 단계도 생략해서는 안 된다.

행동연쇄는 과제분석한 기술이나 개념을 가르치는 교수 방법이다.

행동연쇄 행동연쇄(chaining)란 길고 복잡한 행동을 형성하기 위해 분리된 행동들을 연결시키는 과정을 말한다(Skinner, 1953). 우리의 일상을 구성하는 행동의 대부분은 일련의 복잡한 행동연쇄들이다. 출근 준비는 샤워하기, 머리 감기, 면도 또는 화장하기, 옷 입기 등을 포함하는 행동연쇄로 구성되어 있다. 물론 이 행동연쇄의 각 요소 역시 또 다른 행동연쇄를 통해 수행 가능하다. 이와 같이 대부분의 학업과제도 여러 행동연쇄로 이루어져 있다. 예를 들어 학생은 수학 학습지를 완성하기 위해 필기구를 준비하고, 학습지에 나오는 지시문을 읽고, 문제를 푼 후(문제를 푸는 데도 또 다른 행동연쇄를 이용해야 함), 학습지를 제출해야 한다.

행동연쇄는 과제분석한 기술이나 개념을 가르치는 효과적인 방법이다. 행동연쇄는 과제분석한 기술을 지도하는 한 방법이다. 행동연쇄에는 정방향 행동연쇄, 역방향 행동연쇄, 전체 과제 제시의 세 가지 유형이 있다. 정방향 행동연쇄(forward chaining)란 과제분석의 첫 단계를 학생이 독립적으로 할 수 있을 때까지 지도한 후 첫 단계에 두 번째 단계를 붙여 수행할 수 있게 지도하는 것이다. 학생이 첫 두 단계를 독립적으로 할 수 있게 되면 세 번째 단계가 추가되고 이러한 식으로 하여 학생이 모든 단계를 도움 없이 할 수 있을 때까지 지도한다. 촉진(prompt, 구어나 몸짓으로 또는 물리적인 도움을 제공하는 것)만으로는 학생이 과제분석된 단계들을 수행하기 어려운 경우에 정방향 행동연쇄가 흔히 사용된다. 예를 들어 아이들은 악기 연주를 배울 때 첫 번째 소절 또는 첫 악절을 먼저 배운 후 이것이 숙달되면 조금씩 소절이나 악절을 추가하여 전곡을 연주하게 된다. 야구를 배울 때 역시 처음에는 타격 연습기에 놓인 공을 방망이로 치는 연습을 하고, 그다음으로 가까운 곳에서 던져 주는 공을 치는 연습을 하며, 차츰 빠르고 움직임이 큰 공을 치게 된다. 정방향 행동연쇄를 이용하여 가르치기에 적절한 과제들이 표 6-5에 제시되어 있다.

역방향 행동연쇄(backward chaining)는 '역방향'이라는 단어가 의미하는 것처럼 과제분석한 기술을 가르칠 때 마지막 단계부터 시작하여 그 단계가 숙달되게 가르치는 것이다. 그다음으로는 마지막에서 두 번째 단계를 가르친다. 학생이 이 마지막 두 단계를 독립적으로 수행할 수 있게 되면 마지막에서

표 6-5 행동연쇄의 유형

정방향 행동연쇄
정방향 행동연쇄는 다음을 지도하는 데 적절할 것이다.
• 악기 연주 • 댄스 • 농구에서 레이업 슛하기 • 기능적 기술(예 : 옷 입기, 식사하기, 몸단장하기, 화장실 가기) • 작문 • 컴퓨터로 도서 검색하기 • 복잡한 문장 작성하기
역방향 행동연쇄
역방향 행동연쇄는 다음을 지도하는 데 적절할 것이다.
• 기능적 기술 • 단순 암기 과제(예 : 세기, 알파벳, 주소, 전화번호, 시, 헌법 전문, 극본 대사)
전체 과제 제시
전체 과제 제시는 다음을 지도하는 데 적절할 것이다.
• 기능적 기술 • 운동기술(예 : 한 발로 뛰기, 자전거 타기, 축구공이나 농구공 드리블하기) • 여러 학업기술(예 : 수계산 기술, 실험 절차, 공식에 따라 풀기) • 사회성 기술

세 번째 단계가 추가되며 이런 식으로 과제분석의 첫 단계까지 지도한다. 역방향 행동연쇄는 종종 인지장애 학생들에게 기능적 기술(예 : 옷 입기, 식사하기, 몸단장하기, 화장실 가기)을 지도할 때 사용된다. 역방향 행동연쇄는 학생이 보조나 촉진이 있으면 단계들을 수행할 수 있는 과제들을 가르칠 때 적절하다(표 6-5 참조). 처음에는 과제분석의 마지막 단계에서만 보조나 촉진을 소거하고, 그다음에는 마지막 두 단계에서, 그다음에는 마지막 세 단계에서 보조나 촉진을 소거하는 식으로 진행해 나간다. 역방향 행동연쇄의 장점 중 하나는 역방향 행동연쇄 과정 내내 그 과제를 수없이 반복할 수 있다는 점이다. 예를 들어 학생들이 끈 매기나 **로미오와 줄리엣**의 서사를 암기하는 등의 복잡한 과제를 독립적으로 할 수 있게 될 때까지 교사의 보조(예 : 끈 매기의 경우 구어적 촉진이나 모델링, 서사 암기의 경우 문자로 제공되는 촉진)를 받아 매우 여러 번 과제를 연습하게 되는 것이다. 이런 점 때문에 언어적 행동연쇄를 지도할 때는 역방향 행동연쇄가 최선의 선택이다.

행동연쇄의 마지막 유형은 **전체 과제 제시**(total task presentation)이다. 이 방법은 과제가 제시될 때마다 학생이 과제분석된 기술의 모든 단계를 수행하게 한다. 예를 들어 프라이스 교사는 중도 지적장애를 가진 학생들에게 식당에서 줄서기를 지도할 때 전체 과제 제시를 사용하였다. 프라이스 교사는 학생들에게 줄을 서서 식판을 들고 식판을 레일 위에 놓은 후 원하는 음식을 가리키는 등의 절차를 말로 촉진하였다. 학생들이 모든 단계를 독립적으로 할 수 있게 되어 가면서 프라이스 교사는 점차 촉진을 용암(fades)시켰다(촉진의 횟수를 줄이거나 촉진할 때 사용하는 단어 수를 줄임). 전체 과제 제시는 사회성 기술, 기능적 기술, 운동기술(예 : 줄넘기, 자유투 넣기, 자전거 타기, 공 던지기) 및 여러 형태의 학업과제(예 : 사실 연합, 연산, 컴퓨터 기술, 작문 기술)(표 6-5 참조)를 가르칠 때 주로 사용된다.

행동연쇄의 유형 중 어떤 유형으로 지도할지가 자연스럽게 결정되는 과제도 있지만, 어떤 행동연쇄를 사용할지의 결정은 개인의 선호도에도 많이 달려 있다. 분수의 곱셈을 가르치기 위해 정방향 행동연쇄를 사용하는 교사가 있는가 하면 전체 과제 제시를 선호하는 교사도 있다. 예를 들어, 캠벨 교사는 유치원 학생들에게 요일을 가르칠 때 역방향 행동연쇄를 사용한다. 캠벨 교사는 먼저 학생들과 함께 모든 요일을 하나씩 외쳐 본다. 이렇게 3~4일간 연습을 한 후 캠벨 교사는 "월요일, 화요일, 수요일, 목요일, 금요일, 토요일"이라고 학생들과 함께 외친 후, 학생들만 "일요일" 하고 외치게 한다. 학생들이 독립적으로 마지막 요일인 "일요일"을 잘 외칠 수 있게 되면, 캠벨 교사는 월요일부터 금요일까지를 학생들과 함께 외치다가 학생들끼리만 "토요일, 일요일"을 말하게 한다. 반면 쉬프먼 교사는 전체 과제 제시를 이용하여 같은 기술을 지도한다. 쉬프먼 교사는 매번 학생들과 함께 모든 요일을 외친다. 쉬프먼 교사는 점차 학생들끼리만 요일을 외치게 하되 필요할 때만 촉진을 한다. 이것이 행동연쇄의 장점이다. 교사들은 세 가지의 행동연쇄 유형을 자유롭게 사용할 수 있고, 대부분의 경우 내가 혹시 잘못된 유형을 사용한 것은 아닌가 하고 걱정할 필요가 없다.

불연속 개별시도 교수와 시간 지연은 새로운 기술 지도나 이미 배운 기술의 유창성 확립을 위한 고도로 구조화된 방법이라는 점에서 유사하다.

불연속 개별시도 교수　불연속 개별시도 교수(discrete trial instruction, DTT) 또는 불연속 개별시도 훈련이란 과제분석한 기술을 지도하기 위한 고도로 구조화된 방법이다. DTT는 자폐학생을 위한 교수방법으로 널리 알려져 있다. 그러나 DTT는 이 장에서 논의된 효과적인 교수 방법(예 : 교수의 명확성, 구조, 빈번한 반응기회, 반복연습, 완전학습)과 연계된 특성을 포함하고 있기 때문에 DTT를 활용할 줄 아는 교사들은 다른 교수 방법의 사용도 효과적으로 할 수 있을 것이라고 생각된다.

DTT는 여러 번의 시도를 포함하는데, 시도(trial)는 단서(cue)(학생에게 주어지는 지시), 촉진(prompt, 필요할 경우에만 제공), 학생의 반응, 피드백(feedback)의 4단계로 이루어진다. 교사는 각 시도가 끝나면 학생의 반응을 기록하고(예 : 정반응, 오반응, 촉진이 제공된 정반응, 촉진이 제공되었는데도 발생한 오반응, 무반응), 그다음 시도를 제시한다. 일반적으로 교수회기는 신속하게 진행되는 여러 번의 시도로 구성된다.

DTT는 개별 학생 또는 학생집단에게 모든 유형의 기술을 가르치는 데 매우 효과적이고 용도가 다양한 방법이다. DTT에 관한 더 많은 정보는 이 장의 마지막에 나오는 '참고자료'(p. 164)를 참조하라.

시간 지연　시간 지연(time delay)은 단서의 전달과 촉진 사이에 학생의 반응을 기다리는 대기시간(wait time)이 추가된다는 점 외에는 DTT와 같은 단계로 진행된다. 시간 지연에는 단서와 촉진 사이의 시간이 항상 동일한 고정시간 지연(constant time delay)과 학생이 반응을 좀 더 잘하게 됨에 따라 단서와 촉진 사이의 시간 간격을 점차 넓혀가는 점진적 시간 지연(progressive time delay)의 두 가지 유형이 있다. 많은 선행연구들은 시간 지연이 모든 유형의 학습자에게 적용 가능할 뿐 아니라 광범위한 기술의 유창성을 지도하거나 발전시킨다는 점을 지지하고 있다(Wolery et al., 1992).

유창성을 높이고 유지와 일반화를 촉진하는 연습활동

앞서 논의한 두 가지 교수 전달 방법은 학습 및 행동상의 어려움을 가진 학생들에게 새로운 학습 내용을 가르치는 데 가장 효과적인 방법이다. 그러나 교사들에게는 학생들이 새롭게 배운 것을 습득 단계를 넘어서 숙달에 이르게 해야 하는 책임이 있다. 직접 지도와 직접 교수의 일부 요소들이 기술의 숙달과 유지를 목표로 하고 있기는 하지만 숙달, 유지, 일반화 단계는 다른 방법을 통해 이루어진다. 학생에게 새로 배운 기술을 연습할 기회를 제공하기 위해 교사가 설계할 수 있는 많은 활동이 있다.

다음 활동들은 학생들이 새로 배운 기술을 연습할 기회를 제공하기 위해 흔히 사용되는 것이다. 다만 다음에 제시하는 모든 활동이 장애학생을 대상으로 연구를 거쳐 입증된 것은 아님에 주의하라. 그럼에도 불구하고 우리는 교사들이 어떤 학습활동에서든 이 장에 제시된 효과적 교수의 구성 요소를 실천한다는 전제하에 그 활동들을 포함시켰다. 무엇보다 교수적인 연습활동을 하는 동안 정반응률이 90% 이상 되어야 함을 명심하라. 학생들이 이 준거에 도달했는지 확인하기 위해 교사는 모든 연습활동에서 자주 그리고 체계적이고 객관적으로 학생의 수행을 점검해야 한다.

연구를 통해 입증된 연습활동

반응 카드는 학생의 참여도를 높이는 데 유익할 뿐 아니라 학생들이 새롭게 배운 기술을 연습할 수 있는 재미있는 방법이다.

반응 카드 Heward(2009)에 의하면 반응 카드(response cards)란 "교사가 제시한 질문이나 문제에 대한 답을 모든 학생들이 동시에 들어 올리는 데 사용되는 카드, 신호 또는 물건으로 미리 인쇄된 것과 즉석에서 쓰는 것의 두 가지가 있다."(p. 230) 반응 카드는 학생들을 한 명씩 호명하는 것보다 학생들의 반응을 높이고(Gardner, Heward, & Grossi, 1994) 행동을 향상시키는 데 효과적인 것으로 나타났다(Heward, 2009). 반응 카드 방법을 위해 사용될 소형 화이트보드는 교사용 물품을 파는 가게나 온라인몰에서 구입할 수도 있고, 가정용품 가게에서 커다란 화이트보드판을 사다가 작은 크기로 자른 후 안전을 위해 모서리에 테이프를 감아서 만들 수도 있다. 분필을 사용하는 개인용 칠판을 사용하는 것도 가능하다. 복습시간에 콜린 교사는 이전 수업에 관련된 문제를 낸다("카베사 데 바카가 개척한 4개의 주를 말해 보세요.", "뉴멕시코와 애리조나 주는 누가 처음 개척했나요?", "철도 확장의 결과 중 하나를 말해 보세요."). 콜린 교사는 사회과 수업 중 복습시간과 안내된 연습시간에 반응 카드를 사용할 수 있다. 학생들은 각자 화이트보드, 마커 , 지우개를 가지고 있다. 안내된 연습시간에는 이번 시간에 배운 내용에 대한 반응 기회를 제시한다. 반응 카드를 사용하기 전에 콜린 교사가 수업 중에 반응 카드를 사용하는 절차를 학생들에게 미리 지도했음은 물론이다.

또래교수(Delquadri, Greenwood, Whorton, Carta, & Hall, 1986; Osguthorpe & Scruggs, 1986) 또래교수(peer tutoring)는 학생들이 짝을 지어 기초적인 기술(예 : 단어 철자, 어휘, 셈하기, 소리 내어 읽기, 이해 질문)을 연습하는 것이다. 또래교수 회기는 번갈아 하기, 정보 제시하기, 반응 기록하기, 반응에 대해 피드백하기 등과 같이 학생들이 따라야 할 특별한 절차들로 고도로 구조화되어 있다. 또래교수가 학습 및 행동상의 요구를 가진 학생들에게 유익하다는 것은 연구를 통해 강력하게 지지되어 왔으며, 이러한 유익은 또래교수를 제공하는 학생과 또래교수를 받는 학생 모두에게 적용된다(Spencer, 2006). 이러한 유익은 분명히 또래교수가 학생의 학습에 결정적이라고 할 수 있는 효과적 교수의 구성 요소들을 포함하고 있다는 사실에 기인한다. 즉, 또래교수는 매우 구조화되어 있으며 높은 수준의 학생 참여와 반응 기회를 제공하고 학생의 반응을 점검하고 즉각적인 피드백과 오류 교정을 제공하는데, 이는 모두 효과적 교수의 구성 요소들이다. 게다가 교사가 소집단의 다른 학생들을 가르치거나 일대일 형태로 학생을 지도하는 동안 학생들끼리 기술을 연습하는 것은 상당히 신나는 일이기도 하다.

학급 차원으로 사용하기 위해 고안된 몇 가지의 또래교수 모델은 장애학생을 포함한 모든 학생에게 효과적이라는 것이 연구를 통해 입증되어 왔다. 그러한 프로그램 중 하나가 캔자스시티의 Juniper Gardens Children's Project에서 개발한 학급 차원의 또래교수(class-wide peer tutoring, CWPT)다(Delquadri, Greenwood, Stretton, & Hall, 1983). CWPT는 (1) 1주일 단위의 팀 구성, (2) 구조화된 또래교수 절차, (3) 1일 단위의 점수 체제와 학생 수행의 게시, (4) 의미 있는 교수활동을 통한 연습(Maheady, Harper, & Mallette, 2003)으로 이루어진다. 팀(예 : 또래교수 짝)은 무작위로 선정된다. 매일 각 팀은 20~30분 정도 또래교수 활동을 하게 되는데, 한 학생이 약 10분 정도 또래교사 역할을 하고 그다음에는 다른 한 학생이 또래교사가 된다. 또래교사의 역할은 교수적 자극(예 : 철자를 익히거나 읽어야 할 단어들, 수학 식)을 제시하고 피드백을 제공하며 정반응과 교정된 반응(또래교사가 교정적 피드백을 제공하고 또래가 정반응을 몇 번 연습한 후 다시 반응 기회가 주어졌을 때 나온 정반응)에 대해 점수를 주는 것이다. 또래교수 회기 동안 교사는 또래교수 활동을 감독하고 또래교수 절차를 잘 따르고 있는 팀에게 보너스 점수를 준다. 또래교수 회기가 끝날 무렵에는 각 팀이 학급 수행 도표에 그 팀의 점수를 표시한다. 금요일이 되면 각 학생에 대한 개별 평가가 이루어지는데, 그 평가에서 학생이 정반응을 한 경우 추가의 개별 점수와 팀 점수를 딸 수 있다. 매주 마지막 시간에는 최고 점수를 획득한 팀에게 상장이 수여되며, 상장은 교실에 게시된다. 여러 연구들이 CWPT가 학년과 관계없이 모든 학생들의 읽기, 수학, 철자, 쓰기에 미치는 긍정적 효과를 지지하였다(Maheady & Gard, 2010). 한 장기 연구에서는 CWPT에 참여한 학생들이 특수교육 서비스에 의뢰되는 비율과 학교 중퇴율이 낮은 것으로 나타났다(Greenwood, Maheady, & Delquadri, 2002). CWPT는 또한 자폐학생을 일반교육에 통합하는 데 효과적이었으며(Kamps, Barbetta, Leonard, & Delquadri, 1994), 영어를 배우는 학생들의 학습 성과를 향상시키는 데도 효과적이었다(Greenwood, Arreaga-Mayer, Utley, Gavin, & Terry, 2001).

유사한 학급 차원의 또래교수 형태로 또래보조 학습 전략(peer assisted learning strategies, PALS)이 있다. PALS에서는 또래교수를 위해 짝을 지을 때 성취 수준이 높은 학생과 낮은 학생이 짝이 되게 한다(Fuchs, Fuchs, & Burish, 2000). 이렇게 짝을 지은 후에는 학급을 두 팀으로 나누고 짝을 이룬 학생들을 이 두 팀 중 어느 하나에 배정한다. 또래교수 회기 동안 짝을 이룬 두 명의 학생이 점수를 얻으면 그 점수는 그 짝이 속한 팀의 점수에도 더해진다. 또래교수 짝은 4주간 유지되며 4주 후에는 다시 팀이 구성된다. CWPT와 마찬가지로 PALS 역시 장애학생과 비장애학생 모두의 학업 성취를 향상시키는 것으로 알려져 있다(Fuchs et al., 2000; Maheady et al., 2003). 학급 차원의 또래교수 모델을 적용한 최근의 연구들은 CWPT와 PALS가 상위 사고기술을 다루는 데도 사용될 수 있음을 보여 주었다(Fuchs, Fuchs, & Hamlett, 1997; King, Staffieri, & Adelgais, 1998).

> 밴더빌트대학교의 IRIS 센터는 예비교사와 현직교사 연수를 위한 자료를 개발했다. '또래보조 학습 전략: 유치원부터 1학년을 위한 읽기 전략' 모듈[(http://iris.peabody.vanderbilt.edu/module/palsk1/)과 '또래보조 학습 전략: 고등학생을 위한 읽기 전략' 모듈[(http://iris.peabody.vanderbilt.edu/module/palshs/)은 초등 교실과 중등 교실에서 또래보조 학습 전략을 적용하는 예를 보여 준다.

또래교수는 효과적 교수의 여러 장점을 포함하고 있을 뿐 아니라 또래교수의 구조화되고 체계적인 특성은 높은 수준의 과제참여 행동과 낮은 수준의 과제이탈 행동을 이끌어 내는 데 유익하다. 또한 또래교수의 일부로 사용되는 점수 체계는 참여 동기를 증진시킴으로써 또래교수 회기 동안 문제행동이 줄어들게 하는 효과도 있다.

컴퓨터 보조 교수 컴퓨터 보조 교수(computer-assisted instruction, CAI)의 다양한 적용은 장애학생의 학습 성과를 향상시키는 것으로 알려져 있다(Silver-Pacuilla & Fleischman, 2006). 연구들에 의하면 어떤 학생들에게는 CAI가 이전에 배운 기술의 유창성을 높이는 데 효과적일 뿐 아니라 새로운 기술을 가르치는 데도 효과적인 접근이 될 수 있다고 한다(Coleman-Martin, Heller, Cihak, & Irvine, 2005). CAI는 높은 수준의 반응 기회와 즉각적 피드백을 제공하는데, 이는 이 장의 후반부에 제시될 학습을 위한 필수 요소들이다. 또한 대부분의 교육적 소프트웨어 프로그램들에 포함되어 있는 재미를 위한 요소들은 학생의 학습 동기를 증진시킨다(Jerome & Barbetta, 2005).

장애학생과 관련하여 연구를 통한 검증이 아직 부족한 연습활동

숙제 숙제(homework)란 학생이 예전에 습득한 기술과 관련된 연습활동을 교수환경이 아닌 곳에서 하는 것을 말한다. 숙제는 비장애학생의 학업 성취를 증가시키는 것으로 보이나(Cooper, 1989), 장애학생과 관련해서는 연구 결과가 일관적이지 않았다(Rivera & Smith, 1997). 숙제는 학습 및 행동장애 학생들에게 유익한 것으로 보이나 교사들은 학생이 그 과제를 독립적으로 할 수 있는지를 반드시 확인하고 학생이 해 온 숙제를 함께 검토하며 숙제를 잘해 온 경우 강화가 반드시 주어지도록 주의를 기울여야 한다. 특히 학생의 숙제가 계속 90% 이하의 정확도를 보인다면, 교사는 숙제 절차를 재고해 보거나 다른 형태의 연습을 시도해 보아야 한다.

당연히 대부분의 일반학급에서 숙제가 주어진다. 따라서 숙제하는 기술은 많은 경도 및 중등도 장애학생들의 주요 교수 목표가 될 수 있다. 장애학생의 숙제에 중점을 둔 연구가 거의 없긴 하지만, 일부 연구 결과들은 강화, 숙제 알림장의 사용, 부모의 숙제 점검 등과 같이 숙제 완성을 향상시키기 위해 특별히 고안된 전략을 사용함으로써 숙제 완성이 향상될 수 있음을 제안하고 있다(Bryan & Burstein, 2004).

숙제는 새롭게 배운 기술의 일반화를 촉진하기 위해 사회성 기술이나 자기통제 기술 교수에도 사용된다(제9장 참조). 흔히 숙제는 학생이 목표기술의 사용을 스스로 평가하는 자기점검 또는 자기평가 활동의 형태로 주어진다. 연구에 의하면 다른 형태의 숙제와 달리 사회성 기술 숙제는 그 기술의 일반화를 촉진시킬 수 있다(Goldstein, McGinnis, Sprafkin, Gershaw, & Klein, 1997; McGinnis, & Goldstein, 1997b).

독립적 과제 학습지(worksheets)는 일반교육과 특수교육 모두에서 학생의 독립적인 연습을 위해 가장 보편적으로 사용되고 있다. 대부분의 교수 자료들(예 : 교과서, 상업적으로 제작되어 판매되는 교육과정, 심지어 컴퓨터 프로그램들)은 학생의 연습을 위한 학습지를 포함하고 있다. Engelmann과 Carnine(1991)은 학습지가 이전에 배운 기술들의 복습, 확장, 통합을 위한 것이라고 하였다. 학습지의 광범위한 사용에도 불구하고 교수를 위한 학습지의 효과에 대해서는 사실 연구된 것이 전혀 없다. 학습지를 어떻게 만들어야 할 것인가에 대한 가장 자세한 연구는 아마 Engelmann과 Carnine(1991)의 연구일 것이다. 그들은 학습지의 몇 가지 유익을 나열하는 동시에 학습지의 주요 단점을 제시하였다. 학습지의 주요 단점은 효과적 교수의 주요 구성 요소인 교정적 피드백을 제공해 주지 않는다는 점이다. 이러한 이유로 그들은 학생이 어떤 과제를 충분히 익혔기 때문에 오반응을 거의 하지 않게 되었을 때만 학습지를 사용하도록 권하고 있다. 물론 이러한 권고는 학생이 독립적 과제에서 90% 이상의 정확도로 반응해야 한다는 기대에 일관된 것이다.

우리는 다음의 몇 가지 이유로 학습지에 대한 우려를 가지고 있다. 첫째, 학습지와 관련된 많은 학생들의 이전 경험이 긍정적이지 않기 때문에 학습지가 부정적 행동에 대한 차별 자극이 될까 봐 걱정스럽다. 둘째, 우리의 경험에 의하면 교사들이 학습목표를 정확히 반영하고 주의 깊게 작성된 연습문제를 포함한 학습지를 만들거나 고르기보다는 잘못된 이유(예 : 재밌어 보여서)로 학습지를 선택하는 경우가 매우 많다. 마지막으로, 다른 형태의 학업적 연습활동이 부족한 상황에서 자칫하면 학습지가 학생들에게 쉴 틈을 주지 않고 뭔가를 하고 있게 만들기 위한 수단으로 기능할 가능성이 높다. 특수교육대상 학생들이 특수학급에서 보내는 대부분의 시간 동안 학습지를 하고 있다는 연구들은 이러한 생각을 지지한다(Vaughn, Levy, Coleman, & Bos, 2002). 우리는 학생들에게 한 묶음의 학습지가 주어진 후 학생이 하나의 학습지를 끝내면 그다음 학습지를 알아서 풀어야 하고 그동안 교사와의 상호작용은 거의 없는 많은 특수학급을 보았다. 이것은 교수가 아니며 심지어 적절한 독립적 연습이라고도 할 수 없다. 우리는 학습지 사용에 반대하는 것이 아니다. 바르게 사용된다면 학습지는 유창성을 높이기 위한 적절한 연습 기회를 제공할 수 있다. 그러나 우리는 교사들이 학습지에 제시된 내용의 목표를 파악하기 위해 학습지를 면밀히 검토하고, 그 목표가 개별 학생에게 적절한지를 평가하며, 학생이 학습지를 마치면 가능한 한 빨리 학생의 수행에 대한 피드백을 제공하는 데 주의를 기울여야 한다고 믿는다.

협동학습 협동학습(cooperative learning, CL)은 학생들이 집단 과제를 완성하기 위해 이질적인 집단에 배치되었을 때 발생한다. 일반적으로 협동학습은 학습목표와 사회적 목표 모두를 다루며, 각 팀 구성원이 특정 임무를 맡게 하여 집단과 개별 학생이 모두 학습 성과에 책임을 지게 하는 구조화된 형태를 띤다. 협동학습은 널리 권장되고 있으며, 연구를 통해 통합환경에서 장애학생의 학업 성취를 증진시킬 수 있음이 보고되고 있다(Slavin, 1991; Slavin, Stevens, & Madden, 1988). 그러나 학습장애 학생을 대상으로 협동학습을 사용한 실험들을 종합적으로 검토해 본 McMaster와 Fuchs(2002)에 의하면 (1) 협동학습을 지지하는 많은 연구들의 설계가 빈약했고, (2) 협동학습이 다른 연습활동(예 : 또래교수)과 비슷하거나 더 효과적이라는 결론을 내리기는 아직 이르며, (3) 평균 정도의 성취를 보이는 비장애학생에게 협동학습이 끼치는 유익만큼 학습장애 학생에게 유익하지는 못한 것 같다는 결론을 내렸다. 즉, 이 연구자들은 협동학습을 학습장애 학생을 위한 최상의 실제라고 권장하기에는 아직 이르다고 조언하고 있다.

학습센터 학습센터(learning centers)는 학생이 혼자 또는 두세 명으로 이루어진 소집단으로 하는 교수활동이다. 일반적으로 학습센터는 (1) 하나 이상의 내용교과 관련 활동(읽기, 수학, 쓰기 등), (2) 다양한 능력 수준의 학생들을 위한 활동, (3) 실제로 조작하는 활동이나 동기를 고취하기 위한 활동들로 구성된다. 학습센터는 구체적인 학습목표를 반영해야 하며, 학습센터에서 주어진 과제에 대한 학생의 수행을 교사가 간접적으로 모니터할 수 있는 방법이 마련되어야 한다. 직감적으로 우리는 잘 조성된 학습센터를 좋아하며 동기적 측면이 중요하다고 본다. 그러나 교수 방법 교과서나 전문가 연수 등에서 널리 권장되고 있음에도 불구하고, 학습센터가 학생의 성취를 증진시키는 데 효과적임을 지지하는 연구는 거의 없다. 이런 이유로 우리는 교사들이 특정 교수 목표나 행동 목표를 다룰 수 있도록 학습센터를 계획하고, 학습센터 과제에서의 학생 성취를 체계적이고 객관적으로 모니터하는 데 주의하기를 바란다. 학생들은 이러한 연습활동에서 90% 이상의 정확도(Council for Exceptional Children, 1987)로 반응해야 한다.

적절하게 계획된 학습센터는 다른 상황에서는 지루할 수도 있는 기술의 연습을 재미있고 창의적으로 할 수 있게 해 준다. 예를 들어 텍사스 험블의 특수교사인 안드레아 스콧이 개발한 학습센터를 살펴보자. 특수학급에 속한 각 학생의 개별화 교육계획안에는 읽기와 쓰기 목표가 포함되어 있지만, 이 학생들은 쓰기를 매우 싫어했다. 학생들의 쓰기를 촉진하기 위해 스콧 교사는 '단서들'이라는 창작력 학습센터를 개발했다. 이 센터에서는 학생들이 탐정이 되어 미궁에 빠진 사건에 대한 답을 찾게 된다. 답을 찾는 과정에서 학생들은 불가사의한 사건에 대한 결론을 내리기 위해 다양한 단서들을 이용한다. 탐정이 된 학생들은 자신이 발견한 바를 보고서 형태로 작성해야 하는데, 이 보고서에는 자신이 알게 된 그 사건에 대해 사실과 의견을 구분해서 써야 했다(사실과 의견을 구분하는 것은 이 학생들의 IEP 목표 중 하나였다). 학생들은 이 학습센터에서의 학습을 매우 재미있어 했으며, 학생 평가 자료들은 학생들의 작문이 질적 · 양적 영역 모두에서 놀랍게 향상되었음을 보여 주었다(예 : 더 긴 문장, 보다 복잡한 문장 구조, 띄어쓰기나 맞춤법 향상). 학생들이 이 센터의 맥락에서 작문을 연습하게 되면서 쓰기에 대한 불만도 전무하게 되었다. 오히려 학생들은 이 센터에서의 활동을 좀 더 하게 해달라고 (작문을 하게 해달라고) 요구하기까지 했다.

기타 활동 프로젝트, 자기교정 학습 자료, 교수적 게임 등과 같은 많은 기타 교수적 연습활동들이 있다. 이 중 자기교정 학습 자료는 연구를 통해 입증된 적이 있긴 하지만(Mercer, Mercer, & Bott, 1984) 그 연구는 상당히 제한적인 것이었다. 게임은 학습센터와 마찬가지로 동기유발에 유용하기 때문에 그 사용이 좀 더 정당화될 수 있겠지만, 지금까지 반복하여 강조했듯이 교사들은 학습목표를 반영하고 학생 성취를 점검할 수 있는 교수활동과 교재를 주의 깊게 고안해야 한다.

효과적인 교수 실제

이상에서 학생을 가르치는 데 사용되는 다양한 교수 형태를 설명하였다. 그러나 학생의 성취를 높이고 행동문제를 감소시키는 특정한 교사 행동을 논하지 않고서는 효과적인 교수 실제를 제대로 논의하기 어려울 것이다. 직접 교수(Direct Instruction) 프로그램의 장점 중 하나는 이러한 효과적인 교수행동이 스크립트와 프로그램의 다른 구성 요소에 포함되어 있다는 것이다. 직접 지도(direct teach)나 다른 교수활동들(또래교수, 학습센터 등)은 그렇지 않다. 따라서 이러한 교수 형태를 사용할 교사들은 효과적인 교수행동을 적극적으로 계획해야 하며, 그러한 교수 실제가 모든 활동에서 실행되는지를 점검해야 한다.

방대한 양의 연구 결과들이 이러한 교수 실제가 학생의 성취에 미치는 효과를 입증하고 있다. 효과적 교수에 관한 초기 연구들은 학생의 성취와 정적 상관관계를 가진 외현적인 교사행동을 묘사하는 데 집중되어 있다(Ellis & Worthington, 1994). 최근에는 자기조절, 정보의 구조화와 조직화 등과 같이 학습의 선행조건이 되는 학생 내재적 행동에 더 많은 관심이 집중되고 있다. 이러한 행동의 대부분은 성공적인 학습자의 특성에 관해 논의했던 이 장의 앞부분에 설명하였다. 우리는 이러한 학생들의 인지행동이 학습에 결정적인 요소임을 알고 있다. 동시에 우리는 이러한 기술이 부족한 학생들이 이를 발전시키는 데 교사가 도움을 줄 수 있다는 것도 알고 있다.

이 절은 학습을 촉진하는 교사의 외현적 행동과 학생의 내재적 인지행동을 모두 반영하는 교사행동을 제시한다. 권장해야 할 실제들을 쉽게 기억시키기 위해 우리는 구조(Structure), 명확성(Clarity), 반응 기회(Opportunities to respond), 반복(Redun-dancy), 명백한 교수(Explicit instruction), 선택(Choices), 지식의 형태 평가(Assess forms of knowledge), 점검(Monitor student learning), 연습(Practice), 성공(Success)의 첫글자를 따서 SCORE CHAMPS라는 약어를 만들었다. 다음에서는 각 요소에 대한 설명이 구체적 교수 전략과 함께 논의될 것이다. 이 중 어떤 요소들은 다른 요소들보다 더 복잡할 뿐 아니라 다양한 교사 행동을 필요로 하는 데 반해, 어떤 요소들은 설명도 간단하고 실행도 용이하다.

구조

효과적 교수를 위해 SCORE CHAMPS를 기억하라.

효과적인 학습자는 학습과제를 구조화하고 학습을 스스로 조절하기 위해 다양한 인지 전략을 활발하게 사용하는 데 반해, 학습 및 행동상의 어려움이 있는 학생들은 이러한 기술이 부족하다. 구조를 제공하고 학생이 학습을 스스로 조절하도록 돕기 위해 교사가 할 수 있는 여러 가지 일이 있는데, 그러한 교수 실제의 일부를 다음에 소개한다.

수업지도안을 작성하고 이를 이행한다 앞서 언급한 것처럼 수업지도안은 교사들이 효과적 교수의 모든 요소를 제공하고 있는지를 확인할 수 있게 하는 데 매우 중요하다. Gunter, Denny와 그의 동료들(1994)은 방해행동을 보이는 많은 학생들의 행동이 '회피' 동기를 가지고 있을 것으로 추측하였다. 즉, 과제를 제대로 완성하는 데 필요한 정보를 충분히 가지고 있지 못한 학생이 과제가 너무 어려워서 이를 회피하기 위해 문제행동을 보인다는 것이다. 이 연구에서 저자들은 학생들이 과제를 완수하는 데 필요한 정보를 제공받지 못한 채 과제를 하도록 요구 받는 경우(예 : 단어를 읽기 위한 음성학적 기술을 지도하지 않은 채 단어를 읽게 함, 기본적인 수학공식을 모른 채 문장제 문제를 풀게 함)가 전체의 80% 이상임을 발견하였다. 특히 신임교사들은 새로운 기술이나 개념을 설명할 방법, 시범을 위해 사용할 예시, 학생의 학습 정도를 평가하기 위해 던질 질문, 예상되는 학생의 반응, 학생의 오류를 교정할 방법 등을 포함하는 자세한 지도안(심지어 스크립트까지도)을 작성하기를 권한다.

학습목표를 말해 준다 그날 수업에 대한 목표를 직접 지도 수업의 도입 단계에서 말해 줌으로써 교사는 학생들이 오늘 수업 이후에 할 수 있어야 하는 것에 대해 미리 주의를 주게 된다. 학습목표를 말해 준다는 것은 교사가 그날에 다루려는 내용을 단순히 서술하는 것이 아니라 그 수업이 끝난 후 학생이 무엇을 할 수 있어야 하는지를 알려 주는 것이다. "오늘은 '자음-모음-자음'으로 이루어진 단어를 복습한 후 새로운 패턴을 배울 거예요."라고 말하는 것은 학습목표를 말해 주는 것이 아니다. 학습목표를 적절히 말해 준 예의 하나로, 그리어 교사는 중학교 3학년 생물수업을 시작하기 전에 칠판에 다음과 같이 썼다. 이번 수업이 끝난 후 여러분은

1. 원핵생물계에 속한 생물의 주요 특성을 설명할 수 있다.
2. 원핵생물계에 속한 생물의 예를 다섯 가지 이상 들 수 있다.
3. 원핵생물이 일상생활에 미치는 영향의 예를 세 가지 이상 설명할 수 있다.

또 다른 예로 피터슨 교사는 초등학교 1학년생들에게 모음 삼각도를 가르치기 전에 "오늘 여러분은 /ea/ 발음을 배운 다음 /ea/를 포함하고 있는 단어들을 읽을 거예요."라고 말해 주었다.

도식 조직자를 활용한다 도식 조직자(graphic organizer)란 정보를 체계화해 주고 위계, 순서, 상대적 관계를 보여 주는 데 도움이 되는 도표를 말한다. 도식 조직자는 학생이 이전에 배운 것에 새로이 학습한 것을 연결시키고, 중요한 내용과 덜 중요한 내용을 구분하며, 배운 것을 확장하기 위해 여러 주제를 통합할 수 있게 함으로써 학생이 자신의 학습에 더욱 독립적이 되고 자기조절을 잘할 수 있게 도와준다. 도식 조직자는 수업 초기에 도입하여 교사가 수업을 진행해 나가면서 완성시킬 수도 있다. 상급 학년 학생들에게는 수업과 함께 완성된 도식 조직자가 유용한 학습 도구가 될 수 있다.

도식 조직자는 학생의 성취에 긍정적인 영향을 주는 것으로 알려져 있다(Horton, Lovitt, & Bergerud, 1990; Ives & Hoy, 2003; Lovitt et al., 1990). 미국 캔자스대학교와 오리건대학교의 협동 연

구소이며 장애 청소년의 학업 성과를 향상시키기 위해 설립된 Institute for Academic Access는 학생들이 보다 전략적이고 독립적인 학습자가 되게 도울 수 있는 연구기반의 도구를 많이 개발하였다. 그중 하나가 학생들이 새로운 정보를 이전에 배운 내용과 연결시킬 수 있게 도와주는 도식 조직자인 개념정착표(concept anchoring table)이다(Bulgren, Deschler, Schumaker, & Lenz, 2000).

매개적 학습발판을 제공한다 사전에 정의된 바에 의하면, 매개하다(mediate)란 조정자로서의 조치를 취하여 영향을 미치는 것을 말한다. 비계(scaffolding)란 건축에서 사용되는 임시 지지대를 말한다. 교육에서 말하는 매개적 학습발판(mediated scaffolding)이란 학습자가 혼자서는 할 수 없는 너무 어렵거나 복잡한 새로운 과제를 수행할 수 있도록 돕기 위해 학습의 초기 단계에서 지원을 제공하는 것이다. 학생이 목표기술에 능숙해짐에 따라 매개적 학습발판은 점진적으로 소거된다. 교육의 목적은 학습자가 학습자로서의 독립성을 증진시키기 위해 자신의 학습을 스스로 조절하게 하는 것이다. 교사들은 새로운 개념을 배우거나 새로운 기술을 수행할 때 학생들이 직면할 수 있는 문제를 예상하여 그러한 문제를 피할 수 있도록 매개적 학습발판을 사용함으로써 학생들이 제대로 해내지 못했을 때 경험할 수 있는 좌절감을 피하게 하고 학생들이 독립적으로 자신의 학습을 조절하게 되는 과정을 촉진시킬 수 있다(Kame'enui & Simmons, 1999).

매개적 학습발판은 학생들의 개별 욕구, 습득 초기 단계에서 학생들이 직면하는 문제의 유형에 따라 다양한 형태를 띨 수 있다. 많은 교사들은 매개적 학습발판을 직관적으로 사용한다. 예를 들어 교사들은 학생들이 쓰기를 할 때 참조하도록 필기체로 판서를 함으로써 시범을 보이거나 학생들이 수학시간에 사용할 구구단표나 물리 실험시간에 사용할 공식의 목록을 제공하기도 한다. 또한 교사들은 학생들의 기억을 돕기 위해 기억술을 가르치기도 하는데, 예를 들면, 괄호 안을 먼저 계산하고(Parentheses), 다음으로 지수를 계산하고(Exponents), 곱셈과 나눗셈을 한 후(Multiplication, Division) 덧셈과 뺄셈을 해야 하는(Addition, Subtraction) 수학 계산의 순서를 쉽게 기억할 수 있도록 "Please Excuse My Dear Aunt Sally"라는 문구를 가르치거나 생물 분류 체계인 계(Kingdom), 문(Phylum), 강(Class), 목(Order), 과(Family), 속(Genus), 종(Species)을 쉽게 기억할 수 있도록 "King Phillip's Class Ordered a Family of Gentle Species"라는 문구를 가르친다. 이러한 것들은 매개적 학습발판의 좋은 예들이다. 매개적 학습발판의 목적은 내용을 쉽게 만드는 것이 아니라 학생이 내용을 배우거나 사용하기 쉽게 해 주는 전략을 제공해 주는 것임을 명심하라.

매개적 학습발판은 효과적인 학습자라면 공식적인 교수 없이도 쉽게 익히는 인지적 전략을 학생들이 사용할 수 있게 도와주는 것이다. 학생들이 자기점검, 자기평가, 자기교수를 통해 자신의 학습을 더 잘 조절하도록 돕기 위해 제11장에서 제시될 자기조절 기술들을 학업과제에 적용해 볼 수 있다. 일례로 학생들이 과제를 제출하기 전에 자신의 과제를 검토하고 교정하는 과정을 안내해 줄 체크리스트를 제공해 줄 수 있다. 우리가 아는 한 교사는 학생들이 긴 나눗셈 문제를 풀 때 따라야 할 단계를 쉽게 기억할 수 있도록 "Drive My Super Cool Buggy, Check It Out."이라는 기억술을 가르치는데 이는 나누기(Divide), 곱하기(Multiply), 빼기(Subtract), 비교하기(Compare), 다음 자릿수 가져오기(Oring Down), 곱하기로 검산하기(Check by multiplying)를 뜻하는 것이다. 이때가 되면 학생들은 각 단계를 암기하게 되어 기억술 없이도 문제를 풀거나 단서 없이 기억술을 말할 수 있게 된다. 사회성 기술 교수에서 매개적 학습발판은 가르치고자 하는 사회성 기술의 단계가 나열된 포스터를 벽에 붙이거나 사회성 기술 카드를 학생들의 책상 위에 붙여 주는 방식으로 제공될 수 있다. 특정 사회성 기술을 사용할 때임을 알려 주는 교사의 촉진도 매개적 학습발판의 하나라고 할 수 있다.

효과적인 학급 운영 전략을 사용한다 구조의 마지막 영역은 학급 운영이다. 수업을 할 때 모든 학급 운영 전략을 이행하도록 유의하라. 학급규칙은 늘 효력을 가지고 실행되어야 하고, 이동시간, 질의응답 시간, 도움 요청, 자료 배부, 과제 제출의 절차가 정해진 대로 이행되어야 하며, 수업 중에 강화 계획이 실행되어야 한다. 이 책 전체를 통해 논의했듯이 이 모든 것은 학생이 학습을 하는 데 필요한 구조를 제공해 준다.

명확성

교수는 명확하고 이해하기 쉬워야 한다. 명확성에 도움이 되거나 명확성을 방해하는 요소들에 대해서는 이미 많은 출판물이 존재한다. Hiller, Fisher와 Kaess(1969), Smith와 Land(1981)에 의하면 다음과 같은 문제들이 명확성을 해친다.

- **모호한 언어 사용** : '~에 관하여', '그리 많지 않은', '꽤 많은', '일종의', '등등', '가능성으로 치자면', '아마' 등과 같은 용어를 말한다. 이 책의 제1저자는 자문을 제공하기 위해 방문했던 소년원에서 그곳의 청소년들을 대상으로 관용구에 관한 수업 시연을 한 적이 있었는데, 수업 중 다룬 관용구의 하나가 '단도직입적으로 말해서'였다. 학생들은 이 말을 이해하기 어려워했다. 제1저자는 같은 날 소년원의 다른 교실을 관찰하던 중에 역사교사가 "자, 그럼 단도직입적으로 말해서…"라고 말하는 것을 들었다. 그 반에서 그 말을 이해하는 학생이 과연 몇이나 될까?
- **더듬고, 유창성이 부족한 교수 언어** : 서두를 잘못 잡은 교수용어, "음…", "어…"와 같은 무의미한 소리 삽입, 과도하게 복잡하거나 따라 하기 어려운 문장 구조
- **불연속성** : 수업 중에 과제와 동떨어진 이야기를 하거나 현재 수업하는 과목에 맞지 않는 내용을 토론(예 : 사회수업을 하는 중에 교사가 "아, 참! 오늘 읽기 프로젝트 안내문을 집에 가지고 가는 것 잊지 마세요!"라고 이야기함)

교수적 명확성을 향상시키기 위한 지침은 다음과 같다.

- 교수를 명백하게 한다. 이에 대해서는 이 장 뒷부분에서 설명할 것이다.
- 학생에게 새로운 정보가 이전에 배운 것이나 이미 알고 있는 지식에 어떻게 연결되는지를 알려 준다. Kame'enui와 그의 동료들(Kame'enui & Carnine, 1998; Kame'enui & Simmons, 1999)은 이를 배경지식 자극하기(priming background knowledge)라 불렀다. 성공적인 학습자는 이러한 연결을 능동적으로 할 수 있지만, 어떤 학생들은 그렇게 되기 위해 가시적인 안내를 필요로 한다. 수업 전(또는 복습시간)의 비공식적 진단을 통해 교사들은 학생이 아직 습득하지 못한 필수 배경지식을 파악할 수 있으며, 이를 교수에 반영할 수 있다. 만약 학생이 필요한 정보를 습득한 상태라면 교사는 새로운 학습을 이미 존재하는 지식에 바로 연결시키면 된다.
- 지도하려는 기술이나 개념의 특징적인 측면을 부각하기 위해 예시를 주의 깊게 고안하되, 쉬운 예시를 어려운 예시보다 먼저 제시한다.
- 학생이 모르고 있을 법한 내용 어휘와 교수적 용어를 정의한다.
- 뚜렷한 전략(conspicuous strategy)을 지도한다. 이는 뛰어난 학생들이 과제를 수행하기 쉽게 만

들거나 정보를 배우고 기억하기 쉽게 만들 때 사용하는 전략을 초보 학습자들에게 지도한다는 뜻이다(Kame'enui & Carnine, 1998). 성공적인 학습자들은 이러한 전략을 이미 내재화하여 자기도 모르게 사용하고 있기 때문에 학습을 위해 어떤 전략을 사용하고 있는지 자각하지 못할 수도 있다. 그러나 그렇지 못한 학습자들을 위해서는 교사가 전략을 판별하여 자세히 설명해 주는 것이 학습에 큰 도움이 된다. 예를 들어 교사는 학생들의 기억을 돕기 위한 암기 전략이나 문제 풀이를 위한 손쉬운 방법(예 : 나눗셈을 할 때 마지막 숫자가 짝수인 수는 2로 나눌 수 있다), 또는 유능한 학생들이 사용할 법한 다른 전략(예 : 단원을 읽기 전에 그 단원을 대략 훑어보기, 작문을 하기 전에 개요를 작성하거나 글을 조직하는 도구 사용하기, 학교에 가져갈 준비물 목록 만들기, 시험 답안지를 제출하기 전에 한 번 더 검토하기)을 사용하도록 가르칠 수 있다.

- 중요한 단어, 정의, 공식, 규칙, 개념을 반복한다.
- 정보를 조직화하는 말이나 문구('첫째, 둘째, 마지막으로', '요약하자면')와 중요한 내용임을 학생에게 알릴 수 있는 말이나 문구(예 : "이건 시험에 잘 나와요.", "이건 내일 할 실험을 잘 해 내려면 꼭 기억해야 하는 거예요.", "이 단어의 뜻은 단어장에 적어 두세요.")를 사용한다.

직접 교수 프로그램에서는 체계적인 교육과정을 최대한 명확하게 지도하기 위해 주의 깊게 설계된 교수적 설명과 예시를 포함하는 스크립트 수업을 제공한다. 교수의 세부 사항에 관심을 두는 직접 교수 프로그램 고유의 특징은 이 프로그램이 효과적인 이유 중 하나다. 수업, 특히 교사에게 생소하거나 어려운 내용에 대한 수업일 경우, 이를 위한 스크립트를 준비하는 것이 수업의 명확성을 향상시킬 수 있음을 이해하기는 어렵지 않다. 수업의 세부 사항(어떤 용어를 사용하고 어떤 예시를 어떤 순서로 제공할지 등)을 계획하기 위해 시간을 투자하는 것은 교수를 더욱 명확하게 해 줄 수 있고 그 결과로 학습 성과도 더 좋아지게 된다.

반응 기회

장애학생을 위한 효과적 교수와 관련하여 일관되게 권장되는 것 중 하나는 교수 자료에 대한 반응 기회(opportunities to respond, OTR)를 충분히 주라는 것이다. 제5장에서 보았듯이 학업참여시간을 늘리는 것은 학습과 행동 모두에 매우 중요하다. 학업참여시간은 반응 기회의 측면에서 측정 가능하다. 반응 기회는 교사가 교수적 자극(구두로 하는 질문, 플래시 카드, 학생들에게 읽히는 문장, 학생들이 풀 문제 등)을 제공할 때마다 발생한다. 습득 단계에서는 분당 최소한 4~6회의 반응 기회가 각 학생들에게 제공되어야 하고, 학생들은 80% 이상의 정확도로 반응할 수 있어야 한다(반응 정확도는 갈수록 높아짐)(Gunter, Coutinho, & Cade, 2002; Gunter & Denny, 1998). 이는 새로운 내용을 교수할 때, 직접 지도 모델의 1단계와 3~7단계 동안 각 학생이 분당 3~4회의 정반응을 할 수 있어야 함을 의미한다. 유창성 증가를 목표로 하는 복습활동에서는(직접 지도 모델의 2단계와 8단계), 각 학생이 분당 9~12회의 반응 기회를 제공받고 90% 이상의 반응 정확도를 보여야 한다[Rosenshine (1983)은 복습활동에서 95%의 정확도를 권장한다]. 다시 말해서 교사들은 복습활동을 하는 동안 각 학생이 분당 8~10회의 정반응을 보일 것으로 기대해야 하는 것이다. 학생들이 오반응을 보일 때도 있겠지만, 오반응은 학습의 모든 단계에서 통상적으로 발생할 만한 일로 여겨져서는 안 되고 예외적으로 일어나는 일이 되어야 한다.

높은 수준의 반응 기회를 제공하는 것은 교수의 결정적 요소 중 하나로 학업 성취와 행동 모두에 시사점을 가지고 있다.

높은 수준의 정반응과 성취 및 행동 간에는 유의한 상관관계가 존재한다. 유감스러운 일이지만 연구들에 의하면 문제행동을 보이는 학생들에게는 충분한 반응 기회의 제공과 그에 따른 정반응 경험이 제대로 적용되지 않고 있다(Knitzer et al., 1990; Van Acker, Grant, & Henry, 1996). 예를 들어 Van Acker와 그의 동료들(1996)은 경미한 공격성을 보이는 2 · 3 · 5학년 학생들의 학업적 반응 비율을 연구하였다. 연구 결과 이 학생들은 분당 정반응률이 0.014~0.021회로 학업적인 정반응을 거의 보이지 않는 것으로 나타났다. 이를 학교에서 보내는 하루 전체로 환산해 보면, 이 학생들은 시간당 0.84~1.26회, 하루에 5.04~7.56회의 정반응을 보인다는 의미가 된다.

높은 수준의 정반응은 학습시간 및 학업활동 참여시간에 비례하며, 학생의 성취 및 적절한 행동과 정적 상관관계가 있다. 그러나 행동상의 정반응(예 : 지시 따르기, 과제 완성하기, 손들고 발언권 얻기)보다 학업적 정반응이 교사의 칭찬을 이끌어 내는 데 좀 더 용이하다는 점에서 학업적 정반응은 매우 중요하다(Lewis, Hudson, Richter, & Johnson, 2004; Van Acker et al., 1996). 우리는 교사가 하는 칭찬의 중요성에 대해 제10장에서 논의할 것이다. 교사의 칭찬이 많을수록 학업 성취와 적절한 행동의 수준이 높아진다. Van Acker의 연구에서는 경미하게 공격적인 학생들이 학업적 정반응을 보일 때 교사가 칭찬을 하는 비율을 계산했더니 0.43에 불과하였다. 이 학생들이 하루에 보이는 정반응의 최대치에 이 비율을 적용해 보면(7.56×0.43), 적절한 학업적 정반응에 대해 이 학생들이 교사의 칭찬을 받는 횟수가 3.25회밖에 되지 않는다는 결론이 나온다. 같은 연구에서 좀 더 공격적인 학생들의 학업적 정반응에 대해 교사가 칭찬을 하는 비율을 살펴보았을 때, 그런 경우는 우연에 지나지 않았기 때문에 비율 계산이 불가능했다. 즉, 이러한 학생들은 학업적 정반응을 보이더라도 하루 중 교사의 칭찬을 한 번도 받지 못하는 것이다. 칭찬에 관한 다른 연구들도 Van Acker의 연구와 일관된 결과를 나타내고 있다(Lewis et al., 2004; Shores, Gunter, & Jack, 1993; Sutherland, 2000; Wehby, Symons, & Shores, 1995). 문제행동을 보이는 학생들은 특수학급과 일반학급 모두에서 칭찬을 거의 받지 못하는 것이 일반적이다. 그러나 학생들이 높은 수준의 학업적 정반응을 나타내게 만드는 것은 아마도 교사의 칭찬을 증가시키는 가장 확실한 방법일 것이다.

경험이 적은 교사들은 교사가 반응 기회를 높이는 것이 과연 가능할지에 대해 회의적일 수도 있다. 다음의 방법들을 활용한다면 틀림없이 반응 기회를 높일 수 있을 것이다.

- 모든 학생이 한 목소리로 대답하게 하는 집단 반응 기회를 제공하라. 만약 학생들 개개인에게 질문을 하나씩 차례로 해야 한다면, 권장되는 반응 기회의 수준에 이르기 어려울 것이다. 대부분의 반응 기회는 집단 전체가 함께 반응할 수 있는 질문을 던지는 형태여야 한다. 물론 개별적인 반응 기회 역시 각 학생의 학습을 점검하는 데 중요하다.
- 다양한 형태의 반응 기회를 활용하라. 모든 반응 기회가 구두로 이루어져야 하는 것은 아니다. 신호체계나 글씨로 된 반응 자료를 쓸 수도 있다. 앞에서 언급한 반응 카드도 반응 기회를 많이 제공할 수 있는 방법 중 하나다.
- 집단 수업은 빠른 속도로 진행하라. 활기찬 속도의 수업은 교사가 좀 더 많은 내용을 다룰 수 있게 함으로써 학업 성취를 높일 뿐 아니라(Brophy & Good, 1986) 학생 참여와 반응 기회를 증가시킨다. Englemann과 Becker(1978)는 교사가 분당 12개 정도의 질문을 했을 때 학생들의 정반응률은 80%에 이르렀고, 과제이탈은 10%에 불과했다고 보고하고 있다. 교수 속도를 분당 4개의 질문을 하는 정도로 늦추었더니 정반응률은 30%로 떨어지고 과제이탈 행동이 70%

로 증가했다고 한다.

직접 교수 프로그램들의 장점 중 하나는 이 프로그램들이 높은 반응 기회를 포함한다는 것이다. 직접 지도법을 사용하는 교사들 역시 높은 반응 기회를 유지할 수 있으나 교사들이 수업 제시를 위한 스크립트를 개발한다면 높은 반응 기회를 더욱 잘 유지할 수 있다. Gunter, Hummel과 Venn(1998)은 교사들이 학생의 학업적 정반응을 점검할 수 있는 양식을 고안하였다. 수업 중에 학업적 정반응이 발생할 때마다 표시를 해 두었다가, 발생 횟수의 합을 관찰시간으로 나누어 정반응률을 계산하게 된다. 물론 학생들이 정반응의 권장 수준에 이르기 위해서 교사들이 새로운 내용의 교수를 하는 동안에는 4~6회의 반응 기회를, 복습활동 중에는 9~12회의 반응 기회를 제공해야 한다. 수업과 학생의 정반응 점검을 동시에 하기 위해 교사는 제7장에서 설명했던 휴대용 계수기나 골프 타수기를 사용할 수 있는데, 이때 계수를 시작한 시간과 마친 시간을 기록해 두어야 한다. 우리는 교사들이 권장되는 수준의 반응 기회를 제공하고 학생들이 권장되는 수준의 정반응을 보이는지 확인하기 위해 교사들이 이러한 자기 점검 절차를 자주 사용할 것을 권한다.

반복

대부분의 학생들은 교수 자료를 학습하기 위해 반복을 필요로 한다. 대부분의 학생들은 사칙연산, 단어의 철자, 과학공식, 새로운 어휘의 뜻 등을 처음 볼 때는 잘 모른다. Lyon(1998)에 의하면 평균적으로 아동이 새로운 단어에 능숙해지는 데는 4~14회의 반복이 필요하며, 한 단어에 20번 이상 노출되어야 그 단어를 유창하게 읽을 수 있는 학생들도 있다. Swanson(1999)은 반복이 학습장애 학생들을 위한 교수에서 매우 결정적인 요소 중 하나라고 하였다. 반복은 높은 수준의 반응 기회, 이전에 배운 정보에 대한 매일의 복습, 다양하고 여러 번에 걸친 연습활동을 통해 성취할 수 있다.

명백한 교수

학생이 직접적이고 명백하며 교사 주도적인 교수를 통해 더 잘 배우는지, 암시적이거나 발견학습을 통해 더 잘 배우는지에 대한 것은 교육학 분야에서 많은 논쟁을 거듭한 주제이다. 그러나 연구들은 교사들이 교수 목표, 기대하는 바, 교수 내용을 명확하게 전달하는 **명백한 교수**(explicit instruction)가 이보다 덜 명백한 형태의 교수(예: 발견학습)보다 성취도를 높이는 데 훨씬 나은 방법임을 분명하게 보여 주고 있다(Ellis & Worthington, 1994; Stevens & Rosenshine, 1981). Rosenshine(1986)의 설명에 따르면, 명백한 교수는 학생들로 하여금 자신의 학습을 더 잘 조절하게 한다고 한다. 지금까지 설명한 교수 권장사항 중 많은 것들이 명백한 교수에 기여할 수 있다. 교사들은 다음과 같은 방법으로 명백한 교수를 제공해야 한다.

- 교수 목표와 구체적인 학습 기대치를 말해 준다.
- 새로운 정보를 작은 단계들로 나누어 제시하고 각 단계를 배운 후에 학생들에게 연습할 시간을 준다.
- 명확하고 자세한 교수와 설명을 제공한다.
- 학생들의 수업 참여를 높이고 학생들의 진보를 점검하기 위해 높은 수준의 반응 기회를 제공한다.
- 학생의 반응에 대한 즉각적인 피드백과 교정을 제공한다.

- 학생이 기술의 숙달, 유지, 일반화에 이를 수 있도록 기술을 연습할 기회를 많이 제공한다.
- 앞서 설명한 것처럼 학습한 바를 보다 명백히 하기 위해 뚜렷한 전략을 가르친다. 만약 교육과정 안에서 이러한 전략을 찾기 어렵다면 교사들은 "나라면 이 과제를 어떻게 수행했을까?" 하고 자문해 보아야 한다. 예를 들면, "나는 분수에서 분자와 분모를 어떻게 구별하는가?", "나는 문단의 요지를 어떻게 찾아내는가?", "나는 모르는 단어의 뜻을 알아내기 위해 어떤 전략을 사용하는가?", "나는 시험을 위해 무엇을 공부해야 할지를 어떻게 정하는가?" 등의 질문을 스스로에게 해 보는 것이다. 교사들이 학생들에게 자신이 어떤 일을 능숙하게 해내는 비결을 알려 주면 알려 줄수록 학생들은 배움을 재미있어 할 것이고 학생들의 학습은 더욱 생산적이 될 것이다.

명백한 교수는 학습에서 필수적인 요소이다.

명백한 교수는 사회성 기술, 자기통제 기술, 또는 다른 행동 기술을 지도할 때 매우 중요하다. 이러한 기술들은 대부분 눈에 잘 보이지 않는 행동들로 구성되기 때문에 교사들은 이러한 행동을 어떻게 수행해야 하는지를 명백하게 가르쳐야 한다. 앞에서 나열한 명백한 교수를 위한 제언은 사회적 행동 기술을 가르칠 때도 동일하게 적용된다.

명백한 교수를 위한 제언 중 좀 더 논의할 필요가 있는 주제 중 하나는 학생 반응에 대한 피드백이다. 우리는 앞서 교사의 칭찬이 학생의 성취와 행동에 미치는 영향에 대해 논의한 적이 있다. 학생들이 옳은 답을 했을 때 교사가 학생에게 이를 알려 주는 것도 중요하지만, 오류 교정은 이보다 더욱 중요하다. 학생들의 오류를 교정 없이 그냥 지나쳐서는 안 된다. 학생이 틀린 답을 했을 때 감정을 싣지 말고 답이 틀렸다는 사실만을 있는 그대로 말해 준 후 바른 답을 알려 주고, 학생이 정답을 반복하게 해야 한다. 다음의 예는 맥밀런 교사가 읽기시간에 1학년생 조쉬의 오류를 교정하는 절차를 보여 주고 있다.

- 조쉬 : (글을 읽고 있다) "이미 고양이가 아래쪽으로 뛰어옵니다."
- 맥밀런 교사 : 아니지, 조쉬. 이 단어는(그 단어를 손가락으로 가리키며) '어미'란다. "어미 고양이가 아래쪽으로 뛰어옵니다." 하고 다시 읽어 보자.
- 조쉬 : "어미 고양이가 아래쪽으로 뛰어옵니다."
- 맥밀런 교사 : 잘했어, 조쉬.

우리의 경험에 의하면 교사들은 학생의 마음을 상하게 하거나 학습이 학생에게 부정적인 경험이 될까 두려워하는 마음에서 직접적인 오류 교정을 주저하는 경향이 있다. 이러한 경향은 오류가 발생했는데도 교사들이 명확한 반응을 보이지 않고 격려만 하는 결과를 초래하곤 한다. 다음 예에서 레아와 아얄라 교사 간의 상호작용을 살펴보라.

- 아얄라 교사 : 레아, 7 더하기 9는 얼마지?
- 레아 : 15인가요?
- 아얄라 교사 : 거의 비슷해. 레아, 정답에 거의 가까워. 한 번만 더 해 봐.
- 레아 : 16이요?

이 예에서 아얄라 교사는 레아가 두 번째 말했던 답이 제대로 계산해서 정답을 맞힌 것인지 15와 가까운 수를 그저 추측해서 맞힌 것인지 알 방법이 없다. 자신이 오답을 말했다는 것과 정답이 무엇인지를 학생이 정확하게 알게 되었던 첫 번째 예화에서는 오류 교정 절차가 훨씬 명확하고 효율적이었다. 부적절한 오류 교정의 경우, 학생이 자신의 오류를 명확히 깨닫지 못할 뿐 아니라 정답이 무엇인지를 알지 못하고 있음에 주목하라. 학생은 정반응이 무엇일지 추측해 보라는 말을 듣는 것 외에 피드백 없이 방치되고, 어떤 경우에는 자신의 오류가 무엇인지조차 추측해야 한다. 학생의 반응과 관련하여 알려진 모든 사실들은 오류 교정 때문에 학생이 학습에 관해 부정적인 경험을 하게 되는 일은 없다고 지적한다. 오히려 적절한 오류 교정은 학습을 명확하게 만들어 주기 때문에 학습을 용이하게 한다.

선택

학생에게 선택의 기회를 제공하는 것은 교수 실제의 하나라고 느껴지지 않을 수도 있다. 그러나 연구에 의하면 학업과제 중에 학생들에게 선택 기회를 주는 것이 학생의 참여를 증진시키고 문제행동을 감소시킬 뿐 아니라 반응 정확도를 향상시킨다(Cosden, Gannon, & Haring, 1995; Dunlap et al., 1994; Jolivette, Wehby, Canale, & Massey, 2001). 이것은 바람직한 결과를 가져올 수 있는 매우 손쉬운 전략이다. Jolivette와 그의 동료들(Jolivette, Stichter, McCormick, & Tice, 2002)은 선택 기회 제공을 위해 다음과 같은 방식을 제안하였다.

- **과제 전에 기회 제공하기** : 교사들은 학생들이 언제 과제를 할지(예 : 학생에게 숙제를 먼저 할지, 교실 청소를 먼저 할지 선택하게 함), 과제를 완성한 후 무엇을 할지(예 : 과제 완성에 대한 강화제 고르기), 휴식시간을 갖기 전에 얼마나 오래 과제를 할지, 과제를 하는 동안 어떤 도구를 사용할지(예 : 필기도구, 지우개, 메모지의 색깔, 기타 문구류를 선택) 등을 선택하게 할 수 있다.
- **과제 중에 기회 제공하기** : 교사들은 학생들이 여러 개의 과제를 어떤 순서로 완성할지 선택하게 할 수 있고, 함께 과제를 할 친구를 고르게 할 수도 있으며, 과제를 하는 동안 교사의 도움을 요청할 방법을 고르게 할 수도 있다. 또한 어디서 과제를 할지(예 : 자기 자리에서, 바닥에서, 또는 큰 탁자에서), 어떻게 과제를 할지(예 : 마지막 문제부터 풀고 계속해서 문제번호의 역순으로 풀기 또는 문제지의 아래쪽에서 위쪽으로 풀어 나가기)도 선택하게 할 수 있다.

학생에게 선택 기회를 허락하는 위의 예들을 보면 선택 기회 제공이 학생의 과제 수행 시간을 변화시키거나 과제의 주요 요소를 변화시키지 않음을 알 수 있다. 선택 기회를 주는 것은 학생들에게 통제력을 습득하는 적절한 방법을 가르치는 것이다. 제2장에서 보았듯이 만성적인 행동문제를 보이는 학생들은 통제력을 기르는 적절한 방법을 배우지 못한 탓에 부적응행동을 보이는 것이다.

가르치고 있는 지식의 형태 진단

교사들이 종종 고려하지 못하는 교수의 한 부분은 학생에게 제시되고 있는 학습의 유형에 대한 것이다. 모든 학습이 동일한 것은 아니다. 예를 들어 신발끈 매는 방법을 배우는 것과 사칙연산을 배우는 것은 서로 다른 학습 유형이다. 분수의 약분을 배우는 것과 미국 남부의 주들이 연방에서 탈퇴하려 했던 이유나 그들의 탈퇴가 남북전쟁에 미친 영향에 대해 배우는 것은 서로 다른 학습 유형이다.

학습 유형에 따라 교수 전략이 달라질 수도 있다.

당신이 가르치려는 지식의 형태는 교수에 영향을 미친다. 유형이 다르면 교수 전략도 조금씩 달라진다. 많은 저자들이 지식의 형태 또는 학습의 유형에 대해 다양한 용어와 범주를 제시해 왔다(Ellis & Worthington, 1994; Kame'enui & Simmons, 1990; Mastropieri & Scruggs, 2002). 여기에 제시된 범주는 이 저자들의 연구 결과에 기초한 것이다. 여러 학습 유형들은 서로 배타적인 것은 아니다. 사실 유형들끼리 공유되는 부분도 많다.

사실 학습 **사실 학습**(factual learning)은 가장 보편적인 학습 형태이며 학교에서 성공하는 데 필수적이다(Mastropieri & Scruggs, 2002). 사실 학습은 다음의 요소들로 이루어진다.

- **단순 연합**(simple associations) : 특정 자극과 특정 반응의 단순 연합의 예에는 기본적인 해독기술(글자, 단어, 문장 읽기), 사칙연산, 대문자와 소문자, 시계 읽기, 도량형 환산, 지리적 위치와 특성, 역사적 날짜 등이 있다. 우리 모두 알다시피 학생들이 배워야 하는 단순 연합의 목록은 셀 수 없을 정도로 많다.
- **언어적 행동연쇄**(verbal chains) : 언어적 행동연쇄는 순서의 일부로 배워야 하는 것들을 말한다. 요일, 월, 숫자 세기, 숫자 건너뛰면서 세기, 알파벳, 철자 등이 그 예다.

사실 학습은 우리가 이 장에서 설명했던 방법들을 이용하여 가르칠 수 있다. 그러나 사실 학습에서 가장 중요한 일은 학생들이 새로 배운 것에 유창해져서 사실적 자극에 대한 반응을 자동으로 할 수 있게 되는 독립적 연습활동 중에 일어난다. 유창성과 자동성은 그 이후에 배워야 할 좀 더 복잡한 기술을 성공적으로 발전시키는 데 필수적이다. 예컨대 사칙연산에 능숙해지는 것은 그 이후에 배울 모든 형태의 계산(가감승제 문제, 분수 문제, 측정, 시간 등)에 결정적이다. 단어를 어려움 없이 읽을 수 있는 능력은 읽기 이해에 필수적이다. 이러한 이유로 독립적인 연습활동은 학생들이 사실 학습과제를 주어진 시간 내에 정확하게 해낼 수 있게 하는 데 중점을 두어야 한다. 이를 효과적으로 성취하기 위해서는 학생들에게 시간제한을 둔 연습을 하게 해야 하는데(예 : 시간 안에 연산 문제를 풀거나 단어 읽기 연습을 시킴), 이는 또래 교수활동의 형태로 실시할 수도 있을 것이다. 또한 학생들이 자신이 과제를 수행하는 데 걸린 시간과 정확도를 그래프에 표시하게 하고, 그 향상 정도에 따라 강화를 제공할 수도 있다.

규칙 학습 **규칙 학습**(rule learning)은 일련의 사실이나 개념 간의 연결을 말한다. 때로 규칙은 그 집단의 특성을 정의하는 방식으로 기술된다. 예를 들면, 절지동물은 외골격이고 체절이 있으며 각 마디에 관절이 있는 부속지가 있다. 사다리꼴은 한 쌍의 대변이 평행한 사각형이다. 다른 규칙들은 "결석을 했다면 부모님의 편지를 가져와야 한다.", "숙제를 마치면 컴퓨터를 할 수 있다.", "어떤 수가 짝수이면 그 수는 2로 나눌 수 있다." 하는 식으로 '만약 ~이면'의 형태로 기술된다. 규칙 학습을 어렵게 만드는 것 중 하나는 규칙 적용의 비일관성인데, 특히 읽기와 철자에서 문제가 된다. 특정 음성학적 규칙을 배운 학생들이 그 규칙의 예외가 되는 단어인 *island, debt, ski*와 같은 단어를 접하게 되는 경우가 그 예다. 또 /th/는 사용된 단어에 따라 그 발음이 달라진다. 일반적으로 규칙을 철저하게 지도한 후 예외를 가르치게 된다.

많은 사회적-행동적 기술들이 다른 형태의 학습뿐 아니라 규칙 학습을 포함하고 있다. 보통 이러한 규칙들은 우리 사회의 불문율이다. 이를테면 학생들은 친구와 대화를 할 때 약 60cm 정도의 거리를 유지하며 대화하는 것이 좋다는 것을 알 필요가 있다. 또한 학생들은 새로 만난 사람이 악수를 청할 때 적용해야 할 규칙(즉, 그 사람의 손을 잡고 악수함으로써 반응하기)을 배워야 할 수도 있다. 학생들이 이러한 규칙을 이미 알고 있으리라고 가정하지 말고 이러한 불문율을 명확하게 학생들에게 지도할 필요가 있다.

이 장에서 제시된 모든 방법이 규칙을 교수하는 데 적용된다. 학생들에게 알아서 규칙을 깨달으라고 하기보다는 규칙이 무엇인지 명백하게 말해 주어야 하며, 규칙의 핵심 요소를 반드시 포함하고 있으면서 그 외의 요소들을 다양하게 변형시킨 예시를 들어 주어야 한다. 사다리꼴을 가르칠 때는 정사각형, 직사각형을 포함한 다양한 모양을 보여 주어야 한다. 사다리꼴의 핵심적 요소(한 쌍의 대변이 평행)는 모든 예시에 포함되어야 하지만, 핵심적 요소가 아닌 다른 요소들(예 : 사다리꼴의 크기, 색깔, 평행이 아닌 변들의 경사 정도 등)은 다양하게 제시한다. 또한 규칙의 예가 되는 것과 예가 될 수 없는 것을 함께 제시하면서 규칙에 관한 질문을 한다. 교사는 정사각형과 삼각형을 보여 주면서 "이것은 사각형인가요?", "두 변이 평행한가요?", "이것은 사다리꼴인가요?"와 같은 질문을 할 수 있다. 규칙 학습은 사실 학습과 개념 학습을 모두 포함하고 있음에 주목하라.

개념 학습 Kame'enui와 Simmons(1990)는 개념을 "공통적 성질을 가진 동종의 물체, 사건, 행동, 환경의 일부인 하나의 물체, 사건, 행동, 환경"(p. 70)이라고 정의한다. 개념의 예로는 색, 모양, 위치(예 : 위, 아래, 안), 수량, 민주주의, 평등, 무척추동물, 인플레이션 등을 들 수 있다. 개념은 단순할 수도 있고 상당히 복잡할 수도 있다.

많은 개념들은 핵심적 특징을 파악하기 위한 규칙 관계들을 통해 지도할 수 있다. 그런 다음 그 의미를 제한하거나 확장하기 위해 예가 되는 것과 아닌 것을 여러 개 제시한다(Kame'enui & Simmons, 1990; Mastropieri & Scruggs, 2002). 예를 들어 제1저자의 한 살짜리 손녀는 '강아지'가 다리 4개를 가진 어떤 것임을 이제 막 배웠다. 이 아기는 '강아지'에 대한 자신의 개념을 이용하여 고양이, 곰, 코끼리를 비롯한 다른 포유동물들을 신나게 '강아지'라고 부르기 시작했다(비록 발음은 '가아지'로 했지만). 앞으로 나이가 들어가면서 그녀는 이 개념을 더욱 정교화하여 올바른 종에게만 그 의미를 한정시키게 될 것이다. 한편 어떤 학습자들, 특히 인지장애와 자폐성 장애 학습자들은 어떤 개념을 지나치게 좁은 의미로 국한하여 배우기도 한다. 이를테면 어떤 자폐성 장애학생에게 '빨강'이란 빨간색으로 된 특정 장난감만을 의미한다. 이 학생은 다른 형태의 '빨강'은 적절하게 판별하지 못하는 것이다.

기능 수준이 높은(경도장애) 학생들에게는 개념을 규정하는 규칙을 가르친 후 그 개념을 보여 주는 예와 그 개념을 보여 주지 못하는 예를 제시함으로써 개념지도를 한다. 교사들은 개념 학습에서 오류가 발생할 수 있음을 예상하고 있어야 하며, 이러한 오류를 다루기 위해 그 개념을 보여 주는 예와 그렇지 못한 예를 고를 수 있어야 한다. 개념의 핵심적인 부분을 제외한 다른 요소를 다양하게 제시하는 것도 오류 방지에 도움이 된다. 카일라 교사는 '아래에'라는 위치 개념을 지도할 때 다양한 물체(예 : 박스, 골프공, 인형, 트럭, 의자, 탁자)를 이용하여 예를 든다. 카일라 교사는 '아래에'라는 개념이 한 물체의 다른 물체에 대한 상대적 개념일 뿐, 그 물체가 무엇인지는 상관이 없다는 것을 학생들이 이해할 수 있기를 원했다. 한편, 뱃슨 교사는 3학년 학생들에게 개념 설명 및 예가 되는 것과 되지 않는 것의 제시를 통해 '자기장'의 개념을 가르치고자 하였다. 뱃슨 교사는 물체의 유형에 따라 자기장이 생길 수도 있고 생기지 않을 수도 있음을 학생들이 배우기를 원했다. 교사들은 받아올림이 있는 더하기를 가르칠 때 더해지는 숫자의 크기에 관계없이 받아올림의 규칙이 적용된다는 것을 보여 주기 위해 다양한 예를 제시한다. 즉, 16+7은 2,438+1,595와 푸는 과정이 같다. 직접 교수의 수학 교과과정에서는 분수의 개념을 가르칠 때 분수의 유형에 관계없이 규칙(분모는 전체의 개수이고 분자는 전체 개

수 중 차지하는 부분을 나타내는 숫자라는 것)은 마찬가지임을 보여 주기 위해 진분수(예 : 1/2, 2/5, 15/18)와 가분수(예 : 7/5, 4/2, 12/3)의 예를 모두 보여 준다.

절차 학습 절차 학습(procedural learning)은 "특정 순서로 일련의 행동을 실행하는 것"을 말한다(Mastropieri & Scruggs, 2002, p. 35). 많은 과목들이 절차 학습에 상당히 의존한다. 수학, 과학, 사회성 기술, 체육, 미술, 직업기술, 기능적 기술 모두 절차 학습을 이용하여 완성해야 할 과제를 포함하고 있다. 절차 학습 과제의 많은 유형들은 행동연쇄를 이용하여 효율적으로 지도할 수 있다. 예를 들어 재봉틀 사용, 과학 실험 실시, 2차 방정식 풀이, 배구 서브 넣기 등은 행동연쇄의 방법 중 하나를 사용하여 가르칠 수 있는 절차들이다. 물론 절차 학습은 종종 다른 학습 형태도 포함한다. 약분을 할 때 학생들은 정해진 일련의 순서를 따르는 동시에 규칙(예 : 소수는 자기 자신과 1로만 나눌 수 있음)과 사실(예 : 2×2=4, 2×3=6)도 적용해야 한다.

문제해결과 상위 수준 학습 때로 학생들은 명백하거나 단일한 해답이 없는 과제를 수행하게 되기도 한다. 이러한 과제에 직면했을 때 학생들은 이전에 배운 규칙, 사실, 개념 중 어느 하나에 의지하기보다는 이러한 지식 형태의 한두 요소를 이용하는 인지적 전략을 사용할 수 있어야 하고, 이들을 체계적으로 적용할 수 있어야 한다. 가령 지문을 읽은 후 추론을 해야 할 때 학생들은 사실적 지식, 개념, 규칙을 모두 이용해야 한다. 링컨-더글라스 모의 토론에서 에이브러햄 링컨과 스티븐 A. 더글라스 역을 맡은 학생들은 사실 학습(예 : 링컨은 노예제를 허용하자는 주들의 결정에 연방이 개입하는 것을 반대하였다), 개념(예 : 노예제, 연방, 민주당, 공화당), 규칙(예 : 모의 토론에서 지켜야 할 규칙들) 등을 활용할 수 있어야 한다. 학생들이 상위 수준 학습과 문제해결에 참여하는 것은 매우 중요하다. 교사들은 학생들이 상위 수준의 학습과제를 수행하기 위한 기초적인 지식 유형을 배우게 하는 동시에 상위 수준 학습과 문제해결을 경험하게 해야 한다. 카버 교사는 학생들이 새로운 종의 절지동물을 만들어 내야 하는 학습센터를 준비하였다. 학생들은 이를 위해 학습센터를 도입하기 전 카버 교사의 직접 지도 수업을 통해 철저하게 배웠던 절지동물에 관련된 사실 및 개념 학습 내용을 활용할 수 있어야 한다.

문제행동의 예방 및 관리를 다루는 책에서 학습의 형태를 논하는 이유는 무엇일까? 우리가 이 장에서 설명해 왔듯이 학습과 행동은 불가분의 관계에 있기 때문이다. 학습 및 행동상의 어려움이 있는 학생들의 경우 많은 행동문제는 학습과 관련된 좌절을 반영하는 것이다. 앞서 살펴본 것처럼 교사들은 학생들에게 사회적 행동을 지도해야 한다. 교사들이 학생들의 좌절을 줄이고 교수를 좀 더 명확하게 하기 위한 방법 중 하나는 가르치려는 지식의 유형을 파악하고, 이를 배우는 데 필요한 기초 지식을 고려하여 이 책에서 설명한 기법으로 학생을 지도하는 것이다.

학생의 학습 점검하기

학업 성취를 알아보기 위해 교육과정중심측정을 사용하여 학생의 학습을 모니터하라.

교육과정중심측정(curriculum-based measurement, CBM)은 학업적 진보를 자주, 체계적으로 점검하기 위한 자료기반의 접근이다. CBM을 이용한 빈번하고 체계적인 학업 수행 점검은 학생의 성취와 정적 상관관계가 있다(Fuchs, Deno, & Mirkin, 1984). 연구들은 CBM이 성취도를 높이는 데 도움이 되는 이유 중 하나가 CBM을 사용하는 교사들이 이를 사용하지 않는 교사들보다 학생들의 진보나 부진을 고려하여 교수를 더 자주 조정하기 때문이라고 지적한다(Fuchs, Fuchs, Hamlett, & Steecker, 1991). 그러므로 CBM은 높은 수준의 학업적 반응을 이끌어 내는 데 매우 중요하다. 따라서 교사들은 학생의 기초 학업기술 수행을 점검하기 위해 CBM을 사용해야 한다. CBM에 대한 심도 있는 논의는 이 장의 범위를 벗어나지만 독자들은 이 장 마지막에 제공된 '참고자료'(p. 164)에서 이에 관한 더 많은 정보를 얻을 수 있을 것이다.

연습

학습의 습득 단계에서 숙달, 유지, 일반화로 나아가려면 목표기술에 대한 반복적인 연습이 필요하다. 앞서 우리는 다양한 유형의 학업 연습활동을 설명하였다. 효과적인 교사들은 학생들에게 반복적이고 의미 있는 연습기회를 충분히 제공한다. 초기 교수와 마찬가지로 연습 과제는 다음의 특징을 갖추어야 한다.

- 원래의 교수 목표와 직접적으로 연결되도록 하라. 예를 들어 교수 목표가 완성된 문장을 쓰는 것이었다면 연습 과제도 학생들이 문장을 쓰는 것이어야 한다. 여러 문장을 읽고 그 문장이 완성된 문장이면 'C(complete)', 완성된 문장이 아니면 'IC(Incomplete)'라고 표시하거나 여러 문장 중 완성된 문장에 동그라미를 치게 하는 학습지를 풀게 한다면, 이는 동일한 교수 목표를 다루는 연습활동이라고 할 수 없을 것이다. 완성된 문장을 쓰는 일은 완성된 문장을 식별하는 것보다 더 어려운 과제다. 친구에게 편지를 쓰게 하거나, 가장 좋아하는 게임에 대해 쓰게 하는 것이 좀 더 적절한 연습활동이 될 수 있을 것이다.
- 높은 수준의 반응 기회를 제공하라. 분당 9~12회가 권장되는 횟수임을 기억하라.
- 학생 반응에 대한 즉각적인 피드백을 제공하라.

또한 교사들은 학생들이 90% 이상의 정확도 기준을 충족시키고 있는지, 분당 8~10회 정도의 정반응을 하고 있는지를 확인하기 위해 독립적인 연습활동 중에도 학생의 성취를 점검해야 한다. 이를 점검하는 한 가지 방법은 학생이 독립적 과제를 시작한 시간, 마친 시간, 바르게 답한 항목의 수를 기록해 두는 것이다.

성공

효과적인 교수 실제와 관련하여 교사들이 기억해야 할 마지막 사항은 학생들이 성공을 경험해야 한다는 것이다. 우리는 새로운 학습과 연습활동에서 성공적 반응이 어느 정도 나타나야 하는지에 대한 구체적 기준을 제시하였다. 교사들은 이러한 기준이 충족되고 있는지 확인하기 위해 학생의 반응을 점검하고 만약 기준이 충족되지 못하고 있다면 다시 지도하거나 교수를 조정해야 할 것이다. 학생의 성공 경험은 학업 성취에 매우 중요할 뿐 아니라 방해행동이나 과제이탈 행동과도 부적 상관관계가 있는 듯하다. 학생들이 교수적 자극에 적극적이고 성공적으로 반응하면 할수록 학습을 방해하는 행동을 적게 한다.

요약하면 직접 지도 접근은 중요하지만 그것만으로 충분하지는 않다. 직접 지도 형식을 따르는 교사들은 학생의 높은 학업 수행 및 적절한 행동과 관련이 있는 것으로 생각되는 구체적 교사행동을 실행해야 한다. 우리는 이 행동들을 SCORE CHAMPS로 설명하였다. 교사들이 학생의 학습에 매우 중요한 많은 요소들을 잊지 않게 해 주는 세심한 계획이 교수의 모든 국면에서 요구된다. 철저한 사전 계획과 충분한 연습 없이 이러한 교수 실제를 잘 실행할 수 있는 교사는 거의 없으며, 그럴 수 있는 초임교사는 더더욱 없다.

교수 상황에서 흔히 발생하는 문제와 그에 대한 제언

교사의 기술 수준에 관계없이 교수적 문제는 발생하게 되어 있다. 효과적인 교사는 자신의 교수 및 관리 전략을 평가함으로써 이러한 문제를 체계적으로 다룬다.

성실하게 교수를 계획하고 점검하는 교사들이라도 때로는 난제에 직면할 때가 있다. 효과적인 교사들은 자신의 행동, 교수 방법, 사용하고 있는 학급 운영 방법 등을 조정함으로써 이러한 문제에 대응한다. 비효과적인 교사들은 학생들을 비난한다. 다음에서 우리는 교사들이 공통적으로 직면하는 교수적 문제를 설명하고 각각에 대한 가능한 해결책을 제시하고자 한다.

대집단 활동에서 발생할 수 있는 문제

1. 한 명 또는 그 이상의 학생이 주의 집중을 하지 않는 경우
   a. 학생들에게 대집단 활동의 절차를 상기시킨다.
   b. 주의 집중을 하지 않는 학생의 행동을 교사가 알고 있다는 것을 간접적으로 알리기 위해 그 학생 바로 옆에 있는 학생에게 질문을 한다.
   c. 말하고 질문하는 동안 학생들 사이로 걸어 다닌다.
   d. 문제의 학생들 가까이 서 있는다[이를 **근접성 통제**(proximity control)라고 한다].
   e. 학생들이 활동에 참여하기 위한 기술을 가지고 있는지 확인한다.
2. 집단 구성원의 연령이나 능력 수준이 다양하여 교수의 계획과 전달이 어려운 경우
   a. 일반적 주제(예 : 덧셈, 제2차 세계대전, 문장 구성)에 대해 대집단 교수를 활용한다. 주 교육과정 지침서와 다른 교육과정의 내용 대부분은 나선형 구조로 되어 있어서 어떤 주제가 한 번 나오고 나면 다음 학년에서도 그 주제가 더욱 자세하고 높은 난이도로 다시 다루어진다. 대부분의 교육과정에서는 유치원 과정에서 지도와 지구본을 도입한 이후 학년에서 이에 관해 좀 더 자세하고 많은 내용을 다루게 되어 있다. 여러 학년의 학생들이 모여 있는 집단을 지도하는 데는 이러한 교육과정 특성이 도움이 된다. 모든 학생을 대상으로 그 주제를 지도하되, 각 학생의 학년 수준에서 기대되는 것 또는 IEP 목표에 따라 다소 세부적인 교수를 제공한다.
   b. 적절한 수준의 질문, 교사와 함께하는 연습활동, 독립적 활동 등을 통해 개별 학생의 구체적 학습 수준을 다룬다.

소집단 활동에서 발생할 수 있는 문제

1. 교사가 어느 한 소집단을 지도하는 동안 다른 학생들이 과제를 하지 않는 경우
   a. 과제 집중 행동을 강화한다(이를 위한 아이디어는 제10~11장 참조).
   b. 교사가 특정 소집단을 지도하는 동안 다른 학생들에게 발생할 수 있는 문제(예 : 어떻게 교사의 도움을 요청할 것인지, 과제를 마치고 나면 무엇을 해야 하는지, 재료가 더 필요할 때는 어떻게 해야 할지 등)에 대해 해결 절차를 미리 마련해 둔다. 교사가 어떤 집단을 지도하느라 바쁠 때 교사의 도움을 필요로 하는 학생들에게 발생할 수 있는 문제를 다루기 위한 적절한 절차는 그 학생이 또래 친구에게 도움을 요청하는 것이다(미리 또래 짝을 지정해 두어야 함). 또래 짝이 도와줄 수 없는 문제일 때는 교사에게 도움이 필요하다는 신호를 보낸 후(제4장에서 소개한 '도와주세요' 신호를 사용할 수 있음), 교사가 도와줄 수 있을 때까지 그 과제의 다른 부분을 먼저 하거나 다른 과제(예 : 집에 가서 할 숙제)를 하거나 책을 읽고 있게 한다.

c. 학생이 하고 있는 과제가 이전에 학생이 직접적으로 배운 적이 있는 내용에 대한 것인지, 그 내용을 처음 배울 때 학생이 80% 이상의 정반응률을 보였었는지 확인한다.

2. 대집단 활동이나 학생 개별 학습을 할 때보다 교실이 다소 시끄럽고 분주하여 집중하기가 어려운 경우
   a. 제4장에서 설명했던 '말/행동' 도표 형태의 시스템을 활용한다.
   b. 조용히 과제를 하는 행동을 강화한다.
   c. 과제 집중 행동을 강화한다.

개별 활동에서 발생할 수 있는 문제

1. 학생이 활동을 거부하거나 다른 학생의 학습을 방해하는 경우
   a. 개별 활동의 절차를 재검토한다.
   b. 독립적으로 과제를 잘 수행하는 행동에 대한 강화 체계가 준비되어 있는지와 이 체계가 일관되게 실행되고 있는지 확인한다. 만약 문제가 주로 한 학생에게만 국한된 것이라면 행동계약이 적절한 방안이 될 수 있다(행동계약에 관해서는 제11장 참조).
   c. 학생의 능력 수준과 주어진 과제에서 요구하는 기술 수준을 점검한다.
   d. 개별 학습 시간을 시작하기 전에 간단한 복습 회기를 갖는다.
   e. 학생들 사이로 돌아다니면서 진보와 정확도를 점검한다(보조원이 있을 경우 교사와 보조원이 학생들 사이로 돌아다니면 됨).
   f. 학생 및 부모와 상담한다.
2. 학생이 주어진 과제를 서둘러 했지만 제대로 하지 못했을 경우
   a. 단지 과제를 마친 것뿐 아니라 정확하게 한 것에 대해 강화한다.
   b. 학생이 과제를 완수하는 데 필요한 기술을 가지고 있는지 확인한다.
3. 도움이 필요한데도 도움을 요청하지 않거나 도움을 너무 자주 요청하는 경우
   a. 학생에게 언제 어떻게 도움을 청해야 하는지 지도한다.
   b. 도움을 청하는 절차가 마련되어 있는지 확인한다.
   c. 학생의 능력을 고려할 때 과제에서 요구하는 바가 적절한지 확인한다.
   d. 적절한 과제 수행 행동을 할 때는 관심(칭찬 또는 다른 강화)을 더 많이 제공한다.
   e. 적절한 빈도로 도움을 요청하는 학생을 강화한다. 너무 자주 도움을 요청하는 학생에게는 막대사탕 5개(또는 교사가 생각하기에 적절한 수)를 주고, 도움을 요청할 때마다 막대사탕 하나씩을 내놓게 한다. 과제가 끝났을 때 그 학생은 남아 있는 막대사탕 수만큼의 강화제를 추가로 받게 된다. 그 외에 제12장에 설명할 여러 차별강화 전략들도 적절하게 사용할 수 있다.

요약

이 장의 주제를 하나의 장에 심층적으로 다루기는 불가능한 일이다. 그러나 이 장을 마친 독자들은 행동관리가 교수 및 학습과 불가분의 관계라는 것을 이해했을 것이다. 학생들이 학업에서 성공적일 때 그들의 행동은 향상되는 경향이 있다. 마찬가지 원리에서 낮은 학업 성취는 낮은 수준의 적절한 행동과 상관관계가 있다.

표 6-6 교수행동에 대한 자기평가

전혀 그렇지 않다	거의 그렇지 않다	가끔 그렇다	자주 그렇다	항상 그렇다
1	2	3	4	5

위의 1~5점 척도를 이용하여 다음 진술을 평가하시오.

진술	
1. 나는 내가 하는 모든 수업의 지도안을 개발한다.	______
2. 나는 내 학생들의 학습 특성을 알고 있으며 이를 수업지도안에 반영한다.	______
3. 나는 내가 가르치는 기술의 숙달, 유지, 일반화를 미리 계획한다.	______
4. 나는 학업 및 행동 기술을 가르칠 때 과제 분석을 이용한다.	______
5. 나는 학습의 여러 유형을 알고 있으며 각 유형에 맞는 교수법을 선택한다.	______
6. 나는 SCORE CHAMPS의 실천을 적극적으로 계획하고, 교수에 이용한다.	______
7. 나는 새로운 기술을 가르치거나 이전에 배운 기술을 복습할 때 반응 기회를 많이 제공한다.	______
8. 나는 수업지도안을 작성할 때 학생의 선택 기회를 포함시킨다.	______
9. 나는 학생의 오류를 즉각적으로 명확하게 교정해 준다.	______
10. 나는 학생들이 권장된 반응 기준을 성취했는지 알아보기 위해 학생의 반응을 점검한다.	______

다음은 이 장의 학습목표와 그 목표가 이 장에서 어떻게 다루어졌는지를 요약한 것이다.

1. 성공적인 학생과 학습 및 행동문제가 있는 학생의 학습 특성을 기술할 수 있다.

   우리는 학업 과정에의 참여, 자기조절과 학습, 귀인과 동기화, 친사회적 행동의 측면에서 효과적인 학습자와 학습 및 행동문제를 지닌 학생들의 특성을 논하였다. 일반적으로 성공적인 학습자들은 학습과 행동에 어려움이 있는 학생들에 비해 더욱 적극적이고 동기화되어 있으며 자기조절을 잘한다. 이 두 유형의 학습자들이 보이는 특성은 교수에 시사하는 바가 크다.

2. 학습 단계를 정의하고 순서대로 나열할 수 있다.

   학습은 단계적으로 일어난다. 습득이란 초기 학습을 말한다. 학생이 새롭게 배운 기술을 연습함에 따라 주어진 시간 내에 정확하게 과제를 완성할 수 있게 되는 숙달 단계에 이르게 된다. 계속된 연습을 통해 학생들은 초기 학습이 끝난 후에도 오랫동안 그 기술을 수행할 수 있게 되고(유지), 배운 기술을 새로운 환경이나 조건에서도 사용할 수 있게 된다(일반화). 학생들이 숙달, 유지, 일반화 단계에 이를 수 있도록 교사가 취할 수 있는 구체적인 조치들이 있다.

3. 학습과 행동장애가 있는 학생에게 권할 수 있는 교수 형태와 활동을 짝지을 수 있다.

   교수는 대집단, 소집단, 또는 일대일 형태로 제공된다. 어떤 형태든 모두 장애학생들에게 효과적일 수 있지만, 분주한 교실 상황에서는 대집단과 소집단 형태가 좀 더 운영하기 편리하고, 효과적인 교수 실제를 위해 좀 더 적절하다. 직접 지도와 직접 교수는 새로운 내용을 가르칠 때 권장할 만한 활동이다. 초기 교수가 끝난 후에는 유창성을 높이고 일반화를 촉진하기 위해 다양한 연습 활동이 사용되어야 한다.

4. SCORE CHAMPS라는 약어를 사용하여 적절한 행동 및 학습의 상위 단계와 교수적 실제를 연결시킬 수 있다.

   SCORE CHAMPS는 학생의 학습에 가장 밀접하게 관련된 교수행동의 특징을 집약한 것이다. SCORE CHAMPS는 Structure(구조), Clarity(명확성), Opportunities to respond(반응 기회), Redundancy(반복), Explicit instruction(명백한 교수), Choices(선택), Assess form of student learning(학습 형태 진단), Monitor student learning(점검), Practice(연습), Success(성공)의 약자이다. 복잡하긴 하지만 이러한 일련의 교수행동은 바람직한 학습 성과와 적절한 행동에 매우 중요하다.

5. 교실에서 흔히 발생하는 교수활동의 유형과 활동 유형별 문제점 및 해결방안을 설명할 수 있다.

   매우 유능하고 잘 준비된 교사들도 교수와 관련된 문제

에 직면할 때가 있다. 이 장에서는 이러한 문제들과 각 문제들에 대해 생각해 볼 수 있는 해결방안을 제시하였다.

행동관리에서 교수가 갖는 결정적 역할을 고려할 때, 우리는 교사들이 표 6-6에 제시된 자기평가 척도를 이용하여 정기적으로 자신의 교수행동을 스스로 평가해 보기를 권한다.

ICE 박사의 사례연구

초등학교 : 특수학급 3~5학년

말로이 교사는 ICE 박사에게 자신이 맡고 있는 학급의 교수 체계를 설계하는 것과 관련하여 도움을 요청하였다. 말로이 교사는 8시부터 10시까지 12명의 학생에게 읽기를 가르친다. 이 학생들의 학습 수준은 1학년에서 3학년 상급까지이다. 말로이 교사는 이 시간 동안 많은 수업관리 문제를 경험하고 있는데, 이러한 문제의 원인이 체계적으로 교수를 하지 못하는 자신의 부족 때문임을 알고 있다고 말했다.

ICE 박사는 교실을 방문하여 다음과 같은 메모를 했다.

> 여덟 명의 학생이 먼저 교실에 들어와 교실 앞쪽을 향해 한 모둠으로 배열되어 있는 책상에 앉았다. 말로이 교사는 수업을 시작했다. 이 시간 동안 학생들의 행동이 적절했던 것으로 보아 규칙과 절차가 제대로 시행되고 있음이 분명하였다. 수업이 20분 정도 진행되었을 때 두 명의 학생이 보조원과 함께 도착했는데, 이때부터 학급관리 문제가 시작되었다. 보조원은 교사 자료실에 복사를 하러 갔다. 보조원과 함께 교실에 왔던 그 두 학생은 떠들기 시작했고 자신들이 지금 무얼 해야 하는지를 질문하기도 했다. 대집단의 학생들은 교사와 함께하는 연습활동을 하다 말고 그들을 쳐다보며 말을 걸었다. 수업이 조금씩 흐트러지기 시작했다. 말로이 교사는 대집단을 보조원에게 맡기고 새로 들어온 두 학생을 가르치기 시작했다. 말로이 교사가 이 두 학생을 가르치고 있는 동안 또 한 명의 학생이 교실에 도착했다. 그 학생은 에너지가 넘치는 상태였는데, 이는 곧 다른 학생에게 전달되어 금세 대부분의 학생들이 과제를 이탈하여 웃고 떠들기 시작했다. 수업이 아직 40분 정도 남았을 때 대집단의 일부 학생들이 통합학급으로 돌아가야 했다. 말로이 교사는 수업 분위기를 바로 잡으려 애썼다.

ICE 박사는 하루가 끝난 후 다음날 수업을 계획하는 시간에 말로이 교사를 만났다. 두 사람은 ICE 박사의 관찰 결과에 대해 논의하였는데, 말로이 교사는 오늘 ICE 박사가 본 것이 이번 학기 들어 매일 반복되는 일상이라고 말했다. 학생들의 시간표가 바뀌어 수업 중 학생 이동이 많아졌고 그에 따라 수업이 방해받는 정도도 심해졌다고 했다. 두 사람은 다음과 같은 변화를 시도해 보기로 결정했다.

- 처음 교실에 도착한 학생 집단은 중단 없이 계속 직접 지도 모델로 지도한다.
- 말로이 교사가 첫 번째 집단을 가르치고 있을 때 교실에 들어오게 되는 다른 학생들에게는 교실에 들어와서 과제를 시작하는 절차를 지도한다. 나중에 들어오는 학생들의 책상은 교실의 다른 영역에 배치하고 이들이 교실에 들어와서 책상에 앉았을 때 할 수 있는 준비활동을 마련한다. 보조원은 이들의 준비활동을 감독한다.
- 첫 번째 집단(말로이 교사가 가르치던)의 학생들이 독립적 연습을 할 준비가 되었을 때 보조원이 첫 번째 집단의 학생들에게로 이동하고, 말로이 교사가 나중에 들어온 학생들에게 직접 지도 수업을 한다.
- 말로이 교사는 적절한 태도로 교실에 들어오고 다른 학생을 방해하지 않고 과제를 시작하여 완수하는 것에 대해 추가 강화를 제공한다.

말로이 교사는 보조원에게 심부름이나 복사를 시키는 것보다는 수업을 보조하게 하는 것이 낫겠다는 ICE 박사의 말에 동의하였다. ICE 박사는 방과후 수업 준비시간에 다음날의 수업과 활동에 대한 구체적 지시와 안내를 보조원에게 해 주라고 말로이 교사에게 권하였다.

ICE 박사는 말로이 교사에게 3주 후 다시 와 보겠다고 말했다. 그는 다시 관찰을 실시하고 두 사람이 결정한 내용들이 효과가 있었는지 말로이 교사와 토의하게 될 것이다.

중학교 : 특수학급 1학년

하워드 교사는 ICE 박사에게 수업 중에 학생들이 특정 학생을 따라 하는 것 때문에 자신의 수업이 자꾸 중단된다는 고민을 토로하였다. 이 학생의 이름은 카를로스인데 장차 '조폭'이 되겠다며 옷이나 행동도 '조폭'같이 하고 있으며 수업시간에 공부는 거의 하지 않고 다른 학생들과 농담을 하거나 하워드 교사와 보조원에게 말을 걸거나 잠을 잤다. 카를로스는 종종 하워드 교사에게 "조폭은 공부를 할 필요가 없어요. 부하들이 기다려 주거든요. 조폭은 어마어마한 계획이 있어요."라고 말하곤 했다. 하워드 교사는 카를로스 지도를 거의 포기하기 직전이고 카를로스를 따라 하는 다른 학생들도 수업시간에 공부를 안 하게 될 것 같아 걱정이 태산이다.

ICE 박사는 관찰을 해 보기로 했다. 하워드 교사의 학급에 필요한 것이 무엇인지 대충 짐작은 되었지만, 마지막 결정을 내리기 전에 관찰을 할 필요가 있었다. ICE 박사는 하워드 교사에게 각 학생의 학습 수준에 대해 물어보았다. 하워드 교사는 카를로스가 수업 중에 뭔가를 한 적이 없기 때문에 카를로스가 어떤 수준의 기술을 가졌는지는 잘 모른다고 하였다. ICE 박사는 두 시간의 수업을 관찰한 후 하워드 교사와도 이야기를 나누었고, 다음날 교사 수업 준비시간에 다시 만나기로 약속했다.

ICE 박사는 하워드 교사에게 지금부터 하는 말이 다소 의외일 것이라고 말하면서 만남을 시작하였다. ICE 박사는 조폭이 되고 싶어 하는 이 학생의 학업적 요구를 다루는 데서부터 학급 개선을 시작하자고 말했다. 요점은 비록 그 학생이 공부는 안 하지만 매일 수업에 온다는 것이었다. ICE 박사는 다음과 같은 방안을 제안하였다.

- 하워드 교사는 카를로스와의 관계 형성을 위해 조치를 취할 필요가 있다.
- 동시에 심층적 학업 검사를 고려해 보기 위한 회의가 소집되어야 한다(ICE 박사는 이 학생이 글씨를 읽지 못하는 게 아닐까 하는 추측을 했다). 이 검사의 결과는 하워드 교사가 그 학생의 구체적 필요를 다룰 교수적 접근과 교과과정을 선택하는 데 도움이 될 것이다. 카를로스는 모든 교수 프로그램에서 높은 성공 경험과 풍부한 강화를 경험할 필요가 있다.
- 카를로스가 친구들 앞에서 체면을 지킬 수 있도록 하워드 교사는 카를로스에게 지위와 권력을 부여할 만한 역할을 맡겨야 한다. 카를로스는 이 반에서 명백한 리더이나 하워드 교사는 그러한 리더십 기술을 긍정적인 방향으로 이끌어 주어야 한다.
- 하워드 교사는 카를로스를 위해 매우 흥미로운 학습과제를 고안해야 한다. 예를 들어 카를로스는 그림에 재능이 있고, 모형 자동차, 비행기, 군용 탱크 등을 좋아한다. ICE 박사와 하워드 교사는 어떻게 하면 카를로스의 이러한 관심사를 학습과제의 기초로 활용할지에 대한 아이디어를 나누었다. 하워드 교사는 카를로스의 읽기와 수학 수준을 파악한 다음, 카를로스에게 인터넷을 활용하여 특정 유형의 자동차나 다른 탈것들에 대해 조사하게 하거나('조사 및 계획하기'라는 교과 목표를 다룸), 그 자동차를 축소하여 그리게 하거나(도량형 환산에 관련된 교과 목표를 다룸), 찰흙이나 나무로 그 자동차의 모형을 만들거나(강화활동이 될 수 있음), 신형 자동차 출시 광고문을 쓰게 할 수도 있을 것이다(쓰기에 관련된 교과 목표를 다룸).

ICE 박사는 몇 주 후 다시 하워드 교사와 만나 모든 것이 잘 되어 가고 있는지 점검하기로 약속했다. ICE 박사는 하워드 교사에게 핵심 교과에서의 구체적 기술 수준을 포함한 각 학생의 강점과 약점을 정확히 파악하기 위해 조치를 취해야 함을 상기시켰다. ICE 박사는 수업을 계획할 때나 학생들의 행동 때문에 수업이 중단될 때 학생의 수준 파악이 매우 중요하다는 점을 강조했다.

고등학교 : 특수학급 역사시간

그랜트 교사는 신임 특수교사다. 이전에 그녀는 다른 교육청에서 고등학교 영어교사로 일했다. 그랜트 교사는 자신이 가르치는 어느 한 학급에 대해 ICE 박사의 도움을 요청했다. 그랜트 교사는 수업을 위해 계획한 과제들을 학생들이 완성하지 못하는 일이 자주 발생한다고 말했다. 또 학생들이 자신에게 말대꾸를 하거나 공격행동을 보이기 시작했고, 학부모들이 교무부장에게 전화를 하여 매일 학교에서 가져오는 과제의 양에 대해 불평을 했다고 말했다.

ICE 박사는 그 학급을 관찰하였고, 그랜트 교사의 학습지도안을 검토했다. 다음으로 두 사람은 그랜트 교사가 사용하는 교수 자료를 살펴보았다. 그랜트 교사가 가르치는 학생들은 읽기는 할 수 있지만 대부분 읽기 이해와 쓰기에는 어려움이 있었다. 또 모든 학생들이 문제해결과 상위 수준의 사고기술에는 어려움이 있었다.

그랜트 교사는 읽기 이해 기술을 지도할 때 학생들의 읽기 수준에 맞춘 문단을 읽게 한 후 읽기 이해를 확인하는 질문에 답하게 하는 접근을 사용했다고 ICE 박사에게 말했다. ICE 박사는 안타깝게도 이 접근이 학생들에게 다양한 읽기 이해 과제(예 : 요점 말하기, 추론하기, 결과 예상하기, 결론 끌어내기)를 어떻게 수행해야 할지를 가르쳐 주지 못함을 지적하였다. 두 사람은 이 문제를 다루기 위해 다음과 같은 조처를 하였다.

- 각 학생들의 공식적 · 비공식적 자료에 기초하여 구체적인 읽기 이해와 쓰기 목표를 정했다.
- 정해진 목표가 비슷한 학생들끼리 집단을 구성하였다.
- 그랜트 교사가 매일 각 집단에게 직접 교수를 할 수 있도록 교수 일정을 짰다.
- 그랜트 교사가 목표기술들을 학생들에게 어떻게 지도할지 알 수 있도록 각 교수 목표를 과제분석하였다.
- 다양한 읽기 이해, 쓰기과제에 대해 효과적인 교수의 기본 요소를 포함한 직접 지도 수업안 몇 개를 시범적으로 작성하였다.
- 학생들의 연령에 적절하고 흥미로우며 성공적인 반응 기회를 많이 제공할 수 있는 연습활동에 대해 아이디어를 모아 보았다. 두 사람이 동의한 두 가지의 아이디어는 다음과 같다.
    - **쓰기 학습센터** : 각 학생은 필기도구, 다양한 쓰기과제(예 : 스포츠 칼럼 쓰기, 자동차 판매 광고 쓰기, 특정 직업 소개하기), 자신의 작문을 검토하고 교정할 때 사용할 체크리스트(각 학생의 쓰기 목표에 맞게 개별화되어 있음)를 담은 상자를 갖게 된다. 또한 자신의 쓰기 수행을 요소별로 점검하여 그래프로 표시하게 된다(예 : 작성한 문장의 수, 사용한 형용사와 부사의 수, 전체 문장의 수에서 대문자 사용 및 구두점이 정확하게 사용된 문장 수의 비율).
    - **읽기 이해 과제를 위한 또래교수 활동** : 이 활동에서 학생들은 읽기기술에 따라 짝을 짓게 된다. 먼저 짝끼리 주어진 문단을 읽고 한 학생이 다른 학생(짝)에게 읽기 이해 질문을 한다. 이 질문들은 그랜트 교사가 학생들의 개별 목표에 기초하여 작성한 것이다. 정답을 찾는 데 도움이 될 힌트와 채점지도 함께 제공된다. 학생들은 짝의 답이 맞는지, 틀렸는지, 일부만 맞았는지를 기록한다. 물론 또래 교수활동을 실시하기 전에 그랜트 교사는 피드백을 주는 방법, 오반응을 교정하는 방법, 짝의 답을 기록하는 방법을 포함하여 이 활동을 위해 필요한 기술을 학생들에게 지도하였다.
- 과제 수행 행동, 과제 완성, 숙제 완성에 대한 그랜트 교사의 학급강화 계획을 수정하였다.
- 마지막으로 두 사람은 그랜트 교사가 내는 숙제를 검토하였다. 집에서 해야 하는 숙제의 양이 과도하게 많았을 뿐 아니라 학생들이 과제 완성에 필요한 선수 기술을 가지고 있지 못한 경우가 많았다. ICE 박사와 그랜트 교사는 숙제에 대한 기대 수준을 조정하고 학생들이 독립적으로 할 수 있는 숙제를 계획하였다.

몇 주 후 ICE 박사는 그랜트 교사가 수업 중인 학급을 방문했는데 그 학급이 완전히 달라졌음을 알 수 있었다. 학생들은 과제에 몰두하여 서로 과제에 대한 의견을 주고받고 있었으며 그랜트 교사의 직접 지도 수업과 다른 활동들에 참여하는 것을 매우 즐거워하고 있는 것 같았다. 그랜트 교사도 한결 편안하고 행복해 보였다. 이제 그랜트 교사가 학생들의 교수적 요구에 맞는 수업을 하게 된 것을 보고 ICE 박사도 보람을 느꼈다.

학습활동

1. 소집단으로 나누어 행동 및 학습문제를 보이는 학생들의 학업적 특성에 대해 토의하라. 이러한 특성을 정확히 묘사하기 위해 역할극을 준비해 보라.
2. 당신이 가르치는 학생들을 위해 수업지도안을 개발할 때 학습의 네 단계(습득, 숙달, 유지, 일반화)에 대한 지식이 어떻게 도움이 되는지를 써 보고, 이에 대해 다른 수강생들과 의견을 나눠 보라.
3. 학습 및 행동장애 학생들을 위해 권장되는 효과적 교수의 모든 요소를 포함한 수업지도안을 작성해 보라. 다른 수강생들을 대상으로 이 수업을 시연할 수 있도록 준비해 오라.
4. 소집단으로 나누어 SCORE CHAMPS라는 약자로 대표되는 교수 실제를 잘 기억할 수 있는 방법을 의논하고, 간단

한 시험문제를 만들어 보라. 날짜를 정하여 다른 소집단이 만든 시험문제와 바꾸어 시험을 실시하여 자신의 지식을 점검해 보라.

5. 교수활동의 여러 유형을 나열해 보라. 유형별로 발생할 수 있는 교수문제나 행동문제도 함께 나열해 보라. 이러한 문제를 어떻게 예방할 수 있는지 소집단별로 토의하라.

6. 학업 기술 하나와 행동 기술 하나를 선택하여 이 기술을 여러 개의 작은 단계로 나누는 과제분석을 해 보라. 기술 하나를 선택하여 짝에게 지도해 보라.

7. 이 장에서 배운 내용을 자신의 학급에 어떻게 적용할지를 묘사하는 짧은 글을 작성해 보라.

참고자료

도서

Marchand-Martella, N. E., Slocum, T. A., & Martella, R. C. (2004). *Introduction to direct instruction*. Boston : Pearson Education, Inc.

Wright, J. *Curriculum-based measurement: A manual for teachers*. 이 매뉴얼은 교사들이 읽기, 수학, 쓰기 표현, 철자 영역에서 교육과정중심측정(CBM)의 계획과 실행을 안내한다. www.jimwrightonlin.com/pdfdocs/cbaManual.pdf에서 내려받을 수 있다.

웹사이트

National Institute for Direct Instruction : 직접 교수, 직접 교수 프로그램, 연수 및 기타 자료에 관한 다양한 정보를 제공한다. 직접 교수에 관해 좀 더 알아보고자 하는 사람들에게 아주 좋은 시작점이다.

Center for Applied Special Technology : CAST는 보편적 학습 설계의 원리를 어떻게 적용할 것인지에 초점을 둔다. 이 사이트는 사실상 교수의 모든 측면에 대해 더 많은 것을 배우고 싶은 사람들에게 탁월한 자료를 제공한다.

The Iris Center for Training Enhancements, Vanderbilt University : 교사를 위한 사례연구, 온라인 연수 자료, 수많은 기타 자료를 제공한다.

The Teaching Zone : 학급 운영, 통합, 교수에 관한 멀티미디어 전문가 연수 모듈을 제공한다.

Aimsweb : CBM 기반의 진보 점검을 위한 도구와 지원을 제공한다.

Intervention Central Curriculum-Based Measurement Warehouse : 연수 매뉴얼, 활동지, 자료 기록지, 컴퓨터 기반의 CBM을 위한 아이디어 등 CBM을 실행하는 데 필요한 모든 정보와 도구를 제공한다.

제3부

평가와 모니터링

CHAPTER 7

행동 모니터링을 통한 문제행동 예방하기

Andrei Bazylchyk/123RF

학습목표

1. 여섯 가지 형태의 자료 수집 전략을 기술할 수 있다 — 사건, 간격, 시간 표집, 지속시간, 반응지연시간, 수행 결과물
2. 목표행동과 대체행동을 점검하기 위한 자료를 수집하는 방법을 기술할 수 있다.
3. 필요한 경우에는 자료를 변환할 수 있다.
4. 자료를 시각화할 수 있다.
5. 자료의 해석과 자료를 기초로 한 중재를 결정할 수 있다.

행동 모니터링에 관한 보편적 아이디어

- 행동 모니터링은 중요한 예방적 기술이다.
- IDEA는 학업적 · 행동적 장기 목표를 향한 진보를 모니터링하도록 요구한다.
- 학업적 · 사회적 행동을 모니터링하기 위해 직접적이고 체계적인 방법을 이용하는 교사들은 그렇지 못한 교사들보다 유능하다고 할 수 있다.
- 대부분의 교실행동들은 어떤 특별한 기간 내에 얼마나 자주 혹은 오랫동안 어떤 일들이 일어나는지를 관찰함으로써 알아낼 수 있다.
- 행동 모니터링은 자료 수집, 그래프 그리기, 자료 분석, 필요한 경우 중재 조정을 위한 의사결정, 계속적인 모니터링을 위한 지속적인 자료 수집을 포함한 역동적인 과정이다.
- 행동 모니터링에 대한 자료 수집은 행동관리와 교수 요소가 하나로 매끄럽게 구성되어야 한다.

측정과 모니터링은 더 심각하고 비용이 많이 드는 상황을 예방하기 위해 문제가 있는지를 진단하고 지속적인 점검을 제공하며 변화가 발생했음을 알려 주기 위해 사회의 모든 분야에서 사용되는 방법이다. 특히 의학에서는 개인의 건강상태를 결정하기 위하여 측정을 이용하였으며 의사들은 건강관리 지표의 중요한 변화에 대한 경고로 사용한다. 영유아의 혈압, 몸무게, 콜레스테롤 수치, 머리의 크기는 건강상태를 점검하는 데 이용되는 측정치들이다. 이들 중 하나의 측정치가 극적으로 변화하거나, 점진적 혹은 지속적인 변화로 인해 정상적인 한계에서 벗어난다면 의사들은 그 상황에 관심을 가질 것이다. 사회학자들과 질병 관련 학자들은 잠재적으로 위험하거나 유해한 조건들의 증가 여부를 평가하기 위해서 장애, 질병, 상해에 대한 출현율(prevalence rate, 어떤 주어진 조건을 가지고 있는 개체의 전체 수)과 발생률(incidence rate, 어떤 주어진 조건의 새로운 사건의 비율)을 모니터한다. 만약 그와 같은 일들이 일어난다면 문제를 해결하기 위한 과정을 취해야 한다(예방활동 추천, 조기 검사, 치료). 기상학자와 환경과학자들은 측정치의 극적인 변화 혹은 점진적인 변화를 통해 권장할 바를 결정하기 위해서 지구의 건강(오존층 감소, 만년설의 크기, 지구 온도, 지진 활동)에 관한 다양한 면을 고려하여 모니터한다.

자료 수집은 대부분의 훈육에 있어서 중요한 도구이다.

왜 행동 측정과 모니터링이 중요한가

행동에 대한 객관적인 측정은 중재의 효과를 기록하여 학생들의 진단을 보다 더 촉진한다. 임의적인 관찰은 행동의 정확한 변화를 가져올 수 없다.

객관적인 측정치가 없다면 의사들, 과학자들은 문제 상황을 확인할 수 없을 것이다. 이것은 학생행동

에 있어서도 마찬가지이다. 목표행동에 대한 객관적인 측정이 없다면 단위기간 내 23회 소리 지르기와 34회 소리 지르기 간의 차이를 알 수 없을 수도 있다. 저자 중에 한 사람(BKS)의 경험을 바탕으로 교사와 함께 개별 활동을 하는 동안 **과제이탈 행동**을 자주 보이는 마이클의 예를 생각해 보자. 마이클의 과제이탈 행동은 얼굴 감싸기, 의자 · 탁자 · 무릎에 머리 박기, 셔츠를 얼굴 위로 올리기 등이다. 우리는 언제든지 어떤 것(손, 어깨, 셔츠, 탁자 등)에 마이클이 얼굴을 비비는 행동을 과제이탈 행동이라 정의하였다. 중재 전에 마이클은 20분 동안 평균 139회 얼굴 비비기를 했는데 이것은 분명히 교수를 방해하는 것이었다. 얼굴 비비기를 줄이기 위한 중재를 시작한 후 마이클의 얼굴 비비기는 기간당 평균 130회로 줄어들었고 다음에는 120회, 108회로 줄어들어 마침내 기준에 이르게 되었다. 얼굴 비비기 횟수를 측정하지 않았다면 얼굴 비비기를 기대하는 기준으로 변화시키기 위한 중재를 찾기 어려웠을 것이다. 아마 중재가 이루어지지 않는다고 불평하면서 중재를 끝마쳐야 할 것이다. 우리는 마이클의 얼굴 비비기에 대한 객관적인 측정치를 가지고 있었기 때문에 바라는 방향으로 그의 행동이 변할 것이라는 것을 알고 있었고, 마침내 기간당 10회 이하로 줄어들어 기준에 이르게 되었다.

학생행동에 대한 객관적인 자료 수집은 — 우리는 이것을 **자료 수집**, **행동 모니터링** 혹은 **행동 측정**이라고 정의하는데 — 교사들에게 중재의 효율성에 대해서 의사결정을 할 수 있게 하고 중재가 계속 지속되어야 하는지, 조정되어야 하는지, 완전히 변화해야 하는지를 결정하게 해 준다. 자료를 근거로 한 의사결정의 형태는 긍정적 행동중재와 지원의 명확한 요소이며(Office of Special Education Programs Center on Positive Behavioral Interventions and Supports, 2010b), 행동관리에 대한 다른 접근들로부터 응용행동분석과 긍정적 행동중재와 지원을 구별하도록 한다. 불행하게도 우리의 경험상 객관적인 행동자료 수집은 교사들에 의해서 널리 받아들여지지 않았다. 우리는 자료 수집에 관하여 교사들로부터 많은 우려의 소리를 들었다. 교사들은 너무 바쁘고 가치를 보려 하지 않으며 간단한 관찰을 통해서 진보를 결정한다. 이 장의 목표는 자료 수집이 왜 중요한지를 설명하고, 분주한 교실 내에서 이용할 수 있도록 자료 수집을 단순화하고, 중재에 필요한 의사결정을 위해 자료를 어떻게 이용해야 할 것인가를 설명하는 것이다. 첫 번째 목적은 쉽다. 특수교사들이 왜 일과의 부분으로 자료 수집을 해야 되는지에는 몇 가지 이유가 있다.

자료 수집은 장점이 많다.

IDEA는 행동 진보의 모니터링을 요구한다 IDEA는 학업적 · 행동적 목표에 대한 학생들의 진보를 정기적으로 모니터하고 부모에게 보고하도록 요구하고 있다[20 U.S.C. 1414(d)(1)(A)(i)(III)]. IEP(Individual Educational Programs)와 BIP(Behaviroal Intervention Plans)는 수집된 자료를 누가 책임지고 관리할 것이며, 어떻게, 언제 자료를 수집할 것인가에 관한 내용이 포함된 진보 모니터링 계획을 세워야 한다(Etscheidt, 2006a). 수집된 자료는 IEP 혹은 BIP에 기술된 기준에 따라 목표행동에 도달하였을 때를 결정할 수 있게 한다. 진보 모니터와 목표 도달을 위한 자료 수집은 목표의 완성 혹은 진보에 대한 객관적인 서류 정리에 필요하다. IEP 회의 동안 준비되었던 객관적인 자료들은 단순히 "내 생각에는 스튜어트가 이 행동을 할 수 있어요. 평소에 하던 자리에서 뛰기를 하지 않아요."라고 말하는 것보다 전문적이고 가치 있게 한다.

객관적인 자료는 기능의 현재 수준을 결정하는 데 사용될 수 있다 행동 측정은 교사들이 행동변화에 대한 목표를 세울 수 있도록 현재 수준들을 결정하게 해 준다. 읽기 유창성(reading fluency)을 증가시키기 위한 목표를 세우기 전에 어떤 학생이 분당 얼마나 많은 단어를 읽을 수 있는지를 알아야 한다. 다시 말하자면 바라는 목표치를 결정하기 전에 시작하는 시점의 점수를 알아야만 한다.

객관적인 측정은 중재를 평가하기 위한 기초를 제공해 준다 행동 측정은 중재의 효율성을 결정할 수 있는 가장 신뢰할 만한 방법이다. 단순한 관찰은 행동 내의 변화를 발견하기 어렵게 한다. 객관적인 평가를 통해서 어떤 중재를 지속할 것인지, 조절할 것인지, 완전히 바꿀 것인지를 결정할 수 있다. 다음과 같은 객관적 자료를 고려해 보자. "수업시간 동안 마시는 손을 들고 이름이 불릴 때까지 기다렸다가 말하는 비율이 90%에 이를 것이다." 월요일에 마시는 역사수업 시간에서 17회 말했고 10회 손을 들었다(그 시간의 59%). 화요일에 마시는 23회 말했고 17번 손을 들었다(그 시간의 74%). 수요일에는 18회 떠들었고 14회 손을 들었다(그 시간의 78%). 중재는 잘된 것으로 나타났지만(떠들기의 비율은 감소하였고 손들기는 증가) 과연 교수와 학급 운영으로 정신없는 교사들이 떠들기와 손들기를 측정하지 않고 이와 같은 사실을 알 수 있을지 의심스럽다.

객관적인 측정은 과학적인 기초를 바탕으로 한 실행을 하기 위한 필요조건을 제공해 줄 수 있다 마지막으로 교육적 책임이 강조되는 이 시대에 자료 수집은 앞으로 보다 중요하다. 아동낙오방지법(Pub. L. No 107-110)은 학교 안에서 과학적 기반의 실행과 결과를 활용하는 것에 대해 새로운 관심을 기울이고 있다(U.S. Department of Education, 2002b). 불행히도 학교환경에서 연구와 광범위한 적용 간에 불연속성이 나타나고 있다(Lewis, Hudson, Richter & Johnson, 2004; Whelan, 2005). 특수교육청문회(special education hearing office)와 법정에서 확정한 것처럼 중재의 유효성을 증명하기 위해서는 교사와 관리자에게 부담이 있다. 특별한 전략을 사용하기 위한 과학적 근거의 자료가 없을 경우, 개개 학생에 대한 전략의 결과로써 개선된 학업 혹은 행동 수행을 문서화하는 것이 필요하다. 자료 수집은 중재의 효율성을 나타내는 증거가 될 뿐 아니라 학생들이 목표를 향해 전진해 나갈 수 있도록 해 준다.

PBIS의 3단계 모델에서 행동 측정과 모니터링을 위한 자료

자료 수집은 긍정적 행동중재와 지원의 모든 단계에 중요한 요소이다. 그러나 단계별로 자료에 대한 목적과 자료의 유형에 차이가 있다. 보편적인 단계의 자료는 학교 차원의 PBIS 프로그램들의 필요성을 확인하기 위하여, 학생행동에 대하여 학교 차원의 PBIS 프로그램들의 영향을 모니터링하기 위하여, 학교 차원의 PBIS 프로그램들의 적용에 대한 충실도를 평가하기 위하여 이용된다. 충실도(fidelity)는 중재가 올바르게 이행되었는지를 나타내는 것으로 본래대로 기획되고 계획된 대로 사용되었는지를 보는 방법이다. 충실도를 측정하는 목적을 위해서 일반적으로 이용되는 자료는 제3장에서 논의하였다.

목표 수준 자료(targeted-level data)는 중재를 받는 학생의 사회적 학습적 행동들의 2단계 중재의 효과를 모니터하기 위해 이용된다. 이 장에서 기술한 행동 측정 시스템의 일부는 이러한 목적을 위해 이용되지만 여기에 기술한 대부분의 시스템들은 3단계 중재를 받는 학생들의 행동을 모니터하기 위해서 이용될 것이다. 행동 측정 시스템이 개별 학생들을 위해 일차적으로 이용되어야 하며 3단계 지원은 각 학생을 위해 개별화될 것이다.

그러나 비록 이 장에서 논의된 행동 측정 시스템이 3단계 중재의 효과를 모니터하는 데 이용될지라도 이 장에서 논의된 개념들은 일반 수준과 목표 수준을 위해 자료 수집 시스템을 이행하고 기획하는 데 책임을 지고 있는 교육자들에게 유익할 것이다. 다른 행동 형태를 모니터링하기 위해서는 다른 접근 방식(빈도 대비 기간, 반응지연 대비 강도)이 필요하다는 지식을 알고 있는 교사들은 목표 수준 지원을 받는 학생들의 행동을 모니터링하기 위한 의미 있는 시스템을 개발할 수 있을 것이다. 행동을 어떻게 측정할 것인가에 대한 가장 기본적인 지식을 가지고 있는 교사들은 문제가 되는 특별한 교실행동 문제들을 보다 확실하게 결정할 수 있으며 그런 문제들에 대한 중재의 유효성을 보다 정확하게 모니터할 수 있다.

이제 여러분은 자료 수집의 중요성에 대해서 확신을 갖게 될 것이고 다음 단계는 효율적인 방법으로 어떻게 의미 있는 자료를 수집할 것인가와 의사결정을 위하여 이들 자료를 어떻게 이용할 것인가에 대해서 학습하게 될 것이다.

행동을 어떻게 측정할 것인가

다음에 기술한 7단계를 이용한다면 객관적인 자료를 이용하여 행동을 측정하고 모니터하는 것이 용이할 것이다.

1단계 : 목표행동을 조작적으로 정의하기

조작적 정의는 어떤 행동이 일어나는 것에 대해서 두 사람이 동의를 할 수 있는 정확하고 객관적인 진술을 의미한다. 우리는 학업적 행동과 사회적 행동을 목표행동으로 하여 자료를 수집할 수 있다. 그러므로 목표행동은 학업적 행동(바르게 쓴 단어 수, 올바르게 읽은 단어 수, 맞게 푼 수학 문제, 정확하게 쓴 문장 수 등), 교실행동(허락 없이 떠들기, 과제 제출하기, 학급규칙 지키기 등), 사회적 행동(게임에서 순서 지키기, 줄 서기, 먼저 인사하기 등)으로 정의된다.

여러분은 목표행동으로 학생의 부적절한 행동에 집중하려고 할지 모른다. 그러나 여러분은 중재를 위한 목표로서 **대체행동**(replacement behavior)을 확인해야만 한다(O'Neill et al., 1997). 대체행동에 집중하는 것은 중재가 단순히 문제행동에 대해 벌을 주는 대신에 강화와 긍정적 지원에 관심을 두는 데 도움을 준다(Vargas, 2009). 문제행동 혹은 대체행동에 대해서 무엇을 측정해야 하는가에 대한 쟁점을 불러일으킨다. 문제행동이 덜 제한적인 대체행동을 유지하려는 학생의 능력을 위협할 정도로 위험하거나 파괴적이면 혹은 대체행동을 실시하였는데 문제행동이 나타나지 않을 것이라는 확신을 얻지 못한다면 문제행동을 측정하는 것을 추천한다. 예를 들면 문제행동이 불복종이라면 복종과 불복종이 동시에 일어날 수 없기 때문에 쉽게 복종을 측정할 수 있다. 복종횟수가 증가하면 불복종횟수는 자연적으로 감소할 것이다. 한편 감정을 표현하는 적절한 언어들은 때리기 혹은 벌주기가 나타나지 않는 경우를 잘 표현할 수 없다. 그러므로 교사는 때리기 혹은 벌주기에 대한 사례를 모니터할 수 있도록 해야 한다.

2단계 : 자료 수집 양식 선택하기

올바른 측정 체계의 선택은 자료 수집의 중요한 단계이다. 잘못된 측정 체계의 이용은 부적절한 자료를 얻을 수 있다.

잘못된 자료 수집 방법의 사용은 의미 없는 자료들을 이용하게 되는 것이므로 자료 수집 방법은 매우 중요하다. 우리가 기술한 여섯 가지 측정법 각각은 행동의 유형을 기술하는 데 적합하게 이용될 수 있다. 올바른 측정법의 결정은 다음과 같은 질문을 통해서 얻을 수 있다. "지금 자료들을 통해서 원하는 정보를 제공받을 수 있는가?" 예를 들면 어떤 학생이 특별한 행동을 얼마나 자주 하는가를 알고 싶을 때는 사건 기록법이 적절한 측정 방법이다. 어떤 학생이 과제를 얼마나 오랫동안 수행하고 있는가를 알고 싶다면 지속시간 기록법을 이용해야만 한다. 여섯 가지 측정 방법과 각 행동 유형에 대해서는 다음에 기술할 것이다. 제8장에서 기술할 일화기록도 자료 수집의 한 형태이다.

사건 기록법 사건 기록법(event recording)은 빈도 기록법(frequency recording)으로도 알려져 있으며 다음과 같은 경우에 이용된다.

- 분명하게 시작과 끝이 관찰되는 경우(단어 쓰기, 단어 읽기, '감사합니다'라고 말하기, 손들기, 쓰기과제 마치기)에 이용된다. 불연속행동(discrete behaviors)이라고 한다.
- 긴 시간보다는 짧은 시간에 행동이 나타나는 경우에 이용된다. 긴 시간 동안에 나타나는 행동(잠자기, 의자에 앉지 않기, 글쓰기, 컴퓨터 게임하기 등)은 사건 기록법을 통해서 측정될 수 없다. 왜냐하면 긴 시간 동안에 일어나는 행동 중 한두 번의 행동 발생만 기록될 뿐이며, 20분 동안 지속되는 것은 사건 기록법을 통해서는 드러나지 않기 때문이다.
- 행동이 너무 빠르면 측정하기 어렵다. 예를 들어 연필 두드리기는 불연속적이고 구별된 행동이지만 빠르게 행동하면 측정하기 어렵다. 마찬가지로 욕을 섞어서 말을 길게 할 때 욕을 측정하기 어렵다.

사건 기록법은 행동이 발생하는 것을 숫자로 표현하여 행동 발생의 증감을 나타내고자 할 때 가장 적절하다. 목표행동의 각 반응은 여러 가지 방법으로 기록될 수 있다. 계수표시(tally mark, 正, 卌)는 사건 자료를 기록하는 쉬운 방법 중 하나이다. 다른 방법은 포켓용 디지털 계수기의 사용이다(아마존 웹사이트에서 'tally counter'를 검색해 보라). 이 계수기는 들고 다니거나, 목에 걸거나, 벨트에 묶거나 클립에 끼워서 갖고 다닐 수 있다. 교사가 체크하기 위해서 연필과 종이를 이용하기 어려울 때 디지털 계수기를 이용한다면 쉽게 목표행동을 체크할 수 있다. 이와 같은 계수기는 값싸고 손쉽게 이용할 수 있기 때문에 자료를 수집하려는 곳에 한 개 이상 준비해서 이용할 수 있다. 자료 수집을 해야 하는 다른 교사나 보조원들을 위해 계수기를 준비하는 것이 좋다.

일단 사건 기록법이 올바른 측정법으로 결정되었다면 다음은 자극반응행동 기록법과 자극무관행동 기록법 중에 어느 것이 더 적합한지를 결정해야 한다(Scheuermann & Webber, 2002). 자극반응행동(restricted events)[제한 작동(restricted operants)이라고도 함]은 특별한 자극에 반응하여 나타나는 것이다(단어 읽기, 수학계산카드에 대한 반응, 질문에 답하기, 지시 따르기 혹은 올바른 순서로 이야기 카드 배열하기 등). 이러한 행동들에 대해서 선행자극과 반응행동 두 가지를 체크할 수 있다. 예컨대 질문한 문제의 수와 올바르게 답한 수, 주어진 지시와 올바르게 반응한 행동, 이용할 수 있는 그림의 수와 올바른 순서로 배열된 그림의 수들을 계수하여 기록하는 것이 필요하다.

자극무관행동(unrestricted events)[무차별 작동(free operants)이라고도 함]은 특별한 자극에 대해서 반응하는 행동이라기보다는 언제든지 나타날 수 있는 행동이라고 할 수 있다. 자극무관행동의 예는 사회적으로 상호작용하기, 질문하기, 때리기, 소리 치기, 친구 인형 빼앗기, 교실에서 달리기 등이다. 자극무관행동에 대한 자료를 수집하는 데는 두 가지 조건이 있다. 첫 번째는 행동이 나타나는 때를 단순히 기록하고 그것을 그래프로 그리는 것이다. 이 조건은 드물게 일어나는 행동들(교실에서 달리기, 싸움하기)을 기록하거나 관찰기간이 일정한 경우에 적합하다. 얼굴을 비비는 행동을 보였던 마이클의 예를 생각해 보자. 마이클의 자료 수집 기간(일대일 활동시간)은 항상 20분이었다. 그리고 20분 동안 얼마나 얼굴을 비비는지 기록하였다. 두 번째 조건은 자료가 수집된 시간의 길이를 기록해서 비율을 계산하는 것이다(행동의 사례 수를 관찰기간 내 시간으로 나눔). 이에 대해서는 5단계에서 설명을 할 것이다. 이 조건은 관찰기간이 다양할 경우 적합하다(Alberto & Troutman, 2006).

사건 기록법의 두 가지 형태는 자극반응행동 기록법과 자극무관행동 기록법이다.

간격 기록법 간격 기록법(interval recording)은 사건 기록법으로 측정하기 부적합한 연속적이거나 높은 빈도의 행동을 측정하기 위해 이용되는 기록법이다. 간격 기록법을 이용하기 위해서는 목표행동이 측정될 수 있는 시간의 길이를 결정해야 한다. 짧은 간격기간(5~10분)이 교사들에게 용이하다. 기억해야 할 것은 자료 수집의 목적은 목표행동을 수집하는 것이지 모든 행동을 측정하는 것이 아니라는 것이다. 먼저 관찰기간을 같은 간격으로 나눈다. 이러한 간격은 6~15초로 하며(Cooper, Heron, & Heward, 2007), 간격은 30초 이상이 되지 않게 하는 것이 좋다(Cooper, 1981). 기간이 짧을수록 실제로 일어나는 행동의 수를 보다 정확히 반영할 수 있을 것이다. 다음은 미리 결정된 시한 동안 학생을 관찰한다. 관찰하면서 각 기간 동안 주어진 시간에 목표행동이 일어나는지 여부를 자료 수집 양식에 표시한다. 행동발생 표시는 +, 혹은 ✓ 혹은 다른 기호를 이용하여 기록한다. 행동이 나타나지 않은 기간은 '–' 표시를 한다.

간격 기록법은 전체 간격 기록법 혹은 부분 간격 기록법을 사용한다.

간격 기록법의 한 가지 단점은 각 기간 동안 행동이 얼마나 자주 나타나는가를 파악할 수 없다는 것이다. 행동이 어떤 기간 동안 매우 짧게 나타날지라도 자료 양식에는 행동이 발생한 것으로 기록될 것이다. 이것은 실제 행동이 나타난 것보다 높은 비율로 행동이 나타난 것처럼 기술하게 되는 것이다. 마찬가지로 어떤 행동이 모든 시간에 걸쳐 나타날지라도 그 기간에 오직 한 번 체크된다. 기간 자료의 정확성을 증대시키기 위한 한 가지 방법은 전체 간격 기록 혹은 부분 간격 기록을 이용하는 것이다. 전체 간격 기록법(whole-interval recording)은 자료 수집을 시작하기 전에 관찰기간 동안 목표행동이 일어날 때 발생으로 기록할 것을 결정한다. 예를 들면 밀러 교사는 데릭의 과제행동을 모니터하기 위하여 전체 간격 기록법을 이용하였다. 밀러 교사는 일주일에 두 번씩 독립적인 일을 수행하는 데릭을 처음 10분 동안 관찰하였다. 10분 간격을 15초 간격으로 나누었다. 데릭이 15초 동안 과제를 수행하고 있다면(글쓰기, 작업하기 등) 밀러 교사는 자료 양식에 '+'를 기록한다. 데릭이 15초 동안에 어느 한순간 자리를 뜨거나 일에 집중을 하지 않으면 그 기간의 기록은 '–'이다. 전체 간격 기록법은 발생하는 행동 수에 대한 기준이 높기 때문에 행동을 보다 정밀하게 반영한다고 하겠다.

그러나 전체 간격 기록법은 관찰기간 동안 교사의 높은 주의 집중을 요구한다. 분주한 교실 내에서 교사는 이러한 자료 수집법을 사용할 수 없을 수 있다. 또 다른 자료 수집 방식은 부분 간격 기록법(partial-interval recording)으로 관찰기간 동안 어느 때라도 행동이 발생하면 행동발생으로 기록하는 것이다. 이 방법을 이용하면 교사는 각 기간의 모든 시간 동안 학생을 계속적으로 관찰할 필요가 없다. 일단 행동이 발생하면 적당한 기호로 자료 양식에 기록하고 교사는 다음 관찰기간이 시작될 때까지 다른 일에 집중할 수 있을 것이다. 예를 들면 월리스 교사는 읽기지도 동안 안나의 과제 수행 행동을 점검하기 위하여 15초 간격으로 부분 간격 기록법을 실시하였다. 월리스 교사는 관찰기간 동안 과제 수행 행동을 이용하여 안나를 관찰할 때 과제 수행 행동이 일어나면 바로 기록한다. 다음 기간이 시작될 때까지 더 이상의 관찰은 필요치 않다. 각 관찰기간에 월리스 교사는 다시 근접해서 과제 수행 행동을 관찰한다.

시간 표집법 시간 표집법(time sampling)은 간격 기록법의 한 변형이다. 자료 수집자가 각 기간의 마지막에 목표행동이 나타나는지 여부에 관심을 가지고 있는 경우에 이용된다. 간격 기록처럼 시간 표집법도 우선 관찰하는 시간의 길이를 결정하고 같은 간격으로 시간을 나눈다. 시간 표집법을 위한 관찰기간은 비교적 길고(몇 시간 혹은 하루) 간격도 길다(몇 분 혹은 그 이상). 카슨 교사는 학습센터 이용 기간 동안 얼마나 많은 학생들이 특정 학습 영역을 이용하는지를 알기 위하여 시간 표집법을 이용하였다. 45분의 학습 영역 이용시간 동안 10분 간격의 마지막 순간에 학생들이 어떤 학습 영역에 있는지를 기록하였다. 자폐성 장애학생을 가르치는 덜런 교사의 목적은 학생들이 나타내는 상동행동(stereotypic behaviors)(반복된 행동, 즉 손목 털기, 흔들기, 물건 만지작거리기, 자기자극을 목적으로 하는 단순한 웅얼거리기)의 수를 감소시키는 것이었다. 딜런 교사는 학생들에게 적절한 대체행동을 가르쳐 주었고 학생들의 상동행동을 측정하기 위하여 시간 표집법을 이용하였다. 오전 시간 동안(8:00~11 : 20) 딜런 교사는 20분 간격의 끝에 각 학생을 관찰하였고 각 순간에 학생들이 나타내는 상동행동을 기록하였다. 딜런 교사는 학생들의 행동을 동시에 점검하기 위하여 시간 표집법을 이용하였다. 이번 절의 뒷부분에서 이 자료 수집에 대해 논의하도록 하겠다.

시간 표집법을 이용하여 각 관찰기간의 끝에서 행동을 측정한다.

시간 표집법은 간격 기록법처럼 같은 행동양태를 기록하는 데 적합하다. 시간 표집법은 연속적인 자료 기록을 위해 관찰시간을 늘릴 필요가 없으므로 교사들이 편리하게 이용할 수 있다. 물론 이러한 편리함 때문에 어느 정도의 정확성은 감소될 수 있다. 목표행동이 관찰기간의 마지막 순간에만 나타나는 것으로 기록되기 때문에 얼마나 자주 행동이 나타나는지에 대해서 불충분하거나 과장된 기록을 남길 수 있다. 예로 모이라는 전체 20분 간격 동안 과제를 시행하였지만 교사가 관찰을 시작하기 위해 타이머를 눌렀을 때 머리를 숙이고 있었기 때문에 교사는 모이라가 그 순간에 과제를 수행하지 않은 것으로 기록하였다. 관찰 시작 전 모이라의 과제시간은 체크되지 않았다.

지속시간 기록법 이 방법의 목적은 발생한 어떤 행동이 얼마나 오랫동안 지속되어 나타나는지, 즉 행동시간이 증가했는지 혹은 감소했는지를 측정하고자 할 때 사용한다. **지속시간 기록법**(duration recording)은 어떤 행동이 나타난 시간의 길이를 측정하는 것으로 행동의 시작과 끝이 분명할 때 이용하는 것이 적합하다. 지속시간 기록법을 이용하여 측정할 수 있는 행동은 다음과 같다.

지속시간 기록법은 얼마나 오랫동안 행동이 나타나는지를 측정하는 것이다. 반응지연시간 기록법은 어떤 행동이 시작되는 데 얼마나 오랜 시간이 걸리는지를 측정하는 것이다.

- 어떤 학생이 주어진 과제를 완수하는 데 얼마나 오랜 시간이 걸리는지를 측정할 때(교사가 “시작하세요.”라고 말할 때를 과제가 시작되는 시점이라고 정의하고 학생이 일을 끝냈다고 신호할 때를 일이 끝나는 시간으로 정의한다.)
- 얼마나 오랫동안 학생이 앉아 있는지를 측정할 때
- 얼마나 오랫동안 친구와 함께 인형을 가지고 노는지를 측정할 때(두 명의 아동이 2.4m 내에 앉아서 같은 인형을 가지고 놀이를 하거나 보고 있는 경우를 말한다.)
- 식사를 마치는 데 얼마나 오랜 시간이 걸리는지를 측정할 때(학생 앞에 점심이 차려지고 나서 학생이 먹고 식탁을 떠날 때까지를 측정한다.)
- 화장실에 얼마나 오랫동안 머물렀는지를 측정할 때(학생이 교실을 떠나서 다시 돌아올 때까지의 시간을 측정한다.)

지속시간 기록법은 시작 시간과 끝나는 시간을 기록하는 것으로 스톱워치를 이용하여 보다 편리하고 정확하게 기록할 수 있다.

반응지연시간 기록법 어떤 측정에서는 행동이 시작되기까지 걸리는 시간의 증감을 알려고 하는 것이 목적일 때가 있다. 이런 경우 반응시간을 측정함으로써 그 목적을 달성할 수 있다. **반응지연시간 기록법**(latency recording)은 자극이 주어졌을 때(교수, 학업활동)와 자극에 반응하기 시작할 때(반응에 응하기 시작하는 것, 학생이 과업을 시작하는 것)의 시간 차이를 나타내는 것이다. 반응지연시간 자료를 수집하기 위해서는 자극이 주어진 시기와 반응이 시작된 시기를 기록하여 얻을 수 있다. 분 혹은 초가 반응지연시간 자료이다. 다음은 반응지연시간 자료를 측정한 몇 가지 예이다.

- 벨이 울리고 나서 학생이 자리에 돌아와 앉는 데 걸리는 시간이 감소하였다.
- 지시받은 일들을 시작하는 데 걸리는 시간이 줄어들었다.
- 대답하기 전에 학생들이 어떤 반응을 할 것인가를 생각하는 시간이 길어졌다.

수행결과물 기록법은 바쁜 교사들이 행동에 대해 실제적인 증거를 모니터링하기에 간단한 방법이다.

수행결과물 기록법 자료 수집으로 가장 널리 쓰이고 있는 방법 중에 하나는 수행결과물로써 행동의 결과 혹은 행동의 실제적 결과물을 나타내는 것이다(Alberto & Troutman, 2006). 수행결과물 기록법(permanent product recording)에는 여러 가지 양식이 있지만 가장 일반적으로 이용되는 것은 학생들에 의해서 만들어진 문서들이다. 수행결과물 기록법의 다른 형태들은 표 7-1에 기술하였다. 수행결과 기록법은 행동을 점검하기 위하여 성과에 의해서 만들어진 행동을 직접 관찰할 필요가 없기 때문에 교사에게 유용한 도구이다. 그뿐만 아니라 교사들은 다른 교실에서 교수할 수 있으며 자료는 나중에 기록할 수 있다.

수행결과물만이 자료가 아니다. 수행결과물과 함께 사건 자료(event data)와 지속시간 자료(duration

표 7-1 수행결과물

수행결과물	자료 체계
학습지	자극반응행동 기록법
조립품, 대조, 직업적 과제	
조회된 페이지 수 혹은 완성된 조회 다발 수	자극반응행동 기록법
포장된 소포 수	자극반응행동 기록법
개어 둔 의류의 항목 수	자극반응행동 기록법
선반에 올려진 항목 수	자극반응행동 기록법 혹은 자극무관행동 기록법
닦여진 접시의 수	자극반응행동 기록법
올바르게 놓여진 퍼즐조각 수	자극반응행동 기록법
숙제를 끝내고 올바른 폴더에 넣기	자극반응행동 기록법
에세이에 쓰인 단어의 수	자극무관행동 기록법
공공시설물 파괴 횟수	자극무관행동 기록법
점심식사 후 식당에 음식쓰레기 남겨 놓기	자극무관행동 기록법
놀이터에 남겨 놓은 개인물품(재킷, 책 등)	자극무관행동 기록법
인터넷 참조 횟수	자극무관행동 기록법
음성녹음 기록법	
큰 소리로 읽기	자극반응행동 기록법 혹은 자극무관행동 기록법
관찰기록 동안 사용한 욕	자극무관행동 기록법
직접 교수 동안 일어난 떠들기	자극무관행동 기록법
짜증 내기	지속시간 기록법
비디오테이프 기록(관찰 가능한 대부분의 행동)	목표행동에 따른 자료 수집 체계의 선택

표 7-2 교실행동에 대한 측정 체계

다음 예는 목표행동 각각을 점검하기 위해 이용할 수 있는 측정 체계들이다. 어떤 행동들에 대해서는 한 가지 이상의 측정 방법이 이용될 수 있다. 이런 경우 가장 적합한 방법을 먼저 기술하였다. 기술된 행동의 모든 것을 조작할 수 없기 때문에 자료 수집을 시작하기 전에 조작적 정의를 해야 할 필요가 있다.

기대행동	측정 체계
숙제 끝내기	자극반응행동 기록법
지시를 따른 횟수	자극반응행동 기록법
수학문제를 올바르게 푼 횟수	자극반응행동 기록법
퍼즐조각을 맞춘 횟수	자극반응행동 기록법
스스로 과제를 하는 동안 도움을 요청한 횟수	자극무관행동 기록법
친구와 함께 놀이를 하는 횟수	자극무관행동 기록법
분류되고 정리된 패키지의 수	자극무관행동 기록법
일기장에 쓰인 단어의 수	자극무관행동 기록법
음식물을 뱉지 않고 씹는 횟수	자극반응행동 기록법 혹은 자극무관행동 기록법
지명하기 없이 학생이 손을 든 횟수	자극무관행동 기록법
장난감을 함께 가지고 노는 시간의 양	지속기간 기록법, 간격 기록법, 시간 표집법
화장실에 갔다가 교실로 돌아오는 시간	지속기간 기록법
과제 수행 시간	지속기간 기록법, 간격 기록법, 시간 표집법
놀이터에서 친구들과 함께 보내는 횟수	지속기간 기록법, 간격 기록법, 시간 표집법
친구를 때리지 않고 옆에 앉아 있는 시간	지속기간 기록법
안경을 끼고 있는 시간	지속기간 기록법, 간격 기록법, 시간 표집법
집단활동에 참여하는 시간	지속기간 기록법
지명 받을 때까지 질문에 대한 답변하기를 기다리는 시간	반응지연시간 기록법
벨이 울리고 나서 자기 자리로 돌아가는 데 걸리는 시간	반응지연시간 기록법
지시를 받고 나서 일을 시작하는 데 걸리는 시간	반응지연시간 기록법
불이행	자극반응행동 기록법
지시에 반항하여 교사 때리기	자극반응행동 기록법
지각	자극반응행동 기록법
점심시간 줄에 끼어들기	자극반응행동 기록법
자기 자신 혹은 타인 깨물기	자극무관행동 기록법
물건 훔치기	자극무관행동 기록법
소리 지르기	자극무관행동 기록법(지속된 소리 지르기에 대해서는 지속기간 기록법)
욕하기	자극무관행동 기록법
짜증 내기	사건 기록법(자극반응행동 기록법 혹은 자극무관행동 기록법 — 상황에 따라) 혹은 지속시간 기록법(지속된 짜증 내기에 대해서)
놀리기(별명 부르기)	자극무관행동 기록법
수업시간에 자기	지속시간 기록법, 간격 기록법, 시간 표집법
교사의 질문에 답하기	자극반응행동 기록법

data)를 기록할 수 있으며, 필요하다면 그래프 작성을 할 수 있다. 표 7-1의 자료 수집 체계 목록은 각각의 수행결과물에 사용될 수 있을 것이다.

행동 측정을 위해 올바른 체계를 이용하는 것은 가치 있는 자료를 수집하기 위한 필수요소이다. 이번 장에서 행동 측정을 위한 여섯 가지 접근 방식에 대하여 기술하였다. 각각의 방법은 행동 유형에 따라 적합하게 이용될 수 있다. 표 7-2는 일반적인 교실행동의 목록과 각각을 위한 자료 수집 체계를 나타낸 것이다.

3단계 : 자료 수집 기간 결정하기

자료 수집에 대한 잘못된 이해 중 하나는 하루 종일 계속해서 자료를 수집해야 한다는 것이다. 이 방법은 교사들이 시행하기 어렵기 때문에 행동 모니터를 위한 객관적인 자료를 얻을 수 없다. 보다 편리한 방법은 하루 중 짧은 자료 수집 기간 동안 목표행동에 대한 샘플 자료를 수집하는 것이다.

자료 수집 기간의 길이는 모니터하고자 하는 행동에 의해 결정된다. 낮은 빈도의 행동들(하루 중 혹은 일주일에 몇 번만 발생하는 행동)에 대한 자료 수집 기간은 하루 종일이 적합하다. 높은 빈도의 행동들에 대한 자료 수집은 어떤 관찰기간의 부분 혹은 한 번의 관찰 결과를 이용한다(하루의 여러 관찰기간 동안 중 한 번 혹은 독립적인 일을 하는 동안 한 번, 즉 아침 혹은 점심시간의 15분 동안). 목표행동을 하루 종일 계속해서 관찰할 필요는 없다. 한 관찰기간 중 일부분만 혹은 하루의 여러 관찰기간 중 한 기간의 자료를 수집하는 것이다. 예를 들면 스페리 교사는 자마일이 하루 중 첫 번째 놀이시간 동안 장난감을 얼마나 오랫동안 올바르게 사용하는지를 측정하기 위해서 주당 이틀씩 지속시간 기록법을 이용하였다. 해리스 교사는 복사 실수의 수를 줄이기 위한 중재를 평가하기 위하여 매주 10장의 문서를 임의로 선택하여 리에게 주었다. 콜레만 교사는 일주일에 두 번씩 아침과 오후에 두 명의 학생이 기한 내에 숙제를 제출하는지 체크하였다. 자료 수집의 목적은 하루 종일 모든 행동을 측정하는 것이 아니라 정기적으로 행동의 대표적인 예들을 수집하는 것이다.

자료 수집은 목표행동이 나타나는 하루의 대표적인 기간 동안에 이루어져야 한다. 이러한 정보는 기능행동평가(FBA) 자료로부터 결정될 수 있다. 측정된 행동이 의미 있고 지속적인 정보를 반영하는 자료라는 것을 확신하기 위해서는 자료를 수집한 기간 동안 같은 시간, 같은 장소에서 자료를 수집해야 한다.

4단계 : 먼저 기초선 자료를 수집하고 중재 자료 수집하기

자료 수집의 실제적인 과정은 목표행동에 대한 기초선 자료(baseline data)를 수집하는 것으로 시작된다. 중재를 시작하기 전에 3~5회의 관찰기간 동안 목표행동을 측정해야 한다. 이러한 과정을 통해 현재 기능 수준을 확인할 수 있으며 이는 숙달 준거를 결정할 수 있게 해 주고 중재의 효과성을 판단할 수 있는 기준을 제공한다. 심각한 인지적 지체를 보이는 7세의 토니를 생각해 보자. 토니는 식사시간 동안 음식물을 뱉고, 뱉은 음식을 다시 주워서 먹는 행동을 나타낸다. 중재를 시작하기 전에 토니의 담임교사는 일주일 동안 점심시간 30분 동안 토니가 얼마나 자주 음식물을 뱉는지 점검하였다. 기초선 자료 수집 동안 토니가 음식물을 뱉는 빈도와 비율은 다음과 같다.

월요일-15회(분당 0.5회)
화요일-17회(분당 0.6회)

수요일-12회(분당 0.4회)
목요일-20회(분당 0.7회)
금요일-18회(분당 0.6회)

토니의 음식물 뱉는 행동이 얼마나 자주 일어나는가에 대한 비율을 안다면 토니의 담임교사는 중재의 첫 번째 단계 동안 강화를 위한 기준을 어떻게 설정할 것인가를 결정하기 쉬울 것이다. 교사는 토니가 음식물을 뱉지 않고 계속 입안에 음식물을 두고 있으면 매분 토큰을 주는 방법을 사용하였다. 분 간격은 타이머로 체크하였다. 점심시간이 끝날 때 토니는 좋아하는 활동, 즉 장난감을 가지고 놀 수 있는 토큰을 받았다. 토니가 성공적으로 음식 뱉기를 조절하게 되면서 교사는 토큰이 요구되는 간격의 길이를 증가시켰다. 결과적으로 토니는 점심식사 동안 음식물 뱉기를 한 번도 하지 않았다.

기초선 자료는 중재 전 행동의 수준을 반영한다.

교실 상황에서 학생 자신이나 타인에게 위험한 목표행동이나 높은 수준의 방해행동에 대한 기초선 자료는 수집하지 않기 때문에 이것은 기초선 자료 수집에서 제외된다. 위험한 행동에는 때리기, 차기, 침 뱉기, 물건 던지기, 교실 밖으로 뛰쳐나가기 등이 포함된다. 높은 수준의 방해행동은 수업이 진행되지 못하도록 하는 행동들을 포함하며, 그 결과 그 학생은 교수 학습시간을 가질 수 없게 된다(즉, 식당에서 소리를 지르거나 뛰어다니는 학생의 경우 교내 식당 출입 금지). 저자는 한 유아에 대해 많은 우려를 하고 있는 교사를 도와준 적이 있다. 이 학생은 급우들을 물어뜯기, 꼬집기, 발로 차기 등의 공격적 행동을 자주 하였다. 이러한 행동은 즉각적인 통제가 필요한 위험한 행동이었다. 우리는 그 상황에서 기초선 자료를 수집할 시간이 없었다. 대신 첫 번째 날부터 중재에 대한 자료를 수집하기 시작하였고 매일 공격적 행동이 일어나지 않게 하는 것을 목표로 하여 자료 모니터를 통해 중재의 효율성을 판단하였다. 위험하거나 과격한 방해행동을 다룰 때에는 기능평가 후에 즉시 중재를 실시하고 그 행동의 발생횟수가 감소하는지 계속해서 측정해야 한다.

대략 3~5회의 기초선 자료점들을 수집한 후 중재를 시작하고 계속해서 자료를 수집한다. 매일 자료를 수집할 필요는 없다. 어떤 목표행동, 특별히 학업행동(분당 올바르게 단어 읽기, 수학문제 바르게 풀기, 수학문제에 대한 정답 수, 올바르게 쓴 단어의 수)은 주당 2~3회만을 점검하는 것이 가장 좋다. 공격적 행동이나 과격한 방해행동 같은 심각한 문제행동들은 매일 모니터하고 분석된 자료를 바탕으로 중재의 효율성을 결정해야 한다.

5단계 : 필요하다면 자료 변환하기

어떤 원자료는 자료 수집 기간 간의 유용한 비교에 이용될 수 없는 형태일 경우도 있다. 이럴 때는 원자료를 변환(conversion)해야 할지를 결정해야 한다. 제한된 사건의 원자료들은 그래프에 자료를 옮기기 전에 백분율(percent)이나 비율로 전환할 필요가 있다. 백분율로 전환하는 식은 목표행동이 일어나는 횟수를 반응에 대한 기회의 전체 수로 나누는 것이다. 백분율로 제한된 반응 자료를 전환하는 것은 여러 가지 반응 기회로 설명할 수 있다. 반응 기회가 통제된다면(반응 기회의 수가 회기마다 일정하다면) 제한된 사건 자료는 단순히 반응 횟수로서 기록될 수 있다. 예를 들면 문제에 대한 적당한 반응의 목표행동을 점검하기 위하여 한 학생에게 매 수학시간 동안 10문제를 주기로 결정하였다. 반응 기회의 수는 항상 같기(각 경우 10문제) 때문에 교사는 얼마나 많은 문제에 대해서 올바른 대답을 하였는지만 기록하면 된다.

자료의 의미 있는 결과를 위하여 자료의 변환이 필요할지도 모른다.

자극무관행동 자료는 관찰기간의 길이가 항상 동일하거나 행동이 드물게 나타나는 경우에 원자료로 기록한다. 관찰기간의 길이가 변한다면 자료를 비교하기 위해 비율로 변환한다. 예를 들면 하비에르는 스스로 과제를 하는 시간 동안 휴식을 요청하는 횟수가 관찰시간마다 변하였다. 수요일에는 과학시간 20분 동안 8회 요청하였는데, 이는 분당 0.4회의 비율로 행동이 나타남을 의미한다(8÷20). 쓰기시간 동안에는 4회 요청하였는데 10분 동안에 일어난 행동이므로 분당 0.4회의 비율로 행동이 나타났음을 의미한다(4÷10). 외형상으로는 글쓰기시간 동안 요청 횟수가 적게 나타나는 것처럼 보이지만 실질적인 행동의 비율은 두 기간 동안 동일하다. 비율은 사건 자료를 기록하는 방법에서 널리 이용된다.

간격 자료나 시간 표집 자료는 백분율로 전환되어야 한다. 백분율을 계산하기 위해서는 전체 기간 수를 체크해야 한다. 다음으로는 목표행동이 발생한 기간 수를 계수해야 한다. 목표행동이 발생한 백분율은 전체 간격 수로 문제행동이 발생한 간격 수를 나누어 얻을 수 있다.

지속시간 자료 혹은 반응지연시간 자료에 대해서는 자료 변환이 필요하지 않다. 지속시간 자료의 경우 목표행동이 발생한 분 혹은 초의 수를 단순히 그래프로 그리면 된다. 반응지연시간 자료의 경우 목표행동 시작과 선행사건 사이의 분이나 초의 수를 그래프로 그리면 된다.

6단계 : 그래프 그리기

그래프 그리기는 자료의 시각화이다.

그래프 작성은 자료를 빠르고 쉽게 시각적으로 보여 주는 방법으로 의사결정을 하거나 다른 사람들과 행동에 대해서 의논을 할 때 도움을 준다. 그래프 자료는 간편하고 짧은 시간이 소요되며 학생과 교사들에게 많은 도움을 준다.

7단계 : 자료 해석하기

이 책에서 제시한 범위 이상으로 자료를 해석하는 방법들은 여러 가지가 있다. 의사결정을 위해 간단히 사용할 수 있는 방법은 시각적인 자료 해석으로 경향(trends)에 대한 그래프 자료나 같은 방향 내에 3연속적인 자료점 사용이다(Barlow & Hersen, 1984). 그래프에 나타난 자료가 기대 방향으로 나타나면(증가된 행동들의 증가 경향, 감소된 행동들의 감소 경향), 학생이 기준에 이를 때까지 중재를 계속 실시한다. 그러나 목표행동을 규칙적으로 모니터할 필요는 없으며 기대 수준을 유지하는지 파악하기 위해서 주기적으로(한 달에 한 번, 일주일에 한 번, 두 달에 한 번 등) 행동을 모니터하는 것이 바람직하다.

자료선이 산만하거나 불일치하고, 기대 방향과 반대로 움직이거나 3개 이상의 자료점들이 평평하면(진척사항이 없음) 다음에 기술하는 것들 중 하나 혹은 그 이상을 고려해야 한다. 첫 번째, 중재가 지속적으로 올바르게 이행되고 있는지 살펴보아야 한다(충실도). 충실도를 가지고 중재를 이행하였는데도 진전이 없다면 중재를 약간 조정해야 할 필요가 있을 수 있다. 예를 들면 보다 빈번한 강화를 실시하거나 다른 강화제를 사용하거나 추가적인 연습활동을 늘려야 할 필요가 있다(학업에 관한 일의 경우). 목표행동이 문제행동이라면 기능평가를 통해 얻어진 가설들은 재검토되어야 하며 새로운 가설들이 필요할 수 있다. 또 다른 선택은 새로운 중재를 적용하는 것이다(다른 교수 기술을 이용하거나 이미 존재하는 선행사건과 강화 중재 외에 행동 감소 기술을 추가하는 것이다).

요약

자료 수집은 교사로서 할 수 있는 가장 흥미 있고, 재미있는 극적인 일은 아니지만, 가장 중요한 일 중에 하나이다. 중요한 사회적 · 학업적 행동들을 모니터하기 위해 수집한 자료들은 문제행동들을 개선하기 위한 올바른 방법들을 실행하고 문제행동을 예방하기 위한 방법들을 확보하는 데 도움이 될 것이다. 자료가 없다면 교사들은 비효과적인 중재를 계속하는 위험에 처할 것이고 가치 있는 시간을 소비할 것이며 효과적인 중재를 실시하지 못하게 된다. 효율적인 교사들은 일상적으로 매일 규칙적인 시간에 자료를 수집하고 분석한다. 이번 장에서 자료 수집의 중요성과 교육 중에 자료를 수집하는 여러 가지 방법에 대해서 설명하였다. 다음은 이번 장의 학습목표들을 요약한 것이다.

1. 여섯 가지 형태의 자료 수집 전략을 기술할 수 있다—사건, 간격, 시간 표집, 지속시간, 반응지연시간, 수행 결과물

   각각에 적합한 행동 유형과 자료 수집의 양식을 기술하였다. 올바른 자료 수집 방법을 선택하는 것은 진보를 모니터링하는 데 있어서 중요한 단계이다. 잘못된 방법을 이용한다면(목표행동을 정확히 반영하지 못하는 시스템) 올바르지 않은 자료를 얻게 될 것이다.
2. 목표행동과 대체행동을 점검하기 위한 자료를 수집하는 방법을 기술할 수 있다.

   여러 가지 목표행동 유형을 모니터하기 위해 이용할 수 있는 측정 체계에 관한 몇 가지 전략을 기술하였다. 각자 자신의 방법을 개발할 수 있다. 행동 측정 방법은 누구나 쉽게 이용할 수 있도록 조심스럽게 선택되어야 한다.
3. 필요한 경우에는 자료를 변환할 수 있다.

   원자료는 의사결정을 위한 의미 있는 형태는 아니다. 의미 있는 결론을 유출하고 중재에 대한 의사결정을 위해 표준화된 양식으로 원자료를 변환해야 할 필요가 있을 수도 있다. 가장 일반화된 변환 형태는 백분율과 비율이다.
4. 자료를 시각화할 수 있다.

   행동을 모니터링하는 데 가치 있는 부분 중의 하나이다. 자료를 그래프로 나타내는 것은 행동이 어떻게 시간에 따라 변화하는지를 보여 주는 그림이다. 그래프를 주기적으로 관찰하는 것은 적절한 의사결정을 하는 데 도움이 된다. 그래프는 행동에 대한 의사소통을 증진시킬 수 있다. 그래프에서의 안정성을 확인하기 위한 그래프 작성의 규칙을 기술하였다.
5. 자료의 해석과 자료를 기초로 한 중재를 결정할 수 있다.

   그래프로 나타난 자료를 분석하는 단순한 방법은 기대 방향 내 3연속적인 자료점을 관찰하여 시각적으로 나타난 자료의 경향을 모니터하는 것이다. 그래프의 경향이 기대 결과를 만들어 낸다면 중재를 계속 실시한다. 경향의 부족은 중재의 조정을 의미할지도 모른다.

학습활동

1. 다섯 가지 행동을 선택하고 각각에 대한 조작적 정의를 쓴 후 상대방에게 그 행동을 무언극으로 보여 준다. 상대방이 그 행동에 대한 정의를 쓰도록 한다. 서로의 정의를 비교하고 논의한다.
2. 교사가 왜 자료를 수집할 수 없는지에 대한 이유를 다섯 가지 쓰고, 왜 행동적 · 학업적 자료를 수집하는 것이 필요한지에 대한 전문가적인 이유를 들어 앞의 이유를 반박한다.
3. 행동 측정이 당신의 수업계획 결정에 어떻게 도움이 될 것인가를 논의한다.
4. 일상적으로 행동 측정을 할 수 있는 조직화된 기법들에 대해서 소집단을 만들어서 논의한다.
5. 교사를 관찰한다. 교사의 행동을 선택하여 그래프를 작성한다. 당신이 만든 그래프를 가지고 함께 논의한다.
6. 교사에 대한 조사를 완성하고 당신의 답을 정의해 본다.
7. ICE 박사의 예를 읽고 브랜던의 '과제를 하지 않고 떠들기' 자료를 그래프로 작성한다.

ICE 박사의 사례연구

ICE 박사는 애플런트 중학교에 있는 선생님들과 자주 상담하였다. 특수교사인 프록토는 다른 학생들의 학업을 방해하고 수업에 지장을 주는 학생 중 한 명인 브랜던의 문제를 가지고 상담하였다. 브랜던의 행동이 관찰되었고 여러 자료 샘플들이 수집되었다. 브랜던의 자료를 재검토해 본 팀은 첫 번째 목표행동을 '과제를 하지 않고 떠드는 행동'으로 결정하였다. 이 행동이 어느 정도 통제되고 나면 다른 목표행동에 대해 논의하기로 하였다.

ICE 박사는 초기 관찰을 통해 기초선을 작성하였고 과제를 하지 않고 떠드는 행동을 감소시키고 과제 수행을 증진시키는 계획을 수립하였다. 프록토 교사는 그 계획을 실행할 것에 동의하였고, 3주 동안 자극무관행동 기록법을 이용하여 과제를 하지 않고 떠드는 행동을 측정하였다. 결과물을 분석하기 위해서 팀이 모였다.

첫 번째 주말에 ICE 박사는 자료를 재검토하기 위해 프록토 교사의 자료 노트를 점검하였을 때 불완전함을 보고 당황하였다. ICE 박사가 없는 자료에 대해서 프록토 교사에게 물어봤을 때 그는 화를 내었다. 프록토 교사는 얼마나 자주 자료를 수집해야 하는지 알 수 없었고 중재가 제대로 이루어지고 있는지 믿을 수 없다고 대답하였다. ICE 박사가 어떻게 자료를 수집하였는지 묻는 질문에 프록토 교사는 메모장에 브랜던이 과제를 하지 않고 떠드는 행동을 할 때를 표시했다고 하였다. ICE 박사가 회의에서 제시된 도표에 대해서 물어보니 프록토 교사는 잃어버렸다고 말하고 수업시간 대신에 전체 하루를 관찰한 결과를 이용하였고 때때로 너무 바빠서 체크하는 것을 잊어버렸다고 하였다. 프록토 교사는 ICE 박사가 교실에서 학생들을 가르치는 것이 얼마나 어려운 일인지 알고나 있는지 의아해했다.

ICE 박사는 프록토 교사에게 중재가 이루어지고 있는지를 결정하기 위해 필요한 자료를 수집하는 데 도움이 되는 방법을 제안했다(모든 과제를 시간 안에 마친다면 교수적인 게임을 할 수 있는 시간을 얻을 수 있다). ICE 박사는 휴대용 디지털 계수기를 구입하고 매일 도표에 자료를 기록할 수 있는 노트를 만들었다. 비공식적인 관찰을 통해서 브랜던의 경우는 수학, 언어, 사회시간에 과제를 하지 않고 떠드는 행동 수준이 높은 것을 알 수 있었다. 프록토 교사가 자료 수집을 보다 편안하게 하기 위해서 ICE 박사는 수학시간 동안만 자료를 수집하도록 결정하였다. 자료 기록 도표에 수학시간마다 일어나는 학습활동을 대표하는 단위로 나누었다.

ICE 박사는 프록토 교사에게 주머니에 계수기를 갖고 다니면서 브랜던이 수학시간 동안 과제를 하지 않고 떠드는 행동을 보이면 계수기를 누르라고 설명해 주었다. 각 수학시간 후 매일 전체 표시된 결과를 기록하였다. ICE 박사는 과제를 하지 않고 떠드는 행동과 관련된 모든 행동을 확인하기 위해서 이런 행동과 관련된 활동들을 전부 체크할 것을 프록토 교사에게 부탁하였다. ICE 박사는 프록토 교사의 자료 수집 활동이 쉬워졌음을 알 수 있었고 프록토 교사는 보다 개별적인 활동 자료를 기록할 수 있었다. ICE 박사는 도표 위에 기초선 자료를 포함시켰으며 매 주말에 결과를 체크하겠다고 프록토 교사에게 이야기했다. 프록토 교사는 가치 있는 자료를 계속 수집하기 위해 노력할 것이라고 하였다.

금요일 오후 ICE 박사는 프록토 교사의 교실에 방문했다. 그는 일주일 동안 수집된 가치 있는 자료를 보고 기뻐하였다. 프록토 교사도 이러한 자료들을 쉽게 얻을 수 있었다는 것에 대해서 만족하였다. 계수기는 상당한 도움을 주었다. 계수기는 교수활동에 방해가 되지 않았으며 학생들에게는 행동을 체크하고 있는지를 알리지 않고 사용되었다. 프록토 교사는 가끔 한 수업시간 내에 여러 활동을 기록할 수 있었다. 프록토 교사는 중재 계획을 평가하기 위해서 어떻게 유용한 정보를 얻을 수 있는지를 알게 되었으며, 앞으로 계속 이러한 기술을 계속해서 이용할 것이라고 말하였다. ICE 박사는 자료를 재검토하기 위해서 2주 후에 올 것이라고 하였다.

2주 후, 애플런트 중학교를 방문한 ICE 박사는 매일 수업시간에 기록된 자료 노트를 보고 기뻐하였다. 프록토 교사는 브랜던에게 실시되고 있는 중재에 열중하고 있었다. 프록토 교사는 자료를 통해 과제를 하지 않고 떠드는 브랜던의 행동이 감소됨을 보았다고 말했다. 이러한 결과는 수업시간에 교수가 쉽게 시작될 수 있음을 보여 주는 것이었다. 프록토 교사는 브랜던을 교정하기 위해 쓰는 시간이 많이 줄었으며 다른 학생들을 위한 시간이 많이 늘어났다.

3주 후에 브랜던의 팀은 수집된 자료를 분석하기 위해 모였다. 자료를 통해서 중재는 잘 이루어지고 있으며 브랜던의 과제를 하지 않고 떠드는 행동은 대부분의 학업시간 동안 상당히 줄어들었음을 알 수 있었다. 그러나 다른 활동보다 독립적인 수학 학습 동안 과제를 하지 않고 떠드는 행동이 높은 비율을 보여 주고 있었다. 팀은 독립적인 학습 동안 브랜던이 또래들과 함께 공부를 할 수 있는 행동계획을 수립하였다. ICE 박사는 프록토 교사에게 이 계획이 잘 이루어진다면 다음 2주 동안 함께 브랜던을 살펴보자고 하였다.

참고자료

웹사이트

ChartDog 2.0, a web-based application available on Intervention Cetral : 이 애플리케이션은 행동 자료를 이용해서 여러분 자신의 진보 모니터링 목록을 시간대별로 작성할 수 있게 한다.

CHAPTER 8

기능평가를 통한 문제행동의 이유 찾기

Westend61/Corbis

학습목표

1. 기능적 행동평가(FBA)와 그것에 대한 법적 요구를 설명할 수 있다.
2. 기능분석과 기능평가를 구별할 수 있다.
3. 문제행동이 언제, 어디서, 왜 발생하는지 파악하는 데 도움을 주는 간접 자료 수집 방법과 직접 자료 수집 방법에 대하여 설명할 수 있다.
4. 행동중재 계획(BIP)을 구성하기 위하여 기능적 행동평가의 결과를 사용할 수 있다.
5. 기능적 행동평가와 관련된 가능한 문제점과 주의사항을 설명할 수 있다.

문제행동이 왜 발생하는지를 파악하는 것에 관한 보편적 아이디어

- 대부분의 문제행동은 일정한 패턴으로 일어나는 경우가 많다. 예컨대 교사들은 어떤 특정한 문제행동이 언제, 어디서, 어떤 상황에서 일어날 것인지를 흔히 예측할 수가 있다. 이것은 매우 유용한 정보가 된다.
- 문제행동 발생에는 그 이유가 있다. 즉, 문제행동은 어떤 목적이나 자신의 필요를 충족시키기 위한 방안으로 한다는 것이다. 문제행동을 하는 것은 흔히 현재 조건이나 상황에서 자신의 요구나 필요를 가장 효과적이고도 효율적으로 채울 수 있는 방법이 되는 경우가 많다.
- 문제행동이 언제, 어디서 그리고 왜 일어나는지 파악하는 과정을 기능적 행동평가(FBA) 또는 기능평가라고 한다. 그리고 기능적 행동평가에 좀 더 과학적인 방법을 적용한 것을 기능분석이라고 한다.
- 기능적 행동평가 데이터에 근거하여 계획된 행동중재는 그러한 데이터가 없이 구성된 중재보다는 더욱 효과적이다.
- 만약 이 장에서 제시된 절차를 사용한다면, 문제행동이 언제, 어디서 그리고 왜 일어나는지 파악하는 것은 어려운 일이 아니다.

앞의 제2장에서 살펴본 바와 같이 비록 여러 가지 다양한 이론들이 인간행동을 설명하고 있지만, 행동주의 이론이 이론적인 근거와 중재 및 평가 방법에 있어서 가장 종합적인 연구와 접근 방안을 제공하고 있다. 그리고 기능적 행동평가(functional behavioral assessment: FBA)는 기능평가(functional assessment)라고 지칭되는데, 이는 행동주의 방법으로서 문제행동이 언제 어디서 일어나는지 예측하고, 학생이 그러한 문제행동을 하는 이유나 문제행동의 기능을 파악하는 데 사용되고 있다.

대부분의 교사나 행동중재 관련자들은 문제행동과 관련된 여러 가지 결정을 위하여 기능적 행동평가(FBA)를 비형식적인 형태이긴 하지만 지속적으로 사용하고 있다. 예를 들면, 부모들도 어떤 상황(예 : 오랫동안 차를 탈 때, 대형 할인마트에 갔을 때, 어떤 특별한 식당에서 식사할 때 등)이 자녀에게는 매우 어려운 일이 된다는 것을 알고, 그러한 상황과 관련된 문제행동을 감소시키기 위하여 어떤 조치들(예 : 차를 오래 타는 동안 할 수 있는 활동을 계획하여 제공하거나, 구매목록에서 상품을 찾아 담도록 허용하거나, 식사시간이 길어질 때 연필과 종이를 주고 그림을 그리도록 유도하는 것 등)을 취하기도 한다. 교사들도 어떤 학생들은 서로 옆에 앉으면 잡담을 하거나 서로를 괴롭히기 때문에 같이 앉지 못하게 한다든지, 운동장에서는 학생들이 하는 활동이나 많은 학생들을 관리하기가 어렵기 때문에 문제행동이 일어날 가능성이 높다는 것 등을 파악하고 있다. 그리고 교사들은 이러한 정보를 학생지

도나 문제행동이 일어나지 않도록 하기 위하여 사용한다.

앞의 제1장에서 제시하였듯이 모든 학생들의 요구를 맞추기 위한 3단계 모델에서 보면, 공식적인 기능적 행동평가는 1단계와 2단계에서 실시된 중재 및 지원에 반응을 하지 않는 학생들에게 사용될 것으로 생각된다. 3차 단계에서 보면 그 단계에 해당되는 학생들의 비율이 낮기 때문에 기능적 행동평가는 소수의 학생들에게 사용된다. 그러한 학생들은 주로 심각한 문제행동을 지속적으로 보이거나 또는 자신이나 다른 학생의 학습을 심각하게 방해하는 문제행동을 보이는 학생들이다. 이러한 이유로 해서 기능평가는 일반적으로 특수교사, 행동치료사, 학교 심리사와 같이 구체적인 훈련을 받은 사람이나 전문가들에 의해서 실시되는 경우가 많다. 이 장의 내용은 이러한 사람들에게 기능적 행동평가를 실행하고 이를 바탕으로 문제행동에 대한 중재 계획을 세우는 데 필요한 지식을 제공할 수 있다. 하지만 모든 교육자들이 이 장에서 제시되는 방법을 알게 된다면 교실이나 학생행동지도에 있어서 더욱 효과적으로 행할 수 있을 것이다. 예를 들면 교사들이 모든 행동은 기능적이며 예측할 수 있다고 보고, 문제행동 전에 일어나는 선행사건이나 문제행동을 유지시키는 후속결과에 대해서 잘 대처하게 될 것이다.

기능적 행동평가와 기능적 행동분석

행동평가는 두 가지의 유사한 용어인 기능평가와 기능분석으로 설명된다. 이 두 용어는 유사한 절차와 방법으로 실시되지만 서로 중요한 차이점이 있다. **기능적 행동평가**(functional behavioral assessment)는 **기능평가**(functional assessment)로도 불리는데, 직접 또는 간접적인 평가 방법을 사용하여 특정한 문제행동과 관련된 조건과 예상되는 기능을 파악하는 과정을 의미한다. 수집된 평가 자료는 문제행동을 유발시키는 조건과 문제행동의 기능에 대한 가설을 세우는 데 사용된다. 행동중재는 이러한 가설에 기초하여 구성된다. **기능분석**(functional analysis)은 최소한 한 개의 추가적인 단계를 더 적용하는데, 이 추가 단계는 기능평가를 통해 밝혀진 선행사건과 후속결과를 연구적으로 조작하여 새로운 조건들을 만들고 각각의 조건에서 목표행동이 어떻게 되는지를 관찰하는 것이다. 이러한 기능분석 과정을 통하여 기능평가에서 도출된 가설이 맞는지 틀리는지를 검증할 수 있게 된다(Kansas Institute for Positive Behavior Support, n.d.; O'Neill, Albin, Storey, Horner, & Sprague, 2015; Repp & Horner, 1999).

기능분석

기능분석은 환경의 조건을 조작하여 목표행동에 대한 각 조건의 영향을 관찰한다. 즉, 기능분석의 목적은 행동이 발생하는 환경 조건을 조작하여 각각의 조건에 따라서 목표로 하는 학생의 문제행동이 어떻게 변하는지를 알아보는 것이다. 기능분석은 때로는 기능평가에 의해서 구성된 중재 프로그램이 효과적이지 않을 때 수행되기도 한다. 예를 들면, 프라이스 교사에게 찰리라는 한 학생이 있는데, 이 학생은 자신을 할퀴거나 물거나 때리는 자해행동을 빈번하게 보인다. 이전에 적용된 행동중재가 이러한 문제행동을 제거하는 데 효과적이지 못하여, 프라이스 교사는 기능분석을 실시하여 이러한 자해행동이 어떤 조건에서 일어나는지 그리고 이러한 자해행동의 기능(즉, 이유)이 무엇인지를 분명하게 밝히고자 하였다. 이전에 실시된 기능평가 자료를 이용하여 프라이스 교사는 네 가지 조건을 만들고, 각각의 조건하에서 찰리가 하는 자해행동의 빈도를 측정하였다. 첫 번째 조건은 찰리에게 쉬운 과제를 주고 찰리가 자해행동을 해도 교사는 관심을 보이지 않았다. 두 번째 조건에서는 찰리에게 쉬운 과제를 주고 찰리가 자해행동을 하면 교사는 아주 많은 관심을 주었다. 세 번째 조건에서는 찰리에게 어려운 과제를 제시하고 자해행동에 대해서는 교사가 관심을 주지 않았으며, 네 번째 조건에서는 찰리에게 어려운 과제를 제시하고 자해행동에 대해서는 교사의 관심을 주었다. 이 네 가지 조건은 개별 과제를 수행하게 하는 수학시간 중에 적용되었으며, 각각의 조건은 30분 동안에 실행되었고, 매주 4일에 걸쳐 실시되었다. 각 30분 동안에 발생한 찰리의 자해행동 빈도는 다음과 같았다.

조건 1 (쉬운 과제/무관심) :	5, 1, 3, 2 (평균=2.75)
조건 2 (쉬운 과제/관심) :	6, 11, 9, 10 (평균=9)
조건 3 (어려운 과제/무관심) :	8, 12, 13, 9 (평균=10.5)
조건 4 (어려운 과제/관심) :	10, 15, 14, 16 (평균=13.75)

이 자료로부터 찰리의 자해행동은 두 가지 기능이 있는 것으로 프라이스 교사는 가설을 세웠다. 즉, 관심 받기와 어려운 과제 회피이다. 이러한 정보에 기초하여 프라이스 교사는 행동중재 계획을 세웠는데, 찰리의 적절한 행동(예 : 자해행동을 하지 않고 과제를 수행하는 것)에 더 많은 관심을 주는 것과, 어려운 과제를 회피하기 원하는 찰리의 문제행동을 줄이는 방안(예 : 과제를 더 하고 싶게 구성하는 것, 어려운 과제를 할 때에는 시간을 짧게 해 주는 것, 선택할 수 있게 하는 것, 찰리가 어려운 과제를 하는 데 필요한 기술을 자신이 가지고 있다는 것을 알게 해 주는 것, 휴식시간 요청하기를 가르치는 것 등)으로 구성하였다.

프라이스 교사는 학생인 알리샤의 문제행동에 대해서도 기능분석을 적용하였다. 알리샤는 프라이스 교사가 몸을 이동하라는 지시를 하면(예 : "알리샤! 이 테이블로 오너라.", "카펫에 앉아라." 등) 말을 듣지 않는데, 교사가 여러 번 재촉하거나 촉구를 하고 나서야 겨우 지시에 따른다. 그러나 때로는 활동을 바꾸라는 지시나 다른 곳으로 옮기라는 지시에는 빨리 반응을 보이기 때문에, 프라이스 교사는 그렇게 행동을 하는 이유(즉, 행동의 기능)를 파악할 수가 없었다. 따라서 프라이스 교사는 그러한 행동의 기능을 정확하게 파악하기 위하여 기능분석을 실시하였다. 처음 수일 동안 프라이스 교사와 보조교사는 알리샤가 지시를 따르지 않을 때에 여러 번의 촉진을 주었다. 그 후 며칠 동안은 지시를 하고 나서 반응을 하지 않더라도 촉진을 제공하지 않았다. 프라이스 교사와 보조원은 촉진을 주지 않는 대신에, 다음 단계의 활동과 지시를 따른 학생들에게만 관심을 주었다. 이와 동시에 알리샤가 지시를 따르면 아주 많은 관심을 제공하였다. 이러한 상황에서 알리샤의 지시 따르는 행동은 급격하게 증가하였으며, 이를 통하여 알리샤의 지시를 따르지 않는 행동은 관심을 얻기 위한 것이었음을 프라이스 교사는 알 수 있었다.

많은 연구들은 기능분석이 문제행동과 특정한 선행사건 및 후속결과와의 기능적 관계를 밝히고 그에 따라 행동중재를 효과적으로 계획할 수 있어 매우 중요하다고 말한다(Hanley, Iwata, & McCord, 2003). 그리고 기능분석이 실제로 학교 상황에서 실행 가능한 방법이 될 수 있으며(Broussard & Northup, 1995; Meyer, 1999; Northup et al., 1994), 심한 문제행동을 보이는 학생을 위하여 문제행동의 기능을 정확하게 파악하고 가능한 중재를 구성하는 타당한 근거를 제시할 수 있다. 그러나 기능분석은 문제행동이 발생할 수 있는 조건을 의도적으로 조작해야 하기 때문에 안전과 윤리적인 면을 주의해야 하며 높은 수준의 기술이 요구된다. 그러므로 기능분석은 이를 사용하는 방법에 대한 심화된 훈련과 체계적 현장 지도를 받은 사람에 의해서 수행되어야 한다(O'Neill et al., 2015). 다행스럽게도 기능평가만으로도 행동문제를 보이는 대다수의 학생들을 위한 효과적인 중재방법을 세우는 데 필요한 충분한 데이터를 얻을 수 있다.

기능평가

기능평가는 문제행동이 발생하기 쉬운 조건에 대한 자료를 수집하기 위하여 주로 면담과 학생관찰을 사용한다(Kansas Institute for Positive Behavior Support, n.d.). 이러한 자료는 문제행동의 기능에 대한 가설을 설정하는 데 사용된다. 때로는 임상치료실이나 아주 심각한 문제행동을 보이는 학생들을 위해서는 먼저 문제행동의 기능에 대한 가설을 설정하기 위한 기능평가를 실시하고, 이어서 이러한 가설을 검증하기 위한 기능분석을 실시한다(O'Neill et al., 2015). 기능평가는 교육환경에서 아주 널리 사용되고 있으며 학교 훈육과정으로 실시하는 것을 법적으로 규정하고 있다. 이러한 기능평가는 행동중재를 계획하기 전에 일반적으로 실시되며 또한 실행된 행동중재가 효과적이지 않을 때 문제를 해결하기 위한 방법으로도 사용된다(이에 대하여 본 장의 뒤에서 설명하였다).

기능분석과 기능평가의 장점과 제한점

기능분석의 한 가지 분명한 제한점은 교실환경이 복잡하고 여러 가지 요구되는 일들이 많아 기능분

표 8-1 기능평가와 기능분석의 장점과 제한점

	장점	제한점
기능평가	• 학교환경에서 수행하기 쉽다 • 효과적인 중재를 구성하기 위한 자료를 얻을 수 있다.	• 가장 일반적으로 사용하는 방법인 관찰이나 현상을 기술하는 것은 정확한 문제행동의 기능을 세우는 데 충분하지 않을 수 있다(Repp & Horner, 1999).
기능분석	• 문제행동의 기능을 명확하게 파악할 수 있다.	• 학교환경에서 수행하기 어려울 수 있다. • 학급에서 나타나는 다양한 선행자극의 상호작용이나 복잡성을 설명하기 어려울 수 있다.
기능평가와 기능분석	• 기능평가나 기능분석을 실시하지 않고 중재를 구성하는 것보다는 훨씬 더 효과적인 중재를 만들 수 있다.	• 상황에 따라서 문제행동이 다양한 기능을 보일 수 있다(예 : 어떤 학생은 지루한 과제를 회피하기 위해서, 그리고 그룹 상황에서는 관심을 받고 싶어서 과제이탈 행동을 보일 수 있다). • 복합적 행동들이 같은 기능으로 나타날 수 있다(예 : 어떤 학생은 과제하기를 거부하거나, 교실을 나가 버리거나, 교사에게 공격적인 행동을 할 수 있는데, 이 모든 행동은 싫어하는 과제를 회피하기 위한 목적일 수 있다). • 배경사건들은 행동에 강력한 영향을 미칠 수 있다. 그러나 그것을 밝히거나 통제하기는 어려울 수 있다.

석을 실제로 실시할 수 없는 경우가 많다는 점이다. 그러나 다행스럽게도 기능평가를 사용하면 행동의 기능이 정확하게 파악되지 않는다 하더라도, 효과적인 행동중재 계획(behavioral intervention plans, BIPs)을 세우는 데 필요한 충분한 자료를 얻을 수가 있다(Dunlap & Kern, 1993). 그리고 기능평가로 행동의 기능에 대한 분명한 가설을 세우기가 어렵다거나 또는 기능평가를 근거로 구성된 행동중재가 효과적이지 않다면, 그러한 가설을 검증하거나 새로운 가설을 세우기 위하여 후속적으로 기능분석을 실시할 수가 있다(O'Neill et al., 2015).

기능평가나 기능분석을 사용하는 교사나 관련자들은 표 8-1에서 제시하는 것과 같은 기능평가와 기능분석의 장단점을 정확하게 파악하고 있어야 한다. 만약 기능평가나 기능분석의 자료에 근거하여 개발된 중재 프로그램이 행동변화에 효과적이지 않다면, 교사나 행동중재 팀은 원래의 가설에 기초하여 새로운 중재 프로그램을 구성하거나, 수집된 자료를 통하여 문제행동에 대한 새로운 가설을 세우거나, 또는 기능평가를 확대하여 추가적인 자료를 수집하는 것이 필요하다.

장애인교육법의 기능적 행동평가에 관한 규정사항

1997년 개정된 장애인교육법(IDEA)은 학생의 문제행동이 자신이나 다른 학생의 학습을 방해하여 학생을 다른 곳으로 배치하려고 할 때에는 기능적 행동평가를 실시할 것을 요구하고 있다[즉, 문제행동 때문에 잠정적 대체교육환경(interim alternative educational setting, IAES)에 학생을 배치하려고 하는 경우]. 이러한 상황에서 학생의 개별화교육프로그램(IEP) 팀은 장애 관련 여부 결정(manifestation determination)을 통하여 문제행동이 그 학생의 장애와 직접적이면서도 실제적인 연관이 있는지를 고려하여야만 한다[20 U.S.C. 1415(k)(1)(D)]. 만약 그 문제행동이 학생의 장애와 연관성이 있다고 결정되면 기능적 행동평가를 실시하고 행동중재 계획을 구성하여야 하며, 행동중재가 이미 실시되고 있다면 그것을 재평가하여야 한다.

장애학생이 불관용 정책(제1장 참조)에 적용되는 행동을 하였을 때 학교에서 쫓아내기보다는 그 사건을 검토하는 동안 잠정적인 대체교육환경에 배치되도록 한다. 검토 과정의 한 요소로서 잠정적 대체교육환경에 학생을 배치하게 만든 그 문제행동에 대하여 기능적 행동평가를 실시한다. 잠정적 대체교육환경은 학교 내의 분리된 건물이나 장소에 위치하고 있는 교실을 주로 사용한다. 대부분의 지역교육청은 한곳의 잠정적 대체교육환경을 지정하여 사용하거나, 중등학생과 초등학생들을 위하여 각각 한곳씩 지정하여 사용한다.

학생의 개별화교육프로그램 팀은 학생을 잠정적 대체교육환경으로 배치시키게 한 문제행동이 학생의 장애와 연관성이 있다고 결정하게 되면, 기능적 행동평가를 반드시 실시하고 그에 따라 행동중재 계획을 구성하여야 하며, 행동중재가 이미 실시되고 있는 경우에는 그것을 재평가하여야 한다[20 U.S.C. 1415(k)(1)(D)].

비록 장애인교육진흥법[Individuals with Disabilities Education Improvement Act, IDEIA; 이전의 장애인교육법(IDEA)이 2004년에 개정된 것]이 기능적 행동평가를 어떤 한정된 상황에서 실시하라고 규정하고 있어 기능적 행동평가 사용에 대한 규정이 약화된 것처럼 보이지만, 사실 그 법은 장애와의 연관성이 결정되지 않은 행동일지라도 기능적 행동평가를 예방적인 관점으로 실시하는 것을 허용하고 있으며 실제적으로는 그 사용을 더 격려하고 있다고 볼 수 있다[34 CFR §300.530(c) and (d)]. 교육 관련 행정판사와 법원은 기능적 행동평가가 필요한 시기와 기능평가가 실시되어야 하는 범위를 분명하게 제시하였다. 미국 텍사스 주에 있는 엘패소 지역교육청(2003)의 법원 행정판사는 배치의 변화가 이루어져야하는 훈육문제에 있어서는 기능적 행동평가의 수행이 제한되지 않아야 한다고 판결하였다. 엘패소 지역교육청의 사건번호 2310(1998)의 사례에서 행정판사는 한 시간 정도의 학생 관찰과 교사 면담이 기능적 행동평가를 대신할 수 없다고 판결하였다. 또 다른 사례(Ingram Independent School District, TX 2001)에서도 기능적 행동평가는 구체적으로 실시되어야 하며, 문제행동의 기능을 밝힐 수 있어야 한다고 판결하였다.

기능평가는 교사와 개별화교육프로그램(IEP) 팀 모두에게 유용한 도구이며, 학생을 잠정적 대체교육환경에 배치하는 데 사용하는 것보다 더 넓은 환경에서 적절하게 사용할 수 있다. 기능적 행동평가는 어려운 행동이나 이상행동(예 : 중학교 학생이 팬티에 배변을 하는 것 등) 또는 중재에서도 효과가 없는 행동[예 : 토큰경제나 행동계약을 적용하여도 변화가 없는 행동이나 집단 강화에도 반응이 없는 행동(제10~11장 참조)] 등을 평가하기 위해서도 사용된다. 이 장의 뒷부분에서 논의하겠지만 기능적 행동평가가 완벽한 도구는 아니고, 행동중재 계획에 도움이 되는 정보를 제공하지 못하는 경우도 있다. 그러나 특수교육 교사가 정기적으로 중재 계획을 세우고 실행하기 위하여 기능평가를 이해하고, 계획하고 실행하는 것과 관련된 많은 지식과 기술을 갖추는 것은 매우 유익하고 효과적인 것이며, 이러한 사실은 연구 결과에서도 검증되고 있다.

행동평가와 중재 계획 도구로서 기능적 행동평가 사용하기

기능적 행동평가의 효과성을 지지하는 연구들에 근거하면, 교사들은 심각하거나 또는 만성적인 문제행동에 직면할 때마다 언제든지 기능적 행동평가를 사용해야 한다. 예를 들면, 기능평가에 기초하여 구성된 중재 프로그램은 그렇지 않은 중재 프로그램보다 행동변화에 있어서 훨씬 더 효과적이라는 사실을 연구들은 제시하고 있다(Ingram, Lewis-Palmer, & Sugai, 2005; Newcomer & Lewis, 2004). 또한 O'Neill과 동료들(2015)은 기능평가를 실시하기 전에 중재 프로그램을 구성하면 목표로 하는 문제행동이 더욱 나빠질 수도 있다고 주장한다. 개별 학습과제를 하는 시간에 친구에게 욕을 하거나 물건을 파괴하는 행동으로 훈육실에 의뢰되는 한 학생을 가정해 보라. 만약 그러한 행동의 기능이 과제회피라면, 학생을 훈육실로 보내는 것은 문제행동의 발생을 유지시키거나 또는 더 나쁜 상황으로 만들 것이다. 이러한 이유로 특수교육 교사나 IEP 팀은 만성적인 문제행동을 보이는 학생을 위하여 행동중재 계획을 세울 때에 반드시 기능평가를 먼저 실시해야 한다. 그리고 행동중재가 바람직한 효과를 보이지 않을 때에는, 특히 행동중재를 구성할 때 기능평가를 실시하지 않은 경우에는 기능평가가 실시되어야 한다.

그렇지만 기능평가를 시행하기 위해서는 시간이나 자원이 필요하기 때문에, 교사는 언제 기능평가를 실시해야 하는지를 현명하게 판단해야 한다. 작은 문제행동(예 : 잡담, 과제에 대한 불평, 놀림)이나 진행되고 있는 중재와 관련된 행동문제에는 기능평가가 필요하지 않을 수 있다. 기능평가는 일반적으로 심각한 문제행동(예 : 공격행동, 심한 불순종행동, 자해행동, 심한 방해행동)이나, 이전의 중재가 효과가 없는 것으로 나타난 만성적인 문제행동, 또는 이상행동(예 : 동물 소리를 내는 행동, 혼잣말을 하는 것, 계속 되풀이하는 행동)에 대해서는 중재를 개발하기 이전에 반드시 실시되어야 한다. 기능적 행동평가는 바르게 사용되면 문제행동을 평가하고 그러한 행동에 대한 중재 프로그램을 계획하는 데 효과적인 도구가 된다.

기능적 행동평가 과정

이 부분은 기능평가를 수행하는 단계를 설명한다. 가장 먼저 논의되어야 하는 점은 누가 기능평가에 대한 책임을 맡는가 하는 문제이다. 각 교육청에서는 이 문제를 다르게 다루고 있다. 어떤 교육청에서는 평가 담당자(예 : 교육 진단평가사, 학교 심리사)에게 기능적 행동평가에 대한 책임을 맡게 한다. 또 어떤 교육청은 특수교육 교사로 하여금 기능적 행동평가를 실행하는 데 책임을 지게 한다. 그러나 누가 책임을 지더라도 두 가지 사실이 중요하다. 첫째는 교사들은 기능평가를 실행할 수 있어야 한다. 교사가 기능적 행동평가 자료를 수집하고 분석하는 절차에 대한 적절한 교육을 받은 경우에는 어떤 특별한 평가훈련이 필요한 것은 아니다. 교사들은 이러한 절차에 대하여 다른 사람들로부터 어떤 지원을 받을 수는 있지만, 특수교육 교사는 학교에서 어느 누구보다도 문제행동을 보이는 대상 학생에 대하여 잘 알고 있는 경우가 대부분이기 때문에 기능적 행동평가를 책임지고 수행해야 하는 역할을 맡게 된다. 둘째는 기능적 행동평가 과정, 특히 평가 자료를 분석하여 가설을 만드는 과정은 팀으로 이루어져야 한다. 각 학생의 IEP 팀은 기능적 행동평가 자료를 모아 분석하고 그것에 따라 중재 계획을 개발하는 일에 협력할 수 있어야 하고, 또한 학교에서는 이러한 책임을 다른 팀에 맡길 수도 있다(예 : 행동중재 팀이나 하기를 원하는 팀 등).

기능평가를 수행하는 방법

기능평가는 하나의 과정이며, 일회적인 사건이나 한두 가지 양식을 적는 것이 아니다. 이것은 목표행동의 빈도나 유형에 따라서 2~3일에서부터 몇 주가 걸릴 수도 있다. 우리들의 경험에 의하면 기능적 행동평가 자료를 분석하고 가설을 설정할 때에 추가적으로 필요한 자료를 더 수집하는 경우가 많이 생긴다. 지금 이 부분에서는 면담과 관찰을 이용하여 어떻게 기능평가를 수행하는지 설명할 것이며, 이러한 목적에 사용되는 양식의 예들도 제시한다. 그리고 기능적 행동평가 자료를 사용하여 문제행동의 기능과 문제행동이 발생하기 쉬운 조건에 대한 가설을 어떻게 세우는지 설명할 것이다. 우리는 기능분석에 대해서는 그렇게 많이 다루지는 않을 것이다. 이 장의 끝부분에는 사례연구가 제시되어 있는데, 한 명의 실제 학생(브록)을 위한 기능적 행동평가와 행동중재 계획이 제시되어 있다. 브록은 기능적 행동평가가 실행될 때에 1학년 학생이었다. 기능평가 과정을 구성하는 단계들에 대하여 여러분이 배울 때에, 이러한 단계들이 이 장에서 제시한 사례연구에 어떻게 적용되었는지 잘 살펴보기 바란다.

기능평가와 중재 계획은 다음과 같이 5단계로 구성된다.

1. 자료를 수집하기 위하여 간접적인 자료 수집과 직접적인 자료 수집 방법을 사용한다. 간접적인 자료 수집은 아동을 잘 알고 있는 사람이나 또는 아동이 있는 교육환경에서 일을 하고 있는 사람으로부터 정보를 수집하는 것이다. 이것은 주로 면담이나 평정척도, 체크리스트를 통해 이루어진다. 직접적인 자료 수집은 문제행동 발생과 관련된 환경 맥락에서 학생을 직접 관찰하는 것이다.
2. 지속적인 패턴을 찾으면서 모든 자료를 분석한다.
3. 어떤 조건에서 문제행동이 발생하거나 발생하지 않는지, 그리고 문제행동의 기능이 무엇인지에 대한 가설을 세운다.
4. 중재 계획을 구성한다. 이를 위하여 목표행동에 대한 선행사건을 조정하는 것과 학생이 그러한

선행사건에 더욱 잘 반응하는 데 필요한 새로운 행동을 가르치는 것과 학생이 문제행동보다는 적절한 행동을 함으로써 원하는 후속결과를 얻을 수 있게 하는 기법을 포함한다.

5. 중재 계획을 모니터링하고 조정한다.

기능평가의 1단계에서부터 4단계에 대한 설명은 이 장에 제시되어 있고, 5단계에 사용되는 기법들은 제7장에 제시되어 있다.

1단계 : 자료 수집하기—간접적인 방법 자료 수집 과정의 첫 번째 단계는 간접적으로 정보를 수집하는 것이다. 간접적 자료 수집이란 학생을 실제로 관찰하는 것을 제외하고 대상 학생과 관련 행동에 대한 모든 자료를 수집하는 것을 말한다. 간접적 자료 수집의 한 가지 방법은 학생생활기록부를 검토하여 관련된 모든 교육적, 행동적, 사회적, 신체적 정보를 수집하는 것이다. 학생이 특수학급에 배치될 때 학생에 대한 사회적 역사, 즉 과거의 자료를 검토하게 되는데, 이를 통해 유용한 정보를 얻을 수 있다. 연간 IEP 회의 자료도 유용한 자료를 제공하는데, 특히 최근의 행동변화, 약물복용, 가정 상황 등에 대한 자료를 얻을 수 있다. 예를 들면, 학생이 어떤 약물을 복용하고 있는지, 얼마 동안 행동이나 학습문제를 보였는지, 이전에 적용된 중재 프로그램이 어떤 것인지, 가정형편은 어떤지에 대한 정보(예 : 학생이 양부모 또는 편부모와 살고 있는지, 학생이 최근에 학교를 바꾸었는지, 학생의 행동에 대하여 부모들이 염려하고 있는지) 등은 매우 도움이 된다.

또 다른 간접적인 자료 수집 방법은 학생을 잘 알고 있는 교사, 보조원, 부모, 그리고 관련된 사람들로부터 평가척도나 구조화된 면담을 사용하여 학생의 행동에 대한 정보를 얻는 것이다. 이와 관련된 수많은 양식들은 온라인 매체나 기능적 행동평가에 대한 여러 가지 워크북, 학술 논문 등에서 찾아볼 수 있다. 대부분의 학교 교육청은 자신들이 잘 사용하는 양식들을 몇 가지씩 정하고 있는데, 상업적으로 개발된 것을 구매하여 사용하기도 하고 해당 교육청에서 직접 개발하여 사용하기도 한다. 비록 방법과 구체적인 내용이 다양하지만, 대부분의 간접적 자료 수집은 다음과 같은 질문을 포함하고 있다 : (1) 문제행동, (2) 각 문제행동의 빈도나 강도, (3) 각 문제행동에 영향을 미치는 배경사건, (4) 각 문제행동에 대한 선행사건, (5) 각 문제행동의 기능. 또한 대부분의 양식은 응답자에게 목표행동에 대한 구체적인 선행자극과 후속결과와의 관계를 진술한 요약문이나 도표를 제시하도록 한다. 기능적 행동평가의 간접적인 평가 도구들은 기술적인 정확성에 있어서 충분하지 않다는 비판을 받고 있다는 점을 고려하여야 하는데, 검사-재검사 신뢰도(검사 도구의 평가 결과가 일정 시간이 지나도 유사한 결과로 나오는 정도), 관찰자간 신뢰도(두 평가자의 결과가 유사한 정도), 수렴적 타당도(간접평가 방법의 결과 자료가 직접 관찰의 결과와 일치하는 정도) 등에 제한점이 있다는 것이다(McIntosh, Brown, & Borgmeier, 2008; Rutherford, Quinn, & Mathur, 2004). 비록 간접평가 방법의 기술적인 입증에 관한 내용이 연구 저널에 나타나기 시작했지만, 여전히 연구되어야 하는 점은 많다. 그러므로 기능적 행동평가 측정에서 나타날 수 있는 기술적인 정확성에 대한 염려를 고려하여, 교사들은 적어도 타당도와 신뢰도에 대한 최소한의 자료가 있는 간접평가 도구를 사용하는 것이 좋으며 또한 한 가지 평가 도구만을 고집하는 것은 피해야 한다.

이 장에서는 이러한 것과 관련된 두 가지 간접적 자료 수집 양식의 예를 제시한다. 선택할 수 있는 많은 다양한 양식이 있음을 기억하라(206~207쪽의 참고자료 참조). 2개의 간접평가 양식 중 한 가지는 체크리스트인 교사와 스태프를 위한 기능평가 체크리스트(Functional Assessment Checklist for Teacher and Staff, FACTS)이고, 다른 한 가지는 구조화된 면담 질문지인 교사 팀을 위한 기능평가 질문지(Teacher

Team Questionnaire)이다. 이 양식들에 대한 내용은 다음과 같다.

교사와 스태프를 위한 기능평가 체크리스트(FACTS)(March et al., 2000)는 두 부분으로 구성되어 있다(210쪽의 체크리스트 양식 참조). A파트는 아동의 강점, 문제행동, 대상 행동이 가장 잘 발생하는 조건들을 응답자를 통하여 파악하기 위한 내용들이다. B파트에서는 문제행동, 선행사건, 전형적인 후속결과, 문제행동에 사용된 이전 전략 등을 더욱 자세하게 파악하기 위하여 추가적인 평가를 실시할 일정을 응답자로 하여금 1개에서 3개 정도로 선정하게 한다. 그리고 행동중재를 개발하는 데 기초 자료로 사용될 행동에 대한 요약진술(FACTS의 6단계)을 하게 한다.

FACTS와 같은 체크리스트는 문제행동의 기능을 파악하는 데 있어서 빠르고 쉽고 그리고 효율적으로 사용할 수 있는 도구이다. 그러나 체크리스트는 신중하게 선택해야 한다. 예를 들면 어떤 체크리스트나 평정척도는 문제행동의 기능은 파악하게 하지만, 문제행동을 유발하는 구체적인 선행자극을 파악하지는 못한다. 더욱이 어떤 잠재적인 기능은 이와 같은 체크리스트로는 파악하기 어려운 경우도 있다(예 : 통제, 다양한 조건으로부터 회피). 그러나 FACTS는 배경사건, 구체적인 선행사건, 여러 가지 가능한 기능들을 파악하는 데 있어서 비교적 종합적인 도구이다. FACTS는 응답자가 선택할 수 있는 여러 가지 행동기능을 제시하고 있으며, 또한 제시하는 기능의 목록에는 포함되어 있지는 않지만 목표행동을 설명할 수 있는 다른 기능을 적을 수 있는 칸도 마련되어 있다. FACTS는 또한 응답자로 하여금 배경사건과 선행사건, 문제행동, 후속결과를 포함하는 행동 도표를 그릴 수 있게 한다. 따라서 평정척도나 체크리스트는 간접정보를 빠르게 수집할 수 있게 하는 방법이 된다. 이를 통하여 가능한 행동기능을 파악하고, 다른 수집 방법을 통하여 제시된 행동기능을 확인하기 위해서도 사용될 수 있다. 그러나 평정척도는 추가적으로 필요한 정보를 얻기 위하여 면담 방법과 함께 사용되어야 한다.

교사, 보조원, 부모, 기타 관련된 사람들을 대상으로 실시하는 면담은 간접적인 자료를 수집하는 또 다른 방법이 된다. 면담은 필요한 자료를 얻기 위하여 구조화되어야 한다. 대상이 되는 학생도 면담하는 것이 필요하다. O'Neill과 동료들(2015)은 대상 학생이 신뢰할 수 있는 정보를 제공할 수 있다면 대상 학생을 면담해야 한다고 하였다. O'Neill과 동료들은 면담의 목적을 대상이 되는 행동을 기술하고, 문제행동의 발생과 연관된 환경요인을 파악하고, 문제행동을 유지시키는 후속결과를 파악하기 위한 것이라고 주장하였다. 면담과정에 대한 여러 가지 면담 방안들이 제시되어 있다.

교사 팀을 위한 기능평가 질문지(Teacher Team Questionnaire)(Murdock, O'Neill, & Cunningham, 2005)는 구조화된 면담을 실시하거나 또는 응답자로 하여금 직접 작성하도록 함으로써 응답자로부터 정보를 얻기 위하여 사용된다(213쪽의 질문지 양식 참조). 213쪽에서 볼 수 있듯이 이 질문지는 응답자에게 문제행동과 각각의 문제행동을 유발시키는 선행사건, 그리고 각 행동에 대한 강화물을 최대 5개까지 적게 한다. 그리고 응답자는 선행사건-행동-강화(후속결과)의 관계에 대한 요약진술문을 적고, 각 행동에 대한 요약진술에 대하여 얼마나 확신하는지 그 정도에 대하여 점수를 매기도록 한다.

때로는 학생을 면담하는 것이 도움이 되는데, 특히 학년이 높은 학생을 위한 기능적 행동평가를 실시하거나 또는 학생이 면담을 할 수 있는 지적능력이나 언어 기술이 있을 경우에는 더욱 그러하다. 만약 간접적인 자료 수집 과정에 대상 학생을 면담하는 것을 포함한다면, 일반적인 질문은 다음과 같은 것을 포함할 것이다: 자신의 문제행동에 대한 학생의 지각, 언제 그러한 행동이 잘 일어나는지, 문제행동에 대한 배경사건과 선행사건, 문제행동의 이유나 기능 등. 이를 위하여 두 가지의 양식이 사용될 수 있는데, 하나는 O'Neill과 동료들(2015)이 개발한 학생-주도용 기능평가 면담지(*Student-Directed Functional Assessment Interview Form*)이고, 다른 하나는 학생-보조용 기능평가 면담지(*Student-Assisted*

Functional Assessment Interview form)(Kern, Dunlap, Clarke & Childs, 1994)이다. 이 두 양식은 그림 8-1과 그림 8-2에 각각 제시되어 있다.

이러한 학생용 면담 양식에는 학습 교과와 활동에 대한 질문이 포함되어 있는 것을 주의 깊게 보라. 문제행동과 학습과제와는 밀접한 관계가 있으므로(제1장, 제6장의 관련된 내용 참조), 이러한 변인에 대하여 자세히 조사하는 것은 중요하다. 학습활동에 대한 학생의 인식을 파악하는 것은 관찰자들이 파악하기에는 어려울 수 있는 통찰력을 얻게 한다.

기능적 행동평가의 과정으로써 자료를 모으는 것에 대하여 우리 자신의 경험에서 나오는 도움의 말을 하면 다음과 같다. 많은 양의 데이터를 잘 활용할 수 있도록 관리하면서, 학생을 잘 아는 사람들로부터 충분한 정보를 모으는 것이 중요하다. 경험에 의하면 학생을 가장 잘 아는 사람들(예 : 교사, 보조원, 학부모)과 문제행동이 발생하는 장소에서 학생을 대하는 사람들(예 : 일반교사, 식당 매니저, 학교 행정가)부터 먼저 정보를 수집해 나가는 것이 좋다. 만약 이러한 사람들로부터 수집한 정보가 행동에 대한 가설을 설정하기에 충분하지 않거나 또는 사람들의 정보가 일관적이지 않다면, 다른 사람들로부터 추가적인 자료를 수집하는 것이 필요하다.

1단계 : 자료 수집하기—직접적인 방법 직접적인 자료 수집 방법을 설명하기 전에 왜 직접적인 자료가 자료 수집 과정에서 중요한 것인지를 이해하는 것이 필요하다. 첫째, 장애인교육법에서 기능적 행동평가는 다양한 형태의 자료를 포함해야 한다고 규정하고 있다. 법원의 교육 관련 행정판사는 기능적 행동평가는 다양한 영역의 자료를 수집해야 하고, 현재와 관련된 자료여야 하며, 주의 깊게 이루어져야 한다고 판결하였다(Etscheidt, 2006a). 둘째, 간접적인 평가에서 얻은 정보는 타당하지 않을 수도 있음을 연구들은 보여 주고 있다. 간접평가는 학생행동에 대한 자료를 수집하는 데 있어 응답자에게 많이 의존하기 때문에 너무 주관적일 수 있다는 것이다(Cunningham & O'Neill, 2000). 셋째, 직접평가는 일반적으로 간접평가보다 문제행동에 영향을 미치는 환경사건에 대하여 아주 구체적인 정보를 얻을 수 있다(Carr, Langdon, & Yarbrough, 1999). 직접 관찰자는 때로 간접평가 자료에서는 파악되지 않은 선행사건과 후속결과 요소들을 파악할수 있다.

우리는 수많은 기능적 행동평가를 실시하였다. 다음에 제시하는 내용은 만성적인 문제행동을 보이는 학생들을 대상으로 실행하였던 기능적 행동평가를 통하여 알게 된 공통적인 사실들이다. 이러한 점들은 기능적 행동평가 과정에서 직접평가의 중요성을 더욱 지지한다.

- 만성적으로 문제행동을 보이는 학생들은 일반적으로 관찰기간 동안에 부적절한 행동보다는 적절한 행동을 더 많이 보인다. 전체적으로 보면 그들의 행동은 문제라기보다는 적절한 경우가 더 많다. 그러나 간접평가에서는 학생들의 적절한 행동에 대한 정보를 많이 얻지 못한다(응답자에게 적절한 행동에 대하여 말해 달라고 구체적으로 요구하지 않는 이상).
- 문제행동을 보이는 학생들은 적절한 행동에 대한 어떤 종류의 관심도 거의 받지 못한다. 대부분의 경우에 적절한 행동은 거의 반응을 받지 못하는데, 특히 적절한 사회성 행동(예 : 숙제하는 것, 동료에게 적절하게 말하는 행동, 적절하게 질문하는 행동, 지시 따르는 행동)이 더욱 그렇다. 불행히도 대부분의 교사들은 학생의 적절한 행동이 제시하는 관심에 대하여 과소평가하는 경우가 많다(제10장 참조). 예를 들면, 저자 중 한 명(BKS)은 최근에 수업을 방해하는 행동을 아주 많이 보이는 학생으로 고민하는 중학교 특수교육 교사를 상담하였다. 그 교사가 말하기를 자신은 매우 긍정적이고 칭찬을 자주 한다고 주장하였다. 그러나 교실에서 이루어

그림 8-1 **학생-주도용 기능평가 면담지**

학생-주도용 기능평가 면담지

학생 이름 ____________ 면담자 ____________

의뢰한 교사 ____________ 날짜 ____________

I. **시작**(오늘 우리는 너희들이 학교를 더 좋아할 수 있도록 학교를 변화시키는 방법을 찾으려고 모였어. 면담은 약 30분 정도 걸릴 거야. 너희가 정직하게 대답해 준다면 너희를 최대한으로 도와줄 수 있어. 너희에게 문제가 될 만한 것은 질문하지 않을 거야.)

> 학교나 학급에서 문제가 되는 구체적인 행동을 파악할 수 있도록 학생을 도와라. 학생이 자신의 생각을 명확히 하는 데 도움을 줄 수 있는 제안이나 부연설명을 하라. 당신은 조회한 교사가 제시한 행동의 목록을 가지고 있어야 한다.

II. **문제가 되는 행동 정의하기.*** (문제를 만들거나 문제가 되는 행동은 어떤 것인가? (촉구의 예 : 지각하는 것? 교실에서 떠드는 것? 과제를 끝마치지 않는 것? 싸우는 것?)

	행동	코멘트
1.		
2.		
3.		
4.		
5.		

III. **학생의 스케줄 만들기.** '학생의 일과 스케줄'을 이용하여 학생의 문제행동이 일어나는 시간과 수업을 파악하라. 문제행동이 거의 대부분 발생하는 시간에 대하여 면담을 집중하라.

* 면담을 진행하면서 아래의 왼쪽 칸에 있는 숫자는 행동의 정도를 나타내는 코드로 사용된다.

학생의 일과 스케줄

당신이 생각하기에 행동문제가 있다고 생각되는 시간과 수업을 나타내는 각 칸에 'X'표를 하라. 만약 그 시간에 아주 문제가 심하다고 생각하면, 6이나 6과 가까운 칸에 'X'표를 하라. 만약 문제가 거의 크지 않다고 생각하면 1이나 1과 가까운 칸에 'X'표를 하라. 우리가 시작하기 전에 연습으로 2개 정도를 해 보자.

	수업 시작 전	1교시	이동	2교시	이동	3교시	이동	4교시	점심	5교시	이동	6교시	이동	7교시	이동	8교시	방과 후
과목																	
교사																	
가장 심함 6																	
5																	
4																	
3																	
2																	
가장 약함 1																	

(계속)

그림 8-1 **학생-주도용 기능평가 면담지(계속)**

요약진술문

장소/활동/사건	선행사건(예측변인)	문제행동	후속결과
④	②	①	③

제시된 번호순서에 따라서 요약진술문 도표를 완성하라(제일 먼저 행동, 다음은 선행사건 순서로). 아래에 제시된 요소들을 요약진술문에 포함하라. 각각의 행동에 따라 요약진술문을 구성하라.

대상 행동과 연계되는 것으로 보이는 중요한 사건, 장소, 활동은 무엇인가?	문제행동을 유발하는 것은 무엇으로 생각되는가?	문제행동은 어떤 것인가?	학생이 문제행동을 함으로써 얻는 것은 무엇인가?
수면부족 ______	수업에서 요구하는 것이 :	수업에 지각 ______	**회피 또는 도피**
질병 ______	• 너무 힘들다 ______	수업시간 잡담 ______	• 교사 요구 ______
신체적 고통 ______	• 심심하다 ______	수업 방해 ______	• 교사 꾸중 ______
배고픔 ______	• 분명하지 않다 ______	부적절한 언어 ______	• 교사 교정 ______
가정 문제 ______	• 너무 길다 ______	무례한 행동 ______	• 또래와 사회적 상호작용 ______ (놀림)
또래와 싸움/불화 ______	교사의 꾸중 ______	기물 파괴 ______	• 과제(어렵거나, 긴 것) ______
거슬리는 소음 ______	또래의 놀림 ______	무기 소지 ______	**관심 얻기**
활동/수업 교과 ______	또래의 격려 ______	과잉행동 ______	• 또래로부터 ______
기타 ______	기타 ______	과제 끝내지 않음 ______	• 교사, 성인으로부터 ______
		도둑질 ______	**활동이나 물건 얻기**
		위협 ______	• 게임 ______
		파괴행위 ______	• 장난감 ______
		반항 ______	• 음식 ______
		기타 ______	• 돈 ______
			• 과제 ______

출처 : *Functional Assessment and Program Development for Problem Behavior*, A Practical Handbook, 2nd edition by O'Neill/Horner/Albin/Sprague/Storey/Newton. 1997. Reprinted with permission of Wadsworth, a division of Thompson Learning : www.thomsonrights.com. Fax 800-730-2215.

진 4시간의 관찰기간 동안 그 교사는 칭찬할 수 있는 기회가 많이 있었음에도 불구하고, 대상 학생에게 단 한 번만 칭찬을 하였고 다른 학생들에게는 한 번도 칭찬하지 않았다(예 : 모든 학생들이 적절한 행동을 보인 경우가 많이 있었음).

- 학생의 부적절한 행동에 대한 교사의 반응에는 예측할 수 있는 패턴이 있다. 이를테면 일반적인 패턴은 다음과 같다. 초기 몇 번의 부적절한 행동은 주로 무시한다. 그러나 그러한 행동이 지속된다면 학생을 교실 밖으로 내쫓을 때까지(예 : 훈육실 보내기, 교실 밖 타임아웃 등) 많은 교사들은 그것을 통제하기 위하여 비효과적인 전략으로 반응한다(예 : 여러 번 지시를 되

그림 8-2 학생-보조용 기능평가 면담지

학생 이름 ____________________
날짜 ____________________
면담자 ____________________

영역 I

1. 일반적으로 과제가 당신에게 너무 어려운가?	항상	때때로	전혀 아님
2. 일반적으로 과제가 당신에게 너무 쉬운가?	항상	때때로	전혀 아님
3. 교사에게 적절한 행동으로 도움을 요청했을 때 도움을 받는가?	항상	때때로	전혀 아님
4. 각 교과 수업시간이 너무 길다고 생각되는가?	항상	때때로	전혀 아님
5. 각 교과 수업시간이 너무 짧다고 생각되는가?	항상	때때로	전혀 아님
6. 자리에 앉아 과제를 할 때 다른 사람이 함께해 주는 것이 좋은가?	항상	때때로	전혀 아님
7. 당신이 일을 잘했을 때 다른 사람들이 그것을 알아주는가?	항상	때때로	전혀 아님
8. 당신이 일을 잘했을 때 점수나 보상을 받는다고 생각하는가?	항상	때때로	전혀 아님
9. 만약 더 많은 보상을 받는다면 학교에서 더 잘할 수 있다고 생각하는가?	항상	때때로	전혀 아님
10. 일반적으로 과제가 재미있다고 생각하는가?	항상	때때로	전혀 아님
11. 당신의 주의를 끄는 어떤 것들이 교실에 있는가?	항상	때때로	전혀 아님
12. 학교에서 하는 일이 해볼 만한 것이라고 생각하는가?	항상	때때로	전혀 아님

영역 II

1. 학교에서 당신은 언제 ______________에서 문제가 가장 적다고 생각하는가?
   (가장 심한 행동)
   왜 그러한 시간에 문제가 없다고 당신은 생각하는가?
2. 학교에서 당신은 언제 ______________에서 문제가 가장 많다고 생각하는가?
   (가장 심한 행동)
   왜 그러한 시간에 문제가 많다고 당신은 생각하는가?
3. 당신이 ______________에서 문제가 가장 적을 때 무엇이 영향을 미친다고 생각하는가?
   (가장 심한 행동)
4. 좋은 행동이나 좋은 일을 했을 때 가장 받고 싶은 보상은 무엇인가?
5. 학교에서 가장 좋아하는 활동은 무엇인가?
6. 당신의 취미나 흥미는 무엇인가?
7. 당신이 선택할 수 있다면 어떤 활동을 가장 하고 싶은가?

영역 III

제시된 과목에 대하여 당신이 좋아하는 정도를 정하라.

	전혀	보통	아주 많이
읽기			
수학			
철자			
글쓰기			
과학			
사회			
영어			
음악			
체육			
컴퓨터			
미술			

(계속)

그림 8-2 **학생-보조용 기능평가 면담지(계속)**

영역 IV

	전혀	보통	아주 많이
읽기를 좋아하는가?			
읽기를 싫어하는가?			
수학을 좋아하는가?			
수학을 싫어하는가?			
철자를 좋아하는가?			
철자를 싫어하는가?			
글쓰기를 좋아하는가?			
글쓰기를 싫어하는가?			
과학을 좋아하는가?			
과학을 싫어하는가?			
사회를 좋아하는가?			
사회를 싫어하는가?			
영어를 좋아하는가?			
영어를 싫어하는가?			
음악을 좋아하는가?			
음악을 싫어하는가?			
체육을 좋아하는가?			
체육을 싫어하는가?			
컴퓨터를 좋아하는가?			
컴퓨터를 싫어하는가?			
미술을 좋아하는가?			
미술을 싫어하는가?			

출처 : Student-Assisted Functional Assessment Interview by L. Kern, G. Dunlap, S. Clarke, & K. E. Childs (1994). Diagnostique, 19, 29-39. Copyright 1994 by Pro-Ed, Inc. 허가하에 게재함.

풀이하거나, 학생에게 행동에 대해 지적). 제12장에서 볼 수 있듯이 어떤 행동에 대하여 관심을 철회하는 것(즉, 무시하는 것)은 이것을 체계적으로 사용하거나 또는 다른 전략과 함께 사용한다면 낮은 빈도로 발생하는 어떤 행동에 효과적일 수 있다. 그러나 흔히 문제행동을 무시하는 것(즉, 관심을 주지 않는 것)은 우연적으로 일어나거나 중재 계획에 따라서 이루어지지 않는다. 그리고 학생을 교실 밖으로 내보내는 것도 미리 계획된 반응이라기보다는 학생의 행동을 더 이상 참을 수 없어서 하는 경우가 대부분이다.

만약 학생의 행동이 관심을 얻기 위한 것이라면, 그러한 행동은 단지 문제를 더 나쁘게 만드는 것이라고 학생에게 얘기하는 것이 필요하다. 만약 학생의 행동이 회피하기 위한 것이라면, 교실 밖으로 학생을 내보내는 것은 앞으로 문제행동을 더 일어나게 할 것이다. 직접평가는 부적절한 행동을 더욱 유지시킬 수도 있는 교사의 반응(예 : 관심을 주거나 철회하는 것, 학생을 교실 밖으로 내보내는 것)에 대하여 풍부한 자료를 얻을 수 있게 한다. 이러한 정보는 효과적인 중재 계획을 세우는 데 필수적인 것이다.

이러한 이유로 해서 직접평가는 기능평가의 필수적인 요소이다. 체크리스트나 면담으로부터 얻은 정보는 언제 어디서 관찰을 하는 것이 좋은지 결정하는 데 도움을 준다. 당신은 문제행동이 가장 많이 발생하는 곳에서 관찰하기를 원할 것이다. 물론 시간이나 자원이 허락된다면, 문제행동과 관련된 장소에서만 관찰하는 것이 아니라 적절한 행동과 관련이 있는 환경조건에서도 관찰하는 것이 필요하다.

구조화된 관찰을 하는 여러 가지 방법이 있는데, 일화보고, A-B-C 기술 분석, 수정된 이야기 기록법 등이 Carr와 동료들(1999)에 의하여 제시되고 있다.

일화기록(anecdotal report; A-B-C 보고나 A-B-C 기록으로도 불림)은 아주 간결한 데이터 기록 방법인데, 관찰자는 관찰기간 동안에 선행사건-행동-후속결과(A-B-C) 형태를 사용하여 사건을 문서로 기록한다. 이 기록 보고서는 선행사건과 후속결과의 관계를 파악할 수 있는 특정한 관찰기간 동안에 대상 학생에 대하여 발생하는 모든 것을 글로 기록한 것이다(Bijou & Baer, 1961)(일화기록의 예는 215쪽의 A-B-C 보고 양식 참조). 기록 양식에서 A는 관찰된 선행사건을 의미하고, B는 학생의 행동, C는 행동 뒤에 따라오는 후속결과나 사건을 의미한다. 일화기록을 수행하기 위해서는 대상 행동이 발생하는 시간에 학생을 관찰해야 한다. 먼저 보고서에 환경조건에 대하여 적는다(예 : 어떤 사람들이 있으며, 관찰시간 동안에 일어나는 활동, 학생이 감기가 들었다거나 새로운 학생이 들어왔다는 것과 같은 배경사건이 될 수 있는 어떤 특별한 상황, 관찰 시작 시간과 마치는 시간 등). 관찰할 때 당신이 보는 모든 것을 시간에 따라서 글로써 기록하라. 단지 보이는 것만을 단순하게 적고, 해석을 하거나 어떤 결론을 내리거나 가정을 짓지 말아야 한다. 비록 행동 샘플과 관련된 상황 변인에 대한 정확한 정보를 얻기 위하여 긴 관찰이 필요하더라도, 관찰은 최소한도로 한 개의 활동과 그 활동 전후의 상황에 대하여 실시되는 것이 좋다. 그리고 학생의 행동에 대한 전반적이고 완전한 그림(즉, 가능한 모든 환경 변인과 관련된 행동 패턴)을 얻기 위하여 여러 날 동안 학생을 관찰하는 것이 필요하다.

관찰을 수행한 후에는 다음과 같은 점을 중심으로 작성된 일화기록 보고서를 검토하라. (1) 학생이 어떤 부적절한 행동을 하는가, (2) 어떤 빈도로 부적절한 행동이 발생하는가, (3) 부적절한 행동에 대해 주어지는 강화나 처벌의 형태, (4) 부적절한 행동과 관련된 선행사건, (5) 선행사건의 패턴, (6) 되풀이되어 발생하는 선행사건, 행동, 후속결과 간의 패턴, (7) 중재의 가능성(Alberto & Troutman, 2006).

일화기록과 A-B-C 기록의 가능한 문제점을 없애기 위하여, 만약 실제 관찰시간 동안에 자료가 수집된다면 교사나 보조원이 아닌 다른 사람이 관찰을 수행해야 한다. 교실에 있는 성인들은 학생행동에 중요한 역할을 하기 때문에, 그들의 행동은 문제행동에 대한 선행사건(예 : 지시하기, 과제를 수정하라고 요구하기 등)이 될 수도 있고, 문제행동을 유지시키는 후속결과(예 : 관심을 주거나 주지 않거나, 요구나 과제를 철회하기 등)가 될 수도 있다. 그러므로 교실에서 성인의 행동은 매우 중요한 요소이며, 자료 수집 과정의 한 부분으로 관찰되어야만 한다. 교사는 가르치면서 관찰을 할 수가 없기 때문에 다른 사람이 관찰을 해야 한다. 다행스럽게도 제시된 대부분의 관찰 양식은 다른 교사나 보조원, 행동전문가, 사회사업가, 상담가, 학교의 관계자가 관찰하는 데 쉽게 사용할 수 있다. 대안적으로 교사(가급적이면 다른 사람)가 교실활동을 비디오테이프로 녹화함으로써 그것을 가지고 수업시간 외에 A-B-C 관찰을 수행할 수도 있다.

때로 일화기록이나 A-B-C 기술분석은 가장 최선의 관찰이 되지 않을 수도 있다. 예를 들어, 목표행동이 빈번하게 일어나지 않거나 관찰을 수행할 성인을 구할 수가 없는 경우에는 색인카드 일화 양식과 같은 다른 관찰 양식이 필요하다. 직접 관찰 자료를 기록하기 위한 색인카드 서술 양식(index card narrative format)은 Carr와 그의 동료들에 의하여 제시되었다(Carr et al., 1994). 지정된 관찰기간 동안에 모든 활동을 관찰하기보다는 이 기록 방법은 하루 전체에 걸쳐서 목표한 문제행동이 일어날 때에 정보를 기록한다. Carr와 그의 동료들은 문제행동의 각 사례에 대한 다음과 같은 정보(즉, 개인적 맥락 : 선행사건, 문제행동/ 사회적 반응 : 후속결과)를 기술하는 데 자료 기록지보다는 색인카드를 사용하였다. 기록하는 데 주관적인 판단을 피하기 위하여 관찰자는 일화기록과 같이 행동사례에 대한 객관적인 진술만을 사용하도록 주의해야 한다.

자료 수집 과정에서 행동중재 계획 팀의 멤버들은 정기적으로 완성된 카드를 선행사건(예 : 쓰기과제 받음, 지시 받음, 장난감 치우기를 요청 받음, 이동하라는 지시 받음)과 후속결과(예 : 교사 관심, 또래 관심, 과제 회피)의 유사한 유형에 따라서 분류하여 정리해야 한다. 이 두 가지의 자료가 같은 카드에 기록되기 때문에 한 번 이상의 분류가 필요하게 된다. 예를 들면, 카드를 먼저 다양한 선행사건 유형과 선행사건이 유발하는 행동을 주의하면서 유사한 선행사건에 따라서 분류할 수 있다. 다음에는 후속결과의 유형과 관련된 행동을 주목하면서, 그 카드를 후속결과 패턴에 따라서 분류할 수 있다.

색인카드 기록 방법에는 몇 가지 장점이 있다. 첫째, 교사나 보조원은 행동 발생에 따라서 색인카드 기록을 수행할 수 있어서, 관찰하기 위한 다른 사람을 필요로 하지 않는다. 둘째, 완성된 색인카드는 유사한 선행자극(예 : 그룹 활동에 참여하도록 요청 받음, 이동하기를 요청 받음)과 후속자극 또는 행동의 기능(예 : 교사 관심 얻기, 또래 관심 얻기, 과제 회피, 상황 회피)에 따라서 분류하여 정리될 수 있다. 이러한 구체적인 방법은 사용하기가 쉽고, 중재 계획 팀이 선행사건이나 기능의 패턴을 인식하는 데 도움이 되는 효율적인 방안이 된다. 또 다른 장점은 낮은 빈도의 행동에는 효과적이지 않은 일화기록과는 달리, 색인카드 기록 방법은 빈번하게 발생하지 않는 문제행동에 대한 자료를 수집하는 데 유용하게 사용될 수 있다. 마지막으로 이 방법은 교사가 사용하기에 쉽고 수업을 중단하지 않아도 되기 때문에 가설의 타당성을 높일 수 있는 광범위한 자료를 수집할 수 있다.

교육공학과 기술도 관찰과 자료 분석 과정을 용이하게 하는 데 사용되고 있다. 일화기록도 컴퓨터의 스프레드시트 소프트웨어를 사용하여 양적 분석을 실행하고 또한 관찰 동안에 입력된 자료를 바탕으로 시각적 그래프를 그릴 수 있다. 스프레드시트 소프트웨어를 개발하는 전문가들은 학교와 교실의 필요를 충족시키며 사용될 수 있는 관찰 방법을 개발할 수 있을 것이다. 이 장의 '참고자료'(pp. 206~207) 부분에서 관찰용 스프레드시트 소프트웨어를 다운로드 받을 수 있는 두 곳의 웹사이트를 제시하였다.

2단계 : 자료 분석하기 자료가 수집된 후에 언제 문제행동이 발생하며(행동의 선행사건과 배경사건), 그러한 행동에 따라오는 후속결과(행동의 기능)는 어떤 것인지 그 패턴을 찾기 위하여 자료를 분석해야 한다. 다양한 방법으로 자료를 분석하는 것이 효과적이다. 첫째, 모든 응답자로부터 수집한 간접평가를 비교하여 선행사건과 가능한 행동의 기능에 따라서 정리하여 적는다. 응답자들 사이에서 동의가 많으면 많을수록 그 자료는 타당성이 더 높아진다. 예를 들면, 브록이라는 학생이 원하지 않는 어떤 일을 하라고 요구 받으면 위협이나 욕설로 반응한다고 3명의 응답자가 동의를 한다면, 그러한 동의는 수집된 자료가 아주 타당한 것임을 말해 주는 것이다. 예를 들어, 월처 교사는 브록의 문제행동이 학급 학생들의 관심을 얻기 위한 것이라고 생각하지만, 다른 응답자들의 자료에서는 또래 관심이 문제행동의 기능이라고 보지 않는다면, 또래 관심은 동기요인이 아닐 수도 있거나 또는 월처 교사의 수업에서만 나타나는 특별한 문제행동으로 볼 수 있다.

그다음에는 모든 직접평가를 주의 깊게 검토하는 것이다. 즉, 대상 학생이 서로 다른 선행사건에 대해 어떻게 반응하는지 그리고 각각의 적절한 행동과 부적절한 행동 다음에 어떤 것이 따라오는지에 대한 패턴을 찾으며 자료를 분석한다. 그리고 교사는 어떻게 반응하는지, 또래는 어떻게 반응하는지 생각하면서 선행사건과 후속결과의 패턴을 다시 찾아보는 것이 필요하다. 그 패턴이 유사하다면 관찰된 선행사건과 후속결과는 학생행동에 중요한 역할을 한다는 것을 알 수 있다.

마지막으로 직접평가 자료를 간접평가 자료와 비교해 본다. 간접평가에서 얻은 행동에 대한 추정이 직접 관찰 자료와 일치하는가? 만약 그렇다면 그것은 학생행동에 대하여 정확하게 파악한 것이 된다. 예를 들면 큰 소리로 책 읽도록 시키는 것이 어떤 학생의 문제행동에 대한 선행사건이라고 여러 응답자가 제시하는데, 또한 그 학생이 큰 소리로 책을 읽으라는 지시에 대하여 부적절한 행동으로 반응하는 것을 직접평가를 통해서도 관찰했다면, 큰 소리로 책 읽도록 시키는 것이 그 학생의 문제행동을 발생시키는 변인이라고 확신을 가지고 말할 수 있다. 간접평가에서 주장하는 것이 직접평가에서 제시되지 않는다고 해서 반드시 간접평가가 타당하지 않다는 것을 의미하는 것은 아니다. 그러나 이러한 경우에는 간접평가에서 문제행동의 예측변인이라고 제시한 시간과 조건하에서 더욱 정확하게 추가적인 관찰을 실시하는 것이 필요하다.

일단 모든 자료가 분석이 되면 다음 단계는 그러한 자료에 근거하여 가설을 세우는 것이다.

3단계 : 가설 세우기   자료 분석 결과를 이용하여 그다음 단계인 가설을 세운다. 가설은 행동중재 계획을 안내하는 역할을 한다. 가설을 세우기 위해서는 각 대상 행동에 대한 다양한 배경사건, 선행사건, 후속결과를 고려하여야 한다. O'Neill과 그의 동료들(2015)은 대상 행동에 대한 가설을 세우는 데 유용한 방식인 경쟁행동 모델(Competing Behavior Model)을 제시하였다(그림 8-3). 경쟁행동 모델의 첫 번째 단계는 문제행동과 관련이 있는 배경사건을 목록화하는 것이다. 그다음은 문제행동 바로 이전에 일어나는 선행사건들을 적어 목록을 만드는 것이다. 마지막 단계로는 다음과 같은 질문에 답하는 것이다. (a) 이러한 선행사건이 일어날 때 학생이 어떤 행동을 하기를 원하는가? 그리고 학생이 그러한 행동을 하면 일반적으로 어떠한 후속결과가 따라오는가? (b) 무엇이 문제행동인가? 그러한 문제행동 뒤에는 주로 어떤 후속결과가 주어지는가? 문제행동에 대하여 '기능적으로 동등한(functionally equivalent)'(O'Neill et al., 2015, p. 81) 후속결과를 받을 수 있는 대체행동이나 수용 가능한 행동은 무엇인가? 이 장의 부록에서 제시된 경쟁행동 모델(p. 220 참조)의 사례에서 볼 수 있듯이, 바람직한 행동에 대한 후속결과는 일반적으로 문제행동에 주어지는 후속결과와 같이 강력하거나 매력적이거나 즉각적인 영향을 미치는 것은 아니며, 이러한 점이 부적절한 문제행동이 발생하는 한 가지 원인이 된다.

4단계 : 행동중재 계획 세우기   행동중재 계획(BIP)은 학교 상황에서 학생들의 적절한 행동은 증가시키고 부적절한 행동은 감소시키거나 소멸시키기 위하여 실행하는 기법들을 사용한다. 행동중재 계획에 사용되는 기법들은 기능평가의 결과를 직접적으로 반영해야 한다. 즉, 행동중재 계획은 문제행동에 대한 선행사건을 조정하고, 새로운 대체행동을 가르치고, 문제행동을 유지시키는 후속결과를 학생이 더욱 적절한 방법으로 얻을 수 있도록 만드는 기법들을 제시할 수 있어야 한다. 그리고 대체행동이 학생에게 문제행동과 같은 영향을 미칠 수 있도록 대체행동과 중재기법을 주의 깊게 선택하는 것은 특별히 중요하며, 이런 이유로 해서 학생에게 대체행동이 기능적(functional)이 되는 것이다. 이러한 대체행동 선택의 중요성은 Hernstein(1974)이 제시한 대응법칙(matching law)에 반영되어 있는데, 어떤 행동의 발생 비율은 그 행동에 대한 강화 발생 비율에 의하여 결정된다는 것이다. 만약 문제행동은 할 때마다 강화를 받고 반면에 대체행동은 아주 가끔씩 강화를 받는다면, 그 문제행동은 계속해서 높은 비율로 발생하지만 바람직한 대체행동은 빈번하게 발생하지 않을 것이다. O'Neill과 동료들은(2015)

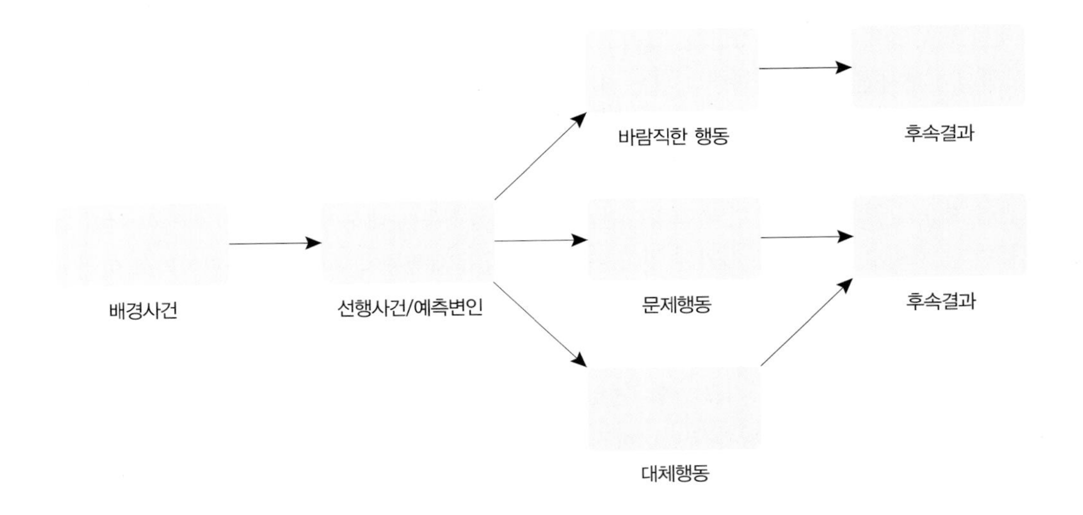

그림 8-3 **경쟁행동 모델**

출처 : *Functional Assessment and Program Development for Problem Behavior*, A Practical Handbook, 2nd edition by O'Neil/Horner/Albin/Sprague/Storey/Newton, 1997. Wadsworth, a division of Thomson Learning의 허가하에 게재함 : www. thompsonrights.com. Fax 800-730-2215.

이것을 행동의 효율성(behavioral efficiency)이라고 부르는데, 학생들은 그것이 적절한 행동이든 부적절한 행동이든 가장 최소한의 노력과 시간으로 자신이 원하는 결과를 얻을 수 있는 행동을 하는 경향이 있다는 것이다. O'Neill과 동료들은 또한 부적절한 행동은 비효과적이 되어야 한다고 강조하는데, 이렇게 되면 부적절한 행동은 더 이상 강화를 받지 못하여 감소하는 반면에 바람직한 행동은 지속적으로 강화를 받게 되어 증가하게 된다는 것이다.

5단계 : 필요에 따라 중재 계획을 모니터하고 조정하기 행동중재가 바람직한 변화를 일으키는지 목표행동은 늘 모니터되어야 한다(Drasgow & Yell, 2001 ; Etscheidt, 2006a). 우리의 경험에 의하면 교실은 늘 분주하고 복잡한 환경이며 교사는 늘 할 일이 많이 있으므로, 이와 관련된 자료 수집은 간과되기 쉽다. 행동 모니터링에 대해서는 뒤에서 살펴볼 것이다.

행동중재 계획

이 부분에서 행동중재 계획에 대한 한 가지 모델적인 양식을 제시한다. 그러나 대부분의 교육청들은 교사들이 교육청이나 해당 주에서 개발한 행동중재 계획 양식을 사용하기 원한다. 이러할 경우에는 중재 계획 팀은 적어도 다음과 같은 구성 요소들이 그 양식에 포함되어 있는지 살펴보고, 빠진 요소가 있다면 보충하기를 강력하게 제안한다. 이러한 구성 요소는 여러 선행 연구물과 법원의 판결에 근거하여 행동중재 계획을 개발하는 데 있어서 최상의 실제와 관련된 최신의 연구들을 반영하고 있다(Drasgow & Yell, 2001 ; Etscheidt, 2006a ; Scott et al., 2005 ; Van Acker, Boreson, Gable, & Potterton, 2005).

- 조작적으로 정의된 문제행동과 목표 대체행동
- 각 행동에 대한 배경사건
- 각 행동에 대한 선행사건
- 각 문제행동을 유지하는 후속결과(기능)
- 배경사건 전략
- 선행사건 전략
- 교수 전략
- 후속결과 전략

이러한 구성 요소와 함께 행동중재 계획은 추가적인 자료를 포함하는 것이 더 좋다. 다음에 제시하는 것은 행동중재 계획에 필요한 다른 유형의 정보를 그 논리적 근거와 함께 기술하였다.

- **각 문제행동과 목표 대체행동에 대한 기준** : 학습목표와 같이 언제 행동이 달성되는지를 결정할 수 있는 기준을 세우는 것은 중요하다. 행동의 숙달 기준을 세우는 것은 교사로 하여금 행동중재 프로그램을 언제 마치거나 또는 감소하는 것이 좋은지를 결정할 수 있게 한다.
- **중재 수행의 책임자** : 우리의 경험에 비추어 볼 때 행동중재 계획에서 중재를 수행하는 데 누가 책임을 지고 있는지 밝히지 않은 경우가 많이 있다. 이것은 특히 행동중재 계획의 대상 학생이 일반학급에서 하루 중 대부분의 시간을 보내는 경우에 더욱 문제가 된다. 첫 번째 저자(BKS)는 한 사례에 대한 상담을 요청 받은 경우가 있었는데, 그 사례에서 중학교 행정가는 일반학급에서 모든 수업을 받는 장애학생이 일으키는 문제행동 때문에 그 학생을 더욱 제한된 교육환경에 배치하려고 하였다. 그러나 그 학생의 부모는 그러한 배치에 반대하였고, 그 문제에 대하여 합당한 절차를 위한 공청회를 요청하려고 하였다. 하지만 저자가 그 학생의 행동중재 계획을 특수교육 교사와 함께 검토하였을 때, 행동중재 계획에서 제시한 많은 것들이 실행되지 않은 것으로 나타났다. 가장 터무니없는 일은 행동중재 계획에는 그 학생이 사회성 기술 훈련을 받고 있다고 적혀 있었다. 그러나 일반학교 스케줄에는 그러한 훈련을 받을 수 있는 시간이 없었고, 결과적으로 그 훈련은 전혀 실시되지 않았던 것이다. IEP 팀이 "누가 사회성 기술 훈련을 제공하는 데 책임이 있는가?" 하고 질문을 제기하였듯이, 사회성 기술 훈련을 언제 어디서 실시할 것인가 하는 문제는 이미 예견할 수 있는 것이었으며, 이에 대하여 사전에 미리 계획되어 있어야 했다.
- **각 행동을 어떻게 모니터할 것인가** : 학습목표와 같이 객관적 측정체계를 사용하여 행동중재 계획이 목표로 하는 행동에서 변화가 있는지 늘 모니터해야 한다(Drasgow & Yell, 2001; Etscheidt, 2006a,b). 우리는 목표행동에 대한 자료 수집을 용이하게 하는 Etscheidt(2006b)의 제안을 지지하는데, 그는 중재 계획 팀이 목표행동을 언제 어떻게 모니터할 것인지, 누가 모니터링에 대한 책임을 지는지, 자료는 어떻게 보고될 것인지에 대하여 기술해야 한다고 제안하였다. 기술의 유지와 일반화를 높이기 위해서 IEP 팀은 시간에 따라서 그리고 훈련 장소가 아닌 다른 환경에서 어떻게 행동을 모니터할 것인지에 대한 계획을 세워야 한다. 제7장에서 분주한 교실환경에서도 실행할 수 있고 또한 중재효과를 판단하는 데 필요한 정보를 제공하는 자료 수집 방법에 대하여 설명할 것이다.

우리가 제시하는 양식에 따라 행동중재 계획을 구성하는 단계는 다음과 같다. 각 단계의 번호는 부록 '행동중재 계획' 양식(p. 221 참조)에서 제시한 각 칸의 내용과 일치되어 있다.

1. '대상 행동' 칸에 감소시키거나 소멸시킬 행동(문제행동)을 조작적 용어로 적는다.
2. 각 대상 행동에 대한 기준을 세운다.
3. 기능적 행동평가로부터 각 대상 행동에 대한 가설을 세운다.
4. 감소시키려 하는 각 대상 행동에 대한 목표 대체행동을 명시한다. 대상이 되는 문제행동과 같은 기능을 하는 한 개 이상의 대체행동이 파악되어야 한다. O'Neill과 동료들(2015)은 "효과적인 행동중재의 가장 중요한 규칙은 학생이 문제행동 대신에 수행할 수 있는 바람직한 대체행동을 제시하지 않고서는 문제행동을 감소시키려고 하지 마라."고 주장하였다. 이러한 대체행동은 그 학생에게 기능적인 것이어야 한다.
5. 각 대체행동에 대한 기준을 세운다.
6. 문제행동을 예방하고 대체행동을 증가시키는 선행사건 중재를 구성한다. 가능한 선행사건 중재 기법에 대한 목록은 표 8-2에 제시되어 있다. 이러한 선행사건 중재와 관련된 방법은 제3장에서부터 제7장까지 기술되어 있다. 각 행동과 이와 관련된 중재 정보는 번호로 제시되어 있는데, 이는 어떤 중재는 특별한 행동에만 적용될 수 있기 때문이다. 만약 어떤 중재가 여러 가지 행동에 사용될 수 있다면, 독자들이 양식의 목록에 제시되어 있는 중재기법을 잘 찾을 수 있도록 "___번을 보라."고 적으면 된다.
7. 대체행동을 강화할 수 있는 후속결과를 파악한다. 바람직한 대체행동도 학생으로 하여금 문제행동을 유지하는 후속결과와 같거나 유사한 후속결과를 얻을 수 있도록 해야 한다. 즉, 바람직한 행동은 문제행동과 같은 행동의 기능이 있어야 한다는 것이다. 일반적인 행동기능을 위한 강화 전략은 몇 가지 독특한 강화 아이디어와 함께 제10~11장에서 다루어진다. 그리고 강화 전략은 학생이 문제행동을 함으로써 받게 되는 것과 같이 빈번하고 강력한 강화를 받을 수 있도록 해야 한다(Sprague & Horner, 1999). 그렇지 않으면 문제행동은 바람직한 행동보다도 학생이 원하는 결과(즉, 강화)를 훨씬 쉽고 빈번하게 얻을 수 있게 만들기 때문에 계속해서 유지되는 것이다. 이러한 관점은 이 장의 앞부분에서 설명한 대응법칙과 행동 효율성의 개념과 관련이 있다.
8. 만약 필요하다면 행동 감소 중재도 포함되어야 한다. 행동 감소 중재는 위험한 행동이거나, 학생의 학교 성취를 심각하게 방해하거나, 선행사건 중재에도 여전히 남아 있는 경우에 사용되는 것이 좋다. 제12장에서 행동 감소 전략과 행동 감소 중재가 필요한지를 결정하는 기준을 제시하고 있다.
9. 각 행동이 언제 어떻게 모니터링되어야 하는지 기술한다. 이와 관련된 자료 수집 기법은 언제(예 : 과학수업 시간에, 일주일에 세 번씩), 어떻게(제7장 참조), 누구(예 : 특수교육 교사와 보조원)에 의해서 실시되어야 하는지 기술한다.

행동중재 계획의 양식에도 불구하고 지속적이고 올바른 실행이 행동중재 계획의 성공에 결정적 요소이다. Gable, Quinn, Rutherford, 그리고 Howell(1998)은 행동중재 계획의 효과성을 감소시킬 수 있는 다양한 요소를 제시하였다. 그러한 요소는 다음과 같다.

표 8-2 선행사건 중재의 예

- 교실환경에 대한 규칙과 절차를 가르친다.
- 명확하고 구체적인 지시를 제공한다.
- 요구되는 과제 수행 시간을 알 수 있도록 타이머를 사용한다.
- 좀 더 짧은 과제를 제공한다.
- 자료의 선택, 과제의 순서, 또는 학습과제를 할 때 어느 부분에서 과제를 끝마칠 것인지에 대한 선택을 제공한다.
- 과제의 형태를 변경한다(예 : 쓰기보다는 테이프로 녹음하게 한다, 일반적인 쓰기과제보다 이야기 웹으로 구성하도록 한다).
- 학생이 할당된 학습과제를 수행하는 데 필요한 기술을 가지고 있는지 확인한다.
- 과제의 흥미 수준을 높인다.
- 상황을 구조화한다(특히 수업 이동시간 등).
- 기대하는 행동을 생각나게 한다.
- 물리적 환경을 수정한다(예 : 복잡하지 않도록 알맞은 수의 학생 배치, 학생 간에 알맞은 거리 확보, 주의를 끄는 것들 감소).
- 과제를 좀 더 흥미롭게 하거나 매력적인 것으로 만들어 과제 참여 수준을 높인다.
- 앉는 자리를 바꾼다.
- 근접 통제를 제공한다(예 : 학생을 가까운 거리 안에 있게 한다).
- 생각나게 하는 물체를 제공한다(예 : 학생의 책상이 어디에 있어야 하는지 그 구역을 테이프로 표시한 것, 놀이 영역의 경계를 표시하는 물건 등).
- 자기관리 중재를 사용한다(제11장 참조).
- 필요한 사회성 기술, 자기조절 기술, 그리고 자기관리 기술을 가르친다.

- 대상 행동에 대한 모호한 정의
- 불충분한 자료 수집
- 자료의 부적절한 해석
- 행동을 다루는 데 충분하지 않은 중재
- 일관적이지 못한 중재 계획 적용
- 중재 계획의 적용 오류
- 중재 계획 실행에 대한 모니터링 실패
- 중재 계획의 효과성에 대한 평가 실패

이와 같이 기능평가와 행동중재 계획의 구성은 행동변화 과정에 있어서 시작 단계이다. 기능평가에서부터 중재 실행 동안의 자료 수집 및 분석을 위한 각 단계는 바람직한 행동변화를 위해 필수적이다.

기능적 행동평가의 문제점과 제한점

기능적 행동평가는 교사들에게 있어서 중요한 도구인데, 이것을 통하여 중재 계획을 더욱 효과적이고 도 효율적으로 만들 수 있다. 하지만 이것은 완전한 도구가 아니며, 기능평가를 사용하는 사람은 다음과 같은 잠재적인 문제점과 기술의 제한점을 알고 있어야 한다.

첫째, 기능평가는 강도가 높거나 빈도가 낮은 행동, 또는 방화, 절도, 파괴행동, 약물복용, 동물 학대와 같은 은밀한 행동들에는 도움이 되지 않을 수 있다(Walker, Ramsey, & Gresham, 2004). 둘째, 한 가지 문제행동이나 또는 같은 유형의 행동이 여러 가지 목적으로 나타날 수 있다(Carr et al., 1999). 어떤 학생은 싫어하는 활동을 회피하기 위해서나 싫어하는 또래를 피하기 위해, 또는 원하는 것을 가질 수가 없어서 침을 뱉거나 때리거나 차거나 꼬집는 행동을 보일 수 있다. 이러한 학생의 공격적인 행동은 여러 가지 기능을 하기 때문에, 이러한 행동에 대하여 단일 중재만을 적용한다면 효과적이지 않을 수 있다. 행동의 기능이 다르다면 중재도 다르게 적용되는 것이 필요하다. 이와는 반대로 여러 가지 형태의 행동이 같은 기능을 할 수도 있으며(Horner, 1994), 이러한 경우에는 모든 형태의 행동에 대하여 동일한 중재를 적용할 수 있다. 예를 들면, 수업시간에 자거나, 책상에 엎드리거나, 쪽지를 쓰는 행동은 과제나 행동을 회피하기 위한 것일 수 있으며, 같은 중재에 의해서 변화될 수 있다. 또 다른 주의점은 같은 행동이나 같은 유형의 행동이 다른 학생들에게 다른 기능으로 작용할 수 있다는 것이다(Derby et al., 2000). 예를 들면, 교사의 허락 없이 교실 밖으로 뛰어나가는 행동은 어떤 학생에게는 도피하는 기능일 수 있고, 다른 학생에게는 관심을 얻기 위한 기능일 수 있다. 이렇기 때문에 한 학생에게는 효과적인 것이 다른 학생에게는 효과적이지 않을 수도 있다. 이러한 이유로 우리 저자들은 문제행동에 대한 '처방전'에 의존하거나 특정 행동에 대한 맞춤형 해결책을 적용하는 것은 위험하다고 주장한다. 불행히도 행동의 문제는 그렇게 간단하지가 않다. 마지막으로 기능적 행동평가는 일회성 사건이 아니라는 것을 기억해야 한다. 아동이나 그들의 행동 그리고 환경의 변화는 시간이 걸리는 일이다. 예를 들면, 10월에 수행된 기능적 행동평가는 그다음 해 2월에 나타난 새로운 문제행동에는 맞지 않을 수 있다. 그러므로 새로운 행동과 관련된 환경적인 조건을 파악하고 새로운 문제행동의 기능을 파악하기 위하여 기능적 행동평가를 다시 실시할 필요가 있다.

요약

이 장에서 우리는 기능적 행동평가의 행동적인 기법을 설명하였는데, 이것은 문제행동이 발생하기 쉬운 조건과 문제행동의 기능을 결정하기 위한 목적으로 자료를 수집하고 분석하는 과정이다. 이것은 IEP 팀이나 또 다른 중재 계획 팀이 기능평가 자료도 없이 구성한 중재 계획보다, 바람직한 행동변화에 있어서 더 많은 가능성을 가지는 행동중재 계획을 구성하는 것을 가능하게 한다. 이 장의 학습목표와 그에 따른 내용을 간략하게 요약하면 다음과 같다.

1. 기능적 행동평가(FBA)와 그것에 대한 법적 요구를 설명할 수 있다.

   장애인교육법이 기능적 행동평가를 제한된 환경 안에서 실시하도록 규정하고 있는 것을 우리는 배웠다. 그러나 우리는 기능적 행동평가는 효과적이며 연구에 근거한 실제 방법이기 때문에 더욱 확대된 환경에서도 사용되기를 원한다. 심각하고 만성적인 문제행동에 대한 중재 계획은 반드시 기능평가에 기초해야 한다.

2. 기능분석과 기능평가를 구별할 수 있다.

   이 두 가지 방법은 각각의 장점과 단점을 가지고 있다. 대부분의 학교에서 이루어지는 행동중재를 위해서

표 8-3 기능적 행동평가를 위한 자기평가 양식

전혀 그렇지 않다	거의 그렇지 않다	가끔 그렇다	자주 그렇다	항상 그렇다
1	2	3	4	5

위의 1~5점 척도를 이용하여 다음 진술을 평가하시오.

1. 나는 조작적 정의를 사용하여 목표행동을 정의한다. ______
2. 나는 학생의 행동이 언제 기능평가를 필요로 하는지 결정할 수 있다. ______
3. 나는 기능평가의 단계를 어떻게 적용하는지 알고 있다. ______
4. 나는 필요하다면 다른 교사와의 면담을 수행한다. ______
5. 나는 학생의 수행에 대한 자료를 수집하기 위해 문제행동과 관련된 환경에서 직접 관찰 방법을 사용한다. ______
6. 나는 문제행동과 관련된 선행사건과 후속결과의 패턴을 찾기 위해 모든 자료를 분석한다. ______
7. 나는 어떤 조건에서 문제행동이 발생하거나 발생하지 않는지, 그리고 그러한 문제행동의 기능에 관한 가설을 도출하기 위해 다른 사람과 함께 협력한다. ______
8. 나는 기능평가에서 도출된 가설을 검증하기 위해 기능분석을 사용한다. ______
9. 나는 행동중재 계획을 개발하기 위해 대상 학생의 IEP 팀과 협력한다. ______
10. 내 학생의 행동중재 계획은 이 장에서 제시된 모든 구성 요소를 포함하고 있다. ______
11. 나는 정기적으로 행동중재 계획을 모니터하고 필요하다면 계획을 수정한다. ______

는 기능평가만으로도 충분하다. 그러나 심각한 행동이나 만성적인 행동, 그리고 이전의 중재에서 효과가 없는 문제행동인 경우에는 기능분석이 좀 더 정확한 자료를 제공해 줄 수 있다.

3. 문제행동이 언제, 어디서, 왜 발생하는지 파악하는 데 도움을 주는 간접 자료 수집 방법과 직접 자료 수집 방법에 대하여 설명할 수 있다.

   간접평가는 학생의 행동을 잘 알고 있는 사람으로부터 정보를 수집하는 데 주로 면접이나 체크리스트를 사용한다. 직접평가는 주로 간접평가 후에 실시하는데, 문제행동과 관련 있는 상황에서 학생을 직접적으로 관찰한다.

4. 행동중재 계획(BIP)을 구성하기 위하여 기능적 행동평가의 결과를 사용할 수 있다.

   기능적 행동평가 자료로부터 도출된 가설은 중재 계획을 구성하는 기초가 된다. 중재에는 넓은 관점에서 문제행동에 영향을 미치는 배경사건, 문제행동에 대한 선행사건, 학생이 사회적으로 수용되는 방식으로 원하는 결과를 얻을 수 있게 하는 대체행동, 문제행동의 기능을 의미하는 후속결과가 포함되어야 한다. 행동중재 계획은 다양하게 구성될 수 있지만, 이 장에서 제시한 행동중재 계획의 구성 요소를 반드시 포함한 내용으로 구성되어야 한다.

5. 기능적 행동평가와 관련된 가능한 문제점과 주의사항을 설명할 수 있다.

   만약 중재 계획이 바람직한 결과를 도출하지 못했다면, 중재 계획 팀은 이러한 실패가 이 장에서 설명하는 기능적 행동평가의 제한점 때문인지 고려할 필요가 있다. 만약 그렇다면 행동중재 계획은 수정되거나, 추가적인 기능적 행동평가 자료를 수집할 필요가 있다.

기능평가는 문제행동을 보이는 학생들을 가르치는 교육자에게 필수적인 도구이다. 기능적 행동평가 절차를 사용하는 여러분을 돕기 위하여 기능적 행동평가를 위한 자기평가 양식(표 8-3)을 제시하였다.

학습활동

1. 기능적 행동평가에 대한 장애인교육법의 규정을 설명하고, 기능적 행동평가를 법에서 요구하는 것보다 더 자주 실시하는 것이 교사에게 왜 유익한지를 설명하라.
2. 기능적 행동평가가 요구되지 않을 수 있는 상황을 예를 들어 설명하라.
3. 학생을 그룹으로 나누어 기능적 행동평가의 유용성과 교사들이 기능적 행동평가 과정의 각 요소를 어떻게 효율적으로 사용할 수 있는지 논의하게 하라.
4. 부록에 제시된 사례연구에 대하여 다음과 같은 점을 중심으로 리포트(3개월간 이루어진 결과 리포트)를 작성하라.
   a. 성공적임(중재가 효과적이었다고 가정하고, 지금 학생은 어떻게 수행하고 있는가? 중재는 지금 어떻게 적용되고 있는가?)
   b. 변화가 아주 조금 있거나 실패함(당신은 그 중재 프로그램을 어떻게 수정할 것인가? 추가적으로 무엇을 더 해야 하는가?)
5. 밴더빌트대학교의 IRIS 센터에서는 예비교사와 교사들을 위한 훈련 자료를 개발하였다. 이 모듈(http://iris.peabody.vanderbilt.edu/fba/chalcycle.htm)은 '기능적 행동평가'에 실려 있다. 소집단을 구성하여 이 모듈 끝부분에 있는 7개의 평가 질문에 대하여 답해 보라.

참고자료

기능적 행동평가 도구

- The Functional Assessment Interview Form (O'Neill et al., 2015)
- The Student-Assisted Interview Form (O'Neill et al., 2015)
- The Functional Analysis Screening Tool (Iwata & DeLeon, 1996)
- The Motivation Assessment Scale (Durand & Crimmins, 1988, 1992)
- The Problem Behavior Questionnaire (Lewis, Scott, & Sugai, 1994)
- Questions About Behavioral Function (Matson & Vollmer, 1995; Paclawskyj, Matson, Rush, Smalls, & Vollmer, 2000)
- The Functional Analysis Observation Form (O'Neill et al., 2015)
- The Eco-Behavioral Observation System (Gable, Hendrickson, & Sealander, 1998)
- The State-Event Classroom Observation System (Slate & Saudargas, 1986)
- The Classroom Ecobehavioral Assessment Instrument (Scott & Sugai, 1994)

도서

Crone, D. A., & Horner, R. H. (2003). *Building positive behavior support systems in schools*. New York, NY: Guilford Press.

Nelson, C. M., Roberts, M. L., & Smith, D. J. (1998). *Conducting functional behavioral assessments*. Longmont, CO: Sopris West.

O'Neill, R. E., Albin, R. W., Storey, K., Horner, R. H., & Sprague, J. R. (2015). *Functional assessment and program development for problem behavior: A practical handbook* (3rd ed.). Stamford, CT: Cengage Learning.

Repp, A. C., & Horner, R. H. (Eds.). (1999). *Functional analysis of problem behavior: From effective assessment to effective support*. Belmont, CA: Wadsworth.

Watson, T. A., & Steege, M. W. (2003). *Conducting school-based functional behavioral assessments: A practitioner's guide*. New York, NY: Guilford Press.

챕터

Fox, J. J., & Gable, R. A. (2004). Functional behavioral assessment. In R. B. Rutherford, M. M. Quinn, & S. R. Mathur (Eds.), *Handbook of research in emotional and behavioral disorders* (pp. 143-162). New York, NY: Guilford Press.

소프트웨어

Hofmeister, A., Morgan, D. P., Reavis, H. K., Likins, M., Althouse, B., & Jenson, W. R. (1999). Functional Assessment Intervention Program. Longmont, CO: Sopris West. 이 소프트웨어는 기능평가 문항에 대한 반응을 분석하고 전략을 제안한다.

웹사이트

The Office of Special Education Programs, U.S. Department of Education, Technical Assistance Center on Positive Behavioral Interventions and Supports(미국 교육부의 특수교육프로그램 사무소) : 기능적 행동평가에 대한 다양한 도구와 정보를 제공한다. 교사와 스태프를 위한 기능평가 체크리스트(FACTS)를 학교를 위한 자료 부분에서 다운로드 받을 수 있다.

Function-Based Support at School: Summaries of Research Examples(학교에서의 기능에 근거한 지원 : 연구 예들의 요약) : 기능평가와 기능 중심 중재에 대한 연구와 관련한 많은 사례가 제시되어 있다.

The Center for Effective Collaboration and Practice(효과적인 협력과 실제를 위한 센터) : 종합 사이트로서 기능적 행동평가를 실행하고 기능 중심 중재를 계획하는 것과 관련된 광범위한 자료와 정보를 제공한다.

Home page of Terrance M. Scott, Ph.D.,(플로리다대학교 특수교육과 정서행동장애전공의 부교수인 Terrance M. Scott 박사의 홈페이지) : 스프레드시트 형태로 된 일화기록 리포트인 학교 자료수집 양식(School Data Collection Template)이 있으며, 다운로드 받을 수 있다.

Kansas Institute for Positive Behavior Support(긍정적 행동지원을 위한 캔자스 기관) : 학교와 가정에서의 긍정적 행동지원과 관련된 정보와 자료를 종합적으로 수집하고 있다. 이 사이트의 온라인 도서관에는 기능적 행동평가에 대한 광범위한 정보와 양식이 있다.

부록 : 사례연구

사례연구 : 브록(Brock)

브록은 초등학교 1학년 남학생인데 최근에 특수교육을 받기 시작하였다. 엄마가 감옥에 있기 때문에 브록은 위탁가정의 부모와 함께 살고 있다. 교사들이 ICE 박사에게 말하기를 브록이 수업을 방해하여 자신이나 다른 학생의 학습을 하지 못하게 하는 경우가 많다고 하였다. 그들이 말하는 브록의 문제행동은 다음과 같다.

- 자리 이탈
- 울화(욕하기/소리 지르기)
- 교실이나 운동장에서 다른 학생들의 신체 안전거리 안으로 침입하기
- 또래 떠밀기
- 책상에 엎드려서 과제 거부하기

기능적 행동평가(FBA)를 위해 사용된 평가 도구

간접평가

- 교사와 스태프를 위한 기능평가 체크리스트(FACTS)
- 교사 팀을 위한 기능평가 질문지

직접평가

A-B-C 기록 형태

1. 학교 도움실(3/24, 8:45~9:25)

관찰된 행동

- 과제 불수행(학습과제를 쳐다보지 않음, 자리 이탈)
- 소리 지르기
- 교실 밖으로 나가기
- 타임아웃에 바로 있지 않음(또한 타임아웃 장소에도 데려가야 함)
- 곧 두 번째 타임아웃을 받음

중요한 정보

- 타임아웃을 거부하면 한 주 동안의 자유선택시간을 못하게 되는 후속결과를 받는다.
- 타임아웃 장소로 가라고 다시 지시하니, 브록은 타임아웃 장소로 가서 조용하게 있었다. 하지만 교감선생님이 학급에 들어와서 타임아웃을 받으며 조용히 있는 브록을 교실 밖으로 데리고 나갔다.

2. 일반 학급 : 사회 수업시간(3/28, 10:35~10:42)

관찰된 행동

- 교사 지시 거부
- 언어적 울화
- 교실에서 뛰기

중요한 정보

- 교사가 그의 문제행동에 대하여 빠르게 반응하였다(예 : 학교 경찰을 부르겠다고 말함).

3. 운동장 : 자유놀이시간(3/31, 11:35~11:54)

관찰된 행동

- 술래잡기 게임을 적절하게 함
- 물 마시는 줄에서 새치기 함
- 새치기 하는 것에 대해 불평하는 아이를 밀침
- 일반학급 교사와 같이 훈육실에 가는 것을 거부함
- 특수교육 교사와 얘기함
- 특수교육 교사와 함께 바르게 잘 걸어감

중요한 정보

- 브록은 자신의 문제행동에 대해 불평하는 아이를 밀쳐 버린다.
- 교사들은 너무 빨리 그에게 훈육실로 가라고 요구한다.
- 브록은 특수교육 교사의 말은 듣고 지시를 따른다.

ICE 박사는 교사들이 보고한 모든 행동을 관찰하였다. 이 작은 학생을 이해하기 위하여 ICE 박사는 브록과 일대일 면담을 실시하였다. 면담을 통하여 다음과 같은 인상을 받았다.

- 브록은 자신의 가정생활에 대하여 많은 좌절과 실망을 느끼고 있다고 표현하였으며, 감옥에

있는 "엄마에 대해 아주 화가 난다."고 얘기하였다.
- 브록의 정서 상태와 학교생활의 스트레스가 합쳐져서 학교에서 울화행동을 하는 것으로 보인다.
- 누가 자신에게 관심을 주느냐고 물으니 브록은 그냥 고개를 숙인다.

이러한 정보는 브록의 일상생활과 학교생활에 대하여 말해 주고 있다. 그러나 교사들은 브록의 어려운 상황을 생각하며 그의 행동을 다 받아 줄 수는 없다. 브록의 양육가정 부모는 브록에 대하여 관심이 많으며, 그를 위하여 어떤 일이라도 학교와 함께하려는 마음이다.

브록의 중재 팀은 기능적 행동평가 자료를 분석하고 행동중재 계획을 구성하고자 4월 5일 모였다. 브록의 교사, 학교 행정가, 양육가정 부모가 참석하였다. 그 행동중재 팀은 기능적 행동평가 자료를 경쟁행동 모델 관점으로 요약하였다. 그 정보는 다음과 같다.

배경사건
- 생활에 대한 일반적인 분노와 감옥에 있는 엄마

선행사건/예측변인
- 브록은 하기 싫은 일을 하라고 요구 받거나 계속 하고 싶은 일을 그만하라고 요구 받는다.

문제행동
- 교사 지시에 대한 불순종
- 사람이나 물건에 대한 울화 행동 : 소리 지르기, 욕하기, 떠밀기

후속결과
- 교사나 또래로부터 받는 관심
- 자신이 통제하는 느낌을 받음

대체행동
- 브록에게 자신을 통제할 수 있도록 쿨다운 기법(마음 가라앉히기)을 사용하도록 가르치기
- 브록에게 협상 기술을 가르치기

후속결과
- 긍정적 관심 받기
- 자신을 통제하는 느낌 경험

바람직한 행동
- 지시 따르기

후속결과
- 현재 브록은 적절한 행동을 하여도 실제적으로 관심을 받는다거나 자신을 통제하고 있다는 느낌을 경험하지 못한다.

교사와 스태프를 위한 기능평가 체크리스트(FACTS-Part A)

단계 1 학생/학년 브록/초등학교 1학년 날짜 3/22
면담자 ICE 박사 응답자 윌처

단계 2 학생 프로파일 : 학생의 강점이나 학교에 기여하는 점을 최소한 세 가지를 적으시오.

독단적, 강한 성격, 아주 상냥할 수 있음

단계 3 문제행동(들) : 문제행동을 적으시오.

___ 지각 ___ 공격무반응 ___ 위축	✓ 싸움/신체적 ✓ 부적절한 언어 ✓ 괴롭히는 말 ✓ 부적절한 말	___ 방해행동 ___ 반항 ___ 일을 끝내지 않음 ___ 자해	___ 도둑질 ___ 파괴행위 ___ 기타 ___

문제행동을 기술하시오. 전반적으로 불순종

단계 4 일과 확인하기 : 문제행동이 언제, 어디서, 누구와 함께 있을 때 가장 잘 일어납니까?

일정(시간)	활동	문제행동 발생 가능성	구체적인 문제행동
7 : 45	수업시작 전	낮음 높음 1 2 ③ 4 5 6	
9 : 45~10 : 45	수학	1 2 3 4 5 ⑥	공격
	이동시간	1 2 3 ④ 5 6	또래의 물건을 움켜잡음
	국어	1 2 3 4 5 6	
	휴식	1 2 3 ④ 5 6	밀치는 행동
8 : 00~9 : 30	읽기	1 2 3 4 5 ⑥	
11 : 15~11 : 35	점심	1 2 ③ 4 5 6	
1 : 00~1 : 45	과학	1 2 3 ④ 5 6	언어적, 신체적 공격
	이동시간	1 2 3 4 5 6	
12 : 10~1 : 50	사회	1 2 3 ④ 5 6	
	미술	1 2 ③ 4 5 6	

단계 5 심층적인 평가를 위하여 1~3개 정도의 일과를 선택하시오 : (a) 평가점수가 4, 5, 6 정도가 되는 활동(조건)과 (b) 문제행동의 유사성을 근거로 하여 일과를 선택하시오. 선택된 각 일과를 위하여 FACTS-Part B를 완성하시오.

교사와 스태프를 위한 기능평가 체크리스트(FACTS-Part B)

단계 1 학생/학년 브록/초등학교 1학년 날짜 3/22
면담자 ICE 박사 응답자 윌처

단계 2 일과/활동/맥락 : FACTS-PartA로부터 어떤 일과(1개)가 평가되는가?

일과/활동/맥락	문제행동
브록이 하고 싶지 않은 일을 하라고 요구 받는 경우	- 언어적, 신체적 공격

단계 3 문제행동에 대해 더 자세히 기술하시오.

문제행동이 어떤 것인가?	- 불순종 - 위협하기 - 밀치기
문제행동이 얼마나 자주 발생하는가?	- 수업시간마다 한 번 또는 그 이상
문제행동이 발생하면 얼마나 오래 지속되는가?	- 어디에서나 1분에서 수분까지 지속
문제행동의 위험 수준/강도는 어떠한가?	- 점점 심해진다.

단계 4 문제행동이 발생하는 것을 예측할 수 있는 사건은 무엇인가? (예측변인)

관련된 이슈(배경사건)		환경적인 특징	
____ 질병	기타 : 어머니가 감옥에 있어	✓ 질책/교정	✓ 구조화된 활동
____ 약물복용	브록은 양육가정에 있음	____ 신체적 요구	✓ 비구조화된 시간
____ 부정적 사회성		____ 사회적인 고립	____ 매우 지겨운 과제
✓ 가정에서의 갈등		✓ 또래와 같이 있는	✓ 매우 긴 활동
____ 학업 실패		____ 기타	✓ 매우 어려운 과제

단계 5 어떤 후속결과가 문제행동을 가장 잘 유지시키는 것 같은가?

얻기 위한 것		회피하거나 도피하는 것	
✓ 성인 관심	기타 : 힘, 통제	✓ 힘든 과제	기타 :
✓ 또래 관심		✓ 질책	
____ 선호활동		✓ 또래의 부정적 반응	
✓ 돈/물건		____ 신체적 노력	
		____ 성인 관심	

(계속)

행동 요약

단계 6 행동지원 계획을 세우는 데 사용될 수 있는 행동 요약을 적으시오.

배경사건 & 선행사건	문제행동	후속결과
엄마에 대한 분노, 양육가정, 좋아하지 않는 활동 요구	불순종 언어적, 신체적 공격	관심 통제

단계 7 행동 요약의 정확성을 당신은 얼마나 확신합니까?

매우 확신하지 못함					매우 확신함
1	2	3	4	5	(6)

단계 8 문제행동을 통제하기 위해 현재 사용하는 노력은 어떤 것입니까?

얻기 위한 것		회피하거나 도피하는 것	
________ 스케줄 변화	기타 : ________ 없음 ________	✓ 질책	기타 : ✓ 없음 ________
________ 자리 변경	재지시	________ 훈육실에 보내기	집에 전화함
________ 교육 내용 변경		________ 방과 후 남김	

출처 : *Functional Assessment Checklist for Teachers and Staff* (FACTS), by R. March, R. H. Horner, T. Lewis–Palmer, D. Brown, D. Crone, A.W. Todd, and E. Carr, 2000, Department of Educational and Community Supports, Eugene, OR: University of Oregon. Form reprinted with permission, shown here with case study details.

교사 팀을 위한 기능평가 질문지

교사 이름 윌처
학생 이름 브록
날짜 3/21

행동의 서술

문제행동이 어떤 것인가? 한 번에 한 가지씩 기술하시오.

1. 교사 지시에 불순종
2. 언어적 공격 : 위협하기("나 또는 다른 사람들로부터 도망칠 거야."), 욕설, 소리 지르기
3. 신체적 공격 : 다른 학생 밀어 버리기
4. 또래의 물건을 잡아채거나 뺏기
5.

문제행동을 유발하는 것

각각의 문제행동을 유발하는 것(조건)으로 보이는 것을 기술하시오. 당신이 바로 위에서 적은 것과 같은 순서대로 각각의 문제행동을 유발하는 조건들을 기술하시오.

1. 교사가 그에게 지시를 내린다. 교사가 그의 부적절한 행동에 대해서 얘기하면 그는 더욱 불순종한다.
2. 하고 싶지 않은 일을 하도록 요구하거나, 또는 원하는 것을 하지 못하게 하면, 브록은 소리를 지르거나 욕하거나 또는 위협한다.
3. 브록은 자신이 원하는 것을 다른 학생이 가지고 있는 것을 보면 그 학생을 떠밀어 버린다.
4. 브록은 원하는 물건을 잡아챈다.
5.

행동에 대한 강화

당신의 관찰에 의하면 학생은 그 문제행동으로부터 무엇을 얻고 있습니까?

1. 과제 회피, 통제
2. 교사와 또래의 관심
3. 통제, 힘
4. 구체적 물건
5.

(계속)

요약진술문

학생에 대한 앞의 정보로부터 행동을 유발하는 조건, 행동, 그리고 그 행동으로부터 학생이 획득하는 것을 포함하는 간략한 요약진술문을 쓰시오.(예 : 제이슨이 과제를 받았을 때, 그는 교사의 관심을 얻기 위하여 교실을 향해 연필을 던질 것이다.)

1. 교사가 브룩에게 지시하였을 때 그는 거의 불순종한다. 그는 이 행동을 함으로써 관심을 얻고 통제를 한다.
2. 브룩은 자신이 하기 싫어하는 것을 하라고 교사가 요구를 하면, 종종 또래를 위협하거나 소리를 지르거나 욕을 하였다. 이로써 그는 교사나 또래로부터 관심을 얻거나 통제를 한다.
3. 브룩은 수업을 위해 이동하거나 운동장에 있을 때 자주 동료를 밀친다. 그는 또래로부터 관심을 받고 통제를 한다.
4. 브룩은 자신이 원하는 것을 다른 학생이 가지고 있는 것을 보면, 그것을 잡아 뺏는다. 그 결과 브룩은 원하던 물건을 얻게 된다.
5.

앞에 제시된 각각의 요약진술문에 대하여 당신은 학생이 그러한 행동을 하는 이유가 된다고 얼마나 확신하십니까? 그 정도를 1에서 4까지의 숫자로 표시하시오.
1 = 전혀 확신하지 않음, 2 = 어느 정도 확신함, 3 = 확신함, 4 = 매우 확신함

1. 4
2. 4
3. 3
4. 3
5.

위에 제시된 요약진술문을 가장 심한 문제행동부터 가장 약한 행동순으로 그 순위를 매기시오. 가장 큰 문제를 일으키는 것(요약진술문)부터 시작하시오.

1, 2

3

4

출처 : "A Comparison of Results and Acceptability of Functional Behavioral Assessment Procedures With a Group of Middle School Students With Emotional/Behavioral Disorders (E/BD)," by S. G. Murdock, R. E. O'Neill, and E. Cunningham, 2005, *Journal of Behavioral Education, 14*, 5-18. Form reprinted with permission, shown here with case study details.

A-B-C 보고 양식

이름 브룩

관찰 날짜/시간 3/24, AM 8 : 45

관찰 장소 교실

환경 조건(학생 수, 배치, 성인 수 등) 학급 도움실, 성인 1명, 8명의 학생, 국어시간

관찰시간 동안에 관찰된 활동 교사가 관련 유인물을 소리 내어 읽기 & 교사의 지도하에 소수의 학생으로 구성된 소그룹에서 개별 과제하기

특별하거나 잠재적인 영향을 미치는 조건 한 명의 학생이 늦게 옴

시간	선행사건(A)	행동(B)	후속결과(C)
8 : 45	1. 교사가 유인물을 읽는다.	2. 교사가 소그룹에게 개방형 질문을 하고, 대답에 칭찬한다.	3. 브룩은 듣고 있다.
8 : 58	4. 학생이 수업에 늦게 들어온다.	5. 브룩이 책상에 머리를 댄다.	6. 교사나 학생들이 관심을 주지 않는다.
9 : 00	7. 교사가 읽기를 멈추고, 학생들에게 유인물에 있는 짧은 쓰기과제(두 문장 정도)를 내준다. 쓰기 유인물을 나눠 주기 시작한다.		
9 : 03	8. 교사는 브룩에게 걸어가서, 그가 무엇을 썼는지 묻는다.	9. 백지의 유인물을 교사를 향해 밀쳐 버린다.	10. 교사는 과제시간이 10분이라고 얘기하고, 지금 7분 남아 있다고 말한다(이 말은 전체 학생들에게 한다).
9 : 04	11. 교사는 교실 뒤편에서 한 학생을 도와주고 있다.	12. 브룩은 일어나, 수업에 늦게 들어온 학생에게 가서 소리 지른다. "너네 가족들은 전부 뚱보야."	13. 그 학생이 운다. 교사는 브룩에게 타임아웃 장소로 가라고 말한다.
9 : 05	14. 브룩은 우는 학생을 밀어 버린다.	15. 교사는 브룩을 타임아웃 장소로 데리고 간다. 그리고 브룩에게 이번 주 동안 자유선택 시간은 없다고 말한다.	16. 브룩은 타임아웃 장소에 있다(앉았다 섰다 하면서 교실을 둘러본다).
9 : 07	17. 교사는 "앉아. 조용히 해."라고 한다.	18. 브룩은 교실에서 뛰쳐나가면서 "이 학교 정말 싫어!"라고 말한다.	19. 교사는 교무실로 전화한다.
9 : 18	20. 교장선생님은 잠잠해진 브룩을 교실 안으로 데리고 들어간다.	21. 브룩은 자기 책상으로 걸어간다.	22. 두 학생이 웃는다.

A-B-C 보고 양식

이름 브록 관찰 날짜/시간 ______
관찰 장소 ______
환경 조건(학생수, 배치, 성인 수 등) ______
관찰시간 동안에 관찰된 활동 ______
특별하거나 잠재적인 영향을 미치는 조건 ______

시간	선행사건(A)	행동(B)	후속결과(C)
9 : 19	23. 교사는 세 명의 학생을 도와주고 있다.	24. 브록은 벌떡 일어나서 자기를 보고 웃었던 두 학생에게 "난 너희들이 싫어, 이 학교도 싫어."라고 한다.	25. (1) 두 명의 학생은 자리에서 일어나 재빨리 교사에게로 간다. (2) 교사는 브록의 팔을 잡고 전화 있는 곳으로 가서, 학교 행정가에게 전화를 걸어 브록을 데리러 오라고 한다.
9 : 20	26. (1) 교사는 교실의 학생들에게 다시 과제를 하라고 한다. (2) 교사는 브록에게 조용히 이야기한다.	27. 브록의 마음이 가라앉은 것처럼 보인다.	28. 교사는 계속해서 브록에게 조용히 이야기한다.
9 : 21	29. 교사는 브록을 타임아웃 장소로 데리고 간다.	30. 브록은 타임아웃 책상에 앉아, 머리를 책상에 대고 엎드린다.	31. 교사는 조용히 다른 학생들과 함께 수업하고 있다.
9 : 25	32. 교감선생님이 브록을 훈육실로 데리고 가기 위해 들어온다.	33. 브록은 울면서 도망치려고 한다.	34. 교감선생님은 브록을 끌고 교실 밖으로 나간다.

A-B-C 보고 양식

이름 브록

관찰 날짜/시간 3/28, AM 10 : 35

관찰 장소 일반학급

환경 조건(학생 수, 배치, 성인 수 등) 1명의 교사와 22명의 학생

관찰시간 동안에 관찰된 활동 사회 수업 – 짝을 지어 하는 수업

특별하거나 잠재적인 영향을 미치는 조건 브록은 학습 도움실에서 교실로 들어온다. 점심시간은 11시이다.

시간	선행사건(A)	행동(B)	후속결과(C)
10 : 35	1. 교사는 수업활동을 하기 위해 짝을 뽑으라고 요구하였다. 아무도 브록을 짝으로 뽑지 않아서, 교사가 브록을 짝으로 뽑았다.	2. 브록은 여교사에게 소리친다 "내가 내 짝을 뽑고 싶어요!"	3. 교사 : "브록, 진정해. 그리고 어제 수업에서 배웠던 것을 그리기 위해 너와 샘이 무엇을 기억하는지 보자." 모든 학생들이 브록을 쳐다본다.
10 : 37	4. 교사는 브록에게 과제를 하라고 말한다. 그렇지 않으면 교무실에 전화하겠다고 말한다.	5. 브록은 교실을 뛰어나가 문 바로 바깥에 있는 책상 밑으로 들어간다.	6. 교사는 도와 달라고 교무실에 전화한다. 학생들은 웃는다.
10 : 42	7. 교장선생님이 도착하여 울고 있는 브록에게 책상 밑에서 나오라고 말한다.	8. 브록은 그의 숙모가 학교에 오는 것을 원하지 않는다고 소리친다.	9. 교장선생님은 브록을 복도로 데리고 나가고, 교사는 학생들에게 공부하라고 지시한다.

A-B-C 보고 양식

이름 브록

관찰 날짜/시간 3/31, AM 11 : 35

관찰 장소 운동장

환경 조건(학생 수, 배치, 성인 수 등) 교사 1명, 학생 22명

관찰시간 동안에 관찰된 활동 놀이장소에서의 자유놀이

특별하거나 잠재적인 영향을 미치는 조건

시간	선행사건(A)	행동(B)	후속결과(C)
11 : 35	1. 브록을 포함한 소년들은 서로 잡으려고 뛰어다닌다.	2. 브록은 웃으면서 술래잡기 놀이를 한다.	3. 술래잡기 놀이가 계속된다.
11 : 48	4. 술래잡기 놀이는 소년들이 물을 먹기 위해 끝이 났다.	5. 브록은 물을 먹는 줄에서 새치기를 한다.	6. 소년들은 뒤에서 불평한다.
	7. 교사는 브록을 오라고 부른다.	8. 브록은 한 소년을 밖으로 밀어버린다.	9. 교사는 달려와서, 브록에게 교무실에 가라고 요구한다.
11 : 52	10. 지나가는 특수교육 교사가 일반학급 교사로부터 브록에 대하여 도움을 요청 받는다.	11. 브록은 (운동장에서 공이 있는 쪽으로 돌면서) 소리 지른다. "가기 싫어요! 나는 아무것도 하지 않았어요. 쟤들이 거짓말했어요."	12. 특수교육 교사는 브록에게 조용히 이야기한다.
11 : 54	13. 특수교육 교사는 서서, 자신의 손을 브록에게 내민다.	14. 브록은 손을 잡으며, 여전히 울고 있다.	15. 특수교육 교사와 브록은 건물 쪽으로 걸어간다.

배경사건

- 생활에 대한 일반적인 분노

선행사건

- 하기 싫은 일을 요구 받거나, 계속 하고 싶은 일을 그만하라고 요구 받는 것

문제행동과 후속결과

- 울화 행동
- 위협하기, 욕하기
- 소리 지르기
- 후속결과
  - 교사나 보조원이 브록에게 말을 함(잘못된 관심)
  - 교사가 브록의 행동에 반응하느라 수업 진행이 중단됨
  - 치우라고 말한 물건을 브록이 가지고 있게 허용함(요구의 철회)

바람직한 행동과 후속결과

- 지시 따르기
- 지시를 따랐을 때 후속결과가 주어지지 않음

대체행동

- 쿨다운 기술(마음 가라앉히기) 가르치기
  - 교사는 브록이 그 기법을 사용하거나 하려고 시도할 때 칭찬함
- 대체 과제를 요구하는 것과 같은 협상 기술 가르치기
  - 교사는 브록이 요구하는 대체 과제가 수용 가능한 것이면 허락함

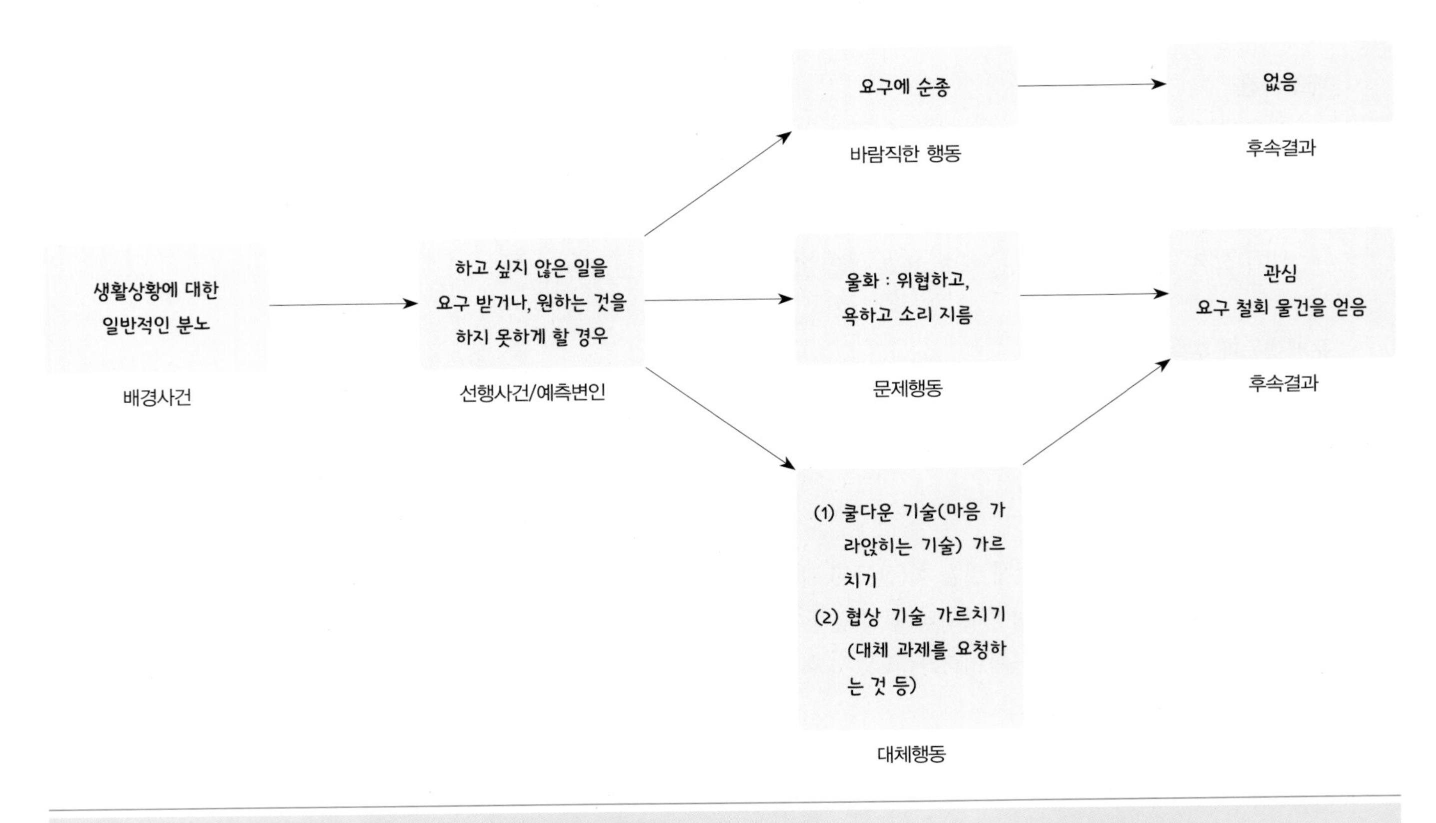

브록에 대한 기능적 행동평가의 결과 정리 예 : 경쟁행동 모델 관점

출처 : Functional Assessment and Program Development for Problem Behavior, A Practical/Handbook, 2nd edition by O'Neill/Horner/Albin/Sprague/Storey/Newton, 1997. Wadsworth, a division of Thomson Learning의 허가하에 게재함 : www. thomsonrights.com. Fax 800-730-2215.

행동중재 계획

학생 브록　　　나이 6세　　　날짜 3/20

대상 행동	목표 기준	가설	대체행동	목표 기준	선행사건 중재	강화 계획	행동 감소 중재	모니터링 계획
1. 불순종	수업시간당 한 번 정도	- 과제 회피 - 통제	교사 지시 따르기	90%	- 순종하는 것 가르치기 - 사전 교정 사용하기 - 선택 제공 - 가능성이 낮은 요구를 하기 전에 가능성이 높은 요구를 먼저 하기	순종하면 별표 스티커를 주고, 교사를 돕는 시간과 교환하게 한다.	해당 없음	읽기수업 동안 지시 따르는 행동 측정하기
2. 언어적, 신체적 공격	하루에 한 번도 일어나지 않음	- 과제 회피 - 또래와 교사 관심 - 통제	- 감정을 표현하는 단어 사용하기 - 휴식 요구하기	100%	- 사전 교정 사용 - 시각적 단서 제공 - 자기조정 - 자기통제 과정 가르치기 - 다른 학생들이 놀리거나 부적절한 행동 무시하는 법 가르치기	자기통제를 하면 별표 스티커를 주고, 또래와 함께 특권을 누리는 것과 교환하게 한다.	해당 없음	읽기와 수학시간 동안 보조교사에게 공격행동을 모니터하도록 한다.
3.								
4.								

제4부

표적집단과 개별적 중재와 지원

CHAPTER 9

사회적 기술 교수를 통한 지원 제공하기

Asiseeit/Getty Images

학습목표

1. 사회화 문제의 유형과 각 문제 유형을 교정할 수 있는 전략들을 기술할 수 있다.
2. 학교 차원의 긍정적 행동중재와 지원에 대한 보편적 차원, 표적집단 차원 혹은/그리고 개별적 차원의 사회적 기술 중재를 기술할 수 있다.
3. 사회적 기술 교육과정을 선택하는 기준을 기술할 수 있다.
4. 사회적 기술의 일반화를 어떻게 촉진시킬 것인가에 대해서 기술할 수 있다.

사회적 기술 중재에 대한 보편적 아이디어

- 문제행동을 나타내는 학생들은 특별히 사회행동의 여러 가지 측면에 어려움을 가지고 있다.
- 사회적 기술 문제는 일반적으로 기술 결함, 수행 결함, 유창성 결함을 반영한다.
- 사회적 기술들은 가르치고 배울 수 있지만 기술 일반화의 목표는 평가와 교수의 모든 면을 이끌어야 한다.

관계는 우리 사회의 기초이다. 사회의 모든 요소들은 가장 친밀한 가족관계에서부터 생산과 이윤을 증가시키기 위한 법인관계에 이르기까지 여러 관계로 이루어져 있다. 관계의 중요성은 삶의 모든 영역에서 찾아볼 수 있다. 건강관리에 있어서 의사와 관계가 좋지 않다고 느끼는 환자는 다른 의사를 찾을 것이다. 일을 할 때도 흥미가 같거나 우리에게 관심을 보이거나, 인간성이나 다른 특징 혹은 유머가 있어서 즐겁게 시간을 보낼 수 있는 사람들에게 끌리는 것은 당연한 일이다. 아동을 돌보는 사람을 찾는 경우 부모들은 아동을 돌보는 데 경험이 있을 뿐만 아니라 아동과 이야기를 하면서 좋은 관계를 맺는 사람, 아동들의 행동에 흥미를 나타내는 사람, 아동을 친절하게 잘 돌보아 주는 사람 등을 기대할 것이다. 우리들의 관계 대부분은 무관심 속에 이루어져 있으며 다른 것들은 상당히 개인적이다. 우리가 유지되기를 바라는 대부분의 관계들은 공감, 성실, 존경 그리고 공동 관심과 같은 요소들로 특징지어질 수 있다. 앞 장에서 우리는 교사와 학생 간 관계의 중요성, 교사와 부모 간 관계의 중요성, 특수교사와 일반교사 간 관계의 중요성에 대해서 살펴보았다. 이번 장에서 우리는 만성적인 문제행동을 보이는 학생들이 어려워하는 성공적인 관계를 위해 필요한 기술들에 대해서 논의할 것이다. 이러한 학생들은 대화 시 적절한 주제의 선택, 또래와 어떻게 지낼 것인가와 같은 기본적인 사람과의 관계기술이 부족하다. 이런 부족한 점들은 또래의 괴롭힘 대상이 되거나 또래와의 활동 회피와 같은 문제들을 수반하는 빈약한 또래관계의 위험에 노출되게 한다. 사회적 기술 결함과 관련된 미성숙한 행동(장난감 빼앗기, 동료에게 부적절한 언어 사용하기)에 대해서 단순히 학생들을 벌주는 것으로는 다른 친사회적 행동을 이용하는 것을 가르칠 수 없을 것이다. 학생들은 자신이 배우지 않은 어떤 것도 사용하지 않을 것이다.

긍정적 행동중재와 지원(PBIS)의 3단계 모델에서 사회적 기술 교수에 대한 관심은 보편적 중재(1단계), 표적집단 중재(2단계), 개별적 중재(3단계)의 부분으로서 적절하다. 보편적 중재에서 사회적 기술들은 모든 학생들에게 친사회적인 행동을 보이는 학교 수준 교수로 구성되어 있다. 표적집단 중재에서의 사회적 기술들은 보편적인 수준에서 요구하는 것 이상의 지원이 필요한 학생들을 위한 소그룹 교수로 구성되어 있다. 개별적 중재에서의 사회적 기술 중재는 사회적 기술, 자기조절 기술 혹은 사회적·행동적 결함이 있는 영역에 포괄적이고 개별화된 교수가 포함될 것이다.

이번 장에서 우리는 표적집단 중재 혹은 개별적 중재를 필요로 하는 학생들을 위한 사회적 기술 문제와 사회적 기술 중재의 유형에 대해서 논의할 것이다. 다음으로 보편적 중재에서 부분적으로 포함된 사회적 기술 중재에 대해서 짧게 논의할 것이다. 끝으로 우리는 사회적 기술 교육과정의 개요와 교육과정을 선택하는 지침을 기술할 것이다.

아동들의 사회적 행동은 사회적 · 학업적 성공과 밀접한 관련이 있으며, 이 분야에 문제가 있는 학생들은 문제행동을 보일 수도 있다. Murray와 Greenberg(2006)는 또래를 사귀는 데 어려움을 겪는 경도장애 학생들은 문제행동, 의무 불이행, 화내기, 우울 등을 나타내었다고 보고하였다. 종단연구에 의하면 아동들의 전 사회적 행동은 현재와 미래의 학습과 사회적 성공에 중요한 역할을 한다고 하였다(Caprara, Barbaranelli, Pastorellin, Bandura, & Zimbardo, 2000; Coie & Krehbiel, 1984; Gresham, Sugai, & Horner, 2001; Malecki & Elliot, 2002; Morrison, Olivos, Dominguez, Gomez, & Lena, 1993). 더 많은 사회적 기술을 보유하고 있는 학생들은 학교와 인생에서 학습과 사회적 성공을 할 수 있는 기회가 많다. 사회적 기술에 대한 최소한의 능력 없이 학생들은 학교의 개인 간 요구를 잘 준비할 수 없을 것이며, 교사와 또래들과 좋은 관계를 유지할 수 없고 학업적 · 행동적 어려움을 갖게 될 것이다(Beebe-Frankenberger, Lane, Bocian, Gresham, & MacMillan, 2005).

Walker, Ramsey와 Gresham(2004)의하면 사회적 기술(social skills)은 다음과 같다.

> (1) 긍정적인 사회관계의 시작과 유지를 촉진하고 (2) 또래 승인과 우정 발전을 위해 기여하며 (3) 만족할 만한 학교 적응을 나타내고 (4) 사회적 환경의 요구들에 조정하고 대처하는 개인이 되게 하는 일련의 능력.(p. 179)

사회적 기술 문제의 유형

습득 결함, 수행 결함, 유창성 결함과 같은 사회적 기술 문제를 인식해야 한다.

Gresham(1981, 1995)은 습득 결함, 수행 결함, 유창성 결함 같은 사회적 기술 문제를 기술하였다. 습득 결함(acquisition deficits)은 학생들이 배우지 않았거나 올바르게 이용하지 않거나 적절한 방식으로 이용하지 않는 기술들을 말한다. 이것들은 학습문제이거나 '할 수 없다'의 문제이다. 학생들은 어떻게 그 기술들을 해야 하는지에 대해서 알지 못하면 비록 원한다고 해도 바람직한 행동을 나타낼 수 없다. 예를 들면 사만다는 장난감 혹은 재료들을 다른 사람과 절대 나누어 사용하지 않는다. 나눌 필요가 있는 상황인데도 사만다는 물건들을 혼자 가지고 있거나 또래 친구로부터 멀리 놓아둔다. 수행 결함(performance deficits)은 어떻게 수행해야 하는지 알고 있지만 동기적인 요인 때문에 하지 않는 것을 말한다. 어떤 특별한 기술을 행하고자 하는 동기가 충분하지 않거나, 또는 부적절한 행동을 하여 원하는 강화를 받고 있을 때 주로 나타난다. 수행 결함은 '하지 않을 것이다'의 문제이다. 학생들은 그 기술을 할 수 있지만 안 할 것이다. 예를 들면 헌터는 국어시간에 적절한 도움이 필요할 때 도움을 요청하는 것을 좋아한다. 그러나 과학시간에는 이런 행동을 하는 것을 싫어하기 때문에 하지 않는다. 과학시간에 자기가 이해하지 못할 때 헌터는 방해행동을 한다(도움을 요청하기 위해서 큰 소리로 부르기, 불평하기, 수행 거절하기 등). 관심과 과제 회피를 위해 그가 경험한 이런 부적절한 행동은 바람직한 행동(적절하게 도움 요청하기)을 나타내기 위한 동기와 경쟁해야 할지도 모른다.

마지막으로 유창성 결함(fluency deficits)은 학생이 필요한 기술을 수행하는 방법을 알고 있고, 그 기술을 수행하는 데 충분히 동기화되어 있지만 실제로 그 기술이 서툴거나 비효율적인 경우에 나타난다. 유창성 결함은 그 학생이 어떤 상황에서는 그 기술을 사용할 수 있지만 다른 상황에서는 그렇지 못한 경우이다. 예를 들면 어떤 또래의 괴롭힘은 무시할 수 있지만 다른 또래의 경우에는 그렇지 못한 경우이다. 다른 유창성 결함의 예는 어떤 학생이 어떤 기술을 이용하려고 시도하였지만 효과적인 결과를 창출하지 못한 경우이다. 예를 들면 알리샤는 상당히 수줍음이 많은 고등학생인데 다른 사람과 대화를 하려고 시도하지만 그다지 효과적이지 않다(작고 낮은 목소리로 말을 걸거나, 접근하는 데 우물쭈물하거나, 눈을 마주치지 못함).

이런 형태의 결함들은 중재를 위한 암시를 내포하고 있다. 습득 결함은 아직은 어떻게 하는 것이 올바른지 알지 못하기 때문에 학생이 필요한 기술에 대한 교수를 요구한다. 수행 결함을 수정하기 위해서는 경쟁행동의 동기를 확인해야 하며, 가능하다면 강력한 강화제를 제공하여 목표한 사회적 기술을 사용하도록 조절해야 한다. 유창성 결함은 구조화된 연습 기회뿐만 아니라 기술을 사용하는 교육이 필요할지 모른다. Walker와 그의 동료들(2004)에 따르면 사회적 기술 문제의 대부분은 수행 혹은 유창성 결함에 의해서 일어나며 교사들은 필요한 사회적 기술을 수행할 수 있도록 학생들에게 동기를 부여해 줄 수 있는 중재를 주의 깊게 계획해야 하며, 자연스럽게 사회적 기술들을 사용할 수 있도록 지도하고 격려할 수 있는 전략을 개발해야 한다.

사회적 기술 대 사회적 능력

어떤 학생이 사회적으로 중요한 기술을 사용하는 내용을 고려하는 것과 더불어 사회적 상황에서 학생의 전체적인 효과성이 평가되어야만 한다. 이러한 두 가지 영역에는 사회적 기술(social skills)과 사회적 능력(social competence)이 있다. 위의 두 가지 개념 간의 차이에 대해서 처음 언급을 하였던 McFall(1982)에 의하면 사회적 기술은 개인이 사회적 과업을 수행하는 행동을 말한다(친구 사귀기, 어려운 상황 극복하기 등). 사회적 능력은 그런 행동들의 전체적인 효과성을 나타내며 개인의 사회적 행동에 대한 다른 사람들의 평가를 의미한다. 사회화 중재의 목표는 아동들의 사회적 기술을 개선하는 것뿐만 아니라 보다 중요한, 그들의 사회적 능력을 향상시키는 것이다. 고립적으로 기술을 가르치는 것에 집중하는 사회적 기술 중재는 실제적인 사회환경에서 사회적으로 적절한 행동의 수행을 증진하기 위한 전략을 사용하는 프로그램보다 비효율적이다. 사회적으로 적절한 행동을 하기 위해서는 아동들의 행동에 대해서 다른 사람들(또래 또는 성인들)이 어떻게 반응하는지를 살펴보아야 하기에 사회화 중재의 부분으로서 또래를 포함하는 것이 중요하다.

사회적 기술은 중요하다. 사회적 능력은 보다 더 중요하다.

사회적 기술을 증진시키기 위한 중재

학생들의 사회적 기술을 개선하기 위한 중재에는 습득 · 수행 · 유창성 결함을 개선하기 위해 고안된 전략이 포함되어야 한다. 앞 장에서 논의했던 것처럼 교사들은 사회적 기술뿐만 아니라 사회적 능력을 개선하기 위해 도울 수 있는 단계를 취해야 할 필요가 있을 수 있다. 습득과 유창성 결함에 이용되는 중재는 사회적 기술 훈련이나 특별한 사회적 기술에 대한 직접 교수이다. 이 모델에서 사회적 기술은 학업적 기술을 가르치는 것과 유사한 기술을 이용하여 가르친다. 첫 번째, 왜 사회적 기술이 중요한지에 대한 합리적인 설명이 제공되어야 한다. 두 번째, 기술이 포함된 단계를 설명하고 입증해야 한다. 이 단계에서 보이지 않는 교수 단계가 매우 중요하다. 교사는 학생들에게 분명히 '숨겨진 단계'를 만들기 위해 '생각나는 대로 말하기'를 해야 한다. 다음은 각 학생은 역할놀이를 통해서 기술을 습득하고, 교사의 피드백에 따라서 기술의 모든 단계를 다른 학생들에게 올바르게 설명할 수 있어야 한다. 마지막으로 학생들은 집이나 학교와 같은 실제 생활 현장에서 사회적 기술들을 자기점검이나 자기평가와 같은 자기관리 기술들을 이용하여 실행하는 형식적인 과제를 부여받는다. 우리는 어떻게 이러한 기술들을 이용하는지에 대해서 제11장에서 설명할 것이다.

이러한 접근 방식이 널리 추천되지만 많은 사람들은 사회적 행동 변화의 일반화와 유지에 있어서 효과적이지 않다는 점을 들어 사회적 기술 훈련을 비판해 왔다. 이러한 비판들은 사회적 기술 연구의 포괄적인 분석을 기초로 하고 있다. 이러한 분석들은 사회적 기술 자체의 중재 효과에 있어서도 그렇게 높은 효과를 보이지 않는다(Lane, Wehby, & Barton-Atwood, 2005; Mathur, Kavale, Quinn, Forness, & Rutherford, 1998; Miller, Lane, & Wehby, 2005; Zaragoza, Vaughn, & McIntosh, 1991). 그러나 최근 사회적 기술 연구의 제한적인 효과에 대한 설명이 많이 제시되고 있다. 이와 같이 사회적 기술 훈련의 제한적인 효과에 대한 이유로는 중재 전에 사회적 기술 결함을 체계적으로 평가하지 못한다는 점(Gresham et al., 2001), 교사들과 부모들이 중요하게 여기는 구체적인 기술에 대해 교수를 제공하지 못한다는 점(Lane, Givner, & Pierson, 2004), 학생들의 사회적 필요를 가장 잘 이해하는 교사들이 학급에서 중재를 실시하는 데 실패했다는 점(Lane et al., 2005), 다른 상황이나 시간으로 일반화되는 기술의 일반화를 강조하지 않은 점(Mathur et al., 1998) 등이 제시되고 있다. 그러므로 사회적 기술 중재에서는 중재 효과가 제한될 수 있는 이러한 부분에 대해 주의 깊게 계획하는 것이 필수적이다. 이어서 이러한 관점에서 중재를 기술하고자 한다.

논의된 평가 및 중재 방법들은 학교 차원의 긍정적 행동중재와 지원의 표적집단 중재와 개별적 중재에 적합하다. 각 수준에 대한 중재들은 강도(매주 학생이 사회적 기술 교수에 노출되는 시간), 개인적 회기의 지속 기간, 배운 기술의 유형 등이 다르다.

사회적 기술 평가하기

학생들이 배울 필요가 있는 학습기술을 결정하는 것처럼 학생들이 배울 필요가 있는 사회적 기술을 결정해야 한다.

사회화 중재를 시작하기 전에 교사들은 사회적 기술 영역 내에서 학생들의 장점과 약점을 진단해야 한다. 사회적 기술 중재의 효과성은 학생들이 부족한 사회적 기술을 배우고 필요한 사회적 기능을 성공적으로 수행하는 것에 따라 결정될 것이다. 특별히 학생이 주기적으로 보이는 사회적 기술(학생의 장점), 각 학생이 나타내는 사회적 기술의 결함 형태(습득 결함, 수행 결함, 유창성 결함), 경쟁적인 문제행동들이 사회적 기술을 수행하는 데 방해가 되는지 여부를 알아야 한다.

사회적 기술 평가의 첫 번째 단계는 학생의 문제행동이 습득 결함, 수행 결함 혹은 유창성 결함인지를 결정하는 것이다. 습득 대 수행 결함은 다음 질문에 답함으로써 결정할 수 있다. “학생이 적절한 조건에서 기술을 효과적으로 사용하는 것이 관찰되는가?” 어떤 학생이 중립적이거나 긍정적인 상황에서도 그러한 기술을 전혀 사용하지 않는다면 아마도 그 기술을 어떻게 수행해야 하는지를 모르는 것이고, 이것은 습득 결함일 것이다. 이런 질문에 대해서 긍정적인 반응은 수행 결함 혹은 유창성 결함이라고 할 수 있다.

사회적 기술 평가는 비형식적(관찰, 자기보고, 체크리스트, 훈육실 의뢰 자료) 혹은 형식적(이 목적을 위해 만들어진 표준화 검사도구)으로 이루어질 수 있다. 기능행동평가(FBA) 자료를 수집하기 위해서는 사회적 기술에 대한 학생의 능력과 필요에 대한 유용한 정보를 제공할 수 있는 비형식적 평가를 실시해야 한다. 기능행동평가 자료는 학생의 문제가 습득 · 수행 · 유창성 결함 중 어떤 것인지를 교사와 다른 전문가가 결정하는 데 도움을 준다. 사실 기능행동평가를 수행하는 것은 자료를 수집하기 위한 과정을 통해서 사회적 기술 결함의 형태를 결정하기 위한 시도이다. 적절한 사회행동의 패턴들은 자료 분석의 부분으로서 확인되어야 한다. 만약 이러한 정보가 기능행동평가의 부분으로서 정확하게 나타나지 않으면 사회적 기술 중재 프로그램을 시작하기 전에 더 많은 면담과 관찰이 이루어져야 한다.

사회적 기술에 대한 비형식적 평가의 또 다른 접근 방식은 비율 척도를 이용하거나 사회적 기술 교육과정이 포함된 체크리스트를 이용하는 것이다. 이번 장의 뒷부분에서 교육과정에 대해서 논의할 것이며 체크리스트 혹은 비율 척도에 대해서도 논의할 것이다. 교육과정 중심 사회적 기술 비율 척도의 대부분은 담임교사나 학생들을 잘 아는 사람들에 의해서 행해질 수 있다. 이러한 도구들은 완성하는 데 적은 시간이 소요되지만 기술을 배우는 과정뿐만 아니라 학생들이 배우는 데 필요한 기술에 대해서도 유용한 정보를 제공할 것이다.

제3장에서 짧게 논의된 것처럼 교내 긍정적 행동중재와 지원 지도 팀은 목표 수준 지원을 받을 학생을 확인하기 위한 여러 가지 정보를 이용해야 한다. 이런 정보 중의 일부는 사회적 결함을 가지고 있는 학생의 일반적 분야를 확인하는 데 도움이 될 것이다. 예를 들면 극단적으로 수줍어하고 친구가 없는 학생에게는 표적집단 중재를 제공할 것이다. 이러한 정보는 학생이 필요로 하는 사회적 기술 중재의 일반적 유형을 제안할 수도 있다. 다른 학생은 문제행동으로 인해 여러 번 훈육실로 의뢰되었기 때문에 더 많은 지원을 받아야 할지 모른다. 교사들이 파괴적인 행동에 대해 좀 더 의문스러워할 때 학생의 파괴적인 행동은 특별한 활동 유형이나 상황(그룹 활동 시간에, 전이하는 동안에, 다른 학생들과 놀이를 하거나 활동을 할 것으로 기대했던 시간 동안)에서 일어났다. 다시 말하자면 이 정보는 학

표 9-1 사회적 · 행동적 · 정서적 강점과 필요를 평가하기 위한 검사

행동정서 평정척도 2판(BERS-2)(Epstein, 2001), Austin, TX : Pro-Ed
- 교사, 부모, 학생들에 의해 작성됨
- 5세부터 18세 아동을 위해서
- 대인 간의 장점, 가족 포함, 개인 내적 장점, 학교 기능, 정서적인 장점, 직업적인 장점 등을 강조하는 장점 중심 평가

사회능력과 사회적응에 대한 Walker-McConnell 척도 : 초등학교용(Walker & McConnell, 1995a)과 중학교용(Walker & McConnell, 1995b), Florence, KY : Thompson Learning
- 교사들과 다른 학교 관계자들에 의해 작성됨
- 초등학교용은 6학년까지 : 중학교용은 7~12학년까지
- 출현빈도에 대한 항목의 체크는 리커트 척도로 작성
- 초등학교용은 3개의 하위 척도로 한다 : 교사가 선호하는 사회적 기술, 또래가 선호하는 사회적 기술, 학교 적응. 중등학교용은 4개의 하위 척도가 있다 : 공감, 자기조절, 학교 적응, 또래관계

사회성 기술평정체계(SSRS, Gresham & Elliot, 1990), Circle Pines, MN : American Guidance Service
- 세 가지 형태 : 학령 전(3~5세), 초등학교(6학년까지), 중학교(7~12학년)
- 부모와 교사들(학령 전용)에 의해서 작성. 부모, 교사, 학생들에 의해서 작성(초등학교, 중학교용)
- 사회적 기술, 경쟁적인 문제행동(교사와 부모용), 학습 수행에 대한 포괄적인 진단
- 출현빈도와 기술의 중요성은 리커트 척도로 작성
- 다섯 가지 사회적 기술 강조 : 협력, 자기주장, 책무성, 공감, 자기조절
- 세 가지 부분에서 경쟁적 문제행동이 평가되었음 : 외면화, 내면화, 과잉행동
- 교사용에만 학습 수행이 평가됨. 읽기, 수학평가, 전체적인 성취, 동기부여, 부모의 격려 등을 강조
- 습득 결함의 항목을 만들기 위해서 각 평가로부터 결과를 종합할 수 있는 시스템을 포함하고 교수를 위한 목표기술을 설정한다.

(계속)

표 9-1 사회적 · 행동적 · 정서적 강점과 필요를 평가하기 위한 검사(계속)

학교 사회적 행동척도(SSBS, Merrell, 2002), Austin, TX : Pro-Ed
- 65항목, 교사에 의해 작성됨
- 출현빈도는 리커트 척도에 의해 항목을 평가
- 두 가지 부분이 강조됨 : 사회적 능력과 반사회적 행동

학령 전과 유치원 행동척도(Merrell, 1994), Austin, TX : Pro-Ed
- 76항목, 교사, 부모, 보육사, 혹은 다른 사람들에 의해 작성됨
- 3~6세 아동을 위해서
- 출현빈도는 리커트 척도에 의해 항목을 평가
- 두 가지 부분이 강조됨 : 사회적 능력과 반사회적 행동

Waksman 사회기술평가 시스템(WSSRS, Waksman, 1985), Portland, Oregon: Enrichment Press. Republished by ASIEP Education Company, Portland, Oregon, 1984, Republished by Pro-Ed Publishers, Austin Texas, 1988. Republished by PAR Publishers, 1992. Republished by Enrichment Press, 1996
- 21항목, 교사에 의해 작성됨
- 유치원생부터 고등학교 3학년 학생을 위해
- 두 가지 영역 : 공격성과 수동성
- 공격성과 수동성 총점도 산출됨

Matson 청소년의 사회적 기술평가(MESSY) 2판(Matson, 1994), Worthington, OH: International Diagnostic Systems
- 두 가지 유형으로 하나는 교사용(64개 항목), 다른 하나는 학생용(62개 항목)
- 교사용은 두 가지 영역을 다룸 : 부적절한 적극성과 적절한 기술
- 자기평정 척도인 학생용은 다섯 가지 영역을 다룸 : 적절한 사회적 기술, 부적절한 적극성, 충동성과 반항, 과신, 질투/위축
- 두 가지 유형의 점수를 비교할 수 있음

생들이 배워야 하는 어떤 사회적 기술을 나타내는 것이다.

사회적 기술들은 표준화된 도구를 이용하여 공식적으로 평가될 수 있다. 여러 가지 비율 척도들이 교사나 다른 전문가가 학생의 사회적 기술에 대한 필요와 능력을 확인하기 위해 이용될 수 있다. 여러 가지 방법들은 교사, 부모, 다른 학생으로부터 정보를 얻고 사회적 능력을 위해 중요한 여러 가지 영역에서 필요한 것들과 능력을 평가한다. 사회적 기술 비율 척도의 목록을 표 9-1에서 간단히 설명하였다.

사회화 중재의 요소

사회적 기술 중재의 네 가지 목적을 성취하기 위한 전략들을 이용하라.

Walker, Ramsey와 Gresham(2004)에 의하면 사회화 중재의 네 가지 목표가 있다. (1) 학생들에게 부족한 기술 가르치기, (2) 기술의 유창성 향상시키기, (3) 학생의 사회적 기능을 돕는 문제행동의 감소 혹은 제거(보다 적절한 대안적 행동으로 이러한 행동을 교체하도록), (4) 기술 유지와 일반화의 향상. 다음 장은 이러한 목표를 성취하기 위한 전략들을 기술할 것이다.

학생들에게 부족한 기술 가르치기 학생들이 특별한 기술을 어떻게 수행하는지 알지 못할 때는 이러한 기술을 가르쳐야 한다. 교실행동관리 혹은 개별 학생의 행동문제가 생겼을 때 그런 행동문제들은 학

생들이 배우지 못한 한 가지 혹은 그 이상의 사회적 기술을 반영할 수도 있다. 교사들은 학교의 모든 지역에서 학생들의 행동에 대해 알고 있어야 하며 또래와 교사관계에 필수적인 기술이 부족한 학생들의 행동을 주의 깊게 관찰해야 한다.

사회적 기술들을 가르치는 것은 학업적 기술을 가르치는 것과 상당히 비슷하다. 사회적 기술은 분석되고(특별한 단계들로 나누어지고), 설명되고, 해석되어야 하며, 학생들은 관리와 피드백을 받으며 기술을 연습해야만 한다. Elliot과 Gresham(1991)은 이러한 단계에는 코칭, 모델링, 행동 시연 등이 있다고 하였다.

사회적 기술 교육과정 선택하기　교육자들이 선택할 수 있는 시판된 사회적 기술 교육과정이 상당히 많이 있다. 학생들의 전체적인 성공을 위한 사회적 기술의 중요성을 고려한다면 교사들은 바람직한 결과를 생성할 수 있는 교육과정을 선택하는 것이 중요하다. 이러한 목적에 따라 사회적 기술 교육과정을 선택하는 기준을 다음과 같이 제안한다.

1. 바쁘고 복잡한 학교환경 내에서 쉽게 이용할 수 있고 적용할 수 있는 교육과정을 선택하라. 이것은 (1) 자료는 상대적으로 쉽고 간단해야 한다, (2) 교육과정은 교사에게 친숙한 용어와 교수방법을 이용해야 한다, (3) 수업은 준비하거나 이행하는 데 필요한 상당한 시간을 필요로 하지 않아야 한다, (4) 프로그램을 이용하기 위한 특별한 훈련이 요구되지 않아야 한다. 이러한 요구조건에 맞는 교육과정이 지속적으로 실행되어야 한다.
2. 코칭-모델링-행동 시연 접근이 포함된 교육과정을 선택하라. 이것은 새로운 사회적 기술들을 가르치는 데 가장 효과적인 접근 방식이다.
3. 추상적인 요약으로 구성된 것보다는 관찰할 수 있고 과제 분석된 기술들을 가르치는 교육과정을 선택하라. 제6장에서 배운 것처럼 학습과 행동에 문제가 있는 학생들은 직접 교수가 유익하다. 단순히 '친절해라'라고 학생들을 권고하거나 '존경심을 보여라'라고 책망하는 것은 어떻게 친절해야 하고 어떻게 존경해야 하는지를 학생들이 알 수 없다는 것을 의미한다. 대부분의 사회적 행동에는 많은 것들이 내재되어 있다. 예컨대 '그냥 무시해 버려'란 자극에 쉽게 반응하는 학생들은 그 일을 수행하는 데 필요한 중요한 정보를 갖고 있는 학생이라고 볼 수 없다. 대개 '그냥 무시해 버려'는 무시되어야 할 상황에 우리가 놓여 있다는 것을 인식해야만 한다. 그러고 난 후에 받아들일 수 없는 반응을 조절하기 위해서 무언가(깊은 숨을 쉬기, 결과들을 상기시키며 자신을 돌아보기, 10까지 수를 세기)를 해야만 하며 자극이 계속된다면 자기조절 기술들을 사용해야 한다. 어떤 관찰자는 '그냥 무시해 버려'에 대해 우리가 기술을 사용하고 있다는 것을 간파하지 못할 수 있다. 왜냐하면 이러한 기술은 인지활동이기 때문이다.
4. 여러분의 학생들과 유사한 학생 집단을 형성하고 있는 학교에서 현장검증이 된 교육과정을 선택하라. 사회적 행동에 변화가 포함된 조건하에서는 실제로 바람직한 결과들을 이끌어 낸 명백한 증거가 있는 교육과정을 원할 것이다. 화려한 마케팅과 포장으로 이루어진 교육과정과 프로그램이 성공적인 결과들을 보장한다고 볼 수는 없다.

표 9-2는 위 기준들의 전부 혹은 대부분을 만족시킬 수 있는 시판된 사회적 기술 교육과정의 목록이다. 코칭-모델링-행동 시연 접근에 따라 이러한 교육과정의 대부분은 이용하기 쉽고 관찰 가능한 기술들을 가르친다. 대부분이 현장검증을 통해 이루어진 산출물이다.

표 9-2 사회적 기술 교육과정

교육과정	저자/출판사	교수 기술	포함된 진단
공격성 대체 훈련	Goldstein, Glick & Gibbs(1998), Research Press	세 가지 요소 내에서 공격성을 대체할 수 있는 기술을 가르친다 — 사회적 능력(사회적 기술), 분노통제 훈련(자기 조절 훈련), 도덕적 추론(사회적 문제해결)	있음 사회적 기술
ASSET : 청년을 위한 사회적 기술 프로그램	Hazel, Schumaker, Sherman & Sheldon(1995), Research Press	여섯 가지 영역에서 기술을 가르치기 위해 역할극, 토론, 비디오테이프로 만든 모델링을 이용한다 — 긍정적인 피드백 주기, 부정적인 피드백 주기, 부정적인 피드백 받아들이기, 또래 압력에 저항하기, 문제해결, 타협, 교수 따르기, 대화	없음
교과과정 준비 : 전 사회적 능력 가르치기	Goldstein(1999), Research Press	중 · 고등학교 학생들을 위해 만들어졌지만 유아에게도 적용할 수 있다. 공격성, 스트레스, 편견을 줄이기 위한 10가지 중재와 93가지 보충활동이 포함되어 있음(게임, 역할극, 독서 등)	없음
유아기의 사회적 능력 초등학교 아이들을 위한 사회적 능력 청소년을 위한 사회적 능력	McGinnis & Goldstein(1997a), Research press McGinnis & Goldstein(1997b), Research Press Goldstein, McGinnis, Sprafkin, Gershaw, & Klein(1997), Research press	교실과 사회적 성공을 위해 요구되는 여러 가지 사회적 기술을 세 가지 사회적 능력 교육과정에서 가르친다. 각 수준은 구조화된 학습 접근을 이용한다(모델링, 역할극, 피드백, 숙제). 보충 교수 자료를 이용할 수 있음	있음
사회적 기술 중재 지침	Elliott & Gresham(1991), American Guidance Service	사회적 기술 척도 체계에 따른 반응. 다섯 가지 부분에 대한 기술 결함을 강조 — 협력, 주장, 책무성, 공감, 자기 조절	없음 그러나 지침서는 사회적 기술척도 체계와 함께 사용될 수 있음
교실 내 사회적 기술	Stephens & Arnold (1992), Psychological Assessment Resources	기술 결함과 유창성 결함을 줄이기 위한 역할 연극과 대본 시연 이용. 네 가지 부분을 강조 — 환경적 행동, 개인 간 행동, 자기와 관련된 행동, 과업과 관련된 행동	없음
멈춰서 생각하기 (사회적 기술 프로그램)	Knoff(2001), Sopris West	학년 전부터 중학교까지 4단계를 이용할 수 있다. 개인 간 행동, 생존, 문제해결, 갈등해결을 위한 기술을 가르치는 데 역할극, 그룹 활동, 유관강화를 이용	없음
잘 지내기를 위한 도구	University of Florida	20가지 수업과 6가지 보조수업으로 구성됨. 화(anger)를 인지하고 관리하기, 효과적으로 대화하기, 사회적 문제를 해결하는 기술을 습득할 수 있도록 학생들을 가르침. 일일 누적 검토, 지침서 이용, 독립적인 실행활동을 갖춘 직접 교수 접근을 이용함	
다루기 어려운 아동을 위한 사회적 기술	Sheridan(2000), Sopris West	사회적으로 기본적인 기술을 강화하고 가르치고 진단하며 상호작용이 유지되고 문제해결을 하는 활동을 포함	있음

표 9-2 **사회적 기술 교육과정(계속)**

교육과정	저자/출판사	교수 기술	포함된 진단
사회적 기술 교육과정(ACCEPTS) 사회적 기술 교육과정(ACCESS)	Walker, McConnell, Holmes et al.(1988), Pro-Ed Walker, Todis, Holmes, & Horton(1988), Pro-Ed	초등학교 학생들(ACCEPTS)에게 다섯 가지 영역의 기술을 가르치기 위한 각본을 이용. 중학교에서 고등학교 학생들(ACCESS)을 위해서 세 가지 영역의 기술을 가르친다. 초등학교용은 장애아동과 비장애아동을 위해 만들어졌다. 중학교용은 경도와 중도장애를 가지고 있는 학생들을 위해 만들어짐	있음
청년을 위한 사회적 기술 교육과정, 4판	Waksman & Waksman(1998) Pro-Ed	다른 사람과 친하기 지내기, 감정 표현하기, 비평 받아들이기, 분노통제와 같은 특별한 부분에 대해서 자신 있는 행동을 가르치기 위한 목적, 목표, 작업계획표, 숙제 등을 마련함	없음 Waksman 사회적 기술척도 체계와 함께 사용할 수 있음

기술의 유창성 향상시키기 유창성 결함은 학생이 초기에 배운 새로운 기술을 숙지하지 못했다는 것을 의미할지 모르며 새로운 기술을 실생활에서 효과적으로 충분히 사용하지 못하는 것을 의미하거나 기술을 수행하고자 하는 학생의 능력을 방해하는 자연적 조건이 존재하는 것을 의미할지도 모른다(모든 환경에서 불충분한 동기, 학생이 기술을 사용하고자 할 때 또래나 다른 사람들의 반응, 경쟁적 문제행동들). 중재는 다음과 같은 것들로 구성되어야 한다. (1) 학생이 역할극 상황에서 효과적으로 기술을 수행할 수 있을 때까지 기술을 다시 가르친다(행동 시연). (2) 필요할 때 학생이 기술을 사용할 수 있도록 지원을 해 준다. 이러한 지원에는 사전교정(precorrection), 순행적 전략, 학생들이 실제적으로 기술을 이용하고자 할 때 코칭, 기술에 대한 강화 이용(강화 아이디어에 대해서는 제10~11장 참조), 학생이 기술을 어떻게 언제 사용할 것인지 기억하도록 돕는 자기관리 기술들(제11장에서 자기관리 기술들에 대해서 논의)이 있다.

다른 지원들은 체크 인과 아웃, 체크, 연결, 기대하기 혹은 행동교육 프로그램과 같이 제3장에서 기술한 표적집단 중재의 하나 혹은 그 이상을 포함한다. 학생들이 배운 사회적 기술들은 학생들의 일과 행동 척도 카드에 목록을 만들 수 있다. 그러한 목록은 사회적 기술들을 이행하는 학생들과 상호작용하는 모든 교직원에게 상기 자료로 작용할 수 있으며 사회적 활동을 이용하도록 촉진할 수 있고 사회적 기술의 이용에 대한 피드백으로써 사전교정의 형태로 이용될 수 있다. 목록화는 새롭게 배운 사회적 기술들을 학생들이 능숙하게 이용할 수 있게 도움을 주며 새로운 환경에서 사회적 기술들을 일반화하는 도움을 준다. 일일 점수 카드들은 강화 체계의 여러 유형과 연합된 것으로 이러한 체계들은 사회적 기술들을 사용하려는 동기를 증가시킬 수 있다.

문제행동의 감소 혹은 제거 어떤 학생이 부적절한 행동을 많이 보일수록 주기적이고 지속적이며 사회적으로 받아들일 만한 행동을 할 기회는 줄어든다. 그 이유는 문제행동의 기능을 조절하는 데 있어 보통 부적 강화(부적절한 행동에 대한 결과로서 싫어하는 일을 회피하거나 안 하기)나 정적 강화(관심이나 지위를 얻거나 부적절한 행동의 결과로서 통제를 받는 경우)에 의지하기 때문일지 모른다(Walker et al., 2004). 행동적 효율성에 대한 개념은 제8장에서 논의하였다. 새로 학습된 사회적 기술들은 부적절한 행동이 매력적인 것이 아니라 생산적인 강화 조건으로 학생들에게 보다 효율적으로 작용하여 부적절한 행동들을 대체하는 데 목적이 있다.

기술 유지와 일반화의 향상 사회적 기술 훈련에 가장 장애물이 되는 것 중에 하나가 새로운 상황에서 새로 배운 기술의 일반화를 촉진시키는 것과 지속적으로 이러한 기술들을 유지하는 것이다. 사실 대부분의 전문가들은 이 점에 동의하고 있으며 새로운 기술을 가르치는 것보다 어렵다고 보고 있다 (Goldstein & McGinnis, 1988; Walker et al., 2004). 이러한 어려움 때문에 사회화 중재 프로그램에는 기술의 유지와 일반화를 향상시키는 특별하고 계획된 전략이 포함되어야만 한다.

문제행동 예방의 초점은 학생들의 사회적 능력에 주의를 기울이는 것이다. 사회적 기술이 갖는 문제는 행동관리 주제의 중심이며 친사회적 행동에 대한 직접 교수를 통해 강조되어야 한다.

보편적 중재의 일부분으로서 사회화 중재

보편적 중재는 적절한 행동을 장려하고 부적합한 행동을 최소화하는 예방적이고 교수적인 지원에 집중하고 있다는 점에서 사회적 기술 교수를 고려하는 것은 자연스러운 일이다. 많은 학교에서 친사회적인 행동들을 가르치고 장려하기 위해서 학교 차원 프로그램의 일정 유형을 채택하고 있다. 이런 목적을 위해서 다양한 프로그램을 이용할 수 있다. 이러한 프로그램들은 내용, 이론적인 배경, 적용 방법들이 다양하며, 약한 학생 괴롭히기 예방, 마약사용의 방지 및 금지, 폭력예방 프로그램, 성격과 관련된 일반적 특성의 개선을 목적으로 하는 프로그램 등 특별한 문제 영역을 목적으로 하는 프로그램들이 포함된다. 학교 차원의 사회적–행동적 프로그램의 철저한 논의는 이 책의 목적 그 이상의 논제이다. 더 많은 정보가 필요하면 이 장의 끝에 정리한 '참고자료'(pp. 236~237)를 살펴보기 바란다. 참고자료에는 증거기반 프로그램과 실제의 국가 기록(National Registry of Evidence-Based Programs and Practices)과 정보 교환 기관에서 하는 일(What Works Clearinghouse) 등이 포함되어 있다.

제3장에서 학교 차원의 기대들을 수립하고 학교의 모든 영역에서 이러한 기대들이 정의되어야 하는 중요성에 대해서 논의하였다. 이러한 특별한 행동 기대의 세트는 기대되는 사회행동의 모든 범위를 학생들에게 가르치려는 목적으로 개발된다면 학교를 위한 준사회적 행동적 교육과정(quasi-social-behavioral curriculum)으로서 기능을 할 수 있다. 예를 들면 '존중하기'를 학교 차원의 기대로 정의를 했을 때 PBIS 팀은 '또래친구에게 말을 할 때 친절한 용어 사용하기', '동료학생 도와주기', '장난감과 자료 나누어 쓰고 돌려주기'처럼 또래 간의 상호작용을 반영하는 행동을 포함해야 한다. 잠재적 사회적 교육과정을 가르쳐야 하며 관련된 행동들을 촉진하고 강화해야 한다.

요약

이번 장에서는 사회적 기술이 학생의 성공을 위해 중요하며 사회적 기술교수는 SW-PBIS과 학급관리를 위한 포괄적 3단계 접근의 부분으로서 고려되어야 함을 보여주었다. 우리는 사회적 기술 문제의 유형, 사회적 기술을 평가하는 방법, 사회적 기술을 가르치는 교육과정, 학생들이 새롭게 배운 사회적 기술을 습득하고 이용하는 것을 확인하는 전략들에 대해서 논의하였다. 다음은 이번 장에서의 학습목표들이 각각 무엇을 강조했는지를 기술하였다.

표 9-3 사회적 기술 자기평가 양식

전혀 그렇지 않다	거의 그렇지 않다	가끔 그렇다	자주 그렇다	항상 그렇다
1	2	3	4	5

위의 1~5점 척도를 이용하여 다음 진술을 평가하시오.

1. 나는 학생들에 대한 학습 교수에 중요성뿐만 아니라 문제행동을 가지고 있는 학생들을 위한 사회적 기술 교수을 고려한다. ______
2. 나는 사회화 문제 유형들을 이해한다. ______
3. 나는 사회화 문제의 각 유형을 어떻게 재조정하는지 알고 있다. ______
4. 나는 학교 차원의 긍정적 행동중재 및 지원의 일반적 수준에 대한 사회적 기술 중재를 어떻게 실행하는지 알고 있다. ______
5. 나는 학교 차원의 긍정적 행동중재 및 지원의 목표 수준과 제3수준을 위한 사회적 기술 중재를 어떻게 이행하는지 알고 있다. ______
6. 나는 사회적 기술 교육과정을 선택하는 기준을 알고 있다. ______
7. 나는 학교에서 학생들, 교직원, 부모님께 존중하고 공손한 언어를 사용하는 사회적 기술을 실현할 수 있다. ______
8. 나는 새로 배운 기술을 이용하여 학생들의 유창성을 어떻게 향상시키는지 알고 있다. ______
9. 나는 사회적 기술의 일반화를 발전시키기 위한 평가, 교수, 촉진, 강화 전략들을 알고 있다. ______
10. 나는 새로 배운 사회적 기술을 나의 학생들에게 촉진과 강화를 위해 이용할 것이다. ______

1. 사회화 문제의 유형과 각 문제 유형을 교정할 수 있는 전략들을 기술할 수 있다.

동료들과 친해지기 어려운 것은 문제행동의 중심이 되곤 한다. 연구는 사회화 문제들을 확인하고 평가하기, 사회화 문제들을 재조정하는 전략들을 확인하고 평가하기, 모든 환경에서 사회적 기술들이 이용되고 오랫동안 유지될 수 있는 전략들을 확인하고 평가하기 등을 포함한 문제들을 어떻게 강조할 것인가에 대한 중요한 정보를 보여 주었다.

2. 학교 차원의 긍정적 행동중재와 지원에 대한 보편적 차원, 표적집단 차원 혹은/그리고 개별적 차원의 사회적 기술 중재를 기술할 수 있다.

이번 장에서 우리는 일차적으로 표적집단 중재 혹은 개별적 중재에서의 사회적 기술 중재에 중점을 두었다. 두 수준에서 효과적인 사회적 기술 중재는 학생들의 기술 결함을 평가하고 코칭-모델링-행동 시연 접근이 포함된 직접 교수법을 통해 이러한 결함을 교정하는 것을 포함한다.

3. 사회적 기술 교육과정을 선택하는 기준을 기술할 수 있다.

사회적 기술 교육과정은 사회적 기술을 가르치는 최상의 실제로 직접 교수법을 반영해야 한다. 더욱이 교육과정은 적용되기 쉬워야 하며 교육과정의 유효성은 문서화된 증거가 있어야 한다.

4. 사회적 기술의 일반화를 어떻게 촉진시킬 것인가에 대해서 기술할 수 있다.

학생들은 실제 환경과 활동에서 새롭게 배운 사회적 기술의 일반화에 어려움이 있을 수 있다. 그러나 우리는 교수를 위해 선택한 기술의 유형에 대한 주의 깊은 관심을 통해서 일반화를 촉진할 수 있다. 게다가 일반화는 교수 계획의 특별한 요소들을 통해서 발전될 수 있으며 새롭게 배운 기술들을 이용하는 학생들의 의도를 촉진하고 강화함으로써 이루어질 수 있다.

사회적 기술을 가르치는 것으로 모든 행동관리 문제들을 예방하거나 해결할 수 있는 것은 아니다. 문제행동을 나타내는 학생들의 사회적 기술 인식을 우연으로 맡겨 놓아서도 안 된다. 학생들이 만성적인 행동 어려움을 나타낼 때 학생들의 사회적 기술에 대한 평가가 이루어져야 하며, 부족하고 취약한 기술들은 분명히 가르쳐야 한다. 교사들의 점검을 돕기 위해서 사회적 기술을 가르치고 평가하는 내용을 표 9-3 사회적 기술 자기평가 양식에 제시하였다.

학습활동

1. 소집단 내에서 표적집단 중애와 개별적 중재에 대한 사회적 기술들을 가르치는 데 있어서 유사성과 차이점을 논의한다.
2. 왜 사회적 기술들이 여러분의 학생들에게 중요한지 설명한다.
3. 소집단에서 사회적 기술을 가르칠 때 코칭-모델링-행동시연 접근의 활용에 대해서 논의한다.
4. 다음과 같은 사회적 기술에 대해서 과제분석을 한다.
   - 교사로부터 부정적인 피드백 받아들이기
   - 동료가 자극한 것에 대한 자신의 반응 조절하기
   - 대화에 적당한 주제 포함하기
   - 재료를 사용한 후 제자리에 두기
5. 제8장에 제시한 직접 교수법과 이 장에서 기술한 코칭-모델링-행동 시연 접근을 이용하여 학습활동 4번에서 과제분석한 기술 하나를 지도하기 위한 수업계획을 작성한다.
6. 제1장에 먼저 제시했던 아래의 예를 읽고 문제를 기술하고 어떻게 사회적 기술 교수를 적용했는지 기술한다.

   초등학교 학생의 사례

   샘은 4학년 학생이다. 그는 숙제를 제출하지는 않지만 시험은 통과를 한다. 샘이 활동적이었던 것은 아니지만 이전보다도 수업활동에 훨씬 덜 충실하다. 지금 생각해 보니 샘은 지난 3일 동안 같은 옷을 입고 있었다. 그리고 얼굴에는 아무 표정도 없다. 이전에 그의 어머니와 간단하게 얘기를 나눈 적이 있는데 대부분 외부 견학이나 수업 준비 자료와 같은 사소한 것에 대한 이야기들이었다. 샘의 교육 수행에 대하여 그의 어머니와 실제로 만나서 대화를 나눈 적은 없다. 그리고 샘의 가정생활에 대해 아는 것이 거의 없다.

   중학교 학생의 사례

   메리는 중학교 1학년 학생이다. 그녀는 교실에서 자주 어리석은 행동을 한다. 자신의 행동에 대하여 거의 책임을 지지 않으며, 대신에 다른 학생에게 변명이나 비난을 한다. 최근에 메리는 교실에서 욕과 상스러운 말을 하였는데, 그것은 메리의 새로운 모습이었다. 이 문제를 해결하기 위하여 먼저 메리에게 이에 대하여 직접 말하였다. 메리는 킥킥 웃으며, 버스 안에 있는 어른들(버스기사, 그 버스기사와 얘기하는 다른 어른들)이 그러한 말을 한다고 했다. 그래서 그들이 너에게 그러한 말을 했는지 아니면 서로에게 그런 말을 했는지 물었다. 그녀는 그들이 서로 말할 때 나쁜 말을 많이 한다고 대답했다.

참고자료

시청각 자료와 프로그램

Amendola, M., Feindler, E., McGinnis, E., & Oliver, R. *Aggression Replacement Training Video.*

이 영상 자료는 공격행동에 대한 대체행동 훈련 교육과정을 제공한다.

Research Press
Dept. 11W
P.O. Box 9177
Champaign, IL 61826
(800) 519-2707
www.researchpress.com

The Caring School Community.

아동발달 프로젝트의 구성 요소. 학생들의 학교와의 연관을 강력하게 하기 위해서 학교와 학급에서 사용할 수 있는 다양한 활동으로 설계된 K-6을 위한 프로그램이다.

Child Development Project
Development Studies Center
2000 Embarcadero, Suite 305
Oakland, CA 94606
Phone (510) 533-0213, (800) 666-7270
http://www.devstu.org/caring-school-community

Goldstein, A. *Teaching Prosocial Behavior to Antisocial Youth.*

이 영상 자료는 사회적 능력(사회적 기술 교육과정)을 어떻게 개선시킬 것인가에 대한 교수를 제공한다.

Research Press
Dept. 11W
P.O. Box 9177
Champaign, IL 61826
(800) 519-2707
www.researchpress.com

웹사이트

National Registry of Evidence-based Program and Practices : 미국 보건사회복지부와 약물남용과 정신건강서비스국에서 제공하는 검색이 가능한 데이터베이스

What Works Clearinghouse : 미국 교육부, 교육과학연구소에서 만든 것으로 인성교육과정과 프로그램에 대한 검색 가능한 자료를 제공한다.

Promising Practices Network on Children, Family and Communities : 사회-행동적 교육과정을 포함한 증거기반의 프로그램을 제공한다.

Committee for Children : 2단계(Second Step®)와 다른 폭력 예방 교육과정을 집필하였다.

Center on the Social and Emotional Foundation for Early Learning : 아동들의 사교능력을 개선하기 위한 훈련 모듈과 다른 자료들을 제공한다.

강화를 통한 문제행동 예방 : 강화의 기초

CHAPTER 10

Brian A. Jackson/Shutterstock

학습목표

1. 정적 강화, 일차 강화제, 이차 강화제, 짝짓기, 부적 강화, 강화 계획, 강화 약화 등의 강화 관련 용어들을 정의하고 그 예를 들 수 있다.
2. 강화를 사용하는 이론적 근거를 제시하고, 학교에서의 강화 사용에 반대하는 의견에 대해 반론을 펼칠 수 있다.
3. 강화를 어떻게 사용하는지 설명할 수 있다.
4. 강화의 적용이 바람직한 결과로 이어지지 못했을 때 거쳐야 할 문제해결 단계를 설명할 수 있다.

강화에 관한 보편적 아이디어

- 정적 강화는 행동주의자들이 마음대로 만들어 낸 중재가 아니라 자연스럽게 발생하는 과정이다. 행동주의자들은 이 과정을 명명하고 체계화할 뿐이다.
- 정적 강화는 긍정적 행동중재 및 지원(PBIS)의 중요한 요소 중 하나다.
- 강화제는 그것이 행동에 기능적 효과를 미칠 수 있느냐에 따라 결정된다. 강화제로 사용할 의도가 있었는지의 여부에 관계없이 어떤 후속결과가 행동을 유지, 증가, 강화시켰다면 강화제라 할 수 있다.
- 부적 강화는 벌이 아니다. 부적 강화는 행동의 발생 여부에 따라 부정적인 선행자극을 제거함으로써 행동을 증가시키는 강화 절차이다.

무척이나 더웠던 어느 여름날, 이 책의 제1저자(BKS)는 처리해야 할 몇 가지 용무가 있었다. 평소와 달리 너무나 길이 막혔고, 기온은 38℃에 육박하고 있었다. 용무를 거의 다 처리하고 마지막 하나가 남을 즈음이 되자 빨리 이 일을 끝내고 집에 가서 차가운 음료수를 마실 생각밖에 들지 않았다. 저자가 마지막 용무를 위해 어떤 가게에 들어섰을 때, 미소를 띤 점원이 문 앞에 서서 얼린 생수 한 병을 권했다. 가족이 운영하는 그 작은 가게는 그날 자기 가게를 찾은 손님에게 음료를 대접하기로 했다는 것이다. 그 무더운 날에 이보다 반가운 일은 없을 것이다. 친절한 점원과 냉수 덕분에 저자가 앞으로 그 가게에서 정기적으로 쇼핑을 할 가능성이 높아질 것이다.

이 책의 또 다른 저자(JAH)의 어머니는 매달 혈액 검사를 받기 위해 병원에 가는데, 채혈을 하는 간호사는 항상 저자 어머니의 옷이나 장신구에 대해 칭찬을 한다. 채혈을 하면서 이야기를 나누는데, 저자의 어머니는 채혈이 그렇게나 빨리 끝나는 것에 놀라곤 한다. 그녀는 매달 그 간호사 만날 날을 기다린다.

어떤 안마 치료사는 매달 첫 번째 수요일마다 한 초등학교에 온다. 그는 20분인 한 회기에 15달러를 받는다. 그러나 15회기의 예약이 모두 차면 한 회기에 10달러로 가격을 깎아 주었다. 이렇게 15회기가 차면 할인을 해 주기 시작하고부터 그가 이 초등학교에 오는 거의 모든 날에 예약이 꽉 찼다.

도시에 위치한 큰 규모의 초등학교 교장은 교사들이 학생들에게 칭찬을 많이 해 주기를 바랐다. 어느 날 교장은 한 교사가 아주 효과적으로 학생을 칭찬하는 것을 듣고, 그 교사에게 '청바지의 날' 쿠폰을 주었다. 이 쿠폰은 교사가 하루 동안 청바지를 입고 근무할 수 있게 해 주는 것으로 교사는 청바지를 입고 온 날 이 쿠폰을 교무실에 제출하면 된다.

이상의 시나리오들은 일상생활에서 사용되고 있는 정적 강화의 예다. 삶은 강화를 포함한 행동 원칙의 예로 가득하다. 강화와 그 외의 행동 원칙들을 이해하고 나면, 그것이 우리의 행동을 형성하는 데 미치는 영향을 인식하게 될 뿐 아니라 타인의 행동에 영향을 미치기 위해 이를 어떻게 사용해야 할지도 깨닫게 된다. 행동주의의 모든 도구 중 정적 강화는 교사, 행정가, 보조원, 부모, 보육 전문가 등과 같이 타인의 행동을 관리해야 하는 사람들에게 매우 중요한 것이다. 정적 강화를 바르고 현명하게 사용하는 능력은 교수, 학급관리, 교직원 관리를 훨씬 쉽고 효율적으로 수행하게 한다. 또한 정적 강화는 긍정적 행동중재 및 지원의 결정적 요소이기도 하다. 이 장에서 우리는 정적 강화와 부적 강화라는 행동 원칙을 설명하고, 행동관리를 위한 도구로 강화를 사용하는 방법을 제시할 것이다. 이 장과 제11장에 논의된 강화의 개념과 적용은 소집단 또는 개별 지도에 적절하며 특히 표적집단 중재(2차 예방)와 개별적 중재(3차 예방)를 필요로 하는 학생에게 적절하다. 강화 전략들은 학급 전체를 강화하거나 그중 일부인 소집단이나 개별 학생을 강화하는 학급관리 체계의 일부로 사용하기에도 적절하다.

강화란 무엇인가

강화는 행동을 증가시키거나 또는 유지시킨다.

강화(reinforcement)란 행동에 뒤따르는 후속결과로 인해 행동이 강화되는 과정을 말한다. 강화는 행동의 빈도, 비율, 강도, 지속시간, 또는 형태를 증가시킬 수 있다. 후속결과가 강화로 작용할지의 여부는 그 결과가 목표행동에 미치는 영향을 검토함으로써만 결정할 수 있다. 후속결과의 적용에 따라 그 행동이 더 자주, 더 많이, 또는 더 강하게 발생하거나 더 오래 지속되거나 그 형태가 개선된다면 강화가 발생한 것이다. 만약 강화를 위해 후속결과를 적용했는데도 행동의 빈도, 비율, 강도, 지속시간, 또는 형태에 변화가 없다면 강화가 일어나지 않은 것이다.

강화는 행동주의자들이 발명해 낸 전략이 아니다. 강화는 자연스럽게 발생하는 행동의 과정으로 초기 행동주의자들이 이러한 과정을 관찰하고 설명해 왔다는 표현이 더 적절하다. 후에 이들은 바람직한 행동을 이끌어 내기 위해 강화 과정을 조성하고 응용하는 방법을 배워 나갔다. 강화의 자연스러운 발생에 대한 예시를 위해 다음 상황을 고려해 보자.

- 당신이 강아지 밥그릇에 음식을 놓는 소리를 듣자마자 강아지가 달려온다. 강아지는 이 소리가 자신이 가장 좋아하는 식사시간이 왔다는 의미임을 학습한 것이다.
- 당신은 오늘 새로운 청바지를 입고 나가서 많은 찬사를 들었다. 당신은 다른 옷보다 이 청바지를 더 자주 입게 될 것이다.
- 벤은 축구 연습시간에 새로운 기법을 익히느라 매우 애쓰고 있다. 벤의 팀은 이 기법을 사용하여 득점을 하고 게임에 이겼다. 벤은 이 기법을 더 열심히 연습하고, 코치도 이후의 게임에서 이 기법을 계속해서 사용하게 될 것이다.
- 할리는 식품점에서 엄마에게 원하는 상표의 시리얼을 사자고 졸랐다가 엄마가 안 된다고 하자 한바탕 소동을 일으켰다. 갈수록 큰 소리로 심하게 저항하는 할리에게 지쳐버린 엄마는 "그래, 그럼 딱 이번 한 번만이야."라고 말했다. 그러나 할리는 엄마와 함께 식품점에 갈 때마다 이 행동을 계속하고 있으며 그때마다 결과는 성공적이다.
- 조금 다른 공부 방법으로 시험을 준비해 보았다. 그런데 시험을 치는 동안 훨씬 자신감이 느껴졌고 그 수업에서 받았던 예전 점수보다 더 높은 점수를 받았다. 이제 당신은 그 공부 방법

을 모든 과목에 사용할 것이다.

- 한 판매사원이 특별 세일 기간에 시간 외 근무를 많이 했다. 그 결과 판매 실적이 그 지점 최고를 기록했고, 이에 따라 급여도 올라가고 보너스도 지급되었다. 이 일 이후 그는 예전 어느 때보다도 열심히 일하고 있다.

위의 예들에서는 자연스러운 강화가 발생하였고, 그 결과가 행동에 영향을 미쳤다. 강화는 행동을 형성하는 강력한 힘이다. 효과적인 교사는 적절하고 친사회적 행동을 지도하고 격려하기 위해 강화를 사용한다.

정적 강화(positive reinforcement)는 어떤 행동의 빈도, 비율, 강도, 지속시간 등을 유지 또는 증가시키거나 행동의 형태를 개선시키는 결과 자극을 그 행동의 발생 직후에 제공하는 것이다. 정적 강화는 행동주의에서 쓰는 기호로는 S^{R+}라고 쓴다. 강화의 효과를 내는 후속강화는 강화제(reinforcer, S^{R}) 또는 정적 강화제(positive reinforcer)라 부른다. **강화제**는 **후속결과**를 말하는 것이고, **강화**는 행동과 후속결과 간의 **관계** 또는 **과정**을 가리킨다는 점에서 이 두 용어가 다르다는 것에 주의하라.

'강화제'는 '강화' 과정을 통해서 강화제로서의 효력을 갖게 된다.

제2장에서 언급했듯이 응용행동분석의 가정 중 하나가 모든 자발적 행동은 동일한 원칙의 지배를 받는다는 것이었음을 기억하라. 이는 정적 강화가 적절한 행동과 부적절한 행동을 유지 또는 증가시킬 수 있음을 의미한다. 위에 나열한 예들에서 특정 상표의 시리얼에 대한 할리의 강력한 요구는 어머니가 이에 굴복한 결과로 더욱 강화되었고, 할리는 식품점에 갈 때마다 요구하기 행동을 계속하게 되었다. 또 다른 예로 교사가 잘 설명해 준 과제에 대해서도 계속해서 질문을 하는 리의 경우를 살펴보자. 리가 질문을 할 때마다 교사는 리에게 다가가 스스로 한 번 해 보라고 친절하게 격려했다. 교사의 관심은 지나치게 질문을 많이 하는 리의 부적절한 행동을 유지시키게 될 것이다.

후속결과의 의도가 무엇이었든 간에 어떤 행동이 계속되거나 증가했다면 강화가 일어난 것이다. 예를 들어 평소에 매우 조용하던 엔리케가 수업 중에 자발적으로 발표를 했다고 하자. 교사는 엔리케를 칭찬했지만(즉, 엔리케의 수업 참여를 강화하려고 노력했지만), 또래들은 엔리케를 몰래 비웃으며 엔리케에게 '범생아'라고 부르며 놀렸다. 엔리케는 수업시간에 자발적인 발표는 물론이고 교사가 호명할 때조차 답을 하지 않게 되었다. 교사는 엔리케의 수업 참여를 강화하고자 했으나 또래들의 부정적 반응이 교사의 칭찬을 압도해 버려 강화가 일어나지 않은 것이다. 또 다른 예로 대수 시간에 떠들다가 훈육실로 가게 된 한 학생의 경우를 생각해 보자. 학생의 수업 방해행동은 다음날에도 계속되었고, 그때마다 학생은 훈육실로 보내졌다. 우리는 여기에서 훈육실과 관련된 어떤 것이 학생에게 강화로 작용하고 있다고 짐작해 볼 수 있다. 아마 그 학생은 어렵고 싫은 수업을 회피할 수 있어서 훈육실로 가는 것이 오히려 좋았거나, 수업 방해행동을 통해 또래로부터 받게 되는 관심이 좋았을 수 있다.

학생이 높은 비율의 부적절한 행동을 보일 때 당신은 이 행동이 어떻게 강화되고 있는지 자문해 보아야 한다. 이 학생은 부적절한 행동을 통해 원하거나 좋아하는 것을 얻는가? 싫어하는 어떤 것을 회피하게 되는가? 제8장에서 설명한 기능평가와 기능분석은 부적절한 행동을 유지시킬 가능성이 있는 강화제를 판별하는 데 도움이 될 것이다. 강화제가 항상 재밌거나 즐거워 보이는 것만은 아님을 명심하라. 예를 들면 학생의 행동에 대해 따로 야단을 치기 위해 복도로 데리고 나가는 것은 교사가 아무리 단호하고 엄한 목소리로 야단을 친다 해도 그 학생에게는 강화가 될 수 있다.

강화는 부적절한 행동을 없애려는 노력에도 불구하고 왜 그 행동이 계속 발생하는지에 대한 설명이 될 수 있다.

강화는 학업행동을 포함한 모든 유형의 행동을 강화시키거나 증가시키기 위해 집단 또는 개별 학생에게 적용할 수 있다. 강화는 또한 형성이라는 과정을 통해 새로운 행동을 가르치는 데도 중요하다. 행동형성(shaping)이란 바람직한 목표행동을 향한 점진적 접근을 강화하는 과정이다. 새로운 행동을 처음 습득하는 단계에서는 목표행동과 대체적으로 비슷한 행동이면 강화를 받는다. 점진적으로 목표행동을 좀 더 정확히 수행한 행동에 대해 강화가 주어진다. 마지막에는 정확하게 수행된 목표행동만을 강화한다. 이를테면 이름 쓰기를 이제 막 배우기 시작한 유아는 글씨 모양이나 크기가 엉망이어도 글씨를 대충 알아볼 수만 있으면 강화를 받는다. 그러나 교사는 매일 강화의 기준을 높여 모든 자모음을 바르게 썼을 때만 강화를 하기도 하고, 좀 더 지나면 글자 모양을 바르게 썼을 뿐 아니라 가지런하고 보기 좋게 써야 강화를 할 것이다. 형성의 또 다른 예로 어린 조너선에게 착석하기를 지도하고 있는 롤프 교사의 경우를 살펴보자. 조너선은 매우 활동적이고 산만하여 1분 이상 자리에 앉아 있지를 못했다. 지도 초기에 조너선은 자리에 1분간 앉아 있으면 강화를 받았다. 조너선에게 주어진 강화제는 일어나서 10번의 두 발 벌려 모아 뛰기를 하는 것이었다. 조너선이 자리에 1분간 앉아 있을 수 있게 되자 롤프 교사는 강화 기준을 2분으로 높였다. 이 형성 절차는 조너선이 자리에 10분간 앉아 있을 수 있게 될 때까지 계속되었다.

적절한 행동에 대한 정적 강화는 긍정적 행동지원의 주요 특징이다. 제3장에서 보았듯이 성공적인 학교는 학교 차원에서 보편적 지원 체계의 일부로 정적 강화를 사용한다(즉, 모든 학생이 높은 수준의 정적 강화를 받을 수 있음). 또한 많은 표적집단 수준의 중재가 강화를 중재의 한 요소로 포함시킨다. 강화는 문제행동을 보이는 학생들의 바람직한 행동을 증가시키기 위해 개별화된 강화기반의 중재를 적용하는 3차 중재에서도 중요한 요소다.

강화의 목표

강화는 신속한 행동변화를 가져올 수 있는 강력한 도구이다. 강화의 효과에도 불구하고 어떤 사람들은(심지어 교육자들도) 행동변화를 촉진하기 위해 강화를 사용하는 것에 비판적이다. 대부분의 비판은 행동중재에 대한 오해에서 비롯된 것인데, 이러한 오해는 '행동수정' 기법의 초기 오용과 이와 관련된 용어들에서 비롯된 것이다. 이러한 이유로 우리는 교사들에게 **행동수정**이라는 용어보다는 **응용행동분석**이나 **긍정적 행동지원**이라는 최근 용어 사용을 권한다. 또 당연한 말이긴 하지만 행동중재를 오용하지 않도록 항상 유의하기를 권한다. 행동 기법을 몸소 사용하고자 하거나, 다른 교사들이 행동 기법을 사용하기를 기대하는(예 : 일반교사에게 정적 강화 전략을 사용하도록 부탁함) 교사들은 강화에 대한 일반적인 오해와 비판에 바르게 응답할 수 있어야 한다. 표 10-1은 이러한 오해와 비판 중 몇 가지와 각각에 대한 적절한 응답을 제시하고 있다.

강화를 포함한 행동중재는 바람직한 행동을 목표 수준에 도달하게 하려는 목적을 위한 하나의 '수단'으로 이해되어야 한다. 일단 목표행동이 성취되면 공식적 행동지원을 점차 줄여 나가고, 자연적인 후속결과가 행동을 유지하게 하는 것이 목표가 되어야 한다. 예를 들어 한 교사가 학생들이 규칙을 따르고 잘 협동하도록 지도하기 위해 모둠별 점수 체계를 사용했다고 하자. 이 점수 체계는 학년 초 몇 달간 필요하겠지만, 교사는 점차 강화 계획을 느슨하게(강화의 빈도가 점진적으로 줄어들게 한다는 의미로, 강화 계획에 대해서는 이 장 뒷부분 참조) 만들 것이다. 학생들이 규칙을 따르고, 교재를 공유하며, 협동하기를 학습하면 공식적 점수 체계는 더 이상 필요하지 않다. 이 지점에서는 규칙을 따르고 과제를 열심히 하면 즐거운 활동에 참여하게 된다는 자연적 후속결과만으로도 행동을 관리하는 데 부족함이 없다. 규칙을 어기거나, 과제를 하지 않거나, 협동을 하지 않는 학생들은 즐거운 활동에 참여할 수 없다.

표 10-1 강화에 대한 일반적인 오해

오해 : 강화는 뇌물이다.
반론 : 옥스퍼드 영어 사전에 의하면 뇌물이란 "어떤 사람에게 도움을 얻기 위해, 특히 뭔가 부정직한 행위를 통한 도움을 얻기 위해 제공하는 돈이나 귀중품"으로 정의되어 있다. 이는 강화를 사용하는 방식과는 확실히 거리가 있다. 응용행동분석과 긍정적 행동지원 모두가 개인의 성공을 증가시킬 사회적으로 의미 있고 중요한 행동에 초점을 둔다는 점을 기억하라.

오해 : 교사는 학생을 동기화시키기 위해 보상을 사용해서는 안 된다. 학생들은 배우고 싶어 해야 하고, 학교에 다닐 기회에 대해 감사할 줄 알아야 한다.
반론 : 물론 그렇다. 이상적인 세계에서는 학생들이 의무교육 때문이 아니라 정말 배우고 싶고 배우는 게 좋아서 학교에 올 것이다. 그러나 불행히도 우리는 이상적인 세계에 살고 있지 않다. 제1장에서 논의했듯이 많은 학생들이 학교에서 요구되는 것에 준비되지 않은 채 학교에 온다. 게다가 학교는 만성적인 학습과 행동문제를 가진 많은 아동들에게 긍정적인 장소가 아니다. 이 아동들은 다른 아동들이 누리는 자연스러운 강화, 즉 교사와 부모로부터의 긍정적인 관심, 또래로부터의 긍정적인 사회적 관심, 학업 성취나 학교활동 및 교외활동의 참여를 통한 사회적 성공 등을 경험하지 못한다. 만약 우리가 이 아동을 동기화시키기 위해 자연스럽게 발생하는 강화제에만 의존한다면, 시간이 지날수록 이 학생들이 경험하는 학교에서의 성공이나 학교 참여가 감소할 것이다. 이는 제1장에서 설명했던 것처럼 경미한 행동문제를 심각하게 증폭시키는 위험한 비탈길이다. 학업과 행동문제가 있는 학생에게 우리가 바라는 것은 학업 및 사회적 성공을 이끌어 낼 수 있는 행동을 증가시키는 것이며, 이를 위해 종합적 중재의 일부로 외적 강화제를 사용하는 것이다. 궁극적으로 우리의 목표는 외적 강화제를 자연스럽게 발생하는 내적 강화제로 대체하는 것이다. 그러나 그렇게 될 때까지는 학생들이 배우고 싶은 마음이 들도록 동기화하는 것을 포함한 모든 교수는 교사가 할 일이다.

오해 : 보상을 사용하기 시작하면 학생이 계속 보상을 기대하게 된다.
반론 : 이러한 오해는 이 분야에 문외한인 저널리스트뿐 아니라 전문 교육자에게도 만연해 있는 것이다(예 : Deci & Ryan, 1985; Kohn, 1993). 이 주장의 요지는 '보상'의 사용이 개인의 내적 동기를 감소시키고 외적 강화에 의존하게 만든다는 것이다. 그러나 연구들은 그렇지 않다고 말한다. Cameron, Banko 및 Pierce(2001)는 이 주제에 대한 포괄적인 문헌연구를 실시한 결과 정적 강화의 사용이 내적 동기를 증가시킨다는 것을 발견했다. 외적 보상이 동기에 미치는 영향에 대한 또 다른 문헌 연구 및 분석에서 Akin-Little, Eckert와 Lovett(2004)는 아동들이 외적 보상에 의존하게 된다는 걱정은 근거가 없는 것이라고 결론지었다. 아동들이 계속 보상을 요구하게 될 것 같아 걱정이 되는 교사들은 이 장 전반부에 나오는 문제해결 부분을 참고하기 바란다. 학생이 강화를 계속 요구하게 되리라는 걱정에 관한 논의를 마치기 전에 한 가지 질문을 던지고 싶다. 급여를 받지 않는 직장에 출근하는 성인이 얼마나 되겠는가? 어느 정도까지는 우리 모두 어떤 행동에 대한 보상을 기대하며 산다.

바람직한 학업 및 사회적 행동을 가르치고, 촉진하고, 강화하는 행동중재를 필요로 하는 많은 학생들에게 우리가 기대하는 목표는 이 학생들이 내적인 강화와 자기조절(제11장 참조)만으로도 행동을 유지하는 데 충분한 지점에 이르는 것이다. **내적 강화**(intrinsic reinforcement)란 대부분의 사람들이 어떤 과제를 잘 끝내게 된 것에 대해 느끼는 자기만족, 성공감, 성취감 등의 내면적인 강화를 말한다. 많은 아동들은 **외적 강화**(extrinsic reinforcement) 체계가 있어야 적절한 행동을 하려는 동기를 갖게 되는데, 이러한 동기로 적절한 행동을 하게 되면 자연적 강화(예 : 교사와 부모의 칭찬이나 인정, 좋은 성적, 또래로부터 받는 긍정적인 사회적 관심, 내적 성취감)가 뒤따라온다. 긍정적 행동지원 없이는 학생이 자연스럽게 발생하는 강화를 지속적으로 받을 수 있을 만큼의 적절한 행동을 나타내지 못할 수도 있다.

그러나 어떤 학생들은 적절한 행동을 유지하기 위해 행동중재를 늘 필요로 할 수도 있다. 생물학적 장애, 부정적인 학습 경험, 낮은 인지 기능, 기타 조건들로 인해 외적 강화 전략이나 기타 행동중재를 늘 필요로 하는 아동들이 있다. 가령 심한 정서 · 행동장애나 정신건강 문제(예 : 양극성 장애, 불안장애, 강박충동장애, ADHD), 자폐성 장애 등을 가진 아동들은 외적 행동지원이 있어야만 적절한 행동을 보이기도 한다. 이러한 지원을 중지하거나 잘못 적용한다면 학생들은 높은 수준의 부적절한 행동(공격행동, 자해행동, 자기자극 행동, 불순응행동 등)을 보이게 될 것이다. 이러한 아동들에게는 행동중재를 통해 적절한 행동을 유지시키는 것 자체가 목표라고 할 수 있다. 적절하고 안전한 행동을 유지하는 데 꼭 필요한 행동지원을 철회하는 것은 비윤리적인 일이다.

강화제의 유형

일차 강화제란 기본적인 생존 욕구를 충족시키는 것들이다.

강화제는 일차 강화제와 이차 강화제로 나눌 수 있다. 비학습 강화제(unlearned reinforcers), 무조건적 강화제(unconditioned reinforcers)라고도 불리는 일차 강화제(primary reinforcers)는 우리가 생존하기 위해 필요한 자극이나 생물학적 가치를 갖는 자극들을 말한다. 이것은 학습이나 조건화 없이 자연적으로 강화가 되며 매우 강력하다. 일차 강화제는 음식, 수면, 음료, 성적 자극, 쉴 곳 등을 포함한다. 자폐성 장애 또는 기타 발달장애를 가진 개인들에게는 상동행동(예 : 몸을 앞뒤로 흔들기, 손가락 흔들기, 제자리에서 돌기)이나 자해행동(예 : 자신을 물기, 때리기, 할퀴기, 물체로 머리를 치기)이 일차 강화제로 기능하기도 한다(Cowdery, Iwata, & Pace, 1990; Durand & Crimmins, 1998, 1992; National Research Council, 2001).

조건화된 강화(conditioned reinforcers)라고도 불리는 이차 강화제(secondary reinforcers)는 우리가 좋아하게 되도록 학습해야 하는 자극들을 말하는 것으로, 생존을 위한 본질적 가치가 없고 생물학적 욕구와는 관련이 없기 때문에 일차 강화제처럼 학습 없이 강화제로 작용하는 것은 아니다. 우리는 일차 강화제와 이차 강화제를 연합시키는 짝짓기(pairing) 과정을 통해 이차 강화제의 가치를 학습한다. 자폐성 장애 유아를 가르치는 곤살레스 교사의 예를 살펴보자. 이 유아들은 수화나 그림카드를 통해 의사소통하는 것을 배우고 있다. 아동이 수화를 사용하거나 그림카드를 가리키며 원하는 활동이나 물건을 요구하면, 곤살레스 교사는 칭찬과 함께 과자를 하나 주고, 요구한 활동을 하게 해 주거나 물건을 갖게 해 준다. 곤살레스 교사는 칭찬과 과자, 그리고 원하는 활동이나 물체를 동시에 제공함으로써 짝짓기를 한 셈이다. 곤살레스 교사의 궁극적 목표는 아동들이 칭찬과 활동(또는 물체)의 가치를 배우게 되어 요구하기 행동을 강화하기 위해 과자를 사용할 필요가 없어지는 것이다.

이차 강화제는 다시 사회적 강화제(social reinforcers), 활동 강화제(activity reinfor-cers), 물질 강화제(material reinforcers), 토큰 강화제(token reinforcers)로 분류할 수 있다. 사회적 강화제는 칭찬을 비롯하여 여러 형태로 아동을 인정해 주는 것을 말한다. 활동 강화제는 특별한 특권, 게임, 임무 등을 말하고, 물질 강화제는 유형의 물체들을 포함하며, 토큰 강화제는 내재적 가치를 지닌 것은 아니지만 일차 또는 이차 강화제로 교환할 수 있기 때문에 가치를 갖는 물건들을 말한다. 창의적 사고를 통해 매우 효과적인 강화제를 고안해 낼 수 있다는 점에서 강화제를 찾아내는 작업은 흥미진진하다. 우리는 다음 절에서 강화제를 어떻게 선택할지를 논의할 것이다.

대부분의 학생들은 다른 종류의 강화제에도 반응을 하기 때문에 일차 강화제는 매우 제한된 상황에서만 사용되어야 한다. 일차 강화제는 매우 강력하고 행동에 바로 영향을 미친다. 이러한 이유로 일차 강화제는 극심한 문제행동을 보이는 매우 어린 아동, 최중도 인지장애가 있는 아동, 또는 자해, 자기 자극행동, 공격행동을 매우 심하게 보이는 일부 아동들에게만 사용된다. 그러나 이러한 경우에도 일차 강화제는 목적을 위한 수단으로만 고려되어야 하고 장기적 중재 전략으로 고려되어서는 안 된다. 이를 위해 일차 강화제는 항상 하나 이상의 이차 강화제(특히 칭찬)와 함께 사용되어야 한다. 우리는 제11장에서 칭찬과 칭찬을 바르게 사용하는 방법을 설명할 것이다.

앞에서 우리는 행동중재를 언급할 때 정확하고 시대에 맞는 용어를 사용하라고 권했다. 우리는 또한 정적 강화에 대한 논의에서도 바른 용어를 사용하기를 권한다. **정적 강화**나 **강화제**는 적절한 용어지만, **보상**은 적절한 용어가 아니다. 보상은 전문적 용어가 아닐 뿐 아니라 정적 강화에 비해 덜 과학적인 의미를 내포하고 있다. 교사들은 전문가로서 올바른 용어 사용의 모범을 보여야 한다.

'보상'이라는 용어 대신 '강화'라는 용어를 사용하라.

칭찬하기의 지침을 따르라.

강화제의 선택

강화제 판별은 교육자에게 매우 중요한 과제이다. 효과적인 강화제의 선택은 교실 또는 개별 학생 행동관리에 큰 변화를 불러올 것이다. 이 장 마지막에 나오는 문제해결을 다룬 절에서 보게 되겠지만, 효과적이지 못한 강화제는 행동관리 프로그램이 실패하는 주요 원인이 될 수 있다. 강화제는 그것이 목표행동에 미치는 영향에 의해서만 결정될 수 있다고 말했던 것을 상기하라. 특정 자극이 목표행동을 유지시키거나 증가시켰다면, 우리는 그 자극이 강화로 작용하고 있다고 가정할 수 있다. 행동에 아무 영향을 미치지 못하는 자극은 강화제가 아니다. 교직원들은 강화제로 작용할 것이라 생각되는 활동들을 교육자적 직감으로 파악하곤 하는데, 이러한 강화제들이 목표행동에 미치는 영향을 관찰해 보아야만 이러한 직감이 옳았는지의 여부를 알 수 있다. 흥미롭고 창의적인 활동 목록을 만들어 놓고 독자들에게 "이것을 사용해 보세요."라고 말하고 싶은 마음은 굴뚝같으나 그것은 최선의 실제가 아니다. 오히려 최선의 실제는 강화제가 될 만한 것들을 찾아내기 위해 더 많은 평가 전략을 사용하고, 그러한 강화제로 인해 목표행동이 감소하는지 또는 증가하는지를 관찰하는 것이라 할 수 있다. 기능평가 자료 활용하기, 학급 관찰하기, 학생에게 질문하기, 강화제 표집법 사용하기 등은 강화제가 될 만한 것들을 찾는 데 도움을 주는 방법들이다. 다음에서는 이 방법들에 대해 하나씩 설명하고자 한다.

기능평가 자료 활용하기 제8장에서 배웠듯이 부적절한 행동은 그 행동을 하는 학생에게는 '기능적'이다. 추정되는 문제행동의 기능을 가진 활동을 학생의 문제행동에 대한 후속결과로 제공해 봄으로써 문제행동의 기능에 대한 가설을 세울 수 있다.

학급 관찰하기 관찰은 학생이 선호하는 물건, 활동, 조건 등을 메모함으로써 비공식적으로 실시할 수 있다. 다음의 질문들은 당신의 관찰에 지침이 되어 줄 것이다.

- 학생이 요구하는 것이 무엇인가? 학생이 요구하는 활동이나 조건들은 강화제가 될 가능성이 있다. 농구를 하자고 하는 것, 퍼즐을 달라는 것, 컴퓨터를 하게 해 달라는 것, 과제를 같이하자는 것, 바닥에 앉아서 과제를 하게 해 달라는 것, 공부하면서 음악을 듣게 해 달라는 것, 학교 식당 대신 교실에서 점심을 먹거나 교사와 함께 점심을 먹게 해 달라는 것, 가장 좋아하는 이야기를 읽어 달라고 하는 것 등의 학생이 요구하는 활동들은 학생의 선호도를 알려 주는 것

이며, 따라서 강화제가 될 가능성이 있다.

- 학생이 사용하게 해 달라고 요청하는 물건에는 어떤 것이 있는가? 학생이 특정 게임을 하자고 조르거나, 자신이 하고 있는 과제에 특별한 펜을 사용하게 해 달라고 요구하거나, DVD 플레이어 또는 다른 기계를 작동하는 역할을 맡으려고 다투거나, 농구공을 먼저 잡으려고 질주하는가? 이와 같이 특정 물건에 높은 관심을 보인다는 것은 그것이 강화제로서의 가능성이 있음을 제안한다.
- 교사가 용인하지 않는 행동 중 학생이 하려고 하는 행동에는 어떤 것이 있는가? 학생들의 가벼운 문제행동은 종종 강화제로 사용될 수 있다. 10대들은 수다를 떨거나 쪽지 쓰기를 좋아하는데, 이 두 가지는 종종 말썽거리가 된다. 관찰력이 예리한 교사는 과제 완수와 같은 목표행동을 수행한 학생에게 이러한 활동을 후속결과로 이용할 것이다. 즉, 모든 과제를 80% 이상의 정확도로 완수한 학생들에게 수업 마지막 2분간 조용하게 이야기를 주고받거나 쪽지를 주고받을 수 있게 해 주는 것이다. 그 외에도 강화제로 기능할 수 있는 가벼운 문제행동의 예로는 금지된 물건 사용하기(예 : 헤드폰, 특정한 교실 장비), 지각하기(예 : 수업에 늦지 않게 온 횟수가 미리 정한 기준에 이르면 지각을 허용하는 통행권을 받음), 화장실에 가거나 물 마시러 가기(예 : 추가로 화장실에 가거나 물 마시러 나갈 수 있는 통행권을 받음), 교사의 의자나 책상에 앉기, 수업 중에 모자 쓰기 등이 있다. 이 경우 학생이 교칙에 어긋나는 일을 하도록 허용하는 일이 없도록 주의해야 하고, 혹 그러한 활동을 강화제로 사용할 경우 미리 승인을 받아야 함은 물론이다.

학생에게 질문하기 강화제가 될 만한 것들을 알아내는 또 다른 방법은 학생에게 묻는 것이다. 이것은 가장 쉬운 방법이긴 하지만 가장 효과적인 방법은 아닐 수도 있다(Northup, 2000). 어떤 연구에 의하면 강화제 선택에 본인의 의견을 구하는 것이 그 강화제의 효과를 높인다고 한다(Thompson, Fisher, & Contrucci, 1998; Wheeler & Richey, 2005). 하지만 아동들은 어떤 강화제가 효과적인지(예 : 교사, 또래, 다른 성인으로부터의 관심, 혐오적 상황으로부터의 회피) 인식하지 못한 채, 자신에게 익숙한 물건이나 활동(예 : 음식, 컴퓨터, 추가 휴식시간, 게임)을 고를 수도 있다. 초등학교 고학년 학생이나 중 · 고등학생의 경우 학생 본인의 의견이 고려되긴 해야겠지만, 교사들은 강화제를 결정하기 위해 가능한 모든 정보를 이용해야 한다.

강화제가 될 만한 것들을 찾아내는 데 강화제 조사표가 도움이 될 수 있다.

선호하는 강화제가 다양하지 않아 강화제 판별이 어려운 학생들의 경우 강화제 조사표가 이 문제를 어느 정도 해결해 줄 수 있다. 식당에서 쓰이는 메뉴처럼 **강화제 조사표**(reinforcer survey) 또는 **강화제 메뉴**(reinforcer menu)는 강화제가 될 만한 것들을 목록화한 것이다. 학생들은 선호하는 강화제의 순위를 매기는 방법으로 좋아하는 강화제를 고르게 된다. 강화제 조사표는 교사가 선택의 범위를 통제할 수 있게 해 주고, 학생이 재정적으로나 법적으로 교사가 제공할 수 없는 강화제를 달라고 조르는 문제를 피하게 해 준다. 학생 본인에게 질문하여 강화제를 찾는 방법과 마찬가지로, 교사는 강화제 조사표를 통해 얻은 정보에 전적으로 의존하기보다는 강화제가 될 만한 것들을 찾기 위한 자료 출처 중 하나로만 고려해야 한다.

강화제 표집법 사용하기 **강화제 표집**(reinforcer sampling)은 많은 상인이 사용하는 방법이다. 우편으로 또는 가게에서 무료로 제품 견본을 나눠 주는 것이 본질적으로는 강화제 표집인 셈이다. 강화제 표집은 강화제가 될 만한 것들을 여러 개 조건 없이 제공하고, 학생이 어떤 물건 또는 활동을 고르는지 관찰하는 것이다. 이때 학생이 선택한 것은 학생에게 강화제로 작용할 가능성이 높은 것들이다. 강화제 표집은 어떤 이유로든 다른 방법을 통해 강화제를 찾는 것이 여의치 않을 때 매우 유용하다. 강화제 표집은 집단으로 실시할 수도 있고 개별 학생에게만 실시할 수도 있는데, 다양한 자료, 장난감, 활동, 심지어 음식 등을 학생에게 제공한 후 학생이 어느 것을 선택하는지 살펴보면 된다. 예를 들어, 신임 교사이면서 3학년을 맡고 있는 레데스마 교사는 자유로운 방식으로 학급을 관리하려던 자신의 노력에 제대로 반응하지 않는 매우 까다로운 학생들이 자신의 반에 있음을 알게 되었다. 레데스마 교사는 학생들에게 뭔가 강력한 동기가 필요하다는 것을 인식하고, 이틀에 걸쳐 학생들이 주어진 과제를 완수했을 때 사용할 수 있는 다양한 집단 게임, 미술 교재, 교수 자료 및 기타 활동을 제공하였다. 그 과정에서 그는 가장 인기 있는 활동을 알게 되었는데, 그다음 주에 레데스마 교사는 수업 중 규칙을 준수하는 행동에 대해 학생들이 포인트를 모을 수 있는 제도를 실시하였다. 누적된 포인트는 강화제 표집 기간에 가장 인기 있었던 소그룹 활동 또는 대그룹 활동을 할 때 쓸 수 있었다.

스페리 교사의 6학년 특수학급에서는 조셉을 제외한 모든 학생이 규칙을 잘 따르고 과제를 완수한다. 조셉은 이 학교에 새로 전학 왔기 때문에 스페리 교사는 이 학생의 행동 및 학업 요구에 관해 제한적인 정보만을 가지고 있을 뿐이다. 조셉은 "저놈들이 날 자꾸 건드리면 ~를 걷어차 버릴 거야.", "날 귀찮게 하지 않는 편이 신상에 좋을 텐데." 하는 식으로 말을 거칠게 한다. 조셉은 또한 거의 모든 과제를 거부한다. 스페리 교사는 조셉에게 충분한 동기를 제공할 만한 것을 빨리 찾아야 한다는 생각이 들어, 며칠 동안 다양한 활동과 자료들을 제시하였다. 예를 들어, 수업 중에 도우미를 시키기도 하고 수업 중에 교실 밖으로 나가야 하는 심부름을 시키기도 했다. 또한 다양한 게임 중 하고 싶은 것, 사용해 보고 싶은 특별한 자료, 앉고 싶은 자리 등을 고르게 했다. 그러는 동안 스페리 교사는 조셉이 가장 좋아하는 것 같아 보이거나 자주 요구하는 자료와 활동을 관찰했고, 그다음으로 조셉의 학업 기술을 평가하기 시작했다. 교사는 조셉이 평가 절차에 잘 협조할 경우 강력한 강화제로 생각했던 활동이나 자료의 사용을 허락해 주었다. 검사 결과 조셉은 초등학교 1학년 초기 정도의 읽기 능력 수준인 것으로 나타났는데, 이러한 결과는 그간 학업과제를 거부했던 이유를 어느 정도 설명해 준다. 이러한 학업 평가 및 강화제 진단 절차를 통해 스페리 교사는 조셉의 학업과 행동중재를 계획하는 데 필요한 정보를 얻게 되었다.

강화제를 알아내는 과정을 통해 특별한 강화제를 꼭 써야 하는 경우가 아니라고 판단된다면, 우리는 교사들이 비용이 들지 않고 손쉽게 구할 수 있는 사회적 강화제를 주로 사용하기를 권한다. 이는 다음의 세 가지 이유 때문이다. 첫째, 우리는 음식, 연필, 포스터, 조그만 장신구, 장난감 및 기타 구체물로 된 강화제에 의존하는 교사들이 종종 이런 것을 사는 데 자비를 많이 쓴다는 것을 발견했다. 어떤 교육청은 강화제 구입을 위한 약간의 예산을 지원하기도 하지만, 우리가 아는 교사들은 여기에 자비를 보탠다. 이는 교사에게 적잖은 부담이 될 가능성이 있다. 사회적 강화제가 권장되는 두 번째 이유는 활동 강화제(예 : 게임, 특별한 권리, 추가의 휴식시간, 가산점, 과제 면제 쿠폰)와 사회적 강화제(예 : 상장, 교사나 교장선생님과의 점심식사, 교사 도우미)가 구체물 강화제보다 더 강력하기 때문이다. 물론 대부분의 학생들은 스티커, 포스터, 조그만 장신구, 기타 구체물 강화제를 좋아한다. 그러나 우리의 경험에 의하면 사회적 강화제나 활동 강화제를 경험해 본 학생들은 구체물보다 이 두 강화제 형태를 선호했다. 마지막 이유는, 사회적 강화제와 활동 강화제는 강화 체계가 일반교육 환경에서 실행되어야 할 때 더욱 적절하기 때문이다. 이러한 활동 형태는 일반교육에서 종종 쓰이는 것이기 때문에, 구체물이나 음식 강화제보다는 이러한 강화제를 목표행동의 후속결과로 제공하는 것이 덜 번거롭다. 그러므로 우리는 교사들이 비용이 들지 않고 쉽게 마련할 수 있으며 모든 연령의 학생들에게 사용할 수 있는 사회적 강화제와 활동 강화제를 창의적으로 마련해 내기를 권한다.

마지막으로 명심할 사항은 아무리 매력적인 강화제라 하더라도 학생들은 결국 싫증을 낸다는 점이다. 이를 행동주의 용어로 포화(satiation)라고 부른다. 포화가 일어나면 강화제는 학생을 동기화시키는 힘을 상실한다. 이 장 후반부의 '강화 체계의 개발과 실행'(p. 253 참조)에서 어떻게 포화를 예방할 수 있는지를 다루겠지만, 기본적으로 적정 수준의 박탈(deprivation)이 있어야 한다. 박탈이란 학생이 강화 체계를 통해서만 강화제에 접근할 수 있게 하되 그것도 제한된 시간이나 제한된 양만큼만 접근할 수 있게 한다는 의미이다. 만약 학생이 원하는 만큼의 강화제를 충분히 획득할 수 있다면, 학생은 더 이상 그 강화제를 얻기 위해 애쓰지 않을 것이다. 그러므로 성공적인 강화 프로그램이란 포화와 박탈을 주의 깊게 조화시키는 것이라고 할 수 있다.

강화 계획

모든 강화 프로그램에서 고려되어야 할 중요한 요소 중 하나는 얼마나 자주 강화를 제공할 것인지를 결정하는 일이다. 모든 정반응마다 강화를 줄 것인가? 아니면 정반응을 몇 차례 보인 후 강화를 줄 것인가? 또는 어느 정도의 시간이 흐른 후에 강화를 주는 시간 중심의 강화를 실시할 것인가? 강화가 제공되는 빈도를 강화 계획(rein-forcement schedule)이라고 부르는데, 강화 계획은 강화 프로그램의 성과에 영향을 미치므로 전체적인 강화 체계의 일부로 주의 깊게 계획되어야 한다. 그러나 우리의 경험에 의하면 많은 교사들이 강화 계획의 중요성을 이해하지 못하고 있으며, 이 때문에 강화 중재가 문제행동을 통제하는 데 전혀 효과가 없거나 기대 이하의 효과를 내곤 한다. 다음에서 우리는 다양한 강화 계획을 소개하고 학급이나 개별 행동관리를 위해 이러한 강화 계획을 어떻게 적용할지에 대해 설명하고자 한다.

강화 계획은 기본적으로 연속강화 계획과 간헐강화 계획의 두 가지 유형으로 나눌 수 있다. 연속강화 계획(continuous schedule of reinforcement, CRF)이란 모든 정반응을 강화하는 것을 의미한다. 연속강화 계획하에서는 학생이 수업종이 울려서 자리에 앉을 때마다, 교재를 수업에 잘 가져올 때마다, 장난감을 사이좋게 가지고 놀 때마다, 줄을 서서 차례를 기다릴 때마다, 복도를 바르게 걸어갈 때마다, 또는 목표행동이 무엇이든 그 행동을 할 때마다 강화를 받는다. 연속강화 계획은 매우 어린 아동, 인지장애가 심각한 아동, 만성적이고 고빈도의 문제행동을 오랜 기간 나타낸 아동들에게 새로운 행동을 가르칠 때 적절하다. 새롭고 어려운 행동을 처음 배울 때는 좀 더 나이가 든 학생들에게도 연속강화 계획이 유용하다. 예를 들어, 오랫동안 공격행동을 보였던 고등학생이 이전의 부적절한 행동 대신 새로운 행동을 배우게 하기 위해서는 분노 반응을 통제하고 부정적인 피드백을 수용하며 또래의 놀림을 무시하기 위해 자기통제 전략을 사용하거나 또는 다른 목표행동을 할 때마다 강화를 할 필요가 있다. 학생들이 보이는 많은 부적절한 행동이 연속강화 계획(CRF)으로 유지된다는 것에 주목할 필요가 있다. 예컨대 조쉬가 수업 중에 부적절한 소리를 낼 때마다 교사가 이에 대해 반응을 하고 또래들은 웃는 상황을 가정해 보자(관심). 제8장에서 다룬 행동 효율성에 대한 논의를 떠올려 본다면, 조쉬 같은 학생의 중재를 계획하는 교사는 먼저 연속강화 계획으로 강화를 실행하거나 다음에 설명할 간헐강화 계획을 면밀하게 적용하는 것이 좋다. 그렇게 함으로써 학생의 적절한 행동이 부적절한 행동에 못지 않은 강화를 받을 수 있게 되며, 학생은 바람직한 행동을 더 빨리 습득하게 된다.

독립적 수행을 격려하기 위해 강화 계획을 점진적으로 약화시켜라.

연속강화 계획이 강력한 교수 방법이긴 하지만, 이를 임시적인 절차로만 고려해야 하는 몇 가지 이유가 있다. 첫째, 연속강화 계획은 현실 생활에서 거의 존재하지 않는다. 일반학급, 직장, 교우관계, 가정에서 그러한 강화 계획을 경험할 가능성은 거의 없다. 또한 연속강화 계획은 분주한 교실환경에서 장기간 실행하기가 매우 어렵거나 불가능하다. 마지막 이유는 '과유불급'이라는 말이 연속강화 계획에도 적용될 수 있기 때문이다. 적절한 행동을 할 때마다 강화를 받은 학생은 곧 포화를 경험하게 되고 강화제는 그 효력을 잃을 것이다. 이러한 이유로 학생들이 목표행동을 일관성 있게 수행하기 시작하면 연속강화 계획의 점진적 약화가 시작되어야 한다. 강화의 점진적 약화(thinning)란 매우 잦은 강화 계획(dense reinforcement schedule, 예 : CRF)에서 모든 정반응 대신 일부의 정반응만을 강화하는 간헐강화 계획(intermittent schedule of reinforcement)으로 서서히 옮겨 가는 것을 말한다.

간헐강화 계획에는 비율 계획, 간격 계획, 반응지속시간 계획의 세 범주가 있다. 이 중 어떤 강화 계획을 사용하는 것이 더 적절할지는 행동 유형이나 목표의 유형에 따라 다른데 다음에서는 이에 대해 설명하고자 한다. 세 가지 강화 계획은 표 10-2에 요약되어 있다.

비율강화 계획 비율강화 계획(ratio schedules of reinforcement)하에서는 **특정 횟수만큼 목표행동**이 발생했을 때 강화가 주어진다. 고정비율 계획(fixed ratio schedule, FR)에서는 학생이 **고정된 횟수만큼 목표행동**을 했을 때 강화를 받는다. FR 4란 학생이 4회의 정반응을 보인 후 강화를 받는다는 의미이다. FR 10은 10회의 정반응을 보인 후 강화가 주어진다. 앞서 설명한 연속강화 계획은 FR 1이라고 할 수 있다. 고정비율 강화 계획의 예로, 학생들이 기본 단어 10개를 읽을 때마다 학급 가게를 이용하는 데 쓸 포인트를 적립하게 되는 에르난데스 교사의 교실을 살펴보자. 매주 금요일, 에르난데스 교사는 각 학생의 단어 읽기 유창성을 평가한다. 에르난데스 교사와 그 반의 보조원은 각 학생에게 이전에 배운 기본단어를 제시한 후, 학생이 그 단어를 신속하고(예 : 5초 이내) 정확하게 읽으면 그 단어카드를 '정답'이라고 표시된 바구니에 쌓는다. 읽기가 끝나면 학생들은 '정답' 바구니에 들어 있는 카드의 수를 세어 10개의 카드당 1포인트를 받게 된다. 이 포인트는 그 주에 학생이 모은 다른 포인트(규칙 준수, 과제 완성, 또는 다른 목표행동을 하여 받은 포인트)에 합산이 되며, 학급 가게에서 특별한 활동이나 특권을 사는 데 쓸 수 있다.

비율강화 계획의 두 번째 형태는 **평균 정반응 횟수**에 따라 강화가 주어지는 변동비율 계획(variable ratio schedule, VR)이다. VR 3 강화 계획의 적용을 받는 학생은 평균 3회의 정반응을 한 후 강화를 받을 것이다. 예를 들어, 집단 교수시간에 마이클이 주어진 질문에 답을 하는 행동에 대해 VR 3 계획을 적용하기로 했다면, 교사는 마이클이 두 번 답을 한 직후에 강화를 하고, 그다음에는 네 번 답을 한 후, 그다음에는 세 번 답을 한 후, 그다음에는 네 번, 그다음에는 두 번 답을 한 후 강화를 하여 강화를 받는 정반응의 평균 횟수가 3회가 되게 할 것이다. 변동 계획은 교사들이 실행하기에 약간 어렵지만, 고정강화 계획에서 발생하는 강화 후 휴지(post-reinforcement pause)라는 문제를 피할 수 있게 해 준다. 강화 후 휴지란 강화 계획이 예상 가능할 때 학생이 강화를 받은 직후에는 반응을 하지 않으려는 경향을 말한다. 변동비율 계획은 강화 계획의 예상이 어렵기 때문에 강화 후 휴지의 문제를 피할 수 있게 해준다.

간격강화 계획 간격 계획(interval schedules)은 일정 시간의 경과를 기준으로 강화 시기를 결정한다. 고정간격 계획(fixed interval schedule, FI)은 미리 정해 둔 시간이 경과한 뒤 나타난 첫 번째 행동 직후에 강화가 주어진다. 예를 들어, 호다리가 장난감을 잘 가지고 노는 행동에 대해 FI 10분 계획으로 강화

표 10-2 강화 계획의 유형

강화 계획	행동의 유형	설명	장점	약점	예
연속	모든 행동	행동이 발생할 때마다 강화 제공	짧은 시간에 새로운 행동을 지도할 수 있음	포화를 야기할 수 있음	피셔 교사는 에이샤가 소리를 바르게 모방할 때마다 조그만 시리얼 조각을 준다.
비율					
고정비율	사건 기록법으로 측정 가능한 비연속적 행동	미리 정한 횟수만큼의 정반응이 일어난 후 강화 제공	정반응 비율을 높임	학생이 빨리 행동 횟수를 채우려고 노력하다가 정확성을 포기하게 될 수 있음, '강화 후 휴지' 현상	안토니는 5회 연속으로 기한 내 과제를 제출하면 가산점을 받는다.
변동비율	〃	평균 정반응 횟수에 따라 강화 제공	부정확한 반응이나 강화 후 휴지에 관련된 문제를 피할 수 있음	교사가 다른 사람의 도움 없이 많은 학생들을 맡고 있을 때는 점검이 어려움	캠벨 교사는 읽기 시간에 정확한 읽기를 한 모둠에 상을 준다. 처음에는 세 문장을 바르게 읽을 때마다 그 모둠을 강화하다가, 다음에는 비율을 조금씩 달리하되 평균적으로는 세 문장을 바르게 읽을 때(예 : 두 문장을 바르게 읽은 후, 여섯 문장을 바르게 읽은 후, 세 문장을 바르게 읽은 후) 강화하였다.
간격					
고정간격	비연속적 행동 또는 지속되는 행동 모두 가능	정해진 시간(간격)이 흐른 후 목표행동이 처음 발생했을 때 강화 제공	특정 교실에서는 비율강화 계획에 비해 실행 가능함	강화가 주어지지 않는 기간 동안 발생하는 행동에는 강화가 제공되지 않으므로 그 기간에는 행동이 잘 일어나지 않다가 구간이 끝나기 직전에 행동이 증가하는 현상이 나타날 수 있음	제이콥 교사는 새로 배운 사회적 기술을 운동장에서 사용하도록 지도하고 있다. 그는 운동장에서 머무는 시간을 5분 간격으로 나누고, 각 간격의 마지막에 사회성 기술을 사용한 것으로 관찰된 첫 번째 학생을 강화하였다.
변동가격	〃	가격이 고정돼 있지 않고 간격의 평균만 정해져 있음	고정간격 강화가 가진 문제를 피할 수 있음	간격의 길이가 다양해지도록 점검하는 것이 어려울 수 있음	제이콥 교사는 점심을 먹을 때 적절한 대화 기술의 사용을 강화한다. 그는 20분의 점심시간을 평균 4분 간격으로 나누었다(2분, 8분, 4분 등). 각 간격의 마지막 순간에 적절한 대화 기술을 사용하는 첫 번째 학생은 스티커를 받는다.
반응지속시간					
고정 지속시간	지속되는 행동	목표행동이 미리 정해 둔 지속시간에 도달하면 강화 제공	모든 환경에서 비교적 실행이 쉬움	'강화 후 휴지' 현상이 나타날 수 있음	JP가 자습시간에 과제를 하고 있으면 10분마다 JP의 카드에 별을 그려준다.
변동 지속시간	〃	목표행동의 평균 지속시간에 따라 강화 제공	'강화 후 휴지'를 피할 수 있음	지속시간이 다양해지도록 점검하는 것이 어려울 수 있음	에바는 구간 내내 적절한 단어로 이야기하면 그 구간 마지막에 칭찬을 받는다. 구간의 간격은 평균 10분이다.
부정기적 강화	모든 행동	강화의 시기가 미리 계획되지 않음	사용하기 쉬움, 자연스러운 환경과 가장 유사함	강화가 목표행동을 유지시킬 만큼 충분치 않을 수 있음	가끔 생각날 때마다 슈와츠 교사는 지아가 또래를 건드리지 않고 얌전하게 손을 모으고 있으면 칭찬을 한다.

를 하기로 했다고 하자. 교사는 타이머를 10분에 맞춰 놓고, 타이머가 울리자마자 호다리를 쳐다볼 것이다. 이때 호다리가 장난감을 바르게 사용하고 있으면 강화를 제공한다. 그러고 나서 다시 타이머가 10분 후에 울리게 맞춰 둔다. 또 다른 예로, 애비가 또래들에게 적절하게 말하는 행동에 대해 FI 30분 계획으로 강화를 적용한다는 것은 30분 경과 후 애비가 또래를 향해 적절한 말을 한 첫 번째 사건 직후에 강화를 제공한다는 의미이다. 그러고 나면 다시 30분 간격이 시작된다. 스미스 교사는 8~10세의 어린이 축구팀의 부코치이다. 그는 경기 중이든 경기 외 시간이든 아동들이 다른 팀원들에게 말을 할 때 스포츠맨다운 언어를 사용하라고 가르쳤다. 그는 10분의 간격을 정해 놓고 한 간격이 지난 직후, 아동이 사용한 첫 번째 바른 말에 대해 칭찬을 해 주었다.

고정간격 계획과 관련된 흥미로운 문제 중 하나는 고정간격을 의식한 행동증폭(fixed interval scallop) 현상이다. 이는 학생이 시간 간격을 인식하게 되어 정해진 간격이 끝나기 직전에 목표행동이 급증하는 현상(즉, '증폭' 효과)을 말한다. 변동간격 계획(variable interval schedule, VI)은 이 문제를 피할 수 있게 해 준다. 변동간격 계획에서는 간격의 평균이 몇 분인지만 미리 정해 둔다. 고등학교 생물시간에 학생들의 과제 참여 행동을 증가시키기 위해 변동간격 계획을 사용하고 있는 펠튼 교사의 예를 살펴보자. 펠튼 교사는 VI 15분 강화 계획으로 중재를 시작하기로 하고, 생물 실험을 하는 동안 타이머를 평균 15분이 지나면 소리가 나게 맞추었다. 펠튼 교사는 타이머가 울리자마자 모든 학생들이 과제에 참여하고 있는지 관찰한 후 학급 수행 도표에 점수를 기록하였고, 다시 타이머를 조정하였다. 펠튼 교사는 간격의 길이를 미리 계산하여(예 : 20분, 10분, 15분, 12분, 18분) 평균이 15분이 되게 하였다. 학급이 그 주 금요일까지 25점을 획득하면 주말 동안 해 와야 하는 숙제를 줄여 주기로 하였다. 펠튼 교사는 이 제도를 실행한 이후 그 반 학생들의 과제 참여시간과 과제 완성도가 놀랍게 증가했다는 자료를 제시하면서 숙제를 줄여 주는 강화를 사용하는 것에 대한 교장선생님의 허락을 구하였다.

반응지속시간 계획은 행동이 지속되는 시간을 증가시키기 위한 것이다.

반응지속시간 강화 계획 반응지속시간 계획(response duration schedules)은 목표행동의 지속시간을 증가시키기 위한 것이다. 미리 정해 둔 만큼의 시간 동안 목표행동이 지속되었을 경우 그에 대해 강화가 주어진다. 고정 반응지속시간 계획(fixed response-duration schedule, FRD)은 일정한(고정된) 시간이 지난 후 강화를 제공하는 것이다. FRD 5분 계획이라면 학생이 목표행동을 5분간 계속하여 보인 직후 강화가 주어질 것이다. 예를 들어, 라나가 안경을 쓰는 행동에 대해 FRD 10분을 적용하기로 한 우도리 교사의 경우를 살펴보자. 교사는 타이머를 10분에 맞춰 두고, 그 10분 내내 아동이 안경을 쓰고 있으면 타이머가 울릴 때 강화를 제공한다. 만약 라나가 10분 간격의 중간에 안경을 벗으면, 우도리 교사는 라나에게 안경을 다시 쓰라고 촉진한 후 타이머를 다시 작동시킬 것이다. 캐롤 교사는 자기 반 학생들에게 FRD 30분 계획을 적용하고 있다. 학생들은 30분 동안 과제참여 행동을 보이면 쉬는 시간을 얻을 수 있다. 강화를 받기 위해 요구되는 반응지속시간의 길이는 학생의 나이, 목표한 반응의 지속시간이 어느 정도여야 하는지에 대한 목표, 그 행동의 현행 지속시간 수준 등에 따라 다르다.

변동 반응지속시간 계획(variable response duration schedule, VRD)은 반응지속시간의 평균을 기초로 한다. 예를 들어 VRD 5분 계획은 학생이 목표행동을 평균 5분(예 : 4분, 7분, 3분, 6분) 동안 나타냈을 때 강화를 받는다는 의미이다.

궁극적 목표는 학생이 자연스럽게 발생하는 강화 계획하에서도 성공적인 수행을 보이는 것이다. 그러므로 교사들은 조밀했던 강화 계획을 점차 느슨하게 만들어 가기 위해 주의 깊게 계획을 세워야 한다. 강화를 사용할 때 범하는 흔한 실수 중 하나는 강화 계획을 너무 급하게 약화시키는 것이다. 이는 비율 중압(ratio strain)을 야기하는데, 비율 중압이란 새로 적용한 약화된 강화 계획하에서는 행동이 더 이상 유지되지 않는 것을 말한다. 이러한 현상은 교사 또는 타인들이 강화 적용의 초기 단계에 나타난 긍정적 변화에 고무되어, 새로 학습된(또는 새로이 강화된) 행동을 유지할 학생의 능력을 과대평가하기 때문에 발생하는 것 같다. 만약 학생이 지연된 강화를 적용하자 반응하기를 멈추었다면, 이는 강화계획을 너무 급하게 약화시켰기 때문(강화를 얻기가 너무 어려워졌기 때문)일 수 있다. 이 문제를 해결하기 위해서는 얼마간 좀 더 즉각적인 강화 계획으로 돌아가야 하며, 시간이 좀 더 지난 후 점차 계획을 약화시키는 것이 좋다.

강화 계획의 약화는 그리 어렵지 않다. 강화를 받기 위해 필요한 행동의 횟수, 강화를 받기 전에 경과되어야 하는 시간, 강화를 받기 전 목표행동이 지속되어야 하는 시간 등을 점진적으로 증가시키기만 하면 된다. 다음의 예시들은 강화 계획의 세 가지 범주별로 강화를 약화시킨 예를 보여 주고 있다.

- **고정비율과 변동비율** 켈러 교사는 학생들이 자신의 세계사수업에 늦지 않게 오는 행동에 대해 FR 2 계획으로 강화를 하고 있다. 즉, 이틀에 걸쳐 수업종이 울렸을 때 모든 학생이 자기 자리에 앉아 있으면 그 학급에 1점을 부여하는데, 그 점수는 금요일에 그 주에 배운 내용을 복습하는 집단 학습 게임을 하는 데 쓸 수 있다. 학생들이 6일 연속으로 수업 시작 시 제자리에 앉아 있게 되었을 때, 켈러 교사는 VR 4 계획을 적용하였다. VR 4 계획을 적용한 후에도 6일 연속으로 학생들이 목표행동을 수행하자 켈러 교사는 VR 8로 강화 계획을 좀 더 느슨하게 하였다.
- **고정간격과 변동간격** 토니는 과제를 너무 급하게 하느라 많은 실수를 하는 3학년 학생이다. 토니가 좀 더 차분하고 조심성 있게 과제를 하도록 지도하기 위해 포셋 교사는 독립과제 시간에 FI 5분 계획을 사용하기로 했다. 교사는 타이머를 5분으로 설정한 후, 타이머가 울린 뒤 토니가 쓴 답 중 첫 번째 정답 옆에 스티커를 붙여 주었다. 토니가 이 체계에 상당히 잘 반응하여 그간 서두름 때문에 발생했던 실수를 거의 하지 않게 되자, 포셋 교사는 VI 10분 계획으로 강화를 약화시켰다. 교사는 토니의 독립과제 시간에 적용할 간격의 길이(예 : 5분, 10분, 8분, 15분, 12분)를 계획하였다.
- **고정 반응지속시간과 변동 반응지속시간** 루비오 교사는 정서 · 행동장애를 가진 중학생을 가르치고 있다. 이 학생들은 점심시간에 음식을 던지고 음식을 가지고 노는 등의 문제행동을 보이고 있다. 루비오 교사는 이 문제가 계속될 경우 이 학생들이 학교 식당을 이용하지 못하게 되리라는 것을 알고 있다. 그래서 루비오 교사는 고정 반응지속시간 계획에 기초한 강화 프로그램을 시행하기로 했다. 루비오 교사는 학생들과 다른 테이블에서 점심을 먹긴 하지만, 그 테이블에서는 학생들이 잘 보인다. 강화 프로그램의 첫 단계로 교사는 타이머를 5분으로 설정해 두고(FRD 5분 계획), 학생들이 그 5분 동안 적절한 행동(강화 프로그램을 시작하기 전에 자신이 학생들에게 지도한 식당에서의 행동들)을 보이면 학급 점수 카드에 점수를 기록하였다. 5분 간격 중 한 학생이라도 식당에서의 규칙을 어기면, 교사는 그 학생의 이름과 학생이 보인 문제행동을 기록한 후 타이머를 다시 작동시켰다. 30분의 점심시간 동안 학생들은 최대 6점을 받을 수 있고, 따라서 1주일에 30점을 받을 수 있다. 금요일까지 학급 전체가 27점 이상(가능한 최대 점수인 30점의 90%)을 모으면, 금요일 점심시간 후에 농구를 할 수 있다. 27점을 얻지 못했을 경우에는 점심식사 후 교실로 돌아가 오후 수업을 하게 된다. 식당에서의 학생행동이 놀랍게 향상되었기 때문에(3주 연속으로 27점 이상을 얻음), 루비오 교사는 VRD 15분 계획으로 강화를 약화시키려 한다. 따라서 타이머는 평균 15분이 되게 설정될 것이다. 간격이 길어졌기 때문에 1주일에 받을 수 있는 최대 점수가 줄어들게 되므로, 농구를 하기 위해 필요

한 점수도 줄어들 것이다.

어떤 강화 계획을 선택할 것인지는 강화를 받을 행동의 성격과 교사의 선호도에 달려 있다. 사건 기록법을 사용하여 횟수를 셀 수 있는 비연속적인 행동은 비율이나 간격 계획으로 강화할 수 있다. 비율 계획은 학생이 강화를 받기 위해 나타내야 하는 행동의 횟수를 교사가 정확하게 통제할 수 있게 해 준다. 그러나 비율 계획은 교사가 소집단 또는 대집단의 학생들을 가르쳐야 하는 바쁜 교실 상황에서는 실행하기가 어렵다. 이 경우 간격 계획이 좀 더 실행 가능하다. 간격 계획은 또한 간격 기록법이나 시간 표집법을 이용하여 측정할 수 있는 지속되는 행동 또는 연속적 행동에도 매우 적절하다. 행동이 나타나는 시간을 증가시키거나 감소시키는 것이 목표일 때는 지속시간 기록법이 적절한 측정 체계이고 반응지속시간 계획이 적절한 강화 계획이라고 할 수 있다. 반응지연시간 류의 행동들(반응지연시간 기록법으로 측정하는)은 비율 계획으로 강화하는 것이 적절하다. 예를 들어, 케이티는 교사의 지시를 2분 이내에 수행하는 것에 대해 VR 5 계획으로 강화를 받고 있다. 이는 교사가 케이티가 지시에 순응하는 데 걸리는 시간을 기록하여, 케이티가 2분 이내에 지시를 따른 행동이 평균 5번 발생했을 때마다 강화를 주었다는 의미이다. 2분 이내에 지시를 따르는 행동에 대해 VR 5 계획을 적용한 며칠 후, 교사는 지시에 따르는 시간을 1분으로 줄였다. 이제 케이티는 1분 이내에 지시에 따르는 행동이 평균 5번 발생할 때마다 강화가 제공되는 VR 5 계획의 적용을 받게 된 것이다. 1분 이내의 순응행동이 케이티의 목표였기 때문에 VR 5 계획하에서 3일 연속으로 1분 이내 순응행동이 나타나게 되자 교사는 VR 10으로 강화 계획을 약화시키기 시작하여, 그다음에는 VR 15, 그다음에는 부정기적 강화로 옮겨 갔다.

계속강화 계획과 간헐강화 계획을 사용하여 목표행동이 습득되고 나면 부정기적 강화나 자연스럽게 발생하는 강화로 옮겨 가야 한다. 이는 강화가 더 이상 계획에 따라 주어지는 것이 아니라 무계획적인 형태로 주어짐을 의미한다. 대부분의 환경에서는 이러한 부정기적 강화만을 사용한다. 따라서 경도에서 중등도의 행동문제를 가진 대부분의 학생들이 부정기적 강화만으로도 적절하게 행동할 수 있는 것이 목표가 되어야 한다. 그러나 자연스러운 환경에서 주어지는 강화는 일반적으로 그리 충분하지 않기 때문에 최중도 인지문제나 행동문제를 가진 학생들은 미리 정해진 강화 계획이 있어야 더욱 성공적인 수행을 할 수 있다.

강화 체계의 개발과 실행

다른 기법들과 마찬가지로 강화 체계를 개발할 때 따라야 할 절차가 있다. 그 절차들은 다음과 같다.

1. 다루어야 할 문제의 형태를 파악한다. 이 행동문제가 학급 전체의 문제인가 아니면 개별 학생의 문제인가? 강화 체계는 문제의 본질에 따라 집단 전체를 대상으로 할 수도 있고, 개별 학생을 대상으로 할 수도 있고, 집단과 개별 강화를 동시에 할 수도 있다. 제8장에서 논의했듯이 그 행동을 조작적으로 정의해야 한다는 것을 기억하라.
2. 중재하고자 하는 문제별로 목표 대체행동(즉, 그 문제 대신 학생이 하기를 바라는 행동)을 정한다. 표 10-3은 흔히 발생하는 학급 및 개별 학생의 문제행동과 각 문제행동에 대한 대체행동을 보여 주고 있다. 제8장에서 논의한 것처럼 대체행동은 현재 나타나고 있는 부적절한 행동과 동일한 결과(예 : 관심, 회피)를 학생에게 줄 수 있는 것이어야 한다. 또한 제2장에서 설명했듯이 목표행동은 학생에게 사회적으로 의미 있는 것이어야 한다. 즉, 중재의 목표가 되는 행동은 학

표 10-3 교실에서 흔히 발생하는 행동문제 및 이를 대체할 만한 행동

문제	대체행동
집단	
• 지각	• 수업 시작종이 울릴 때 자리에 앉기
• 과제이탈 행동(허공 응시하기, 책상에 엎드려 있기, 책상 위나 안에 있는 물건 가지고 놀기)	• 과제 참여 행동
• 수업 중 허락 없이 말하기	
• 서로에게 불친절하거나 심술궂게 말하기	• 손을 들고 발언권을 받을 때까지 기다리기
• 운동장에서 지켜야 할 규칙을 따르지 않기	• 친절하고 도움이 되며 격려가 되는 말하기
• 지시 따르지 않기	• 규칙 따르기
• 무질서한 전이 : 전이시간 규칙을 따르지 않고 큰 소리로 이야기하기	• 적절한 시간 안에(지체 없이) 지시 따르기
	• 떠들거나 장난치지 않고 주어진 시간 안에 한 활동에서 다음 활동으로 옮겨 가기
• 복도에서 뛰거나 난폭한 놀이하기	• 손을 바깥쪽으로 흔들지 않고, 복도에서 우측으로 걷기
개별	
• 과제 거부	• 기한에 맞추어 과제 완수
• 어려울 때 종이 찢기	• 어려울 때 도움 요청
• 화가 났을 때 허락 없이 교실 이탈	• 휴식 요청하기 또는 교사에게 개인면담 요청하기
• 부적절한 주제에 대해 이야기하기(예 : 마약, 성적 언급 등)	• 학교에서 이야기할 수 있는 적절한 주제에 대해서만 이야기하기
• 싸움	• 화나게 하는 일을 무시하고 거리를 두거나 말로 문제를 해결하기
• 욕하기	• 좌절, 흥분 또는 강력한 주장을 적절하게 표현하기

일반적으로 문제가 발생했을 때 다음 영역들에서 대체행동을 고려해 볼 수 있다.
- 학급규칙과 학교 차원의 규칙
- 절차
- 적절한 사회적 행동
- 감정 표현을 위한 의사소통행동(예 : 말, 수화, 또는 다른 형태의 의사소통)
- 학업행동(예 : 과제 완수, 과제 정확도, 집단활동 참여, 수업 참여)

교와 여러 환경에서 학생의 학업적 · 사회적 성공을 증진시킬 수 있는 행동이어야 한다.

3. 우선적으로 중재해야 할 행동을 고른다. 둘 이상의 문제를 다루기 위해 두 가지 이상의 강화 체계를 수립해야 할 경우가 있으며, 때로는 그렇게 하는 것이 필수적이기까지 하다. 그러나 너무 많은 수의 상이한 체계나 한 체계 안에서 너무 많은 목표행동이 있으면 학생과 교사에게 혼동을 주게 되고, 그 결과로 강화 체계가 일관적으로 사용되지 못할 가능성이 커진다. 또한 정적 강화의 윤리적 사용을 위해서는 사회적으로 의미 있는 행동을 엄선하여 변화의 목표로 삼아야 한다. 즉, 변화의 목표가 될 행동들은 학생이 학업적 · 사회적 · 행동적 맥락에서 성공하는 데 중요한

것들이어야 한다는 것이다. '모든 과제를 시간 내 마치기'와 같은 목표행동은 이 기준을 충족시키는 반면, '자리에 앉아 조용히 있기'와 같은 목표행동은 그렇지 않을 수도 있다. 중재의 목표행동을 선정할 때 세부적인 행동들을 포함하는 좀 더 넓은 목표를 고려해 보기를 권한다. '지시 따르기'라는 규칙을 목표행동으로 삼으면, 전이시간의 행동(예 : 전이시간마다 교사의 지시 따르기), 복도에서의 행동(예 : 학급 전체가 교실을 나가기 직전에 복도에서 어떻게 걸을 것인지에 대해 교사가 지도한 내용) 또는 수업행동(예 : "47쪽에 나오는 모든 문제를 푸세요.", "완전한 문장으로 쓰세요.", "과제를 선생님에게 보여 주세요.")을 모두 다룰 수 있다. '지시 따르기'를 강화하는 하나의 강화 체계를 사용하는 것이 각각의 행동에 대해 여러 강화 체계를 사용하는 것보다 훨씬 효율적이다.

목표행동 선택과 관련하여 주의해야 할 마지막 사항은 제8장에서 설명한 바와 같이 목표행동을 조작적인 용어로 서술하는 것이다. 만약 목표행동이 '지시 따르기'라면, 학생들과 강화 계획을 실행할 모든 성인들은 그것의 의미를 정확히 이해하고 있어야 한다.

4. 강화 체계로 다루게 될 각 행동에 대한 기초선 자료를 며칠에 걸쳐 수집한다. 이 작업은 학생의 IEP나 BIP에 포함된 행동을 목표로 개별 강화 체계를 실행할 때 더욱 중요하다. 제7장에서 소개했던 자료 수집 체계 중 하나를 이용하라.
5. 우선적으로 다룰 목표행동을 위한 한 가지 이상의 강화 체계를 개발한다. 당신이 사용할 강화 체계는 전체 집단을 대상으로 할 수도 있고(예 : 모든 학생이 제시간에 등교했을 때 학급 전체를 강화함), 개별 학생을 대상으로 할 수도 있으며, 집단과 개별 강화 체계를 모두 사용할 수도 있다. 제11장에서 우리는 프리맥 원리, 토큰 경제, 행동계약, 집단강화 체계 등의 구체적인 강화 체계를 어떻게 실행하는지 설명하고, 각각에 대한 많은 예시를 제공하였다. 그러나 기본적으로는 강화 체계는 사용하기 쉬워야 하고 학생들에게 재미있어야 한다.
6. 어떤 강화제를 사용할지 결정한다. 이 장 앞부분의 '강화제의 선택'에서 설명한 강화제 판별을 위한 방법들을 사용하라. 강화 체계에 따라 매번 같은 강화제가 주어질 수도 있고(예 : 모든 과제가 기한에 맞게 제출된 주마다 학생들에게 농구를 할 수 있는 시간이 주어짐), 학생이 여러 강화제 중 고르는 형식이 될 수도 있다(예 : 일주일 내내 쉬는 시간에 지켜야 할 규칙을 잘 따른 학생은 금요일에 세 가지 강화제 중 하나를 선택할 수 있음). 우리가 교사들에게 비용이 들지 않는 사회적 강화제나 활동 강화제를 주로 사용해야 한다고 권했던 것을 기억하라.

또한 강화 체계를 적용할 때 다양한 강화제를 사용하는 것이 중요하다. 아무리 학생에게 매력적인 강화제라 하더라도 너무 많이 사용하면 학생은 결국 그 강화제에 질리게 되고 강화제는 더 이상 학생을 동기화하지 못하게 된다. 이러한 상황을 피하기 위한 두 가지 방법이 있다. 하나는 학생이 강화를 받게 되었을 때 강화구간마다 여러 종류의 강화제를 제시하고 그중 가장 선호하는 것을 고르게 하는 것이다. 강화의 포화를 막을 수 있는 또 다른 방법은 강화구간마다 강화제를 바꾸는 것이다. 두 번째 방법을 사용할 경우 강화구간마다 단 하나의 강화제를 제시하는 것이 매우 중요하다.
7. 강화 계획을 결정한다. 비율, 간격, 또는 반응지속시간 계획 중 어느 것을 사용할 것인가? 고정 계획으로 시작하여 점차 변동 계획으로 옮겨 갈 것인가? 강화를 점차 느슨하게 하는 과정에도 신경을 써야 한다. 즉, 처음부터 강화 계획을 느슨하게 하여 시작한다면 강화 체계는 초반부터 실패할 것이다. 처음에는 자주 강화를 하다가 학생의 목표행동이 갈수록 높은 수준으로 나타나

면 좀 더 느슨한 강화 계획으로 약화시키는 것이 더욱 효과적이고 효율적이다.

8. 강화 체계를 학생에게 가르친다. 왜 이 프로그램이 필요한지를 설명하고, 어떻게 이것이 운용될 것이며 학생이 얻게 되는 것이 무엇인지를 설명하라. 목표행동에 대한 모델링을 제공하고 역할놀이를 실시하여 그에 따른 강화를 제공해 보는 것도 좋다. 예를 들어, 보조원 또는 다른 성인에게 '다른 사람을 향해 긍정적으로 말하기' 시범을 보이게 하고(즉, 목표행동의 시범을 보이게 하고), 교사가 그 보조원이나 성인에게 토큰을 주는 장면을 학생들에게 보여 줄 수 있다. 한편 목표행동을 하지 않을 때 어떤 일이 일어날지에 대해서도 성인들이 모델링을 할 수 있다. 예를 들어, 한 보조원이 과제를 거부하는 시범을 보이면 교사가 "과제를 하기 싫다니 선생님 마음이 안타깝네. 과제를 시간 안에 마치지 않으면 선생님이 '오늘의 즐거운 낙서시간'에 참여할 티켓을 줄 수 없는데."라고 반응한다.
9. 강화 체계를 실행한다. 강화 체계는 규칙적이고 일관되게 실시해야 하고, 목표행동에 따른 후속결과로 강화제에 접근할 수 있게 해야 하며, 학생이 강화제를 받게 된 경우 반드시 잘 전달이 되었는지 확인해야 한다. 유관(contingent), 즉 '행동의 후속결과로 강화제에 접근한다.'는 것은 학생이 특정 기준에 맞는 목표행동을 나타냈을 때만 강화제를 얻을 수 있다는 의미로, 이는 강화 프로그램의 성공에 결정적인 사항이다. 만약 학생이 목표행동을 나타내지 않고도 강화제를 획득할 수 있다면, 그 강화제는 곧 학생을 동기화시키는 힘을 잃게 된다.
10. 강화 체계가 목표행동에 미치는 영향을 점검한다. 목표행동에 대한 자료샘플을 계속하여 수집하라. 목표행동이 바람직한 방향으로 변화하면 언제부터 강화 계획을 약화시킬지 결정하라. 목표행동에 변화가 없을 경우, 다음 절에 나오는 '강화 체계가 바람직한 성과를 가져오지 못할 때의 문제해결'에 설명된 실행 관련 문제들의 가능성을 고려해 보고, 실행에 대한 자기평가를 위해 제시된 '문제해결을 위한 다섯 가지 질문'을 사용해 보라.

강화 체계가 바람직한 성과를 내지 못할 때의 문제해결

때로는 강화 체계의 도입 초기에 원하는 결과가 나타나지 않는 경우가 있다. 이는 강화 체계의 효과가 없음을 뜻하는 것은 아니다. 대부분의 경우 이는 쉽게 처리할 수 있는 하나 또는 그 이상의 문제가 발생했음을 의미한다. 대표적인 문제와 그에 대한 적절한 반응을 설명해 보면 다음과 같다. 많은 경우 초기에 행동의 향상이 일어나지만 그다음에는 강화 체계가 더 이상 효과를 보이지 않는 것처럼 보인다. 강화 프로그램이 처음으로 실시되었을 때 집단이든 개인이든 '밀월기(honeymoon period)'를 거치는 것은 드문 일이 아니다. 얼마 동안(1~2주, 학생에 따라 조금 더 짧거나 길 수도 있음) 강화 체계는 이 체계를 사용하게 만든 행동문제를 모두 해결해 버린 것처럼 보인다. 그러나 시간이 지나면 바로 그 문제행동이나 유사한 문제가 다시 나타나기 시작한다. 학생들은 강화제에 흥미를 잃은 것처럼 보인다. 보통 이 모든 현상은 학생이 강화 체계를 시험하고 있다는 의미이다. "강화를 얻기 위해 정말 목표행동을 해야만 하는 걸까?" 특히 목표행동이 학생에게 새롭거나 어려운 것일 때 이런 일이 더욱 잘 발생한다. 우리의 경험에 의하면 이러한 상황에 직면한 교사들은 효과가 없는 다른 아이디어들을 포기하듯이 강화 프로그램을 포기하곤 한다. 그러나 그것은 잘못된 것이다. 강화 체계가 효과적이지 않은 것처럼 보일 때 해야 할 가장 중요한 일은 얼마간 이 체계를 계속 실행하면서 자료를 수집하는 것이다. 목표행동을 해야만 강화제가 주어진다는 것을 배우기 위해 학생들은 강화제를 받지 못하는 경

강화 계획의 효과가 나타나지 않을 때 어떻게 해야 할까?

험도 몇 번 정도 해 보아야 한다. 만약 학생들이 몇 번에 걸쳐 강화를 얻지 못했는데도 목표행동을 보이지 않는다면, 교사는 다음에 설명된 문제해결 절차를 따라야 한다.

다음은 발생 가능한 문제와 이를 다루는 교사의 적절한 반응이다.

학생들이 강화 프로그램에 대해 불평하거나 강화제에 관심이 없다고 말할 때 이 상황을 위한 최선의 충고는 학생들의 말에 신경을 쓰지 말고, 학생들의 행동에 관심을 쏟으라는 것이다. 수집된 자료가 행동의 향상을 보여 주고 있다면, 그 체계는 잘 돌아가고 있는 것이다. 강화 체계에 대해 불평을 하거나 강화제를 싫어하는 것처럼 보이거나, 강화제에 관심이 없어 보이는 것은 오랫동안 문제행동을 나타내 온 학생들에게 흔히 일어나는 현상이다. 그러한 행동이 학생에게 어느 정도의 지위를 부여하고, 통제감을 주기 때문이다. 강화 체계를 바꾸는 결정을 해야 할 때는 객관적인 자료에 기초해서 하는 것이 중요하다.

강화 체계로 인해 의도하지 않은 후속결과가 제공되고 있음을 발견했을 때 이 문제는 쉽게 해결 가능하다. 예를 들어 중학교 학습 도움실에서 실시된 롱 교사의 강화 프로그램을 살펴보자. 롱 교사의 체계에서는 과제를 시간 안에 마친 학생들에게 티켓이 주어지고, 학생들은 이 티켓으로 남은 수업시간 동안 할 수 있는 활동을 살 수 있다. 그러나 이 체계에서 롱 교사는 과제의 정확성이라는 결정적인 준거를 빠뜨렸다. 교사는 곧 학생들이 과제를 급히 해치운다는 것을 알게 되었고, 학생들이 제출한 과제는 글씨도 엉망이고 틀린 내용도 많았다. 롱 교사는 과제가 깨끗이 작성되어야 하고 80% 이상의 정확도를 갖추어야 티켓이 주어진다는 규칙을 추가함으로써 쉽게 문제를 해결하였다. 학생에게 강화 체계를 지도할 때는 당신이 교사로서 언제라도 강화 체계를 개선할 권리를 가지고 있음을 학생들에게 알려야 한다.

강화 체계에서 빈틈을 발견했을 때 이 문제는 간단하다. 빈틈을 없애면 된다. 몬토야 교사는 강화 프로그램에서 예기치 못한 문제가 가끔 발생한다는 것을 알게 되었다. 몬토야 교사는 브리아나가 자리에 잘 앉아서 과제를 완성하고 친구에게 적절한 언어를 사용하면 '스마일' 도장을 찍어 주었다. 브리아나가 금요일까지 25개의 도장을 받으면 친구와 함께 특별한 활동을 할 수 있게 된다. 브리아나의 행동은 월요일부터 수요일까지 거의 완벽했다. 목요일 이른 오후 즈음에는 이미 25개의 도장을 모았다. 그런데 그다음부터 상황이 나빠지기 시작했다. 브리아나는 자리에 앉기를 거부하고 더 이상 과제를 하지 않았으며 친구들을 동물 이름으로 부르는 예전의 버릇을 다시 보였다. 그러나 금요일이 되자 브리아나는 친구와의 특별한 활동을 하기 위해 도장이 찍힌 카드를 몬토야 교사에게 내밀었다. 불쌍한 몬토야 교사! 브리아나는 이 강화 체계를 악용하는 방법을 금방 익힌 것 같았다. 약속을 지키기 위해 몬토야 교사는 바른 결정을 내렸다. 즉, 부적절한 행동의 개입에도 불구하고 브리아나가 특별한 활동을 할 수 있게 해 주었다. 그러나 그다음 주에 몬토야 교사는 브리아나에게 새로운 규칙을 설명하였다. 브리아나가 특별한 활동을 하기 위해서는 35개의 도장을 받아야 하고 모든 과제를 완료해야 한다. 또한 동물 이름으로 친구를 부를 때마다 특별한 활동을 하는 시간을 1분씩 줄이기로 했다.

강화 계획이 너무 조밀하거나 너무 느슨한 것을 인식했을 때 이 경우에는 강화 계획을 변경하기를 권한다. 자신이 맡고 있는 2학년 학생들이 운동장 규칙을 따르게 하기 위해 강화 체계를 실행한 가르시아 교사의 예를 살펴보자. 한 달 동안 모든 운동장 규칙을 지키면 학생들은 두 배의 쉬는 시간을 얻게 된다. 그러나 가르시아 교사는 아직 어린 자신의 학생들에게 FI 1개월 계획은 너무 길다는 것을 알게 되었다. 교사는 강화 계획을 FI 1일 계획으로 재빨리 변경하였다. 이제 학생들은 운동장 규칙을 하루 동안 잘 지키면 금요일 휴식시간에 5분을 더 놀 수 있게 되었다(이틀간 운동장 규칙을 잘 지키면 금요일 휴식시간에 10분을 더 놀 수 있다). 학생들이 이 강화 계획에서 성공적인 수행을 보이게 되었을 때 가르시아 교사는 이틀 연속으로 운동장 규칙을 잘 지켜야 금요일에 추가의 휴식시간을 얻을 수 있는 FI 2일 계획으로 변경하였고 궁극적으로 FI 1주 계획으로 옮겨 가려고 한다.

학생이 강화제를 요구하기 시작하거나 강화제를 달라고 조를 때 교사들은 종종 강화를 요구하는 학생들을 만나게 된다. 예를 들어 학생이 "제가 이걸 하면, 컴퓨터를 좀 더 할 수 있나요?"라고 말하면서 협상을 하려고 할 때가 있다. 우리는 이것이 나쁜 일이라고 생각하지 않는다. 오히려 잘한 일에 대해 강화를 요구하는 학생들을 좋아한다. 우리들 대부분은 더 많은 강화제를 얻고 싶어 한다. 부모님에게 자가용을 좀 쓰게 해 달라든지 용돈을 올려 달라고 요구하는 것, 고용주에게 급여인상을 요구하는 것, 교사들이 교장 선생님에게 '청바지 착용 금지' 규칙을 완화해 달라고 요구하는 것 등은 모두 강화제를 요구하는 행동의 예이다. 우리는 학생이 강화제를 요구하는 현상을 문제로 보는 대신, 강화제가 학생을 진정으로 동기화시키고 있다는 증거라고 생각한다. 항상 모든 것이 교사의 책임하에 있으며, 교사는 학생이 강화제에 접근하도록 허락할지 아닐지를 결정할 수 있음을 기억하라.

만약 강화제에 대한 학생의 요구가 강요에 가까울 정도라면(예 : "사라 옆에 앉게 해 주지 않으면 이 과제를 하지 않을 거예요.") 교사는 학생에게 이 행동의 후속결과를 간단하게 상기시켜야 한다(예 : "지금은 사라 옆에 앉을 수 없어. 하지만 네가 지금 과제를 하지 않으면 집에 가서 숙제로 해 와야 해."). 또한 이런 행동이 계속될 경우 행동 감소를 위한 후속결과가 실행되어야 한다. 행동 감소를 위한 후속결과에 대해서는 제12장에서 설명하겠지만 위의 사례에서는 학생이 강요행동을 보일 때마다 쉬는 시간을 1분씩 줄이는 방법을 쓸 수 있을 것이다.

위에서 설명한 대로 문제들을 처리한 후에도 강화 체계가 행동을 변화시키지 못하거나 위의 문제들이 비효과성의 원인이 아닌 것처럼 보일 때는 다음의 문제해결 절차가 그 이슈를 해결하는 데 도움이 될 것이다.

1. 목표행동을 조작적인 용어로 서술하였는가? 이렇게 함으로써 교사는 강화 체계의 규칙을 실행하고 바람직한 행동을 강화할 때 일관성을 유지할 수 있다.
2. 체계를 실행하고 강화제를 전달할 때 일관성 있게 하였는가? 체계를 일관성 없이 실행하는 것은 강화 계획을 미리 세우지 않은 채 강화를 하는 것과 비슷하다. 물론 자연스러운 강화가 궁극적 목표이기는 하지만, 계획되지 않은 강화부터 시작하는 것은 비생산적이다. 특히 문제행동이 심한 학생들이나 집단에게는 더욱 그러하다.
3. 강화제가 목표행동의 후속결과로 주어졌는가? 만약 강화제가 비유관적이라면(즉, 학생이 강화제를 얻기 위해 목표행동을 할 필요가 없다면), 전체 강화 체계가 흔들리게 되고 결국 효과를 낼 수 없게 될 것이다.
4. 선택된 강화제가 정말 강화를 하는가(즉, 학생을 정말 동기화시키는가)? 이것을 어떻게 확인할 것인가? 효과적인 강화제를 결정하기 위해 적절한 절차를 사용했는가? 강화 체계가 실패하는 이유 중 하나는 강화제가 학생이 부적절한 행동을 했을 때 받는 강화의 정도에 미치지 못하기 때문이다. 예를 들어, 부적절한 행동으로 많은 관심을 받는 학생은 적절한 행동을 하면 스티커나 작은 장식품을 받는 강화 체계에는 일시적으로만 반응할 것이다. 강화 체계에 문제가 발생하는 또 다른 이유는 학생들이 강화제에 흥미를 잃게 되는 것과 관련된다. 학생에게 질문하는 방

법만으로 강화제를 선택했다면, 학생 관찰하기와 같이 좀 더 객관적인 강화 자료의 출처를 이용해 볼 필요가 있다. 또한 포화를 예방하기 위해 다양한 강화제를 제공했는지도 자문해 보아야 한다. 같은 강화제를 반복하여 사용하면 학생들은 싫증을 낸다는 것을 기억하라.

5. 한두 명의 학생이 학급에서 운영되고 있는 강화 체계의 성공을 훼손하고 있는가? 만약 그렇다면 이를 위한 특별한 절차가 있다. 제11장에서 집단 강화 체계를 논의할 때 이에 대해 설명하였다.

부적 강화

지금까지 우리는 행동을 유지하고 증가시키거나 강화하기 위한 정적 강화의 사용을 중점적으로 다루었다. 또 다른 형태의 강화인 부적 강화 역시 행동을 유지 또는 증가시키지만, 정적 강화와는 다른 과정을 거친다. 부적 강화(negative reinforcement, S^{R-})는 어떤 행동의 결과로 혐오적이거나 부정적인 자극을 제거해 주거나 회피하게 해 주는 것을 말한다. 즉, 혐오적이거나 불쾌한 조건(또는 그런 조건을 일으킬 가능성이 있는 조건)이 존재하고, 특정 행동이 발생하면 혐오적이거나 불쾌한 조건이 종료되거나 학생이 그 조건을 피할 수 있게 되는 것이다. 부적 강화라는 용어는 벌과 같은 뜻으로 잘못 쓰이는 경우가 많다. 제12장에서 배우게 되겠지만 행동에 뒤따르는 결과가 그 행동이 반복될 가능성을 감소시킬 때 그 결과를 벌이라고 한다. 즉, 벌은 행동을 감소시킨다. **부적 강화**는 단어 자체에 **부정적**(negative)이라는 뜻이 있긴 하지만, 강화의 한 형태이므로 목표행동을 **유지** 또는 **증가**시키는 역할을 한다. **부적**이라는 말은 목표행동을 하기 전에는 혐오적이거나 부정적이고 학생이 싫어하는 자극이 존재했음을 일컫는 것이다. 다음 도표는 부적 강화 절차를 보여 준다.

부정적 자극 ⟶ 행동 ⟶ ~~부정적 자극~~

부적 강화는 한 개인이 목표행동을 했을 때 부정적인 자극을 피하게 해 줌으로써 그가 다음 기회에 동일한 부정적 자극을 접할 경우 그 행동을 나타낼 가능성을 높여 준다는 의미에서 '강화'라고 할 수 있다. 다음의 시나리오들은 부적 강화의 예시들이다. 각각의 예화에서 혐오적 자극과 그러한 자극을 회피하게 하거나 종결시키는 행동이 무엇인지 찾아보라.

- 새로 시작한 다이어트에서 상당한 성공을 거둔 엘리는 한 대형 마켓의 개점 행사에 가게 되었다. 개점 행사의 일환으로 수많은 무료 시식 코너가 가게 전체에 마련되어 있었다. 엘리는 진열대 사이를 걷기 시작했으나, 시식을 해 보고 싶은 유혹이 계속해서 드는 것이 너무 괴로워 재빨리 가게를 떠났다.
- 마르쿠스는 최근 여자 친구와 헤어졌다. 그 둘은 같은 체육관에 가곤 했었는데 마르쿠스는 결별 후에 다른 체육관을 다니기 시작했다. 헤어진 여자 친구를 체육관에서 만나게 되는 것은 생각만 해도 너무 고통스러웠다.
- 2학년인 칼렙은 글쓰기를 싫어한다. 그의 선생님은 매일 아침 일지 쓰기 시간(수업의 첫 10분)에 문제를 제시하고 학생들에게 그 답을 일지에 쓰게 한다. 칼렙은 항상 쓰기과제에 대해 불평을 늘어놓는다. 때로 그는 울기도 하고, "나는 쓰기가 정말 싫어요. 나는 쓰기를 잘하지 못해요."라고 애처롭게 말하기도 한다. 교사는 이에 대해 친절한 격려와 함께 칼렙이 일지에 몇 개의 문장을 쓰기만 하면 그날 더 이상 쓰기를 하지 않아도 된다는 절충안을 제시한다.

- 타샤는 매우 수줍어하는 성격으로 또래와도 거의 어울리지 않는다. 타샤는 특히 복잡한 학교 식당을 매우 싫어하는데, 그 식당에서 혼자 식사를 하는 사람은 자기 혼자뿐이기 때문이다. 타샤는 도시락을 싸 와서 학교 안뜰에 있는 테이블에서 혼자 식사를 하기 시작했다.
- 단테는 윌리엄스 교사의 세계사 시간에 매우 떠들고 수업을 방해한다. 그런 행동 때문에 한 주에도 몇 번씩 윌리엄스 교사는 단테를 훈육실로 보낸다. 윌리엄스 교사는 단테가 훈육실로 가고 나면 안도감을 느낀다. 이제야 수업에 집중할 수 있는 것이다.

부적 강화는 현재 존재하는 혐오 자극의 제거나 회피, 또는 앞으로 발생할 만한 부정적 자극의 회피를 모두 포함한다. 위의 예화 중 엘리, 칼렙, 윌리엄스 교사는 그들이 한 행동의 결과로 부정적인 자극을 회피하거나 종결시켰다. 마르쿠스와 타샤는 앞으로 발생할 만한 혐오 자극을 회피하였다.

부적 강화는 학교환경에서 계획된 형태(예 : 과제를 마칠 때까지 학생들이 쉬는 시간을 가질 수 없음, 생떼가 끝날 때까지 타임아웃 영역에 머물러야 함)로 적용되기도 하고, 계획되지 않은 비공식적 상황에서도 발생한다(예 : 수업시간에 자는 학생을 깨우는 것이 매우 어렵고 학생이 깨어 있을 때는 행동을 관리하기가 어려워 교사가 학생이 수업 중에 자는 것을 묵인함, 어떤 교사가 다른 교사들이 특정 학생을 두고 이러쿵저러쿵하는 것을 듣고 싶지 않아서 교사 휴게실을 피해 다님). 우리는 교사들이 계획적이고 체계적으로 부적 강화를 사용하지는 않기를 권한다. 분명히 부적 강화는 효과적으로 행동을 유지 또는 증가시킨다. 그러나 그러한 결과를 얻기 위해 교사는 부정적인 상황을 계획해야 한다. 우리는 교사들이 정적 강화 체계를 통해 학생들을 동기화하는 방법에 집중하는 것이 더 좋다고 생각한다.

요약

이 장에서 우리는 강화와 관련된 기본 개념과 실제를 설명하였다. 다음은 이 장의 목표와 각 목표가 이 장에서 어떻게 다루어졌는지를 요약한 것이다.

1. 정적 강화, 일차 강화제, 이차 강화제, 짝짓기, 부적 강화, 강화 계획, 강화 약화 등의 강화 관련 용어들을 정의하고 그 예를 들 수 있다.

   이 용어들은 강화에서 사용되는 기본 용어들이다. 우리는 각 용어를 정의하고 교사들이 이 개념을 자신의 전문가 어휘에 포함시키기를 권장했다. 이 용어들은 강화의 적용에 사용되는 절차(정적 강화와 부적 강화)와 도구(강화제, 짝짓기, 강화 계획, 강화 약화)를 묘사한다.
2. 강화를 사용하는 이론적 근거를 제시하고, 학교에서의 강화 사용에 반대하는 의견에 대해 반론을 펼칠 수 있다.

   우리는 교사들이 직면할 만한 보편적인 논쟁 몇 가지를 설명하였다. 강화에 대한 반대 의견은 강화의 정확한 사용에 대한 이해 부족, 강화에 대한 오해나 잘못된 정보에서 비롯되는 경우가 많다. 강화를 반대할 때 주로 사용되는 논쟁 중 어느 것도 연구에 기초를 둔 것은 없다. 오히려 그러한 논쟁에 대한 우리의 반박을 지지하는 많은 증거들이 있다. 교사들은 강화 체계가 효과적인 성과를 거둘 수 있게 하기 위해, 그리고 강화의 사용에 대한 반론에 직면했을 때 바른 정보에 근거하여 논리 정연한 태도로 반응하기 위해 정확하고 윤리적인 강화의 사용에 대해 잘 알고 있어야 한다.
3. 강화를 어떻게 사용하는지 설명할 수 있다.

   다른 도구와 마찬가지로 강화는 바르게 사용될 수도 있고 잘못 사용될 수도 있다. 잘못된 사용의 결과는 일차적으로 바람직한 행동이 증가하지 않는 것이겠지만, 최악의 경우에는 바람직하지 못한 행동이 강화될 수도 있다. 교사들은 항상 자신의 강화 사용을 점검해야 한다. 강화가 바람직한 결과를 가져오지 못하고 있다면, 이는 강화 프로그램의 계획 또는 실행의 어떤 측면이 잘못되었거나 조정되어야 할 필요가 있다는 신호다.

4. 강화의 적용이 바람직한 결과로 이어지지 못했을 때 거쳐야 할 문제해결 단계를 설명할 수 있다.

강화 계획이 원하는 결과를 가져오지 못하는 경우가 있다. 이는 강화의 효과가 없음을 뜻하는 것이 아니다. 오히려 이는 우리가 이 장에서 제시한 설명 중 어느 하나 또는 그 이상의 현상이 나타났다는 의미이거나 강화 체계가 정확하게 실행되지 않았다는 의미이다. 우리가 설명한 일반적 문제를 다루거나 문제해결 절차를 따르면 이러한 상황을 해결할 수 있을 것이다.

ICE 박사의 사례연구

초등학교

하트 교사는 1~3학년에 재학 중인 10명의 학생을 가르치고 있다. 이 학생들은 학업과 정서 면에서 유아~1학년 정도의 수준이다. 하트 교사는 교수를 위해 여러 가지 교수활동을 사용하고 있다. ICE 박사와의 최근 만남에서 하트 교사는 학생들이 한 가지 활동에서 다른 활동으로 전이하는 시간이 너무 많이 걸리는 것에 대한 걱정을 털어놓았다. ICE 박사는 하트 교사에게 정해진 시간 안에 전이를 잘한 학생을 강화해 보라고 제안하였다.

하트 교사는 먼저 가능한 강화제 목록을 만들어 보았다. 그녀는 교실에서 현실적으로 사용 가능한 강화제의 목록을 만들기 위해 자신이 학생들에 관해 알고 있는 지식을 모두 동원하였다. 그런 다음 적절한 강화 계획을 결정하기 위해 ICE 박사와 상의하였다. ICE 박사는 연속강화 계획으로 시작하여 점차 간헐강화 계획으로 강화를 약화시켜 나가라고 제안하였다. 그는 FR 1계획을 사용하여 학생들이 하트 교사가 정한 시간 안에 활동 간 전이를 잘했을 때마다 차트에 별표를 그려 주는 것으로 시작하라고 하였다. 3일 연속 성공적인 전이가 이루어진 후, ICE 박사는 FR 3으로 옮겨 가도록 권하였고, 그다음에는 FR 5를 사용하도록 권하였다. 그다음으로는 VR 5계획을 사용하게 될 것이다. ICE 박사는 학생들이 아직 어리기 때문에 이러한 강화 계획들을 추천하였다. 또한 이러한 방법은 하트 교사가 행동을 강화하기 위해 수업을 중단할 필요가 없기 때문에 실행하기가 그리 어렵지 않았을 것이다. 하트 교사는 ICE 박사의 제안에 동의하였고 그녀가 가르치는 학생들의 행동변화 가능성에 대해 매우 긍정적인 기대감을 갖게 되었다.

중학교

마리노 교사는 중학교 2학년 특수학급 학생들에게 수학을 가르친다. 그녀는 80% 이상의 정확도로 과제를 마친 학생에게는 그날의 숙제를 면해 주는 방침을 세워 두고 있다(부적 강화). 학생들 대부분은 이 방침을 좋아하여 수업 중에 매우 열심히 과제를 한다.

그러나 새로운 학생 하나가 온 이후로 소수의 학생들이 문제행동을 하기 시작했는데, 뉴머래이터 교사는 ICE 박사가 교실을 방문했을 때 이 문제에 대해 상담을 요청하였다. 새로 온 학생은 공격적이거나 무례한 태도로 행동하는 학생이 아니었다. 그저 혼자 과제를 해야 하는 시간에 많은 수다를 떨고 친구들과 어울리려 하는 것이 문제였다. 그 학생은 친구들, 보조원, 교사에게 이야기 거는 것을 세상에서 제일 재미있는 일로 여기는 것처럼 행동했다. 뉴머래이터 교사는 그 학생이 항상 숙제를 잘해 오는 것으로 보아 그녀의 직접 지도에 주의를 기울이고 있음이 분명하다고 말했다. ICE 박사는 두 가지 제안을 하였다. 첫째, ICE 박사는 혼자 과제를 해야 하는 시간에 발생하는 학생들의 잡담을 줄이고 과제 집중 행동을 증가시키는 강화 계획을 수립하는 과정에 도움을 제공하였다. 둘째, ICE 박사는 뉴머래이터 교사가 새로 온 학생의 학교 밖 생활에 대해 좀 더 알아볼 것을 제안하였다.

이 학생의 부모에게 아무리 연락을 취해도 연락이 닿지 않았기 때문에 뉴머래이터 교사는 학교 사회복지사에게 학생의 가족사에 대해 알아봐 달라는 부탁을 하였다. 그 결과를 듣고 나니 학생의 행동이 이해가 되었다.

이 학생은 어머니와 단둘이 살고 있으며, 어머니는 오후 2시부터 10시까지 근무를 해야 하는 직장에 다니고 있다. 옆집 이

웃이 잠깐씩 들러 이 학생을 돌봐 주고는 있지만, 대부분의 시간에 이 학생은 혼자 지낸다. 이 학생은 학교 사회복지사에게 "숙제를 하다가 도움이 필요할 때는 언제라도 전화할 수 있는 숙제 연락망이 있어서 새로 전학 온 이 학교가 너무 마음에 든다."고 말했다고 한다. 사회복지사가 좀 더 자세히 이야기해 보라고 하자 그 학생은 그간 밤마다 너무 외로웠는데, 숙제를 하고 있으면 엄마가 올 때까지 시간을 보내기가 쉽다고 털어놓았다. 그는 종종 누군가에게 이야기를 나누기 위해 숙제 연락망을 이용하여 전화를 건다고도 하였다. 그는 또한 함께 이야기하고 웃을 수 있는 친구가 있어서 뉴머래이터 교사의 수업이 특히 좋다고 하였다. 그는 자신이 수학을 좋아할 뿐 아니라 집에서 숙제를 하는 것이 재미있기 때문에 과제를 마치지 못해서 집으로 가져가는 것에 개의치 않는다고도 말했다.

뉴머래이터 교사는 학교 사회복지사와 협력하여 이 학생의 어머니가 저녁시간에 이 학생을 돌보아 줄 누군가를 구하도록 도와주었다. 교실 상황에서는 떠들지 않고 정확하게 과제를 완성하는 학생에게 수업 마지막 3분간 '대화시간'을 부여하는 강화 체계를 실시하였다. 이 간단한 체계는 모든 학생의 과제 참여 행동을 증가시킨 동시에, 새로 들어온 학생이 새로운 친구들을 사귈 수 있는 기회가 되었다.

고등학교

스테드 교사는 고등학교 1학년 특수학급 학생들에게 역사를 가르친다. 그는 거의 30년간 교직에 있었다. 올해 그가 5교시에 가르치는 이 반은 수업이 거의 불가능했다. 이 반 학생들은 자주 그의 지시를 거부했으며, 그가 계획한 대로 수업을 할 수 있는 날이 거의 없었다.

스테드 교사가 재직하는 학교의 교장선생님은 ICE 박사에게 전화를 하여 스테드 교사에게 자문을 해 달라고 부탁하였다. 교장선생님은 ICE 박사에게 스테드 교사가 자기 방식에 집착하는 경향이 있으며, 학생들은 지시를 받자마자 그 지시를 따라야만 한다고 믿는 경향이 있는 분임을 미리 알려 주었다. ICE 박사는 스테드 교사가 학생들의 행동변화를 위해 강화 체계를 사용하도록 설득할 수 있으리라고 확신하였다.

ICE 박사는 교장선생님과 통화한 지 며칠 후 스테드 교사와 만났다. 스테드 교사는 자신은 학생들을 아기처럼 대하는 것, 즉 착하게 행동하라고 뇌물을 주는 것을 좋아하지 않는다는 말로 ICE 박사와의 대화를 시작했다. 그는 학생들은 자고로 얌전하게 앉아 바르게 행동해야 한다고 말했다. ICE 박사는 스테드 교사에게 일상적인 강화제의 예를 몇 가지 이야기할 테니 한 번 들어 보라고 부탁했다. 첫 번째 예는 스테드 교사의 급여 명세서였다. 스테드 교사는 자신이 가르치는 일을 좋아하는 것은 사실이지만, 무급으로 일하는 것은 싫어할 것이라는 데 동의했다. 다음으로 ICE 박사는 스테드 교사에게 매년 교사 연수에 참가하는 이유를 물었다. 처음에 스테드 교사는 연수에 참석하지 않으면 교사 평가에 기록이 남게 되기 때문이라고 대답을 했지만, 그다음에는 연수에서 좋은 정보를 자주 얻기도 한다고 말했다. ICE 박사는 또 스테드 교사에게 역사수업을 하기 전에 수업 준비를 하는지 또는 즉흥적으로 가르치는지를 물었다. 스테드 교사는 물론 자신이 수업 준비를 하고 있으며 준비된 느낌을 좋아한다고 답했다.

그런 다음 ICE 박사는 급여명세서, 교사 연수를 통한 배움의 기회, 멋진 역사수업을 위한 준비 등을 거론하며 강화제가 전문가의 삶에서 왜 중요한지에 대해 설명하였다. 그다음에는 스테드 교사에게 이러한 강화제들이 모두 없어지고, 오로지 누군가가 억지로 시켜서 이 일을 계속해야 하는 상황을 상상해 보라고 말했다. 과연 그러한 상황에서 스테드 교사는 지금만큼 열심히 참여하고 지금만큼 헌신할까? ICE 박사의 남은 방문시간 동안, 두 사람은 자연적 강화제 및 성인-청소년 간 강화제의 차이점에 대해 이야기를 나누었다. 만남이 끝나 갈 무렵 스테드 교사는 강화가 뇌물을 주는 것과는 다르다는 것을 인식하였고, ICE 박사와 함께 역사수업 시간에 학생들의 규칙 따르기 행동을 강화할 간단한 계획을 세웠다.

분주한 교실 상황에서는 자칫하면 강화를 정확하게 사용하기 위한 중요한 요소들을 놓치기 쉽다. 강화를 사용하기 위한 최선의 실제를 꾸준히 따르기 위해 표 10-4에 제시된 강화 이론 자기평가 도구를 정기적으로 활용하라. 우리는 당신이 4점 미만으로 평정한 항목을 신속하게 교정하기를 권한다.

표 10-4 강화 이론 자기평가

전혀 그렇지 않다	거의 그렇지 않다	가끔 그렇다	자주 그렇다	항상 그렇다
1	2	3	4	5

위의 1~5점 척도를 이용하여 다음 진술을 평가하시오.

1. 나는 타인에게 내가 사용하는 강화 체계를 설명하기 위해 적절한 강화 관련 용어를 사용한다. ______
2. 나는 내가 가르치는 각 학생을 위한 효과적인 강화제를 알고 있다. ______
3. 나는 강화제를 선택하기 위해 기능평가 자료를 활용한다. ______
4. 나는 모든 학생에게 칭찬을 자주 한다. ______
5. 나는 내 강화 체계의 일부인 강화 계획을 체계적으로 따른다. ______
6. 나는 내 강화 프로그램이 바람직한 결과를 가져오지 못할 때 따라야 할 문제해결 절차를 설명할 수 있다. ______
7. 나는 강화와 관련하여 흔히 제기되는 염려에 대해 어떻게 답할지 알고 있다. ______
8. 나는 학교 상황에서 발생한 부적 강화의 예를 알아챌 수 있다. ______
9. 나는 강화 계획을 체계적으로 약화시킨다. ______
10. 나는 나 자신의 행동을 변화시켜야 할 때 무엇이 나의 개인적 강화제로 사용되어야 할지 결정할 수 있다. ______

학습활동

1. 소집단을 구성한 후 1분 안에 각 집단이 얼마나 많은 칭찬 진술을 만들어 낼 수 있는지 알아보라.
2. 학부모나 학교관리자에게 강화 체계를 설명하는 역할극을 집단별로 해 보라. 정확한 용어를 사용하도록 주의하라.
3. 계속하여 과제를 거부하거나 수업 중 활동에 참여하기를 거부하는 학생을 위해 어떻게 강화제를 찾아낼 것인지 설명해 보라.
4. 학생에게 강화제를 사용하지 않겠다고 하는 동료 교사와 어떻게 토론을 할지에 대한 역할극을 해 보라.
5. 앞으로 가르치게 될 학생이나 현재 가르치고 있는 학생들을 위한 강화제 메뉴를 만들어 보라. 왜 그러한 강화제들을 선택했는지 토의해 보라.
6. 소집단을 구성한 후 학령 전, 초등학교 저학년, 초등학교 고학년, 중학교, 고등학교의 연령대별로 비용이 들지 않으면서 쉽게 구할 수 있는 사회적 강화제와 활동 강화제를 생각나는 대로 적어 보라.
7. 문제행동을 보이는 학생을 위해 강화가 갖는 중요성을 교장 선생님과 다른 사람들에게 어떻게 설명할지 논의해 보라.
8. 다음의 경우에 사용된 강화 계획은 무엇인가?
   a. 복권
   b. 슬롯머신
   c. 직장에서의 급여
   d. 자동판매기에서의 물건 구입
9. 다음 시나리오를 읽고 정적 강화를 받은 사람이 누구인지와 어떻게 정적 강화를 받았는지 말해 보라. 또한 부적 강화를 받은 사람이 누구인지와 어떻게 부적 강화를 받았는지 말해 보라.

   얀은 딸 엘리스가 친구의 생일파티에 가져갈 선물을 사기 위해 장난감 가게에 들렀다. 그 가게에서 엘리스는 TV에서 보았던 장난감을 발견했다. 엘리스는 엄마에게 그 장난감을 사 달라고 말했으나 얀은 안 된다고 하였다. 엘리스는 계속 요구하였고 얀은 계속해서 안 된다고 하였다. 요구가 거듭될수록 서로의 언성이 높아지고 분위기가 험악해졌으며, 결국 엘리스는 엄마는 불공평하고 아빠와 함께 가게에 올 때가 아니면 자기는 아무것도 갖지 못한다고 큰 소리로 말하며 울기 시작했다. 사태가 이쯤 되자 얀은 머리가 아파 왔고 다른 손님들의 눈길이 너무나 당황스러웠다. 얀은 엘리스에게 "이번 한 번만 사 주는 거야. 하지만 오늘의 용건을 다 마칠 때까지 얌전하게 잘 있겠다고 약속해야 해."라고 말하면서 항복하고 말았다. 엘리스는 진짜 얌전하게 잘 있겠다고 기꺼이 약속했다.
10. 텍사스에 위치한 한 교육구에서 실시한 학교 차원 긍정적

행동중재 및 지원을 다룬 영상을 시청하라(https://www.youtube.com/watch?v=uNW05PRpPUY). 이 영상은 학교 차원 긍정적 행동중재 및 지원의 특징을 잘 보여 주는 동시에 일반인들이 이해할 수 있는 용어로 각 요소를 설명하고 있다. 이 영상에서 일반적 용어로 설명된 행동 기법 중 다섯 가지 이상을 찾아보라. 이 각각을 전문적인 행동용어로는 무엇이라 부를지 적어 보라.

참고자료

웹사이트

The Educators' Reference Desk : 교육과 관련된 모든 주제에 대한 다양한 자료를 제공한다.

The Behavior Home Page : 켄터키 주 교육부와 켄터키대학교의 특수교육 및 재활상담학과에서 운영하는 행동 관련 홈페이지다. 이 사이트는 교육자, 부모, 옹호자, 그 외 학교와 지역사회 환경에서 문제행동을 다루어야 하는 모든 사람을 위해 다양한 행동지원 방법, 정보, 기술적 지원을 제공한다.

The Iris Center for Training Enhancement : 밴더빌트대학교의 IRIS 센터 홈페이지로 다양한 특수교육 관련 주제에 대한 연수 모듈을 포함한 여러 자료를 제공한다.

Dr. Mac's Behavior Management Site : 일련의 행동관리 중재를 제공한다. Dr. Mac은 Tom McIntyre의 별명이다. 그는 이전에 행동장애와 학습장애 학생을 가르치는 교사였으며, 현재는 뉴욕의 Hunter College of the City University의 특수교육과 교수이자 행동장애 대학원 프로그램의 코디네이터로 재직 중이다.

LD Online : 학습장애 및 관련 장애 학생의 교육을 위한 많은 연구 논문과 임상 논문을 포함하고 있다.

구체적 강화 적용을 통한 문제행동 예방

CHAPTER 11

JGI/Jamie Grill/Blend Images/Getty Images

학습목표

1. 프리맥 원리를 정의할 수 있다.
2. 토큰 체계의 개발 및 실행 방법을 설명할 수 있다.
3. 행동계약의 개발 및 실행 방법을 설명할 수 있다.
4. 자극 통제의 개념과 설정 방법을 설명할 수 있다.
5. 집단강화의 세 가지 유형을 기술한다. 각 유형을 적용한 예를 제시할 수 있다.
6. 자기관리 기법의 다섯 가지 유형을 설명할 수 있다.

문제행동 관리에 관한 보편적 아이디어

- 강화 체계의 예는 우리 사회의 모든 영역에서 보편적으로 찾아볼 수 있다.
- 임대차 계약을 하거나 집단 스포츠에 참여하거나 전화벨이 울릴 때 전화를 받거나 쇼핑 목록을 작성해 본 사람은 이 장에서 논의되는 강화 체계 중 일부를 경험한 것이다.
- 집단강화 체계는 학생들이 공통의 목표 달성을 위해 협력적으로 작업하는 것을 학습하는 데 도움이 된다.
- 행동중재의 궁극적 목적은 자기관리로 자기관리 기술을 지도한다.

제10장에서는 정적 강화의 기본 원리를 설명하였다. 강화는 행동을 유지 및 증가시키는 과정이다. 적절하든 부적절하든 학생이 자발적으로 보이는 모든 행동은 강화에 의해 유지될 수 있다. 제3장에서 기술된 바와 같이 부적절한 행동도 강화를 받기 때문에 유지되는 것이다. 또한 강화는 교사가 바람직한 결과를 얻기 위해 정확하게 적용할 경우 매우 효과적인 방법이다. 제10장에서는 (1) 기본적인 강화 원리, (2) 강화제와 강화 계획의 유형, (3) 강화 프로그램 개발을 위한 일반적 지침 (4) 문제해결 전략에 대한 설명이 제시되었다. 이 장에서는 구체적인 강화의 적용을 설명하고 집단 및 개별 학생의 행동 증가 및 개선을 위한 강화 체계의 사용 방법에 관해 살펴보고자 한다.

대부분의 사람들이 이 장에서 기술되는 일부 강화 체계에 익숙할 것이다. 이는 일상생활 속에서 널리 사용되고 있다. 가령 가장 보편적으로 사용되는 강화 체계인 토큰 경제(token economy)는 일부 고용인들에게 적용되고 있다. 우리는 임대차 계약을 하거나, 자동차를 사거나, 휴대전화를 개통하거나, 신용카드를 발급 받을 때 계약서를 작성한다. 일상생활 속에서 우리 모두는 자극 통제를 경험하고 있다. 집단강화 체계를 경험하거나 집단강화 체계의 적용을 들어 본 적이 있을 것이다. 또한 행동을 점검하거나 변화시키기 위해 자기관리 기법을 사용해 보았을 것이다. 이러한 모든 강화 체계가 우리 사회의 모든 양상에 만연되어 있다는 사실이 강화 체계의 영향력을 입증하는 것이다. 그러나 강화 체계가 비교육적으로 사용되는 경우도 있다. 그래서 이 장에서는 교실에서 강화 체계를 보다 체계적이고 정확하게 적용하기 위한 방법에 관해 구체적으로 살펴본다.

이 장에서 설명하고 있는 강화 체계는 일상생활에서 쉽게 찾아볼 수 있다.

프리맥 원리

프리맥 원리는 모든 강화 체계 중에서 가장 쉽게 적용되는 원리이다. 대부분의 사람들, 특히 많은 부모가 이 기법의 이름은 알지 못하지만 프리맥 원리를 사용하는 방법은 알고 있다. 할머니의 법칙

(Grandma's Law)이라고도 하는 프리맥 원리(Premack Principle)는 선호도가 낮은 행동의 수행 후에 선호하는 활동을 적용하는 것이다(Premack, 1959). 채소를 먹어야 후식을 먹을 수 있다고 하거나 숙제를 마치면 컴퓨터 게임을 할 수 있다고 한 것처럼 '무엇을 하면 무엇을 줄게'라고 한다는 점에서 할머니 법칙이라고 한 것이다. "…하면 …할 수 있다." 또는 "…하지 않으면 …할 수 없다."라는 말은 많은 아동들이 한 번 이상 들어 본 것이다. 프리맥 원리는 교실에서 적용하기에 쉽다. 프리맥 원리가 효과적인 예를 들면 다음과 같다.

- 휠러 교사는 학생들에게 문장 쓰기를 완성하면 게임 시간을 줄 수 있다고 말한다.
- 켈러 교사는 데이비드와 합의를 한다. 데이비드는 미술활동을 하기 전에 숙제를 모두 해야만 한다.
- 심프슨 교사 학급의 학생들은 매일 하는 신문 쓰기 활동을 싫어한다. 이 과제에 대한 불평을 감소시키고 쓰기 활동을 고무시키기 위해 심프슨 교사는 신문 쓰기 활동을 15분으로 설정한 후 불평 없이 쓰기과제를 수행하고 15분이 끝나기 전에 최소한 5개 문장으로 구성된 글을 쓰는 학생은 남은 시간 동안 자신이 선호하는 과제활동(예 : 또래와 철자법 연습하기, 퍼즐 유형의 연습문제 풀기)을 할 수 있도록 한다.

선호도가 낮은 행동을 완수하면 이에 수반하여 바람직한 활동 강화제(선호도가 높은 활동)가 제시되어야 한다는 점이 중요하다. 프리맥 원리의 장점 중에 하나는 다른 유형의 강화 체계에 대한 계획 없이 실행이 가능하다는 것이다. 예를 들면, 교실 내 학생들이 어수선하고 과제에 집중하지 못하면, 교사는 즉석에서 프리맥 원리를 적용할 수 있다. 과제를 마치는 학생은 마치는 즉시 5분 동안 수학 야구 놀이를 할 수 있다(역주 : 컴퓨터 게임의 일종으로 화면에 나오는 수학문제의 답을 입력하고 스윙 버튼을 누른다. 답이 맞으면 안타가 되고 문제의 난이도에 따라 안타의 정도가 판단된다). 다수의 학생들과 집단을 대상으로는 프리맥 원리를 신중하게 적용하여 부적절한 행동을 통제하고 적절한 행동을 유지시킬 수 있다. 그러나 이 기법이 효과적이기 위해서는 일부 학생에게 강화 체계의 보다 구조적인 유형(예 : 토큰 경제 또는 행동계약)을 적용할 필요가 있다.

칭찬

구체적인 행동에 대한 칭찬(praise)은 다른 강화 전략보다 제약이 적고 강제적이지 않은 비교적 간단한 것이다. 가장 중요한 것은 다수의 연구에서 칭찬하는 것이 다양한 유형의 학생들을 대상으로 바람직한 행동을 증가시키는 데 효과적임이 입증되고 있다는 점이다. 학생의 바람직한 행동에 수반하여 제공되는 교사의 칭찬은 과제 참여, 바람직한 학업적 반응, 훈육에의 순응을 증가시키고 과제이탈 행동, 불순응 행동, 부정확한 학업적 반응을 감소시킨다(Alber, Heward, & Hippler, 1999; Chalk & Bizo, 2004; Gable & Shores, 1980; Gunter & Jack, 1993; Sutherland, Wehby, & Copeland, 2000). 다시 말하면 학생의 행동에 수반하여 교사가 학생의 행동을 구체적으로 기술하여 칭찬해 주면, 학생은 높은 수준의 적절한 행동을 보일 수 있다. 반대로 교사가 칭찬을 적게 하면 학생의 바람직하지 않은 행동은 증가될 수 있다(Beaman & Wheldall, 2000; Thomas, Becker, & Armstrong, 1968).

안타깝게도 일반학급과 특수학급 모두에서 칭찬이 빈번하게 사용되지 않는 것으로 나타났다(Alber

et al., 1999; Lewis, Hudson, Richter, & Johnson, 2004; Matheson & Shriver, 2005; Sutherland, 2000; Sutherland et al., 2000). White(1975)는 교사의 칭찬이 학년이 높아질수록 줄어들었다고 한다. 학년이 높아질수록 교사는 칭찬보다는 질책을 더 많이 사용하였다. 적절한 행동 발생에 수반하여 구체적으로 칭찬하는 것은 행동문제를 보이는 학급 또는 학생들에 대한 적절한 반응이다. 교사들은 자신이 사용하는 칭찬을 평가할 수 있어야 하며 행동관리의 도구로 칭찬을 사용하여 나타나게 되는 결과를 평가할 수 있어야 한다(Bullard, 1998; Keller, Brady, & Taylor, 2005; Sutherland & Wehby, 2001a).

칭찬의 사용과 관련하여 다음과 같은 간단한 지침을 고려할 때 칭찬의 효과를 극대화하는 데 도움이 될 것이다.

1. 학생의 행동에 수반하여 칭찬을 한다. 칭찬은 학생이 보이는 구체적인 표적행동 발생에 뒤이어 제공되어야 한다. 교사는 특히 심각한 문제행동을 보이는 학생이 적절한 행동을 보일 경우 이를 놓치지 않고 포착하여 학생의 행동 발생에 수반하여 칭찬을 제공할 수 있어야 한다.
2. 학생이 보인 행동을 구체적으로 기술하여 칭찬한다. Martella, Marchand-Martella, Miller, Young, MacFarlane(1995)은 칭찬문은 학생이 보인 행동에 대한 구체적인 기술이 포함된 구체적인 칭찬문과 일반적인 표현이 제시되는 일반적 칭찬문으로 구성될 수 있다고 한다. 구체적인 칭찬문의 예를 들면 다음과 같다. "숀, 나는 네가 보고서 제목을 잊지 않고 작성하여 기쁘다.", "케이티, 과제를 거의 다 했구나. 잘했다!", "벤, 오늘 수업에 주의 집중하고 수업 참여를 하였구나. 잘했어!" 일반적 칭찬문의 예로 "알리시아, 오늘 하루 잘했어!", "헌터, 오늘 경기 멋졌어!", "호세, 훌륭해!"를 들 수 있다.
3. 칭찬과 질책의 비율은 3 : 1에서(Shores, Gunter, & Jack, 1993) 4 : 1 또는 더 높도록 한다(Walker, Ramsey, & Gresham, 2004). 학생이 수행해야 하는 표적 행동이 어려울수록 칭찬의 비율이 질책보다 더 높아야 한다.
4. 다양한 칭찬문을 사용한다. 다양한 칭찬 표현이 어색하다면 교사 자신의 어휘 목록에 병합할 수 있는 문장 목록을 만들어 연습해 본다. "잘했어!"라는 말은 다양한 방식으로 표현될 수 있다. 자신이 얼마나 많은 칭찬문을 만들어 낼 수 있는지 연습해 보자.
5. 지나치게 과장된 표현 없이 긍정적인 목소리를 사용한다. 어린 학생들에 비해 특히 연령이 높은 학생들은 과도하게 열정적으로 칭찬을 받는 것에 상당히 당황해할 수 있다.
6. 개별 학생에게 칭찬을 할 때 학생의 이름을 부르고 칭찬 표현을 한다. 칭찬을 할 때에는 학생이 자신에게 주어지는 칭찬임을 알고 칭찬문에 집중할 수 있도록 해야 한다.
7. 공개적 칭찬을 꺼리는 학생의 경우 개별적으로 학생에게 칭찬을 제공한다. 다른 학생들에게 들리지 않게 조용히 학생에게 다가가 칭찬을 할 수 있다. 또는 칭찬의 글을 써서 학생에게 전달할 수도 있다. 글로써는 높은 수준의 칭찬을 제공하기는 다소 어렵다. 이러한 문제에 대한 대안으로 학급에서 중요한 표적행동(예 : 과제를 열심히 한다, 정확하게 과제를 수행한다, 학급 활동에 참여한다, 또래를 돕는다)에 대한 구체적인 칭찬문을 사용하여 사전에 작성된 스티커 노트에 '칭찬 메모'를 기록할 수 있다. 표적행동이 관찰되면 교사는 학생의 책상 위에 칭찬 스티커 메모를 놓는다.
8. 교실에서 교사의 칭찬 사용을 증가시키기 위해 자기점검 중재를 사용한다. 교사는 짧은 비디오 또는 오디오 샘플을 사용하여 자신이 칭찬하는 것을 점검하는 법을 학습할 수 있다(Keller et

al., 2005; Sutherland, 2000). 먼저 교사는 5분(Keller et al., 2005)에서 15분(Sutherland & Wehby, 2001a)까지의 특정 시간 동안에 자신이 제공할 수 있는 칭찬문의 수의 평균을 예상하여 적는다. 그다음으로 기초선 자료로 3~4일간 교사 자신의 행동에 대한 비디오 또는 오디오 녹화를 통해 15분의 샘플 자료 수집한다. 그런 다음 각 15분의 샘플을 분석하여 자신이 사용한 질책문과 칭찬문의 수를 산출한다. 분석을 통해 자신이 예상했던 칭찬문의 수와 비교하여 실제 사용한 칭찬문의 수는 어느 정도인지? 또한 칭찬문과 질책문의 비율이 4 : 1 정도였는지 아니면 그 이상이었는지를 살펴본다. 마지막으로 교사는 자신이 달성하고자 하는 목표가 되는 15분 동안 전달할 칭찬문의 수를 설정하고 목표 도달 여부를 판단하기 위해 자신의 행동을 지속적으로 점검한다. 물론 교사는 자신이 설정한 목표에 도달하면 자신에 대해서도 칭찬을 할 수 있어야 한다.

토큰 경제 프로그램

토큰 경제의 효과는 오랜 기간 입증되어 왔다.

제10장에서 이차적 강화제의 한 유형으로 토큰(token)의 개념을 소개하였다. 토큰은 본질적으로는 동기를 유발하는 힘이 있는 것은 아니다. 이는 음식, 활동, 특권, 또는 물질 강화제와 같은 교환 강화제(backup reinforcers)와 교환이 된다는 사실로 인해 동기적 힘을 발휘한다. 이러한 유형의 강화 체계를 토큰 경제(token economy)라고 한다. 토큰 경제에서 바람직한 행동이 나타나면 즉시 토큰이 제공된다. 토큰은 추후 다른 강화제로 교환된다. 대부분의 사람들은 토큰 경제를 경험하고 있다. 예를 들면, 대부분의 고용인들은 토큰 경제하에서 일을 한다. 고용인은 일(표적행동)을 하고 토큰을 받고(월급으로 받는 현금) 토큰으로 교환 강화제(음식, 의복, 자동차 주유, 영화 및 음악회 관람 등)와 교환한다. 토큰 체계는 학업 및 사회적 행동(Christensen, Young, & Marchant, 2004; Montarello & Martens, 2005; Phillips, Phillips, Fixsen, & Montrose, 1971; Sulzer, Hunt, Ashby, Koniarski, & Krams, 1971)과 자기관리 기술(Epstein & Goss, 1978; Self-Brown & Mathews, 2003; Seymour & Stokes, 1976)을 포함하여 다양한 행동을 판별 및 지도하기 위해 특수교육 상황뿐 아니라 일반교육 상황에서도 학급에서 널리 사용되고 있다(Martella, Nelson, & Marchand-Martella, 2003).

Ayllon과 Azrin(1968)이 정신질환 환자들을 대상으로 병원에서 적용한 토큰 체계를 처음으로 기술하였다. 기본적인 몸단장 과제를 강화하기 위해 토큰을 사용하였다. 토큰은 병원 내 가게에 있는 음식과 다른 물품으로 교환을 하였다. Ayllon과 Azrin의 연구 이후로 토큰 체계가 다양한 장애 및 연령을 대상으로 하여 심도 있게 이루어지고 있다. Sulzer-Azaroff와 Mayer(1991)는 다음과 같은 상황에서 토큰 체계를 고려해 볼 것을 권유하고 있다.

- 자연스러운 학급관리 기법(예 : 프리맥 원리, 흥미 있는 활동)과 바른 수업을 하고자 할 때
- 학생의 흥미와 장애에 맞는 과제와 교재(제8장 참조)를 제시하고자 할 때
- 행동문제에 반응하여 부정적 후속자극의 제시가 점차 증가되는 상황에 직면하였을 때

토큰 체계는 긍정적 행동지원의 중요 요소 중 하나이다. 제5장에서 살펴본 바와 같이 학교 차원의 긍정적 행동지원에서 보편적 체계(universal systems)는 일반적으로 토큰 체계를 사용한다. 학생들은 학교의 상징 등이 반영된 토큰을 획득하고 이러한 토큰은 다양한 강화제로 교환된다. 토큰 체계는 표적집단 중재에서 사용되는 점검지에 반영될 수 있다. 3차 수준의 중재를 필요로 하는 학생들을 대상으로

적절한 행동의 증가와 문제행동의 감소를 위한 일반적으로 가치 있고 효과적인 전반적인 중재 계획의 일부로 토큰 체계가 활용될 수 있다.

토큰 경제는 토큰과 교환 강화제 두 가지 요소로 구성된다. 토큰 체계를 계획하고 실행하기 위해서는 다음과 같은 단계를 따라야 한다.

1. 토큰 체계를 집단을 대상(예 : 학급 내 모든 학생)으로 적용할 것인지 개별 학생을 대상으로 적용할 것인지를 결정한다. 이 장의 후반부에 집단강화 체계에 관한 정보가 제시되어 있다.
2. 토큰 체계를 적용할 목표행동을 판별한다. 앞선 장에서 기술된 목표행동을 선정하고 조작적으로 정의하기 위한 지침을 활용한다. 토큰 체계 사용에서 표적행동은 문제행동의 기능을 수행할 수 있는 대체행동이 될 수 있다. 제4장에 언급된 자료 수집 절차 중에서 적절한 자료 수집 절차를 통해 표적행동 또는 문제행동에 대한 기초선 자료를 수집해야 한다.

   개별 대상에 대한 표적행동으로는 성인의 요구에 따르기, 할당된 과제 완수하기, 교실을 나가기 전에 허락 구하기, 운동장에서 지켜야 할 규칙 따르기와 같은 행동이 될 수 있다. 표적집단을 대상으로 한 표적행동으로는 수업시간에 교실에 들어가기, 교실을 이동할 때 조용히 하기, 수업용품(교과서, 연필, 공책 등)을 준비하여 수업에 참여하기, 친절하거나 지지적인 발언하기, 숙제를 제시간에 제출하기 등을 들 수 있다.
3. 무엇을 토큰으로 사용할 것인지를 결정한다. 제10장에 토큰의 예가 제시되어 있다(예 : 점수, 스티커, 별표, 칭찬 고리, 구슬 항아리, 티켓, '잘했어요!' 카드). 토큰은 교사가 만들거나 구입하기 쉬운 것이어야 한다. 그러나 학생이 만들거나 구입하기 쉬운 것이어서는 안 된다. 클립과 같은 것은 학생이 쉽게 구할 수 있는 것이므로 토큰으로 사용하기에는 부적당하다. 학생이 목표행동을 수행하지 않고도 토큰을 얻을 수 있어서는 안 된다.
4. 얼마나 자주 토큰을 제공할 것인지를 결정한다. 이는 제10장에서 살펴본 강화 계획과 관련이 있다. 기초선 자료는 얼마나 자주 토큰이 제공되어야 하는지에 관한 정보를 추출하는 데 도움이 될 것이다. 일례로 학생이 한 시간에 평균 12회 욕을 한다면, 그와 비슷하거나 보다 높은 비율로(예 : 적절한 언어를 사용하는 것에 대해 시간당 12개 또는 그 이상의 토큰을 제공) 바람직한 행동을 강화하고자 할 것이다. 이러한 개념은 제3장에서 살펴본 법과 행동의 효율성을 반영하는 것이다. 바람직한 행동을 보다 많이 강화할수록 바람직한 행동이 보다 많이 나타날 것이다. 토큰 체계를 적용할 때 나타날 수 있는 일반적인 문제 중에 하나는 불충분한 강화이다. 표적행동에서의 바람직한 변화를 불러일으킬 만큼 충분히 자주 토큰이 주어지지 않는다는 것이다. 우리는 교사가 지나치다 싶은 정도로 매우 많은 강화를 하기를 장려한다. 표적행동에서의 개선이 나타나기 시작하면 제공되는 토큰의 수와 더불어 제공 빈도를 점진적으로 줄이기가 용이하다.
5. 받게 되는 토큰의 수와 교환 시점까지 토큰을 보관하는 방법을 결정한다. 예를 들면 토큰으로 차트에 기록하는 점수 또는 별표시를 활용하는 경우 차트를 어디에 보관할 것인지를 결정한다. 토큰이 티켓이라면 학생들이 티켓을 어디에 보관할 것인지를 결정해야 한다. 하나의 해결 방법은 학생들이 각자 자신의 책상 속에 토큰을 보관할 수 있는 보관함(예 : 우편 봉투, 작은 상자, 지퍼백)을 두도록 하는 것이다. 물론 학생이 또래의 토큰을 훔치거나 손상시킬 수 있으므로 교사는 우선적으로 타인의 소유물을 존중하는 것에 관한 규칙을 설정하고 지도해야 한다. 그런 다음 이러한 규칙을 지키는 학생들을 강화한다. 이러한 문제를 다루는 또 다른 방법은 이 장의 후

반부에서 다루어질 상호의존적 집단강화와 같은 집단강화를 사용하는 것이다.

6. 교환 강화제를 결정한다. 다양한 유형의 강화제와 강화의 가치 그리고 다양한 강화제가 기록되어 있는 강화제 메뉴를 사용할 수 있다. 이는 유인력의 범위를 제공한다. 학생이 토큰을 많이 가지고 있으면 있을수록 교환할 수 있는 강화제는 보다 좋은 것이어야 한다. 또한 포화를 피할 수 있도록 정기적으로 다시 사정하여 강화제를 바꾸어 주어야 한다.
7. 언제 토큰을 교환 강화제와 바꿀 수 있는지를 결정한다. 예를 들면 매일 마지막 시간 또는 주간 마지막 시간을 교환시간으로 정할 수 있다. 토큰의 교환 시기를 얼마나 오랫동안 지연시킬 것인지를 정할 때에는 강화 계획(연속강화에서 간헐강화)을 고려할 수 있다. 어린 아동 또는 장애 정도가 심한 아동이 대상일 경우에는 토큰의 교환 시기를 자주 갖도록 해주는 것이 좋다. 목표행동이 어느 정도 확립되면 강화 계획의 비율을 늘려서 토큰을 교환하기 전에 기다려야 하는 시간을 점진적으로 늘려 간다. 처음에 지나치게 오래 기다린 다음 교환을 할 수 있고 점차 빈번하게 강화를 받을 수 있는 강화 계획으로 변경하는 것보다는 처음에는 빈번하게 강화 교환을 할 수 있도록 하다가 점차 강화 계획의 비율을 늘리는 것이 좋다.
8. 교환 강화제의 가치를 결정한다. 교환 강화제에 대해 얼마나 많은 토큰이 필요한지를 결정하는 것이 쉽지는 않다. 목표행동의 발생 빈도를 파악하고 교환 전에 토큰을 획득할 수 있는 기간을 늘리면서 교환 가능한 토큰의 수를 결정할 수 있다. 한 학생이 정시에 과제를 완수한 것에 대해 토큰을 하나씩 받고 있으며 FI-5일 계획(금요일에 토큰 교환가능)을 적용 받고 있는 경우 교사는 토큰 교환 전에 대략 18~20개의 토큰을 획득할 수 있다고 본다. 학생의 강화 메뉴에는 교환 비용이 12개에서부터 17개 토큰으로 교환할 수 있는 교환 강화제가 포함되어 있다. 교환 강화제가 너무 비싸면(학생이 획득한 토큰으로 교환 강화제와 교환하기 어려운 경우) 비용을 낮추어야 한다.
9. 학생에게 토큰 체계를 가르친다. 어떤 행동이 토큰을 받게 되는지에 관해 학생이 분명하게 알고 있어야 한다. 또한 토큰을 저장하는 방법과 토큰을 강화제와 교환하는 방법을 지도한다.

토큰 체계를 개발하고 학생들에게 토큰 체계에 대해 가르치면 교사는 토큰 체계를 실행할 준비가 된 것이다. 토큰 체계를 실행하는 동안에 토큰 체계의 효과성을 점검하기 위해 자료를 지속적으로 수집해야 한다. 수집된 자료를 통해 표적 행동의 개선을 확인하면 토큰 체계를 통해 제공되는 강화 계획을 점진적으로 약화시켜 나간다. 교사는 강화제 교환 전의 시간을 늘리고 강화제의 비용을 증가시킨다. 그러면 학생들은 토큰을 획득하는 데 더 긴 시간을 갖게 되고 교사가 강화제를 제공하는 빈도는 감소되게 된다.

모랄레스 교사는 7학년인 라샤드를 대상으로 토큰 체계를 적용하였다. 라샤드는 또래에게 잦은 욕설과 부정적인 말을 하였다. 모랄레스 교사는 라샤드가 또래에게 좋은 말, 지지하는 말, 격려하는 말을 하면 티켓을 받을 수 있는 체계를 실행하였다. 초기에는 라샤드가 획득한 티켓을 매일 원하는 강화제로 교환할 수 있도록 하였다. 부정적인 말의 감소가 나타나기 시작하자 모랄레스 교사는 강화제로 교환하는 시기를 격일, 일주일에 두 차례, 나중에는 금요일에만 교환할 수 있도록 강화 계획을 약화시켰다.

토큰을 교환하기 전의 시간이 보다 길어진 것에 대해서 학생이 수행하도록 요구하기 위한 또 다른 방법은 강화제의 비용을 높이는 것이다. 교사가 강화제의 비용을 올리기 전에 학생들이 강화제를 성공적으로 획득할 수 있게 되고, 교사가 강화제의 비용을 한 번에 너무 많이 올리지 않는다면 학생들은 강화제의 비용이 보다 높아지는 것에 대해 불평하지 않을 것이다. 예를 들면, 특정 강화제를 얻기 위한 비용이 토큰 10개로 책정된다. 학생이 보다 빈번하게 표적행동을 보이기 시작하면 동일한 강화제를 얻기 위한 비용이 12토큰으로 조정되고, 그다음으로 15토큰, 최종적으로 20토큰으로 조정된다. 강화제의 비용을 올리자마자 부적절한 행동이 증가된다면, 이는 강화제의 비용을 과도하게 높인 결과라 할 수 있다.

또 다른 접근은 강화제를 받기 전에 보다 많은 행동을 요구(비율 계획)하거나 강화제를 받을 시간을 더 늘리는 식(간격 계획)으로 토큰 전달 계획을 약화시키는 것이다. 가령 밀러 교사는 조쉬를 대상으로 토큰 체계를 처음 적용하기 시작하였다. 밀러 교사는 조쉬가 순응행동을 보일 때마다 강화를 했다. 밀러 교사는 기초선 자료에서 순응행동의 발생률이 10%였기에 심각한 불순응행동을 보인다고 여겨 이러한 연속강화 계획을 적용할 필요가 있다고 생각했다. 조쉬의 순응행동의 발생률이 60%로 향상되자 밀러 교사는 조쉬가 순응행동을 보일 때마다 매번 강화하는 것을 중단하고, 순응행동을 평균 3회 보일 때 조쉬에게 강화제를 제공하였다.

다양한 토큰과 점검 체계를 기록한다. 이러한 토큰 체계의 예를 적용해 보고자 한다면, 앞서 언급된 토큰 체계의 단계를 판별해야 한다. 토큰 경제 체계를 계획하는 것은 재미있는 일이며 교사가 자신의 창의성을 경험할 수 있는 좋은 방법이 될 수 있다.

행동계약

행동계약은 많은 장점을 가지고 있다.

저자는 지시 따르기를 자주 거절하는 학생을 관찰하기 위해 최근에 한 중학교를 방문하였다. 교직원들은 대상 학생이 불순응적이며 적대적이라고 하였다. 학생은 적대적 반항장애(oppositional defiant disorder, ODD)를 포함하여 다양한 장애 진단을 받았다. 관찰을 통해 대상 학생은 (1) 자신이 좋아하는 과제를 할 때 (2) 자신이 좋아하는 교사일 경우 (3) 해야 할 일에 대한 선택의 기회가 주어졌을 때에는 순응적이었음이 밝혀졌다. 관찰자료와 간접자료에 근거하여 대상 학생이 체계의 적용과 관련하여 통제 및 조절에 학생 자신이 참여할 수 있는 중재가 적합할 것이라 판단하였다. 이러한 이유 때문에 1차적 중재로 **유관 계약**(contingency contracting)을 추천하였다. 행동계약서(contract)라고도 하는 **유관 계약서**는 학생과 성인(예 : 부모, 교사, 행정가) 간에 각자의 역할이 상세하게 기술되어 있는 서면 합의서이다. 일반적으로 계약서에는 (1) 학생이 수행해야 하는 행동 (2) 행동의 양과 계약기간 (3) 교사 및 성인이 목표행동을 지원하고 강화하는 방법이 기록되어 있다. 유관 계약은 강화 체계와 마찬가지로 다음과 같은 장점을 가지고 있다. 첫째, 학생과 성인 간의 협의를 통해 계약이 이루어지기 때문에 학생이 과정에 직접 참여한다. 이는 부적절한 행동이 타인에 대한 통제 기능을 가지고 있는 의지력이 강한 학생에게 적합하다. 둘째, 서면으로 계약서를 작성하게 되면 교사와 학생 모두 구체화된 행동을 보일 가능성이 높다. 마지막으로 행동계약은 상대적으로 사용하기에 쉽다.

토큰 체계와 마찬가지로 행동계약은 다양한 응용이 가능하다. 또한 학업 관련 행동(Martin et al., 2003; Miller & Kelley, 1994; Roberts, White, & McLaughlin, 1997), 적절한 교실행동(Wilkinson, 2003), 공격행동(Ruth, 1996) 등과 같은 다양한 유형의 목표행동에 대해 적용할 수 있으며, 개별 학생 또는 집단을 대상으로도 적용할 수 있다. 행동계약은 일회성으로 적용할 수 있고 정기적으로 수정 및 보완하여 지속적으로 적용할 수도 있다.

Cipani(2004), DeRisi와 Butz(1975), 그리고 Hall과 Hall(1982)에 따르면 행동계약 개발의 단계는 다음과 같다.

1. 개별 학생을 대상으로 하는 계약서인지 아니면 집단을 대상으로 하는 계약서인지를 결정한다.
2. 계약서에 명시되는 목표행동을 선정한다. 계약서에는 세 가지 이하의 행동을 다루는 것이 좋다. 목표행동은 행동의 발생 여부에 대한 평가자 간의 판단의 불일치를 피하기 위해 조작적인 용어로 기술되어야 한다. 또한 해서는 안 되는 행동에 초점을 두기보다는 학생이 해야만 하는 바람직한 행동에 주안점을 두어 기술한다.
3. 학생이 목표행동을 기억할 수 있도록 교사가 도울 수 있는 단계를 포함시킨다. 학생의 책상에 붙여서 학생에게 그림 촉구를 하거나 과제를 완수할 때마다 완수한 과제에 표시를 하는 숙제 목록을 학생에게 주어 일상적인 일과를 기억할 수 있도록 도움을 준다.
4. 목표행동의 완수에 수반하여 획득하는 강화제를 결정한다.
5. 강화제를 받을 수 있는 기준(강화제를 받기 위해서 학생이 보여야 하는 여러 가지 행동의 수)과 계약의 기한(계약이 시작되고 끝나는 시점)을 결정한다. 계약에서 다양한 목표행동(예 : 교실 내 과제 완수하기, 지시 따르기, 정시에 학교에 도착하기, 운동장에서 순서 지키기)을 다루는 경우 계약서에 간단한 행동 점검 체계를 포함시키는 것이 좋다. 점검 체계는 계약서에 있는 용어에 따르며, 점검 체계를 통해 교사와 학생 모두 최종 목표를 향한 진보를 알 수 있다.
6. 계약서에 포함되는 내용은 참여자(학생, 교사, 부모, 관련인)가 모두 동의한 용어로 기술하며 모든 참여자들이 이해할 수 있는 분명한 언어를 사용한다.
7. 모든 참여자들이 계약서에 서명을 한다. 계약서는 쉽게 찾을 수 있는 곳에 보관한다. 특히 계약서에 자료를 기록해야 하는 경우에는 더욱 찾기 쉬운 곳에 보관한다.
8. 특정한 시간(계약서에 명시된 기한)에 행동계약에 참여하는 모든 구성원들이 계약서를 재검토한다. 계약서의 기준이 달성되었는지를 판단하여 강화제를 대상 학생에게 제공한다.
9. 이때 행동계약은 수정 없이 갱신되거나, 수정되거나, 종료된다.

행동계약은 다양한 형식으로 사용될 수 있으나 간단할수록 좋다.

자극 통제

전화벨이 울리면 전화기를 집어 들고 "여보세요!"라고 말하거나 발신자 표시를 확인하고 전화를 받거나 자동응답기가 돌아가도록 하고 전화를 받지 않는다. 운전 중에 교차로에서 빨간불이 켜지면 브레이크를 밟아 차를 멈춘다. 처음 만난 상대에게 자신을 소개할 때 손을 뻗어 악수하며 "만나서 반갑습니다."라고 하면, 상대방은 손을 잡고 악수를 하며 "저도 반갑습니다."라고 한다. 전자레인지의 종료 신호음을 들으면 전자레인지에서 음식을 꺼낸다. 이상은 일상생활에서 쉽게 찾아볼 수 있는 자극 통제의 예이다. 자극 통제(stimulus control)는 행동 이전에 주어지는 특정한 선행사건 또는 선행사건군에 의해 행동이 통제되는 과정으로, 이를 통해 특정한 선행자극이 제시되면 특정한 반응을 보일 가능성을 증대시키는 것이다(Sulzer-Azaroff & Mayer, 1991). 특정한 행동과 연계된 선행자극은 앞서 언급된 예에서 행동을 통제한 것이다. 행동은 특정한 선행자극(또는 매우 유사한 선행자극)에 대해서만 반응하여 나타난다. Sulzer-Azaroff와 Mayer(1991)는 자극 통제를 자극과 반응 간의 예측 가능성이 높은 관계라고 한다(p. 249).

자극 통제는 정확하게만 사용되면 적절한 행동을 증가시키고 문제행동을 감소시키는 데 매우 효과적인 기법이다. 유능한 교사는 자극 통제를 이해하고 바람직한 교실행동, 학업행동, 사회적 행동을 증가시키기 위해 학급에서 자극 통제 원리를 적용한다. 자극 통제는 확실한 행동관리 도구이며 교수 도구가 될 수 있다. 이러한 이유로 선행자극 중재(예 : 규칙과 절차) 및 교수와 관련하여 제10장에서 자극 통제가 논의되었다. 자극 통제가 강화를 통해서 확립이 되므로 강화와 관련된 이 장에서도 자극 통제를 다루고자 한다.

자극 통제를 사용하기 위해 자극 통제와 관련 있는 용어에 대한 이해가 선행되어야 한다. 특정한 반응을 유인하는 자극 또는 선행자극을 **변별 자극**(discriminative stimulus) 또는 **S^D**라고 한다. 전화벨이 울리는 것은 전화를 받는 행동에 대한 S^D가 된다. 교차로의 빨간불은 브레이크를 밟는 행동에 대한 S^D이다. 교사가 지시를 하는 것은 학생이 지시를 따르는 행동에 대한 S^D가 된다. 교사의 "4×9는 얼마일까?"라는 질문은 학생의 "36"이라는 대답의 S^D이다. 교실에서 필요한 모든 물품을 가지고 오라는 규칙은 교실에서 필요한 모든 물품을 기억하는 학생의 행동이 S^D가 된다. 변별 자극은 강화를 통해 확립된다. S^D가 제시되고 바람직한 행동이 나타나면 강화가 주어진다. 반면에 바람직하지 않은 행동이 나타나면 강화가 주어지지 않는다. 변별 자극과 같은 특정한 자극에 반응하는 것을 학습하기 위해 학생은 **S-델타**(S-deltas) 혹은 **S^Δ**라고 하는 다른 모든 자극과 S^D 간의 차이를 학습해야 한다. 교차로에서의 파란색 불빛은 자동차의 브레이크를 밟는 행동의 S^Δ이다. 전자레인지의 종료 신호 소리는 전화기를 들고 "여보세요."라고 말하는 행동에 대한 S^Δ이다. 책읽기 시간에 "어디에"라는 활자화된 자극은 학생이 "어디"라고 말하는 것에 대한 S^D이며 "언제"라는 자극은 S^Δ가 된다. S^D는 반응을 유발하는 반응의 원인이 아니다. 이는 특정한 반응이 일어날 가능성을 증가시키는 것이다.

자극 통제는 행동을 관리하기에 쉽고 확실한 방법 중 하나이다.

교실에서의 S^D를 활용하기 위해서는 S^D와 바람직한 반응 간의 확실한 연계가 설정되어야 한다. 확실한 S^D는 바람직한 행동을 자주 유발한다. Sulzer-Azaroff와 Mayer(1991)는 이러한 확실한 S^D를 **완전 자극 통제**(complete stimulus control)라고 한다. 교사는 학생이 학업 자극에 높은 비율로 정확하게 반응하고, 교사의 지시와 규칙에 잘 따르며, 사회적 자극에 직면했을 때 적절한 사회적 행동을 하기를 원한다. 약한 S^D 또는 **불완전 자극 통제**(incomplete stimulus control)는 선행자극이 제시될 때 바람직한 반응이 지속적으로 나타나지 않는 것을 의미한다. 불완전 자극 통제의 예는 동일한 학업 및 행동 오류를 지속적으로 보이는 학생에게서 찾아볼 수 있다. 예로 애비는 읽기 시간에 단어의 첫 번째 부분에만 주의 집중하기 때문에 많은 읽기 오류를 보인다. 애비는 'Mike'를 'milk'로 'wide'를 'wild'로 'three'를 'tree'로 읽는다. 애비는 정확한 반응을 위한 S^D가 아직 확립되지 않은 것이다. 또 다른 예로 불순응행동을 보이는 저스틴은 교사가 지시를 하면 이에 순응하기보다는 지시를 무시하는 경우가 많다. 이는 교사의 지시가 순응행동에 대한 확실한 S^D가 아직 확립되지 않은 것이다.

완전 자극 통제는 S^D와 반응 간 확실한 연계가 있음을 의미한다. 불완전 자극 통제는 특정 S^D에 대해 발생 가능성이 낮은 반응을 의미한다.

자극 통제는 S^D가 제시되면 나타나는 바람직한 행동에 대한 차별 강화를 통해 확립된다. 이때 다른 행동은 강화되지 않는다. 교사가 학생에게 읽을 단어를 제시하고 학생이 정확하게 읽으면 교사는 학생에게 칭찬을 한다. 학생이 정확하게 읽지 못하면 교사는 학생의 반응을 수정해 준다. 학기 초에 규칙과 절차를 지도할 때 학생이 규칙과 절차를 따를 때마다 학생은 강화를 받는다. 규칙을 따르지 않는 학생에게는 처음에는 규칙을 상기시켜 주고 다음부터는 규칙을 지키지 않은 것에 대한 후속결과가 주어진다. S^D를 확립시키는 초기에는 S^D가 제시되고 바람직한 행동이 발생할 때마다 강화를 제공하는 것이 중요하다. 이후에는 강화를 간헐적으로 제공해야 한다.

불완전 S^D가 문제행동(예 : 불순응행동, 읽기 오류)을 유발하는 것으로 나타나면, 교사는 자극과 반응 간의 관계를 강화시키는 단계를 실행해야 한다. Sulzer-Azaroff와 Mayer(1991)는 불완전 자극 통제에 대한 가능한 설명을 다음과 같이 제시하고 있다.

1. 학생이 바람직한 반응을 수행하는 방법을 아는가? 학생이 이전에 이러한 기술(바람직한 반응)을 하는 것을 본 적이 있는가? 직접적인 지도가 주어지면 학생은 이 기술을 수행할 수 있는가? 그렇지 않다면 학생이 해당 기술(바람직한 반응)을 수행하는 방법을 모르는 것이므로 바람직한 반응을 지도해야만 한다(사회적 행동지도를 위해 도움이 되는 지침은 제9장 참조).
2. 학생이 특정한 시간에만 올바르게 반응을 하는가? 그렇다면 이는 불완전 S^D이다. 불완전 S^D에 대한 중재는 (1) S^D에 대한 명확한 설명을 하고 (2) 학생이 처음 S^D를 학습할 때에는 바람직한 반응을 촉구하며(학생에게 정확하게 반응하는 방법에 관한 단서를 제공) (3) 자극과 반응 간의 관계를 확립하는 초기 단계에서는 연속강화 계획을 적용하는 것이다.
3. 다른 자극이 S^D를 방해하는가? 캐리는 고속도로에서 휴대전화로 통화를 하는 바람에 출구를 놓쳤다. 휴대전화 통화가 출구 이정표 읽는 것을 방해한 것이다. 카이저 교사는 수학시간에 어려운 내용을 가르치고 있다. 이때 교실 밖에서 학교 합주단의 연습 소리가 들린다. 합주단의 연주 소리는 카이저 교사의 수업과 경쟁적으로 주의 집중에 대한 S^D가 될 수 있다. S^D가 바람직한 반응을 통제하지 못하면 방해 S^D가 문제가 될 수 있다. 이러한 경우에 교사는 바람직한 S^D를 증가시키기 위한 단계를 실행해야 한다. 카이저 교사의 예에서 수업 중에 합주단의 연주 소리가 들리면 교사는 좀 더 많은 질문을 하고 보다 많은 강화를 한다. 메러디스 교사는 유치원생인 제이콥에게 집단 활동시간에 주의 집중하는 것을 지도하고 있다. 제이콥은 매우 산만하며 과제보다는 다른 아동을 보거나 교실 내의 다른 교재 및 교구를 쳐다보거나 자신의 실내화를 가지고 장난을 친다. 제이콥의 주의 집중에 대한 S^D를 교사 자신으로 확립하기 위해, 메러디스 교사는 제이콥 옆에 앉아서 제이콥이 주의 집중 활동에 참여하거나 메러디스 교사를 쳐다보는 것으로 조작적으로 정의하고 FI 30초 계획을 사용하여 카드에 스마일 얼굴 도장을 찍어 주는 강화를 한다. 또한 메러디스 교사는 자신을 쳐다보는 행동을 상기시키기 위해 제이콥의 무릎을 살짝 건드린다.
4. 문제행동에 대해 보다 강력한 강화제가 적용되고 있는가? 학생은 정확한 반응은 알고 있지만 다른 출처에 의한 보다 강력한 강화제로 인해 바람직한 반응을 보이지 않기도 한다. 예를 들면, 나빈은 교사의 질문에 정확하고 적절하게 대답하는 방법을 알고 있다. 그러나 나빈이 교사의 질문에 대한 반응으로 똑똑한 체하면 또래들이 킬킬거리고 웃는다. 이러한 또래의 반응은 교사의 질문에 대해 적절하게 반응하여 받게 되는 간헐적인 인정(강화)보다 더 강력한 강화제로 작용한다. 이 경우에 교사는 적절한 반응에 대한 강화를 증가시키고(또래의 웃음보다 더 강력한 강화제의 사용) 나빈의 부적절한 반응에 대한 또래의 반응을 통제해야 한다.
5. S^D가 상응하는 행동과는 시간적으로 먼 것인가? 특정 시간에 일을 해야 하는 고용인이 시간적으로 먼 S^D에 반응한다. 사장은 고용인 곁에서 일하러 가라고 말하지 않는다. 보고서를 작성해야 하는 학생 또한 지연적 S^D(숙제에 대한 교사의 지도 내용)에 반응하고 있다. 또 다른 예로 교실에서 학급규칙이 바람직한 행동에 직접적으로 앞서지는 않는다. 시간적으로 먼 S^D에 반응하

도록 하기 위해서는 자극과 행동을 연계시키는 중재가 필요하다. 이를 위해서는 이 장의 후반에서 소개되는 자기관리 전략이 효과적이다.

자극 통제는 순조로운 학급 운영을 이룰 수 있는 확실한 예방 기법이다. 바람직한 행동에 대한 자극 통제 확립의 정도는 바람직한 행동이 수용 불가능한 행동보다 더 빈번하게 일어날 수 있음을 확신하는 데 도움이 된다. 유능한 교사는 학생들을 줄 세울 때에 자극 통제를 적용한다. 학생들의 줄을 세우면서 "줄 설 때의 규칙을 지금 적용해 보는 것이 효과적이란다."라고 말한다. 이때 학생들은 한 줄로 서 있고 앞을 보고 있으며 손을 바르게 하고 입을 다물고 있는지를 확인한다. "줄 설 때의 규칙을 지금 적용해 보는 것이 효과적이란다."라는 말을 들으면 무엇을 해야 하는지를 교사가 학생들에게 가르치고 이러한 행동을 보일 때 강화를 하면 "줄 설 때의 규칙을 지금 적용해 보는 것이 효과적이란다."라는 S^D가 확립된다. S^D가 일련의 바람직한 행동(줄 설 때의 규칙에 포함된 행동)을 유지시키면 강화 계획의 비율을 늘릴 수 있다. 이러한 효과적인 S^D로 인해 교사는 문제행동에 대한 반응적 접근인 다음과 같은 언어적 지적을 하여 학생들의 줄 서는 행동을 교정하지 않아도 된다. "모든 사람이 정확하게 서 있을 때까지 움직이지 않는다", "사라! 뒤로 가서 다시 해 봐", "네가 올바르게 줄을 설 때까지 기다리는 시간만큼 너의 휴식시간이 짧아질 것이다."

표 11-1 학교환경에서의 자극 통제의 예

변별 자극	행동
초등학교 저학년	
교사가 손가락 2개를 들어 보인다.	학생은 교사의 몸짓을 모방하고 말하기를 멈춘다.
학생이 방해행동을 하면, 교사는 "거북이가 되는 것을 기억하세요."라고 말한다.	학생은 사전에 배운 자기조절 절차를 사용한다.
학생이 주의 집중을 해야 할 때마다 교사는 손뼉을 치면서 "하나, 둘, 셋, 나를 보세요."라고 말한다.	학생은 손뼉 치는 행동을 같이하고 바로 교사의 지시를 조용히 기다린다.
초등학교 고학년	
학생이 분노발작을 하려 하면 교사는 학생에게 "진정할 시간이 필요하나요?"라고 묻는다.	학생은 사회적 기술 집단에서 학습한 자기조절 기술을 연습하는 영역으로 이동한다.
교사는 수업할 시간임을 알린다.	학생은 적절한 교재와 자료를 꺼낸다.
교사는 개별 과제를 하도록 지시를 하고 학생의 질문이 있으면 이에 답을 한 후 타이머를 설정한다.	학생은 타이머가 작동하는 동안에 재빨리 과제를 수행한다. 타이머는 학생이 조용히 개별 과제를 수행하도록 하는 차별 자극이다.
중등학교	
교사가 "이제 가도 된다."라고 말한다.	학생은 학습교재를 정리하고 교실을 나간다. 수업 종료 벨이 울려도 교사가 "가도 된다."고 말하기 전까지는 학생은 자리를 떠나서는 안 된다.
학생이 놀림을 받게 되면 자신을 조절할 수 있는 말을 하기 위해 그 상황에서 나온다.	학생은 자기조절을 하기 위해 학습했던 기술인 "그만!", "무시해!", "이것은 별로 가치 있는 일이 아니야."와 같은 말을 상기한다.

S^D의 교실 적용은 끝이 없다. 교실과 학교에서의 자극 통제의 예가 표 11-1에 제시되어 있다. 교사는 바람직한 행동은 감소시키고 적절한 행동은 증가시키기 위해 자극 통제를 창의적으로 적용할 수 있는 자신만의 방법을 강구할 수 있다.

집단강화 체계

강화의 적용은 주로 개별 학생의 행동을 증가 및 개선시키는 데 주로 중점을 두고 있다. 그러나 강화는 집단을 대상으로도 적용 가능하다. 집단 유관성(group contingencies) 또는 집단강화라고도 하는 집단강화 체계(group reinforcement systems)는 두 가지 목적을 가지고 있다. 첫째, 집단강화는 집단 내 모든 학생을 대상으로 하나 이상의 목표행동을 향상시킬 수 있다. 둘째, 집단강화는 일부 유형에서는 집단 구성원들이 동일한 공통의 목표를 위한 작업을 해야 하므로 집단 응집력과 협력을 촉진할 수 있다. 집단강화는 전체 학급을 대상으로 실시할 수도 있고 소집단(예 : 읽기 집단, 협력 집단) 또는 두 사람으로 구성된 한 쌍의 집단(예 : 또래교수 팀, 또래 친구)을 대상으로 적용할 수 있다. Litow와 Pumroy(1975)는 집단강화의 유형으로 독립적, 상호의존적, 의존적 집단강화를 들고 있다. 각 유형의 개념을 교실 상황에 적용한 사례와 함께 살펴보고자 한다. 집단강화를 적용할 때에는 집단이 획득하게 될 강화제에 대한 신중한 고려가 있어야 한다. 초등 및 중등학교에서 집단을 대상으로 강화제로 활용하기에 적절한 목록이 표 11-2에 제시되어 있다.

집단 유관성의 세 가지 유형으로는 독립적 집단강화, 상호의존적 집단강화, 의존적 집단강화가 있다.

독립적 집단강화 독립적 집단강화(independent group contingency)는 집단 내에서 모든 학생들에게 동일한 강화제가 적용되지만 강화제의 획득은 개별 학생들의 수행에 달려 있다(Alberto & Troutman, 2006). 강화제 획득에 관한 기준을 개별 학생에게 동일하게 적용할 수도 있고 개별적으로 달리 적용할 수도 있다(Sulzer-Azaroff & Mayer, 1991). 기준에 도달하는 학생은 강화제를 받는다. 기대되는 수준의 목표행동을 보이지 않는 학생은 강화제를 받지 못한다. 이러한 유형의 강화는 집단 응집력을 촉진하지 않고 공동의 목표를 이루기 위해 함께 협력하지도 않지만, Shapiro와 Goldberg(1986)는 학생들은 다른 유형의 집단강화보다는 독립적 집단강화를 선호했다고 밝혔다. 독립적 집단강화의 예가 표 11-3에 제시되어 있다.

상호의존적 집단강화 상호의존적 집단강화(interdependent group contingency)에서는 집단 내 모든 학생들이 공동의 강화제를 위해 함께 수행을 한다. 모든 학생이 강화를 받기 위해 구체적인 기준 수준으로 목표행동을 보여야만 한다. 상호의존적 집단강화는 학업 및 사회적 행동을 향상시키고 방해행동을 감소시키기 위해 사용되고 있다(Lo & Cartledge, 2004).

제1장에서 기술한 선행 게임(good behavior game)은 교실행동을 관리하기 위해 상호의존적 집단강화를 사용한다. 선행 게임은 특정 시간(예 : 수학, 국어)에 활용된다. 각 시간 동안에 학생들을 두 팀 이상으로 나누고 교사는 게임을 하는 동안 점수화되는 적절한 행동과 부적절한 행동이 무엇인지(예 : 큰 소리로 말하기, 허락 없이 자리 이탈하기, 방해행동)를 분명하게 설명한다. 특정한 문제행동을 보일 때마다 학생이 속한 팀은 게시판에 붙어 있는 차트에 체크 표시를 받는다. 사전에 결정된 기준(부적절한 행동 적용 기준) 이하로 체크 표시를 받은 팀은 공동의 강화제를 받는다.

이 게임은 처음에는 불순응행동과 방해행동을 많이 보이는 4학년 학급의 수학시간에 실시되었다. 이후에 국어시간으로까지 확대되었다(Barrish, Saunders, & Wolf, 1969). 팀의 구성원이 큰 소리로 말

표 11-2 집단강화제

초등학생에게 사용할 수 있는 강화제
- 추가의 쉬는 시간 주기
- 집단 놀이활동 시간 또는 특별활동(예 : 산책, 영화, 요리하기) 제공하기
- 과제 줄여 주기
- 숙제 면제해 주기
- 집단 구성원 각자에게 100점 주기
- 개별 학생에게 강화제 스티커 제공하기
- 가정통신문에 칭찬 써 주기
- 게시판이나 교실문 앞에 집단이 성공적으로 수행한 일에 대해 특별히 공지해 주기

중 · 고등학생에게 사용할 수 있는 강화제
- 수업시간 후반부에 또래와 이야기할 수 있는 시간 주기
- 과제 줄여 주기
- 숙제 면제해 주기
- 집단 구성원 각자에게 100점 주기
- 수업 종료 1분 전에 미리 끝내 주기
- 자유롭게 복도를 다닐 수 있는 기회 주기
- 집단 놀이활동 시간 또는 특별활동(예 : 특별 과제, 영화 보기) 제공하기
- 개별 학생에게 강화제 스티커 제공하기(제10장 참조)
- 개별 과제 시간이나 집단활동 시간에 음악 듣는 시간 주기

하거나 자리를 이탈하는 행동을 보일 때마다 팀에게 체크 표시 하나씩이 주어졌다. 매시간 동안에 5개 이하의 체크 표시를 받은 팀은 강화제를 받았다. 여기서 적용된 강화제로는 이긴 팀이 승리 배지를 달고, 게시판 차트에 있는 팀 구성원의 이름 옆에 별표시를 받고, 점심 배식 때 제일 먼저 배식을 받을 수 있고, 특정한 과제를 수행한 날에 자유시간을 가질 수 있도록 하였다. 또한 주당 20개 이하의 체크 표시를 받은 팀에게는 주간 우선권(특권)이 주어졌다. 이는 교실행동의 개선을 가져오는 방법 중에서 상대적으로 단순한 집단강화이다. 무엇보다 중요한 것은 제1장에서 논의된 바와 같이 이러한 학급관리 체계는 선행 게임에 참여한 학생들 중에서 학교에서의 행동문제, 정신건강, 반사회적 행동 참여에의 낮은 위험과 관련하여 아동 발달에 유의미하고 광범위한 효과를 미친다는 것이다.

Litow와 Pumroy(1975)는 상호의존적 집단강화에서 기준을 설정하는 세 가지 접근을 다음과 같이 기술하고 있다.

1. 사전에 결정된 기준에 모든 학생들이 도달해야 한다. 일부 학생이 기준에 도달하지 못하면 집단 내 학생들은 모두 강화를 받지 못한다. 가령 모든 학생이 월요일부터 목요일까지 80% 이상 정확하게 교실 내 과제를 완수하면 금요일에 생물교과 관련 컴퓨터 야구 게임을 20분 동안 할 수 있다.
2. 집단의 평균 수행에 근거하여 기준을 설정한다. 집단의 매일의 평균 수행이 교실 내 과제 수행에서 80% 이상이면 생물 수업에서 야구 컴퓨터 게임을 할 수 있다.
3. 모든 학생이 최소한의 수행 수준에 도달해야만 한다. 예를 들면, 매일의 생물 과제 수행에서 어떤 구성원도 80% 이하의 점수를 받지 않으면 금요일 생물시간에 야구 컴퓨터 게임을 할 수 있다.

표 11-3 집단강화의 예

독립적 집단강화

- 스탬퍼 교사는 '부모와 함께 읽기' 표를 제출한 학생에게 퍼즐 조각을 하나씩 주었다. 강화로 받은 퍼즐 조각으로 집단의 퍼즐을 완성하면, 학생들은 교사가 읽어 주는 추가의 시간을 획득하였다. 적어도 2개의 퍼즐 조각을 획득한 학생만이 집단강화에 참여할 수 있었다.
- 웰본 교사는 고등학교 특수학급 국어교과 수업에서 학생의 쓰기기술(예 : 예습 쓰기 전략 사용하기, 과제를 교정하고 재작성하기, 적합한 문법 적용하기, 쓰기과제에 적합한 아이디어 개발하기) 향상을 위해 점수제를 실시하였다. 학생들은 획득한 점수로 추가 점수, 숙제 면제, 또는 퀴즈 수준 낮춰 주기 등과 교환하였다.

상호의존적 집단강화

- 케네디 교사는 자동차 기계학 수업시간에 모든 학생들이 매일 숙제를 제출하면 금요일에 학급 전체에게 2배의 쉬는 시간을 주었다.
- 특수학급에서 4~5학년의 학생을 대상으로 국어를 지도하고 있는 매디슨 교사의 학급 학생들은 서로 친하지 않았으며 서로에게 끊임없이 무례하게 행동하거나 비웃거나 욕을 하는 등의 행동을 하고 서로에 대해 불평하고 옆에 앉기를 거부하기 때문에 교사가 학생들을 과제에 집중하도록 하는 데 어려움이 많았다. 이에 매디슨 교사는 집단강화를 적용하였다. 학생들이 서로를 격려하거나 도움을 주면 학생들에게 티켓을 주었다. 학생들은 티켓 뒷면에 자신의 이름을 쓰고 각자의 책상 옆 봉투에 넣어 두었다. 목요일 마지막 수업이 끝나기 전 10분 동안 학생들은 획득한 티켓을 함께 모아 세어 보고 모두 합쳐서 40개 이상이 되면 금요일 국어수업 시간에 할 집단 언어 게임을 원하는 것으로 정할 수 있었다.
- 카버 교사는 학생들을 대상으로 맞춤법에 관한 또래교수 활동을 하였다. 또래교수 활동은 주당 3회 10분 동안 시행되었다. 카버 교사는 또래교수를 하는 학생들을 관찰하고 관리감독하였다. 카버 교사는 또래교수 행동을 적절하게 하고 있는 팀에게는 "우리는 한 팀이다."라고 쓰인 차트 위에 별을 그리고 그 위에 해당 팀의 이름을 기입하였다. 학급 학생들이 함께 50개 이상의 별을 획득하면 2배의 쉬는 시간을 가졌다. 최소 5개의 별을 획득한 학생만이 쉬는 시간을 얻을 수 있었다. 5개 이상의 별을 획득한 학생들은 추가로 강화제 스티커를 받았다. 강화제 스티커는 파일 차트에 표시하기 위해 사용되는 동그라미 모양의 색 스티커이다. 강화제 스티커는 수업시간에 제공되는 과제에 적용되었다. 학생들은 과제를 완수할 필요는 없지만 과제를 완수할 경우 이에 상응하는 충분한 점수를 받았다.
- 맥스웰 교사는 줄 맞춰 걸어가는 것을 지도하기 위한 전략으로 오른쪽으로 줄을 맞춰 걸어가는 학생 모두에게 색깔 집게를 주었다. 학생들은 교실 안의 게시판에 걸려 있는 자신의 이름표에 집게를 걸어 놓았다. 오전에 모든 학생들의 이름표에 집게가 걸려 있으면 학생들은 그들의 이름표에 스티커를 받았다. 금요일마다 학생들이 이름표를 집에 가져갈 수 있도록 하였다.

의존적 집단강화

- 샘은 교실에서 동물 소리 내는 것을 좋아하였다. 로버트슨 교사는 샘을 위해 의존적 집단강화를 계획하였다. 샘이 수업시간 동안 동물 소리를 내지 않으면, 로버트슨 교사는 샘이 수업 마지막 몇 분 동안 재밌는 이야기나 농담을 말할 수 있게 해 주었다.

상호의존적 집단강화 체계의 예가 표 11-3에 제시되어 있다.

의존적 집단강화 의존적 집단강화(dependent group contingency)에서는 집단 내 특정한 한 명 이상의 학생의 수행에 따라 모든 학생들이 강화를 받는다. 특정 학생이 목표행동을 수행하면 집단 내 모든 학생들이 강화를 받는다. 의존적 집단강화 체계의 예가 표 11-3에 제시되어 있다.

의존적 집단강화를 적용할 때 고려할 수 있는 세 가지 제안점이 있다. 첫째, 대상 학생이 또래의 관심 및 통제를 받기 위해 부적절한 행동을 보이는 경우에 가장 효과적이다. 의존적 집단강화를 통해 학생은 적절한 행동에 수반하여 강화제를 받는다. 둘째, 집단 내 한 학생의 행동에 대해서 집단 전체에게 처벌을 하지 않는다. 제공되는 강화제는 집단 구성원들이 일반적으로 이용할 수 있는 것 이상으로 해야 한다. 예를 들면, 호세는 운동장에서 규칙을 따르는 데 어려움이 있다. 교사는 호세가 쉬는 시간 동안에 규칙을 따르면 그날에 학급 모두가 추가의 휴식시간을 받을 수 있는 의존적 집단강화를 설정하였다. 호세가 운동장의 규칙을 어기면 학급 전체는 정기적인 휴식시간을 잃지는 않는다. 단지 추가의 휴식시간을 받지 못하는 것이다. 마지막으로 집단강화를 받을 수 있는 기준이 되는 특정 학생이 목표행동을 보일 수 있도록 촉구하고 지원하는 방법을 집단 내 다른 학생들에게 지도한다. 학생들은 (1) 대상 학생의 목표행동을 생각나게 하는 방법 (2) 대상 학생을 칭찬하는 방법 (3) 대상 학생이 부적절한 행동을 보이면 이에 반응하는 방법을 학습해야 한다. 호세의 예에서 교사는 호세가 운동장 규칙을 기억하는 것을 돕는 방법을 학급 또래 학생들에게 지도하였다. 교사와 호세, 학급 학생들은 함께 제안 목록을 만들고 운동장 규칙을 상기시켜 주는 이러한 목록을 활용하여 연습하였다(다른 반의 학생들이 운동장에 없을 때 운동장에서 이를 연습하였다).

Hansen과 Lignugaris/Kraft(2005)는 정서 및 행동장애 중학생의 긍정적인 언어 사용을 증가시키고 부정적인 언어 사용을 감소시키기 위해 의존적 집단강화를 사용하였다. 의존적 집단강화를 통해 매일 무작위로 두 명을 선정하여 이들 학생의 긍정적 언어 사용이 최소한의 기준에 도달하면 그날의 마지막 시간에 집단으로 강화제를 받았다. 집단강화를 실행하기 전에 교사는 설명 · 시범 · 역할놀이를 통해 긍정적 언어를 사용하는 방법을 학급 학생들에게 가르쳤다. 의존적 집단강화를 통해 학생들은 긍정적 언어와 부정적 언어 사용에 있어서 기준 수준에 도달하였다. 이러한 수준은 집단강화가 철회된 후에도 유지되었다.

집단강화를 고안할 때에 교사는 모든 학생들이 바람직한 수준으로 목표행동을 수행할 수 있음을 확인해야 한다. 이를 확인하는 좋은 방법은 모든 학생이 목표행동을 보이는지를 관찰하는 것이다. 한 명 이상의 학생들이 바람직한 수준으로 목표행동을 보이지 않으면 그 학생들이 목표행동을 하는 방법 또는 모든 조건하에서 충분히 잘할 수 있는 방법을 알지 못한다고 가정할 수 있다. 이러한 경우에는 우선적으로 목표행동을 지도하고 모든 학생이 성공적으로 목표 기준에 도달할 수 있을 만큼 처음에는 낮은 기준을 정해야 한다. 기준은 학생들이 목표행동 수행이 숙달될수록 점진적으로 높여 간다.

상호의존적 그리고 의존적 집단강화는 한두 명의 학생이 집단을 의도적으로 방해할 수도 있다. 이에 대한 해결책 중에 하나는 집단을 방해하는 학생을 대집단 강화에서 제외시키고 대상 학생 한 명만으로 구성된 집단을 만드는 것이다. 이 경우 대상 학생의 수행은 학생 자신에게만 영향을 미치고 다른 학생들에게는 영향을 미치지 않는다. 또 다른 방법은 집단의 노력을 방해하는 학생을 위한 기능 중심의 강화제를 판별하는 것이다. 대상 학생이 보이는 행동의 기능을 판별하기 위해 행동을 평가하고 집단의 성공에 수반하여 대상 행동의 기능을 평가하기 위해 대상 학생에게 강화를 제공한다. 예를 들면, 크레이그 교사는 중학교 특수학급의 수학시간에 상호의존적 집단강화를 시행하였다. 매일 학급 구성원들은 수업시간 동안에 부적절한 언어(학생들이 정확하게 부적절한 언어가 무엇인지를 알고 있다고 확인함)를 3회 이하로 보이면 학급 게시판에 별표시를 받았다. 별표시가 15개 모이면 농구를 하면서 남은 시간을 보낼 수 있었다. 그러나 에르네스토는 지속적으로 큰 소리로 말하고, 부적절한 언어를 사용하여 집단이 최대 획득한 별표시가 겨우 3개 정도였다. 그로 인해 또래들이 에르네스토에 대해 불평을 함에도 불구하고 에르네스토는 지속적으로 문제행동을 보였다. 크레이그 교사는 에르네스토가 자신의 부적절한 행동으로 인해 집단을 장악하는 힘을 좋아하고 그러한 상태가 에르네스토의 문제행동을 지속시켰다고 판단하였다. 그래서 이러한 기능을 확인하기 위해 강화 계획을 수정하였다. 우선 크레이그 교사는 에르네스토 한 명으로만 구성된 집단을 만들었다. 에르네스토가 매일 부적절한 행동을 3회 이하로 보이면 자신의 차트에 별표시를 받았다. 별표시가 15개가 되면 다음번 농구시간 집단활동에 참여할 수 있었다. 그러나 금요일까지 차트에 별표시가 4개이면 에르네스토는 금요일의 일정 시간 동안 교무실에서 과제를 수행해야 했다. 교무실에서 에르네스토가 해야 하는 일은 교사들에게 온 메시지를 전달하거나 전화를 받거나 학교 방문자에게 이름표를 달아 주는 등의 학교 업무를 보고하는 것이었다. 에르네스토의 부적절한 행동은 하루에 평균 12회에서 2회로 감소하였다.

자기관리

행동중재의 목적은 외부인에 의한 행동지원 및 통제에서 자기관리(self-management)로 변화되는 것이다. 새로운 행동을 설정하거나 행동의 숙달 정도를 향상시키기 위해 외부 유관 체계(external contingency systems)가 필요하다. 목표로 하는 적절한 행동이 설정되면 교사는 목표행동의 출현을 고무시키기 위한 외부관리 체계에 지속적으로 의존하기보다는 학생 자신의 내적 통제하에 목표행동을 수행할 수 있는 방법을 계획해야 한다. 내적 통제를 이루기 위해 학생은 학교 및 다른 환경에서 학업 및 사회적 과제를 성공적으로 수행할 수 있도록 혼자 힘으로 행동을 시작하고 안내하고 억제할 수 있는 자기관리 기술을 사용할 수 있어야 한다. 많은 선행연구에서 행동적 지원을 필요로 하는 모든 유형의 장애아동 및 청소년을 대상으로 적절한 행동을 증가시키고 부적절한 행동을 감소시키는 데 자기관리 기술을 지도하는 것이 효율적임이 입증되고 있다(Copeland & Hughes, 2002; Graham & Harris, 2003; Kern, Ringdahl Hilt, & Sterling-Turner, 2001; Reid, Trout, & Schartz, 2005; Smith & Sugai, 2000; Troia & Graham, 2002). 행동주의적 관점에서 자기관리 기술에는 다섯 가지 기술 영역이 포함되며, 그 영역은 목표 설정, 자기점검, 자기평가, 자기교수, 자기강화이다.

목표 설정 교사 또는 IEP 위원회가 학생을 위한 목표 설정에 일반적인 책임을 지고 있지만, 학생 자신의 학업 및 행동기술에 관한 목표 설정 과정에 학생을 참여시키는 것이 수행을 향상시킬 수 있다(Copeland & Hughes, 2002; Troia & Graham, 2002). **목표 설정**(goal setting)은 학생이 자신의 수행을 위한 목표를 설정하는 것이다. 대부분의 경우 다음과 같은 형식으로 목표를 설정한다. '해야 하는' 목록을 만들고 성취 가능한 수준의 목표를 설정하고 상품 목록을 만든다. 학생은 이러한 목표 설정 양식 사용을 학습하거나 학업 수행의 향상, 바람직한 행동의 수행, 또는 사회적 상황에서의 적절한 대처를 위한 특정한 목표를 설정하는 것과 같은 보다 구체화된 양식 사용을 학습할 수 있다.

Alberto와 Troutman(2006)은 장기적 성취보다는 단기적 또는 즉각적 성취를 위해 구체적이고 고무적인 그러나 성취 가능한 목표를 설정하는 것을 학생에게 지도해야 한다고 제언한다. 예컨대 매일 아침에 켈로그 교사는 학생들에게 행동 목표를 설정하도록 한다. 각 학생은 개별적인 행동과 관련 있는 목표를 설정한다. 저스틴은 교실에 지각하지 않고 정시에 도착하는 것을 목표로 설정한다. 마르게리트는 교사에게 적절하게 반응하는 것을 목표를 설정한다. 자말은 교실에서 적절한 언어를 사용하는 것을 목표로 정한다. 다른 학습의 펠튼 교사는 학생들에게 학업 수행에 관한 주간 목표를 설정하도록 한다. 학생들은 자신의 매일의 점수를 기록(자기점검 부분 참조)하고 다음 주간에 점수 향상에 관한 목표를 설정한다. 각자 설정한 목표에 도달한 학생은 강화를 받는다.

목표 설정의 또 다른 예로 래섬 교사의 학급에는 심각한 위축행동을 보이는 켄드라가 있다. 켄드라의 IEP 목표 중 하나는 또래의 사회적 시도에 적절하게 반응하기이다. 매일 아침에 래섬 교사는 켄드라에게 하루 동안에 보일 수 있는 사회적 반응의 수를 목표로 설정하도록 안내한다. 사회적 반응의 수를 결정하기 위해 켄드라와 래섬 교사는 전날의 사회적 반응에 관한 자료 그래프를 조사한다. 해당일의 다양한 사회적 상황별(점심시간, 특별활동시간 등)로 래섬 교사는 사건 기록법을 사용하여 켄드라의 사회적 반응을 점검한다. 해당일 마지막 시간에 켄드라와 래섬 교사는 상황별 사회적 반응에 대한 자료를 그래프로 표시한다. 래섬 교사는 해당일에 하나 또는 그 이상의 사회적 상황에서 다소 높은 목표를 설정하도록 격려한다.

자기점검은 목표행동에 대한 인식을 증대시킨다.

자기점검 자기점검(self-monitoring)은 자신의 행동을 관찰하고 기록하는 것이다(Mace, Belfiore, & Shea, 2001). 우리 모두는 자기점검을 사용한다. 쇼핑 목록에서 구입한 물건의 목록에 사선을 그어 표시하는 것이 자기점검이다. 얼마나 오랫동안 달리고 어느 정도 달려 왔는지를 기록하는 것도 자기점검이다. 일어나거나 똑바르게 앉으라고 자신에게 말하거나 집을 나설 때 가져가야 할 것을 자신에게 물으면서 자기점검을 한다. 알림장에 있는 숙제 목록에서 수행한 숙제에 표시를 하면서 자기점검을 한다. 자기점검은 중요한 자기조절 전략이다. 그러나 많은 학생들이 구체적인 지도를 통해 이와 같은 전략을 학습하지 않는다. 구체적인 지도를 통해 학생은 학업 및 사회적 수행을 향상 및 개선시키기 위해 자기점검을 사용하는 것을 학습할 수 있다(Harris, Friedlander, Saddler, Frizzelle, & Graham, 2005; Hughes, et al., 2002; Reid et al., 2005).

자기점검은 개별 행동(예 : 읽은 페이지의 수, 완수한 숙제, 지시 따르기)뿐 아니라 연속행동(예 : 숙제하기, 수업 중에 주의 집중하기, 또래와의 적절한 사회적 상호작용 유지하기)에 대해서도 적용될 수 있다. 개별 행동에 대한 자기점검을 할 때 학생은 목표행동을 수행한 빈도를 기록한다. 연속행동에 대해서 학생은 다음의 스케줄 중의 하나에 따라 행동이 일어났는지의 여부를 기록한다. (1) 사전에 결정된 간격의 마지막(예 : 15분마다)에, (2) 일반적으로 교사가 주는 외부 단서에 반응하여 (3) 학생이 행동에 관해 생각한 때에 기록한다(Rhode, Jenson, & Reavis, 1992). 학생이 자기점검 기술을 처음 학습하는 경우에는 외부 단서에 의한 자기점검이 보다 효과적이다(Webber, Scheuermann, McCall, & Coleman, 1993). 외부 단서는 언어 및 비언어적 표시 또는 녹음된 표시가 될 수 있다. Rhode 등(1992)은 자기점검을 위한 외부 단서로 녹음된 비퍼 소리를 사용하였다. 테이프 또는 CD에 일정한 간격 또는 불규칙적인 간격으로 비퍼 소리를 녹음할 수 있다. 피아노 또는 피리 연주를 사용해도 좋다. 자기관리 프로그램의 초기 단계에서는 비퍼 소리가 빈번하게 들리도록 해야 한다. 자기관리 경험이 있는 학생에 대해서는 보다 덜 빈번하게 비퍼 소리가 들리도록 한다(이는 강화 계획을 약화시키는 것으로, 강화를 받는 비율을 늘려 가는 것과 동일한 과정이 된다). 비퍼 소리를 사용하는 경우 목표행동의 발생이 기대되는 시간 동안에는 학생이 지속적으로 테이프를 들을 수 있어야 한다. 반에서 한 학생에게만 자기점검이 적용되는 경우 다른 학생에게 방해가 되지 않도록 헤드폰을 사용할 수 있다. 비퍼 소리가 들리면 학생은 기록지에 목표행동의 발생 여부를 기록한다.

워싱턴 교사는 학생들에게 학업 수행의 향상을 위한 목표에 따라 자신의 점수를 자기점검하도록 하였다. 학생들은 교과별로 점수를 매일 기록하였다. 매주 마지막 날에 학생들은 해당란에 교과별 자신의 가장 높은 점수와 평균을 기록하였다. 이전 주에 비해 주간 평균이 높거나 최고 점수가 목표에 도달한 학생은 돌아오는 주에 해당 교과목의 향상 정도에 따라 1~6점의 추가 점수를 받았다. 타크는 읽기, 수학, 사회교과에서 주간 평균 목표치를 초과하였다. 또한 읽기, 쓰기, 수학, 사회교과에서 주간 평균이 이전 주의 평균보다 높게 나타났다. 타크는 최고 점수 목표 도달과 관련하여 2점 그리고 주간 평균 목표 달성과 관련하여 2점, 총 4점의 추가 점수를 받았다.

자기평가 자기평가(self-evaluation)는 자신의 수행을 기준에 근거하여 사정하는 것이다. 거울을 보면서 자신의 얼굴을 살펴볼 때, 집안 청소한 결과를 살펴볼 때, 또는 취업 면접에서의 수행을 얼마나 잘했는지를 생각할 때 자기평가를 한다. 학교에서는 학생들이 수업 중에 주의 집중을 얼마나 잘했는지, 화가 날 때 어떻게 잘 대처했는지, 또는 지시에 얼마나 잘 따랐는지를 자기평가할 수 있다. 자기평가는 목표행동이 어떻게 수행되었는지와 관련해서는 자기점검과 유사하다. 그러나 자기점검에서는 학생들이 행동의 발생 여부를 단순히 기록하는 반면에, 자기평가에서는 목표행동이 얼마나 잘 수행되었고 어느 정도로 나타났는지를 기록한다. 자신의 수행에 대한 자기평가를 지도하기 위해서 학생은 우선 행동 수행의 기준을 이해해야 한다. 예를 들면, 돌레잘 교사는 찰리에게 깨끗하고 바르게 쓰는 것을 자기평가하도록 지도하고 있다. 자기평가 프로그램을 시행하기 전에 돌레잘 교사는 찰리에게 깨끗하게 쓰인 것이 어떠한 것이며 형식에 맞게 정확하게 쓰인 것이 무엇인지를 다양한 예(기준에 부합한 예와 그렇지 않은 예)를 보여 주면서 정확하게 설명하였다. 찰리가 다양한 예에서 깨끗하고 바르게 쓰인 예를 정확하게 지속적으로 판별하게 될 때 돌레잘 교사는 깨끗함과 바름에 대한 기준이 적힌 카드를 찰리에게 주고 책장에 보관하도록 하였다. 그리고 쓰기 숙제를 이러한 기준에 비교하고 그 결과를 1점(나의 쓰기 노트는 기준에 전혀 부합하지 않는다)에서 4점(나의 쓰기 노트는 기준에 모두 부합한다)의 척도를 사용하여 자기평가하도록 지도하였다.

자기점검과 자기평가는 학생이 행동을 수행하는 방법은 알고 있으나 지속적으로 또는 충분하게 수행하지 못하는 경우에 적용할 수 있는 적절한 절차이다. 다음은 자기점검과 자기평가 중재를 실행하는 단계이다.

1. 목표행동을 조작적으로 정의한다.
2. 자기점검 또는 자기평가 중에서 어떤 것을 적용할지를 결정한다. 행동 수행의 질이 중요한 경우에는 자기평가를, 행동 수행의 양이 중요한 경우에는 자기점검을 권장한다.
3. 학생이 수행하기 쉽게 행동의 수행을 연습하도록 하면서 학생에게 절차의 사용법을 가르친다. 절차를 가르치는 단계는 다음과 같다.
   a. 학생이 무엇을 해야 하는지를 설명한다.
   b. 자기점검 또는 자기평가의 양식을 사용하는 방법의 시범을 보인다.
   c. 교사가 피드백을 주면서 학생이 절차를 연습하도록 한다.
   d. 처음에는 하나의 행동에 대해서 절차를 소개한다. 학생이 이 기법을 사용하는 것에 능숙해지면 추가적인 행동을 적용할 수 있다.
4. 학생이 절차를 올바르게 사용하면 이를 강화한다. 처음에는 학생이 자기점검 또는 자기평가를 하고 있는 동시에 교사도 학생의 행동에 관한 자료를 기록할 수 있다. 집단을 대상으로 하는 경우에는 한 명 이상의 학생행동을 교사가 함께 기록할 수 있다. 교사가 함께 기록하게 되는 학생의 선정은 아이스크림 막대에 학생들의 이름을 쓰고 그중에서 하나 이상을 뽑는 방식으로 무작위로 선정할 수 있다. 학생이 자기관리 절차를 사용할 수 있게 되면, 학생이 자기점검 및 평가를 할 때 교사가 동시에 점검 또는 평가할 수 있다. 점검 및 평가 기간이 끝나면, 교사 자료의 80% 이상 일치도를 보이는 학생은 강화를 받는다. 처음에는 자주 학생의 자료를 점검하다가 학생이

표 11-4 자기조절의 사례

6학년 학급에서의 자기조절

존스는 특수교사로 6학년 일반학급의 2교시 과학수업 시간에 협력 교수를 하기도 한다. 또한 특수학급에서 4교시 읽기수업에 특수교육 대상 학생들도 지도한다. 존스 교사는 특수교육 대상 학생들이 수업시간에 도움을 청하거나 요구를 말하기 전에 선생님을 부르는 의미로 손을 드는 것을 상기시켜 주기 위해 자기조절 체계를 사용하기로 하였다. 10분 간격으로 작동되는 타이머에서 벨이 울릴 때마다 학생들은 자신이 이러한 바람직한 행동을 하고 있는지를 자기점검하였다. 존스 교사는 학생들의 자료를 점검하기 위해 일부 학생의 자료를 무작위로 선정하여 체크하였다. 학생들의 자료와 존스 교사의 자료가 90% 이상 정확하게 일치하면 학생들은 점수를 획득하였다. 그리고 학생들이 80% 이상 정확하게 학습과제를 완성할 경우에도 점수가 주어졌다. 존스 교사는 학생들이 과학수업 시간에 이러한 자기조절 체계를 사용하는 것을 좋아하는지에 대해 학생들에게 물었다. 학생들은 이러한 방법이 손을 드는 것에 대한 규칙을 상기하는 데 도움이 된 것 같으며 과학시간에 이것을 하는 것이 좋다고 하였다.

과학수업 시간에 일반 학생들은 특수교육 대상 학생들이 강화 체계를 받고 있는 것을 빠르게 알아차렸고 자신들도 동등한 대우를 받아야 공평하다고 하였다. 존스 교사와 일반 교사인 제임스 교사는 학생들이 개별 과제를 하는 시간에 과제 참여 행동에 대해 자기점검하는 것을 학급 전체에 적용하기로 결정하였다. 개별 과제 시간에 학생들은 빈둥거리고 과제를 하지 않거나 떠드는 행동을 하며 빈번하게 과제이탈 행동을 보였다. 5분 간격으로 타이머가 울리도록 장치를 하고 학생들은 벨이 울릴 때마다 자신이 과제를 하고 있는지를 점검하였다. 수업시간마다 30분간의 개별 과제 시간이 있으므로 수업시간당 총 6번의 자기점검 기회가 주어졌다. 두 교사는 매일 무작위로 학생들을 선정하여 점검하였다. 교사가 체크한 자료와 해당 학생의 자료가 90% 이상 정확하게 일치하면 학생은 당일에 추가 점수를 받았다. 특수교육 대상 학생은 처음부터 적용되었던 손드는 행동을 포함하여 과제 참여 행동까지 두 가지 행동 모두에 대해 자기점검을 하였다. 이들이 동일한 타이머 스케줄에 따라 자기점검을 과제 참여 행동에도 사용할 수 있도록 과학시간의 타이머 간격이 10분에서 5분으로 조정되었다.

이 체계는 특수교육 대상 학생들의 과제 참여 행동뿐 아니라 손드는 행동을 향상시키는 데 효과적이었다. 또한 일반교육 학생들의 과제 참여 행동에도 긍정적인 변화를 가져왔다. 교사들은 자기점검 간격을 점차 길게 설정하였고 소수의 학생을 대상으로만 자기점검 자료의 재확인을 실시하였다.

절차를 사용하는 것에 보다 능숙해지고 자기관리 과정이 내면화되면 점진적으로 교사의 점검을 줄여 나가는 것이 좋다.

중학교 특수학급과 일반학급에서 자기점검을 적용한 사례가 표 11-4에 제시되어 있다.

자기교수 자기교수(self-instruction)는 행동을 시작하거나 안내하거나 억제하기 위해 언어적 단서를 사용하는 과정이다. 하루 종일 자기교수를 많이 사용한다. 어려운 과제를 수행하는 것을 안내하기 위해, 싫어하는 과제를 시작할 수 있도록 자신을 동기 부여시키기 위해, 또는 분노 및 좌절을 조절하기 위해 자기교수를 사용한다. 대부분의 경우 조용히 내적 언어(입 밖으로 내지 않고 자신에게 하는 말)를 사용하여 자기교수를 한다. 이는 내재적 자기교수(covert self-instruction)라 한다. 그러나 때로는, 특히 어려운 과제를 할 때는 크게 말을 하면서 자기교수를 한다. 이는 외현적 자기교수(overt self-instruction)이다. 많은 사회 및 학업 목적을 이루기 위해 학생은 자기교수를 사용하는 것을 학습할 수 있다. 자기교수에 관한 연구의 주창자인 Meichenbaum과 Goodman(1971)은 자기교수의 단계를 다음과 같이 제시하고 있다.

1. 교사는 절차를 크게 말하면서 행동의 시범을 보인다.
2. 교사가 절차를 크게 말하고 학생이 행동을 수행한다.
3. 교사가 절차를 작게 말하고 학생은 크게 말하면서 행동을 수행한다.
4. 교사가 절차의 핵심 단어만을 큰 소리로 말하고 학생은 절차를 작게 말하면서 행동을 수행한다.
5. 학생이 소리 없이 자기교수(내재적 자기교수)를 하면서 행동을 수행한다.

자기강화 지금까지 기술된 자기관리 중재는 강화와 함께 적용될 때 보다 더 효과적이다. 자기관리 과정을 완성하기 위해서는 마지막 단계에 학생에게 자기강화(self-reinforcement) 사용을 지도해야 한다. 싫어하는 과제를 수행하고자 동기 유발을 할 때 또는 잘한 일에 대해 강화를 할 때 자기강화를 일반적으로 사용한다. 예를 들면, 이 책의 저자 중 한 명인 Scheuermann은 교재를 완성하기 위해 글을 쓸 만한 수준을 이끌어 내기 위해 자기강화를 사용하였다. 글을 쓰기 전에 자신이 사전에 결정한 페이지 수 이상을 쓰면 좋아하는 음식이나 활동을 자신에게 강화제로 주었다. 자기강화를 하면서 학생은 목표행동에 대한 기준의 도달 여부를 결정하고 자신에게 강화제를 보상으로 주게 된다(Reid et al., 2005). 강화제로는 일반적으로 토큰 또는 점수가 사용된다. 자기강화의 기준이나 강화제를 교사가 결정하는 것보다는 학생 자신이 결정하는 것이 보다 효과적이다(Hays et al., 1985). 유관성에 대해 자신이 결정하는 것은 자신이 받은 강화제를 스스로 선정하는 것, 강화제를 받는 기준을 학생이 선정하는 것, 또는 둘 다 학생이 하는 것이다. 자기점검 및 평가와 마찬가지로 자기강화도 처음에는 교사의 관리 체계와 같은 외부에서 유관성이 통제되도록 하다가 점진적으로 학생 자신에 의해 관리되는 자기강화로 안내되어야 한다. 자기강화의 실행을 위해 Felixbrod와 O'Leary(1974)는 교실에서 작업을 고용(직업) 상황에서의 작업과 비교해 볼 것을 권한다. 고용 상황에서 보면 일을 잘하는 것이 중요하고 그런 다음에 고용주로부터 임금을 지불받는 것이 중요하다. 자기강화를 적용할 때 다음에 제시되는 요소의 일부 또는 전부를 판단하도록 학생에게 요구할 수 있다. 강화를 받을 수 있는 기준, 강화제의 특성, 강화의 양, 강화를 받는 기준을 학생 스스로 결정하도록 하면 쉽게 강화를 받을 수 있도록 기준을 낮게 설정하는 경향이 있다(Felixbrod & O'Leary, 1974). 따라서 특히 자기강화가 학업 수행과 관련하여 적용되는 경우에는 보다 높은 기준을 설정할 수 있도록 안내할 필요가 있다(Alberto & Troutman, 2006). 이를 위해 높은 기준에 대해 교사가 결정한 추가적 강화를 사용할 수 있다. 자기점검에 관한 설명에서 기술된 워싱턴 교사의 예에서, 학생들이 자기점검 체계에 익숙해져서 교사는 두 번째 자기점검 기간 동안에 자기강화 요소를 추가하였다. 학생들은 향상의 정도와 획득할 수 있는 추가 점수를 스스로 결정하였다. 워싱턴 교사는 학생들이 한 주간에 받을 수 있는 추가 점수의 한계를 제시하였다. 점수의 향상이 최대치를 초과한 경우에는 학급의 다른 우선권을 획득할 수 있도록 하였다.

요약

유능한 교사는 이 장에서 기술된 다양한 강화 체계를 사용할 것이다. 교사는 다양한 강화 체계의 사용에 인색해서는 안 된다. 개별 학생 또는 집단에서 나타나는 문제행동이 많을수록 보다 더 집중적인 강화 중재가 필요하다. 다양한 문제가 나타나는 경우에는 다양한 강화 체계를 적용해야 한다. 예를 들면, 과제를 정확하게 완수한 것에 대해 하나의 토큰 체계를 적용하고 규칙을 따르는 행동에 대해서는 다른 토큰 체계를 적용하며 놀이터에서의 적절한 행동에 대한 집단강화를 할 수 있다. 이는 강화 체계가 복잡해야 함을 말하는 것은 아니다. 오히려 교사는 간단하면서 쉽게 사용할 수 있는 체계를 고안하는 것이 좋다. 과도하게 복잡한 체계는 제대로 적용되지 못하고 끝날 수 있다.

이 장의 학습목표와 간략한 내용은 다음과 같다.

1. 프리맥 원리를 정의할 수 있다.

   프리맥 원리는 가장 단순한 강화 체계이다. 부모와 조부모들은 이 전략을 잘 알고 있다. 그래서 프리맥 원리를 일반적인 용어로 '할머니 법칙'이라고 한다. 프리맥 원리는 선호도가 낮은 활동을 완수하면 뒤이어 선호하는 활동을 할 수 있도록 하는 것으로 선호하는 활동이 선호도가 낮은 활동을 강화하는 강화제가 되는 것이다.

2. 토큰 체계의 개발 및 실행 방법을 설명할 수 있다.

   토큰 체계는 많은 강화 프로그램의 기초가 된다. 토큰 체계를 통해 교사는 교수-학습활동의 방해 없이 개별 학생들에게 실질적인 강화제를 제공하지 않고도 토큰을 사용하여 학생에게 즉각적인 피드백을 줄 수 있다. 토큰은 학생들에게 강화를 받고 있음을 표시하는 것으로 이는 이후에 보다 편리한 시간에 교환 강화제로 바꿀 수 있다.

3. 행동계약의 개발 및 실행 방법을 설명할 수 있다.

   행동계약은 학생에게 보다 집중적이고 개별적인 강화가 필요할 때에 적용할 수 있는 좋은 도구이다. 행동계약에는 목표행동과 기준, 획득하는 강화제, 교사에 의해 제공되는 지원이 구체적으로 명시되어 있다. 또한 목표행동에 관한 자료를 기록하는 부분도 포함되어야 한다. 행동계약을 통해서 학생은 유관성의 배열(행동 발생에 수반하여 강화가 주어지는 비율)을 결정하는 데 참여하게 되어 강화 유관성의 효과를 설명할 수 있을 것이다.

4. 자극 통제의 개념과 설정 방법을 설명할 수 있다.

   자극 통제는 확실한 선행사건 중재이다. 자극 통제를 설정하기 위해 강화가 사용된다. 자극 통제를 목적으로 차별 자극과 같은 특정한 자극을 설정하기 위해 이 장에서 기술된 강화 체계를 적용할 수 있다. 바람직한 행동에 대해 자극 통제를 설정하는 것은 교사가 부적절한 행동에 반응하는 데 보다 적은 시간을 할애할 수 있음을 의미한다. 자극 통제는 관리 과제를 간소하게 한다. 학생이 주어진 행동에 대한 S^D에 반응하면 교사는 이 행동을 학생에게 지도하고 촉구하는 데 보다 적은 시간을 할애할 수 있다.

5. 집단강화의 세 가지 유형을 기술한다. 각 유형을 적용한 예를 제시할 수 있다.

   집단강화 체계는 학급 내에서 응집력 있고 협력적인 집단을 만드는 데 도움이 된다. 집단강화 체계에는 각기 다른 목적을 수행하는 독립적 · 상호의존적 · 의존적 집단강화 세 가지 유형이 있다. 상호의존적 집단강화와 의존적 집단강화는 집단의 노력을 의도적으로 방해하려는 학생이 한 명이라도 있으면 실행이 어렵다. 이는 교사가 집단강화를 포기해야 함을 의미하는 것은 아니다. 대신에 이러한 문제를 해결하기 위한 방법으로 기술한 문제해결 단계를 적용할 수 있다.

6. 자기관리 기법의 다섯 가지 유형을 설명할 수 있다.

   외부강화 체계의 목적은 외부 통제하에서 적절한 행동을 이끌어 내는 것(즉, 학생의 행동 목록에 있는 행동을 설정하기 위해)이다. 이러한 점에서 신뢰할 수 있는 강화의 다음 단계는 학생이 외부에서 주어지는 강화 체계의 이용이 불가능할 때에 성공적으로 수행할 수 있도록 자기관리 기술을 가르치는 것이다. 이 장에서는 다섯 가지 자기관리 기법인 목표 설정, 자기점검, 자기평가, 자기교수, 자기강화가 소개되었다. 각 기법은 다소 차이가 있지만 모든 연령의 대상자들의 자기관리 기술을 향상시키는 데 효과적이다.

교사가 강화 적용에 대해 자기평가할 수 있는 틀이 표 11-5에 제시되어 있다. 유능한 교사는 적절한 행동을 촉진하기 위해 다양한 강화 도구를 알고 이를 사용한다.

표 11-5 강화 적용에 관한 자기평가

전혀 그렇지 않다	거의 그렇지 않다	가끔 그렇다	자주 그렇다	항상 그렇다
1	2	3	4	5

위의 1~5점 척도를 이용하여 다음 진술을 평정하시오.

1. 나의 일상생활에서 프리맥 원리를 사용한다. ______
2. 나는 교실 상황에서 프리맥 원리를 사용한다. ______
3. 나는 다양한 토큰 체계를 개발하고 시행하는 방법을 이해하고 있다. ______
4. 나는 다양한 행동에 토큰 체계를 사용한다. ______
5. 나는 개별 중재를 하기 위해 행동계약을 사용한다. ______
6. 나는 토큰 체계나 행동계약을 사용하는 이유를 학교의 다른 교직원들과 부모들에게 설명할 수 있다. ______
7. 나는 다양한 종류의 강화 체계를 사용한다. ______
8. 나는 학생이 집단강화 체계에 의도적으로 피해를 입히는 경우에 대처하는 방법을 안다. ______
9. 나는 자기조절 체계를 계획 및 실행하는 방법을 안다. ______
10. 나는 감독관에게 이전에 적용한 강화의 적용에 대해 설명할 수 있을 정도로 강화 적용에 대한 정보를 잘 알고 있다. ______

ICE 박사의 지원 : 교사가 강화를 활용하여 학급관리 문제를 해결하도록 지원

초등학교

ICE 박사는 애플 초등학교에서 특수교사로 재직하고 있는 밴더스 교사를 방문하였다. 밴더스 교사는 ICE 박사의 오랜 친구이며 오랜 기간 그와 함께 일을 해 오고 있다. 밴더스 교사의 반에는 1학년부터 3학년까지의 12명의 학생이 있다. 학생들은 행동문제뿐 아니라 학습곤란 등 다양한 어려움을 보이고 있다. ICE 박사의 방문이 반가웠던 밴더스 교사는 학생들에게 강화 프로그램을 적용하는 것에 대해 의논하였다. 그동안 자유롭게 다양한 방법으로 칭찬을 해 왔으나 이제부터는 학생들의 학습을 위해 추가적으로 무엇인가를 해야 할 필요를 느끼게 되었음을 이야기하였다.

밴더스 교사는 학생들에게 교실에서의 규칙 및 절차를 가르쳐 왔고 학생들이 계속적으로 긍정적인 환경에서 학습하는 것을 경험하도록 하기 위해 강화 체계를 도입하고자 하였다. 그는 학교장에게 학생들을 위해 강화제를 구입할 경우 이에 대해 경제적 지원이 가능한지에 대해 문의했다. 학교 측에서는 예산이 매우 적기 때문에 강화제를 위해 따로 지원할 돈은 없다고 하였다. 밴더스 교사는 또한 다양한 종류의 강화제를 살 정도로 경제적으로 충분한 여유가 없었기 때문에 교사 자신의 능력 안에서 해결할 수 있는 강화제와 강화 전달 체계를 선택할 필요가 있었다.

밴더스 교사는 성공적인 학습과 사회적 행동의 습득 모두 강화하기를 원했다. 그는 학업 성적 향상과 학급규칙 따르기에 초점을 두었고 학생들의 성적을 도표화하였다. 학생이 80~89%의 성적을 획득했을 때는 1개의 티켓을 주었으며, 90~99%의 경우에는 2개, 100%일 경우에는 3개의 티켓을 제공하였다. 또한 규칙 및 절차를 따르는 것에 대해서도 임의로 티켓을 주었다. 티켓을 받으면 학생은 티켓 뒷면에 자신의 이름을 쓰고 각 수업 마지막에 제비뽑기를 하였다.

밴더스 교사는 학생들이 그들이 갖고 싶어 하는 강화제가 무엇인지 묻기 전에 미리 그의 기준에 따라 가능한 강화제 목록을 만들었다. 이전의 경험으로 미루어 보아 특히 어린 학생의 경우 적절한 강화제를 요구하지 못할 수도 있음을 알고 있었다. 이에 학생들에게 다양한 아이디어를 주고자 밴더스 교사는 강화제 목록을 제시하였다.

- 10분의 추가 육상경기 하기(체육교사는 학생들을 위해 산책 프로그램을 장려하고 있으므로 강화제로 활용하기에 매우 적합하다.)
- 교사가 책을 읽어 주는 동안 그림 그리기

- 교사의 일을 돕는 도우미 역할 하기
- 학급 장기자랑 시간에 개인기 보여 주는 기회 갖기
- 퍼즐 맞추는 시간 갖기
- 학급 전체가 게임을 할 수 있는 게임 데이 구폰 획득하기
- 교사와 함께 점심 먹기
- 교사가 책을 읽어 주는 읽기 시간에 읽을 책 선택하기
- 영화 보기 등을 위해 학급 모두가 티켓을 모을 수 있는 기회 갖기

밴더스 교사는 금요일에 이 강화 프로그램에 대해 자세하게 설명하기로 하였다. 학생들에게 강화 프로그램에 대해 설명하는 시간에 밴더스 교사는 계획한 강화제 목록에 대해 설명하였고 학생들의 의견을 물었으며 활동에 드는 비용에 대해서도 학생들에게 알려 주었다. 학생들은 역할놀이를 통해 티켓을 획득하는 방법을 연습하였다. 강화 프로그램은 돌아오는 월요일부터 적용하기로 하였다.

밴더스 교사는 각 학생의 성적 변화에 대한 그래프를 그렸으며 획득하는 티켓의 수를 표에 기입하는 방법을 통해 강화 프로그램의 효과를 점검하거나 행동중재 공식의뢰 횟수를 점검하였다. 올해 후반기에는 강화제를 보다 가치 있는 것으로 하고 티켓 획득을 보다 어렵게 하고자 강화제 일부를 기부하기 위한 사업 계획을 ICE 박사에게 이야기하였다.

ICE 박사는 강화 프로그램을 선호하였으며 밴더스 교사는 이를 발전시켜 나갔다. 그러나 ICE 박사는 밴더스 교사와 강화 프로그램을 학생들에게 적용했을 때 발생 가능한 문제점과 해결 방안에 대해 다음과 같이 논의하였다.

- 학생이 강화 프로그램에 참여하지 않을 경우 문제해결을 위해 다음과 같은 조치를 취할 수 있다.
  - 학생이 선호하는 것을 판별하기 위해 개별 면담을 하거나 관찰한다.
  - 추가의 기능적 강화제를 판별한다.
- 학생들은 충분히 강화를 받고 있기 때문에 더 이상 열심히 할 필요가 없다고 느낄 수도 있다.
  - 이 경우 교사는 학생이 당연하게 얻게 되는 강화제 획득을 위해 학생이 노력을 하도록 만들어야 한다.
- 강화 프로그램이 효과적이지 않을 경우 문제해결을 위해 다음과 같은 질문을 고려해 볼 수 있다.
  - 학급 내의 일정이나 일과가 변경된 것은 없는가? 학생은 일과에 변화가 있는 경우 더욱 문제행동을 보인다.
  - 학생들의 기분은 좋은가? 몸이 아프면, 특히 어린 아동의 경우 보다 많은 부적절한 행동을 보인다.
  - 교사의 기분은 어떤가? 교사가 스트레스를 받거나 아플 경우 무의식적으로 학생들에게 부정적인 영향을 미칠 수가 있다.

밴더스 교사는 보다 면밀하게 강화제의 결과를 점검할 필요가 있음을 깨닫고, 자신의 계획에 대해 경청해 주고 문제해결에 대한 다양한 조언을 준 ICE 박사에게 감사를 표했다.

중학교

그레이스 교사는 홀란트 중학교의 특수학급 교사이다. 그레이스 교사의 반에는 유치원에서 초등학교 3학년 정도의 발달 수준을 보이는 11~13세 연령의 학생 10명이 있다. 학생들은 오전에는 이론 수업을 하며 오후에는 직업 관련 기술수업(메일박스에 있는 이름에 맞게 우편물 분류하기, 복사하기, 허브 식물의 씨앗 심기 등)을 받는다. 또한 매일 한 시간씩 자조기술훈련(위생상태, 조직, 요리, 여가 기술과 사회적 기술훈련)을 받는다.

그레이스 교사는 학교나 지역사회 환경에서의 성공적인 적응을 위해 학생이 알아야 하는 기술들을 강화하고 싶었다. 학생들은 가끔씩 보이는 심각하지 않은 분노발작 이외에는 특별한 문제를 보이지 않았다. 가장 두드러진 문제는 과제에 참여하지 않는 것인데, 특히 어려운 과제가 제공되면 더욱 심하게 나타났다. 교사는 지시 따르기와 과제 참여를 위한 강화 프로그램을 적용하기로 하였다. 토큰 경제를 위해 학급화폐를 사용하였다.

그레이스 교사는 첫째 주에는 모든 활동을 무료로 참여할 수 있도록 하였으며, 그 후 인기에 따라 활동의 가격을 정했다. 학급 가게에서는 특별활동을 설명한 카드를 포함하여 구입 가능한 많은 물건들을 판매하였다. 학생들이 영양 및 체중에 문제를 갖고 있으므로 인스턴트 음식 등은 강화제 목록에 포함하지 않았다. 병에 담긴 물이 제일 인기 있는 상품이었다. 학생들은 수업 후 정해진 시간에 하루에 두 번 가게에 갈 수 있었으며 집단으로 가도록 하였다. 공깃돌을 넣을 수 있는 빈병을 벽에 부착하였다. 학생들은 가게 문을 열 때마다 최대 3개의 공깃돌을 사서 병에 넣을 수 있었다. 병에 공깃돌이 가득 차면 학생들은 교실에서 모두가 함께할 수 있는 특별 요리시간을 가졌다.

그레이스 교사는 수학시간에 토큰 경제 체계를 지도하고 첫 주간 동안 다른 수업으로까지 확대 적용하였다. 그런 다음 필요한 경우 일주일에 적어도 한 차례 정도 토큰 경제 체계에 관해 살펴보았다.

강화 프로그램이 시작되었을 때 그레이스 교사는 학생들에게 학급 화폐를 유용하게 사용하도록 하기 위해 은행과 같은 체계가 필요하다는 것을 깨달았다. 은행 체계는 또한 강화 프로그램의 효과를 평가하는 데 도움이 되었다. 학생들은 자신의 책상에 간단한 가계부를 만들어 보관하고 학급 화폐를 얻을 때마다 가계부에 이를 기록하며 학급 가게에서 물건을 살 때마다 사용한 학급 화폐의 수를 기록하였다. 집에 가기 전에 학생들은 가계부에 '평균'을 계산하여 기록하였으며, 매일의 총액은 다음날로 이월되었다. 그레이스 교사는 학생들의 진보를 점검하기 위해 과제 수행 정도와 성적을 막대그래프로 표시하였다. 학생들의 과제는 점차 어려워졌으며, 이에 학급 화폐에 대한 기대는 더 커져 갔다.

강화 프로그램이 진행되면서 발생한 가장 핵심적인 문제는 학생들이 활동에 대해 빠른 변화를 원한다는 것이었다. 그레이스 교사는 학생들이 상호 동의하에 자신들이 획득한 활동을 서로 교환하는 것을 허락함으로써 또 다른 학습 경험으로 변화시켰다. 일단 가게에서 구입한 활동은 일정한 활동시간 동안에는 반납할 수 없도록 하였다. 이는 학생들이 선택을 할 때 드는 시간과 문제를 해결하기 위해 함께 협력하는 것에 도움이 되었다.

고등학교

맥닐 교사는 매우 심각한 학습과 행동문제를 보이는 학생들을 지도하는 특수학급 교사이다. 학생들은 심각한 문제를 가지고 있지만 수업이 끝난 후 지역사회에서 직업활동을 할 수 있는 수준이다. 맥닐 교사는 직무 스트레스를 다루는 방법과 숙달해야 하는 특정 직무기술을 다루는 직업과목과 일반 교과목을 가르치고 있다.

맥닐 교사는 작업 프로그램에 대한 매우 확고한 지침을 교육받았다. 학생들은 학생부에 훈육실 의뢰가 기록되지 않고 학교를 떠나기 위해서는 뛰어난 행동을 보여야 했다. 교사는 학생들에게 학교뿐만 아니라 직업 세계에서 자신의 행동을 통제하는 법을 가르치기 위해 강화 프로그램을 사용하고자 하여 직업 유지의 궁극적인 목적을 이루기 위해 임금을 활용하는 행동계약을 하였다. 행동계약이 효과를 보이기 시작하면, 학생들은 급료를 받게 될 것이다. 맥닐 교사는 임금이 10대 청소년들의 관심을 끄는 강화제가 됨을 알고 있었다.

행동계약에서 중점을 두고 있는 행동은 다음과 같았다.

- 지시 따르기
- 존중하는 태도로 권위 있는 사람과 이야기하기
- 학습과제 완수하기
- 80점 이상의 성적 획득하기
- 학교 복장 규범 지키기
- 언어 및 신체적 공격행동 보이지 않기

학생은 학교에서 시간마다 하고 있는 행동에 대해 포인트 점수를 얻었다. 언어 및 신체적 공격행동을 보이지 않은 학생과 매주 80점 이상을 받은 학생은 금요일 심화 직업훈련 활동에 참여할 수 있었다. 언어 및 신체적 공격행동을 보인 학생은 참여할 수 없었다. 직업훈련 활동은 직업에 필요한 사회적 기술을 익히는 게임과 취업 및 특정 직업기술에 관련된 영화 그리고 직업적으로 관련 있는 사회적 기술이 포함된 역할놀이활동이었다. 직업활동뿐 아니라 학생들은 교실에서 과제를 80% 이상 정확하게 완수하면 숙제를 면제받았다. 마지막으로 학생들은 6주간의 포인트 점수를 모아서 작업복이나 다른 물건을 사기 위해 부모 또는 관련인과 함께 상점에 갈 수 있었다.

지금까지 프로그램은 매우 잘 시행되고 있다. 학생들은 성공적인 직무 수행을 보였고 교실기반 강화 체계는 학생이 과제를 완수하고 부적절한 행동을 통제하는 방법을 배우는 데 도움이 되었다. 강화 체계를 실시한 이후 학생들의 성적은 유의미한 향상을 보였다. 맥닐 교사는 자신의 학생들을 매우 자랑스러워하였으며 학생들은 고용주와 학교 행정가로부터 많은 인정과 칭찬을 받았다. 맥닐 교사는 이러한 성공의 상당 부분은 강화 체계에 기인한다고 믿는다.

학습활동

1. 소집단별로 다음의 내용과 관련하여 프리맥 원리의 예를 들어 논의한다. 그런 다음 소집단별 논의 내용을 대집단에서 공유한다.
   - 내가 어렸을 때
   - 나의 현재 생활에서
   - 교실에서 프리맥 원리를 사용하는 방법
2. 자신의 행동 중 하나를 변화시키기 위한 토큰 체계를 개발한다. 과정을 기술하는 간략한 보고서를 작성한다.
3. 고등학생을 대상으로 교실에서의 정확한 과제 수행의 양을 증대시키는 데 도움이 되는 행동계약서를 작성한다. 계약의 내용과 시행 방법을 기술한 보고서를 쓴다. 행동계약 시 발생 가능한 문제와 이에 대처하는 방법도 보고서에 기술한다.
4. 소집단별로 세 가지 종류의 집단강화 체계를 기술한다. 대집단 활동에서 이 중 하나로 역할놀이를 할 준비를 한다.
5. 일상생활에서 자극 통제의 예를 15가지 판별한다.
6. 일상생활에서 다음을 활용하는 방법을 설명한다.
   - 자기점검
   - 자기평가
   - 자기교수
   - 자기강화
7. 다음의 각 영역에 대한 자기관리 체계를 개발한다.
   - 공부하기
   - 지시 따르기
   - 수행의 필요성 기억하기
   - 학교 내의 일반적인 장소에서 적절한 사회적 기술 사용하기
   - 적절하게 버스 승차하기

참고자료

도서

Cipani, E. (1998). *Classroom management for all teachers.* Upper Saddle River, NJ : Merrill/Prentice Hall

적절한 행동을 증가시키고 부적절한 행동을 감소시키는 효과적인 11가지의 중재 체계 제공

Jenson, W., Rhode, G. & Reavis, K. (1994). *The tough kid toll box*. Longmont, CO : SorisWest.

토큰 체계, 자기관리 중재, 기타 강화기반 중재에 대한 양식 제공

Rhode, G., Jenson, W., & Reavis, K. (1992). *The tough kid book.* Longmont, CO : SoprisWest.

자기관리 중재를 포함한 학급 및 개별 학생의 행동중재 정보 제공

웹사이트

Center on the Social and Emotional Foundations for Early Learning : 어린 아동을 대상으로 자기관리 기술을 지도하는 데 도움이 되는 지침 제공

Part of the Classroom Management section of the Education Reform Website : 자기관리 기술을 지도하기 위한 인지 및 행동적 접근에 대한 지침과 방법 제공

The IRIS Resource Locator on the Website of the IRIS Center for Training Enhancements : 학급관리를 포함하여 특수교육 관련 논제에 관한 다양한 자료 제공

학술지

The Families and Advocates Partnership for Education Project : 자기관리 기술 지도에 관한 한 페이지 분량의 간략한 개요("성과가 기대되는 실제 : 학생들에게 자신의 행동을 자기관리하도록 지도하기") 제공

행동 감소 중재를 통한 문제행동 관리

CHAPTER 12

Nicole Hill/Rubberball/Getty Images

학습목표

1. 비처벌 기법과 처벌 기법을 정의할 수 있다.
2. 장애학생 지도를 위한 IDEA의 규정 내용과 불관용 정책을 기술할 수 있다.
3. 불관용 정책을 정의하고 불관용 정책의 문제점을 기술할 수 있다.
4. 행동 감소 중재의 신중하고 윤리적인 사용을 위한 지침을 기술할 수 있다.
5. 행동 감소 전략의 위계를 기술할 수 있다.
   a. 차별강화
   b. 소거
   c. 반응대가
   d. 타임아웃
   e. 혐오 자극의 제시
6. 각 전략을 정확하게 그리고 윤리적으로 실행하는 방법을 기술한다. 긍정적 행동중재 및 지원(PBIS) 철학에서 제안되지 않은 전략과 제안되는 전략을 설명할 수 있다.

문제행동 관리에 관한 보편적 아이디어

- 문제행동에 대한 가장 보편적인 반응은 처벌이다. 그러나 이는 만성적인 문제행동을 보이는 학생에 대한 가장 효과적인 방법은 아니다.
- 문제행동에 대해 긍정적 행동지원을 적용한다는 것은 (1) 예방적 수단을 확인하고, (2) 적절한 행동을 지도하며, (3) 적절한 행동을 강화하고, (4) 행동 감소 전략을 활용하며, (5) 제한된 특정 환경 내에서만 처벌을 사용한다는 것을 의미한다.
- IDEA 2004는 장애학생의 지도를 위한 요소를 규정하고 있다.
- 행동 기법은 강화를 포함한 비혐오적 방법을 사용하여 행동을 감소시키는 조건을 제시하고 있다.

우리는 일반적으로 강화가 자주 일어나지 않고 미흡한 것으로 여겨지는 사회에 살고 있는 듯하다. 사실상 내재적 강화(intrinsic reinforcement)는 일차적 강화로서 동기 유발의 힘을 가지고 있다. 달성하고자 하는 목표를 가지고 있거나 성공적인 학교생활을 하기 원하거나 또는 하고 있는 일을 잘 수행하여 만족감을 얻는 것을 좋아하기 때문에 우리는 적절하게 행동한다. 때로는 처벌, 벌금, 다른 부정적 후속결과를 피하기 위해 규칙을 따르기도 한다. 즉 부적 강화(negative reinforcement)도 우리의 삶을 통제하는 힘을 가지고 있다. 우리가 속한 사회는 처벌에도 의존한다. 규칙이나 법을 어기게 되면 특권의 상실, 벌금, 형벌, 구속과 같은 부정적인 후속결과를 경험하게 된다.

우리 사회는 행동 통제의 일차적 수단으로 내재적 강화, 부적 강화, 처벌에 의지한다. 누군가 당신을 모범 운전자라서 경찰에게 속도 위반 스티커를 받은 적이 없을 것이라는 말을 들으면 자신이 속도 제한을 지키고 있는 것에 안심할 것이다. 국세청은 기한 내에 세금을 냈는지를 조사한다. 정부기관의 담당자가 세금을 기한 내에 낸 사람에게 강화(예 : 보다 적은 세금을 내도록 하는 것)를 주어야 한다고 논의한 것을 본 적이 없을 것이다. 그러나 대학에서 기한 내에 등록금을 내지 못한 경우 교내 불법주

현재 우리 사회 전반에 걸쳐서 내재적 강화, 부적 강화, 처벌이 행동을 통제하는 일차적 수단으로 사용되고 있다.

차의 경우, 최소한의 학점을 취득하지 못한 경우, 다양한 문제행동을 보이는 경우에는 분명하게 규정된 처벌제도가 있다.

앞선 장에서 기술한 중재(예 : 분명하고 예측 가능한 환경, 교사와 학생 간의 좋은 관계, 효과적인 교수, 적절한 행동에 대한 강화)에도 불구하고 심각한 문제행동에 지속적으로 직면하게 되면, 유능한 교사는 문제행동 감소를 위한 다양한 기법을 사용해야 함을 알고 이를 사용하고자 할 것이다. 일반적으로 교직원들은 심각한 비행을 다루는 데 있어서 제한된 전략을 가지고 있다. 제한된 전략으로는 학생 징계 위원회의 회부, 구류, 특권의 상실, 교내외 징계, 제적을 들 수 있다. 이는 학교의 안전을 개선하고 심각한 비행을 예방하는 데 비효과적이며(Skiba & Peterson, 2000) 비용적인 면에서도 비효율적이다. 예를 들면, 학교는 배제적 훈육 프로그램(예 : 교내 징계, 구류)을 위해 담당자와 장소를 제공해야 한다. 교사는 징계위원회 회부 관련 서류를 작성하는 데 시간을 투자해야 하며 행정가는 회부 절차 실행을 위한 시간을 들여야 한다. 가장 중요한 부분으로 학생은 훈육을 이유로 학급 밖으로 나오게 되어 수업을 놓치게 된다.

이에 학교의 훈육을 긍정적 행동중재와 지원 체제(제3장 참조)에서 제공해야 한다는 국가 차원의 움직임이 일고 있다. 이는 긍정적이고 예방적이며 교수적인 방법에 의존하는 학교 훈육 체계를 계획해야 함을 의미한다. 또한 행동 기법은 교육자들에게 효과적이고 효율적인 전략을 제공한다. 이러한 많은 전략들은 징계 및 구류와 같은 전통적인 방법보다 덜 부정적이며 비용이 적게 든다. 이 장에서는 이러한 전략들을 기술하고자 한다.

문제행동에 관한 긍정적이고 순행적인 사고방식을 교육자가 설정하는 데 도움이 되는 지도원리가 제1장에 제시되어 있다. 이 중 여섯 번째 행동지도원리는 긍정적이고 예방적인 전략이 행동중재 목적을 위한 처벌보다 더 효과적이고 효율적이라는 것이다. 긍정적 행동지원 접근은 선행사건에 근거한 중재, 새로운 기술의 교수, 부적절한 행동 대신에 적절한 행동에 대한 관심을 강조한다. 그러나 행동이 위험하거나 매우 방해적이거나 만성적이어서 문제행동의 제거 및 감소가 직접적인 중재의 목적이 되는 경우에도 보다 수용 가능하고 기능적인 대체행동을 동시에 지도해야 한다. 이러한 이유로 교육자는 행동 감소 중재가 필요한 때와 적절한 행동 감소 기법의 선정 방법을 알고 있어야 한다. 적절한 행동 감소 기법은 그 효과가 입증된 것이며 포괄적인 중재의 한 부분으로써 정확하게 사용되고 혐오적인 방법을 최소한으로 이용하여 행동변화를 가져오는 기법을 의미한다.

처벌은 행동에 대해 효과적일 때에만 판별될 수 있다.

이 장에서 사용하는 용어를 보다 분명하게 정의하고자 한다. 행동 감소 기법과 관련 있는 용어에 관해서는 많은 논쟁이 있다. 일반적으로 처벌과 비처벌 중재 전체의 위계를 언급하여 **행동 감소 절차**(behavior reductive procedures)라는 용어를 일반적으로 사용한다. **처벌**(punishment)이라는 용어는 특정 행동의 발생 가능성을 감소시키기 위해 행동 발생에 뒤이어 제시되는 자극을 의미한다. 강화와 마찬가지로 처벌은 행동에 대한 효과에 의해서만이 판별될 수 있다. 행동이 감소 또는 제거되지 않으면 처벌이 이루어지지 않은 것이다. 이러한 중요한 개념을 교사와 행정가가 제대로 이해해야 한다. 이러한 이해가 없으면 학생의 행동변화가 나타나지 않은 상태로 학생의 행동에 대해 반복적으로 부정적 후속결과를 제공하는 바람직하지 않은 불쾌한 상황에 직면하게 된다. 13세 소녀인 사샤는 높은 수준의 문제행동을 보인다. 교사는 사샤가 파괴행동과 경멸행동을 보일 때마다 학생부로 보낸다. 담당자는 부모를 부르거나 교내 정학을 내리는 등의 다양한 제재 조치를 취한다. 주로 사용된 훈육 기법은 다른 사람과 상호작용을 할 수 없는 교내 별도의 분리된 교실에서 하루 또는 며칠 동안 혼자서 학교 과제를 완수하는 것이다. 이러한 후속결과가 지속적으로 적용되었으나 사샤의 문제행동은 지속적으로 나타났다. 교사와 학교장은 사샤를 처벌하지만 부적절한 행동이 감소되지 않으므로 처벌은 일어나지 않은 것이다. 처벌은 제한된 특정 상황에서 심각한 문제행동을 다루는 데 합법적인 도구가 될 수 있다. 그러나 처벌이란 용어와 연계된 부정적인 언어적 함축 때문에 그리고 보다 덜 부정적인 절차가 처벌보다 효과적일 수 있기 때문에, 처벌이라는 용어보다 덜 부정적인 수단을 통해 목표행동의 감소를 이끄는 기법에 대해 비처벌적 절차(nonpunishment procedures)라는 용어를 사용하고자 한다. 이 장에서는 행동 감소 절차의 두 가지 범주(차별강화와 소거)와 처벌 절차의 두 가지 범주(바람직한 자극의 제거와 혐오 자극의 제시)를 기술하고자 한다.

행동 감소 기법이 효과적인 행동 유형

이 책 전체에서 기술되는 전략 및 절차는 대부분의 상황에서 대부분의 학생들에게 적합할 수 있다. 그러나 이따금 이러한 방법이 심각한 문제행동을 적절하게 예방하거나 통제하지 못할 수 있다. 일부 학생은 문제행동의 감소 및 제거를 위해 특별히 고안된 행동 감소 중재를 필요로 한다. 일반적으로 이러한 중재를 필요로 하는 학생은 빈번하게 방해 및 위험행동을 보이거나 만성적으로 문제행동을 보이거나 지금까지 기술된 선행자극 조작과 강화 기법의 적용으로 행동중재가 되지 않는 학생이 될 수 있다(Kauffman, 2005; Kazdin, 1998).

PBIS의 3단계 모델에서 전통적인 훈육 방법(예 : 부모에게 전화, 특권상실, 구류)이 여전히 사용되고 있다. 그뿐만 아니라 교사가 모든 수준의 지원에서 효과적으로 문제행동을 관리하는 데에 이 장에서 제시된 기법들이 도움이 될 수 있다. 이 장에서 다루어지는 대부분의 기법들은 기능중심의 중재 계획에 따른 개별적이고 집중적인 중재를 요하는 3차 수준의 학생들을 위해 주로 사용될 것이다. 이러한 이유로 여기에 제시된 행동 감소 방법은 개별 적용에 주안점을 두어 살펴볼 것이다. 그러나 PBIS 팀은 정도가 약한 부적절한 행동이지만 빈번하게 나타나는 경우에는 보편적 중재 수준 또는 표적집단 중재 수준에서도 이러한 행동 감소 기법의 적용을 고려해 볼 수 있다. 예를 들면, PBIS 팀은 이 장의 후반부에서 살펴보게 되는 차별강화 기법 중 한두 가지를 학교 내 영역(예 : 급식실, 복도, 운동장, 학교버스 승하차장, 주차장)에서 부적절한 표적행동을 감소시키기 위한 계획의 한 부분으로 사용할 수 있다(Wheatley et al., 2009).

처벌을 적용하기 전에 교육자는 반드시 다음의 질문을 자신에게 해야 한다.

1. 규칙과 절차가 분명하게 규정되어 있으며 이를 학생에게 지도하였는가?
2. 교사와 학생 간의 관계가 호혜적이며 학급 분위기가 긍정적인 학습환경을 나타내는가?
3. 문제행동의 기능을 판별하고 선행사건 및 행동중재를 개발하기 위한 기초로 활용될 가설을 설정하고 확인하기 위해 기능적 행동평가(FBA)를 시행하였는가?
4. 적절한 행동을 강화하기 위해 집중적인 강화 계획이 사용되고 있는가?
5. 교육과정 및 교수적 방법이 학생의 학습 요구에 적절한가?
6. 학생이 대부분의 시간을 의미 있는 학습과제에 적극적이며 성공적으로 참여하는가?
7. 학생이 적절한 행동기술(즉, 사회적 기술)과 의사소통 기술에 대한 직접적인 교수를 받았는가? 이는 자폐성 장애 학생과 정서 · 행동장애 학생에게 특히 중요하다.
8. 중재가 정확하게 그리고 지속적으로 적용되고 있는가?

처벌은 대상 행동이 자신뿐 아니라 다른 사람을 위험하게 하거나 매우 파괴적이거나 다른 중재가 효과가 없을 경우에만 적용해야 한다.

위의 질문에 대한 답이 하나라도 "아니요"라면 행동 감소 절차를 실행하기 전에 반드시 상황을 판별해야 한다. 모든 질문에 대해 분명하게 "예"라면 행동 감소 중재 계획이 적절하게 이루어졌음을 의미한다.

행동 감소 중재가 효과적일 수 있는 행동은 다음과 같다.

- **만성적인 부적절한 행동** : 선행사건 조작(예 : 규칙, 절차, 분위기), 적절한 행동에 대한 강화, 자연적이고 논리적인 후속사건의 조작을 분명하고 정확하게 사용했음에도 불구하고 지속적으로 나타나는 만성적 행동
- **학생 자신과 다른 사람에게 상해를 입히는 위험한 행동** : 신체적 공격, 괴롭힘, 기물 파괴, 언어적 공격과 같은 행동이 이에 포함된다. 5세의 마르코는 하루에 적어도 한 차례 이상 또래를 깨문다. 마르코의 교사는 이 행동이 즉시 중단되어야 한다고 생각한다. 선행사건 조작과 강화 중재가 효과적이지 않았기 때문에 행동 감소 기법이 필요한 상황이다.
- **학생의 학업 및 사회적 수행을 방해하는 행동** : 9학년인(한국의 경우 중학교 3학년) 샬럿은 대부분의 학과목에서는 학년 수준을 보이지만 성적인 언어 사용, 위협, 또래에 대해 경멸하는 언어의 직접적인 사용 등과 같은 매우 부적절한 많은 문제행동을 보인다. 이러한 행동 때문에 또래들은 샬럿과의 접촉을 꺼리고 피한다. 교사는 포괄적인 행동계획이 필요하며 행동계획에는 이러한 부적절한 행동을 빠르게 감소시키기 위한 전략이 포함되어야 한다고 판단하였다.

특수교육을 받는 학생은 행동중재 계획(behavior intervention plan, BIP)에 학생의 학습 및 또래의 학습을 방해하는 행동이 기술된다. 제3장에서 소개된 BIP는 사전에 기술된 행동의 유형을 포함하여, 학습을 직간접적으로 방해하는 행동을 감소시키는 것을 목표로 한다.

장애학생의 훈육을 위한 2004년 장애인교육법의 법률상 요건

학교의 안전이 확인되는 범위에서 훈육 조치와 관련하여 장애학생을 보호하기 위한 규정이 IDEA에 있다.

1997년에 개정된 장애인교육법(Individuals with Disabilities Education Act, IDEA)에는 장애학생의 훈육에 관한 많은 새로운 조항이 포함되었다. 이러한 조항은 학교 훈육문제에 대한 많은 고민과 관심 그리고 많은 옹호적이고 전문적인 집단의 고된 노력의 결과였다. 일차적으로 이들 조항은 장애와 관련 있는 행동문제로 인해 장애학생이 학교에서 제외되는 것을 막고 훈육 행위와 관련하여 장애학생을 위한 절차적 보호를 개선하기 위해 고안되었다. 동시에 1997년 IDEA는 의사결정 과정에서 학교의 안전과 융통성에 관한 행정가가 우려하는 바에 주의를 기울이고 있다. 1997년 훈육 관련 조항에 규정되어 있는 독특한 요소는 다음과 같다.

- **장애 관련 여부 결정**(manifestation determination) : 학교 행정가들은 비행이 학생의 장애로 인한 것인지를 고려해야 하는 요구조항이 있다.
- **'현 배치 유지' 규정**('stay put' provision) : 대부분의 상황에서 학생들은 훈육 과정의 성과가 나타날 때까지 현재의 배치에 머물러 있게 된다. 이는 학생에게 훈육 과정이 진행 중에 있으므로 보다 더 제한적인 다른 배치로 이동되어서는 안 됨을 의미한다.
- **임시 대안교육 환경**(interim alternative educational setting, IAES)**으로의 배치** : 학교에서는 정학

표 12-1 IDEA 2004년 장애인교육법 훈육조항의 핵심

1. **학교 교직원의 권한** : 교직원은 학생 행동규율을 위반한 장애아동의 배치를 바꿀 것인지를 결정할 때 개별 사례에 기초하여 특별한 환경을 고려한다. [615(k)(1)(A)]

2. **장애 관련 여부 결정** : 학생이 10일 이상의 정학을 받게 되면 부모, 교직원, IEP 팀 내 관련인은 품행문제를 확인하기 위해 IEP를 포함한 학생 파일의 관련 정보들을 다음의 질문과 관련하여 검토해야 한다.
   - 장애로 인해 발생하였는지, 장애와 직접적이며 실질적으로 관련되는지
   - IEP를 수행하는 최소제한환경 실패의 직접적 결과인지

   학생 행동규율 위반을 이유로 장애학생의 배치를 변경하고자 하는 의사결정이 이루어지기 10일(수업일로 계산) 내에 이러한 장애 관련 여부 결정이 이루어져야 한다. [615(k)(1)(E)(i)]

3. **행동이 장애와 관련이 있는 것으로 판명되면** : IEP 팀은 기능적 행동평가를 하고 행동중재 계획을 시행한다.
   - 행동중재 계획이 세워져 있으면 의문시되는 행동을 다루기 위해 필요할 경우 이를 재검토하고 수정한다.
   - 부모나 교직원이 배치 변경에 동의하지 않을 경우 학생은 본래의 교육환경으로 되돌아가야 한다. [615(k)(1)(F)]

4. **특별한 상황** : 학생이 학교에서 다른 사람에게 심각한 신체적 상해를 입힌 경우에는 해당 행동이 장애로 인한 것인지에 상관없이 교직원은 45일 이내의 기간 동안 학생을 임시 대안교육 환경(IAES)에 보낼 수도 있다. '심각한 신체적 상해'란 치명적인 생명의 위협, 극도의 신체적 고통, 장기적이고 명백한 외관상 손상, 신체기관과 조직의 기능 또는 정신 능력의 손상이나 장기적 상실을 의미한다. [615(k)(7)(D)]

출처 : U. S. Department of Education, Office of Special Education and Rehabilitative Services, Topical Brief on Discipline. www.ed.gov/policy/speced/guid/idea/idea2004.html에서 확인 가능.

이나 임시 대안교육 환경 또는 최대 10일 동안 다른 환경으로의 배치를 시행할 수 있다. 총기 및 약물 위반의 경우는 최대 45일 동안 IAES에 배치될 수 있다.

그러나 새로운 훈육규정을 실행하는 과정에서 행정가들은 법의 특정 양상이 적절하지 않다고 여겼다. 이러한 이유로 1997년의 훈육조항이 2004년에 개정되었다. 1997년에 기술된 IDEA의 요소와 관련하여 장애학생의 훈육에 관한 2004년 IDEA의 요구가 표 12-1에 제시되어 있다.

현재 적용되고 있는 많은 훈육의 실제들이 불관용 정책으로 알려진 골치 아픈 정책에서 나온 것이다. 제1장에서 언급한 바와 같이 불관용 정책(zero-tolerance polices)은 1980년대 연방약물법안에서 유래되었다. 연방약물법안은 1997년 총기 없는 학교법(Gun-Free Schools Act)의 통과로 모든 학교에 적용되었다(Skiba, 2000). 원법안은 학교에서 화기류를 소지하는 경우 강제 퇴학으로 규정하였으나 이후의 개정을 통해 무기로 사용될 수 있는 어떠한 도구를 소지하는 경우에도 이 법률이 적용될 수 있도록 용어가 확대 개정되었다. 해당 교육청별로 다양한 유형의 불관용 정책이 있다. 일부 교육청 내 학교에서는 다양한 비행문제에 대해 동일하게 불관용 처벌(예 : 정학, 대안교육 환경으로의 배치)을 적용한다. 일부 학교 지역구에서는 비행의 정도에 따라 주어지는 후속결과의 정도를 달리하는 점진적 체계를 적용한다(Skiba, 2000). 안타깝게도 일부에서는 불관용 정책의 적용이 불합리한 경우도 있었다. 펜실베이니아 주 디어레이크에서 할로윈 파티 때 5세 학생이 소방관 복장을 하고 약 13cm 길이의 플라스틱 도끼를 들고 왔다고 해서 정학 조치를 한 경우가 있다. 이와 같은 터무니없는 사례들이 많이 있다(Advancement Project and the Harvard Civil Rights Project, 2000; Skiba, 2000). 연구에서도 불관용

정책의 많은 문제점을 지적하고 있다. 2000년에 Advancement Project와 Harvard Civil Rights Project가 불관용 정책과 연구에 대한 전반적인 고찰을 하였다. 보고서에 대한 실행 요약에 따르면, "불관용 정책은 불공정하며 아동의 발달에 위배되고 아동의 교육 기회를 부정하며 아동의 차별을 초래한다."고 한다(Advancement Project and the Harvard Civil Rights Project, 2000, p.v). 또한 보고서에 따르면 소수민족 학생과 장애학생은 다른 학생들에 비해 보다 많이 불관용 정책을 적용받고 있다(Advancement Project and the Harvard Civil Rights Project, 2000).

학교 차원의 PBIS는 긍정적이고 예방적이며 교수적인 전략에 근거한 학교 훈육의 효과적인 접근이다.

학생은 심각한 위반행동에 대해 의미 있는 후속결과를 경험해야 하며 학교는 안정되고 질서가 있어야 한다. 그러나 선행연구에서는 불관용 정책이 이러한 성과를 효과적으로 이루었음을 지지하는 보고가 없다. 이 장에서는 규칙 위반행동에 대한 전통적 접근(예 : 훈육실 의뢰, 정학, 구류)의 대안이 될 수 있는 접근을 살펴보고자 한다. 이와 관련하여 제3장에서는 긍정적이고 예방적이며 교수적인 전략에 근거한 학교 훈육의 새로운 접근인 학교 차원의 긍정적 행동중재 및 지원이 기술된다. 앞서 언급한 Havard Civil Rights Project 연구는 불관용 정책에 대한 대안으로서 성과가 기대되는 실제(promising practices)에 관한 부분에서 가장 먼저 언급되고 있는 것이 학교 차원의 긍정적 행동중재 및 지원이다.

행동 감소를 위한 대안과 행동 감소 전략 선정 지침

문제행동을 감소시키는 중재의 네 가지 범주 위계가 표 12-2에 제시되어 있다. 이들 중재는 최소 혐오적이며 강화 중심의 기법(차별강화 절차)에서부터 최대 혐오적인 기법(혐오 자극)으로 정리되어 있다. 네 가지 범주 중에서 세 가지는 하나 이상의 특정한 적용을 포함하고 있다.

문제행동에 대해 신중하고 윤리에 맞게 대처하고 있음을 확신할 수 있는 방법으로는 행동 감소 및 처벌 전략을 선택하고 실행할 때 다음의 지침에 따르고 있음을 확인하는 것이다.

1. 공식적인 행동 감소 중재를 적용하기 전에 다음에 제시된 PBIS 기반 접근의 구성 요소들이 적용되고 충실하게 실행되고 있는지를 확인해야 한다.
   a. 학생이 적절한 행동에 대한 충분한 정적 강화를 받고 있다. 여기에서 '충분한'의 의미는 학생이 부적절한 행동보다는 적절한 행동에 대해 더 많은 강화를 받고 있으며 적절한 행동에 대한 강화제가 부적절한 행동에 대해 가설 설정된 기능에 부합한다는 것이다.
   b. 문제행동에 대한 선행자극이 판별되고 가능한 한 수정되어 있다.
   c. 학업 관련 교수에 제6장에서 살펴본 구조화, 명확성, 반응 기회 관련 특징들이 반영되어 있다. 그뿐만 아니라 학생들이 학습하는 개념과 기술들이 학생의 학습 수준에 적합하다.
2. 심각하지 않은 부적절한 행동에 대해 사전에 계획된 자연적인 반응을 사용한다. 이에는 근접성 통제(proximity control)하기(학생의 부적절한 행동을 지적하지 않고 학생 옆에 서 있기), 부적절한 행동을 중단할 것을 요구하기, 간략하게 재지도하기(수행이 용이한 적절한 행동을 하도록 지도하기), 적절한 행동을 하는 다른 학생을 칭찬하기, 기대행동을 상기시키는 비언어적 표시 하기 등이 포함된다.
3. 바람직한 결과의 산출을 합리적으로 기대할 수 있는 최소한의 혐오적인 중재를 선택한다. 이 장에서 기술되는 강화 중심의 차별강화 기법은 대부분의 문제행동에 대해 적절한 기법이 될 수 있다. Alberto와 Troutman(2006)은 수십 년간 학교 상황에서 혐오적인 절차의 효과가 없음을 알아

표 12-2 행동 감소를 위한 중재의 위계

Ⅰ. 강화기반 전략
- 상반행동 차별강화(DRI)
- 대체행동 차별강화(DRA)
- 저빈도행동 차별강화(DRL)
- 타행동 차별강화(DRO)

Ⅱ. 소거(강화 철회하기)

Ⅲ. 강화 자극 제거
- 반응대가
- 타임아웃

Ⅳ. 혐오 자극의 제시
- 조건 혐오 자극(질책)
- 무조건 혐오 자극(체벌)
- 과잉교정 절차

보는 연구를 통해 차별강화 전략이 지속적으로 효과적임이 입증되고 있다고 밝혔다. 초기의 중재가 문제행동을 통제하는 데 실패하면 문제행동을 효과적으로 관리하는 데 필요한 행동 감소 기법을 연속적 체계에 따라 적용한다. 먼저, 차별강화 중재 중 하나 또는 그 이상을 적용한다. 이 때 소거가 함께 고려될 수도 있다. 차별강화 중재를 적용하여 문제행동을 충분히 감소시키지 못하면 강화 자극을 제거하는 것을 고려할 필요가 있다. 연속 체계의 마지막 범주(혐오 자극 제시)에 해당하는 세 가지 중재 유형 중에서 첫 번째 중재인 질책만을 사용할 것을 권고한다. 이 장의 후반부에서 혐오 자극 사용에 관해 논의하고자 한다.

4. 행동 감소 절차를 적용할 필요가 있는지를 판단하기 위한 자료와 보다 혐오적인 전략을 고려하기 전에 혐오 수준이 낮은 기법의 효과를 입증하기 위한 자료를 사용한다.
5. 행동 감소 절차 실행 전에 기능평가가 시행되고 있는지 그리고 이전의 중재가 기능평가 자료에 근거한 것인지를 확인한다. 기능평가 결과에 근거하여, 특히 문제행동의 기능에 관해 가설의 설정 및 확인을 고려하여 행동 감소 중재가 개발되어야 한다. 학생이 강화(예 : 관심, 통제, 회피)를 얻기 위해 문제행동을 하는 것보다 적절한 행동을 하는 것이 효과적이고 효율적이어야 한다. 바람직한 행동에 대한 강화는 문제행동에 대한 어떠한 반응보다 더 의미 있고 자주 제공되며 강력해야 한다.
6. 행동 감소 절차와 연계하여 교수 및 강화 전략을 지속적으로 사용해야 한다. 행동 감소 기법과 처벌이 결코 단독으로 사용되어서는 안 된다. 제2장과 제8장 그리고 제9장에서 언급하였듯이, 문제행동은 목적을 가지고 있으며, 이는 하나 또는 그 이상의 친사회적 행동의 기술 결함을 나타낸다. 행동을 제거하기 위해 단순히 처벌을 사용한다면, 이는 학생의 제한된 행동 목록을 더욱 감소시키는 것이 된다. 심각하고 저항이 심한 문제행동에 대한 보다 효과적이고 윤리적인 접근은 행동 감소 중재를 적용함과 동시에 부적절한 행동을 대체할 수 있는 바람직한 행동을 지도하고 강화하는 것이다.

행동 감소 프로그램은 반드시 교수 및 강화 중재와 연계하여 함께 적용해야 한다.

7. 소거 이상의 전략 사용(즉, 처벌 중재)에 대한 절차적 보호 조치가 설정되어야 한다. 절차는 최소한 다음의 요소를 기술해야 한다.

a. 어떠한 처벌 중재가 사용될 것인가? 최소한 혐오적이어야 한다는 규칙에 따라 대부분의 학교 상황에서는 혐오 자극의 제시를 논의하기 전에 반응대가 또는 타임아웃을 적용해야 한다.
b. 처벌 절차의 사용을 누가 결정할 것인가? 이러한 결정은 부모, 행동중재 전문가, 학교 심리사 또는 아동에 대해 잘 알고 있고 행동 감소 절차에 대해서 잘 알고 있는 관련인과 협력하여 교사가 결정해야 할 것이다.
c. 중재를 어떻게 실행할 것인가? 지속적으로 사용되고 있는지(동일한 행동에 대해 또는 행동군에 대해 항상 적용되는지), 정확하게(충실성) 사용되고 있는지를 확신할 수 있도록 중재 전략의 모든 양상이 상세히 기술되어야 한다.
d. 중재가 충실히 실행되고 있음을 어떻게 점검할 것인가? 처벌 사용의 문제점 중 하나는 기법이 정확하게 사용되지 않는다는 것이다. 정확하게 적용하지 않으면 처벌 기법은 비효과적이 되며 문제행동은 오히려 악화될 수 있다.
e. 중재의 효과를 어떻게 점검할 것인가? 제7장에 기술된 것과 같은 객관적인 자료 체계가 목표행동의 변화를 점검하기 위해 사용되어야 한다.
f. 중재의 효과를 평가하기 위해 행동중재 팀이 얼마나 자주 모임을 가져야 하는가? 대부분의 처벌 기법 장점 중에 하나는 상대적으로 빠르게 결과를 가져올 수 있다는 것이다. 중재가 효과를 보이는 데 기대되는 시간은 대상자의 연령, 인지 수준, 학습 경험, 문제행동의 빈도 등 다양한 변인에 따라 달라지지만, 적용 전에 대상자에 대한 사정 없이 처벌 절차가 불분명하게 적용되어서는 안 된다. 상황 변인에 따라 계획 팀이 적어도 일주일에 한 번 내지 두 번 정도 만남을 가져야 한다.

8. 행동 감소 절차의 정확한 사용을 확신할 수 있는 감독 체계를 계획한다. 보다 혐오적인 행동 감소 절차는 쉽게 잘못 사용된다(Martella, Nelson, & Marchand-Martella, 2003; Zirpoli, 2005). 정확한 사용을 위한 지침에 따라 행동 감소 절차를 신중하게 적용해야 한다.

처벌은 매우 신중하게 적용해야 한다.

처벌의 사용은 매우 신중해야 하며 처벌 사용 전에 반드시 의사결정 과정을 거쳐야 한다. 의사결정 과정이 있어야 하는 이유는 첫째, 처벌이 너무 쉽게 사용될 수 있기 때문이다. 앞서 언급하였듯이 우리 사회의 대부분의 양상은 행동 통제의 기제로써 처벌을 사용하고 있다. 학교에서도 부적절한 행동에 대해 긍정적이고 순응적인 전략을 사용하기보다는 부정적인 후속결과를 사용하고 있다(Maag, 2001). 학생의 부적절한 행동을 변화시키는 것은 중재자 자신의 행동을 변화시키는 것을 요구한다는 제1장에 제시된 첫 번째 지도원리를 기억해야 한다. 중재자가 이루어야 하는 변화 중에 하나는 부적절한 행동에 대한 본능적인 반응을 해서는 안 되며 체계적이고 계획된 중재를 해야 한다는 것이다.

처벌 전략 실행 전 신중히 고려해야 하는 두 번째 이유는 처벌이 바람직하지 않은 부작용을 야기할 수 있기 때문이다. Azrin과 Holz(1966), Bandura(1969), Cooper 등(1987), 그리고 Foxx(1982)에 따르면, 처벌은 처벌자에 대한 공격성, 기물 파괴, 처벌 관련 환경의 회피, 부정적 행동의 모델링과 관련이 있다. 처벌의 또 다른 잠재적 문제는 처벌을 제공하는 사람의 부적 강화이다. 예를 들어, 교사가 학생을 훈육실로 보내면, 교사는 학생의 파괴 및 문제행동으로부터 일시적으로 벗어나게 된다. 안타깝게도 이는 교사에게 부적 강화로 작용을 하며 결과적으로 교사는 훈육실 의뢰가 학생의 부적절한 행동을 실질적으로 감소시키고 있는지를 점검할 수 없게 된다.

마지막으로 IDEA는 긍정적 행동중재의 사용과 학습을 방해하는 행동에 대한 지원을 규정하고 있

표 12-3 행동중재 계획 시 긍정적 행동지원 사용과 관련 있는 청문회 결정 요약

행정 청문회 또는 판례	학생 자료	사안	결정
Neosho R-V School Distric v. Clark (8th Cir. 2003)	12세 남아, 자폐/아스퍼거장애	학교 당국은 무상의 적절한 공교육(FAPE) 제공에 실패하였다는 결정에 항의하였다. 부모는 BIP가 적절하게 개발되지 않았거나 수행되지 않았다고 고발하였다.	부모 측 인정 : 이해할 수 있는 적절한 계획이 없음. 세부 전략 없이 목적과 목표만 있음
School Town of Highlands and Northwest Special Education Cooperative (SEA IN 2005)	10세 남아, BD	부모는 BIP가 세부 전략과 사회적 기술 교수가 부족하고 요원들이 학생의 행동적 요구에 대처하는 훈련이 되어 있지 않다고 주장하였다. 학교 당국은 적절한 BIP였다고 하였다.	학교 당국 측 인정 : BIP는 학생에게 교육적 혜택을 주기 위해 계획된 긍정적 중재 전략을 포함하였음
Conroe Independent School District (SEA TX 2002)	15세 남아, OHI	부모는 학교 당국이 행동을 향상시키기 위한 BIP를 개별화하고 수행하는 데 실패하였으며 장애로 인한 행동에 대해 학생이 처벌(지나친 교실 퇴출, 교무실 배치, 방임, 경찰 개입)을 받았다고 주장하였다. 학교 당국은 BIP가 심각한 방해행동(갑자기 소리 지르기, 교실 주변 돌아다니기, 바닥이나 책상 위에 눕기, 성적으로 노골적인 언동)에 대해 긍정적으로 대처하였다고 주장하였다.	학교 당국 측 인정 : 심각한 방해행동에 대처하기 위해 학교 당국은 일부 방해행동에 대한 허용, 경고, 진정시간, 학생의 ADHD에 적합한 교육과정 수정 등 '보통 이상의 노력'을 하였음
Pell City Board of Education (SEAAI 2003)	13세 남아, MD, ADHD, 품행장애	부모는 행동문제의 심각성이 악화됨으로 인해 일대일 행동지원을 요구하였다. 학교 당국은 BIP에 따라 학생의 행동 개선이 이루어졌다고 주장하며, 일대일 행동지원을 거절하였다.	학교 당국 측 인정 : 학생이 행동 및 학업의 진보를 보임. BIP는 정신과 전문의에 근거함. 학급 내 보조원 배치, 교장실에서의 진정시간, 특수교사와 함께하는 시간 추가 배정, 학생의 어머니와의 잦은 접촉 등을 포함하였음
Mason City Community School District and Northern Trails AEA 2 (SEA IA 2003)	14세 남아, ODD, ADHD	부모는 BIP가 처벌적이고, 교외 정학과 교내 정학이라는 형태는 FAPE의 원칙에 위배된다고 고발하였다. 학교 당국은 BIP가 적절했고 수용할 만한 정학 처분이었다고 주장하였다.	학교 당국 측 인정 : BIP는 학생이 반성하고 이후 행동을 계획할 수 있게 하는 위기중재뿐 아니라 다양한 긍정적 행동 전략을 함. 정학 시 배치의 변화는 하지 않음
Lewisville Independent School District (SEA TX 2001)	13세 남아, LD, 자폐	학교 당국이 제안한 IEP와 BIP가 내키지 않은 부모는 학생을 사립학교에 입학시켰다. 부모는 학교 당국이 개별화되고 성공적 행동관리 결과를 이끌 BIP를 개발하고 수행하는 것에 실패했다고 주장하였다.	부모 측 인정 : BIP는 처벌적이었고 결과적으로 너무 많은 시간을 교실로부터 배제시킴, 부모는 사립학교 교육비를 보상 받음

(계속)

표 12-3 행동중재 계획 시 긍정적 행동지원 사용과 관련 있는 청문회 결정 요약(계속)

행정 청문회 또는 판례	학생 자료	사안	결정
Mason City Community School District & Northern Trails AEA 2 (SEA IA 2001)	정보 제공 안 됨	부모는 학생을 임시 환경에 배치시키는 학교 당국의 결정에 반대하였고 BIP가 비효과적이라고 비난하였다.	부모 측 인정 : BIP는 처벌적 특성이 있고 적절한 행동을 가르치지 못함. 학교 당국은 덜 제한적 배치를 고려하는 데 실패함. 학교 당국은 적절한 IEP와 BIP 그리고 AEA를 개발하고 개인 평가를 위한 비용을 책정하도록 명령 받음
Ingram Independent School District (SEA TX 2001)	13세 남아, LD	학생의 행동문제가 BIP에서 목표로 정해졌지만 결과적으로 교실과 학교로부터 과도하게 배제되었다.	부모 측 인정 : 학교 당국은 학교로부터 배제되지 않는 BIP를 설계하도록 명령 받음
Warren County School District (SEA PA 2001)	11세 여아, 자폐, MD	부모는 학교 당국이 제안한 학생의 일상생활 기술 프로그램 배치가 FAPE에 위배되며 부적절한 BIP였다고 주장하였다. 학교 당국은 FBA를 한 후에 더욱 제한적인 배치를 제안하였다.	부모 측 인정 : 부적절한 행동에 대해 고립을 사용하는 것은 위기 상황에 한정되어야 하고 BIP에 이제까지의 행동 전략이 전혀 효과적이지 않았음이 확인될 때에 국한하여 이루어져야 함. 학교 당국은 학생의 BIP 수정을 지원할 자폐성 장애 전문 교육 자문가를 고용하도록 명령 받음
Waston Chapel School District (SEA AK 2001)	16세 남아, MD	부모는 BIP가 적절하지 못하였기 때문에 학교 당국이 FAPE를 제공하는 데 실패하고 IDEA를 위반하는 훈육 처벌을 하였다고 주장하였다.	부모 측 인정 : 학교 당국은 적절한 BIP를 개발하기 위해 IEP 구성원으로 상담가를 포함하도록 명령 받음. 학생은 FAPE 거부에 대한 보상 교육을 받음
School District of Monona Grove (SEA WI 1998)	11세 남아, ED	부모는 학생의 폭력적이고 파괴적인 행동(주먹으로 때리기, 차기, 싸우기, 불복종, 가위로 교사 위협하기)에 대해 보다 제한적인 배치를 제안한 학교 당국에 동의하지 않았다.	학교 당국 측 부분적 인정 : BIP는 긍정적 강화의 수준별 체계를 포함하였음. 학생의 문제 행동을 부적절한 BIP의 탓으로 돌릴 수 없음
In re : Student with a Disability (SEA WI 2003a)	5학년 남아, 자폐	부모는 학교 당국이 부정적 처벌을 허용하는 '엄격 조항'으로 인해 적절한 BIP를 수립하는 데 실패하였다고 주장하였다.	학교 당국 측 인정 : 장애 관련 행동이라 할지라도 비행을 교정하기 위한 후속처벌은 허용됨. '엄격 조항'은 BIP의 긍정적 행동지원에서 벗어나지 않음
Northeast Independent School District (SEA TX 2001)	14세 남아, ED, ADHD	부모는 학교 당국이 긍정적 행동중재를 사용하는 데 실패하였고, 때로 부적절하게 처벌을 사용했다고 주장하였다. 학교 당국은 BIP가 긍정적이었고 부적절한 행동에 대해서는 후속처벌을 포함했다고 주장하였다.	학교 당국 측 인정 : 교장실에 보내는 것은 처벌이 아니고 BIP의 일부인 '부적 강화제'임

표 12-3 행동중재 계획 시 긍정적 행동지원 사용과 관련 있는 청문회 결정 요약(계속)

행정 청문회 또는 판례	학생 자료	사안	결정
In re : Student with a Disability (SEA VT 2003b)	9세 남아, 자폐	부모는 과거와 현재의 BIP가 부적절하다고 주장하였다. 특히 '바구니 들고 있기'와 같은 혐오 자극의 사용이 부적절하다고 주장하였다. 학교 당국은 다양한 긍정적 지원을 하고 있지만 학생과 다른 학생들의 안전을 위해 '바구니 들고 있기'의 적용은 불가피하다고 주장하였다.	학교 당국 측 부분 인정 : '바구니 들고 있기'는 BIP 맥락 내에서 적합하였음. 학교 당국은 학생에게 FAPE를 제공할 수 있음
Little Rock School District (SEA AK 2002)	15세 남아, MD	학교 당국은 학생의 문제행동(악담하기, 물기, 때리기, 교실 밖으로 뛰쳐나가기, 기물 던지기, 쓰레기통 뒤집기, 침 뱉기)에 대처하기 위해 제한적 배치를 제안하였다.	부모 측 인정 : 학교 당국은 '구조화되고 심도 있는' BIP를 개발하도록 명령 받음. "부모가 행동계획에 관련되어 있을지라도 부모가 학교에서 자녀의 교육에 대한 주된 책임을 져서는 안 된다."는 사실을 주목함
Augusta School District (SEA ME 2001)	13세 남아, ED	부모는 학교 당국이 제안한 행동지원실 배치에 동의하지 않았다. 학생의 과제 완수 문제와 방해행동은 BIP의 일환으로 부모가 추천한 전략인 단축수업에 의해 처리되었다.	부모 측 인정 : 학교 당국은 BIP를 교정하도록 명령 받음. 부모는 보상 교육과 개별적으로 준비된 여름 학기 프로그램을 보상 받음. 단축 시간표는 부모의 요구이기 때문에 어느 정도의 학교 당국의 책임은 경감된다는 주장은 신뢰할 수 없음

비고 : AEA=Area Education Agency(지역 교육국); P=parent(부모); S=student; SD=school district(학교 당국); SEA=State Education Association(주 교육협회); FAPE=free appropriate public education(무상의 적절한 공교육); ADHD/ADD=attention-deficit hyperactivity disorder/attention-deficit disorder(주의력결핍과잉행동장애/주의력결핍장애); BD=behavioral disorder(행동장애); EBD=emotional or behavioral disorders(정서 · 행동장애); ED=emotional disturbance(정서장애); LD=learning disability(학습장애); MD=mental disabilities(지적장애); ODD=oppositional defiant disorder(적대적 반항장애); OHI=other health impairment(건강장애); PDD=pervasive developmental disorders(전반적 발달장애); SED=serious emotional disturbance(심각한 정서장애); SLD=specific learning disability(특정 학습장애); SLI=speech/language impairment(언어장애).

사례인용 근거

Augusta School District, 36 IDELR 229 (SEA AK 2001)
Conroe Independent School District, 38 IDELR 53 (SEA TX 2002)
Ingram Independent School District, 35 IDELR (SEA TX 2001)
In re : Student with a Disability, 39 IDELR 200 (SEA VT 2003)
In re : Student with a Disability, 41 IDELR 115 (SEA WI 2003)
Lewisville Independent School District, 35 IDELR 236 (SEA TX 2001)
Little Rock School District, 37 IDELR 30 (SEA AK 2002)
Mason City Community School District & Northern Trails Area Education Agency 2, 32 IDELR 216 (SEA IA 2001)
Mason City Community School District & Northern Trails Area Education Agency 2, 32 IDELR 25 (SEA IA 2003)
Neosho R-V School District v. Clark, 38 IDELR 61 (8th Cir. 2003)
Northeast Independent School District, 35 IDELR 229 (SEA TX 2001)
Pell City Board of Education, 38 IDELR 253 (SEA AL 2003)
School District of Monona Grove, 27 IDELR 265 (SEA WI 1998)
Schooltown of Highlands and Northwest Special Education Cooperative, 44 IDELR 21 (SEA IN 2005)
Warren County School District, 35 IDELR 22 (SEA PA 2001)
Watson Chapel School District, 27 IDELR 899 (SEA AK 1998)

출처 : "Behavioral Intervention Plans : Pedagogical and Legal Analysis of Issues," by S. Edscheit, 2006, *Behavioral Disorders, 31(2)*, 223-243. © 2006 Council for Children with Behavioral Disorders. 허가하에 게재함.

차별강화 절차는 대체행동에 대한 강화 또는 목표행동이 나타나지 않는 것에 대한 강화를 통해 목표행동을 감소시키는 것이다.

다. 청문회에서는 행동중재 계획(behavioral intervention plan, BIP)은 긍정적 행동 전략과 지원을 포함해야 하고 처벌 또는 배제적 기법(예 : 학생이 문제행동을 보이면 집에 보내거나 보다 제한된 장소로 이동시키는 것)에만 근거한 BIP는 법 규정에 부합하지 않음을 판결하고 있다(Etscheidt, 2006a). BIP에 처벌 사용과 관련 있는 청문회 결정이 표 12-3에 요약되어 있다. 이 결정에서 청문회는 처벌이 사용될 수 없음을 말하지 않는다. 대신에 문제행동의 기능을 대체할 수 있는 새로운 행동을 지도하고 바람직한 행동을 강조하는 강화 중재를 기술하는 긍정적이고 교수적인 전략을 포함한 문제행동에 대한 다양한 전략을 포함할 것을 IEP 팀에게 지시한다.

행동 감소 기법

이 절에서는 문제행동의 감소를 위한 연구기반의 중재를 살펴보고자 한다. 대부분의 이러한 전략은 긍정적 행동지원에 근거한 포괄적인 접근으로 적절하게 사용되고 있다. 그러나 대부분의 심각하지 않은 부적절한 행동에 대한 중재로 다음의 공통 대처가 우선적으로 고려되어야 함을 기억해야 한다.

- 문제행동에 영향을 미치는 선행사건을 판별한다. 예를 들면, 말다툼을 하는 두 명의 학생을 따로 떨어뜨려 놓는다. 복도에서 이루어지는 일을 쳐다보느라 과제에 참여하지 않은 학생의 경우 교실문에서 떨어진 곳에 자리를 배치한다. 독립적인 과제활동 시에 쉽게 주의 집중을 하지 못하고 과제이탈 행동을 보이는 학생의 경우 외부 소음 차단을 도울 수 있는 헤드폰을 착용하게 한다.
- 부적절한 행동을 멈출 수 있도록 학생에 대한 물리적 접근을 사용한다. 단순히 학생 옆에 서 있거나 가까이서 학생을 감독하는 것만으로도 심각하지 않은 문제행동을 중단시킬 수 있다.
- 학생에게 행동을 멈출 것을 요구한다. 이 책의 책임 저자인 Scheuermann은 이와 같은 간단한 조언을 완벽하게 묘사하는 한 상황을 경험하였다. 바지에 대변을 묻히는 유분증(encopresis)을 보이는 학습장애가 있는 중학교 2학년 학생에 대한 자문을 하기 위해 중학교에 방문하였다. 이 행동으로 인해 또래들이 대상 학생을 피하고 대상 학생에게 부정적인 말을 하였다. 교사는 이와 같은 문제를 학교에서 접해 본 적이 없고 어떻게 대처해야 할지 몰라서 매우 난처해하였다. Scheuermann도 마찬가지로 이 학교에 자문 역할을 하러 오기 전까지는 이와 같은 일을 중학교에서 접해 본 적이 없었다. 처음 이 학교를 방문했을 때 특별한 방법이 떠오르지 않아서 학생에게 음료를 주고 학교 밖으로 데리고 나가 이 문제에 관해 대화를 하였다. 학생이 자신의 문제를 알고 있는지를 물었다. 학생은 모르고 있었다. 또한 다른 또래들은 화장실을 사용한다는 것을 알고 있는지를 대상 학생에게 물었다. 이 또한 모른다고 하였다. 이러한 대화를 통해 문제가 해결되었고 다시는 바지에 대변을 보는 행동을 보이지 않았다. 이는 예외의 경우이기는 하지만 부적절한 행동을 중단시키기 위해 중재를 오랜 시간 적용하기 전에 부적절한 행동에 대해 대상 학생이 인식하도록 하는 것이 중요함을 설명하는 예이다.

강화 중심 전략

빈틈없는 독자라면 이 절의 제목을 읽고 다음과 같은 물음을 던질 것이다. "행동을 증가시키기 위한 절차인 강화가 왜 행동 감소 방법에 관한 장에서 논의되는가?" 이에 대한 대답은 문제행동이 발생하지 않은 상태(즉, 문제행동의 비발생)를 강화하거나 선정된 대체행동을 신중하게 강화하여 문제행동을 감소시키는 차별강화 절차가 효과적이라는 것이다. 문제행동의 부재 또는 대안행동의 증가가 이루어지면 동시에 부적절한 행동은 감소할 것이다.

차별강화 절차에는 상반행동 차별강화, 대체행동 차별강화, 저빈도행동 차별강화, 타행동 차별강화 네 가지 유형이 있다.

상반행동 차별강화 상반행동 차별강화(differential reinforcement of incompatible behavior, DRI)는 문제행동에 상반되는 적절한 행동을 체계적으로 강화하여 문제행동을 감소시키는 절차이다. 대체행동이 문제행동에 상반되기 때문에 두 행동이 동시에 일어날 수 없다. 그러므로 강화가 상반행동을 증가시키면 문제행동이 감소해야 한다. 갤러고스 교사는 복도에서 다른 또래를 만지는 행동 대신에 자신의 손을 양옆에 대고 복도를 걷는 학생에게 점수를 주는 DRI를 사용한다. 또래를 만지는 행동과 자신의 몸 양옆에 손을 대는 행동은 동시에 일어날 수 없다. 로저스 교사는 자폐학생에게 DRI를 적용한다. 학생은 집단활동 시 자신의 손을 무릎에 놓고 앉아 있으면 토큰을 받고 자신의 얼굴 앞에서 손을 흔드는 상동행동[자폐학생의 행동 특성 중에 하나로 자기자극(self-stimulation)의 형태인 상동행동]을 보이면 토큰을 얻지 못한다.

DRI의 제한점 중에 하나는 문제행동에 상반되는 적절한 행동을 찾는 것이 쉽지 않다는 것이다. Alberto와 Troutman(2006)은 문제행동에 대해 단순히 물리적으로 상반되는 행동보다는 문제행동의 기능을 수행할 수 있는 대체행동을 판별하는 것이 중요하다고 한다. 이러한 이유로 대체행동 차별강화(differential rein-forcement of alternative behavior, DRA)가 문제행동 감소를 위한 보다 실행 가능한 선택이 될 수 있다. DRA는 DRI에 비해 가능한 행동 선택의 범위가 넓다. 대체행동 선정의 기준은 대체행동이 부적절한 행동의 기능과 동일한 기능(예 : 관심 획득, 회피)을 수행해야 하며, 부적절한 행동과 마찬가지로 수행하기 쉬워야 하고, 부적절한 행동에 대해 현재 존재하는 강화와 같은 정도 및 빈도로 강화가 주어져야 한다는 것이다(Carr, Robinson, & Palumbo, 1990; Dietz & Repp, 1983; Durand, Berotti, & Weiner, 1993; Horner & Day, 1991; O'Neill et al., 1997). 또한 대체행동은 부적절한 행동의 의사소통 기능을 다루어야 한다. 제2장에서 논의한 바와 같이, 일부 학생에게는 부적절한 행동이 의사소통의 가장 효과적이거나 유일한 방식일 수 있다. 문제행동을 보이는 학생이 의사소통을 위한 사회적으로 의미 있고 적절한 방식을 가지고 있지 않다면, DRA 중재를 위한 대체행동이 의사소통의 효과적인 형태가 되어야만 한다. 물론 의사소통의 이러한 적절한 형태를 우선적으로 지도해야 하며, 이는 기능적 의사소통 훈련(functional communication training)을 통해 이루어질 수 있다(Carr & Durand, 1985; Durand, 1990).

DRI 또는 DRA의 실행 단계는 다음과 같다.

1. 목표로 하는 문제행동을 조작적으로 정의한다.
2. 적절한 대체행동을 선정하고 조작적으로 정의한다.
3. 선정한 대체행동이 현재 학생의 행동 목록에 없으면 이 행동을 지도한다.
4. 처음에는 연속강화 계획(CRF)에 따라 대체행동이 잘 확립될 때까지 대체행동을 강화한다.
5. 부적절한 행동이 발생하면 소거(관심 중단)를 적용하거나 부적절한 행동이 지속되면 최소한의 처벌을 사용한다.

DRI와 DRA의 장점은 부적절한 행동을 감소시킴과 동시에 사회적으로 적절하고 기능적인 대체행동이 확립된다는 것이다. 부적절한 행동을 단순히 감소 및 제거하는 대부분의 행동 감소 기법이 적절한 행동을 동시에 강화하는 것에 주안점을 두지 못하는 것과는 달리, DRI와 DRA는 학생의 친사회적 행동 목록을 강화시킨다. 행동 감소 절차를 단독으로 사용해서는 안 된다. 처벌 절차를 적용할 때는 반드시 적절한 행동에 대한 강화를 함께 적용해야 한다. 그래서 DRI와 DRA가 행동 감소 기법과 함께 사용되는 것이다.

저빈도행동 차별강화는 표적행동의 점진적인 감소를 가져온다.

저빈도행동 차별강화 저빈도행동 차별강화(differential reinforcement of lower levels of behavior, DRL)는 심각하게 위험하거나 파괴적이지 않으면서도 학생의 수행을 방해하는 행동을 줄이는 데 최상의 선택이라 할 수 있다. DRL은 부적절한 행동이 너무 많이 나타나지만 낮은 수준의 수용 가능한 심지어는 바람직한 행동에 대해 적절하게 적용할 수 있다. 일례로 숙제에 관한 질문을 하는 것은 적절한 행동이다. 그러나 하나의 숙제에 대해 12가지의 질문을 하는 것은 과도하며 부적절하다. 가끔 불순응행동을 보이는 학생에 대해서는 염려를 하지 않는다. 그러나 불순응이 하루 종일 반복해서 나타나면 문제가 있는 것이다. 대부분의 학생들은 새치기를 하기도 하고 서로에게 좋지 않은 말을 하기도 하며 숙제를 늦게 내기도 하고 수업에 늦게 오기도 한다. 이러한 행동이 정기적으로 빈번하게 나타나면 이는 문제가 된다.

저빈도행동 차별강화는 허락되는 행동의 수가 사전에 정한 준거에 맞을 때 강화를 하는 것이다. 행동의 수용 가능한 수준의 준거가 설정되고 회기마다 문제행동이 준거 이하로 나타나면 학생은 강화를 받는다. 하나의 준거 수준에 최소한의 연속적인 회기 동안 부합이 되면 준거를 점진적으로 낮게 설정하거나 강화를 받는 기회의 시간 간격을 늘린다. 이러한 과정은 행동이 목표로 하는 수용 가능한 수준으로 감소 및 제거될 때까지 계속된다.

학생은 DRL을 통해 문제행동을 반복해서 통제하는 것을 학습할 수 있는 기회를 갖게 된다. 많은 문제행동은 학생들이 반복해서 연습한 나쁜 습관과도 같다. 이러한 나쁜 습관을 바꾸고자 하는 사람은 누구든 변화가 크면 클수록 과제가 더 어렵다는 것 그리고 나쁜 습관을 바꾸는 것이 어렵다는 것을 알고 있다. DRL은 전진적 변화 과정이므로 위험하거나 매우 파괴적이거나 심각한 문제행동에는 적합하지 않다.

DRL에는 전체 회기 DRL, 간격 DRL, 기준 변동 DRL 세 가지 하위 유형이 보편적으로 사용된다. **전체 회기 DRL**(full-session DRL)은 행동의 수용 가능한 수준에 대한 기준을 설정하고 이러한 기준을 회기 내내(예 : 수업시간 동안, 하루 종일, 쉬는 시간 내내, 자습시간, 버스 타는 시간) 적용하는 것이다. 목표행동이 회기 마지막에 설정된 기준 이하로 나타나면 강화가 제공된다. **간격 DRL**(interval DRL)은 등간격 기록법과 마찬가지로 회기가 동일한 시간 간격으로 나누어진다. 각 간격 동안에 행동의 발생이 기준 이하이면 강화가 제공된다. 예를 들면, 요크 교사는 혼자서 과제를 하면서 "이거 맞아요?"라고 질문하는 알렉스의 행동을 감소시키기 위해 간격 DRL을 적용하였다. 요크 교사는 40분의 수업시간 동안에 알렉스가 2회 이하로 확인 질문을 하기를 원했다. 그러나 기초선 자료를 수집해 보니 30회 이상 나타난 회기를 포함하여 매우 높은 수준을 보였다. 그래서 요크 교사는 목표에 도달하기 위한 점진적 접근을 사용하기로 하였다. 처음에는 40분의 회기를 2분의 등간격으로 나누었다. 각 간격에서 알렉스가 2회 이하로 "이거 맞아요?"라는 질문을 하면, 나중에 요크 교사와 한 번에 하나씩 교환할 수 있는 토큰을 받았다. 토큰은 알렉스의 책상 위 상자에 보관하였다. 알렉스가 연 이틀간 2분의 시간 간격마다 2회 이하로 질문을 하는 기준에 부합을 하면, 요크 교사는 2회 이하의 기준은 그대로 유지하면서 시간 간격을 5분으로 연장하였다. 5분의 시간 간격마다 2회 이하로 질문을 하면 알렉스는 토큰을 받았다. 연 이틀간 이 수준으로 성공적으로 수행을 하여 알렉스의 수행 간격 시간은 10분으로 연장되었다. 알렉스가 40분의 전체 수업시간 동안 학업 수행의 정확성에 관한 질문을 2회 이하로 할 때까지 이러한 과정을 지속하였다.

또 다른 DRL 유형은 기준 변동 DRL(changing criterion DRL)이다. 이는 목표 기준에 도달할 때까지 회기에 걸쳐서 기준을 점차 낮추는 것이다. 스톡스 교사는 10세의 다코타를 대상으로 기준 변동 DRL을 적용하였다. 다코타는 어수선하게 과제를 수행하며 많은 오류를 범한다. 다코타가 좀 더 천천히 과제를 수행하면 정확하게 과제를 해낼 수 있을 것이다. 그러나 다코타가 혼자 힘으로 과제를 수행하면 과제를 끝마치려고 서두르기 때문에 과제의 오류가 매우 높게 나타났다. 스톡스 교사는 다코타가 15분간의 수학 자습시간 동안에 보인 과제 오류의 수를 계산하여 기초선 자료를 수집하였다. 기초선 기간 동안 보인 오류 수는 다음과 같았다.

월요일=24
화요일=32
수요일=30

다코타가 회기별로 대략 평균 29개의 오류를 보이므로 스톡스 교사는 첫 번째 기준을 25개 이하의 오류로 설정하였다. 다코타가 이 기준에 도달하면 강화제를 받았다. 스톡스 교사는 기준을 낮추기 전에 3일간 연속해서 각 기준에 도달하도록 하였다. 새로운 기준은 이전 기준보다 5개씩 낮추는 것으로 하였다. 다코타에 대한 DRL을 적용의 그래프가 그림 12-1에 제시되어 있다. 다코타가 연 5일간 2개 이하의 오류 수행이라는 마지막 기준에 도달할 때까지 스톡스 교사는 DRL 계획을 지속하였다. 마지막 기준에 도달했을 때는 다코타의 행동을 유지시키는 데에 자연 강화(natural reinforcers)만으로도 충분하였다.

DRL의 시행 단계는 다음과 같다.

1. 문제행동을 조작적으로 정의한다.
2. 행동의 현재 수준을 결정하기 위해 기초선 자료를 수집한다.
3. 행동의 최종 목표 기준을 설정한다.
4. DRL의 어떤 유형이 가장 적합한지를 결정한다 : 전체 회기 DRL, 간격 DRL, 기준 변동 DRL.
5. 간격 DRL을 적용하려면 초기 구간의 길이를 결정한다. 기준 변동 DRL에서는 초기 기준 수준을 결정한다. 초기 구간 길이 또는 초기 기준 수준을 설정할 때 기초선 수준을 고려해야 한다. 초기 수준을 기초선 수준의 평균에 근거하여 설정하는 것도 하나의 방법이다(Repp & Dietz, 1979). 초기 수준은 학생이 성공을 경험할 수 있는 수준이어야 한다.
6. 구간의 길이를 늘리거나 기준을 낮추기 전에 초기 수준을 어느 정도 오래 지속적으로 보여야 하는지를 결정한다. 구간의 길이 또는 기준을 변화시키기 전에 1회기 이상 연속해서 목표에 도달하도록 하는 것이 좋다. DRL의 본질은 다소 느리게 이루어지는 과정이라는 점과 바로 그것이 장점이라는 것이다. 목표로 하는 수준으로 너무 느리게 이동하는 것은 피하는 것이 좋다. 앞서 언급한 예에서 교사는 학생의 수행이 2~3일간 연속해서 목표로 하는 기준에 부합하는 것을 구

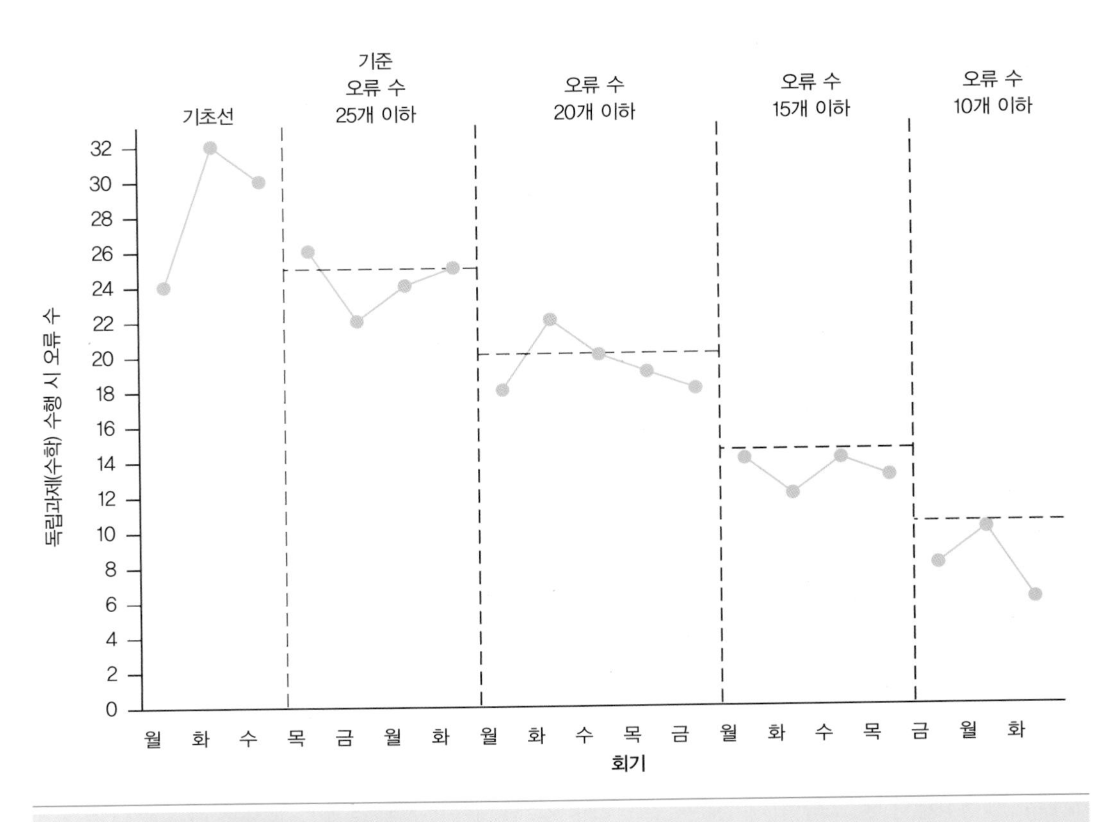

그림 12-1 **기준 변동 DRL 적용의 예**

간 길이 또는 기준 변화의 시점으로 정하였다. 기준을 낮추기 이전에 얼마나 오랫동안 각 기준 수준이 부합되어야 하는지를 결정하는 절대적인 지침은 없다. 다음의 사항을 고려하면 결정에 도움이 될 것이다.

- **학생의 연령** : 연령이 낮을수록 각 기준에 도달해야 하는 시간을 보다 길게 설정할 수 있다.
- **행동의 역사** : 학생이 대상 행동을 오랜 시간 보였다면, 학생이 행동을 통제하는 것을 충분히 학습할 수 있도록 준거 수준의 변화는 보다 느리게 진행할 수 있다.

7. 구간의 길이를 매번 어느 정도 늘릴 것인지 또는 기준을 어느 정도 낮출 것인지를 결정한다. 구간의 길이와 기준 변화의 양은 신중하게 고려해야 한다. 구간의 길이를 배로 늘리는 것은 너무 극적인 변화가 될 것이다. 마찬가지로 기준의 수준을 반으로 줄이는 것 또한 너무 과도한 조절이 된다.
8. 행동에 관한 자료를 지속적으로 수집하면서 DRL 절차를 실행한다. 목표로 하는 기준에 도달하면 점진적으로 강화 간격을 넓히거나 자연스러운 강화로의 전환을 시도한다.

DRO는 문제행동의 빠른 감소를 이끌 수 있다.

타행동 차별강화, 행동부재 차별강화 특정한 행동 또는 행동군의 부재(absence)에 수반하여 주어진다. 동의어로 쓰이는 두 가지 용어에 대한 설명은 다음과 같다. **타행동 차별강화**(differential reinforcement of other behaviors, DRO)는 다른 행동이 나타났든 안 나타났든 상관없이 일정한 시간 간격의 마지막에 목표로 하는 부적절한 행동이 나타나지 않은 것에 대해 강화가 주어지는 것이고, **행동부재 차별강화**(differential reinforcement of zero levels of behavior)는 목표행동이 전혀 나타나지 않은 경우에만 강화를 제공하는 것이다. 목표로 하는 행동의 부재를 강화하기 때문에 DRO는 심각하게 부적절하거나 위험하거나 파괴적인 행동에 적합하다. 예를 들면, DRO는 깨물기, 울화행동, 욕설 및 악담, 성적 표현, 싸우기와 같은 행동을 감소시키는 데 적절한 중재가 될 수 있다.

DRO가 공격행동(Kahng, Abt, & Schonbachler, 2001), 자해행동(Lindberg, Iwata, & Kahng, 1999), 분리불안(Flood & Wilder, 2004), 파괴행동(Conyers, Miltenberger, & Maki, 2004)과 같은 심각한 문제행동을 감소시키는 데 효과적인 방법이지만 두 가지 제한점이 있다. 첫째, DRO는 다른 행동의 출현 유무와 상관없이 사전에 정해진 시간의 마지막에 목표로 하는 부적절한 행동이 나타나지 않으면 강화가 주어진다. 예를 들면, 학생의 깨무는 행동을 감소시키고자 DRO를 적용한 것은 학생이 정해진 기간 동안에 블록을 던지든 말든 상관없이 기간의 마지막에 깨무는 행동만 하지 않으면 강화를 받게 된다. 과제시간에 울화행동을 없애고자 DRO를 사용할 때는 학생이 과제를 하지 않을 때에도 울화행동만 보이지 않으면 강화를 받게 되는 것이다. 이는 교실 상황에서는 수용될 수 없다. 그러므로 많은 문제행동을 보이는 학생에게는 DRO가 적합하지 않다. DRO와 다른 절차(예 : 문제행동을 감소시키는 절차)를 연계하여 사용하는 것이 하나의 대안이 될 수 있다.

DRO의 또 따른 제한점은 행동의 부재를 강화한다는 점이다. 이는 문제행동과 동일한 기능을 수행하면서 문제행동을 대체할 수 있는 행동을 지도하는 것을 강조하는 긍정적 행동지원의 관점에는 맞지 않는 접근이다. DRO는 대체행동을 지도하지 않는다. 이러한 이유로 인해 DRO는 다른 강화 절차, 다른 차별강화 기법, 또는 다른 행동 감소 절차와 함께 사용하는 것이 바람직하다.

Dietz와 Repp(1983), 그리고 Repp과 Dietz(1979)에 따르면 DRO의 실행 단계는 다음과 같다.

1. 제거하고자 하는 문제행동을 조작적으로 정의한다.
2. 행동이 얼마나 자주 일어나는지(행동이 위험하지 않거나 매우 파괴적이지 않은 경우)를 판단하기 위해 기초선 자료를 수집한다.
3. DRO 구간의 길이를 결정한다. 기초선 자료에 근거하여 초기 구간의 길이를 결정하는 것이 중요하다. 구간은 학생이 강화를 경험할 수 있을 만큼 짧아야 한다.
4. 구간의 길이를 언제 늘릴지를 결정한다. 학생이 초기 구간 길이 동안에 목표행동을 성공적으로 통제할 수 있으면 구간의 길이를 조금 늘릴 수 있다.
5. 학생이 구간 동안에 부적절한 행동을 보이면 어떻게 할 것인지를 결정한다. 두 가지 사항을 고려할 수 있다.
   a. 문제행동이 나타나자마자 새로운 구간을 즉시 시작할 것인가 아니면 현재 구간을 지속하고 다음의 새로운 구간의 길이를 늘릴 것인가?
   b. 부적절한 행동에 대한 후속결과를 줄 것인가 아니면 학생이 부적절한 행동을 보였으므로 해당 구간에서는 강화를 받을 수 없음을 상기시킬 것인가?

차별강화 중재의 선택을 위한 지침을 앞에서 제시하였지만 선정 지침이 맞지 않거나 최상이 아닌 경우도 종종 있다. 최상의 체계를 결정하는 데 중요한 요인은 개별 학생의 요인과 선호도이다.

차별강화는 집단을 대상으로도 문제행동을 감소시키는 데 적용할 수 있다.

두 가지 차별강화 절차를 함께 적용하는 것이 가능하고 때로는 그것이 필요할 때도 있다. 예를 들면, 9세의 매튜는 좌절하거나 화가 날 때 교사나 또래를 때리거나, 발로 차거나, 깨무는 행동을 하였다. 교사는 매튜가 자신의 감정을 이러한 행동 대신에 말로 표현하는 것을 강화하는 DRA와 공격행동의 부재에 대한 DRO를 함께 적용하였다. 또 다른 예로 앤더슨 교사는 안젤리카의 책상 위와 책상 서랍이 어질러져 있는 것을 중재하기 위해 DRL과 DRA를 함께 사용하였다. 매일 종례시간에 앤더슨 교사는 안젤리카의 책상 위 또는 서랍에 있는 휴지의 수를 세고 책상 주변 사방 1.2m 이내의 바닥에 떨어져 있는 물건(예 : 책, 공책, 연필, 종이 등)의 수를 세었다. 책상 주변 바닥에 떨어져 있는 물건의 수와 책장의 휴지의 수를 줄이기 위해 DRL을 적용하였다. 동시에 휴지를 쓰레기통에 버리고 책장에 물품을 정리하는 것에 대해 강화를 주는 DRA를 적용하였다. 매일 점검하는 시간에 정해진 공간 내의 휴지의 수가 목표로 하는 기준 이하이면 안젤리카는 토큰을 받았다. 안젤리카가 쓰레기통에 휴지를 버리거나 바닥이 아닌 책장에 자신의 물품을 놓는 것을 앤더슨 교사가 목격할 때마다 추가의 토큰을 받았다. 안젤리카는 획득한 토큰으로 자신과 또래를 위한 다양한 우대권과 활동 강화제를 교환하였다.

차별강화 절차는 집단을 대상으로도 적용 가능하다. 다음은 차별강화 절차를 집단에 적용한 예이다.

- 딜런 교사가 담임하고 있는 2학년의 한 학급은 학교 구내식당에서 점심식사 시간 동안 말썽을 일으키고 식사가 끝난 자리는 매우 지저분하다. 딜런 교사는 기준 변동 DRL을 시행하여 문제를 판별하였다. 먼저 학생들이 식사 후 자리를 떠났을 때 탁자와 바닥(탁자에서 사방 30cm 이내의 바닥)에 떨어져 있는 음식물과 쓰레기의 수를 3일간 연속해서 측정하였다. 기초선 자료는 33, 29, 35였다. 첫 번째 기준으로 딜런 교사는 기초선의 평균인 32를 설정하였다. 점심시간 종료 후에 탁자와 바닥에 남겨진 음식 및 쓰레기가 32개 이하이면 학생들은 10분간의 추가 휴식시간을 받았다. 3일간 연속해서 이러한 기준에 도달하면 딜런 교사는 기준을 32에서 20으로 변경하고 학생들이 탁자와 바닥에 음식물 및 쓰레기를 하나도 남기지 않을 때(최종 목표 기준)까지 목표 기준을 변경하였다. 학생들이 최종 목표 기준에 도달했을 때, 딜런 교사는 변동비율 3일의 강화 계획을 적용하였다. 학생들은 점심식사 종료 후 탁자와 바닥에 음식물 및 쓰레기가 남지 않는 것에 대해 평균 3일에 한 번 강화를 받았다. 이후 강화를 받을 수 있는 기간의 비율을 늘렸다. 이따금 점심식사 후 탁자와 바닥을 살펴보고 깨끗하면 추가의 쉬는 시간을 주었다.
- 윌리엄스 교사는 4~6학년을 위한 특수학급에서 국어를 가르친다. 윌리엄스 교사가 지도하는 학생들은 서로 사이좋게 지내지 못하였다. 서로에게 욕설을 퍼붓고 상대방에게 기분 나쁜 말을 하며 서로를 괴롭히는 행동을 하였다. 학생들이 지속적으로 이와 같은 부정적인 행동을 보이기 때문에 윌리엄스 교사는 이번 학년도에는 가르치는 것이 즐겁지 않았다. 빨리 이러한 행동들을 통제해야 할 필요성을 느꼈다. 그래서 타행동 차별강화(DRO)와 대체행동 차별강화(DRA)를 제공하였다. 처음에 윌리엄스 교사는 학급의 모든 학생들이 가장 어려움을 겪고 있는 2교시에만 이 계획을 적용하였다. 먼저 비하하는 말(예 : "왜 그렇게 바보같니?" 또는 "너는 우리 중에서 가장 뚱뚱해.")과 괴롭히는 말(예 : 빈정거리는 말투로 "야, 조이. 너 어제 엄마랑 TV 봤냐?" 또는 "니 엄마!")의 횟수를 계산하여 3일간 기초선 자료를 수집하였다. 55분의 관찰회기 동안에 학급 내 7명의 학생이 보인 기초선 자료는 38, 35, 41이었다. 이는 평균 1분에 대략 0.7개의 부정적 멘트를 하는 것이었다. 윌리엄스 교사는 DRO를 적용하였다. 타이머가 작동된 5분의 간격마다 부정적인 말이 나타나지 않으면 학급 내 부착된 표에 별표시를 해 주었다. 별표시 하나는 금요일 집단놀이를 30초 연장하는 가치를 지니고 있었다. 5분의 간격 동안에 부정적인 말이 나타나면 윌리엄스 교사는 "별표시는 없다."고 간단히 말하고 해당 간격을 종료하고 새로운 간격을 재설정하였다. 또한 긍정적인 말을 촉구하기 위해 윌리엄스 교사는 개별

학생들이 또래에게 하는 긍정적이거나 지원적이거나 고무적인 말에 대해 토큰 하나씩을 주는 DRA를 함께 적용하였다. 토큰(티켓)은 개별적인 강화제로 교환하거나 특별 집단활동에의 참여(예 : 농구장에서 단어 농구 게임하기, 학급 놀이에 참여하기)와 교환할 수 있다.

소거

소거는 이론적으로는 간단하지만 잘못 사용되기 쉬운 절차이다. 소거(extinction)는 강화를 통해, 특히 관심과 같은 강화를 통해 유지된 행동에 대해 강화를 철회하는 것을 의미한다. 일반적으로 무시하기라도 하는 소거를 우리 대부분은 하나 이상의 형태로 사용하거나 수혜자가 되기도 한다. 예를 들면, 엘리자베스와 데이트를 하려는 헨리의 경우를 생각해 볼 수 있다. 엘리자베스는 헨리와 데이트하는데 관심이 없지만 그의 마음을 다치게 하고 싶지는 않다. 헨리가 엘리자베스에게 처음 전화를 걸었을 때 데이트를 하겠다고 말하지 않고 대화를 한다. 이후 몇 차례의 통화 후에 헨리는 특정한 장소에서 특정한 시간에 만나자고 하지만 엘리자베스는 이에 대한 대답은 하지 않고 전화를 끊는다. 이후에 발신자 정보를 보고 엘리자베스는 헨리의 전화를 받지 않는다. 이는 헨리가 전화를 하지 않도록 하기 위해 엘리자베스가 소거를 사용한 것이다. 물론 이 경우에 소거는 그리 좋은 방법은 아니다. 엘리자베스는 보다 직접적인 방법을 사용하여 헨리가 다시는 전화하지 않도록 해야 한다. PBIS 접근은 행동을 관리하는 첫 번째 단계로써 기대에 대한 분명한 의사소통을 강조함을 기억해야 한다.

교실이라는 사회적 환경에서는 교사의 관심(그것이 긍정적이든 부정적이든)으로 인해 유지되고 있는 심각하지 않은 부적절한 행동을 제거하기 위해 소거가 적절한 기법이 될 수 있다. 소거는 상대적으로 적용하기에 간단하며 복잡한 교실에서 실행 가능한 절차이다. 그러나 Skinner(1953), Sulzer-Azaroff와 Mayer(1991), Cooper 등(2007)에 따르면 소거에는 다음과 같은 예측 가능한 특성이 있으므로 소거 적용 시 이를 반드시 고려해야 한다.

1. 소거를 적용한 행동은 천천히 감소된다. 소거는 즉각적이거나 빠르게 효과가 나타나지 않는다. 얼마나 빠르게 행동이 감소하는지는 (1) 소거 적용 이전에 강화가 주어진 기간, (2) 이전에 적용된 강화 계획의 정도, (3) 소거 기간 동안에 동등한 가치가 있는 강화제에 접근 가능 여부에 달려 있다. 오랜 기간 동안 빈번하게 강화된 행동은 그렇지 않은 행동에 비해 소거 적용 시 오랜 시간 지속적으로 나타날 수 있다. 적절한 대체행동에 대한 강화를 함께 제공하면 소거하고자 하는 행동은 보다 빠르게 제거될 수 있다. 교사는 대상 행동이 소거 기간 동안에 매우 천천히 제거될 가능성을 고려해야 한다. 이러한 이유로 심각하게 파괴적이거나 위험하거나 다른 학생에게 영향을 미칠 수 있는 행동(욕하기, 떠밀기, 난폭한 놀이 등과 같이 다른 학생이 모방하거나 반응하기 쉬운 행동)에 대해서는 소거를 적용하지 않는 것이 좋다. 이와 같은 행동은 소거가 긍정적인 효과를 보일 때까지 교사가 관심을 지속적으로 통제하기 어렵기 때문에 소거를 적용해서는 안 된다.
2. 소거를 적용한 행동은 감소가 이루어지기 전에 빈도 또는 정도의 증가가 나타난다. 이러한 현상을 소거 폭발(extinction burst)이라고 한다. 소거 폭발의 예는 일상에서 찾아볼 수 있다. 엘리베이터 버튼을 누를 때 엘리베이터가 빨리 오지 않으면 버튼을 누르는 행동은 소거 절차가 적용되는 것으로, 대부분의 경우 우리는 엘리베이터가 올 때까지 엘리베이터 버튼을 반복해서 누르게 된다. 그리하여 엘리베이터 버튼을 누르는 행동이 폭발적으로 증가한다. 자신이 하고 싶은 것을 하지 못하면 우는 학생의 행동을 감소시키기 위해 소거를 적용할 경우 대상 행동이 사라지기 전

에 심한 울화행동을 보인다. 교사는 소거 폭발이 일어날 수 있음을 예상해야 한다. 심각한 공격 행동을 보이는 학생을 대상으로는 소거를 적용하지 않는 것이 좋다.

3. 소거를 통해 제거된 행동은 갑자기 다시 나타날 수 있다. 이를 자발적 회복(spontaneous recovery)이라 한다. 제거된 행동에 대해서도 반복해서 지속적으로 소거를 적용해야 한다. 제거된 행동이 자발적 회복에서 다시 관심을 받게 되면 행동은 다시 나타나고 이전보다 더 소거에 대한 저항이 커지게 되므로 자발적 회복 시 일관되게 소거를 적용하는 것이 소거 절차에서 매우 중요하다.

소거 폭발 또는 자발적 회복과 같은 바람직하지 않은 특성이 있으므로 소거는 신중하게 적용해야 한다.

소거는 다음과 같은 단계로 실행된다.

1. 대상 행동을 판별한다. 앞서 기술한 바와 같이 소거는 낮은 수준의 다소 덜 심각한 행동문제에 적합한 절차이다. 소거는 칭얼대는 행동, 울화행동, 다소 덜 심각한 방해행동(예 : 허락 없이 말하기, 과제이탈과 관련된 말하기), 악담하는 행동, 또는 다소 덜 심각한 불순응과 같은 행동에 적절하다.
2. 대상 행동을 유지시키는 강화제를 통제할 수 있어야 한다. 기능적 행동평가 자료에 근거하여 강화제를 판별할 수 있다. 교사의 관심은 쉽게 통제될 수 있다. 또래 관심도 특정 상황에서는 통제될 수 있지만 통제 가능 여부를 교사가 반드시 판단해야 한다. 예를 들면, 집단강화 체계를 사용하여 또래의 관심을 통제할 수 있을 것이다. 그러나 강화제가 지속적으로 제시되는 상황을 피할 수 없다면 소거를 적용하지 않는 것이 좋다. 자신이 싫어하는 과제를 피하기 위해 교실 밖으로 나가는 학생의 경우, 교실 밖으로 나가는 행동은 싫어하는 과제를 회피하기 위한 것이므로 단순히 학생이 교실 밖으로 나가는 행동에 대해 소거를 적용하는 것은 효과적이지 않다.
3. 적절한 행동에 대해 강화를 주는 것과 연계하여 소거를 사용한다. 부적절한 행동을 유지시킨 강화를 적절한 대체행동에 대해 적용해야 한다. 예를 들면, 오스틴이 자신의 과제에 대해 불평을 할 때마다 산체스 교사는 부드럽게 말을 하며 오스틴이 과제를 하도록 촉구하였다. 지금은 오스틴의 불평하는 행동이 교사의 관심을 끌지 않는다. 그러나 오스틴이 과제를 시작하자마자 교사는 학생이 잘하고 있음을 말하며 칭찬해 준다. 산체스 교사는 오스틴의 불평하는 행동에 대해 어떠한 반응도 하지 않으면서 동시에 과제에 참여하는 행동에 대해서는 칭찬하는 것을 지속한다.
4. 절차를 적용하기 전에 학생에게 소거 절차에 관해 알려 준다. 대상 행동이 나타나면 어떠한 반응도 없을 것임을 학생이 알아야 한다. 교사 또는 또래의 관심을 받게 되는 특정한 다른 행동이 무엇인지도 학생이 알아야 한다. 어떠한 상황에서도 부적절한 행동이 발생할 때마다 학생에게 "네가 지속적으로 그런 행동을 하면 너는 어떠한 관심도 받지 못할 거야."라고 말해 주어서는 안 된다.
5. 대상 행동이 발생하면 어떠한 반응도 하지 않는다. 학생을 쳐다봐서도 안 되고, 한숨을 쉬어서도 안 되며, 눈을 흘겨서도 안 된다. 또한 보조원에게 학생의 행동에 관해 언급해서도 안 되며 어떠한 다른 반응을 보여서도 안 된다.
6. 소거의 대상은 부적절한 행동이지 학생이 아님을 기억해야 한다. 이 책의 책임 저자인 Scheuermann은 매우 심각한 방해행동을 보이는 여학생의 담임교사에게 자문을 해 준 적이 있다. 첫 번째 방문 때 학생은 교실 내 책상 위를 뛰어다니면서 소리를 지르는 심한 울화행동을 보였다. 5분 동안 이러한 행동을 지속한 후에 조용히 책상에서 내려와 자신의 자리에 앉았다. 교사

나 보조원의 어떠한 관심도 받지 않은 상태로 조용히 자리에 앉아 있었다. 이후 교사에게 이러한 울화행동을 관리하기 위해 어떠한 전략을 사용하는지를 물었다. 교사는 소거를 적용하고 있다고 하였다. 그러나 교사는 학생의 행동에 대해 소거를 적용하고 있는 것이 아니라 학생 자체에 대해 소거를 적용하고 있었던 것이다. 소거가 효과적이기 위해서는 관심을 받는 조건과 관심을 받지 못하는 조건 간에 분명한 차이가 있어야 한다. 학생은 어떤 행동이 강화(예 : 관심)를 받고 어떤 행동이 강화를 받지 못하는지를 변별할 수 있어야 한다.

7. 학생과 관련 있는 사람들에게 절차에 관해 알려야 한다. 학생과 관련 있는 사람은 누구든지 동일한 대상 행동에 대해 소거를 적용해야 한다. 다음과 같은 상황이 벌어져서는 안 된다. 교사가 한 학생과 함께 복도를 걷고 있다. 교사가 소거를 적용한 행동을 학생이 보인다. 교감선생님이 학생과 함께 있는 교사를 보고 "선생님! 학생이 어떤 행동을 하는지 보세요! 이래도 괜찮은 겁니까? 학생! 당장 그러한 행동을 멈추고 똑바로 걸어."라고 말한다. 이렇게 되면 교사는 애매한 위치에 놓이게 되고 학생의 부적절한 행동은 교감선생님에 의해 부적절하게 강화를 받게 된다.
8. 행동을 제거하기 위해 가능한 한 오랫동안 자발적 회복이 나타날 때에도 지속적으로 소거를 적용한다.

강화 자극의 제거

대상 행동의 감소를 위해 (1) 부적절한 행동이 나타나지 않을 때(부적절한 행동의 부재) 강화를 하거나 (2) 부적절한 행동에 수반하여 강화를 철회하는 강화 조절 관련 절차에 관해 살펴보고 있다. 이러한 절차가 행동 감소를 위해 자극을 제시하는 제1유형의 처벌이라고 하기에는 기법적으로 적합하지 않으므로 이러한 절차를 행동 감소 기법이라 한다. 반응대가와 타임아웃은 부적절한 행동을 감소 및 제거하기 위해 혐오 자극을 제시하기보다는 강화제를 제거하는 제2유형의 처벌(부적절한 행동의 발생에 수반하여 대상이 선호하는 강화제를 제거하여 행동의 감소를 이끄는 절차) 절차이다.

반응대가와 타임아웃은 대상 행동을 감소시키기 위해 강화를 제거하는 것이다.

반응대가 반응대가(response cost)는 특정한 행동 발생에 수반하여 일정량의 강화제를 철회 및 제거하는 행동 감소 절차이다. 반응대가는 우리 사회에서 보편적으로 사용되고 있는 처벌 절차로 대부분의 사람들이 다양한 형태의 반응대가를 경험하고 있다. 다음의 예를 생각해 보자.

- 반납 기한이 지나서 도서관에 책을 반납하면 연체료를 지불해야 한다.
- 교통법규를 위반하면 벌금을 내야 한다.
- 공과금 납부 기한을 넘기면 연체료를 내야 한다.
- 직장에 지각을 하면 급료의 일부가 삭감된다.
- 축구 경기에서 특정한 반칙을 하면 상대팀이 점수를 얻을 수 있는 패널티킥을 하게 된다. 농구 경기에서 특정한 행동을 하여 파울을 하면 상대팀이 점수를 얻을 수 있는 자유투 기회가 생긴다.
- 비행기 시간에 늦으면 비행기를 놓친다.
- 대학교 수업에 지각 또는 결석을 하면 낮은 성적을 받는다.
- 시간을 허비하여 과제를 완수하지 못하면 쉬는 시간에도 과제를 수행해야 한다.
- 장난감을 던지면 획득했던 토큰 중 일부가 제거된다.
- 빌려 쓴 물건에 손상을 입히면 손해배상을 해야 한다.

반응대가는 행동 감소 절차로서 다음과 같은 많은 장점이 있다. (1) 사용하기에 쉽다, (2) 다양하게 사용될 수 있게 응용이 자유롭다, (3) 다른 처벌 절차와 관련 있는 부작용을 피할 수 있다, (4) 행동 감소가 빠르게 이루어진다, (5) 적절한 행동과 부적절한 행동을 구별하는 것을 학습하는 데 도움이 된다, (6) 감소된 행동변화가 오랫동안 지속된다(Alberto & Troutman, 2006; Copper et al., 1987; Kazdin, 1972; Sulzer-Azaroff & Mayer, 1991). 또한 반응대가는 실제 생활을 반영하며 토큰 경제와 연계하여 쉽게 사용할 수 있다.

그러나 반응대가는 처벌 절차이므로 차별강화나 소거보다 다소 혐오적 절차라 할 수 있다. 반응대가는 잘못 사용되기 쉬우므로 신중한 적용과 관찰이 요구된다. 다음은 반응대가의 신중한 활용을 위한 지침이다.

반응대가는 학생이 강화제를 얻는 것을 지속적으로 원하는 경우에만 적용해야 한다.

1. 반응대가가 주어지는 대상 행동을 판별한다. 다른 절차와 마찬가지로 후속결과로서 반응대가를 일관되게 적용하기 위해 대상 행동을 조작적으로 정의한다.
2. 학생이 강화제 또는 토큰을 지속적으로 획득할 수 있는지를 확인한다. 제10장에서 기술한 바와 같이 행동 감소를 위한 반응대가와 연계하여 강화를 위해 토큰 체계를 함께 사용하는 것이 효율적이다. 예를 들면, 카터 교사는 재직하고 있는 초등학교에서 정서장애로 진단된 학생들을 대상으로 반응대가를 적용하였다. 월요일에 카터 교사는 칠판에 "R-E-C-E-S-S(쉬는 시간)"라고 크게 쓴다. 일주일 동안 학생이 규칙을 어길 때마다 칠판에 써 놓은 글자를 하나씩 지웠다. 금요일에 지워지지 않고 남은 글자 하나당 3분의 쉬는 시간을 추가로 주었다. 불행히도 학생들은 화요일 또는 수요일이면 모든 글자가 지워지곤 하였다. 그래서 오랜 기간 동안 금요일에 쉬는 시간을 갖지 못하였다. 카터 교사가 적용한 체계의 문제는 학생들이 단지 쉬는 시간을 잃기만 하고 추가의 쉬는 시간을 얻을 수 없었다는 것이다. 글자가 다 지워지면 교사는 학생의 문제행동에 더 이상 강력하게 반응할 수 없다. 또 다른 문제는 학생이 쉬는 시간을 모두 잃게 되면 그 주간의 남은 기한 동안에 규칙을 따르고자 하는 동기를 잃을 수 있다는 것이다. 교사는 이러한 상황이 나타나기를 원치 않을 것이다.
3. 위반행동 각각에 대한 '비용'을 결정한다. 대상이 되는 부적절한 행동 발생에 수반하여 제거되는 강화제 또는 토큰의 양을 결정한다. 이는 매우 어려운 결정이 될 수 있다. 한 번 내지 두 번의 위반행동으로 학생이 자신의 강화제를 모두 잃어서는 안 된다. 부과되는 벌금은 반응대가 절차가 효과적일 수 있을 만큼 의미 있는 수준이어야 한다. 대학 캠퍼스 내에서 주차구역이 아닌 곳에 주차하여 주차 위반 티켓을 받은 경우 "티켓을 받아도 개의치 않아, 난 수업에 들어가야만 해."라고 하는 것을 자주 볼 수 있다. 이 경우 불법 주차에 대한 위반 티켓의 비용이 수업에 지각해서 내는 비용에 비해서 적은 것이다. 위반행동에 대한 비용은 학생이 적절한 행동을 해서 받게 되는 강화제의 양과 대략 같거나 다소 많아야 한다. 반응대가를 통해 감소시키고자 하는 행동이 한 가지 이상일 때에는 행동의 심각성에 따라 부과되는 벌금의 양을 위계화시키는 것이 좋다. 적절한 행동에 대한 강화의 양과 부적절한 행동에 대한 벌금의 양 간의 관계를 기록해야 한다. 또한 다양한 문제행동에 대한 다양한 수준의 벌금 부과를 구체화시킨다.
4. 부적절한 대상 행동의 발생에 수반하여 제거되는 강화제와 토큰은 쉽게 제거될 수 있는 것이어야 한다. 반응대가는 강화제의 제거를 필요로 하며 이는 교사가 강화제 또는 토큰을 효율적으로 제거할 수 있어야 함을 의미한다. 점수, 티켓, 교실 내 활용되는 상표, 토큰 칩은 쉽게 제거될 수 있다. 학생이 받자마자 소비해 버리는 일차적 강화제에는 반응대가를 적용하기 어렵다.

반응대가의 또 다른 잠재적 문제는 일부 학생들(특히 높은 수준의 반항행동을 보이는 학생)이 자신이 획득한 토큰이 제거되는 것에 대해 강한 저항을 할 수 있다는 것이다. 학생이 토큰을 교사에게 돌려주는 과정을 역할놀이해 봄으로써 이러한 문제를 예방하는 것이 보다 분명하게 반응대가를 확립하는 데 도움이 될 것이다. 학생이 여전히 거절을 하거나 토큰을 회수하거나 점수를 깎으려 할 때 다른 문제행동이 나타난다면 다음의 두 가지 선택 사항을 실시할 수 있다. 첫 번째 선택은 반응대가 대신에 하나의 체계를 단순히 사용하는 것이다. 두 번째 선택은 제거가 요구되는 강화제를 즉각적으로 순순히 넘겨주는 행동에 수반하여 벌금(제거되는 강화제)의 양을 낮추어 줌으로써 반응대가 순응에 대해 강화를 하는 것이다(Sulzer-Azaroff & Mayer, 1991). 예를 들면, 맥컬 교사는 맨비르에 대해 토큰 체계와 반응대가 체계를 적용한다. 맨비르는 규칙을 준수하는 행동, 숙제를 정확하게 완수하는 행동, 적절하게 노는 행동에 대해 토큰을 받는다. 반면에 욕설을 하거나(욕설을 할 때마다 토큰 4개가 제거) 물건을 던지면(물건을 던질 때마다 토큰 10개가 제거) 토큰을 잃는다. 절차를 적용한 후 처음으로 맨비르가 욕설을 했을 때 맥컬 교사는 토큰 4개를 제거하겠다고 했다. 맨비르는 "이 토큰은 내 거예요. 선생님이 빼앗아 갈 수 없어요." 하며 자신의 주머니에 토큰을 집어넣었다. 이 일 후에 맥컬 교사는 새로운 체계를 시행하였다. 맨비르가 욕을 하거나 물건을 던지면 자신의 토큰을 교사에게 주는 것을 여전히 적용하였다. 그러나 교사가 요청한 후에 불평 없이 1분 이내에 교사에게 자신의 토큰을 주면 벌금을 절반으로 줄여 주었다. 욕설을 한 것에 대해서는 토큰 2개만 제거하고, 물건을 던진 것에 대해서는 토큰 5개(기존 기준의 절반 수준)를 제거하였다. 이러한 방식을 학생이 수용하는지에 대해서는 여전히 의문이지만, 매우 바람직한 순응행동을 강화한다고 여겨진다. 사실상 반응대가에 대한 순응은 자신이 한 행동에 대한 책임을 수용하는 것이라 할 수 있다. 자신의 행동에 대한 책임을 수용하는 것은 모든 교사들이 학생들에게 원하는 것이다. 부적절한 행동에 대한 후속결과가 여전히 있다. 여기서는 이러한 후속결과를 제거하지 않는다.

5. 사전에 결정된 대상 행동에 대해서만 반응대가 절차를 적용해야 한다. 반응대가는 사용이 쉽기 때문에 사전에 결정되지 않은 심각하지 않은 문제행동을 대상으로 적용할 가능성이 있다. 강화제의 제거는 반드시 사전에 정해진 행동에 대해서만 그리고 반응대가를 적용하기로 한 성인에 의해서 이루어져야 한다. 사전에 정해지지 않은 다른 행동에 대해 적용하는 것은 적절하지 않다. 예를 들면, 베일리는 숙제를 다하거나, 지시를 따르거나 손을 무릎에 놓으면 점수를 받는다. 반면에 과제 수행을 거부하거나 다른 사람을 밀거나 꼬집는 행동을 하면 점수를 잃는다. 교사는 다른 행동(예 : 보채거나, 소리를 지르거나, 복도를 뛰어다니는 행동 등)을 보일 때는 점수를 삭제하지 않아야 한다. 교사가 화가 나서 "베일리! 내가 줄 서라고 세 번이나 말했잖니. 지금 당장 줄 서지 않으면 5점 깎을 거야."라고 말을 하는 상황이 쉽게 벌어질 수 있다. 다른 행동이 베일리의 성공을 방해하면 이러한 행동에 대한 중재가 개발되어야 한다. 물론 이 시점에서 교사는 반응대가 절차를 추가의 행동에 대해 확대 적용해야 하는지를 결정할 수 있다. 강화제의 상실을 초래할(반응대가의 대상이 되는) 구체적인 행동에 대한 판별을 하지 않으면, 강화제가 그리 심각하지 않는 행동(순간적으로 무시되는 행동)의 발생에 수반하여 제거되거나 제거되는 강화제의 양이 강화의 획득보다 많아질 수 있다.

다른 중재와 마찬가지로 반응대가를 적용하기 전에 우선적으로 학생에게 반응대가 절차를 지도해야 한다.

6. 대상 학생과 프로그램을 사용할 관련인들에게 프로그램에 관한 설명을 한다. 어떠한 중재에서도 절차를 일관되게 적용하는 것이 중요하다. 대상이 되는 부적절한 행동이 발생할 때마다 사전

에 정해진 강화제의 양을 제거해야 한다.

7. 대상 행동의 감소 여부를 점검한다. 감소되지 않거나 의미 있는 변화가 나타나지 않으면 반응대가 중재를 재평가하거나 다른 중재를 선정한다.

타임아웃 절차의 기술적 용어는 정적 강화로부터의 타임아웃(time-out from positive reinforcement)이지만 일반적으로 타임아웃이라고 한다. 타임아웃은 사전에 정해진 시간 동안 강화제로의 접근을 차단하는 절차이다. 타임아웃이 절차가 아닌 장소로 잘못 언급되는 경우가 많다. 타임아웃은 교수-학습활동 중간에 교실 내에서 이뤄질 수 있다. 학생을 반드시 물리적으로 타임아웃 영역에 이동시킬 필요는 없다. 타임아웃은 대상이 되는 부적절한 행동의 발생에 수반하여 강화제로의 접근을 제한하기 때문에 올바르게만 사용되면 매우 효과적일 수 있다. 타임아웃과 반응대가는 다소 차이가 있다. 반응대가는 이전에 획득한 강화제(예 : 점수, 강화제 참여시간, 토큰)를 부적절한 행동 발생에 수반하여 제거하는 것이다. 반면에 타임아웃은 강화제를 제거하지 않고 일정한 시간 동안 점수를 획득하지 못하게 하는 것이다. 타임아웃에서는 학생이 이전에 획득한 점수를 유지할 수 있다.

타임아웃은 배제 및 강제의 정도에 따라 비배제 타임아웃, 배제 타임아웃, 격리 타임아웃 세 가지 기본 유형으로 구분된다(Cooper et al., 2007; Martella et al., 2003).

1. 비배제 타임아웃(nonexclusionary time-out) : 강화제는 제거되지만 학생이 교수-학생 상황에 남아 있는 것이다. 비배제 타임아웃을 통해 학생과 교사 모두 교수-학생 시간의 손실을 최소화하며 절차를 적용할 수 있다.
2. 배제 타임아웃(exclusionary time-out) : 교실 내 또는 교실 밖에 다른 영역으로 옮겨져서 교수-학습활동에 참여하지 못하는 것이다. 배제 타임아웃의 실행은 비배제 타임아웃에 비해 보다 많은 시간이 필요하며 학생이 교수-학습 시간을 놓칠 수 있다.
3. 격리 타임아웃(seclusionary time-out) : 학생이 완전히 분리되어 타임아웃 방에서 절차를 적용받는 것이다. 격리 타임아웃은 가장 제한적이며 논쟁이 되고 있는 절차이고 가장 쉽게 남용될 수 있는 타임아웃의 형태이다(Sulzer-Azaroff & Mayer, 1991). 격리 타임아웃에 대한 반대 의견이 높아지고 있다. 많은 전문기관과 옹호 단체는 격리 타임아웃에 대해 공식적으로 반대 입장을 표명하고 있다. 또한 많은 주에서 격리 타임아웃의 사용을 금하고 있다. 2010년 의회에서는 격리 타임아웃의 사용을 금지하는 법안을 도입하였다(Council for Children with Behavioral Disorders, 2009; Council of Parent Attorneys and Advocates, 2008; National Disability Rights Network, 2009). 이 절차의 배제와 강제의 정도가 높기 때문에 심각한 신체적 공격행동 또는 기물 파괴(타임아웃 사용 지침 참조)와 같은 위험한 행동에 대해서만 적용해야 한다.

적절한 행동에 대한 강화와 더불어 문제행동에 대해 비배제 타임아웃을 적용하는 것은 PBIS의 개념에 맞는 타임아웃의 형태이다.

PBIS 접근에서 교사는 최소한의 혐오적이고 최소한의 강제적인 타임아웃 유형, 즉 비배제 타임아웃을 적용해야 한다는 것을 기억해야 한다.

이 장에서 기술되는 모든 기법과 마찬가지로 타임아웃도 올바르게 사용될 때에 효과적일 수 있다. 올바르게 사용되지 않으면 비효과적일 뿐 아니라 학생의 행동문제는 더 심각해질 수 있다. 타임아웃 절차의 올바른 사용 지침은 다음과 같다.

1. 타임아웃은 처벌 기법이므로 교사와 관련인들은 앞서 기술된 처벌 사용의 지침을 엄수해야 한다. 배제 타임아웃과 격리 타임아웃을 적용하고자 할 때에는 특히 이 지침을 고려하는 것이 매

우 중요하다.

2. 대상 행동의 효과적 감소를 합리적으로 기대할 수 있는 최소한의 혐오적인 타임아웃 형태를 사용한다. 격리 타임아웃이 공격행동이나 심각한 파괴행동의 감소를 보장하지만 적절한 행동을 지도하고 강화하면서 동시에 최소한의 혐오적인 타임아웃의 형태를 적용하면 매우 심각한 외현화 행동도 효과적으로 통제할 수 있다. 예를 들면, Fogt와 Piripavel(2002)은 정서 및 행동장애 학생과 전반적 발달장애 학생을 대상으로 신체적 제한과 격리 타임아웃을 적용하여 문제행동의 극적인 감소를 가져왔다고 보고했다. 이 연구에서 적용한 학교 차원의 긍정적 중재를 시행하기 이전에는 격리 타임아웃 사용의 빈도에 대한 검토가 이루어지지는 않았지만 보편적으로 많이 사용되었다. 1997~1998학년도의 기초선 자료에서 신체적 제한 1,064건과 교사 폭행 16건이 기록되었다. 적절한 행동에 대한 정적 강화 그리고 사회적 기술과 문제해결 기술에 관한 학교 차원의 포괄적인 프로그램이 실행되었다(보다 자세한 사항은 제5장 참조). 중재 프로그램이 실행된 이듬해에 격리 타임아웃과 신체적 제한의 사용이 보고되지 않았다. 매우 심각한 문제행동을 보이는 학생을 위한 특수학교에서 이와 같은 결과가 나타났음에 주목해야 한다.
3. 타임아웃 시간을 짧게 한다. 타임아웃 시간이 절차의 효과를 결정하는 것은 아니다. 절차의 효과는 활동 참여 환경과 타임아웃 조건 간의 차이에 있다. "1분이 1년 같다."는 말이 있듯이 7세 ADHD 학생에게는 7분도 영원한 것처럼 느껴질 수 있다. 심지어 성인들도 좌절하거나 불안해하는 상황(예 : 슈퍼마켓 계산대의 긴 줄에 서 있는 것, 직장에 출근하려고 지하철을 기다리고 있는 것)에서 얼마나 지속적으로 있을 수 있는지에 관해서 과대평가되고 있다. 적절한 타임아웃 시간(특히 배재 또는 격리 타임아웃의 경우)을 평가할 수 있는 방법 중에 하나는 학생을 대상으로 설정한 타임아웃 시간 동안 교사가 직접 타임아웃 영역에 있어 보는 것이다. 이때 타임아웃이 너무 길게 느껴지면, 이는 분명 학생에게 너무 긴 시간인 것이다. 너무 오랜 시간의 타임아웃은 또 다른 문제를 유발할 수 있다(예 : 타임아웃 시간이 종료되기 전에 타임아웃 영역을 떠나거나, 타임아웃에서 문제행동을 보인다). 짧은 시간의 타임아웃이 이러한 문제를 예방할 수 있다.
4. 타임아웃을 어떻게 끝낼 것인지를 결정한다. Gast와 Nelson(1977a)은 타임아웃을 끝내는 세 가지 절차를 다음과 같이 기술하였다.
   a. 사전에 정해진 시간 동안 적절한 행동을 보일 때 종료한다(예 : 학생이 2분간 타임아웃 영역에서 조용히 앉아 있으면 타임아웃을 종료한다).
   b. 사전에 정해진 시간이 되면 종료한다. 타임아웃이 종료될 때에 부적절한 행동을 보이면 부적절한 행동을 보이지 않을 때까지 타임아웃 시간을 연장한다. 예를 들면, 찰리가 타임아웃 종료 벨이 울릴 때 소리를 지르고 있으면 "찰리! 너 소리를 지르고 있구나. 네가 조용히 할 때까지 타임아웃 영역에 그대로 있어야 한다."고 교사가 말한다.
   c. 사전에 정해진 시간이 되고 부적절한 행동이 나타나지 않아야 한다. 예를 들어 칼리가 타임아웃이 끝나는 시간에 부적절한 행동을 보이면 대략 30초간 착석하고 있을 때까지 타임아웃 영역에 있어야 한다.

타임아웃을 적용할 때는 얼마의 시간 동안 타임아웃을 할 것인지를 사전에 정하는 것이 중요하다.

대부분의 경우 항목 a의 사전에 정해진 타임아웃 이후에 종료하는 것을 선호한다. 학생이 타임인(time-in) 환경으로 돌아가서 부적절한 행동을 지속적으로 보이면 또 다른 타임아웃 또는 다른 후속결과가 제시될 수 있다. 다른 두 가지 방법(항목 b와 c)에서는 학생이 타임아웃을 하는 동안에 교사가 학생과 너무 많은 상호작용을 하게 되어 결과적으로 의도하지 않은 강화(관심)를 제공하게 된다.

5. 시행 전에 타임아웃 절차를 가르친다. 높은 수준의 적대적이며 불순응행동을 보이는 학생은 타임아웃을 강하게 거부할 수 있다. 타임아웃에 대한 거부의 원인 중 하나로는 타임아웃 절차에 대한 이해의 부족을 들 수 있다. C. Michael Nelson(1997)은 학생들에게 정확하게 타임아웃을 가르치는 데 활용할 수 있는 과제 분석 양식을 제시하고 있다.
6. 부적절한 대상 행동이 나타나면 학생에게 "네가 그 행동을 했구나. 타임아웃으로 가거라."라고 간단하고 단호하게 말한다. 학생에게 이미 절차에 대한 지도를 했으므로 더 이상 설명은 필요가 없다. 학생이 타임아웃 절차를 시작하면 교사는 학생이 타임아웃에 있다는 것을 잊지 않고 언제 타임아웃을 끝낼지를 알 수 있도록 타이머를 세팅하는 것이 좋다. 학생이 왜 타임아웃해야 하는지에 관해 교사와 언쟁을 하려 할 수 있다. 이러한 회피행동은 매우 효과적인 회피의 방편이 된다. 교사가 타임아웃을 해야 하는 이유를 설명하면 할수록 학생은 더 오랜 시간 동안 타임아웃을 회피하려 한다. 따라서 교사는 학생에게 이미 타임아웃 절차에 대한 교수를 했음을 기억하고 절차 적용 시 추가적인 설명을 하지 않는다.
7. 타임아웃이 종료되면 "타임아웃이 끝났다."고 말하고 학생이 제자리로 돌아가도록 지도한다. 학생이 타임아웃 영역에 있는 동안에는 학생과 어떠한 대화도 해서는 안 되고, 어떠한 관심(예 : 정적 강화)을 주어서도 안 된다. 학생이 과제를 회피하기 위해 타임아웃을 일부러 받으려 할 수도 있으므로 타임아웃의 이러한 역기능을 피하기 위해 학생이 제자리에 들어오면 타임아웃을 하는 동안 하지 못했던 과제를 완수하도록 한다.
8. 대상 행동을 점검하는 자료 수집 기법(제4장 참조) 중 하나를 사용한다. 행동이 상대적으로 빠르게(예 : 여러 차례 적용한 후에) 향상되지 않으면, 타임아웃 절차와 타임인 환경(예 : 강화제의 빈도와 효과)을 재평가하거나 다른 기법을 적용한다.

혐오 자극의 제시

혐오 절차의 적용은 PBIS의 개념과 위배된다.

가장 부정적이고 혐오적인 처벌의 유형은 혐오 자극을 제시하는 것이다. 이러한 기법의 본질을 이해하고 이를 제대로 인식할 수 있도록 혐오 자극에 관해 간략히 살펴보고자 한다. 그러나 행동관리를 위한 PBIS 접근은 대부분의 상황에서 혐오적인 것을 필요로 하지 않기 때문에 혐오 자극에 대한 보다 상세한 설명을 하지 않으려 한다. 단지 교사는 혐오 절차를 포함한 행동중재에 관한 전반적인 이해가 필요하므로 혐오 자극에 관해 간략하게 논의한다. 그러나 이 혐오 절차의 적용을 권장하지는 않는다. 교사, 행정가, 부모는 앞서 기술한 차별강화 기법이나 선행 및 강화 중재를 적용하는 것이 바람직하다.

혐오 자극　행동 발생에 수반하여 제시되는 학생이 싫어하는 자극을 의미한다. **무조건(또는 학습되지 않은) 혐오 자극**[unconditioned(or unlearned) aversive stimuli]은 자연적이며 본유적으로 맛없거나 고통스럽거나 성가신 자극으로, 이러한 자극에 대한 혐오는 학습된 것이 아니다. 무조건 혐오 자극은 고통을 유발(예 : 엉덩이 때리기, 뺨 때리기, 뜨거운 것에 데기, 놀라기)하거나 불편감을 주는 것(예 : 오랜 시간 동안 특정한 자세로 앉아 있거나 서 있기, 입술이나 입에 맛없는 것이나 매우 신 것 넣기, 비눗물로 입 닦기)이다. **조건(또는 학습된) 혐오 자극**[conditioned(or learned) aversive stimuli]은 무조건 혐오 자극과 연합의 결과로 싫어하는 것을 학습한 자극이다. 가장 일반적인 조건 혐오 자극은 질책이다. 그러나 다른 자극도 일부 학생에게는 처벌의 기능을 할 수 있다. 예를 들면, 일부 학생은 또래 앞에서 칭찬받는 것을 싫어할 수 있다. 이런 학생에게는 사람들 앞에서의 칭찬이 조건 혐오 자극이 된다. 큰 소리로 읽는 것을 싫어하는 학생은 이러한 활동과 연계되어 당황이나 좌절을 경험한 적이 있기 때문에 큰 소리로 읽기가 혐오 자극이 되는 것이다.

처벌의 다른 형태와 마찬가지로 행동에 영향을 미칠 때에만 혐오 자극이 될 수 있음을 이해하는 것이 중요하다. 행동 발생에 수반하여 자극을 제시함으로써 행동 감소를 초래하면 이 자극은 혐오 자극이 된다. 마찬가지로 자극을 사용하였음에도 불구하고 대상 행동이 감소하거나 사라지지 않으면 사용한 사람이 아무리 혐오 자극의 의도로 사용했다 할지라도 이 자극은 혐오 자극이 아니다. 예를 들면, 마르쿠스는 부모한테 잡힐 때까지 달리기를 멈추지 않는 자폐성 장애 소년이다. 마르쿠스의 부모는 여러 가지를 시도해 보았지만 이런 위험한 행동을 멈추게 할 수 없었다. 그래서 혐오 자극을 사용하기로 하였다. 마르쿠스가 부모로부터 도망가면 처벌로 매우 신 레몬주스를 마시게 하였다. 엄마가 처음으로 이러한 혐오 자극을 시도한 다음 번에 마르쿠스는 문제행동을 보이자마자 레몬주스가 있는 곳으로 달려가서 주스병을 잡고 주스를 마셨다. 마르쿠스에게 레몬주스는 혐오 자극이 아닌 선호하는 맛이었던 것이다. 이러한 실수를 통해 엄마는 레몬주스가 마르쿠스에게는 강력한 강화제이며 이는 DRO 계획(마르쿠스가 허락 없이 보다 오랜 시간 동안 자리를 떠나지 않으면 레몬주스를 받는 것)에서 사용될 수 있음을 알았다. 자연적으로 마르쿠스는 제10장에서 언급된 강화제 결합의 과정을 통해 다른 강화제의 가치를 학습할 수 있다.

하나의 자극이 다른 경쟁적 자극에 비해 덜 혐오적이어서 표적행동을 감소시키지 못할 수도 있다. 예를 들면, 마누엘에게는 불순응행동에 대한 교사의 질책이 특정 또래 앞에서 '모범생(규칙을 잘 따르고 고분고분한 소년)'이 되는 것보다 덜 혐오적일 수 있다. 또래가 없는 어떤 경우에는 마누엘이 보다 더 순응적이 되고 교사의 질책은 바람직한 결과를 가져온다. 그러나 특정한 또래가 나타나면, 마누엘에 대한 또래의 태도가 교사의 어떠한 행동보다 더 마누엘의 불순응행동에 영향을 미친다. 수학 기술이 부족하고 수학을 매우 싫어하는 학생이 교장실에 가서 학교 내 징계와 같은 후속결과를 받을 수 있다. 이 학생에게는 교장실에 가는 것이 어렵고 싫어하는 수학수업 시간에 교실에 있는 것보다 덜 혐오적일 수 있다.

행동 기법에서 여전히 상대적으로 널리 사용되고 있으며 많은 사람들이 수용하고 있는 무조건 혐오 자극 중의 한 형태는 체벌이다. 체벌(corporal punishment)은 인정되지 않는 행동에 대해서 신체적인 고통을 가하는 처벌로 정의되며 일반적으로 때리기와 동의어로 사용된다(Ronbinson, Funk, Beth, & Bush, 2005). 미국에서 매년 공립학교에 재학하는 학생들 중 적어도 220,000여 명이 체벌을 받았다(Human Rights Watch and American Civil Liberties Union [ACLU], 2009). 대부분의 학교기반 처벌과 마찬가지로 흑인 학생이 체벌을 받는 비율이 불균형적으로 높았다. 인권감시위원회(Human Rights Watch)와 미국시민자유연합(American Civil Liberties Union, ACLU)의 보고에 따르면, 학령기 전체 학생의 17%가 흑인인 데 비해, 체벌 경험 학생의 35.6%가 흑인이라고 한다. 이는 체벌이 행동변화에 비효과적일 뿐 아니라 도주, 태만, 불안, 공격, 기물 파괴, 동물 학대 등과 같은 부정적인 역효과와 연계될 수 있음을 시사한다(Kennedy, 1995; Robinson et al., 2005).

체벌은 비효과적이고 잠재적 역효과를 내고 있음에도 불구하고 여전히 사용되고 있다.

2008년 현재, 미국 내 20개 주에서 여전히 체벌 사용을 허용하고 있다(Center for Effective Discipline, 2008). 학생문제 관련 교육 전문가와 학생보호단체들은 특히 학교 내 체벌 사용에 대해 반대 입장을 취하고 있다. 이러한 비효과성, 부정적 역효과 가능성, 보다 효과적인 대안적 행동 기법 제시에도 불구하고 대다수의 부모와 사회 심지어는 많은 교사들이 학교 내에서 체벌의 사용을 지지하고 있다(Evans & Richardson, 1995; Human Rights Watch and ACLU, 2009; Imbrogno, 2000; Kenny, 2004;

Robinson et al., 2005). 물론 체벌은 긍정적 행동지원에 근거한 중재 계획의 한 부분이 되어서는 안 된다. 행동 기법은 가능한 행동문제의 범위를 관리하기 위한 충분한 전략을 제공한다. 체벌과 같은 시대에 뒤떨어지고 비효과적이며 문제를 내포한 방법에 의존할 필요가 없다. 다행히도 흐름이 바뀌고 있다. 체벌을 받는 학생들의 수가 매년 지속적으로 감소하고 있다(Center for Effective Discipline, 2008), 많은 전문가 집단과 단체들이 체벌에 대해 공식적인 반대 의사를 표명하고 있다(Human Rights Watch and ACLU, 2009), 또한 2010년에 체벌 금지에 대한 법안이 소개되었다: H.R. 5628, [학교내 체벌금지법(Ending Corporal Punishment in Schools Act)]. 이 법안이 통과되지는 못했지만 체벌이 철학 또는 훈육 전략으로써 더 이상 미국 교육 체계의 어떠한 부분에서도 더 이상 사용되지 않을 날이 올 것으로 기대한다.

긍정적 행동지원에 근거하여 행동중재 목적을 위해 다소 허용할 수 있는 최소한의 혐오 자극은 최소한의 질책이다. 계획되고 체계적이며 일관된 간략한 질책을 사용해야 하며 질책의 내용은 구체적인 문제행동을 진술하고 기대되는 바람직한 행동은 무엇이며 적절한 행동에 따른 강화가 무엇인지에 대해 설명하는 것이다. 이러한 간략한 질책은 심각하지 않은 부적절한 행동에 대해서는 효과적인 중재가 될 수 있다. 그러나 질책은 쉽게 잘못 사용된다. 또한 높은 수준의 문제행동을 보이는 학생은 이미 부모, 교사, 양육자로부터 많은 질책을 받았기 때문에 질책이 대상 행동 감소에 전혀 효과가 없을 수 있다.

과잉교정 과잉교정(overcorrection)은 부적절한 행동에 대한 처벌적인 후속결과와 적절한 행동에 대한 연습을 연계시키는 방법으로 개발되었다(Azrin & Foxx, 1971). 과잉교정은 학생이 부적절한 행동을 보인 것과 관련하여 적절한 행동을 연습하도록 하기 때문에 교수적이라 할 수 있다. 그러나 적절한 행동을 단지 한 번이 아닌 여러 번 연습해야 하므로 이 또한 처벌적이라 할 수 있다. 과잉교정 절차에는 원상회복 과잉교정과 행동연습 과잉교정, 두 가지 유형이 있다.

원상회복 과잉교정(restitutional overcorrection)은 대상자의 행동으로 인해 손상을 입힌 부분을 보상하도록 하는 것이다. 원상회복의 요소는 보상이 손상된 부분을 회복하거나 본래의 상태로 환경을 복구하거나 행동에 의해 영향을 받은 사람을 고쳐야 하는 것을 의미한다. 그러나 절차의 과잉교정 요소는 보상이 실제 회복 또는 복구가 필요한 수준 이상이어야 함을 의미한다. 원상회복 과잉교정의 예는 다음과 같다.

- 매니는 자신의 책상에 낙서를 하였다. 결과적으로 자신의 책상뿐 아니라 교실 내 다른 모든 책상에 있는 낙서까지 깨끗하게 지워야 한다.
- 케일러는 좌절의 표시로 자신의 공책을 모두 찢었다. 케일러는 테이프로 자신이 찢은 공책을 복구할 뿐 아니라 자신의 책상에 있는 물건을 정리해야 한다.
- C. J.는 또래에게 경멸하는 말을 하였다. 결과적으로 경멸의 말을 한 또래뿐 아니라 학급 내 모든 학생들에게 사과를 해야 한다.
- 칼리는 운동장에 나무토막을 던졌다. 자신이 던진 나무토막뿐 아니라 운동장 내에 떨어져 있는 모든 나무조각을 10분 동안 주어야 한다.

행동연습 과잉교정(positive practice overcorrection)은 바람직하지 않은 행동을 대체할 수 있는 적절한 행동을 연습하도록 하는 것이다. 교사들은 변형된 행동연습 과잉교정을 자주 적용한다. 학교 복도를 뛰어다니는 학생에게 복도를 여러 차례 천천히 걷게 하거나, 철자 시험에서 철자를 틀리게 쓰는 학생에게 틀린 글자를 정확하게 다섯 번씩 쓰게 하거나, 다른 학생의 물건을 빼앗는 학생에게 물건을 되돌려주고 그 물건을 사용해도 되는지를 정중하게 요청하게 한다. 행동연습 과잉교정의 올바른 사용은 바람직한 행동을 여러 차례 반복해서 연습시키는 것이다. 행동연습 과잉교정의 예는 다음과 같다.

행동연습 과잉교정은 적절한 행동을 반복해서 연습하도록 하는 것이다.

- 자폐성 장애 소년인 조슈아는 블록을 돌리거나 깨물면서 부적절하게 가지고 논다. 교사는 조슈아에게 블록을 쌓았다가 무너뜨리는 것을 10회 반복하도록 한다.
- 라쉬드는 옆에 앉은 또래를 함부로 콕콕 찌른다. 교사는 라쉬드에게 5분 동안 손을 무릎에 놓고 자리에 앉아 있는 연습을 하도록 한다.
- 발달장애 학생인 리사는 요리수업 시간에 자신의 손가락을 빤다. 교사는 리사에게 입에 손을 대지 않고 10개의 과자에 땅콩버터 바르는 것을 연습하도록 한다.

적절한 행동에 대한 연습을 하게 하면서 문제행동에 대해서는 보다 덜 강제적인 기법을 사용하는 것이 좋다. 과잉교정이 효과적이지만 다음과 같은 부정적인 역효과를 가져올 가능성도 있다.

- 과잉교정의 두 가지 유형 모두 시간을 허비하게 할 수 있다. 교사는 과잉교정 절차가 효과를 얻기 위해 많은 시간이 필요하다는 점을 고려해야 한다.
- 과잉교정에서는 학생이 절차를 완수하는지에 교사가 온전한 관심을 두어야 한다. 이는 두 가지 이유로 문제가 있다. 첫째, 절차를 실행하는 동안에 교사가 다른 학생에게 관심을 둘 수 있다는 것이다. 다른 학생들에게 관심을 둘 수 있는 보조원이나 다른 교사가 없다면 과잉교정을 적용해서는 안 된다. 둘째, 교사의 온전한 관심이 대상 학생에게 강화가 될 수 있다.
- 과잉교정 절차가 적용되는 동안 학생이 공격적이거나 불순응행동을 보일 수 있다. 예를 들면, 운동장에서 돌을 던지는 학생을 대상으로 이 행동에 대한 후속결과로써 행동연습 과잉교정을 사용하였다. 절차를 시행하는 동안 학생은 돌을 집어서 바구니에 담는 지시에 따르지 않았다. 학생이 절차를 따를 수 있도록 신체적 안내(physical guidance)를 제공하였다. 그러나 학생은 느릿느릿 움직이며 피식피식 웃으면서 절차를 수행하였다. 과잉교정 절차가 효과적이지 않았을 뿐 아니라 바람직하지 않은 행동(예 : 불순응행동)에 대해 강화를 하게 된 것이다.
- 과잉교정 절차를 시행(바람직한 행동)하는 동안 학생이 순응하는 것에 대해 강화를 하는 것과 과잉교정의 처벌적 양상을 유지하는 것 간에는 분명한 차이가 있다.

이러한 이유로 과잉교정이 자주 사용되지 않으며 다른 모든 접근이 비효과적이었을 때에만 적용하는 것이 바람직하다. 과잉교정이라고 하면서 잘못 사용되는 두 가지 기법이 부적 연습(negative practice)과 유관 훈련(contingent exercise)이다. 부적 연습은 학생이 부적절한 대상 행동을 반복해서 연습하는 것이므로 과잉교정이 아니다(Dunlap, 1930). 부적 연습의 예로는, 침을 뱉는 학생에게 싱크대에서 50번 침을 뱉도록 하는 것, 수업시간에 떠드는 학생에게 10분 동안 계속해서 떠들도록 하는 것이다. 부적 연습은 권장되지 않는 기법이다. 유관 훈련은 학생이 부적절한 대상 행동과 관련이 없는 운동 반응을 하도록 하는 것이므로 과잉교정이 아니다(Luce, Delquadri, & Hall, 1980). 유관 훈련의 예로는, 때리는 행동에 대한 후속결과로 앉았다 일어서기를 20회 하도록 하거나 체육시간에 방해행동을 보이는 것에 대한 후속결과로 운동장을 달리게 하는 것이 있다. 유관 훈련의 기법 또한 처벌적인 특성이 있고 대체행동에 대한 지도 및 강화의 요소가 부족하므로 사용이 권장되지 않는다.

부적 연습과 유관 훈련은 과잉교정의 유형이 아니다.

요약

이 책 전반에 걸쳐서 기술되고 있는 예방적 선행사건 기법과 제10~11장에서 기술되는 강화 중심 후속결과 전략은 교사가 직면하게 되는 많은 행동문제를 해결하는 데 도움이 될 것이다. 그러나 이러한 접근이 특정한 문제행동을 예방하거나 조절하는 데 충분하지 않을 수 있다. 이 장에서는 교사가 문제행동을 다루는 보다 직접적인 접근이 필요한 때를 어떻게 결정해야 하는지를 기술하고 문제행동을 감소시키거나 제거하기 위한 구체적인 전략을 설명하였다. 이 장의 목표별 내용을 요약하면 다음과 같다.

1. 비처벌 기법과 처벌 기법을 정의할 수 있다.

   문제행동 감소를 위한 모든 기법이 기술적으로 처벌적 기법은 아니다. 처벌은 용어가 갖는 공식적인 정의, 즉 행동의 발생 가능성을 줄이기 위해 행동에 뒤이어 자극을 전달하는 것이라는 정의에 부합하는 절차만을 언급한다. 차별강화와 소거와 같은 다른 기법들은 처벌의 정의에 부합하지는 않지만 행동을 감소시킨다.

2. 장애학생 지도를 위한 IDEA의 규정 내용과 불관용 정책을 기술할 수 있다.

   IDEA에는 교육자가 학교규칙 및 기대를 어기는 행동을 보이는 장애학생에 대해 어떻게 반응할 수 있는지가 기술되어 있다. IDEA 훈육 규정의 목적은 장애학생의 권리를 보호하면서 동시에 모든 학생을 위해 안전하고 효과적인 학교를 만드는 것이다. 2004년에 개정된 IDEA에서는 장애 관련 여부 결정, 임시 대안교육 환경으로의 배치, 행동 위반을 다루는 교직원의 권위, 훈육 심리에 따른 결과의 수행 절차가 기술되어 있다.

3. 불관용 정책을 정의하고 불관용 정책의 문제점을 기술할 수 있다.

   불관용 정책은 각 특정 상황에 주의를 두지 않고 일관되고 사전에 결정된 형식으로 학교 내에서 규칙 위반에 대해 행정가들이 대처하도록 한다. 불관용 정책의 의도를 이해할 수 있더라도, 이 정책의 실행은 심각하지 않은 행동, 심지어는 문제가 되지 않는 행동에 대해서도 가혹한 징계를 초래하고 있다. 행정가들이 학교 차원의 긍정적 행동지원을 보다 더 잘 알게 되고 이에 보다 익숙해지면 불관용 정책은 별 의미가 없어질 것이다.

4. 행동 감소 중재의 신중하고 윤리적인 사용을 위한 지침을 기술할 수 있다.

   행동 감소 및 처벌 전략의 설정과 실행에 관한 지침이 제시되었다. 이러한 많은 전략은 잘못 사용될 가능성이 있을 뿐 아니라 일부 전략은 부정적인 역효과가 있을 수 있다. 행동 감소 중재, 특히 처벌을 사용할 때에는 적합하게 사용하고 있는지, 역효과가 나타나는지, 그리고 바람직한 방향으로 대상 행동의 변화가 일어나는지를 확인하면서 신중히 시행해야 한다.

5. 행동 감소 전략의 위계를 기술할 수 있다.

   a. 차별강화

      네 가지 유형의 차별강화가 기술되었다 : 상반행동 차별강화(DRI), 대체행동 차별강화(DRA), 저빈도행동 차별강화(DRL), 타행동 차별강화(DRO). 차별강화는 벌에 대한 효과적인 대안을 제시하는 확실한 행동 감소 기법이다.

   b. 소거

      소거는 일반적으로 관심을 통해 이전에 강화되었던 행동에 대해 강화를 제거하는 것이다. 소거는 특정한 유형의 행동에 대해서는 효과적인 중재이지만 바람직하지 않은 행동을 부주의하게 강화하는 것을 피하기 위해 신중하게 사용되어야 한다. 교사는 소거의 역효과 가능성에 대해서도 알고 있어야 한다.

   c. 반응대가

      반응대가는 이전에 획득한 강화제를 제거하는 것이다. 반응대가는 행동의 빠른 감소를 가져오는 효과적인 중재 중 하나이다. 반응대가는 사용하기에 쉽고 폭넓게 사용될 수 있으며 다른 처벌 절차와 연계된 부정적 역효과를 피할 수 있다.

   d. 타임아웃

      정적 강화로부터의 타임아웃은 일정 시간 동안 강화제로의 접근을 금지하는 것으로, 하위 유형으로는 비배제 · 배제 · 격리 타임아웃이 있다. 우리는 문제행동을 보인 교수환경에 남아 있으면서 타임아웃을 하는 비배제 타임아웃을 권장한다. 격리 타임아웃에서는

표 12-4 선행사건 및 행동 감소 전략 자기평가 척도

이 척도는 두 부분으로 구분된다. 하나는 행동 감소 전략을 사용하기에 앞서 준비해야 할 선행사건에 대한 것이고 다른 하나는 행동 감소 전략의 사용에 대한 것이다.

선행사건에 대한 자기평가 척도

전혀 그렇지 않다	거의 그렇지 않다	가끔 그렇다	자주 그렇다	항상 그렇다
1	2	3	4	5

위의 1~5점 척도를 이용하여 다음 진술을 평정하시오.

1. 우리 학급의 규칙과 질서가 분명하고 이를 학생들에게 지도하였다. ______
2. 나는 각 학생과 긍정적 관계를 맺고 있다. ______
3. 우리 학급의 분위기는 긍정적이며 존중하는 학습환경을 반영한다. ______
4. 나는 학생의 문제행동의 기능을 밝히는 기능적 행동평가를 해 왔다. ______
5. 나는 선행사건과 강화 중재 설계의 기초로서 기능적 행동평가의 가설을 사용한다. ______
6. 나는 적절한 행동을 강화하기 위해 집중적인 강화 계획을 사용한다. ______
7. 나는 학생의 학습 요구에 적절한 교수 방법을 사용한다. ______
8. 나의 학생들은 대부분의 시간 동안 의미 있는 학습과제에 적극적이며 성공적으로 참여한다. ______
9. 나는 학생들에게 적절한 행동과 의사소통 기술을 직접 지도하고 있다. ______
10. 위와 같은 모든 중재를 정확하고 일관되게 적용하고 있다. ______

행동 감소 전략에 대한 자기평가 척도

1. 나는 행동 감소 전략을 사용하는 기준을 알고 따른다. ______
2. 나는 행동 감소 전략의 위계를 설명할 수 있다. ______
3. 나는 각 전략을 바르게 윤리적으로 수행하는 방법을 안다. ______
4. 나는 행동 감소 기법을 적용하였을 때 효과를 보장할 수 있는 행동의 유형을 안다. ______
5. 나는 바람직한 결과를 산출하리라고 합리적으로 기대되는 최소한의 혐오 중재를 사용한다. ______
6. 나는 행동 감소 기법과 관련하여 교수 및 강화 전략을 지속적으로 사용한다. ______
7. 나는 다양한 차별강화를 시행하는 방법과 각각의 차별강화 전략에 적합한 행동이 무엇인지 안다. ______
8. 나는 행동 감소 기법으로 소거를 시행하는 방법을 이해한다. ______
9. 나는 소거 이상의 혐오 전략 사용을 위한 절차적 안전장치를 설정한다. ______
10. 나는 타임아웃이 오용되는 방식과 타임아웃을 사용할 때 발생하는 문제를 이해한다. ______

학생이 교수환경으로부터 완전히 분리되어 행동문제가 더욱 심각해질 가능성이 있으므로 일반적으로 사용하지 않는 것이 좋다.

e. 혐오 자극의 제시

무조건(학습되지 않은, 자연적으로 맛없는, 또는 고통스러운) 혐오 자극과 조건(학습된) 혐오 자극의 개념이 정의되었다. 질책(조건 혐오 자극)은 일반적으로 사용되는 혐오 자극의 형태이다. 이 범주에 속하는 또 다른 기법으로는 과잉교정이 있다. 체벌은 가장 잘 알려진 혐오 자극이다. 체벌은 소수민족 학생에게 과도하게 사용되는 점을 포함하여 많은 문제점을 안고 있다.

6. 각 전략을 정확하게 그리고 윤리적으로 실행하는 방법을 기술한다. 긍정적 행동중재 및 지원(PBIS) 철학에서 제안되지 않은 전략과 제안되는 전략을 설명할 수 있다.

올바르고 윤리적인 사용을 위한 구체적인 지침이 기법별로 기술되었다. 행동 감소 기법을 올바르게 실행하고 사용 과정을 면밀히 점검하는 것이 중요하다. 기법이 부정적일수록, 점검과 의사결정을 위한 팀 접근을 사용하는 것이 보다 중요하다. PBIS 접근에는 차별강화, 소거,

타임아웃의 일부 유형, 반응대가가 포함될 수 있다.

행동 감소 및 처벌 기법이 잘못 사용될 가능성이 있으므로 교사는 이러한 절차에 대한 이해와 사용을 정기적으로 자기평가할 필요가 있다. 이를 위한 자기평가 도구가 표 12-4에 제시되어 있다.

ICE 박사의 지원 : 교사가 문제행동을 관리하도록 지원

아이언 피스트 교육청의 관리자인 뱅크스 박사의 요청으로 ICE 박사는 교사와 행정가들에게 긍정적 행동중재 및 지원을 사용하여 문제행동을 관리하는 방법에 관한 강연을 하였다. 과거에 ICE 박사는 긍정적 행동관리 기법의 다양한 분야에서 해당 교육청 요원들과 함께 작업을 하였다. 뱅크스 박사는 또 ICE 박사에게 일부 교사들과 일대일로 작업해 주기를 요청하였다. 다음의 사례는 ICE 박사가 교사 및 학생들과 함께 작업했던 내용이다. 각 사례의 제목은 사용된 전략을 언급하는 것이며 사례별로 전략에 대한 간략한 정의를 기술하였다. 행동 감소 계획 개발에 앞서 모든 사례에서 교사는 자기평가 척도의 모든 준거에 부합하였다.

상반행동 차별강화(DRI)

이는 문제행동과 양립할 수 없는 적절한 행동을 체계적으로 강화하여 문제행동을 감소시키는 절차이다.

고등학교 1학년 수학 교사인 스미스는 ICE 박사에게 습관적으로 지각하는 마크의 지도를 도와줄 것을 요청하였다. 스미스 교사는 마크가 한 달 전에 이사를 왔고, 아직 이전 학교로부터 기록을 받지 못하였다고 했다. 마크는 이전 학교에서와 동일하게 특수학급에서 수학수업을 받고 있다.

ICE 박사는 대화 중 스미스 교사의 반이 적절한 규칙과 절차가 있고 학생들이 자신들에게 기대하는 바를 알고 있는 것으로 보인다는 사실을 지적하였다. 그날 마크는 이유 없이 10분을 늦게 왔고 지각한 이유로 교장실로 보내졌다. 5분 후 교실로 돌아와 자리에 조용히 앉았다. 스미스 교사가 특별히 대상학생의 이름을 부르지 않으면 마크는 이후 시간 동안 수업에 참여하지 않았다.

ICE 박사는 관찰을 한 후에 스미스 교사를 만나서 마크의 문제행동을 수업에 늦는 것으로 정의하였다('늦음'이란 지각종이 울린 이후라고 정의). 대체행동은 마크가 지각종이 울릴 때 수업할 준비가 된 상태로 자리에 앉아 있는 것이다. ICE 박사가 제안한 다음 단계는 마크가 양해 없이 늦는 이유를 찾는 것이다. ICE 박사는 기능적 행동평가를 실시하는 것에 동의하고 두 사람은 이틀 후 만나기로 합의하였다.

ICE 박사는 마크를 이틀 동안 따라다녔고 마크의 사물함이 교실에서 멀리 떨어진 곳에 있음을 발견하였다. 마크는 종이 울릴 때까지 서서 이야기하다가 각자 교실로 빨리 들어가는 무리의 친구들과 있었다. 마크는 종이 울린 후 혼자 교실로 돌아갔다. 조사를 통해 마크의 친구들은 특수교육 서비스를 받지 않으며 역사와 물리수업을 마크와 함께 듣는다는 정보를 얻었다. 물리수업은 스미스 교사의 수업 바로 전 시간이었다. 마크는 친구들과 함께 교실을 나와 사물함으로 책을 꺼내러 갔다. ICE 박사는 마크가 스미스 교사의 수업에만 늦는다는 사실을 발견하였다.

ICE 박사가 스미스 교사를 만나서 이러한 정보를 제공하고 마크의 늦는 행동이 스미스 교사의 수업에만 한정되는 것으로 보아 친구들과 이야기하고 싶은 유혹이 원인인 것 같다고 하였다. 그들은 마크가 정시에 교실에 도착하도록 동기화시키는 강화제를 정하기 시작했다. ICE 박사는 스미스 교사에게 마크와 함께 문제를 판별하고 강화제에 동의하는 것에 대해 의논하도록 권유하였다. 매일 마크가 지각종이 울릴 때 수업 준비를 하고 자리에 앉아 있었으면, 강화제를 획득할 수 있는 토큰을 받도록 하였다.

2주 후 ICE 박사는 스미스 교사를 만났다. 스미스 교사와 마크는 쉬운 강화제에 동의하였다. 학교 행정가는 마크의 늦는 행동을 알리기 위해 부모를 만났다. 부모는 반응대가로 마크로부터 우대권을 회수하였다. 마크의 강화는 지각종이 울릴 때 마크가 자리에 앉아 수업 준비를 하면 스미스 교사가 부모에게 전화나 이메일을 보내는 것이다. 그는 수업 중 마크의 노력을 칭찬하였다. 이는 마크의 부모를 기쁘게 하였고, 부모는 방과 후 마크가 친구들과 함께할 수 있는 자유를 더 많이 허락하였다. 마크는 요즘 늦는 일이 거의 없고 스미스 교사의 수업에서 보다 활동적인 학습자가 되었다.

대체행동 차별강화(DRA)

이 절차는 DRI보다 더 넓은 범위의 행동에 대해 적용할 수 있다. 대체행동을 선택하는 기준은 대체행동이 부적절한 행동과 같은 기능을 해야 하고 부적절한 행동만큼 수행이 쉬워야 하며 부적절한 행동에 대한 현존 강화제의 빈도 및 강도가 동등한 강화여야 한다는 것이다.

제트 교사는 7학년 특수학급에서 국어를 가르친다. 수차례의 부모 상담 후에도 불구하고 수업 중 반복적으로 교실 밖에서 노는 학생을 함께 지도하자는 요청을 ICE 박사에게 하였다. 이 학생은 오로지 제트 교사 또는 보조원이 일대일 지도를 할 때만 과제를 하려고 한다. 제트 교사는 학생이 개별 수업에는 항상 참여하는 것으로 보아 행동문제가 기술 부족과는 관련 없다고 확신하였다.

ICE 박사는 수업을 관찰하였다. 학생들은 지도규칙과 절차를 충분히 이해하고 있었다. 사실 마샤는 관심을 얻기 위해 규칙과 절차에 대한 자신의 지식을 이용하는 것으로 보였다. 예를 들면, 마샤는 다른 학생들에게 특정 규칙이나 절차를 큰 소리로 상기시키거나 실제로 과제를 시도하기 전에 정해진 과제에 관한 다양한 질문을 했다. 교사가 마샤를 개별적으로 보조하면 매우 훌륭하게 과제를 수행하고 적절하게 행동하였다.

ICE 박사와 제트 교사는 그날 회의를 했고 마샤의 문제행동을 규칙이나 절차를 특별히 어기는 행동으로 정의하였다. 제트 교사로부터 얻은 정보와 관찰을 근거로 행동의 기능이 관심을 얻기 위함이라는 가설을 설명하였다. 마샤는 규칙과 절차를 알았고 교사가 가까이 있을 때는 규칙을 따름으로써 이를 증명하였다. 제트 교사는 마샤의 부모가 종종 늦게까지 일하고 방과 후에 혼자 남겨지며 가끔은 잠자리에 들 때까지 혼자라는 사실을 ICE 박사에게 알렸다. 마샤의 중재를 위해 관심 획득을 이룰 수 있는 일련의 강화제를 개발하였다. 대체행동은 교실규칙과 절차를 따르며 한 번 이상 도움을 요청하지 않고 과제를 수행하는 것이다. 우선 마샤는 교실규칙과 절차를 지키고 혼자서 과제를 완수함으로써 점수를 얻었다. 점수는 교사와의 점심식사로 교환할 수 있었다. 다음으로 마샤가 정해진 점수를 받으면 다음 주에 방과후 학교 드라마 수업에서 교사와 함께 활동을 할 수 있도록 부모에게 허락을 받았다. 부모는 마샤와 함께 주말에 특별한 시간을 보내는 것에 동의하였으며, 부모가 늦게까지 일할 때 마샤를 혼자 내버려 두기에는 아직 너무 어리다는 사실을 인정하였다. ICE 박사는 절차가 잘 지켜지고 있는지를 살피고 확인하겠다고 말하였다.

2주 후 ICE 박사는 마샤의 발전을 확인하였다. 마샤가 파괴적 행동을(대부분 제트 교사와 보조원이 긴 시간 동안 교실을 비우는 경우에) 여전히 보이지만 DRA 중재는 극적인 결과를 가져왔다. 마샤는 이제 대부분의 규칙을 따르며 독립 과제 완수 비율도 현저하게 증가하였다. ICE 박사는 DRA 중재의 일부로 마샤가 일주일에 10점을 은행에 저축할 수 있게 하라고 제안하였다. 제트 교사와 보조원이 없을 때 마샤는 언제라도 교사 돕기, 과제 대신하기 또는 따로 정해진 과제(다른 학생이 읽는 것 들어 주기, 철자 봐 주기, 단어 시험 봐 주기)로 다른 학생 돕기와 같은 특별 '도움' 권리를 얻는 데 저축된 점수를 사용할 수 있었다.

저빈도행동 차별강화(DRL)

DRL은 허락된 행동의 횟수가 정해진 기준에 부합하면 학생에게 강화가 제공되는 것을 의미한다. 세 가지 유형의 DRL이 일반적으로 사용된다.

1. **전체 회기 DRL** : 행동의 수용 가능한 수준에 대한 기준을 설정하고 이러한 기준을 수업시간 동안, 특정 시간 동안, 또는 하루 종일 전체 회기에 적용하여 강화가 주어진다.

크래프트 교사는 ICE 박사에게 4학년 특수학급 읽기수업에서 독립 과제 수행 중 부주의한 실수를 빈번하게 보이는 학생을 함께 지도하자는 요청을 했다. 대상 학생은 짐으로 그는 과제를 급하게 끝내고 컴퓨터를 하거나 학습센터로 가기를 원했다.

ICE 박사는 크래프트 교사를 만나서 하루 20분의 독립 과제 시간에 DRL을 사용하는 것을 함께 결정하였다. 문제행동은 과제 실수로 정의하였다. 우선 크래프트 교사는 3일 동안 기초선 자료를 수집하였다. 기초선 기간 동안 짐은 평균 15개의 실수를 하였고, 대부분은 사소한 것이었다(하나 이상의 질문 생략, 단어장에 있는 단어의 철자 틀리기, 질문에 미완성된 문장으로 답하기).

중재의 첫 단계에서 크래프트 교사는 짐에게 매일 12개 이하로 실수를 하면 컴퓨터나 금요일의 학습센터 시간을 추가로 5분 얻을 수 있다고 말하였다. 이러한 기준을 4일 연속해서 도달하면 크래프트 교사는 2단계로 금요일 강화시간을 위한 기준을 10개 이하로 변경하였다. 다시 4일간 기준에 부합되면 기준은 8개로 감소된다. 이러한 절차는 짐이 2개 이하의 실수를 할 때까지 계속되었다.

2. 간격 DRL : 회기를 동일한 간격으로 나누고 행동 발생이 매 간격 준거와 같거나 낮으면 강화가 주어진다.

1학년 교사인 패티는 ICE 박사에게 사라에 관해 말하였다. 사라는 20분간의 집단활동 시간에 너무 말을 많이 하며 불쑥 주제에서 벗어난 질문이나 의견을 말해서 수업방해를 초래한다.

ICE 박사와 패티 교사는 수집된 자료를 살펴보고 이야기를 나누었다. 사라는 4분이 지나면서 말하기 시작하여 마지막 5분 동안은 말하기 행동을 분당 1회 보였다. 패티 교사는 사라의 말하기 행동이 3회 또는 4회 발생할 때마다 대화의 방향이 바뀌었다고 했다.

회기를 3분 간격으로 나누고 간격 동안 사라가 한 번 이상 끼어들어 말하지 않으면 토큰을 받았다. 사라는 이 토큰을 패티 교사가 만든 목록(앞줄에 서기, 칠판 지우기, 휴식시간을 알리는 호루라기 불기) 내의 우대권을 사는 데 사용하였다.

ICE 박사가 계획이 잘 이행되는지를 패티 교사와 함께 검토하였고 패티 교사는 집단활동 시간에 사라의 파괴행동이 거의 없는 수준까지 도달했음을 보고 기뻐하였다. 사라는 이제는 자신에게 주어진 질문에만 대답을 하고 불쑥 대답하지 않으며 주제에서 벗어난 의견을 말하지 않는다. ICE 박사는 간격을 점차 길게 늘릴 것을 제안하였다.

3. 기준 변동 DRL : 회기가 거듭될수록 기준은 낮아져서 목표 기준에 도달하도록 한다.

중등 특수학급 교사인 그레이는 과학 통합 수업에서 다른 학생의 수업을 방해할 만큼 자주 자신의 책상과 의자를 옮기는 학생을 중재하기 위해 ICE 박사에게 도움을 청하였다. 이는 일반학급에서의 적절한 행동을 학습하는 것이 특수교육 요구 학생들에게 중요하기 때문이다.

ICE 박사는 그레이 교사에게 기초선 자료 수집을 요청하였다. 메이슨은 과학수업 40분 동안 평균 11번 책상과 의자를 옮겼다. ICE 박사와 그레이 교사는 첫 기준으로 9번의 책/의자 옮기기를 정했다. 수업시간 동안 9번 이하로 책상과 의자를 옮기면 메이슨은 5분의 컴퓨터 추가 시간을 강화제로 받는다. 메이슨이 연 3일간 이 기준에 도달하면 기준은 7번으로 낮아진다. 행동 발생이 수업 중 한 번 이하가 될 때까지 점차 기준은 낮아진다. 이 시점부터 컴퓨터 시간은 점점 줄어들어 간헐적으로 컴퓨터 시간이 주어진다.

타행동 차별강화(DRO)

DRO는 목표행동 발생이 없을 때만 강화가 주어지는 것을 의미한다. 이는 다른 절차들과 함께 사용되는 것이 바람직하다.

에드워드 교사는 특수학급에서 중학교 2학년을 가르친다. 학생들이 다양한 수업을 경험할 수 있도록 같은 학교 내 다른 특수학급 교사와 연계하여 수업을 진행한다. 에드워드 교사는 언어적 폭력성을 보이는 마이클 때문에 ICE 박사에게 도움을 청하였다. 매번 행동은 변하였고 마이클은 에드워드 교사와 보조원인 브라운에게 욕을 하였다. 수업 이동 및 전환 때마다 욕설을 하였고, 이러한 행동은 수 분 동안 지속되어서 새로운 수업으로까지 이어졌다.

ICE 박사는 교실을 관찰하고 마이클이 한 활동에서 다른 활동으로 전환하는 데 어려움이 있고 마이클이 일단 과제에 집중하면 욕설이 멈춘다는 사실을 확인하였다. DRO 절차를 적용할 행동을 욕설하기로 정의하고 마이클이 욕설을 할 때 전형적으로 사용하는 단어와 표현을 기술하였다. 기초선 자료를 통해 수업마다 도착, 안내된 연습에 따른 직접 교수, 개별 작업에 대한 안내된 연습, 해산의 네 가지 활동 전환이 있음을 확인하였다. 마이클은 전환시간에 욕설을 하지 않을 때마다 토큰을 받는다. 또한 과제참여 행동을 보이면 2분마다 토큰 하나를 받는다. DRO 절차와 더불어 ICE 박사는 에드워드 교사가 마이클에게 전환시간이 임박함을 알리는 신호를 하고 기대되는 전환 행동을 상기시키는 선교정을 한 다음(제7장 참조), 활동의 끝에 적절한 단어를 사용하여 당황을 표현하는 방법을 가르칠 것을 제안하였다. 에드워드 교사와 마이클은 함께 마이클이 사용할 수 있는 적절한 단어 목록을 만들고 역할놀이 상황에서 이 단어들을 연습하였다. 마침내 마이클은 욕설 대신에 적절한 단어들을 사용한 것에 대해 간헐강화 계획에 따라 보너스 티켓을 받았다.

마이클의 욕설은 2주간 중재의 마지막에는 전혀 나타나지 않았다. 이 시점에서 에드워드 교사는 강화 계획을 소거하기 시작하였다. 티켓을 주는 것에 대해 간헐강화 계획을 수행했고 교환 강화제로 강화를 얻는 기준을 조금씩 높였다.

소거

소거는 주로 관심과 같은 유형의 강화에 의해 유지되었던 행동에 대해 강화를 철회하는 것을 의미한다.

데이비스 교사는 매일 아침 어머니와 헤어질 때마다 울면서 매달리는 유치원 학생 앤에 대해 ICE 박사와 이야기를 나누었다. 표적행동을 울기로 정하고 바람직하지 않은 행동의 감소를 다루는 중재 계획을 개발하였다.

데이비스 교사는 앤의 어머니와 의논을 하였고 매일 아침 데이비스 교사가 앤을 맞이하고 어머니는 유치원 문앞에 있어 달라는 부탁을 하였다. 데이비스 교사는 앤의 손을 잡고 교실까지 함께 걸어 들어가면서 유치원에서 하게 될 재미있는 것들에 대해 이야기를 한다. 우는 행동에 대해서는 소거가 적용된다. 데이비스 교사는 앤의 손을 놓고 말하는 것을 멈출 것이다. 앤이 울기를 그치면 바로 그날의 일정에 대해 다시 말하기 시작한다. 데이비스 교사는 앤을 교실 안의 자리로 데려가서 아침 활동을 시작한다. 앤은 사람들을 만나고 다음 단계에 대한 설명을 듣는다. 앤의 어머니는 앤에게 데이비스 교사와 함께 걸어간 날은 방과후에 함께 게임을 할 것이라고 말해 준다.

ICE 박사는 데이비스 교사와 2주 후에 만났다. 데이비스 교사는 앤이 매일 아침 여전히 잠시 울기는 하지만 교실까지 걸어갔으며 헤어지는 것을 힘들어했던 앤의 어머니는 여전히 30분 후면 앤을 확인하기 위해 전화를 한다고 말하였다. 대부분 시간 동안 앤은 노느라 바빴다.

중재가 적용된 지 6주째에 앤은 어머니가 유치원을 떠날 때 분노발작을 일으키기 시작했다. 데이비스 교사는 부모와의 면담시간을 갖고 앤의 어머니에게 이러한 현상은 사용되는 중재에서 나타나는 일반적인 문제라고 설명하였다. 교사와 부모는 울거나 소리 지르지 않고 교실까지 걸어 들어가는 것에 대한 기대와 울거나 소리 질렀을 때 발생할 것(데이비스 교사가 손을 잡지 않고 이야기도 하지 않을 것)에 대해 앤에게 상기시켰다. 앤의 어머니는 게임하면서 즐거웠던 것을 앤에게 상기시켰다.

반응대가

반응대가는 특정 행동과 유관한 강화의 일부를 철회하거나 제거하여 행동을 감소시키는 절차이다.

ICE 박사는 9학년의 특수학급 교사인 테이트와 함께 일하였다. 학급의 학생들은 절차를 지킨 것에 대한 점수를 얻었다. 15분마다 각 학생의 책상 위에 있는 미리 인쇄된 점수판에 획득한 점수를 적었다. 학생들은 일주일에 두 차례에 걸쳐서 절차를 연습하였다. 학생이 특정 절차를 따르지 않으면 테이트 교사는 점수 칸에 사선을 그었다. 학생들은 교실활동에 대해 점수를 쓰거나 저축할 수 있다.

테이트 교사가 이 기법을 사용하기 시작하였을 때 학생들은 때때로 점수를 얻지 못하면 화가 나서 점수판을 찢기도 했다. 테이트 교사는 다음날 새로운 점수판을 주곤 했다. ICE 박사는 테이트 교사에게 학생들이 처음 받은 점수판을 계속 가지고 있을 경우에만 점수를 사용할 수 있음을 알게 하라고 하였다. 학생이 점수판을 찢으면 테이트 교사는 점수를 획득하거나 사용할 때 모두 점수판이 필요함을 조용히 상기시켰다. 교사는 "점수판이 없으면 점수도 쓸 수 없다."라는 엄격한 규칙을 교수하였다. 추가로 테이트 교사는 점수를 얻지 못해도 정당하게 점수를 잃는 것을 받아들인 학생들에게 통제를 잘한 것에 대한 보너스 점수를 주었다. 학생들은 실수를 하고 점수판을 망가뜨리기도 하였지만 계속 점수를 얻고 나중에 점수를 사용하기 위해서는 점수판을 회복시켜야만 한다는 사실을 알고 있었다(테이트 교사는 학생들이 교사의 테이프를 사용하는 것을 허용하였다). 점수판을 찢는 실수를 한 학생들은 손상을 복구하는 책임도 져야 한다. 테이트 교사는 이러한 유형의 분노 반응을 사회적 기술 훈련 수업에서 주제로 다루었다.

타임아웃

타임아웃은 일정 시간 동안 강화에 접근하지 못하도록 하는 절차이다.

ICE 박사는 타임아웃과 이를 적용한 사례를 제공하는 것에 매우 조심스러웠다. 타임아웃 절차는 본래 이를 유발한 행동보다 더 많은 문제들을 자주 야기한다. 그러나 ICE 박사는 타임아웃의 세 가지 형태의 예와 경험했던 각각의 문제점 그리고 이러한 문제에 대처하는 데 도움이 되는 사항을 제공하였다.

1. 비배제 타임아웃 : 비배제 타임아웃은 강화가 제거되지만 학생은 교육 상황에 남는 것을 의미한다.

존은 또래에게 말을 걸거나 대화를 해서 개별 과제를 완수하지 못한다. 스미스 교사는 책상에서 2분간의 타임아웃을 사용하였다. 2분은 책상 위에 머리를 숙이고 조용히 있을 때부터 시작된다. 스미스 교사는 이 기법을 사용할 때 다음의 문제점이 있음을 ICE 박사에게 말하였다.

- 존은 1분 동안 조용하지만 그 후에 말하기 시작한다. 계속 타임아웃이 적용되고 또래들이 웃으므로 행동을 강화한다.
- 때때로 존은 머리 숙이기를 거부한다. 스미스 교사는 신체적으로 존의 머리를 숙이게 할 수 없기 때문에 이러한 상황을 통제할 수 없다.

스미스 교사는 ICE 박사에게 존이 이러한 유형의 타임아웃을 따르도록 지도하는 것을 도와달라는 요청을 했다. ICE 박사는 강화에 접근하는 것이 거부되지 않는 대신에 애초에 떠들기 행동을 유지시킨 것과 같은 강력한 강화였던 또래 강화에 자유롭게 접근하기 때문에 존에게 적합하지 않다고 판단하였다. ICE 박사는 스미스 교사에게 DRI(과제와 관련된 말만을 하는 것)를 사용하고 존이 또래의 관심을 끄는 강화를 얻는 것을 허용하여 성공적인 행동변화 계획을 개발할 것을 제안하였다(제3장과 제9장 참조).

2. 배제 타임아웃 : 학생을 교수활동으로부터 빼내서 교실 안이나 교실 밖의 다른 장소에 있게 하는 것이다.

애덤스 교사는 배제 타임아웃으로 교실 뒤쪽의 작은 책상을 사용한다. 학생은 5분 동안 이 책상에서 조용히 머물러야 한다. 학생이 조용히 자리에 앉은 순간부터 타임아웃 시간이 시작되고 학생이 조용하지 않으면 다시 시간이 시작된다. 교수 자료는 학생에게 제공되지 않는다. ICE 박사와 애덤스 교사는 이 기법의 문제점을 다음과 같이 지적하였다.

- 일부 학생은 조용히 있기 매우 힘들어하며 이로 인해 타이머는 계속 재작동된다. 타임아웃 동안 학생은 교수-학습 시간을 허비하고 반복되는 타이머 재작동에 교사가 지나치게 주의를 기울이는 결과를 가져온다.
- 일부 학생은 타임아웃 책상에서 적대적이고 파괴적이 된다. 이는 타임아웃을 적용하게 했던 문제행동의 정도를 능가하는 것이다.
- 일부 학생은 타임아웃을 수행하면서 너무 산만하여 애초에 타임아웃의 원인이 된 행동이 더욱 심각한 새로운 행동에 묻히게 된다.
- 일부 학생은 타임아웃 영역에 가지 않으려고 한다. 학생들은 보다 파괴적인 유형의 불순응행동(예 : 큰 소리 지르기, 다른 학생의 책상 위에 있는 물건 잡기 등)의 증가를 보이기도 한다.

ICE 박사는 애덤스 교사에게 다음을 제안하였다.

- 이러한 형태의 타임아웃이 가장 적절한지 또는 타임아웃 자체가 학생에게 적절한 중재인지를 재평가한다.
- 다른 절차를 지도하는 것과 마찬가지로 학생들에게 타임아웃을 수행하는 법을 가르친다. 학생은 타임아웃으로 가는 연습을 하고 적절한 연습에는 강화를 받는다.
- 올바르게 타임아웃을 한 것에 수반하여 부적 강화를 적용한다. 학생이 즉각적으로 타임아웃으로 가면 타임아웃 시간을 1분 줄인다. 타임아웃 영역에서 학생이 조용히 있을 때마다 1분씩 타임아웃 시간을 줄인다. 학생이 타임아웃을 바르게 수행한 것과 유관하여 타임아웃 시간이 5분에서 2분으로 줄어드는 결과가 된다.

3. 격리 타임아웃 : 학생의 완전 고립을 위해 지정된 타임아웃 방을 사용하는 것을 의미한다.

ICE 박사는 젊은 시절 별도의 타임아웃 방이 있는 학교에서 근무한 적이 있다. 그의 경험에 근거한 격리 타임아웃의 문제점은 다음과 같다.

- 학생들은 대개 이러한 타임아웃 방으로 물리적으로 보내졌다.
- 학생들은 타임아웃 방으로 들어가는 것에 대해 분노를 자주 표현하고 학생의 행동 때문에 지체된 시간 동안은 타임아웃 시간으로 계산되지 않았다.
- 학생들은 때때로 옷을 벗어 버리거나 타임아웃 방에서 방뇨를 하거나 이와 유사한 파괴행동을 한다.
- 일부 학생은 타임아웃 방 문이 열리면 사람들을 향해 공격적이 된다.
- 일부 학생은 같은 행동으로 인해 반복적으로 타임아웃되곤 한다.

이러한 문제점, 잠재적 위험성, 많은 교육 기회 및 시간의 상실을 이유로 ICE 박사는 이러한 유형의 타임아웃의 사용을 권장하지 않는다. 다양한 강화, 소거, 다른 형태의 타임아웃, 반응대가와 같은 보다 덜 적대적인 행동 감소 기법을 포함하는 긍정적인 행동 기법의 적용이 권장된다.

학습활동

1. 소집단별로 교실에서 처벌받을 수 있는 행동 세 가지를 선택한다. 선정된 행동을 변화시키는 데 사용될 수 있는 긍정적 방법에 대해 논의한다.
2. 적절한 행동을 강화하는 것이 행동 감소 전략 사용의 요구

를 어떻게 감소시키는지를 기술한다.

3. 행동 감소 전략의 위계를 사용하여 소집단별로 다양한 강화 전략, 소거, 반응대가, 타임아웃을 학급에서 어떻게 사용할지에 대해 토론한다.
4. 자신의 나쁜 습관을 하나 이상 찾아보고 각 습관을 감소시키거나 제거하기 위한 다양한 강화 중재를 기술한다.
5. 소집단으로 나누어 행동 감소 전략을 포함하는 BIP의 수정 제안에 대해 다음의 역할을 포함하여 토론을 하는 IEP 위원회 구성원의 역할극을 한다.

- '처벌' 사용에 대한 염려로 BIP 수정에 동의하지 않는 부모
- 한 가지 방법이나 또 다른 방법에 대해 확신이 없는 교장
- 수업 시 학생의 성취를 계속 방해하는 행동에 대해 조치가 필요함을 주장하는 일반교사
- 적용 가능한 행동 전략과 대상 학생에 관한 자신의 모든 지식을 활용하여 수정 제안에 따른 적절한 사례를 만들고자 하는 특수교사

참고자료

웹사이트

Opportunities Suspended : The Devastating Consequences of Zero-Tolerance and School Discipline : 2000년 6월에 발표된 이 고급 프로젝트의 보고서는 하버드대학교의 시민 권리 프로젝트와 협력하여 작성되었다.

Council for Children with Behavioral Disorders : 특수교육 대상 아동을 위한 위원회(Council for Exceptional Children)의 분과인 정서장애아동위원회(Council for Children with Behavioral Disorders, CCBD)의 웹사이트로, 학교 내의 제한과 구류 사용에 대한 성명서가 제시되어 있다. CCBD 웹사이트에서 다운로드 받을 수 있다.

Safe and Responsive Schools Project of Indiana University : 인디애나대학교에서 시행하고 있는 안전하고 반응적인 학교 만들기 프로젝트는 학교 폭력, 소수민족 학생들의 특수교육 대상으로의 과다판정, 소수민족 학생의 불균형적인 훈육, 안전한 학교 조성 등에 관한 정보를 제공한다. 관련 사이트와 서적에 대한 정보가 제시되어 있으며 시범 프로그램에 관한 개요가 기술되어 있다.

The Center for Effective Discipline : 가정 및 학교에서의 훈육에 관한 정보를 제공한다. 체벌 사용에 관한 자료, 훈육 및 체벌 관련법, 관련 사이트에 관한 자료를 제공한다.

Effective Use of Time-Out : 켄터키대학교 특수교육 및 재활상담학과와 교육학과에서 주관하는 행동 관련 홈페이지로 타임아웃의 효과적인 사용 방법에 관한 논문들을 찾아볼 수 있다.

학술논문

Grskovic, J. A., Hall, A. M., Montgomery, D. J., Vargas, A. U., Zentall, S. S., & Belfiore, P. J. (2004). Reducing time-out assignments for students with emotional/behavioral disorders in a self-contained classroom. *Journal of Behavioral Education, 13*(1), 25-36.

Webber, J., & Scheuermann, B. (1991). Accentuate the positive...Eliminate the negative. *Teaching Exceptional Children, 24*(1), 13-19.

연구보고서 및 성명서

Advancement Project and the Harvard Civil Rights Project. (2000). *Opportunities suspended: The devastating consequences of zero tolerance and school discipline policies.* Available from www.advancementproject.org/resources/entry/opportunities-suspended-the-devastating-consequences-of-zero-tolerance-and

Council for Children with Behavioral Disorders (2009). *CCBD's position summary on the use of seclusion in school settings.* Available from www.ccbd.net/publications/positionpapers

Council of Parent Attorneys and Advocates (COPAA). (2008). *Declaration of principles opposing the use of restraints, seclusion, and other aversive interventions upon children with disabilities.* Available from www.copaa.net/news/Declaration.html

Human Rights Watch and American Civil Liberties Union (2009). *A violent education: Corporal punishment of children in U.S.*

public schools. Available from www.aclu.org/human-rightsracial-justice/ violent- education-corporal-punishment-childrenus-public-schools

National Disability Rights Network. (2009). *School is not supposed to hurt: Investigative report on abusive restraint and seclusion in schools*. Available from www.ndrn.org/images/Documents/Resources/ Publications/Reports/SR-Report2009.pdf

용어해설

간격 계획(Interval schedules) 강화의 시기를 결정하기 위해 특정 시간의 경과에 기초를 두는 강화 계획

간격 기록법(Interval recording) 목표행동의 발생 또는 비발생을 짧고 일정한 구간별로 기록하는 자료수집체계

간헐강화 계획(Intermittent schedule of reinforcement) 모든 정반응마다 강화를 제공하는 것이 아니라 간헐적으로 정반응을 강화하는 강화 계획

감각통합치료(Sensory integration therapy) 자폐, ADHD, 학습장애 및 기타 상태와 관련된 문제행동은 중추신경계가 정상적인 발달 과정의 일부로 발생하는 감각적 피드백을 통합하지 못한 결과라고 가정하는 신경생물학적 이론에 근거한 중재

강화(Reinforcement) 행동이 그 행동에 뒤따르는 후속결과에 따라 증가하게 되는 절차

강화 계획(Reinforcement schedules) 강화의 빈도

강화의 점진적 약화(Thinning) 촘촘한 강화 계획에서 간헐적인 계획으로 점차 옮겨 가는 절차

강화제(Reinforcer) 어떤 행동의 미래 발생 가능성을 높이는 후속결과

강화제 메뉴(Reinforcer survey or reinforcer menu) 학생이 선호하는 것을 알아내기 위해 강화제가 될 만한 것들을 모아 둔 목록

강화제 표집(Reinforcer sampling) 학생에게 강화제가 될 만한 여러 가지를 제시하고 학생이 어떤 물건이나 활동을 고르는지 관찰하는 것

강화 후 휴지(Post-reinforcement pause) 강화 계획이 예상 가능할 때 강화 직후에 즉각적으로 반응하던 것을 멈추는 경향

개념 정착표(Concept anchoring table) 도식 조직자의 한 형태로 학생들이 새로운 개념을 배울 때 이미 아는 개념과의 비교를 통해 새 개념을 배우도록 돕기 위해 사용됨

개념 학습(Conceptual learning) 핵심적 특징을 판별하기 위한 규칙 관계를 통해 개념의 의미를 지도한 후 그 의미를 제한하거나 확장하기 위해 다양한 예와 반례를 제시하여 개념을 지도하는 방법

개별화된 교수(Individualized instruction) 개별 학생에게 적절한 교수. 반드시 일대일 교수로 실시되어야 하는 것은 아님

개인중심계획(Person-centered planning) 개별 지원을 계획하기 위한 체계적이고 구조화된 접근으로 계획 과정에서 학생의 생육사, 관심, 강점, 삶의 목표를 최우선으로 둠

격리 타임아웃(Seclusionary time-out) 완전히 고립되어 있어야 하는 특정 장소에 학생을 머물게 하는 벌 절차

경감효과(Abative effect) 동기 조작(motivating operation)의 한 유형으로 강화제의 효과가 선행사건으로 인해 감소하는 것

경향(Trend) (단일대상연구에서) 세 자료점이 연속으로 같은 방향의 변화를 보이는 것

고정간격 계획(Fixed interval schedule, FI) 미리 결정된 일정 시간이 지난 후 첫 번째 행동에 대해 강화가 즉각적으로 전달되는 강화 계획

고정간격을 의식한 행동증폭(Fixed interval scallop) 특별히 학생들이 시간의 간격을 인지하고 있을 때 강화 간격이 끝나기 직전에 목표행동이 증가하는 강화의 현상

고정 반응지속시간 계획(Fixed response duration schedule, FRD) 미리 결정된 목표행동의 지속시간 이후에 강화가 전달되는 강화 계획

고정비율 계획(Fixed ratio schedule, FR) 고정된 행동 수가 일어난 후 학생이 강화를 받는 강화 계획

고정시간 지연(Constant time delay) 단서와 촉진 사이의 대기 시간을 항상 일정하게 유지하는 시간 지연법의 한 형태

과시적 전략(Conspicuous strategies) 새로운 학습자들에게 과업을 보다 쉽게 수행할 수 있도록 하거나 정보를 보다 더 쉽게 배

우거나 기억할 수 있도록 교수하는 방법

과잉교정(Overcorrection) 학생이 적절한 행동을 반복적으로 연습하게 하거나(긍정적 연습) 행동의 결과로 발생한 손해를 보상하게 하는(복구) 벌 절차

과제분석(Task analysis) 하나의 과제를 수행하기 위해 요구되는 구체적이고 분리된 인지적 · 신체적 단계를 판별하는 과정

교수 형태(Instructional arrangement) 교수를 위해 교수환경을 조직한 형태

교수활동(Instructional activity) 교사들과 학생들이 학습을 증진시키기 위해 하는 것

교육과정중심측정(Curriculum-based measurement, CBM) 학생들의 학업 수행이 교수를 위해 사용된 교수 자료로 체계적이고 잦은 측정을 통해 감독되는 과정

교체행동(Replacement behavior) 용인할 수 없는 행동을 대체하는 바람직한 행동으로 중재 계획의 일부로 고안됨. 학생은 지도, 촉진, 강화를 통해 교체행동에 익숙해지게 됨

교환 강화제(Backup reinforcers) 음식, 활동, 특권이나 물질 강화제

규칙 매트릭스(Rule matrix) 학교 전 영역에 적용되는 학교 전체의 규칙들을 보여 주는 도표

규칙 학습(Rule learning) 두 가지 사실이나 개념이 어떻게 연결되는지에 대한 학습을 통해 축적되는 지식의 한 형태

근접성 통제(Proximity control) 학생에게 용인할 수 없는 행동을 멈추라는 신호를 주기 위해 학생 옆에 서 있는 것

긍정심리학(Positive psychology) 개인과 지역사회가 성공하게 만드는 보호 요소에 관한 학문. 긍정적 정서, 개인의 긍정적 특징, 긍정적 관습에 초점을 둠

긍정적 행동중재 및 지원 리더십 팀(PBIS leadership team) 학교나 기관의 PBIS 활동을 계획하고 조정하는 학교 또는 기관 중심의 팀으로 모든 직원을 대표하는 사람들로 구성됨

긍정적 행동중재 및 지원, 학교 차원의 긍정적 행동지원, 행동지도를 위한 중재반응모델(Positive behavior interventions and supports[PBIS], Positive behavior supports[PBS], School-wide PBS[SW-PBS], Response to Intervention for behavior [behavior RtI]) 모든 학생의 문제행동을 예방하는 동시에 중요한 사회적 · 학습적 성과를 달성하기 위해 적용하는 광범위한 체계적이고 개별화된 전략

긍정적 행동지원(Positive behavioral supports, PBS) 모든 학생의 문제행동을 예방하는 동시에 중요한 사회적 · 학업적 성과를 성취하기 위한 체계적이고 개별화된 전략의 광범위한 적용을 뜻하는 일반적 용어

기능(Function) 행동을 하는 목적

기능적 동일성(Functionally equivalent) 용인할 수 없는 행동과 그 행동에 대한 교체행동이 동일한 기능을 갖는 것

기능적 의사소통 훈련(Functional communication training) 사회적으로 의미 있고 믿을 수 있는 의사소통 방법을 갖지 못하여 문제행동을 보이는 학생에게 새로운 기능적 의사소통 기술을 지도하는 과정

기능적 행동평가(Functional behavioral assessment, FBA) 행동에 미치는 환경의 영향과 문제행동의 기능을 결정하기 위해 문제행동에 관한 정보를 수집하는 절차

기억술(Mnemonics) 기억을 증진시키기 위한 체계적 절차

기준 변동 차별강화(Changing criterion DRL) 목표 준거에 행동이 도달할 때까지 준거를 조금씩 변화시키는 차별강화

기질(Temperament) 개인의 기본 성향이나 성격 유형. 생물학적 기반을 가진 동시에 환경의 영향도 받는 것으로 추정됨

기초선 자료(Baseline data) 중재를 적용하기 전에 발생하는 행동의 양. 일반적으로 기초선 자료는 중재가 실행되기 전 3~5회 정도의 관찰 기간 동안 수집함

내재적 강화(Intrinsic reinforcement) 내면적 강화. 자기만족, 성공 혹은 성취에 대한 감정

내재적 자기교수(Covert self-instruction) 개인이 수행을 평가하거나 촉진하고 안내하기 위해서 사용하는 조용한 혼잣말

내재화(Internalizing) 사회적 위축, 기타 표출되지 않는 유형의 문제들을 지칭함. 우울, 불안 및 관찰자에게 쉽게 드러나지 않는 증상들이 내재화 조건에 포함됨

내적 통제소(Internal locus of control) 자신의 성공이나 실패를 자신의 책임으로 귀인하는 것

능동적 교수(Active teaching) 완전학습에 이르게 하는 교수

다약제 복용(Polypharmacy) 한 환자가 두 가지 이상의 약을 복용하는 것. 정서 · 행동 · 정신건강장애를 다루기 위해 여러 약을 처방하는 실제를 설명할 때 사용하는 용어

단일대상설계(Single-subject designs) 독립변인의 효과를 집단보다는 개인별로 평가하는 연구 설계

대기시간(Wait time) 단서를 제시한 후 학생이 반응하도록 촉진하기 전에 학생의 반응을 기다리는 시간

대응 법칙(Matching law) 행동 발생률은 그 행동에 대한 강화의

비율에 의해 결정된다는 원리

대체행동 차별강화(Differential reinforcement of alternative behaviors, DRA) 체계적으로 대체행동을 강화함으로써 문제행동이 감소되는 절차

도식 조직자(Graphic organizers) 정보를 체계화하는 데 도움이 되는 도표들로 수직적, 연속적 비교관계를 나타냄

독립변인(Independent variable) 종속변수(즉, 목표행동들)에 영향을 주기 위해 사용되는 행동중재

독립적 연습(Independent practice) 교사의 감독이 거의 없이 학생이 새로 배운 기술이나 개념을 적용해 보는 직접 교수의 한 부분

독립적 집단강화(Independent group contingency) 강화 기준을 달성한 집단 내 모든 학생에게 같은 강화제가 사용되는 집단강화 시스템의 형태

동기 조작(Motivating operations, MOs) 목표행동에 뒤따르는 후속결과가 갖는 강화제로서의 잠재적 가치에 영향을 미치는 선행사건. MO는 강화제의 가치를 높이는 환기효과를 미칠 수도 있고, 강화제의 가치를 떨어뜨리는 경감효과를 미칠 수도 있음

동질 집단(Homogeneous group) 가르치고 있는 내용 영역에서 유사한 능력 수준을 보이는 학생들의 소집단

또래교수(Peer tutoring) 학생들이 함께 기술을 연습하는 교수 활동. 유창성을 높이는 데 사용됨

또래보조 학습 전략(Peer-assisted learning strategies, PALS) 학급차원의 또래교수 모델. 교수적 연습활동에 사용됨

매개적 학습발판(Mediated scaffolding) 학습의 초기 단계에서 학습자가 독립적으로 수행하기에는 너무 어렵고 복잡한 새로운 과제를 수행할 수 있도록 돕기 위해 제공하는 지원

명백한 교수(Explicit instruction) 교사들이 학생들에게 교수적인 목표와 내용을 구체적으로 전달하여 애매하지 않고 분명한 교수

모델링(Modeling) 다른 사람들이 모방하게 하려는 목적으로 어떤 행동을 직접 시연하는 것

목표 설정(Goal setting) 행동 증진을 위한 자기결정 목표의 활동을 세우는 것

무조건 혐오 자극(Unconditioned aversive stimulus) 학습되지 않은 혐오 자극이라고도 부름. 본질적으로 그리고 원래부터 불쾌하거나 고통스럽거나 성가신 모든 자극. 체벌과 같이 고통이나 불편을 의도적으로 야기하는 자극을 포함함

문제해결과 고수준 학습(Problem Solving and Higher-Level Learning) 명백하거나 단일한 답을 바로 찾을 수 없는 과제를 하게 되었을 때, 이전에 배운 규칙, 사실, 개념에만 의존하는 것이 아니라 인지 전략을 사용하여 이전에 배운 규칙 사실, 개념에서 둘 이상의 요소를 끌어내고 이를 체계적인 방식으로 적용하는 것

물질 강화제(Material reinforcer) 강화제의 기능을 하는 구체적 사물

박탈(Deprivation) 강화제가 제한된 시간만 또는 제한된 양만큼만 주어지는 상태

반복교수(Redundancy) 필수적 기술을 지도할 때 반복적으로 교수하고 연습시키는 것

반응 기회(opportunity to respond, OTR) 교사가 교수적 자극을 제공할 때마다 발생하는 기회

반응대가(Response cost) 특정 행동이 발생했을 때 이미 획득한 강화제의 일정 양을 뺏는 행동 감소 절차

반응지속기간 계획(Response duration schedule) 목표행동의 지속시간을 증가시키기 위한 강화 계획. 목표행동이 미리 정해 둔 시간만큼 계속 일어났을 때 강화 제공

반응지연시간 기록법(Latency recording) 자극이 주어졌을 때와 그 자극에 대한 반응이 시작되었을 때의 시간 지연을 측정하기 위한 자료 시스템

반응 카드(Response cards) 교사의 질문에 답하기 위해 모든 학생이 동시에 들어 올리게 되어 있는 카드, 표지판, 물건

배경사건(Setting event) 문제행동이 일어나는 시간이나 장소에 직접적으로 관련되지 않았지만 행동에 영향을 미치는 사건

배경지식 자극하기(Priming background knowledge) 새로운 정보가 이전에 배운 것이나 이미 알고 있는 지식과 어떻게 관련이 있는지를 학생에게 가르치는 것

배분된 시간(Allocated time) 각 교수활동을 위해 교사가 할당한 시간의 양

배제 타임아웃(Exclusionary time-out) 학생이 교수적 활동으로부터 교실 내 다른 영역이나 교실 밖으로 배제되는 처벌 절차

백분율(Percentage) 제한적 사건 자료를 환산하는 방법. 측정기간에 따라 반응 기회가 달라도 이를 환산할 수 있게 해 줌

벌(Punishment) 행동에 뒤따르는 후속결과 때문에 그 행동이 약화, 감소, 제거되는 절차

변동 반응지속시간 계획(Variable response duration schedule, VRD) 목표행동이 발생하는 평균 시간에 따라 강화를 제공하는 강화 계획

변동간격 계획(Variable interval schedule, VI) 미리 정한 간격의 평균을 근거로 발생한 목표행동을 강화하는 강화 계획

변동비율 계획(Variable ratio schedule, VR) 평균 반응 횟수에 따라 강화를 하는 강화 계획

변별 자극(Discriminative stimulus or S^D) 특별한 반응을 예상할 수 있는 자극이나 선행사건

보편적 수준(1차 예방)(Universal level, primary-level prevention) 학교 차원의 PBIS에서 실행되는 시스템 수준의 예방적 제도와 실제를 말함

복원력(Resiliency) 보호요인이 위험요인에 미치는 중개 효과

부분 간격 기록법(Partial-interval recording) 정해진 구간에 행동이 한 번이라도 발생하면 (+)로 기록하는 자료 측정 체계

부적 강화(Negative reinforcement, S^{R-}) 행동의 결과로 어떤 조건을 피할 수 있게 해 줌으로써 그 행동을 증가 또는 유지시키는 절차

부정기적 강화(Nonscheduled reinforcement) 강화의 제공 시점을 미리 계획하지 않는 것

분위기(Climate) 학급 환경에 대한 전반적 상황

불관용 정책(Zero-tolerance) 규정에 어긋나는 특정 행동이 발생했을 때 미리 정해진 후속결과를 적용하는 훈육적 조치로 그러한 후속결과가 문제행동 감소나 행동에 관련된 특정 환경의 변화에 효과가 있는지의 여부에 관계없이 적용함

불안완화제(Anxiolytics) 불안장애를 다루는 데 흔히 쓰이는 약품

불연속 개별시도 교수(불연속 개별시도 훈련)(Discrete trial training, Discrete trial instruction) 응용행동분석과 데이터에 기반을 둔 고도로 구조화된 교수 기법. 단서, 반응, 피드백, 시도 간 간격(학생의 반응에 대한 자료가 기록되는 동안)이라는 네 가지 요소를 포함함

불연속 행동(Discrete behaviors) 시작과 끝을 명확히 관찰할 수 있는 행동

불완전자극 통제(Incomplete stimulus control) 선행자극이 존재할 때 예상했던 반응이 일어나지 않거나 일관성 있게 나타나지 않는 조건

비배제 타임아웃(Nonexclusionary time-out) 아동이 정해진 시간 동안 강화를 얻을 수는 없지만 교수환경에는 머물게 하는 벌 절차

비율(Rate) 제한적이지 않은 사건 자료를 환산하는 방법. 측정 기간이 매번 다르거나 특정 기간에 행동의 발생 빈도를 증가시키거나 감소시키는 것이 목표일 때 사용함

비율강화 계획(Ratio schedule of reinforcement) 목표행동이 특정 횟수만큼 발생함에 따라 강화가 주어지는 강화 계획

비율 중압(Ratio strain) 강화 계획이 새로 도입되었거나 강화가 가끔씩만 주어지는 계획일 때 행동이 유지되지 않는 상황

비처벌적 절차(Nonpunishment procedures) 차별강화와 소거 등과 같이 벌이 아닌 방법으로 목표행동을 감소시키는 절차

사건 기록법(빈도 기록법)(Event recording, frequency recording) 각 행동의 발생 횟수를 세는 자료 수집 방법

사실 학습(Factual learning) 가장 보편적인 학습의 형태. 학교에서의 성공을 위해 필수적임

사전교정(Precorrection) 문제행동과 관련된 활동을 하기 직전에 학생에게 기대행동과 기대행동을 했을 때의 결과를 상기시키는 예방적 전략

사회성 기술(Social skills) 사회적 관계와 학교 수행을 촉진하고 힘든 상황에 잘 대처하게 해 주는 행동

사회적 강화제(Social reinforcer) 강화제로 기능하는 칭찬 또는 다른 형태의 관심

사회적 능력(Social competence) 개인의 사회적 행동에 대한 타인들의 평가

산소결핍증(Anoxia) 출생 시 산소결핍과 뇌출혈

상동행동(Stereotypic behavior) 자기자극의 목적으로 생각되는 손 흔들기, 몸 흔들기, 물건 돌리기, 단조로운 허밍 등의 반복행동

상반행동 차별강화(Differential reinforcement of incompatible bahavior, DRI) 문제행동과 상반되는 적절한 행동을 체계적으로 강화함으로써 문제행동이 감소되는 절차

상호의존적 집단강화(Interdependent group contingency) 모든 학생들이 공통된 강화제를 얻기 위해서는 기준을 달성해야 하는 집단강화 시스템의 한 형태

색인카드 서술 양식(Index card narrative format) 하루 중 발생하는 목표행동과 관련된 선행사건과 후속결과를 기록하는 간접 관찰 방법. 각 행동 발생은 별도의 색인카드에 기록됨

생물학적 모델(의학적 모델)(Biophysical model, medical model) 비전형적인 행동은 개인적으로 유전된 유기적 기능장애의 한

형태이거나 생물적으로 만들어진 결과라는 가정에 기초한 모델

생체 피드백(Biofeedback) 각성 수준을 알아보기 위해 근긴장도나 뇌파 등의 생물학적 측정치를 활용하는 것

생태계(Ecosystem) 개인들이 기능하는 환경적 체계

생태학적 모델(Ecological model) 일탈은 개인뿐 아니라 개인과 환경의 상호작용에 의해서도 일어난다는 입장의 이론적 모델

생태학적 평가(Ecological assessment) 아동의 행동과 아동이 기능하는 환경과 관련된 기대에 관한 정보를 수집하는 절차

생활사건면담(life space interview, LSI) 삶의 사건들은 행동에 영향을 주며 적절한 언어적 조정은 잠재적으로 부정적인 삶의 사건을 긍정적인 혹은 적어도 중립적 사건으로 만들 수 있다는 가정을 기초로 하는 인지행동 중재

선택 이론(Choice theory) William Glasser가 개발한 인지주의 모델과 관련된 중재. 아동이 사고의 오류나 비이성적 생각을 판별하여 현실에 기반을 둔 새로운 사고하기를 배우도록 돕기 위해 고안된 구어적 상호작용에 초점을 둠

선행사건(Antecedent) 특정 행동 직전에 발생하여 그 행동을 유발하는 자극

성공적 학습시간(Academic learning time, successful engaged time) 학생이 학습에 성공적인 반응을 보인 시간의 양

소거(Extinction) 강화가 제공되지 않음으로 인해 어떤 행동이 약화되고, 감소되고, 제거되는 조건

소거 폭발(Extinction burst) 강화가 소거된 초기에 행동의 빈도나 강도가 증가하는 것

소집단 교수(Small-group instruction) 교사가 대집단을 둘 이상의 작은 동질적 집단으로 나누고 각 집단을 따로 지도하는 교수 형태

수행결과물(Permanent product) 구체적이고 분명한 행동의 성과나 결과

수행 결함(Performance deficit) 동기상의 이유로 학생이 수행할 수 있으면서도 수행하지 않는 기술들

숙제(Homework) 학생이 교수환경 외의 환경에서 완성해야 하는 이전에 배운 기술과 관련된 연습활동을 말함

스케일 제거(Scale break) 척도의 일부가 생략되었음을 표시하기 위해 그래프에서 Y축에 넣는 짧은 두 줄의 사선

습득 결함(Acquisition deficit) 학생이 어떤 기술을 아직 배우지 못해서 적절히 사용하지 못하는 상태

습득 단계(Acquisition) 새로운 기술 혹은 개념을 배우는 첫 단계. 학생이 기술을 습득하기 위해 교사의 도움이 필요할 수 있으며 그 기술은 천천히 혹은 서투르게 실행될 것임

승인 체계(Acknowledgment system) 규칙을 따르는 학생의 행동에 대한 피드백을 제공하기 위해 학교 차원의 긍정적 행동 지원에서 이용되는 절차

시간 지연(Time delay) 응용행동분석에 기반을 둔 교수기법으로 무오류학습이라는 목표 달성을 위해 촉진을 사용하는 것. 점진적 시간 지연과 고정시간 지연의 두 유형이 있음

시간 표집법(Time-sampling) 각 구간의 마지막 순간에 목표행동이 발생했는지를 기록하는 측정 체계

시도(Trial) 불연속 개별시도 훈련에서의 교수적 상호작용. 시도는 단서, 촉진, 학생 반응, 피드백의 네 단계로 구성됨

심리역동적 모델(Psychodynamics model) 비전형적 행동은 인간 내부의 심리적 사건과 동력에서 비롯된다고 주장하는 개념 모델

안내된 연습(Guided practice) 학생이 교사의 감독하에 새로운 기술이나 개념을 연습하고 그에 대한 즉각적 피드백을 받는 직접 지도 수업의 일부분

언어적 행동연쇄(Verbal chains) 서열의 일부분으로 배워야 하는 사실

연구를 통해 입증된 실제(Research-validated practices) 과학적 입증의 정의에 따라 효과성이 입증된 중재 전략

연속강화 계획(Continuous schedule of reinforcement, CRF) 모든 정반응을 강화하는 강화 계획

연쇄(Chaining) 더욱 길고 복잡한 행동을 형성하기 위해 불연속행동을 연결하는 절차

역방향 행동연쇄(Backward chaining) 기술을 과제분석한 후 마지막 단계부터 가르치기 시작하여 그 단계가 능숙하게 실행되면 마지막에서 두 번째 단계를 지도함. 이런 식으로 하여 과제의 첫 단계에 이르기까지 계속 지도하는 방법

완전 자극 통제(Complete stimulus control) 강한 변별 자극이 거의 항상 바람직한 행동을 초래하는 상태

외적 강화(Extrinsic reinforcement) 개인 외적인 강화제를 사용하는 것

외적 통제소(External locus of control) 성공과 실패의 이유를 개인이 통제할 수 없는 요소에 귀인하는 것

외현적 자기교수(Overt self-instruction) 자신의 수행을 촉진, 안

내, 평가하기 위해 소리 내어 하는 자기교수

외현화(Externalizing) 불순응행동, 방해행동, 공격행동과 같이 쉽게 드러나는 행동들을 포함하는 조건으로 행동의 표출이라고도 부름. 주의력결핍 과잉행동장애, 반항장애, 품행장애 등이 외현화 조건에 포함될 수 있음

용암(Fade) 촉진을 점차 적게 제공하거나 촉진에 포함되는 정보를 줄임으로써 촉진을 서서히 줄여나가는 것

원상회복 과잉교정(Restitutional overcorrection) 학생이 자신의 부적절한 행동으로 발생한 사태를 바로잡게 하는 벌 절차

유관(Contingent) 정해진 기준만큼의 목표행동을 보일 때만 강화제를 제공하는 것. 강화제를 유관적으로 제공하는 것은 강화 프로그램의 성공에 매우 중요함

유지 단계(Maintenance) 습득 후 시간이 지나도 이전에 배운 기술을 수행할 수 있는 단계

유창성 결함(Fluency deficit) 학생이 필요한 기술을 어떻게 수행하는지에 대해서 알고 있고 그 기술을 수행하기 위해 충분히 동기화되어 있지만, 충분한 연습이 없어서 실질적으로 기술을 행하는 데 서투르고 비효율적인 상태

유창성 단계(Fluency or proficiency) 학습자들이 기술을 효과적으로 빠르고 정확하게 나타낼 수 있는 학습 단계

응용행동분석(Applied behavior analysis, ABA) 행동 원칙들을 토대로 한 중재를 이용하고 행동중재로 인해 행동이 변화되었음을 입증하기 위해 자료에 의존하는 행동변화에 대한 과학적 접근

의존적 집단강화(Dependent group contingency) 한 명 또는 그 이상의 학생들이 보이는 수행에 따라 집단 전체가 강화를 받는 것

이차 강화제(조건화된 강화제)(Secondary reinforcer, conditioned reinforcer) 우리가 학습을 통해 좋아하게 되는 자극들. 생존을 위해 생태적으로 필요하거나 생물학적 필요를 가진 강화가 아니므로 일차 강화제처럼 학습하지 않고도 강화의 성격을 가질 수 없음. 사회적 강화제, 활동 강화제, 구체물 강화제, 토큰 강화제 등으로 분류됨.

인지모델(Cognitive Model) 문제행동 또는 비전형적 행동을 설명하는 이론적 모델. 이 모델에서 주장하는 중재는 잘못되거나 왜곡된 사고 패턴을 보다 이성적이고 현실에 기반을 둔 사고로 교체하는 데 초점을 둠

인지행동 모델(Cognitive-behavioral model) 외현적 행동에 영향을 미치는 요소로 사고의 역할을 강조하는 이론적 모델

일과(Routines) 매일 또는 매주 같은 시간에 발생하는 규칙적으로 계획된 교실 활동

일대일 교수(One-on-one instruction) 교사가 교수를 전달할 때 학생을 개별적으로 지도하는 교수 형태

일반적인 직접 지도(Generic direct instruction, *di*) 명백한 교수 또는 활동적 교수라고도 알려진 것으로 교수 전달을 위해 교사가 하는 일반적인 일련의 행동을 말함

일반화(Generalization) 어떤 기술을 다른 환경, 다른 사람, 다른 자료에 대해서 사용하는 것

일정(Schedule) 학교에서의 시간 중 각각의 학생활동에 배당된 시간

일차 강화제(학습되지 않은 혹은 조건화되지 않은 강화제)(Primary reinforcers, unlearned reinforcers or unconditioned reinforcers) 생존을 위해 필요하거나 생물학적 가치를 지닌 자극으로 자연스럽게 강화의 효과를 낼 뿐 아니라 매우 강력함

일화기록(ABC 기록)(Anecdotal report, A-B-C report or A-B-C recording) 관찰자가 선행사건-행동-후속결과(A-B-C) 형식을 이용하여 관찰기간 동안 서면으로 사건들을 기록한 단순한 자료 기록 방법

임시 대안교육 환경(Interim alternative educational setting, IAES) 훈육문제로 일반학교에 출석하는 것이 허용되지 않는 장애학생을 위한 교육 배치

자극 통제(Stimulus control) 특정 선행사건이 있을 때 어떤 행동이 발생할 가능성이 높아지는 것

자극무관행동(Unrestricted events, free operants) 특정 자극이 있을 때만 발생하는 것이 아니라 아무 때나 발생하는 행동

자극반응행동(Restricted events, restricted operants) 특정 자극에 대한 반응으로 발생하는 행동

자극제(Stimulant medication) ADHD의 치료에 흔히 사용되는 향정신성 약품

자기강화(Self-reinforcement) 학생이 목표행동 후에 스스로를 어떻게 강화할지 배우는 절차

자기교수(Self-instruction) 자신의 행동을 시작하고 안내하거나 억제하기 위해 언어적 단서를 사용하는 절차

자기자극(Self-stimulation) 자폐인의 고유한 행동 특성

자기점검(Self-monitoring) 행동을 변화(증가 또는 감소)시키기 위해 자신의 구체적인 목표행동을 꾸준히 기록하는 절차

자기평가(Self-evaluation) 한 개인이 목표행동을 보인 정도 또는 특정 행동을 얼마나 잘 수행했는지에 대한 개인의 평가

자료점(Data points) 각 관찰 회기에서 수집된 자료를 표시하는 상징으로 가로선과 세로선이 만나는 지점에 그 상징을 표시함

자발적 회복(Spontaneous recovery) 소거를 통해 없어졌던 행동이 갑자기 재발하는 현상

장애 여부 관련 결정(Manifestation determination) 학교 관리자가 문제행동에 대한 처분을 내리기 전에 그 문제행동이 학생이 가진 장애의 결과인지의 여부를 고려하도록 하는 의무사항

재교육 프로젝트(Project Re-ED) 정서행동장애 학생을 위한 학교와 기관 간 네트워크로 생태학적 모델에 근거한 중재를 실시함

저빈도행동 차별강화(Differential reinforcem-ent of lower levels of behavior, DRL) 미리 결정된 행동의 횟수보다 적게 행동을 나타내면 강화를 제공하는 것

전체 간격 기록법(Whole-interval recording) 구간 기록법의 일종으로 목표행동의 발생이 구간 내내 일어나야 발생으로 간주함

전체 과제 제시(Total task presentation) 연쇄의 한 유형으로 개인에게 과제가 제시될 때마다 과제분석된 전 단계를 차례대로 모두 수행하게 하되 필요할 경우 보조나 촉진을 제공함

전체 집단 교수(Whole-group instruction or Large-group instruction) 전체 학급을 대상으로 한꺼번에 교수가 전달되는 교수 형태로 새로운 내용을 가르칠 때 사용됨

전체 회기 DRL(Full-session DRL) 전체 관찰 회기 동안 학생이 미리 정해진 수만큼의 목표행동은 할 수 있게 허용하고, 목표행동의 수가 미리 정한 기준 이하일 때는 강화를 제공하는 것

절차(Procedure) 교실 과제를 수행하는 구체적 단계

절차 학습(Procedural learning) 정해진 순서로 일련의 행동을 실행하면서 학습하게 되는 지식의 형태

점진적 시간 지연(Progressive time delay) 학생이 유창하게 반응을 하게 됨에 따라 단서와 촉진 사이의 시간을 점차 증가시키는 것

정방향 행동연쇄(Forward chaining) 과제분석의 첫 단계를 학생이 독립적으로 수행할 때까지 지도한 후 두 번째 단계를 추가로 지도함. 이런 식으로 과제분석에 포함된 모든 단계를 순서대로 학생이 수행할 수 있을 때까지 지도하는 과정

정신약리학(Psychopharmacology) 정서 · 행동 · 정신건강장애를 다루기 위해 약물을 사용하는 것에 관한 학문

정적 강화(Positive reinforcement) 행동에 뒤따르는 후속결과를 얻기 위해 행동이 증가 또는 유지되게 하는 절차

정적 강화로부터의 타임아웃(Time-out from positive reinforcement) 일정 시간 동안 강화제에 접근하지 못하게 하는 절차

조건화된(학습된) 혐오 자극(Conditioned or learned aversive stimulus) 고통과 같은 무조건적인 혐오 자극과 함께 제시되어 우리가 싫어하도록 학습된 자극

조작적인(Operationalized) 행동을 구체적이고 측정 가능한 용어로 서술하는 것(이러한 서술은 행동의 발생 여부를 관찰 가능한 지표로 표현해야 함)

조작적 정의(Operational definition) 목표행동에 대한 명확하고 객관적인 정의. 흔히 그 행동의 예가 되는 것과 예가 되지 않는 것을 포함함

중복이환(Comorbidity) 두 장애 조건이 동시에 존재하는 것

종속변인(Dependent variables) 중재의 목표가 되는 행동

중재반응모델(Response to intervention, RtI) 학습 실패를 예방하고 학습적 어려움의 조기 징후를 판별하며 학업 성공을 위해 필요한 정도에 따라 더 높은 강도의 지원을 제공하기 위해 실시하는 진단과 중재의 다층 체계

지속시간 기록법(Duration recording) 어떤 행동이 나타나는 시간의 길이를 측정하는 방법. 오랜 시간 동안 일어나는 시작과 끝을 분명히 확인할 수 있는 행동들에 적합함

직접 교수(Direct Instruction, *DI*) 교수와 교육과정 설계를 위해 체계적이고 유기적이며 포괄적인 접근

질적 지표(Benchmarks of Quality, BoQ) 긍정적 행동중재 및 지원 팀과 코치들이 학교 차원의 긍정적 행동중재 및 지원의 실행 충실도를 측정하기 위해 사용하는 도구

집단강화(Group contingency) 공통된 강화 목표를 달성하기 위해서 작거나 큰 집단들이 함께하는 강화 방법

집단설계(Group design) 집단에 대한 중재의 효과성을 평가하기 위해 사용되는 연구 설계

집중강화 계획(Dense reinforcement schedule) 강화제가 자주 혹은 계속해서 주어지는 강화 계획

짝짓기(Pairing) 일차 강화제와 이차 강화제를 동시에 제시하여 이차 강화제의 가치를 지도하는 절차

처치 집단(Treatment group) 중재나 처지를 받는 연구 참여자들

체벌(Corporal punishment) 학생을 때리는 것을 뜻하는 말로 흔

히 사용되나 용인할 수 없는 행동을 한 것에 대해 신체적 고통을 가하는 모든 종류의 벌이라고 정의될 수 있음

체제 변화(Systems change) 효과적이고 효율적인 학교관리 절차의 지속적 적용을 촉진하기 위해 조직의 정책, 행정가의 리더십, 일과 운영, 자원 등을 개혁하는 것

촉진(Prompt) 학생이 정확하게 반응을 수행하게 하기 위해 구어, 몸짓, 신체적 안내의 형태로 제공되는 도움

충실도(Fidelity) 중재가 처음의 설계에 따라 연구하려던 바대로 정확히 실행된 정도

칭찬(Praise) 승인을 표현하는 것(주로 구어로 표현)

컴퓨터 보조 교수(Computer-assisted instruction, CAI) 학습 성과를 향상시킬 수 있는 높은 수준의 반응기회, 즉각적 피드백, 동기를 제공할 수 있는 교수 방법

타행동 차별강화(Differential reinforcement of other behaviors, DRO) 다른 행동이 나타나거나 나타나지 않거나 관계없이 부적절한 목표행동이 전혀 나타나지 않았던 구간의 마지막에 강화가 주어지는 절차

토큰 강화제(Token reinforcers) 강화제의 기능을 하는 도장, 체크 표시, 별, 포인트, 기타 물건 등으로 다른 일차 또는 이차 강화제와 교환 가능함

토큰 경제(Token economy) 바람직한 행동을 한 직후 토큰이 주어지고 이 토큰이 모이면 나중에 지원 강화제와 교환할 수 있게 하는 강화 체계

통제 집단(Control group) 처치나 중재를 받지 않는 연구 참여자들. 처치 집단과 동일한 환경에서 중재와는 무관한 서비스나 약간의 관심을 받을 수는 있음

페인골드 식이요법(Feingold diet) 생물리학적 모델과 관련된 중재. 소아 알레르기 전문가인 벤자민 페인골드 박사가 개발한 것으로 ADHD는 음식 알레르기의 결과라는 그의 이론에 근거함. 인공색소와 향료, 방부제, 자연 발생하는 살리실산을 배제하는 매우 제한적인 식단을 고안

포괄적 서비스(Wraparound services) 삶의 여러 영역을 다루는 종합적인 서비스가 자연스러운 맥락에서 개인과 가족에게 제공되어야 한다는 철학이자 일련의 실제

포화(Satiation) 강화제가 더 이상 동기를 북돋우지 못하는 상태

표적집단 수준(Targeted level) 학교 차원의 긍정적 행동지원을 구성하는 요소 중 하나로 보편적 중재의 지원체계에 반응하지 않는 학생들을 위한 중재에 초점을 둠. 이 요소는 주로 프로그램 형태로 제공됨

프리맥 원리(Premack principle) 저빈도행동을 완료한 후에 좋아하는 활동을 하게 해 주는 것으로 비공식적으로는 '할머니의 법칙'으로 알려져 있음

피드백(Feedback) 학생의 반응이 맞았는지 틀렸는지를 학생에게 알려 주기 위해 교사가 하는 말이나 몸짓

학교 차원의 긍정적 행동중재 및 지원(Schoolwide positive behavior interventions and supports, SW-PBIS) 학교의 규율 확립을 위한 것으로 예방, 환경적 명확성과 예측 가능성, 바람직한 행동 교수, 연구에 근거한 실제 등을 강조하는 예방적이고 교수적인 접근

학교-교도소 경로(School-to-prison pipeline) 학생들이 청소년 사법 체계로 들어갈 위험에 놓이게 하는 엄격한 학교 훈육 정책과 기타 요인으로 인해 발생하는 패턴과 파급효과를 설명할 때 사용되는 용어

학교 차원의 정보 체계(School-Wide Information System, SWIS™) 교직원이 훈육 자료를 입력하면 이를 그래프의 형태로 검토하게 해 주는 웹기반의 자료관리 체계

학급 차원의 또래교수(Class-Wide Peer Tutoring, CWPT) 다음 네 가지 요소를 포함하는 교수방법. (1) 매주 조편성, (2) 구조화된 또래교수 절차, (3) 일일 점수 체계 사용, 학생수행결과를 공적 장소에 게시, (4) 의미 있는 교수활동을 통한 연습

학교 차원 평가도구(Schoolwide Evaluation Tool) 학교 차원 PBIS의 실행 충실도를 외부 관찰자가 측정할 때 사용하는 도구

학습 기회(Available time, opportunity to learn) 학생들이 학교에 있는 시간의 양. 이용 가능한 시간 모두가 교수를 위해 사용되는 것은 아님

학습센터(Learning centers) 교수적 연습활동의 한 형태로 높은 수준의 동기를 부여하는 활동으로 구성됨. 개별 학생 또는 두세 명으로 이루어진 소집단이 이 활동을 수행하게 됨

학습참여시간[Engaged time (academic engaged time, AET) or time on task] 학생들이 적극적으로 교수적 활동에 참여하는 데 할당된 시간의 퍼센트

합리적 정서행동치료(Rational emotive behavior therapy, REBT) 인지모델과 관련된 중재. REBT는 선행자극에 대한 비이성적 사고로 인해 문제행동이 발생한다고 가정하며, 비이성적 사고를 판별하여 보다 이성적 사고로 바꿔 주는 것을 주요 중재로 함

향정신성 의약품(Psychotropic, Psychotherapeutic or Psychiatric) 정서 · 행동 · 정신건강장애를 치료하는 데 사용되는 약품

행동(Behavior) 관찰 가능한 행동

행동 감소 절차(Behavior reductive procedures) 처벌보다 덜 부정적인 방법을 통해서 목표행동을 감소시키는 기술

행동결함(Behavioral deficit) 사회적 · 학업적 성공에 필요한 특정 행동을 충분하게 나타내지 못하는 상태

행동계약서(Contract or contingency contract) 학생과 성인(예 : 부모, 교사, 행정가)이 상호 동의한 약속을 문서로 작성한 것

행동수정(Behavior modification) 행동을 변화시키기 위한 방법을 일컫는 예전 용어. 응용행동분석(ABA)이라는 보다 과학적 접근이 그 자리를 대신함

행동에 관한 이론적 모델(Theoretical models of behavior) 비전형적 행동에 대한 철학적 신념 체계

행동연습 과잉교정(Positive practice overcorrection) 바람직하지 못한 행동에 대한 적절한 대체행동을 여러 번 연습하게 하는 벌 절차

행동을 위한 중재반응모델(Response to intervention for behavior, behavior RtI) 훈육에 대한 다층적 PBIS 접근을 뜻하는 말로 쓰이기도 함. 중재반응모델에서 학업과 행동을 동시에 강조한다는 점을 설명할 때 쓰이는 말이기도 함

행동주의(Behaviorism) 행동과 행동변화에 관한 학문

행동형성(Shaping) 목표행동을 보다 정확하게 시도할 때마다 강화를 함으로써 새로운 행동을 지도하는 것

행동지도원리(Guiding Principle) 기본적인 원칙, 신조, 가정

행동 효율성(Behavioral efficiency) 학생은 가장 확실하고 쉬운 방법으로 최대의 강화를 얻게 하는 행동을 할 것이라는 원칙

현 배치 유지 규정('Stay put' provision) 미국 장애인교육법에 포함된 규정으로 대부분의 경우 징계 결과가 나올 때까지는 학생이 현재 배치된 곳에 머물러야 한다는 것

현실치료(Reality therapy) 인지모델과 관련된 중재. 문제행동을 보이는 아동과 성인 간 치료적 상호작용을 중시함. 아동이 자신의 사고 오류를 찾아내고 좀 더 현실에 기반을 둔 사고를 하도록 돕는 상호작용을 설계함

협동학습(Cooperative learning, CL) 학생들이 이질적 집단에 배치되어 집단과제를 수행하게 하는 교수활동

화용론(Pragmatics) 사회적 목적의 언어 사용

환기효과(Evocative effect) 동기 조작의 하위 유형으로 선행사건으로 인해 강화제의 가치가 증가하는 것

활동 강화제(Activity reinforcers) 강화제로서 기능을 가진 특권, 게임 혹은 특별한 일들

효과적 행동 지원 조사(Effective Behavior Support (EBS) Survey) PBIS 체계의 여러 요소가 실행되고 있는 정도와 요소별 개선 필요성에 관한 교직원의 인식을 진단하는 데 사용

후속결과(Consequence) 그 행동이 앞으로 반복될지 그렇지 않을지를 좌우하는 행동 직후의 사건

훈육실 의뢰(Office disciplinary referral, ODR) 문제행동의 결과로 학생을 교장이나 교감의 사무실로 보내는 것. 이 절차를 시작하기 위해 교직원이 작성하는 서식을 뜻하기도 함

1차 예방(Primary-level prevention or Universal-level prevention) 모든 학생이 적절한 행동을 보이도록 지원하고 새로운 문제행동과 학업적 어려움을 감소시키기 위해 보편적 중재를 적용하는 학교 차원의 긍정적 행동지원의 한 요소

2차 예방(Secondary-level prevention) 학교 차원의 긍정적 행동지원의 한 요소로 만성적이고 심각한 문제행동이나 학업 실패의 위험이 있다고 생각되는 학생 또는 보편적 지원에도 불구하고 높은 수준의 부적절한 행동이나 학업문제를 지속적으로 보이는 학생들을 위한 중재에 초점을 둠

3차 예방(Tertiary level or Tertiary-level prevention) 학교 차원의 긍정적 행동지원의 한 요소로 가장 강력하고 개별화된 중재를 필요로 하는 개별 학생의 요구에 초점을 둠

3단계 행동발생 유관 모델(Three-term contingency) 행동과 환경의 영향에 대한 시간 모델. 3단계란 선행사건-행동-후속결과를 말함

A-B-C 모델(A-B-C model) 응용행동분석의 모든 교수 및 행동 관리 전략을 범주화할 수 있는 용이한 모델

S-델타(S-Delta, S^{Δ}) 특정 반응을 예측 가능한 방식으로 끌어내지 않는 모든 자극

SCORE CHAMPS 구조(Structure), 명확성(Clarity), 반응 기회(Opportunities to respond), 반복(Redundancy), 명백한 교수(Explicit instruction), 선택(Choices), 지식의 형태 평가(Assess forms of knowledge), 점검(Monitor student learning), 연습(Practice), 성공(Success)의 첫 글자를 딴 전략

참고문헌

"ACLU files lawsuit on behalf of Maine high school student expelled for taking pain reliever." (2001, February 1). Retrieved from https://www.aclu.org/racial-justice_drug-law-reform_immigrants-rights_national-security/aclu-files-lawsuit-behalf-maine-h

Adams, G. L., & Engelmann, S. (1996). *Research on Direct Instruction: 25 years beyond DISTAR*. Seattle, WA: Educational Achievement Systems.

Advancement Project and the Harvard Civil Rights Project. (2000). *Opportunities suspended: The devastating consequences of zero tolerance and school discipline policies*. Retrieved from http://www.advancementproject.org/resources/entry/opportunities-suspended-the-devastating-consequences-of-zero-tolerance-and

Akin-Little, K. A., Eckert, T. L., & Lovett, B. J. (2004). Extrinsic reinforcement in the classroom: Bribery or best practice. *School Psychology Review, 33*(3), 344–362.

Alber, S. R., Heward, W. L., & Hippler, B. J. (1999). Teaching middle school students with learning disabilities to recruit positive teacher attention. *Exceptional Children, 65*(2), 253–270.

Alberto, P. A., & Troutman, A. C. (2006). *Applied behavior analysis for teachers* (7th ed.). Upper Saddle River, NJ: Merrill/Pearson.

Algozzine, R., Serna, L. A., & Patton, J. R. (2001). *Childhood behavior disorders* (2nd ed.). Austin, TX: PRO-ED.

Allen, N. B., Lewinsohn, P. M., & Seeley, J. R. (1998). Prenatal and perinatal influences on risk for psychopathology in childhood and adolescence. *Developmental Psychopathology, 10*(3), 513–529.

American Federation of Teachers. (1998). *Building on what works: Six promising schoolwide reform programs*. Washington, DC: Author.

American Federation of Teachers. (2003). *Setting the stage for high standards: Elements of a safe and orderly school*. Retrieved from http://www.aft.org/yourwork/teachers/reports/safeorderly.cfm

Anderson, L., Evertson, C., & Brophy, J. (1979). An experimental study of effective teaching in first-grade reading groups. *Elementary School Journal, 79*(4), 193–223.

Andrade, S., Lo, J. C., Roblin, D., Fouayzi, H., Connor, D. F., Penfold, R. B., . . . Gurwitz, J. H. (2011). Antipsychotic medication use among children and risk of diabetes mellitus. *Pediatrics, 128*(6), 1135–1141.

Antunez, B. (2000). When everyone is involved: Parents and communities in school reform. In B. Antunez, P. A. DiCerbo, & K. Menken (Eds.), *Framing effective practice: Topics and issues in the education of English language learners* (pp. 53–59). Washington, DC: National Clearinghouse for Bilingual Education.

Association for Positive Behavior Support. (2007). *APBS standards of practice: Individual level*. Retrieved from http://www.apbs.org/standards_of_practice.html

Aull, E. H. (2012). Zero tolerance, frivolous juvenile court referrals, and the school-to-prison pipeline: Using arbitration as a screening-out method to help plug the pipeline. *Ohio State Journal on Dispute Resolution, 27*(1), 179–206.

Ausdemore, K. B., Martella, R. C., & Marchand-Martella, N. E. (n.d.). *School-wide positive behavioral support: A continuum of proactive strategies for all students*. Retrieved from http://www.newhorizons.org/spneeds/inclusion/teaching/marchand%20martella%20ausdemore%202.htm

Ayers, J. (1972). *Sensory integration and the child*. Los Angeles, CA: Western Psychological Services.

Ayllon, T., & Azrin, N. (1968). *The token economy: A motivational system for therapy and rehabilitation*. New York, NY: Appleton-Century-Crofts.

Azrin, N. H., & Foxx, R. M. (1971). A rapid method for toilet training the institutionalized retarded. *Journal of Applied Behavior Analysis, 4*, 89–99.

Azrin, N. H., & Holz, W. C. (1966). Punishment. In W. K. Honig (Ed.), *Operant behavior: Areas of research and application*. New York, NY: Appleton-Century-Crofts.

Babkie, A. M. (2006). 20 ways to be proactive in managing classroom behavior. *Intervention in School and Clinic, 41*(6), 184–187.

Baer, D. M., Wolf, M. M., & Risley, T. R. (1968). Some current dimensions of applied behavior analysis. *Journal of Applied Behavior Analysis, 1*(1), 91–97.

Baio, J. (2014). Prevalence of Autism Spectrum Disorder among children aged 8 years–Autism and Developmental Disabilities monitoring network, 11 sites, United States, 2010. *Morbidity and Mortality Weekly Report, 63*(SS02), 1–21.

Baker, L. A., Jacobson, K. C., Raine, A., Lozano, D. I., & Bezdjian, S. (2007). Genetic and environmental bases of childhood antisocial behavior: A multi-informant twin study. *Journal of Abnormal Psychology, 116*(2), 219–235.

Bandura, A. (1969). *Principles of behavior modification*. New York, NY: Holt, Rinehart, & Winston.

Bandura, A. (1973). *Aggression: A social learning analysis*. Upper Saddle River, NJ: Prentice Hall.

Bandura, A. (1977). *Social learning theory*. Upper Saddle River, NJ: Prentice Hall.

Barlow, D., & Hersen, M. (1984). *Single-case experimental designs: Strategies for studying behavior change*. New York, NY: Pergamon Press.

Baron-Faust, R. (2000, February 21). *A new consciousness: Biofeedback trains your brain to treat diseases*. Retrieved from http://www.webmd.com/content/article/13/1668_50191.htm

Barrish, H. H., Saunders, M., & Wolf, M. W. (1969). Good behavior game: Effects of individualized contingencies for group consequences on disruptive behavior in a classroom. *Journal of Applied Behavior Analysis, 2*(2), 119–124.

Baum, W. M. (1994). *Understanding behaviorism*. New York, NY: HarperCollins.

Beaman, R., & Wheldall, K. (2000). Teachers' use of approval and disapproval in the classroom. *Educational Psychology, 20*(4), 431–446.

Bear, G. G., Quinn, M. M., & Burkholder, S. (2001). Interim alternative educational settings for children with disabilities. Bethesda, MD: National Association of School Psychologists.

Becker, W. C., & Gersten, R. (2001). Follow-up of follow-through: The later effects of the direct instruction model on children in fifth and sixth grades. *Journal of Direct Instruction, 1*(1), 57–71.

Beebe-Frankenberger, M., Lane, K. L., Bocian, K. M., Gresham, F. M., & MacMillan, D. L. (2005). Students with or at risk for problem behavior: Betwixt and between teacher and parent expectations. *Preventing School Failure, 49*(2), 10–17.

Beghetto, R. (2003). *Scientifically based research*. Retrieved from ERIC Database. (ED474304)

Berliner, D. (1978). *Changing academic learning time: Clinical interventions in four classrooms*. San Francisco, CA: Far West Laboratory for Educational Research and Development.

Bessellieu, F. B., Kozloff, M. A., & Rice, J. S. (n.d.). *Teachers' perceptions of direct instruction teaching*. Retrieved from http://people.uncw.edu/kozloffm/teacherperceptdi.html

Beyda, S. D., Zentall, S. S., & Ferko, D. J. K. (2002). The relationship between teacher practices and the task-appropriate and social behavior of students with behavioral disorders. *Behavioral Disorders, 27*, 236–255.

Bijou, S. W., & Baer, D. M. (1961). *Child development I: A systematic and empirical theory*. Upper Saddle River, NJ: Prentice Hall.

Blacher, J. (1984). A dynamic perspective on the impact of a severely handicapped child on the family. In J. Blacher (Ed.), *Severely handicapped children and their families* (pp. 3–50). Orlando, FL: Academic Press.

Bloom, B. (1984). The search for methods of group instruction as effective as one-to-one tutoring. *Educational Leadership, 41*(8), 4–18.

Borich, G. D. (2003). *Observation skills for effective teaching*. Upper Saddle River, NJ: Merrill/Pearson.

Borich, G. D. (2004). *Effective teaching methods* (5th ed.). Upper Saddle River, NJ: Merrill/Pearson.

Bostwick, J. M. (2006). Do SSRIs cause suicide in children? The evidence is underwhelming. *Journal of Clinical Psychology: In Session, 62*(2), 235–241.

Bradshaw, C. P., Koth, C. W., Bevans, K. B., Ialongo, N., & Leaf, P. J. (2008). The impact of school-wide positive behavioral interventions and supports (PBIS) on the organizational health of elementary schools. *School Psychology Quarterly, 23*(4), 462–473.

Bradshaw, C. P., Mitchell, M. M., & Leaf, P. J. (2010). Examining the effects of schoolwide positive behavioral interventions and supports on student outcomes. *Journal of Positive Behavior Interventions, 12*(3), 133–148.

Brandt, R. S. (1988, March). Our students' needs and team learning: A conversation with William Glasser. *Educational Leadership, 45*, 38–45.

Brent, D. (2004). Antidepressants and pediatric depression—The risk of doing nothing. *New England Journal of Medicine, 351*, 1598–1601.

Bresin, K., & Gordon, K. H. (2013). Endogenous opioids and nonsuicidal self-injury: A mechanism of affect regulation. *Neuroscience & Biobehavioral Reviews, 37*(3), 374–383.

Brophy, J., & Evertson, C. (1976). *Learning from teaching: A developmental perspective*. Boston, MA: Allyn & Bacon.

Brophy, J., & Evertson, C. (1981). *Student characteristics and teaching*. New York, NY: Longman.

Brophy, J., & Good, T. (1986). Teacher behavior and achievement. In M. C. Wittrock (Ed.), *Handbook of research on teaching* (pp. 328–375). Upper Saddle River, NJ: Prentice Hall.

Broussard, C., & Northup, J. (1995). An approach to functional assessment and analysis of disruptive behavior in regular education classrooms. *School Psychology Quarterly, 10*, 151–164.

Bryan, T., & Burstein, K. (2004). Improving homework completion and academic performance: Lessons from special education. *Theory Into Practice, 43*(3), 213–219.

Buka, I., Osornio-Vargas, A. R., & Clark, B. (2011). Food additives, essential nutrients and neurodevelopmental behavioural disorders in children: A brief review. *Paediatric Child Health, 16*(7), e54–e56.

Bulgren, J. A., Deschler, D. D., Schumaker, J. B., & Lenz, B. K. (2000). The use and effectiveness of analogical instruction in diverse secondary content classrooms. *Journal of Educational Psychology, 16*, 426–441.

Bullard, B. (1998, November). *Teacher self-evaluation*. Paper presented at the annual meeting of the Mid-South Educational Research Association. (ERIC Document Reproduction Service No. ED428074)

Burke, M. D., Davis, J. D., Lee, Y., Hagan-Burke, S., Kwok, O., & Sugai, G. (2012). Universal screening for behavioral risk in elementary schools using SWPBS expectations. *Journal of Emotional and Behavioral Disorders, 20*(1), 38–54.

Cameron, J., Banko, K. M., & Pierce, W. D. (2001). Pervasive negative effects of rewards on intrinsic motivation: The myth continues. *The Behavior Analyst, 24*, 1–44.

Caprara, G., Barbaranelli, C., Pastorelli, C., Bandura, A., & Zimbardo, P. G. (2000). Prosocial foundations of children's academic achievement. *Psychological Science, 11*(4), 302–306.

Carnine, D. W., Silbert, J., Kame'enui, E., J., & Tarver, S. G. (2010). *Direct instruction reading* (5th ed.). Upper Saddle River, NJ: Merrill/Pearson.

Carr, E. G., Dunlap, G., Horner, R. H., Koegel, R. L., Turnbull, A. P., Sailor, W., . . . Fox, L. (2002). Positive behavior support: Evolution of an applied science. *Journal of Positive Behavior Interventions, 4*(1), 4–16, 20.

Carr, E. G., & Durand, V. M. (1985). Reducing behavior problems through functional communication training. *Journal of Applied Behavior Analysis, 18*, 111–126.

Carr, E. G., Horner, R. H., Turnbull, A. P., Marquis, J. G., Magito McLaughlin, D., McAtee, M. L., . . . Doolabh, A. (1999). *Positive behavior support for people with developmental disabilities: A research synthesis*. Washington, DC: American Association on

Mental Retardation.

Carr, E. G., Langdon, N. A., & Yarbrough, S. C. (1999). Hypothesis-based intervention for severe problem behavior. In A. C. Repp & R. H. Horner (Eds.), *Functional analysis of problem behavior* (pp. 9–31). Belmont, CA: Wadsworth.

Carr, E. G., Levin, L., McConnachie, G., Carlson, J. I., Kemp, D. C., & Smith, C. E. (1994). *Communication-based intervention for problem behavior.* Baltimore, MD: Paul H. Brookes.

Carr, E. G., Newsom, C. D., & Binkoff, J. A. (1980). Escape as a factor in the aggressive behavior of two retarded children. *Journal of Applied Behavior Analysis, 13*, 101–117.

Carr, E. G., Robinson, S., & Palumbo, I. (1990). The wrong issue: Aversive versus nonaversive treatment. The right issue: Functional versus nonfunctional treatment. In A. Repp & N. Singh (Eds.), *Perspectives on the use of nonaversive and aversive interventions for persons with developmental disabilities.* Sycamore, IL: Sycamore Publishing.

Carr, E. G., Taylor, J. C., & Robinson, S. (1991). The effects of severe behavior problems in children on the teaching behavior of adults. *Journal of Applied Behavior Analysis, 3*, 523–535.

Casey, R. J., & Berman, J. S. (1985). The outcome of psychotherapy with children. *Psychological Bulletin, 98*, 388–400.

Catalano, R., Loeber, R., & McKinney, K. C. (1999). School and community interventions to prevent serious and violent offending. *Juvenile Justice Bulletin.* Washington, DC: Office of Juvenile Justice and Delinquency Prevention, U.S. Department of Justice.

Center for Effective Collaboration and Practice. (1998). Delinquency: Effective programs from across the nation. *Reclaiming Children and Youth, 7*, 125–126.

Center for Effective Discipline. (2008). *U.S. corporal punishment and paddling statistics by state and race.* Retrieved from vistademo.beyond2020.com/ocr2004rv30/xls/2004Projected.html

Center for Innovations in Education. (2005, January). *Teaching social skills.* Columbia: University of Missouri.

Center for Mental Health in Schools. (2002). *A technical assistance sampler on protective factors (resiliency).* Los Angeles, CA: Author.

Center for Mental Health in Schools. (2003). *Youngsters' mental health and psychosocial problems: What are the data?* Los Angeles, CA: Author. Retrieved from http://smhp.psych.ucla.edu/pdfdocs/prevalence/youthMH.pdf

Center for Positive Behavioral Support at the University of Missouri–Columbia. (2009, October 22). *Getting started in Missouri Schoolwide PBS.* Retrieved from http://pbismissouri.org/starting.html

Center on Positive Behavioral Interventions and Supports. (2004). *School-wide positive behavior support: Implementation blueprint and self-assessment.* Eugene, OR: Author.

Centers for Disease Control and Prevention. (2006). *Brick Township autism investigation.* Retrieved from http://www.atsdr.cdc.gov/hac/pha/pha.asp?docid=380&pg=0

Chalk, K., & Bizo, L. A. (2004). Specific praise improves on-task behaviour and numeracy enjoyment: A study of year four pupils engaged in the numeracy hour. *Educational Psychology in Practice, 20*(4), 335–351.

Chandler, L. K., & Dahlquist, C. M. (2002). *Functional assessment.* Upper Saddle River, NJ: Merrill/Pearson.

Cheney, D., Stage, S. A., Hawken, L. S., Lynass, L., Mielenz, C., & Waugh, M. (2009). A 2-year outcome study of the Check, Connect, and Expect intervention for students at risk for severe behavior problems. *Journal of Emotional and Behavioral Disorders, 17*(4), 226–243.

Chibnall, S. H., & Abbruzzese, K. (2004). A community approach to reducing risk factors. *Juvenile Justice, 9*(1), 30–31.

Children's Defense Fund. (1975). *School suspensions: Are they helping children?* Cambridge, MA: Washington Research Project.

Chirdkiatgumchai, V., Xiao, H., Fredstrom, B. K., Adams, R. E., Epstein, J. N., Shah, S. S., . . . Froehlich, T. E. (2013). National trends in psychotropic medication use in young children: 1994–2009. *Pediatrics, 132*, 615–623.

Christensen, L., Young, K. R., & Marchant, M. (2004). The effects of a peer-mediated positive behavior support program on socially appropriate classroom behavior. *Education and Treatment of Children, 27*(3), 199–234.

Cipani, E. (2004). *Classroom management for all teachers* (2nd ed.). Upper Saddle River, NJ: Merrill/Pearson.

Coie, J., & Krehbiel, G. (1984). Effects of academic tutoring on the social status of low-achieving, socially rejected children. *Child Development, 55*, 1465–1478.

Coie, J., & Kupersmidt, J. (1983). A behavioral analysis of emerging social status in boys' groups. *Child Development, 54*, 1400–1416.

Coleman, M. C., & Webber, J. (2002). *Emotional and behavioral disorders: Theory and practice* (4th ed.). Boston, MA: Allyn & Bacon/Pearson.

Coleman-Martin, M. B., Heller, K. W., Cihak, D. F., & Irvine, K. L. (2005). Using computer-assisted instruction and the nonverbal reading approach to teach word identification. *Focus on Autism and Other Developmental Disabilities, 20*(2), 80–90.

Colvin, G., Sugai, G., & Patching, B. (1993). Precorrection: An instructional approach for managing predictable problem behaviors. *Intervention in School and Clinic, 28*, 143–150.

Commission on Excellence in Education. (1983). *A nation at risk: The imperative for educational reform.* Washington, DC: Author.

Conyers, C., Miltenberger, R., & Maki, A. (2004). A comparison of response cost and differential reinforcement of other behaviors to reduce disruptive behavior in a preschool classroom. *Journal of Applied Behavior Analysis, 37*(3), 411–415.

Cooper, H. (1989). Synthesis of research on homework. *Educational Leadership, 47*(3), 85–91.

Cooper, J. P. (1981). *Measurement and analysis of behavioral techniques.* Upper Saddle River, NJ: Merrill/Pearson.

Cooper, J. P., Heron, T. E., & Heward, W. L. (2007). *Applied behavior analysis* (2nd ed.). Upper Saddle River, NJ: Merrill/Pearson.

Copeland, S. R., & Hughes, C. (2002). Effects of goal setting on task performance of persons with mental retardation. *Education and Training in Mental Retardation and Developmental Disabilities, 37*(1), 40–54.

Cosden, M., Gannon, C., & Haring, T. (1995). Teacher-control versus student-control over choice of task and reinforcement for students with severe behavior problems. *Journal of Behavioral Education, 5*, 11–27.

Cotton, K., & Savard, W. G. (1982). *Student discipline and motivation: Research synthesis.* Portland, OR: Northwest Regional Educational Laboratory. (ERIC Document Reproduction Service No. ED224170)

Council for Children with Behavioral Disorders. (2009). *CCBD's position summary on the use of seclusion in school settings*. Reston, VA: Author.

Council for Exceptional Children. (1987). *Academy for effective instruction: Working with mildly handicapped students*. Reston, VA: Author.

Council of Parent Attorneys and Advocates (COPAA). (2008). *Declaration of principles opposing the use of restraints, seclusion, and other aversive interventions upon children with disabilities*. Retrieved from http://www.copaa.net/news/Declaration.html

Coury, D. L., Anagnostou, E., Manning-Courtney, P., Reynolds, A., Cole, L., McCoy, R., . . . Perrin, J. M. (2012). Use of psychotropic medication in children and adolescents with autism spectrum disorders. *Pediatrics, 130*, S69–S76.

Cowdery, G. E., Iwata, B. A., & Pace, G. M. (1990). Effects and side effects of DRO as treatment for self-injurious behavior. *Journal of Applied Behavior Analysis, 23*, 497–506.

Crone, D. A., Hawken, L. S., & Horner, R. H. (2010). *The behavior education program* (2nd ed.). New York, NY: Guilford Press.

Cruz, N. V., & Bahna, S. L. (2006). Do food or additives cause behavior disorders? *Pediatric Annals, 35*(10), 748–754.

Cullinan, D. (2003). *Students with emotional and behavioral disorders*. Upper Saddle River, NJ: Merrill/Pearson.

Cunningham, E., & O'Neill, R. E. (2000). Comparison of results of functional assessment and analysis methods with young children with autism. *Education and Training in Mental Retardation and Developmental Disabilities, 35*(4), 406–414.

Darensbourg, A., Perez, E., & Blake, J. J. (2010). Overrepresentation of African American males in exclusionary discipline: The role of school-based mental health professionals in dismantling the school to prison pipeline. *Journal of African American Males in Education, 1*(3), 196–211.

Darling-Hammond, L. (2005, December). Prepping our teachers for teaching as a profession. *The Education Digest, 71*(4), 22–27.

Deci, E. L., & Ryan, R. M. (1985). *Intrinsic motivation and self-determination in human behavior*. New York, NY: Plenum Press.

Delquadri, J., Greenwood, C. R., Stretton, K., & Hall, R. V. (1983). The peer tutoring game: A classroom procedure for increasing opportunity to respond and spelling performance. *Education and Treatment of Children, 6*, 225–239.

Delquadri, J., Greenwood, C. R., Whorton, D., Carta, J. J., & Hall, R. V. (1986). Classwide peer tutoring. *Exceptional Children, 52*(6), 535–542.

Derby, K. M., Hagopian, L., Fisher, W. W., Richman, D., Augustine, M., Fahs, A., & Thompson, R. (2000). Functional analysis of aberrant behavior through measurement of separate response topographies. *Journal of Applied Behavior Analysis, 33*, 113–118.

DeRisi, W. J., & Butz, G. (1975). *Writing behavioral contracts*. Champaign, IL: Research Press.

Deschler, D. D., Schumaker, J. B., Alley, G. R., Warner, M. M., & Clark, F. L. (1982). Learning disabilities in adolescent and young adult populations: Research implications. *Focus on Exceptional Children, 15*(1), 1–12.

Deschler, D. D., Schumaker, J. B., Lenz, B. K., Bulgren, J. A., Hock, M. F., Knight, J., & Ehren, B. J. (2001). Ensuring content-area learning by secondary students with learning disabilities. *Learning Disabilities Research and Practice, 16*, 96–108.

Dietz, D. E. D., & Repp, A. C. (1983). Reducing behavior through reinforcement. *Exceptional Education Quarterly, 3*, 34–46.

Dodge, K. (1993). The future of research on conduct disorder. *Development and Psychopathology, 5*(1/2), 311–320.

Dolan, L. J., Kellam, S. G., Brown, C. H., Werthamer-Larsson, L., Rebok, G. W., Mayer, L. S., . . . Wheeler, L. (1993). The short-term impact of two classroom-based preventive interventions on aggressive and shy behaviors and poor achievement. *Journal of Applied Developmental Psychology, 14*, 317–345.

Drasgow, E., & Yell, M. L. (2001). Functional behavioral assessments: Legal requirements and challenges. *School Psychology Review, 30*(2), 239–251.

Duchnowski, A. J., Johnson, M. K., Hall, K. S., Kutash, K., & Friedman, R. M. (1993). The alternatives to residential treatment study: Initial findings. *Journal of Emotional and Behavior Disorders, 1*, 17–26.

Dunlap, G., DePerczel, M., Clarke, S., Wilson, D., Wright, S., White, R., & Gomez, A. (1994). Choice making to promote adaptive behavior for students with emotional and behavioral challenges. *Journal of Applied Behavior Analysis, 27*(3), 505–518.

Dunlap, G., & Kern, L. (1993). Assessment and intervention for children within the instructional curriculum. In J. Reichle and D. P. Wacker (Eds.), *Communication alternatives to challenging behavior: Integrating functional assessment and intervention strategies* (pp. 177–204). Baltimore, MD: Paul H. Brookes.

Dunlap, G., Kincaid, D., Horner, R. H., Knoster, T., & Bradshaw, C. P. (2014). A comment on the term "positive behavior support." *Journal of Positive Behavior Interventions, 16*(3), 133–136.

Dunlap, K. (1930). Repetition in the breaking of habits. *The Scientific Monthly, 30*, 66–70.

Durand, V. M. (1990). *Severe behavior problems: A functional communication training approach*. New York, NY: Guilford Press.

Durand, V. M., Berotti, D., & Weiner, J. (1993). Functional communication training: Factors affecting effectiveness, generalization, and maintenance. In J. Reichle & D. Wacker (Eds.), *Communicative alternatives to challenging behavior: Integrating functional assessment and intervention strategies* (pp. 317–340). Baltimore, MD: Paul H. Brookes.

Durand, V. M., & Crimmins, D. B. (1988). Identifying the variables maintaining self-injurious behavior. *Journal of Autism and Developmental Disorders, 18*, 99–117.

Durand, V. M., & Crimmins, D. B. (1992). *The Motivation Assessment Scale (MAS)*. Topeka, KS: Monaco & Associates.

Dwyer, K., & Osher, D. (2000). *Safeguarding our children: An action guide*. Washington, DC: U.S. Department of Education.

Dwyer, K., Osher, D., & Warger, C. (1998). *Early warning, timely response: A guide to safe schools*. Washington, DC: U.S. Department of Education.

Eapen, V. (2011). Genetic basis of autism: Is there a way forward? *Current Opinion in Psychiatry, 24*(3), 226–236.

El Paso Independent School District, 39 IDELR 16 (SEA TX 2003).

Elliott, S. N., & Gresham, F. M. (1991). *Social skills intervention guide: Practical strategies for social skills training*. Circle Pines, MN: American Guidance Service.

Ellis, A. (1962). *Reason and emotion in psychotherapy*. New York, NY: Lyle Stuart.

Ellis, E. S. (1992). Perspective on adolescents with learning disabilities. In E. S. Ellis (Ed.), *Teaching the learning disabled adolescent: Strategies and methods*. Denver, CO: Love.

Ellis, E. S., & Worthington, L. A. (1994). *Technical Report No. 5: Research synthesis on effective teaching principles and the design of quality tools for educators*. Eugene: National Center to Improve the Tools of Educators, University of Oregon.

Emmer, E. T., Evertson, C. M., & Anderson, L. M. (1980). Effective classroom management at the beginning of the school year. *The Elementary School Journal, 80*(5), 219–231.

Emmer, E. T., Evertson, C. M., & Worsham, M. E. (2003). *Classroom management for secondary teachers*. Boston, MA: Allyn & Bacon.

Emmer, E. T., Sanford, I. P., Clements, B. S., & Martin, I. (1983, March). *Improving junior high classroom management*. Paper presented at the annual meeting of the American Educational Research Association, Montreal. (ERIC Document Reproduction Service No. ED234021)

Engelmann, S. (2004). Foreword. In N. E. Marchand-Martella, T. A. Slocum, & R. C. Martella (Eds.), *Introduction to direct instruction* (pp. 19–26). Boston, MA: Allyn & Bacon.

Engelmann, S., & Becker, W. C. (1978). Systems for basic instruction: Theory and applications. In A. C. Catania & T. A. Brigham (Eds.), *Handbook of applied behavior analysis* (pp. 325–377). New York, NY: Irvington.

Engelmann, S., & Carnine, D. W. (1991). *Theory of instruction: Principles and applications*. Eugene, OR: Association for Direct Instruction.

Englert, C. S. (1984). Effective direct instruction practices in special education settings. *Remedial and Special Education, 5*, 38–47.

Environmental Protection Agency. (2003). *America's children and the environment*. Washington, DC: Author.

Epstein, M. H. (2001). *Behavioral and Emotional Rating Scale—Second Edition* (BERS-2). Austin, TX: PRO-ED.

Epstein, M. H., & Sharma, J. M. (1998). *Behavioral and Emotional Rating Scale: A strength-based approach to assessment—Examiner's manual*. Austin, TX: PRO-ED.

Epstein, R., & Goss, C. M. (1978). A self-control procedure for the maintenance of nondisruptive behavior in an elementary school child. *Behavior Therapy, 9*, 109–117.

Etscheidt, S. K. (2006a). Behavioral intervention plans: Pedagogical and legal analysis of issues. *Behavioral Disorders, 31*(2), 223–243.

Etscheidt, S. K. (2006b). Progress monitoring: Legal issues and recommendations for IEP teams. *Teaching Exceptional Children, 38*(3), 56–60.

Evans, E. D., & Richardson, R. C. (1995). Corporal punishment: What teachers should know. *Teaching Exceptional Children, 27*(2), 33–36.

Evans, G., & Lowell, B. (1979). Design modification in an open-plan school. *Journal of Educational Psychology, 71*(1), 41–49.

Everhart, B., Oaks, H., Martin, H., & Sanders, R. (2004). The differences in pre-service lessons taught with pre-packaged and self-designed lesson plans. *International Journal of Physical Education, 41*(3), 104–111.

Evertson, C. (1979). *Teacher behavior, student achievement, and student attitudes: Descriptions of selected classrooms*. Austin: Research and Development Center for Teacher Education, University of Texas (Report No. 4063).

Evertson, C. (1982). Differences in instructional activities in higher- and lower-achieving junior high English and math classes. *Elementary School Journal, 82*, 329–350.

Evertson, C., Anderson, C., Anderson, L., & Brophy, J. (1980). Relationships between classroom behaviors and student outcomes in junior high mathematics and English classes. *American Educational Research Journal, 17*, 43–60.

Evertson, C., Anderson, L., & Brophy, J. (1978). *Texas Junior High School Study: Final report of process–outcome relationships (Vol. 1)*. Austin: Research and Development Center for Teacher Education, University of Texas (Report No. 4061).

Evertson, C., & Poole, I. (n.d.). *Effective room arrangement*. Nashville, TN: The IRIS Center for Training Enhancements. Retrieved from http://iris.peabody.vanderbilt.edu/case_studies/ICS-001.pdf

Evertson, C. M. (1985). Training teachers in classroom management: An experimental study in secondary school classrooms. *Journal of Educational Research, 79*, 51–58.

Evertson, C. M., & Emmer, E. T. (1982). Effective management at the beginning of the school year in junior high classes. *Journal of Educational Psychology, 74*(4), 485–498.

Evertson, C. M., Emmer, E. T., & Worsham, M. E. (2003). *Classroom management for elementary teachers* (6th Ed.). Boston, MA: Allyn & Bacon.

Fabelo, T., Thompson, M. D., Plotkin, M., Carmichael, D., Marchbanks, M. P., & Booth, E. A. (2011). *Breaking schools' rules*. New York, NY: Council of State Governments Justice Center.

Feingold, B. F. (1975). *Why your child is hyperactive*. New York, NY: Random House.

Feingold, B. F. (1976). Hyperkinesis and learning disabilities linked to ingestion of artificial food colors and flavorings. *Journal of Learning Disabilities, 9*, 551–559.

Felixbrod, J. J., & O'Leary, K. D. (1974). Self-determination of academic standards by children: Toward freedom from external control. *Journal of Educational Psychology, 66*, 845–850.

Ferguson, P. M. (2003). A place in the family: An historical interpretation of research on parental reactions to having a child with a disability. *Journal of Special Education, 36*, 124–130.

Fern Ridge Middle School. (1999). *The High Five Program: A positive approach to school discipline*. Elmira, OR: Author.

Filter, K. J., McKenna, M. K., Benedict, E. A., Horner, R. H., Todd, A. W., & Watson, J. (2007). Check in/check out: A post-hoc evaluation of an efficient, secondary-level targeted intervention for reducing problem behaviors in schools. *Education and Treatment of Children, 30*(1), 69–84.

Fisher, C., Fibly, N., Marliave, R., Cahen, L., Dishaw, M., More, J., & Berliner, D. (1978). *Teaching behaviors: Academic learning time and student achievement: Final report of Phase III-B, Beginning Teacher Evaluation Study*. San Francisco, CA: Far West Laboratory for Educational Research and Development.

Fisher, D. (2009). The use of instructional time in the typical high school classroom. *The Educational Forum, 73*, 168–176.

Flood, W. A., & Wilder, D. A. (2004). The use of differential reinforcement and fading to increase time away from a caregiver in a child with separation anxiety disorder. *Education and Treatment of Children, 27*(1), 1–8.

Fogt, J. B., & Piripavel, C. M. D. (2002). Positive schoolwide interventions for eliminating physical restraint and seclusion. *Reclaiming Children and Youth, 10*(4), 227–232.

Forness, S. R., & Kavale, K. A. (2001). Ignoring the odds: Hazards of not adding the new medical model to special education decisions. *Behavioral Disorders, 26*(4), 269–281.

Fowler, D. (2010). *Texas's school-to-prison pipeline: School expulsion*. Austin, TX: Appleseed.

Fowler, D. (2011a). *Texas's school-to-prison pipeline: Ticketing, arrest, and use of force in schools*. Austin, TX: Appleseed.

Fowler, D. (2011b). School discipline feeds the "pipeline to prison." *Phi Delta Kappan, 93*(2), 14–19.

Foxx, R. M. (1982). *Decreasing behaviors of severely retarded and autistic persons*. Champaign, IL: Research Press.

Foxx, R. M., & Shapiro, S. T. (1978). The timeout ribbon: A nonexclusionary timeout procedure. *Journal of Applied Behavior Analysis, 11*, 125–136.

Fuchs, D., Fuchs, L. S., & Burish, P. (2000). Peer-Assisted Learning Strategies: An evidence-based practice to promote reading achievement. *Learning Disabilities Research and Practice, 15*, 85–91.

Fuchs, L., Deno, S. L., & Mirkin, P. K. (1984). The effects of frequent curriculum-based measurement and evaluation on pedagogy, student achievement, and student awareness of learning. *American Educational Research Journal, 21*(2), 449–460.

Fuchs, L. S., & Fuchs, D. (2001). Principles for the prevention and intervention of mathematics disabilities. *Learning Disabilities Research and Practice, 16*, 85–95.

Fuchs, L. S., Fuchs, D., & Hamlett, C. L. (l993). Technological advances linking the assessment of students' academic proficiency to instructional planning. *Journal of Special Education Technology, 12*, 49–62.

Fuchs, L. S., Fuchs, D., Hamlett, C. L., & Steecker, P. M. (1991). Effects of curriculum-based measurement and consultation on teacher planning and student achievement in mathematics operations. *American Educational Research Journal, 28*, 617–641.

Gable, R., Hendrickson, J., & Sealander, K. (1998). Ecobehavioral observation: Ecobehavioral assessment to identify classroom correlates of students' learning and behavioral problems. *Beyond Behavior, 8*, 25–27.

Gable, R., Quinn, M. M., Rutherford, R. B., & Howell, K. (1998). Addressing problem behaviors in schools: Use of functional assessments and behavior intervention plans. *Preventing School Failure, 42*(3), 106–119.

Gable, R., & Shores, R. E. (1980). Comparison of procedures for promoting reading proficiency of two children with behavioral and learning disorders. *Behavioral Disorders, 5*, 102–107.

Gardner, R., III. (1990). Life space interviewing: It can be effective, but don't. . . . *Behavioral Disorders, 15*(2), 110–126.

Gardner, R., III, Heward, W. L., & Grossi, T. A. (1994). Effects of response cards on student participation and academic achievement: A systematic replication with inner-city students during whole-class science instruction. *Journal of Applied Behavior Analysis, 27*, 63–71.

Garmezy, N. (1985). Stress-resistant children: The search for protective factors. In J. E. Stevenson (Ed.), *Recent research in developmental psychopathology* (pp. 213–233). New York, NY: Pergamon Press.

Gast, D. L., & Nelson, C. M. (1977). Legal and ethical considerations for the use of timeout in special education settings. *Journal of Special Education, 11*, 457–467.

Gersten, R., Carnine, D. W., & Woodward, J. (1987). Direct instruction research: The third decade. *Remedial and Special Education, 8*(6), 48–56.

Gersten, R., Woodward, J., & Darch, C. (1986). Direct instruction: A research-based approach to curriculum design and teaching. *Exceptional Children, 53*, 17–31.

Gettinger, M. (1988). Methods of proactive classroom management. *School Psychology Review, 17*(2), 227–242.

Gettinger, M., & Seibert, J. K. (2002). Best practices in increasing academic learning time. In A. Thomas (Ed.), *Best practices in school psychology IV: Volume I* (4th ed., pp. 773–787). Bethesda, MD: National Association of School Psychologists.

Getty, L. A., & Summy, S. E. (2006). Language deficits in students with emotional and behavioral disorders: Practical applications for teachers. *Beyond Behavior, 15*(3), 15–22.

"Girl expelled for taking toy gun to Sumter school will be allowed back." (2013, January 31). Retrieved from http://www.kltv.com/story/20893194/6-year-old-expelled-after-taking-plastic-toy-gun-to-school

Glasser, W. (1965). *Reality therapy: A new approach to psychiatry*. New York, NY: Harper & Row.

Glasser, W. (1998a). *Choice theory*. New York, NY: HarperCollins.

Glasser, W. (1998b). *The quality school: Managing students without coercion*. New York, NY: HarperCollins.

Goldstein, A. (1999). *The prepare curriculum: Teaching prosocial competencies*. Champaign, IL: Research Press.

Goldstein, A., Glick, B., & Gibbs, J. C. (1998). *Aggression replacement training*. Champaign, IL: Research Press.

Goldstein, A., & McGinnis, E. (1988). *The skillstreaming video: How to teach students prosocial skills*. Champaign, IL: Research Press.

Goldstein, A., McGinnis, E., Sprafkin, R., Gershaw, N. J., & Klein, P. (1997). *Skillstreaming the adolescent*. Champaign, IL: Research Press.

Gonzalez, J. E., Nelson, J. R., Gutkin, T. B., Saunders, A., Galloway, A., & Shwery, C. S. (2004). Rational emotive therapy with children and adolescents: A meta-analysis. *Journal of Emotional and Behavioral Disorders, 12*(4), 222–235.

Goodman, R., & Stevenson, J. (1989). A twin study of hyperactivity: II. The aetiological role of genes, family relationships, and perinatal adversity. *Journal of Child Psychology and Psychiatry, 30*, 691–709.

Gordon, C. T. (2002). Pharmacological treatment options, Part 1. *Exceptional Parent, 32*(11), 66–70.

Gordon, C. T. (2003). Pharmacological treatment options, Part 2. *Exceptional Parent, 33*(1), 119–121.

Gordon, T. (1974). *Teacher effectiveness training*. New York, NY: Wyden.

Graham, S., & Harris, K. R. (2003). Students with learning disabilities and the process of writing: A meta-analysis of SRSD studies. In H. L. Swanson, K. R. Harris, & S. Graham (Eds.), *Handbook of learning disabilities* (pp. 323–344). New York, NY: Guilford Press.

Gray, C. A., & Garand, J. D. (1993). Social stories: Improving responses of students with autism with accurate social information. *Focus on Autistic Behavior, 8*(1), 1–10.

Green, R. L. (1998). Nurturing characteristics in schools related to discipline, attendance, and eighth grade proficiency test scores. *American Secondary Education, 26*(4), 7–14.

Greenwood, C. R., Arreaga-Mayer, C., Utley, C. A., Gavin, K. M., & Terry, B. J. (2001). Classwide peer tutoring learning management system: Applications with elementary-level English language learners. *Remedial and Special Education, 22*, 34–47.

Greenwood, C. R., Maheady, L., & Delquadri, J. C. (2002). Classwide peer tutoring. In G. Stoner, M. R. Shinn, & H. Walker (Eds.), *Interventions for achievement and behavior problems* (2nd ed., pp. 611–649). Washington, DC: National Association of School Psychologists.

Gresham, F. M. (1981). Social skills training with handicapped children: A review. *Review of Educational Research, 51*, 139–176.

Gresham, F. M. (1995). Best practices in social skills training. In A. Thomas & J. Grimes (Eds.), *Best practices in school psychology* (pp. 1021–1030). Washington, DC: National Association of School Psychologists.

Gresham, F. M., & Elliot, S. (1990). *Social Skills Rating System (SSRS)*. Circle Pines, MN: American Guidance Service.

Gresham, F. M., Sugai, G., & Horner, R. H. (2001). Interpreting outcomes of social skills training for students with high-risk disabilities. *Exceptional Children, 67*, 331–344.

Grimes, L. (1981). Learned helplessness and attribution theory: Redefining children's learning problems. *Learning Disability Quarterly, 4*, 92–100.

Grosse, S. D., Matte, T. D., Schwartz, J., & Jackson, R. J. (2002). Economic gains resulting from the reduction in children's exposure to lead in the United States. *Environmental Health Perspectives, 110*, 563–569. Retrieved from http://www.ncbi.nlm.nih.gov/pmc/articles/PMC1240871

Grskovic, J. A., Hall, A. M., Montgomery, D. J., Vargas, A. U., Zentall, S. S., & Belfiore, P. J. (2004). Reducing time-out assignments for students with emotional/behavioral disorders in a self-contained classroom. *Journal of Behavioral Education, 13*(1), 25–36.

Gunter, P. L., Coutinho, M. J., & Cade, T. (2002). Classroom factors linked with academic gains among students with emotional and behavioral problems. *Preventing School Failure, 46*(3), 126–132.

Gunter, P. L., & Denny, R. K. (1998). Trends, issues, and research needs regarding academic instruction of students with emotional and behavioral disorders. *Behavioral Disorders, 24*, 44–50.

Gunter, P. L., Denny, R. K., Jack, S. L., Shores, S. E., & Nelson, C. M. (1993). Aversive stimuli in academic interactions between students with serious emotional disturbance and their teachers. *Behavioral Disorders, 24*, 44–50.

Gunter, P. L., Denny, R. K., Shores, R. E., Reed, T. M., Jack, S. L., & Nelson, M. (1994). Teacher escape, avoidance, and countercontrol behaviors: Potential responses to disruptive and aggressive behaviors of students with severe behavior disorders. *Journal of Child and Family Studies, 3*, 211–223.

Gunter, P. L., Hummel, J. H., & Conroy, M. A. (1998). An effective intervention strategy to decrease behavior problems. *Effective School Practices, 17*(2), 55–62.

Gunter, P. L., Hummel, J. H., & Venn, M. (1998). Are effective academic instructional practices used to teach students with behavior disorders? *Beyond Behavior, 9*(3), 5–11.

Gunter, P. L., & Jack, S. L. (1993). Lag sequential analysis as a tool for functional analysis of student disruptive behavior in classrooms. *Journal of Emotional and Behavioral Disorders, 1*, 138–149.

Gunter, P. L., & Reed, T. M. (1997). Academic instruction of children with emotional and behavioral disorders using scripted lessons. *Preventing School Failure, 42*(1), 33–37.

Gunter, P. L., Shores, R. E., Jack, S. L., Denny, R. K., & DePaepe, P. (1994). A case study of the effects of altering instructional interactions on the disruptive behavior of a child identified with severe behavior disorders. *Education and Treatment of Children, 17*, 435–444.

Gushee, M. (1984). *Student discipline policies*. Eugene, OR: ERIC Clearinghouse on Educational Management, ERIC Digest, Number 12.

Hall, R. V., & Hall, M. C. (1982). *How to negotiate a behavioral contract*. Austin, TX: PRO-ED.

Hallahan, D. P., & Kauffman, J. M. (2006). *Exceptional learners* (10th ed.). Boston, MA: Allyn & Bacon.

Hallahan, D. P., Lloyd, J. M., Kauffman, J. M., Weiss, M. P., & Martinez, E. A. (2005). *Learning disabilities: Foundations, characteristics, and effective teaching* (3rd ed.). Boston, MA: Allyn & Bacon.

Hallahan, D. P., & Reeve, R. E. (1980). Selective attention and distractibility. In B. K. Keogh (Ed.), *Advances in special education (Vol. 1)* (pp. 141–181). Greenwich, CT: JAI Press.

Hanley, G. P., Iwata, B. A., & McCord, B. E. (2003). Functional analysis of problem behavior: A review. *Journal of Applied Behavior Analysis, 36*(2), 147–185.

Hansen, S., & Lignugaris/Kraft B. (2005). Effects of a dependent group contingency on the verbal interactions of middle school students with emotional disturbance. *Behavioral Disorders, 30*, 169–184.

Hardy, L. (1999). Why teachers leave. *American School Board Journal, 186*(7), 12–17.

Harris, K. R., Friedlander, B. D., Saddler, B., Frizzelle, R., & Graham, S. (2005). Self-monitoring of attention versus self-monitoring of academic performance: Effects among students with ADHD in the general education classroom. *Journal of Special Education, 39*(3), 145–156.

Harrison, J. R., Vannest, K., Davis, J., & Reynolds, C. (2012). Common problem behaviors of children and adolescents in general education classrooms in the United States. *Journal of Emotional and Behavioral Disorders, 20*(1), 55–64.

Hawken, L., & Horner, R. (2003). Evaluation of a targeted group intervention within a school-wide system of behavior support. *Journal of Behavioral Education, 12*, 225–240.

Hays, S. C., Rosenfarb, I., Wulfert, E., Munt, E., Korn, Z., & Zettle, R. (1985). Self-reinforcement effects: An artifact of social standard setting? *Journal of Applied Behavior Analysis, 18*, 201–214.

Hazel, J. S., Schumaker, J. B., Sherman, J., & Sheldon, J. (1995). *ASSET: A social skills program for adolescents*. Champaign, IL: Research Press.

Healthy Children Project. (n.d.). Retrieved from http://www.healthychildrenproject.org/welcome.htm

Hernstein, R. J. (1974). Formal properties of the matching law. *Journal of the Experimental Analysis of Behavior, 21*, 486–495.

Hersh, R., & Walker, H. (1983). Great expectations: Making schools effective for all students. *Policy Studies Review, 2*, 147–188.

Heumann, J., & Warlick, K. (2001). *Prevention research and the IDEA discipline provisions: A guide for school administrators*. U.S. Department of Education, Office of Special Education Programs.

Heward, W. L. (2009). *Exceptional children* (9th ed.). Upper Saddle River, NJ: Merrill/Pearson.

Hiller, J., Fisher, G., & Kaess, W. (1969). A computer investigation of verbal characteristics of effective classroom lecturing. *American Educational Research Journal, 6*, 661–675.

Hobbs, N. (1966). Helping disturbed children: Psychological and ecological strategies. *American Psychologist, 21*, 1105–1115.

Hoffman, L., & Sable, J. (2006). *Public elementary and secondary students, staff, schools, and school districts: School year 2003–04* (NCES 2006-307). Washington, DC: National Center for Education Statistics, U.S. Department of Education. Retrieved from http://www.nces.ed.gov

Hofmeister, A., & Lubke, M. (1990). *Research into practice: Implementing effective teaching strategies*. Boston, MA: Allyn & Bacon.

Hooper, S. R., Murphy, J., Devaney, A., & Hultman, T. (2000). Ecological outcomes of adolescents in a psychoeducational residential treatment facility. *American Journal of Orthopsychiatry, 70*(4), 491–500.

Hops, H., & Walker, H. M. (1988). *CLASS: Contingencies for learning academic and social skills*. Seattle, WA: Educational Achievement Systems.

Horner, A. C. (1994). Functional assessment: Contributions and future directions. *Journal of Applied Behavior Analysis, 27*, 401–404.

Horner, R., & Day, H. (1991). The effects of response efficiency on functionally equivalent competing behaviors. *Journal of Applied Behavior Analysis, 24*, 719–732.

Horner, R. H., Sugai, G., & Horner, H. F. (2000). A schoolwide approach to student discipline. *The School Administrator, 57*(2), 20–24.

Horner, R. H., Sugai, G., Smolkowski, K., Eber, L., Nakasato, J., Todd, A. W., & Esperanza, J. (2009). A randomized, wait-list controlled effectiveness trial assessing School-wide Positive Behavior Support in elementary schools. *Journal of Positive Behavior Interventions, 11*, 133–145.

Horner, R. H., Todd, A. W., Lewis-Palmer, T., Irvin, L. K., Sugai, G., & Boland, J. B. (2004). The School-Wide Evaluation Tool (SET): A research instrument for assessing school-wide positive behavior support. *Journal of Positive Behavior Interventions, 6*(1), 3–12.

Horton, S. V., Lovitt, T. C., & Bergerud, D. (1990). The effectiveness of graphic organizers for three classifications of secondary students in content area classes. *Journal of Learning Disabilities, 23*, 12–22.

Hughes, C., Copeland, S. R., Wehmeyer, M., Agran, M., Rodi, M., & Presley, J. (2002). Using self-monitoring to improve performance in general education high school classes. *Education and Training in Mental Retardation and Developmental Disabilities, 37*(3), 262–272.

Human Genome Project. (n.d.). Retrieved from http://www.ornl.gov/sci/techresources/Human_Genome/project/about.shtml

Human Rights Watch and American Civil Liberties Union. (2009). *Impairing education: Corporal punishment of students with disabilities in U.S. public schools*. Retrieved from http://www.hrw.org

Ialongo, N. S., Werthamer, L., Kellam, S., Brown, C. H., Wang, S., & Lin, Y. (1999). Proximal impact of two first-grade preventive interventions on the early risk behaviors for later substance abuse, depression, and antisocial behavior. *American Journal of Community Psychology, 27*, 599–641.

Illinois PBIS Network. (2005). *Fiscal year 2005 PBIS report*. Retrieved from http://www.pbisillinois.org

Imbrogno, A. R. (2000). Corporal punishment in America's public schools and the U.N. Convention on the Rights of the Child: A case for non-ratification. *Journal of Law and Education, 29*(2), 125–147.

Independent School District No. 2310, 28 IDELR 933 (SEA MN 1998).

Individuals with Disabilities Education Improvement Act, 20 U.S.C. 1400–1482 (2004).

Ingram, K., Lewis-Palmer, T., & Sugai, G. (2005). Function-based intervention planning: Comparing the effectiveness of FBA function-based and non-function-based intervention plans. *Journal of Positive Behavior Interventions, 7*(4), 224–236.

Ingram Independent School District, 35 IDELR (SEA TX 2001).

Institute on Violence and Destructive Behavior. (1999). *Building effective schools together*. Eugene: University of Oregon.

Iovanonne, R., Anderson, C., & Scott, T. (2013). Power and control: Useful functions are explanatory fictions? *Beyond Behavior, 22*(2), 3–6.

Iris Center. (n.d.). *Classroom diversity: An introduction to student differences*. Available at http://iris.peabody.vanderbilt.edu/module/div

Irvin, L. K., Horner, R. H., Ingram, K., Todd, A. W., Sugai, G., Sampson, N., & Boland, J. (2006). Using office discipline referral data for decision-making about student behavior in elementary and middle schools: An empirical investigation of validity. *Journal of Positive Behavior Interventions, 8*(1), 10–23.

Irvin, L. K., Tobin, T. J., Sprague, J. R., Sugai, G., & Vincent, C. G. (2004). Validity of office discipline referral measures as indices of school-wide behavioral status and effects of school-wide behavioral interventions. *Journal of Positive Behavior Interventions, 6*(3), 131–147.

Ives, B., & Hoy, C. (2003). Graphic organizers applied to higher-level secondary mathematics. *Learning Disabilities Research and Practice, 18*, 36–51.

Iwata, B., & DeLeon, I. (1996). *The functional analysis screening tool*. Gainesville: The Florida Center on Self-Injury, The University of Florida.

Jenson, W. R., Olympia, D., Farley, M., & Clark, E. (2004). Positive psychology and externalizing students in a sea of negativity. *Psychology in the Schools, 41*(1), 67–79.

Jerome, A., & Barbetta, P. M. (2005). The effect of active student responding during computer-assisted instruction on social studies learning by students with learning disabilities. *Journal of Special Education Technology, 20*(3), 13–23.

Johnson, L. E., Wang, E. W., Gilinsky, N., He, Z., Carpenter, C., Nelson, C. M., & Scheuermann, B. (2013). Academic and behavioral improvements following implementation of universal SW-PBIS strategies in Texas secure juvenile facilities. *Education and Treatment of Children, 36*, 135–145.

Jolivette, K., & Nelson, C. M. (2010). Adapting positive behavioral interventions and supports for secure juvenile justice settings: Improving facility-wide behavior. *Behavioral Disorders, 36*, 28–42.

Jolivette, K., Stichter, J. P., McCormick, K., & Tice, K. (2002). Making choices—improving behavior—engaging in learning. *Teaching Exceptional Children, 34*(3), 24–29.

Jolivette, K., Wehby, J., Canale, J., & Massey, N. G. (2001). Effects of choice making opportunities on the behavior of students with emotional and behavioral disorders. *Behavioral Disorders, 26*, 131–145.

Jones, K. (2013). #zerotolerance #KeepingupwiththeTimes: How federal zero tolerance policies failed to promote educational success, deter juvenile legal consequences, and confront new social media concerns in public schools. *Journal of Law & Education, 42*(4), 739–749.

Kahng, S., Abt, K. A., & Schonbachler, H. E. (2001). Assessment and treatment of low-rate high-intensity problem behavior. *Journal of Applied Behavior Analysis, 34*(2), 225–228.

Kame'enui, E. J., & Carnine, D. W. (1998). *Effective teaching strategies that accommodate diverse learners*. Upper Saddle River, NJ: Merrill/Pearson.

Kame'enui, E. J., & Simmons, D. C. (1990). *Designing instructional strategies: The prevention of academic learning problems*. Upper Saddle River, NJ: Merrill/Pearson.

Kame'enui, E. J., & Simmons, D. C. (1999). *Toward successful inclusion of students with disabilities: The architecture of instruction*. Reston, VA: Council for Exceptional Children.

Kamps, D. M., Barbetta, P. M., Leonard, B. R., & Delquadri, J. (1994). Classwide peer tutoring: An integration strategy to improve reading skills and promote peer interactions among students with autism and general education peers. *Journal of Applied Behavior Analysis, 27*(1), 49–61.

Kansas Institute for Positive Behavior Support. (n.d.). *KIPBS Online Library: Toolbox: Functional behavior assessment*. Retrieved from http://www.kipbs.org/new_kipbs/fsi/behavassess.html

Kaplan, J. S., & Carter, J. (1995). *Beyond behavior modification: A cognitive-behavioral approach to behavior management in the school*. Austin, TX: PRO-ED.

Kartub, D. T., Taylor-Greene, S., March, R. E., & Horner, R. H. (2000). Reducing hallway noise: A systems approach. *Behavioral Disorders, 9*(3), 161–171.

Kauffman, J. M. (2005). *Characteristics of emotional and behavioral disorders of children and youth* (8th ed.). Upper Saddle River, NJ: Merrill/Pearson.

Kauffman, J. M., Mostert, M. P., Trent, S. C., & Hallahan, D. P. (2002). *Managing classroom behavior: A reflective case-based approach* (3rd ed.). Boston, MA: Allyn & Bacon.

Kaufman, J. S., Jaser, S. S., Vaughan, E. L., Reynolds, J. S., DiDonato, J., Bernard, S. N., & Hernandez-Brereton, M. (2010). Patterns in office discipline referrals data by grade, race/ethnicity, and gender. *Journal of Positive Behavior Interventions, 12*, 44–54.

Kazdin, A. E. (1972). Response cost: The removal of conditioned reinforcers for therapeutic change. *Behavior Therapy, 3*, 533–546.

Kazdin, A. E. (1987). Treatment of antisocial behavior in children: Current status and future directions. *Psychological Bulletin, 102*, 187–203.

Kazdin, A. E. (1993). Psychotherapy for children and adolescents: Current progress and future research directions. *American Psychologist, 48*, 644–657.

Kazdin, A. E. (1998). Conduct disorder. In R. J. Morris & T. R. Kratochwill (Eds.), *The practice of child therapy* (3rd ed., pp. 199–230). Boston, MA: Allyn & Bacon.

Keith, T., Keith, P., Quirk, K. J., Sperduto, J., Santillo, S., & Killings, S. (1998). Longitudinal effects of parent involvement on high school grades: Similarities and differences across gender and ethnic groups. *Journal of School Psychology, 36*, 335–363.

Kellam, S. (2002, October). *Prevention science, aggression, and destructive outcomes: Long-term results of a series of prevention trials in school settings*. Presentation to the National Press Club, Washington, DC.

Kellam, S., & Anthony, J. C. (1998). Targeting early adolescents to prevent tobacco smoking: Findings from an epidemiologically based randomized field trial. *American Journal of Public Health, 88*(10), 1490–1495.

Kellam, S. G., Ling, X., Merisca, R., Brown, C. H., & Ialongo, N. (1998). The effect of the level of aggression in the first grade classroom on the course and malleability of aggressive behavior into middle school. *Development and Psychopathology, 10*, 165–185. See also the erratum: Kellam, S. G., Ling, X., Merisca, R., Brown, C. H., & Ialongo, N. (2000). The effect of the level of aggression in the first grade classroom on the course and malleability of aggressive behavior into middle school: Results of a developmental epidemiology-based prevention trial: Erratum. *Development and Psychopathology, 12*, 107.

Kellam, S. G., Rebok, G. W., Mayer, L. S., Ialongo, N., & Kalodner, C. R. (1994). Depressive symptoms over first grade and their response to a developmental epidemiologically based preventive trial aimed at improving achievement. *Development and Psychopathology, 6*, 463–481.

Keller, C., Brady, M. P., & Taylor, R. L. (2005). Using self-evaluation to improve student teacher interns' use of specific praise. *Education and Training in Developmental Disabilities, 40*(4), 368–376.

Kennedy, J. H. (1995). Teachers, student teachers, paraprofessionals, and young adults' judgments about the acceptable use of corporal punishment in the rural South. *Education and Treatment of Children, 18*(1), 53–65.

Kenny, M. C. (2004). Teachers' attitudes toward and knowledge of child maltreatment. *Child Abuse and Neglect, 28*, 1311–1319.

Keogh, B. K. (2003). *Temperament in the classroom: Understanding individual differences*. Baltimore, MD: Paul H. Brookes.

Kern, L., Bambara, L., & Fogt, J. (2002). Class-wide curricular modifications to improve the behavior of students with emotional or behavioral disorders. *Behavioral Disorders, 27*, 317–326.

Kern, L., Dunlap, G., Clarke, S., & Childs, K. E. (1994). Student-assisted functional assessment interview. *Diagnostique, 19*, 29–39.

Kern, L., Ringdahl, E., Hilt, A., & Sterling-Turner, H. E. (2001). Linking self-management procedures to functional analysis results. *Behavior Disorders, 26*, 214–226.

Kerr, M. M., & Nelson, C. M. (2006). *Strategies for addressing behavior problems in the classroom* (5th ed.). Upper Saddle River, NJ: Merrill/Pearson.

Kerr, M. M., & Zigmond, N. (1986). What do high school teachers want? A study of expectations and standards. *Education and Treatment of Children, 9*, 239–249.

Kincaid, D., Childs, K., & George, H. (2010). *School-wide benchmarks of quality*. Retrieved from http://www.flpbs.fmhi.usf.edu/Web_Training_Coaches.asp

King, A., Staffieri, A., & Adelgais, A. (1998). Mutual peer tutoring: Effects of structuring tutorial interaction to scaffold peer learning. *Journal of Educational Psychology, 90*(1), 134–152.

Klein, R. G., & Last, C. G. (1989). *Anxiety disorders in children*. Newbury Park, CA: Sage.

Knitzer, J., Steinberg, Z., & Fleisch, B. (1990). *At the schoolhouse door: An examination of programs and policies for children with emotional and behavioral problems*. New York, NY: Bank Street College of Education.

Knoff, H. (2001). *Stop and Think Social Skills Program*. Longmont, CO: Sopris West.

Kohn, A. (1993). *Punished by rewards*. Boston, MA: Houghton Mifflin.

Konopasek, D. E., & Forness, S. R. (2014). Issues and criteria for the effective use of psychopharmacological interventions in schooling. In H. M. Walker & F. M. Gresham (Eds.), *Handbook of evidence-based practices for emotional and behavioral disorders* (pp. 457–472). New York, NY: Guilford Press.

Kratochwill, T. R., Hitchcock, J., Horner, R. H., Levin, J. R., Odom, S. L., Rindskoph, D. M., & Shadish, W. R. (2010). *Single-case designs technical documentation*. Retrieved from http://ies.ed.gov/ncee/wwc/pdf/wwc_scd.pdf

Kube, B. A., & Ratigan, G. (1991). All present and accounted for: A no-nonsense policy on student attendance keeps kids showing up for class—and learning. *American School Board Journal, 72*, 22–23.

Kupersmidt, J., Coie, J., & Dodge, K. (1990). The role of peer relationships in the development of disorder. In S. Asher & J. Coie (Eds.), *Peer rejection in childhood* (pp. 274–308). New York, NY: Cambridge University Press.

Ladd, G. W., Birch, S. H., & Buhs, E. S. (1999). Children's social and scholastic lives in kindergarten: Related to spheres of influence? *Child Development, 70*, 1373–1400.

Lane, K. L., Givner, C. C., & Pierson, M. R. (2004). Teacher expectations of student behavior: Social skills necessary for success in elementary school classrooms. *Journal of Special Education, 38*, 104–110.

Lane, K. L., Wehby, J., & Barton-Atwood, S. (2005). Students with and at risk for emotional and behavioral disorders: Meeting their social and academic needs. *Preventing School Failure, 49*(2), 6–9.

Landrigan, P., Lambertini, L., & Birnbaum, L. (2012). A research strategy to discover the environmental causes of autism and neurodevelopmental disabilities. *Environmental Health Perspectives, 120*(7), 258–260.

Lang, R., O'Reilly, M., Healy, O., Rispoli, M., Lydon, H., Streusand, W., . . . Giesbers, S. (2012). Sensory integration therapy for autism spectrum disorders: A systematic review. *Research in Autism Spectrum Disorders, 6*(3), 1004–1018.

Langdon, C. A. (1999). The fifth Phi Delta Kappa poll of teachers' attitudes toward the public schools. *Phi Delta Kappan, 80*, 611–618.

Laraway, S., Snycerski, S., Michael, J., & Poling, A. (2003). Motivating operations and terms to describe them: Some further refinements. *Journal of Applied Behavior Analysis, 36*(3), 407–414.

Lassen, S. R., Steele, M. M., & Sailor, W. (2006). The relationship of school-wide positive behavior support to academic achievement in an urban middle school. *Psychology in the Schools, 43*(6), 701–712.

Latham, G. I. (1992). *Managing the classroom environment to facilitate effective instruction*. Logan, UT: P&T Ink.

Leone, P. E., Christle, C. A., Nelson, C. M., Skiba, R., Frey, A., & Jolivette, K. (2003). *School failure, race, and disability: Promoting positive outcomes, decreasing vulnerability for involvement with the juvenile delinquency system*. College Park, MD: The National Center on Education, Disability, and Juvenile Justice. Retrieved from http://www.edjj.org/Publications/list/leone_et_al-2003.pdf

Lewis, T. J., Hudson, S., Richter, M., & Johnson, N. (2004). Scientifically supported practices in emotional and behavioral disorders: A proposed approach and brief review of current practices. *Behavioral Disorders, 29*(3), 247–259.

Lewis, T. J., Powers, L. J., Kelk, M. J., & Newcomer, L. L. (2002). Reducing problem behaviors on the playground: An investigation of the application of school-wide positive behavior supports. *Psychology in the Schools, 39*(2), 181–190.

Lewis, T. J., Scott, T., & Sugai, G. (1996). The problem behavior questionnaire: A teacher-based instrument to develop functional hypotheses of problem behavior in general education classrooms. *Diagnostique, 19*(2–3), 103–115.

Lewis, T. J., & Sugai, G. (1999). Effective behavior support: A systems approach to pro-active school-wide management. *Focus on Exceptional Children, 31*, 1–24.

Lewis, W. W. (1988). The role of ecological variables in residential treatment. *Behavioral Disorders, 13*, 98–107.

Lindberg, J. S., Iwata, B. A., & Kahng, S. W. (1999). DRO contingencies: An analysis of variable-momentary schedules. *Journal of Applied Behavior Analysis, 32*(2), 123–136.

Litow, L., & Pumroy, D. K. (1975). A brief review of classroom group-oriented contingencies. *Journal of Applied Behavior Analysis, 8*, 341–347.

Lo, Y., & Cartledge, G. (2004). Total class peer tutoring and interdependent group oriented contingency: Improving the academic and task related behaviors of fourth-grade urban students. *Education and Treatment of Children, 27*(3), 235–262.

Lovaas, O. I., Koegel, R. L., Simmons, J. Q., & Long, J. S. (1973). Some generalization and follow-up measures on autistic children in behavior therapy. *Journal of Applied Behavior Analysis, 6*, 131–165.

Lovitt, T. C., Fister, S., Freston, J. L., Kemp, K., Moore, R. C., Schroeder, B., & Bauernschmidt, M. (1990). Using precision teaching techniques: Translating research. *Teaching Exceptional Children, 22*(3), 16–19.

Luce, S. C., Delquadri, J., & Hall, R. V. (1980). Contingent exercise: A procedure used with differential reinforcement to reduce bizarre verbal behavior. *Journal of Applied Behavior Analysis, 13*, 583–594.

Luiselli, J. K., Putnam, R. F., Handler, M. W., & Feinberg, A. B. (2005). Whole-school positive behaviour support: Effects on student discipline problems and academic performance. *Educational Psychology, 25*(2–3), 183–198.

Lyon, G. R. (1998). *Overview of NICHD reading and literacy initiatives*. U.S. Senate Committee on Labor and Human Resources. Washington, DC: Congressional Printing Office.

Maag, J. W. (2001). Rewarded by punishment: Reflections on the disuse of positive reinforcement in schools. *Exceptional Children, 67*, 173–186.

Mace, F. C., Belfiore, P. J., & Shea, M. (2001). Operant theory and research on self-regulation. In B. Zimmerman & D. Schunk (Eds.), *Learning and academic achievement: Theoretical perspectives* (pp. 39–65). Mahwah, NJ: Lawrence Erlbaum.

Macritchie, K., & Blackwood, D. (2013). Neurobiological theories of bipolar disorder. In M. Power (Ed.), *The Wiley Blackwell handbook of mood disorders* (2nd ed.). doi: 10.1002/9781118316153.ch12

MacSuga-Gage, A. S., Simonsen, B., & Briere, D. W. (2012). Effective teaching practices that promote a positive classroom environment. *Beyond Behavior, 22*(1), 14–22.

Maheady, L., & Gard, J. (2010). Classwide peer tutoring: Practice, theory, research, and personal narrative. *Intervention in School and Clinic, 46*(2), 71–78.

Maheady, L., Harper, G. F., & Mallette, B. (2003, Spring). Class Wide Peer Tutoring. *ALERT* (No. 8), 1–6.

Malecki, C., & Elliot, S. (2002). Children's social behaviors as predictors of academic achievement: A longitudinal analysis. *School Psychology Quarterly, 17*(1), 1–23.

March, R. E., Horner, R. H., Lewis-Palmer, T., Brown, D., Crone, D. A., Todd, A. W., & Carr, E. G. (2000). *Functional Assessment Checklist for Teachers and Staff (FACTS)*. Eugene, OR: University of Oregon.

Marchand-Martella, N. E., Slocum, T. A., & Martella, R. C. (2004).

Introduction to direct instruction. Boston, MA: Allyn & Bacon.

Martella, R. C., Marchand-Martella, N. E., Miller, T. L., Young, K. R., & MacFarlane, C. A. (1995). Teaching instructional aides and peer tutors to decrease problem behaviors in the classroom. *Teaching Exceptional Children, 27*, 53–56.

Martella, R. C., & Nelson, J. R. (2003). Managing classroom behavior. *Journal of Direct Instruction, 3*(2), 139–165.

Martella, R. C., Nelson, J. R., & Marchand-Martella, N. E. (2003). *Managing disruptive behaviors in the schools*. Boston, MA: Allyn & Bacon.

Martin, J. E., Mithaug, D. E., Cox, P., Peterson, L. Y., Van Dycke, J. L., & Cash, M. E. (2003). Increasing self-determination: Teaching students to plan, work, evaluate, and adjust. *Exceptional Children, 69*(4), 431–446.

Marzano, R. J. (2003a). *Classroom management that works*. Alexandria, VA: ASCD.

Marzano, R. J. (2003b). *What works in schools*. Alexandria, VA: ASCD.

Mastropieri, M. A., & Scruggs, T. E. (1998). Constructing more meaningful relationships in the classroom: Mnemonic research into practice. *Learning Disabilities Research and Practice, 13*, 138–145.

Mastropieri, M. A., & Scruggs, T. E. (2002). *Effective instruction for special education*. Austin, TX: PRO-ED.

Mastropieri, M. A., Sweda, J., & Scruggs, T. E. (2000). Putting mnemonic strategies to work in inclusive classrooms. *Learning Disabilities Research and Practice, 15*, 69–74.

Matheson, A. S., & Shriver, M. D. (2005). Training teachers to give effective commands: Effects on student compliance and academic behaviors. *School Psychology Review, 34*(2), 202–219.

Mathur, S. R., Kavale, K., Quinn, M. M., Forness, S. R., & Rutherford, R. B., Jr. (1998). Social skills interventions with students with emotional and behavioral problems: A quantitative synthesis of single-subject research. *Behavioral Disorders, 23*, 193–201.

Matson, J. (1994). *Matson evaluation of social skills with youngsters*. Worthington, OH: International Diagnostic Systems.

Matson, J., & Vollmer, T. (1995). *User's guide: Questions about behavioral function (QABF)*. Baton Rouge, LA: Scientific.

McAfee, J. K. (1987). Classroom density and the aggressive behavior of handicapped children. *Education and Treatment of Children, 10*, 134–145.

McClellan, J. M., & Werry, J. S. (2003). Evidence-based treatments in child and adolescent psychiatry: An inventory. *Journal of the American Academy of Child and Adolescent Psychiatry, 42*(12), 1388–1400.

McCreight, C. (2000). *Teacher attrition, shortage, and strategies for teacher retention*. College Station: Department of Professional Programs, Texas A & M University. (ERIC Document Reproduction Service No. ED444986)

McFall, R. (1982). A review and reformulation of the concept of social skills. *Behavioral Assessment, 4*, 1–35.

McGinnis, E., & Goldstein, A. (1997a). *Skillstreaming in early childhood*. Champaign, IL: Research Press.

McGinnis, E., & Goldstein, A. (1997b). *Skillstreaming the elementary school child*. Champaign, IL: Research Press.

McIntosh, K., Brown, J. A., & Borgmeier, C. J. (2008). Validity of functional behavior assessment within a response to intervention framework. *Assessment for Effective Intervention, 34*(1), 6–14.

McKinney, J. D., Mason, J., Clifford, M., & Perkerson, K. (1975). Relationship between classroom behavior and academic achievement. *Journal of Educational Psychology, 67*, 198–203.

McMaster, K. N., & Fuchs, D. (2002). Effects of cooperative learning on the academic achievement of students with learning disabilities: An update of Tateyama-Sniezek's review. *Learning Disability Research and Practice, 17*(2), 107–117.

McPheeters, M. L., Warren, Z., Sathe, N., Bruzek, J. L., Krishnaswami, S., Jerome, R. N., & Veenstra-VanderWeele, J. (2011). A systematic review of medical treatments for children with Autism Spectrum Disorders. *Pediatrics, 127*(5), 1312–1321.

Medco. (2006). *New data: Antipsychotic drug use growing fastest among children*. Retrieved from phx.corporate-ir.net/phoenix.zhtml?c=131268&p=irol-newsArticle&ID=850657&highlight=

Meese, R. L. (2001). *Teaching learners with mild disabilities: Integrating research and practice*. Belmont, CA: Wadsworth/Thompson Learning.

Meichenbaum, D. H., & Goodman, J. (1971). Training impulsive children to talk to themselves: A means of developing self-control. *Journal of Abnormal Psychology, 77*, 115–126.

Mercer, C. D., Mercer, A. R., & Bott, D. A. (1984). *Self-correcting learning materials for the classroom*. New York, NY: Merrill/Macmillan.

Merikangas, K. R., He, J., Burstein, M., Swanson, S. A., Avenevoli, S., Cui, L., . . . Swendsen, J. (2010). Lifetime prevalence of mental disorders in U.S. adolescents: Results from the National Comorbidity Study—Adolescent Supplement (NCS-A). *Journal of the American Academy of Child and Adolescent Psychiatry, 49*(10), 980–989.

Merrell, K. (1994). *Preschool and Kindergarten Behavior Scales*. Austin, TX: PRO-ED.

Merrell, K. (2002). *Social Behavior Scales–2*. Austin, TX: PRO-ED.

Merriam-Webster online. (n.d.). http://www.m-w.com

Metzker, B. (2003). *Time and learning*. ERIC Digest, ED474260. Eugene, OR: ERIC Clearinghouse on Educational Management.

Meyer, K. (1999). Functional analysis and treatment of problem behavior exhibited by elementary school children. *Journal of Applied Behavior Analysis, 32*, 229–232.

Miller, D. L., & Kelley, M. L. (1994). The use of goal setting and contingency contracting for improving children's homework performance. *Journal of Applied Behavior Analysis, 27*, 73–84.

Miller, D. N., George, M. P., & Fogt, J. B. (2005). Establishing and sustaining research-based practices at Centennial School: A descriptive case study of systemic change. *Psychology in the Schools, 42*(5), 553–567.

Miller, K. A., Gunter, P. L., Venn, M. J., Hummel, J., & Wiley, L. P. (2003). Effects of curricular and materials modifications on academic performance and task engagement of three students with emotional or behavioral disorders. *Behavioral Disorders, 28*, 130–149.

Miller, M. J., Lane, K. L., & Wehby, J. (2005). Social skills instruction for students with high-incidence disabilities: A school-based intervention to address acquisition deficits. *Preventing School Failure, 49*(2), 27–39.

Mojtabai, R., & Olfson, M. (2010). National trends in psychotropic polypharmacy in office-based psychiatry. *Archives of General Psychiatry, 67*, 26–36.

Montarello, S., & Martens, B. K. (2005). Effects of interspersed brief problems on students' endurance at completing math work. *Journal of Behavioral Education, 14*(4), 249–266.

Morgan, E., Salomon, N., Plotkin, M., & Cohen, R. (2014). *The School Discipline Consensus Report: Strategies from the field to keep students engaged in school and out of the juvenile justice system*. New York, NY: The Council of State Governments Justice Center.

Morrison, J. A., Olivos, K., Dominguez, G., Gomez, D., & Lena, D. (1993). The application of family systems approaches to school behavior problems on a school-level discipline board: An outcome study. *Elementary School Guidance and Counseling, 27*, 258–272.

Morse, W. (1963). Working paper: Training teachers in LSI. *American Journal of Orthopsychiatry, 33*, 727–730.

MTA Cooperative Group. (1999). A 14-month randomized clinical trial of treatment strategies for attention-deficit hyperactivity disorder (ADHD). *Archives of General Psychiatry, 56*, 1073–1086.

Murdock, S. G., O'Neill, R. E., & Cunningham, E. (2005). A comparison of results and acceptability of functional behavioral assessment procedures with a group of middle school students with emotional/behavioral disorders (E/BD). *Journal of Behavioral Education, 14*, 5–18.

Murray, C., & Greenberg, M. T. (2006). Examining the importance of social relationships and social contexts in the lives of children with high-incidence disabilities. *Journal of Special Education, 39*(4), 220–233.

Murray, C., & Murray, M. T. (2004). Child level correlates of teacher–student relationships: An examination of demographic characteristics, academic orientations, and behavioral orientations. *Psychology in the Schools, 41*, 751–762.

Muscott, H. S., Mann, E. L., & LeBrun, R. (2008). Positive behavioral interventions and supports in New Hampshire: Effects of large-scale implementation of schoolwide positive behavior support on student discipline and academic achievement. *Journal of Positive Behavior Interventions, 10*(3), 190–205.

National Advisory Mental Health Council Workgroup on Child and Adolescent Mental Health Intervention Development and Deployment. (2001). *Blueprint for change: Research on child and adolescent mental health*. Washington, DC: Author.

National Alliance on Mental Illness. (n.d.). *About mental illness*. Retrieved from http://www.nami.org/Content/NavigationMenu/Inform_Yourself/About_Mental_Illness/About_Mental_Illness.htm

National Association of School Psychologists. (2001). *Zero tolerance and alternative strategies: A fact sheet for educators and policymakers*. Retrieved from http://www.nasponline.org/educators/zero_alternative.pdf

National Disability Rights Network. (2009). *School is not supposed to hurt*. Washington, DC: Author.

National Institute for Direct Instruction. (2014). *Basic philosophy of Direct Instruction*. Retrieved from http://www.nifdi.org/what-is-di/basic-philosophy

National Institute of Child Health and Human Development. (2000). *Report of the National Reading Panel. Teaching children to read: An evidence-based assessment of the scientific research literature on reading and its implications for reading instruction: Reports of the subgroups*. (NIH Publication No. 00-4754). Washington, DC: U.S. Government Printing Office.

National Institute of Mental Health. (2002). *Mental health medications*. Retrieved from http://www.nimh.nih.gov/publicat/medicate.cfm#ptdep10

National Institute of Mental Health. (2003). *Attention deficit hyperactivity disorder (ADHD)*. Retrieved from http://www.nimh.nih.gov/publicat/adhd.cfm#cause

National Institute of Mental Health. (2008). *Autism spectrum disorders*. Retrieved from http://www.nimh.nih.gov/health/publications/autism/complete-index.shtml

National Institute of Mental Health. (2009a). *Bi-polar disorder*. Retrieved from http://www.nimh.nih.gov/health/publications/bipolar-disorder/index.shtml

National Institute of Mental Health. (2009b). *Schizophrenia*. Retrieved from http://www.nimh.gov/health/publications/schizophrenia/index.shtml

National Institute of Mental Health. (2012). *What is attention deficit hyperactivity disorder?* Retrieved from http://www.nimh.nih.gov/health/publications/attention-deficit-hyperactivity-disorder/index.shtml

National Research Council. (2000). *Scientific frontiers in developmental toxicology and risk assessment*. Washington, DC: National Academies Press.

National Research Council. (2001). Educating children with autism. Committee on Educational Interventions for Children with Autism. In C. Lord and J. P. McGee (Eds.), *Educating children with autism*. Division of Behavioral and Social Sciences and Education. Washington, DC: National Academies Press.

National Research Council and Institute of Medicine. (2009). *Preventing mental, emotional, and behavioral disorders among young people: Progress and possibilities*. Committee on the Prevention of Mental Disorders and Substance Abuse Among Children, Youth, and Young Adults: Research Advances and Promising Interventions. Mary Ellen O'Connell, Thomas Boat, and Kenneth E. Warner (Eds.). Board on Children, Youth, and Families, Division of Behavioral and Social Sciences and Education. Washington, DC: National Academies Press.

Nelson, C. M. (1997). *Restraint/Seclusion/Effective use of time out*. Retrieved from http://www.state.ky.us/agencies/behave/bi/TO.html

Nelson, C. M., Sugai, G., & Smith, C. R. (2005). Positive behavior support offered in juvenile corrections. *Counterpoint, 1*, 6–7.

Nelson, J. R. (1996). Designing schools to meet the needs of students who exhibit disruptive behavior. *Journal of Emotional and Behavioral Disorders, 4*, 147–161.

Nelson, J. R., Benner, G. J., & Cheney, D. (2005). An investigation of the language skills of students with emotional and behavioral disorders served in public school settings. *Journal of Special Education, 39*, 97–105.

Nelson, J. R., Benner, G. J., Reid, R. C., Epstein, M. H., & Curran, D. (2002). The convergent validity of office discipline referrals with the CBCL-TRF. *Journal of Emotional and Behavioral Disorders, 10*(3), 181–188.

Nelson, J. R., Colvin, G., & Smith, D. J. (1996). The effects of setting clear standards on students' social behavior in common areas of the school. *Journal of At-Risk Issues, 3*(1), 10–19.

Nelson, J. R., Martella, R. M., & Marchand-Martella, N. (2002). Maximizing student learning: The effects of a comprehensive school-based program for preventing problem behaviors. *Journal of Emotional and Behavioral Disorders, 10*(3), 136–148.

Nelson, J. R., & Roberts, M. L. (2000). Ongoing reciprocal teacher–student interactions involving disruptive behaviors in general education classrooms. *Journal of Emotional and Behavioral Disorders, 8*(4), 27–37.

Nelson, J. R., & Rutherford, R. B. (1983). Time out revisited: Guidelines for its use in special education. *Exceptional Education Quarterly, 3*(4), 56–67.

Newcomer, L. L., & Lewis, T. J. (2004). Functional behavioral assessment: An investigation of assessment reliability and effectiveness of function-based interventions. *Journal of Emotional and Behavioral Disorders, 12*, 168–181.

Niebuhr, K. E. (1999). An empirical study of student relationships and academic achievement. *Education, 9*(4), 679–681.

Niederhofer, H., & Reiter, A. (2004). Prenatal maternal stress, prenatal fetal movements and perinatal temperament factors influence behavior and school marks at the age of 6 years. *Fetal Diagnosis and Therapy, 19*(2), 160–162.

No Child Left Behind (NCLB) Act of 2001, Pub. L. No. 107-110, § 115, Stat. 1425 (2002).

No Child Left Behind. (2004). Retrieved from http://www.edweek.org/ew/issues/no-child-left-behind

Northup, J. (2000). Further evaluation of the accuracy of reinforcer surveys: A systematic replication. *Journal of Applied Behavior Analysis, 29*, 201–212.

Northup, J., Wacker, D. P., Berg, W. K., Kelly, L., Sasso, G., & DeRaad, A. (1994). The treatment of severe behavior problems in school settings using a technical assistance model. *Journal of Applied Behavior Analysis, 27*(1), 33–47.

Office of Special Education Programs. (2003). *Use of psychotropic medications by children and youth with disabilities*. Washington, DC: Author. Retrieved from http://www.nlts2.org/fact_sheets/2003_04.html

Office of Special Education Programs. (2010a). *Wraparound service and positive behavior support*. Retrieved from http://www.pbis.org/school/tertiary_level/wraparound.aspx

Office of Special Education Programs Center on Positive Behavioral Interventions and Supports. (2010b). *School-wide positive behavioral supports: Implementers' blueprint and self-assessment*. Eugene: Author, University of Oregon. Retrieved from http://www.pbis.org/pbis_resource_detail_page.aspx?Type=3&PBIS_ResourceID=216

Office of Special Education Programs: Technical Assistance Center on Positive Behavioral Interventions and Supports. (n.d.). *What is school-wide PBS?* Retrieved from http://www.pbis.org/school/default.aspx

Olds, D., Henderson, C., Kitzman, H., Eckenrode, J., Cole, R., & Tatelbaum, R. (1999). Prenatal and infancy home visitation by nurses: Recent findings. *The Future of Children, 9*(1), 44–65. Monterey, CA: Packard Foundation.

Olson, R., Wise, B., Conners, F., Rack, J., & Fulker, D. (1989). Specific deficits in component reading and language skills: Genetic and environmental influences. *Journal of Learning Disabilities, 22*(6), 339–348.

O'Neill, R. E., Albin, R. W., Storey, K., Horner, R. H., & Sprague, J. R. (2015). *Functional assessment and program development for problem behavior: A practical handbook* (3rd ed.). Stamford, CT: Cengage Learning.

O'Neill, R. E., Horner, R. H., Albin, R. W., Sprague, J. R., Storey, K., & Newton, J. S. (1997). *Functional assessment and program development for problem behavior.* Pacific Grove, CA: Brooks/Cole.

Osguthorpe, R. T., & Scruggs, T. E. (1986). Special education students as tutors: A review and analysis. *Remedial and Special Education, 7*(4), 15–26.

Ostrosky, M., Drasgow, E., & Halle, J. W. (1999). How can I help you get what you want? A communication strategy for students with severe disabilities. *Teaching Exceptional Children, 31*, 56–61.

Oswald, K., Safran, S., & Johanson, G. (2005). Preventing trouble: Making schools safer places using positive behavior supports. *Education and Treatment of Children, 28*(3), 265–278.

Paclawskyj, T., Matson, J., Rush, K., Smalls, Y., & Vollmer, T. (2000). Questions about behavioral function (QABF): A behavioral checklist for functional assessment of aberrant behavior. *Research in Developmental Disabilities, 21*, 223–229.

Panasuk, R. M., & Todd, J. (2005). Effectiveness of lesson planning: Factor analysis. *Journal of Instructional Psychology, 32*(3), 215–232.

Parker, J., & Asher, S. (1987). Peer relations and later personal adjustment: Are low-accepted children at risk? *Psychological Bulletin, 102*, 357–389.

Patterson, G. R., DeBaryshe, B. D., & Ramsey, E. (1989). A developmental perspective on antisocial behavior. *American Psychologist, 44*, 329–335.

Patterson, G. R., Reid, J. B., & Dishion, T. (1992). *Anti-social boys*. Eugene, OR: Castalia.

Pescara-Kovach, L. A., & Alexander, K. (1994). The link between food ingested and problem behavior: Fact or fallacy? *Behavioral Disorders, 19*, 142–148.

Petras, H., Kellam, S. G., Brown, C. H., Muthén, B. O., Ialongo, N. S., & Poduska, J. M. (2008). Developmental epidemiological courses leading to antisocial personality disorder and violent and criminal behavior: Effects by young adulthood of a universal preventive intervention in first- and second-grade classrooms. *Drug and Alcohol Dependence, 95*(Suppl. 1), S45–S59.

Phillips, E. L., Phillips, E. A., Fixsen, D. L., & Montrose, M. W. (1971). Achievement place: Modification of behavior of predelinquent boys within a token economy. *Journal of Applied Behavior Analysis, 1*, 45–59.

Pianta, R. C., Hamre, B., & Stuhlman, M. (2003). Relationships between teachers and children. In W. M. Reynolds & G. E. Miller (Eds.), *Handbook of child psychology: Vol. 7. Educational psychology.* Hoboken, NJ: Wiley.

Polloway, E. A., Cronin, M. E., & Patton, J. R. (1986). The efficacy of group versus one-to-one instruction: A review. *Remedial and Special Education, 7*(1), 22–30.

Positive Psychology Center. (2007). *Positive psychology.* Retrieved from http://www.positivepsychology.org

Premack, D. (1959). Toward empirical behavior laws: I. Positive reinforcement. *Psychological Review, 66*, 219–233.

Prizant, B. M., & Wetherby, A. M. (1987). Communicative intent: A framework for understanding social-communicative behavior in autism. *Journal of the American Academy of Child and Adolescent Psychiatry, 26*, 472–479.

Prout, H. T., & DeMartino, R. A. (1986). A meta-analysis of school-based studies of psychotherapy. *Journal of School Psychology, 24*, 285–292.

Public Agenda. (2004). *Teaching interrupted.* Retrieved from http://www.publicagenda.org/reports/teaching-interrupted

Public Agenda. (2007). *Lessons learned: New teachers talk about their jobs, challenges and long-range plans.* Retrieved from http://www.publicagenda.org/files/pdf/lessons_learned_2.pdf

Putnam, R. F., Handler, M. W., Ramirez-Platt, C. M., & Luiselli, J. K. (2003). Improving student bus-riding behavior through a whole-school intervention. *Journal of Applied Behavior Analysis, 36*, 583–590.

Raine, A. (2002). Biosocial studies of antisocial and violent behavior in children and adults: A review. *Journal of Abnormal*

Child Psychology, 30(4), 311–326.
Raine, A. (2008). From genes to brain to antisocial behavior. *Current Directions in Psychological Science, 17*(5), 323–327.
Redl, F. (1959). Strategy and techniques of the life space interview. *American Journal of Orthopsychiatry, 29*, 1–18.
Reid, R., Trout, A. L., & Schwartz, M. (2005). Self-regulation interventions for children with attention deficit/hyperactivity disorder. *Exceptional Children, 71*(4), 361–376.
Rentz, N. L. (2007). *The influence of positive behavior support on collective teacher efficacy* (Doctoral dissertation, Baylor University). Retrieved from https://beardocs.baylor.edu/bitstream/2104/5083/2/nan_rentz_phd.pdf
Report on Scientifically Based Research Supported by the U.S. Department of Education. (2002, November 18). Retrieved from http://www.ed.gov/news/pressreleases/2002/11/11182002b.html
Repp, A. C. (1999). Naturalistic functional assessment in classroom settings. In A. C. Repp & R. H. Horner (Eds.), *Functional analysis of problem behavior* (pp. 238–258). Belmont, CA: Wadsworth.
Repp, A. C., & Dietz, D. E. D. (1979). Reinforcement-based reductive procedures: Training and monitoring performance of institutional staff. *Mental Retardation, 17*, 221–226.
Repp, A. C., & Horner, R. H. (1999). Introduction to functional analysis. In A. C. Repp & R. H. Horner (Eds.), *Functional analysis of problem behavior* (pp. 1–6). Belmont, CA: Wadsworth.
Rhode, G., Jenson, W. R., & Reavis, H. K. (1992). *The tough kid book*. Longmont, CO: Sopris West.
Rhodes, W. C., & Tracy, M. L. (1974). *A study of child variance (Vol. 1): Conceptual models*. Ann Arbor: University of Michigan Press.
Rice, J., Reich, T., Andreasen, N. C., Endicott, J., Van Eerdewegh, M., Fishman, R., . . . Klerman, G. L. (1987). The familiar transmission of bipolar illness. *Archives of General Psychiatry, 44*, 441–447.
Ripke, S., O'Dushlaine, C., Chambert, K., Moran, J. L., Kähler, A. K., Akterin, S., . . . Sullivan, P. F. (2013). Genome-wide association analysis identifies 13 new risk loci for schizophrenia. *Nature Genetics, 45*, 1150–1159.
Ripley, X. (1997, July). *Collaboration between general and special education teachers*. Washington, DC: ERIC Clearinghouse on Teaching and Teacher Education.
Rivera, D. P., & Smith, D. D. (1997). *Teaching students with learning and behavior problems*. Boston, MA: Allyn & Bacon.
Robers, S., Kemp, J., & Truman, J. (2013). *Indicators of school crime and safety: 2012*. (NCES 2013-036/NCJ 241446.) National Center for Education Statistics, U.S. Department of Education, and Bureau of Justice Statistics, Office of Justice Programs. Washington, DC: U.S. Department of Justice.
Roberts, M., White, R., & McLaughlin, T. F. (1997). Useful classroom accommodations for teaching children with ADD and ADHD. *Journal of Special Education, 21*(2), 71–84.
Robinson, D. H., Funk, D. C., Beth, A., & Bush, A. M. (2005). Changing beliefs about corporal punishment: Increasing knowledge about ineffectiveness to build more consistent moral and informational beliefs. *Journal of Behavioral Education, 14*(2), 117–139.
Rose, L. C., & Gallup, A. M. (2002). *The 34th Annual Phi Delta Kappa/Gallup Poll of the public's attitude toward the public schools*. Bloomington, IN: Phi Delta Kappa International.
Rose, L. C., & Gallup, A. M. (2004). *The 36th Annual Phi Delta Kappa/Gallup Poll of the public's attitude toward the public schools*. Bloomington, IN: Phi Delta Kappa International.
Rosenberg, R. E., Mandell, D. S., Farmer, J. E., Law, J. K., Marvin, A. R., & Law, P. A. (2010). Psychotropic medication use among children with autism spectrum disorders enrolled in a national registry, 2007–2008. *Journal of Autism and Developmental Disorders, 40*(3), 342–351.
Rosenhan, D. L., & Seligman, M. E. P. (1989). *Abnormal psychology*. New York, NY: W. W. Norton.
Rosenshine, B. (1980). How time is spent in elementary classrooms. In C. Denham & A. Lieberman (Eds.), *Time to learn*. Washington, DC: National Institute of Education.
Rosenshine, B. (1983). Teaching functions in instructional programs. *Elementary School Journal, 83*, 335–351.
Rosenshine, B. (1986). Synthesis of research on explicit teaching. *Educational Leadership, 43*(7), 60–69.
Ruth, W. J. (1996). Goal setting and behavior contracting for students with emotional and behavioral difficulties: Analysis of daily, weekly, and total goal attainment. *Psychology in the Schools, 33*, 153–158.
Rutherford, R. B., Quinn, M. M., & Mathur, S. R. (2004). *Handbook of research in emotional and behavioral disorders*. New York, NY: Guilford Press.
Rutter, M., Maughan, B., Mortimore, J., & Ouston, J. (1979). *Fifteen thousand hours: Secondary schools and their effects on children*. Cambridge, MA: Harvard University Press.
Ryan, N. (2012). Foreword. In D. R. Roseberg & S. Gershon (Eds.), *Pharmacotherapy of child and adolescent psychiatric disorders* (3rd ed., pp. xix–xx). West Sussex, England: Wiley.
Rylance, B. J. (1997). Predictors of high school graduation or dropping out for youths with severe emotional disturbances. *Behavioral Disorders, 23*, 5–17.
Safran, S. P. (2006). Using the effective behavior supports survey to guide development of schoolwide positive behavior support. *Journal of Positive Behavior Interventions, 8*(1), 3–9.
Sagor, M. (1974). Biological bases of childhood behavior disorders. In W. C. Rhodes & M. L. Tracey (Eds.), *A study of child variance (Vol. 1): Conceptual models*. Ann Arbor: University of Michigan Press.
Salend, S., & Sylvestre, S. (2005). Understanding and addressing oppositional and defiant classroom behaviors. *Teaching Exceptional Children, 37*(6), 32–39.
Sanger, D., Maag, J., & Shapera, N. R. (1994). Language problems among students with emotional and behavioral disorders. *Intervention in School and Clinic, 30*(2), 103–108.
Scheuermann, B., & Evans, W. (1997). Hippocrates was right: Do no harm. A case for ethics in the selection of interventions. *Beyond Behavior, 8*(3), 18–22.
Scheuermann, B., McCall, C., Jacobs, W. R., & Knies, W. (1994). The personal spelling dictionary: An adaptive approach to reducing the spelling hurdle in written language. *Intervention in School and Clinic, 29*(5), 292–299.
Scheuermann, B., & Nelson, C. M. (2014). *Addressing the school-to-prison pipeline through a multi-tiered system of behavioral supports*. Webinar for the IDEA Partnership Community of Practice. Retrieved from http://www.sharedwork.org/web/school-behavioral-health/home
Scheuermann, B., Nelson, C. M., Wang, E., & Turner, M. (2012). A state model for PBIS in secure juvenile correctional facilities. *PBIS Newsletter, 9*(4), 1–4.

Scheuermann, B., & Webber, J. (2002). *Autism: Teaching does make a difference*. Belmont, CA: Wadsworth.

Scientifically Based Evaluation Methods. (2005, January 25). *Federal Register*, Notices, *70*(15), 3586–3589.

Scott, T. M., & Barrett, S. B. (2004). Using staff and student time engaged in disciplinary procedures to evaluate the impact of school-wide PBS. *Journal of Positive Behavior Interventions*, *6*(1), 21–27.

Scott, T. M., McIntyre, J., Liaupsin, C., Nelson, C. M., Conroy, M., & Payne, L. D. (2005). An examination of the relation between functional behavior assessment and selected intervention strategies with school-based teams. *Journal of Positive Behavioral Interventions*, *7*(4), 205–215.

Scott, T. M., Nelson, C. M., & Liaupsin, C. J. (2001). Effective instruction: The forgotten component in preventing school violence. *Education and Treatment of Children*, *24*, 309–322.

Scott, T. M., & Sugai, G. (1994). The Classroom Ecobehavioral Assessment Instrument: A user friendly method of assessing instructional behavioral relationships in the classroom. *Diagnostique*, *19*, 59–77.

Scruggs, T. E., & Mastropieri, M. A. (2000). Mnemonic interventions for students with behavior disorders: Memory for learning and behavior. *Beyond Behavior*, *10*, 13–17.

Self-Brown, S. R., & Mathews, S. (2003). Effects of classroom structure on student achievement goal orientation. *Journal of Educational Research*, *97*(2), 106–111.

Seymour, F. W., & Stokes, T. F. (1976). Self-recording in training girls to increase work and evoke staff praise in an institution for offenders. *Journal of Applied Behavior Analysis*, *9*, 41–54.

Shapiro, E. S., & Goldberg, R. (1986). A comparison of group contingencies for increasing spelling performance among sixth grade students. *School Psychology Review*, *15*, 546–557.

Shaw, S. R. (2002). A school psychologist investigates sensory integration therapies: Promise, possibility, and the art of placebo. *NASP Communiqué*, *31*(2), 5. Retrieved from http://www.autismtoday.com/articles/School_Psychologist_Investigates_Sensory_Integration.htm

Sheridan, S. M. (2000). *The tough kid social skills book*. Longmont, CO: Sopris West.

Shinn, M., Ramsey, E., Walker, H. M., Stieber, S., & O'Neill, R. E. (1987). Antisocial behavior in school settings: Initial differences in an at risk and normal population. *Journal of Special Education*, *21*, 69–84.

Shores, R. E., Gunter, P. L., & Jack, S. (1993). Classroom management strategies: Are they setting events for coercion? *Behavioral Disorders*, *18*, 92–102.

Silver-Pacuilla, H., & Fleischman, S. (2006). Technology to help struggling students. *Educational Leadership*, *63*(5), 84–85.

Simonsen, B., Britton, L., & Young, D. (2010). School-wide positive behavior support in an alternative school setting: A case study. *Journal of Positive Behavior Interventions*, *12*, 180–191.

Skiba, R. J. (2000). *Zero tolerance, zero evidence: An analysis of school disciplinary practice*. Bloomington, IN: Indiana Education Policy Center. (Policy Research Report #SRS2)

Skiba, R. J., & Knesting, K. (2002). Zero tolerance, zero evidence: An analysis of school disciplinary practice. In R. J. Skiba & G. G. Noam (Eds.), *New directions for youth development (No. 92): Zero tolerance: Can suspension and expulsion keep schools safe?* (pp. 17–43). San Francisco, CA: Jossey-Bass.

Skiba, R. J., Michael, R. S., Nardo, A. C., & Peterson, R. (2000). *The color of discipline*. Bloomington: Indiana Education Policy Center.

Skiba, R. J., & Peterson, R. (2000). School discipline at a crossroads: From zero tolerance to early response. *Exceptional Children*, *66*(3), 335–346.

Skinner, B. F. (1953). *Science and human behavior*. New York, NY: Free Press.

Slate, J. R., & Saudargas, R. A. (1986). Differences in the classroom behaviors of behaviorally disordered and regular class children. *Behavioral Disorders*, *12*, 45–53.

Slavin, R. E. (1991). Synthesis of research on cooperative learning. *Educational Leadership*, *48*(5), 71–82.

Slavin, R. E., Stevens, R. J., & Madden, N. A. (1988). Accommodating student diversity in reading and writing instruction: A cooperative learning approach. *Remedial and Special Education*, *9*(1), 60–66.

Smith, B. W., & Sugai, G. (2000). A self-management functional assessment-based behavior support plan for middle school students with EBD. *Journal of Positive Behavior Interventions*, *2*, 208–217.

Smith, L., & Land, M. (1981). Low-inference verbal behaviors related to teacher clarity. *Journal of Classroom Interaction*, *17*, 37–42.

Soar, R. S., & Soar, R. M. (1979). Emotional climate and management. In P. Peterson & H. Wahlberg (Eds.), *Research on teaching: Concepts, findings, and implications*. Berkeley, CA: McCutchan.

Spaulding, S. A., Irvin, L. K., Horner, R. H., May, S. L., Emeldi, M., Tobin, T. J., & Sugai, G. (2010). Schoolwide social-behavioral climate, student problem behavior, and related administrative decisions: Empirical patterns from 1,510 schools nationwide. *Journal of Positive Behavior Interventions*, *12*, 69–85.

Spencer, V. G. (2006). Peer tutoring and students with emotional or behavioral disorders: A review of the literature. *Behavioral Disorders*, *31*(2), 204–222.

Sprague, J., Walker, H., Golly, A., White, K., Myers, D. R., & Shannon, T. (2001). Translating research into effective practice: The effects of a universal staff and student intervention on indicators of discipline and school safety. *Education and Treatment of Children*, *24*(4), 495–511.

Sprague, J. R., & Horner, R. H. (1999). Low-frequency, high-intensity problem behavior: Toward an applied technology of functional assessment and intervention. In A. C. Repp & R. H. Horner (Eds.), *Functional analysis of problem behavior* (pp. 98–116). Belmont, CA: Wadsworth.

Stallings, J. (1980). Allocated academic learning time revisited, or beyond time on task. *Educational Researcher*, *9*(11), 11–16.

Stanley, B., Sher, L., Wilson, S., Ekman, R., Huang, Y-Y., & Mann, J. J. (2010). Non-suicidal self-injurious behavior, endogenous opioids and monoamine neurotransmitters. *Journal of Affective Disorders*, *124*(1), 134–140.

Stephens, T. M., & Arnold, K. D. (1992). *Social skills in the classroom*. Odessa, FL: Psychological Assessment Resources.

Stevens, R. J., & Rosenshine, B. (1981). Advances in research on teaching. *Exceptional Education Quarterly*, *2*(1), 1–9.

Stichter, J. P., & Conroy, M. A. (2005). Using structural analysis in natural settings: A responsive functional assessment strategy. *Journal of Behavioral Education*, *14*(1), 19–34.

Stokes, T. F., & Baer, D. M. (1977). An implicit technology of generalization. *Journal of Applied Behavior Analysis*, *10*, 349–369.

Strizek, G. A., Pittsonberger, J. L., Riordan, K. E., Lyter, D. M., & Orlofsky, G. F. (2006). *Characteristics of schools, districts, teachers, principals, and school libraries in the United States: 2003–04 Schools and Staffing Survey (NCES 2006–313 Revised)*. U.S. Department of Education, National Center for Education Statistics. Washington, DC: U.S. Government Printing Office.

Sugai, G., & Horner, R. H. (1999). Discipline and behavioral support: Preferred processes and practices. *Effective School Practices, 17*, 10–22.

Sugai, G., & Horner, R. H. (2002). Introduction to the special series on positive behavior support in schools. *Journal of Emotional and Behavioral Disorders, 10*(3), 130–135.

Sugai, G., Horner, R. H., & Todd, A. (2000). *Effective behavior support self-assessment survey*. Retrieved from http://www.pbis.org/tools.htm

Sugai, G., Sprague, J. R., Horner, R. H., & Walker, H. M. (2000). Preventing school violence: The use of office discipline referrals to assess and monitor schoolwide discipline intervention. *Journal of Emotional and Behavioral Disorders, 8*, 94–112.

Sullivan, P. F., Daly, M. J., & O'Donovan, M. (2012). Genetic architectures of psychiatric disorders: The emerging picture and its implications. *Nature Reviews Genetics* 13, 537–551.

Sulzer, B., Hunt, S., Ashby, E., Koniarski, C., & Krams, M. (1971). Increasing rate and percentage correct in reading and spelling in a class of slow readers by means of a token system. In E. A. Ramp & B. L. Hopkins (Eds.), *New directions in education: Behavior analysis* (pp. 5–28). Lawrence: Department of Human Development, University of Kansas.

Sulzer-Azaroff, B., & Mayer, G. R. (1991). *Behavior analysis for lasting change*. Fort Worth, TX: Holt, Rinehart, and Winston.

Sutherland, K. S. (2000). Promoting positive interactions between teachers and students with emotional/behavioral disorders. *Preventing School Failure, 44*, 110–116.

Sutherland, K. S., & Wehby, J. (2001a). The effect of self-evaluation on teaching behavior in classrooms for students with emotional and behavioral disorders. *Journal of Special Education, 35*(3), 161–172.

Sutherland, K. S., & Wehby, J. (2001b). Exploring the relationship between increased opportunities to respond to academic requests and the academic and behavioral outcomes of students with EBD. *Journal of Emotional and Behavioral Disorders, 22*(2), 113–121.

Sutherland, K. S., Wehby, J., & Copeland, S. (2000). Effect of varying rates of behavior-specific praise on the on-task behavior of students with EBD. *Journal of Applied Behavior Analysis, 8*(1), 2–8.

Swanson, H. L. (1999). Instructional components that predict treatment outcomes for students with learning disabilities: Support for a combined strategy and direct instruction model. *Learning Disabilities Research and Practice, 14*(3), 129–140.

Swift, M. S., & Swift, G. (1968). The assessment of achievement related classroom behavior: Normative, reliability, and validity data. *Journal of Special Education, 2*, 137–153.

Swift, M. S., & Swift, G. (1969a). Achievement related classroom behavior of secondary school normal and disturbed students. *Exceptional Children, 35*, 677–684.

Swift, M. S., & Swift, G. (1969b). Clarifying the relationship between academic success and overt classroom behavior. *Exceptional Children, 36*, 99–104.

Swift, M. S., & Swift, G. (1973). Academic success and classroom behavior in secondary school. *Exceptional Children, 39*, 392–399.

Tatsuta, N., Nakai, K., Murata, K., Suzuki, K., Iwai-Shimada, M., Yaginuma-Sakurai, K., . . . Satoh, H. (2012). Prenatal exposure to environmental chemicals and birth order as risk factors for child behavior problems. *Environmental Research, 114*, 47–52.

Taylor, M. C., & Foster, G. A. (1986). Bad boys and school suspensions: Public policy implications for black males. *Sociological Inquiry, 56*, 498–506.

Taylor-Greene, S., Brown, D., Nelson, L., Longton, J., Gassman, T., Cohen, J., . . . Hall, S. (1997). School-wide behavioral support: Starting the year off right. *Journal of Behavioral Education, 7*, 99–112.

Texas Juvenile Justice Department. (2012). *Effectiveness of positive behavioral interventions and supports*. Austin, TX: Author.

Thomas, A., & Chess, S. (1977). *Temperament and development*. New York, NY: Brunner/Mazel.

Thomas, A., & Chess, S. (1984). Genesis and evolution of behavioral disorders: From infancy to early adult life. *American Journal of Psychiatry, 141*, 1–9.

Thomas, A., Chess, S., & Birch, H. (1969). *Temperament and behavior disorders in children*. New York: New York University Press.

Thomas, C. P., Conrad, P., Casler, R., & Goodman, E. (2006). Trends in the use of psychotropic medications among adolescents, 1994–2001. *Psychiatric Services, 57*, 63–69.

Thomas, D. R., Becker, W. C., & Armstrong, M. (1968). Production and elimination of disruptive classroom behavior by systematically varying teacher's behavior. *Journal of Applied Behavior Analysis, 1*, 35–45.

Thompson, R., Fisher, W. W., & Contrucci, S. A. (1998). Evaluating the reinforcing effects of choice in comparison to reinforcement rate. *Research in Developmental Disabilities, 19*, 181–187.

Tikunoff, W., Berliner, D., & Rist, R. (1975). *An ethnographic study of the forty classrooms of the beginning teacher evaluation study known sample*. Technical Report No. 75-10-5. San Francisco, CA: Far West Laboratory for Educational Research and Development.

Tillery, A., Varjas, K., Meyers, J., & Collins, A. S. (2012). General education teachers' perceptions of behavior management and intervention strategies. *Journal of Positive Behavior Intervention, 12*(2), 86–102.

Todd, A., Haugen, L., Anderson, K., & Spriggs, M. (2002). Teaching recess: Low-cost efforts producing effective results. *Journal of Positive Behavior Interventions, 4*(1), 46–52.

Todd. A. W., Campbell, A. L., Meyer, G. G., & Horner. R. H. (2008). The effects of a targeted intervention to reduce problem behaviors. *Journal of Positive Behavior Interventions, 10*, 46–55.

Todd, A. W., Lewis-Palmer, T., Horner, R. H., Sugai, G., Sampson, N. K., & Phillips, D. (2005). *The Schoolwide Evaluation Tool implementation manual*. Eugene: University of Oregon.

Torgeson, J. K. (1977). The role of nonspecific factors in the task performance of learning disabled children: A theoretical assessment. *Journal of Learning Disabilities, 10*, 5–17.

Torgeson, J. K. (1980). Conceptual and educational implications of the use of efficient task strategies by learning disabled children. *Journal of Learning Disabilities, 13*, 364–371.

Torgeson, J. K. (1988). Studies of children with learning disabilities who perform poorly on memory span tasks. *Journal of Learning Disabilities, 21*, 605–612.

Townsend, B. (2000). The disproportionate discipline of African American learners: Reducing school suspensions and expulsions. *Exceptional Children, 66*, 381–391.

Troia, G. A., & Graham, S. (2002). The effectiveness of a highly explicit, teacher-directed strategy instruction routine: Changing the writing performance of students with learning disabilities. *Journal of Learning Disabilities, 35*(4), 290–305.

Turnbull, A., Edmonson, H., Griggs, P., Wickham, D., Sailor, W., Freeman, R., . . . Warren, J. (2002). A blueprint for school-wide positive behavior support: Implementation of three components. *Exceptional Children, 68*, 377–402.

U.S. Department of Education. (2002a). *Guidance for the Reading First program*. Retrieved from http://www.ed.gov/programs/readingfirst/guidance.doc

U.S. Department of Education. (2002b). *No Child Left Behind Executive Summary*. Washington, DC: Author.

U.S. Department of Education. (2003). *Identifying and implementing educational practices supported by rigorous evidence: A user-friendly guide*. Retrieved from http://www.ed.gov/rschstat/research/pubs/rigorousevid/rigorousevid.pdf

U.S. Department of Education. (2006). *Scientifically based research*. Retrieved from http://www2.ed.gov/nclb/methods/whatworks/research/index.html

U.S. Department of Education. (2014). *Guiding Principles: A resource guide for improving school climate and discipline*. Washington, DC: Author.

U.S. Department of Education, Institute of Education Sciences. (2003). *Identifying and implementing education practices supported by rigorous evidence: A user friendly guide*. Retrieved from http://ies.ed.gov/pubsearch/pubsinfo.asp?pubid=NCEEEB2003

U.S. Department of Education, National Center for Education Statistics. (1998). *Violence and discipline problems in U.S. public schools: 1996–97, NCES 98–030*, by S. Heaviside, C. Rowand, C. Williams, & E. Farris. Project Officers, S. Burns & E. McArthur. Washington, DC. Retrieved from http://www.nces.ed.gov/pubs98/98030.pdf

U.S. Department of Education, National Center for Education Statistics. (2013a). *Digest of education statistics, 2012* (NCES 2014-015). Washington, DC: Author.

U.S. Department of Education, National Center for Education Statistics. (2013b). *The condition of education 2013* (NCES 2013-037). English Language Learners. Washington, DC: Author.

U.S. Department of Education, National Center for Education Statistics, Common Core of Data (CCD). (2013, September). *Public elementary/secondary school universe survey*, 2000–01, 2005–06, 2010–11, and 2011–12.

U.S. Department of Education, National Center for Education Statistics, Common Core of Data (CCD). (2014, March). *Public elementary/secondary school universe survey*, 1999–2000 through 2011–12. Washington, DC: Author.

U.S. Department of Education, National Center for Education Statistics, Schools and Staffing Survey (SASS). (2013, May). *Public school teacher data file*. Washington, DC: Author.

U.S. Department of Education, National Center for Education Statistics, Schools and Staffing Survey (SASS). (2013, July). *Public school teacher data file, 1987–88 through 2011–12; private school teacher data file, 1987–88 through 2011–12; and charter school teacher data file, 1999–2000*. Washington, DC: Author.

U.S. Department of Education Office for Civil Rights. (2014, March 21). *Civil Rights Data Collection: Data snapshot (school discipline)*. Retrieved from http://ocrdata.ed.gov

U.S. Department of Health and Human Services. (1999). *Mental health: A report of the Surgeon General—executive summary*. Rockville, MD: Substance Abuse and Mental Health Services Administration, Center for Mental Health Services, National Institute of Mental Health.

U.S. Environmental Protection Agency. (2003). *America's children and the environment*. Washington, DC: Author.

U.S. Food and Drug Administration. (2004). *2004 safety alerts for human medical products*. Retrieved from www.fda.gov/Safety/MedWatch/SafetyInformation/SafetyAlertsforHumanMedicalProducts/ucm152982.htm

U.S. Public Health Service. (2000). *Report of the Surgeon General's Conference on Children's Mental Health: A national action agenda*. Washington, DC: Department of Health and Human Services. Retrieved from www.hhs.gov/surgeongeneral/topics/cmh/childreport.htm

University of Vermont. (1999). *Prevention strategies that work*. Center for Effective Collaboration and Practice. Retrieved from http://cecp.air.org/preventionstrategies/

Van Acker, R., Boreson, L., Gable, R. A., & Potterton, T. (2005). Are we on the right course? Lessons learned about current FBA/BIP practices in schools. *Journal of Behavioral Education, 14*(1), 35–56.

Van Acker, R., Grant, S. H., & Henry, D. (1996). Teacher and student behavior as a function of risk for aggression. *Education and Treatment of Children, 19*, 316–334.

Vannest, K. J., Soares, D. A., Harrison, J. R., Brown, L., & Parker, R. I. (2010). Changing teacher time. *Preventing School Failure, 54*(2), 86–98.

Vargas, J. S. (2009). *Behavior analysis for effective teaching*. New York, NY: Routledge.

Vaughn, S., Levy, S., Coleman, M., & Bos, C. S. (2002). Reading instruction for students with LD and EBD: A synthesis of observation studies. *Journal of Special Education, 36*(1), 2–13.

Venker, C. E., Ray-Subramanian, C. E., Bolt, D. M., & Weismer, S. E. (2014). Trajectories of autism severity in early childhood. *Journal of Autism and Developmental Disorders, 44*(3), 546–563.

Vitiello, B., & Swedo, S. (2004). Antidepressant medications in children. *New England Journal of Medicine, 350*, 1489–1491.

Vitiello, B., Zuvekas, S. H., & Norquist, G. S. (2006). National estimates of antidepressant medication use among U.S. children, 1997–2002. *Journal of the American Academy of Child and Adolescent Psychiatry, 45*(3), 271–280.

Waksman, S. (1985). *The Waksman Social Skills Rating Scale*. Portland, OR: ASIEP Education.

Waksman, S., & Waksman, D. (1998). *The Waksman Social Skills Curriculum for Adolescents: An assertive behavior program*. Austin, TX: PRO-ED.

Walker, H. M. (1995). *The acting-out child: Coping with classroom disruption* (2nd ed.). Longmont, CO: Sopris West.

Walker, H. M., Horner, R. H., Sugai, G., Bullis, M., Sprague, J. R., Bricker, D., & Kaufmann, M. J. (1996). Integrated approaches to preventing antisocial behavior patterns among school-age children and youth. *Journal of Emotional and Behavioral Disorders, 4*(4), 194–209.

Walker, H. M., & McConnell, S. (1988). *The Walker-McConnell Scale of Social Competence and School Adjustment: A social skills rating scale for teachers*. Austin, TX: PRO-ED.

Walker, H. M., & McConnell, S. (1995a). *The Walker-McConnell*

Scale of Social Competence and Social Adjustment: Elementary version. Florence, KY: Thompson Learning.

Walker, H. M., & McConnell, S. (1995b). *The Walker-McConnell Scale of Social Competence and School Adjustment: Secondary version*. Florence, KY: Thomson Learning.

Walker, H. M., McConnell, S., Holmes, D., Todis, B., Walker, J., & Golden, N. (1988). *The Walker Social Skills Curriculum: ACCEPTS*. Austin, TX: PRO-ED.

Walker, H. M., Ramsey, E., & Gresham, F. M. (2004). *Antisocial behavior in schools: Evidence-based practices* (2nd ed.). Belmont, CA: Wadsworth.

Walker, H. M., Schwarz, I. E., Nippold, M. A., Irvin, L. K., & Noell, J. W. (1994). Social skills in school-age children and youth: Issues and best practices in assessment and intervention. *Topics in Language Disorders, 14*(3), 70–82.

Walker, H. M., & Severson, H. H. (1992). *Systematic screening for behavior disorders*. Longmont, CO: Sopris West.

Walker, H. M., Todis, B., Holmes, D., & Horton, G. (1988). *The Walker Social Skills Curriculum: ACCESS*. Austin, TX: PRO-ED.

Watkins, C. L., & Slocum, T. A. (2004). The components of direct instruction. In N. E. Marchand-Martella, T. A. Slocum, & R. C. Martella (Eds.), *Introduction to direct instruction*. Boston, MA: Allyn & Bacon.

Webber, J., & Scheuermann, B. (1991). Accentuate the positive . . . Eliminate the negative. *Teaching Exceptional Children, 24*(1), 13–19.

Webber, J., & Scheuermann, B. (2008). *Educating students with autism: A quick-start manual*. Austin, TX: PRO-ED.

Webber, J., Scheuermann, B., McCall, C., & Coleman, M. (1993). Research on self-monitoring as a behavior management technique in special education classrooms: A descriptive review. *Remedial and Special Education, 14*, 38–56.

Wehby, J., Symons, F. J., Canale, J., & Go, F. (1998). Teaching practices in classrooms for students with emotional and behavioral disorders: Discrepancies between recommendations and observations. *Behavioral Disorders, 24*, 52–57.

Wehby, J., Symons, F. J., & Shores, R. E. (1995). A descriptive analysis of aggressive behavior in classrooms for children with emotional and behavioral disorders. *Behavioral Disorders, 20*, 51–56.

Wehlage, G., & Rutter, R. (1986). Dropping out: How much do schools contribute to the problem? *Teachers College Record, 87*, 374–392.

Weinstein, C. (1977). Modifying student behavior in an open classroom through changes in the physical design. *American Educational Research Journal, 14*, 249–262.

Weinstein, L. (1974). *Evaluation of a program for re-educating disturbed children: A follow-up comparison with untreated children*. Washington, DC: Bureau of Education for the Handicapped, U.S. Department of Health, Education, and Welfare.

Weinstein, R. (1979). *Student perceptions of differential teacher treatment*. Final report to the National Institute of Education, Grant NIE-G-79-0078, Berkeley, CA.

Werner, E. (1990). Protective factors and individual resilience. In S. Meisels & J. Shonkoff (Eds.), *Handbook of early childhood intervention*. New York, NY: Cambridge University Press.

Werner, E., & Smith, R. (2001). *Journey from childhood to midlife: Risk, resiliency, and recovery*. New York, NY: Cornell University Press.

Werry, J. S., Scaletti, R., & Mills, F. (1990). Sensory integration and teacher-judged learning problems: A controlled intervention trial. *Journal of Pediatric and Child Health, 26*, 31–35.

WestEd. (1998). *Improving student achievement by extending school: Is it just a matter of time?* Paper presented to the PACE Media/Education Writers Seminar. Retrieved from www.wested.org/online_pubs/timeandlearning/TAL_PV.html

Wheatley, R. K., West, R. P., Charlton, C. T., Sanders, R. B., Smith, T. G., & Taylor, M. J. (2009). Improving behavior through differential reinforcement: A praise note system for elementary school students. *Education and Treatment of Children, 32*, 551–571.

Wheeler, J. J., & Richey, D. D. (2005). *Behavior management*. Upper Saddle River, NJ: Merrill/Pearson.

Whelan, R. J. (2005). Personal reflections. In J. M. Kauffman (Ed.), *Characteristics of emotional and behavioral disorders of children and youth* (8th ed., pp. 66–70). Upper Saddle River, NJ: Merrill/Pearson.

White, M. A. (1975). Natural rates of teacher approval and disapproval in the classroom. *Journal of Applied Behavior Analysis, 8*, 367–372.

Wicks-Nelson, R., & Israel, A. C. (1984). *Behavior disorders of childhood* (2nd Ed.). Upper Saddle River, NJ: Prentice Hall.

Wilkinson, L. A. (2003). Using behavioral consultation to reduce challenging behavior in the classroom. *Preventing School Failure, 47*(3), 100–105.

Wingert, P. (2010, March 6). Blackboard jungle. *Newsweek*. Retrieved from www.newsweek.com/id/234593

Wolery, M., Holcombe, A., Cybriwsky, C. A., Doyle, P. M., Schuster, J. W., Ault, M. J., & Gast, D. L. (1992). Constant time delay with discrete responses: A review of effectiveness and demographic, procedural, and methodological parameters. *Research in Developmental Disabilities, 13*, 239–266.

Wood, F. H. (1978). Punishment and special education: Some concluding comments. In F. H. Wood & K. C. Lakin (Eds.), *Punishment and aversive stimulation in special education: Legal, theoretical and practical issues in their use with emotionally disturbed children and youth* (pp. 119–122). Minneapolis: University of Minnesota.

Wyrick, P. A., & Howell, J. C. (2004). Strategic risk-based response to youth gangs. *Juvenile Justice, 9*(1), 20–29.

Xu, C., Reid, R., & Steckelberg, A. (2002). Technology applications for children with ADHD: Assessing the empirical support. *Education and Treatment of Children, 25*(2), 224–248.

Yarrow, A. (2009, October 21). *State of mind*. Retrieved from www.publicagenda.org

Ysseldyke, J. E., Thurlow, M. L., Wotruba, J. W., & Nania, P. A. (1990). Instructional arrangements: Perceptions from general education. *Teaching Exceptional Children, 22*, 4–8.

Zaragoza, N., Vaughn, S., & McIntosh, R. (1991). Social skills interventions and children with behavior problems: A review. *Behavioral Disorders, 16*, 260–275.

Zionts, L. (2005). Examining student–teacher relationships: A potential case for attachment theory? In K. Kerns & R. Richardson (Eds.), *Attachment theory in middle childhood*. New York, NY: Guilford Press.

Zionts, P. (1996). *Teaching disturbed and disturbing students* (2nd ed.). Austin, TX: PRO-ED.

Zirpoli, T. J. (2005). *Behavior management: Applications for teachers* (4th ed.). Upper Saddle River, NJ: Merrill/Pearson.

Zuvekas, S., & Vitiello, B. (2012). Stimulant medication use in children: a 12-year perspective. *American Journal of Psychiatry, 169*(2), 160–166.

찾아보기

ㅁ

ㅂ

ㅅ

ㅇ

ㅎ

기타

역자소개

김진호

미국 밴더빌트대학교 특수교육학 박사
현재 순천향대학교 특수교육과 교수, 한국특수교육학회 이사 및 편집위원 등

김미선

이화여자대학교 특수교육학 박사
현재 유원대학교 초등특수교육과 교수, 한국자폐학회, 한국지적장애교육학회 이사 등

김은경

단국대학교 특수교육학 박사
현재 단국대학교 특수교육과 교수, 한국자폐학회 이사 등

박지연

미국 캔자스대학교 특수교육학 박사
현재 이화여자대학교 특수교육과 교수, 한국특수교육학회, 한국정서행동장애아교육학회 이사 등